D1719920

Zusätzliche digitale Inhalte für Sie!

Zu diesem Buch stehen Ihnen kostenlos folgende digitale Inhalte zur Verfügung:

- Online-Version ✓
- Online-Training
- Aktualisierung im Internet
- Zusatz-Downloads
- App
- Digitale Lernkarten
- WissensCheck

Schalten Sie sich das Buch inklusive Mehrwert direkt frei.

Scannen Sie den QR-Code **oder** rufen Sie die Seite **www.nwb.de** auf. Geben Sie den Freischaltcode ein und folgen Sie dem Anmeldedialog. Fertig!

Ihr Freischaltcode

CFQW-PJOY-VCRJ-ZIMC-FAEC-HB

Besteuerung des Hotel- und Gaststättengewerbes

mit Arbeitshilfen und Checklisten

Von Diplom-Finanzwirt (FH) E. Assmann, Göttingen

10., aktualisierte Auflage

nwb

ISBN 978-3-482-**45090**-7

10., aktualisierte Auflage 2020

© NWB Verlag GmbH & Co. KG, Herne 1991

www.nwb.de

Satz: PMGi - Die Agentur der Print Media Group GmbH & Co. KG, Hamm
Druck: CPI books, Leck

VORWORT

Das Hotel- und Gaststättengewerbe beinhaltet mit seinen rd. 222.740 bargeldintensiven gastrogewerblichen Betrieben ein umfangreiches steuerliches Streitpotenzial. In keiner anderen Branche sind daher Zuschätzungen bei Betriebsprüfungen so umfangreich. Außerdem gab es noch nie in so kurzer Zeit so viele gesetzliche Veränderungen. Schließlich stellt die Corona-Krise Hotel- und Gastronomie-Betriebe vor eine harte Prüfung.

Oft wird verkannt, dass neben der fachlichen Seite auch eine steuerlich ordnungsgemäße Kassen-, Buch- und Betriebsführung wichtig und erforderlich ist. Mit den Grundsätzen zur ordnungsgemäßen Führung und Aufbewahrung von Büchern, Aufzeichnungen und Unterlagen in elektronischer Form (GoBD) vom 28.11.2019 wurden die Anforderungen nochmals verschärft. Die vielen Existenzgründungen und die große Fluktuation verstärken das steuerliche Informationsbedürfnis.

Dieses Branchenhandbuch enthält für Steuerberater, Gastwirte, Hoteliers und auch die Betriebsprüfer das branchenspezifische steuerliche Wissen und gibt ausführliche Rechtsprechungs- und Literaturhinweise. Vor allem werden wichtige Fragen der rechtssicheren Kassenführung, des Schätzungsverfahrens, der Nachkalkulation, der Geldverkehrsrechnung und der Betriebsprüfungsabläufe kompetent behandelt.

In der Vergangenheit hatte die Ordnungsmäßigkeit der Kassenführung in der Branche nur als Schätzungsrechtfertigung Bedeutung. Die Anforderungen an die Ordnungsmäßigkeit haben sich vor allem als Folge der technischen Veränderungen der Datenverarbeitung durch die zunehmende Verwendung von elektronischen Registrierkassen bzw. PC-Kassensystemen erheblich geändert. Auch der Gesetzgeber wurde deshalb aktiv. Diese Situation ist im Ergebnis eine erhebliche Verschärfung. Das Gesetz zum Schutz vor Manipulationen an digitalen Grundaufzeichnungen vom 22.12.2016 und die neu eingeführte unangemeldete Kassennachschau nach § 146a AO werden besprochen. Nun wurde auch Klarheit geschaffen, dass die offene Ladenkasse weiterhin zulässig ist. Die Ausführungen geben mit Insiderkenntnissen angereicherte Hinweise zur Abwehr überzogenen Vorgehens. Der Autor war viele Jahre als Betriebsprüfer, Großbetriebsprüfer und Ausbilder beim Finanzamt tätig.

Die Neuauflage berücksichtigt alle durch Gesetz und Rechtsprechung bis Mitte 2020 eingetretenen Änderungen. Berücksichtigt werden auch die aktuellen Neuerungen als

Folge der Corona-Krise, wie z. B. die vorübergehende Senkung der Umsatzsteuerprozentsätze in der Hotel- und Gaststättenbranche.

Für Hinweise und Anregungen ist der Autor dankbar.

Göttingen, August 2020   E. Assmann

INHALTSÜBERSICHT

INHALTSVERZEICHNIS

LITERATURVERZEICHNIS

In diesem Literaturverzeichnis sind Fachveröffentlichungen und Kommentare, die mehrfach zitiert werden, aufgeführt. Spezialliteratur ist vor den entsprechenden Ausführungen angegeben.

A

Allgemeine Hotel- und Gastronomie-Zeitung, Organ der DEHOGA

B

Baumbach/Hopt, Handelsgesetzbuch, 39. Aufl., München 2020

Blümich, EStG, KStG, GewStG, Loseblatt, München

C

Christiansen, Die Bewertung der Rückstellung für die Verpflichtung zur Gewährung rückständigen Urlaubs, StBp 1989 S. 221

Creifelds, Rechtswörterbuch, 23 Aufl., München 2019

D

DEHOGA, Bundesverband, Wirtschaftsfaktor Gastgewerbe, Internet

E

Eisele/Wiegand, Grundsteuerreform 2022/2025, Herne 2020

Erhard, Brauereizuschüsse bzw. -darlehen an Bierabnehmer, StBp 1969 S. 121

G

GEMA, Gesellschaft für musikalische Aufführungs- und mechanische Vervielfältigungsrechte

Götz/Hülsmann, Der Nießbrauch im Zivil- und Steuerrecht, 12. Aufl., Herne 2019

Gunsenheimer, Die Einnahmenüberschussrechnung nach § 4 Abs. 3 EStG, 15. Aufl., Herne 2019

H

Halserbach/Nacke/Rehfeld, Grunderwerbsteuergesetz, Kommentar, Herne 2020

Harle/Nüdling/Olles, Die moderne Betriebsprüfung, 4. Aufl., Herne 2020

Herrmann/Heuer/Raupach, Einkommensteuer- und Körperschaftsteuergesetz mit Nebengesetzen Kommentar, Loseblatt, Köln

Hillmoth, Kinder im Steuerrecht, 5. Aufl., Herne 2019

Hillmoth/Mann/Anemüller, Steuerrecht aktuell, Steuererklärungen 2019, Herne 2020

Hübschmann/Hepp/Spitaler, Kommentar zur Abgabenordnung und Finanzgerichtsordnung, Loseblatt, Köln

K

Kahlenberg/Weiss (Hrsg.), Steuerrecht aktuell 1/2019, Herne 2019

Kahlenberg/Weiss (Hrsg.), Steuerrecht aktuell 2/2019, Herne 2019

Kalmes, Vorsteuerabzug bei baulichen Veränderungen und Instandsetzungsarbeiten in von einer Brauerei verpachteten Gaststätte, UR 1980 S. 77

Kanzler/Kraft/Bäuml/ Marx/Hechtner, Einkommensteuergesetz, Kommentar, 5. Aufl., Herne 2020

Karbe-Geßler, Der Pkw im Steuerrecht, 2. Aufl., Herne 2020

König/Maßbaum/Sureth-Sloane, Besteuerung und Rechtsformwahl, 7. Aufl., Herne 2016

Korn, Zum Eigenverbrauch-Urteil des EuGH, NWB Blickpunkt Steuern 1/90

Küffner/Zugmaier, Umsatzsteuer-Kommentar, Loseblatt, Herne

Küffner/Langer/Zugmaier, Umsatzsteuer, 7. Aufl., Herne 2020

L

Lange/Bilitewski/Götz, Personengesellschaften im Steuerrecht, 10. Aufl., Herne 2017

Littmann/Bitz/Pust, Das Einkommensteuerrecht, Kommentar, Loseblatt, Stuttgart

M

Mache, Zum Problem der Bemessung der Schankerlaubnissteuer bei zusätzlichem so genanntem Straßenverkauf, BB 1986 S. 2313 ff.

Mann, Temporäre Absenkung des Steuersatzes auf Gastronomieumsätze, USt direkt digital 15/2020 S. 13

Myßen/Fischer/Gragert/Wißborn, Renten, Raten, Dauernde Lasten, 16. Aufl., Herne 2017

N

Neufang, Zur Behandlung von Krediten, INF 1986 S. 37

ders., Mietereinbauten im Betriebsvermögen, INF 1986 S. 385

ders., Steuersparen durch Betriebsverpachtung, INF 1987 S. 443

Nowack, Leistungsaustausch bei Bierabnahmeverpflichtungen, UR 1984 S. 78

NWB, Betriebsprüfungs-Kartei, Loseblatt, Herne (Hotel, Gasthof, Pension; Stand: Februar 2018)

NWB, Deutsche Steuergesetze, 40. Aufl., Herne 2020

NWB, Wichtige Wirtschaftsgesetze, 33. Aufl., Herne 2020

NWB, Wichtige Steuererlasse und Steuerrichtlinien,10. Aufl., Herne 2019/2020

P

Palandt, Bürgerliches Gesetzbuch, 80 Aufl., München 2020

Papperitz/Keller, ABC Betriebsprüfung, Loseblatt, Bonn/Berlin

Rudolf, Die Besteuerung von Zinsen aus Mietkautionen, DStZ 1989 S. 335

S

Schmidt, Einkommensteuergesetz Kommentar, 39. Aufl., München 2020

Schröder/Muuss, Handbuch der steuerlichen Betriebsprüfung (zitiert: HBP), Loseblatt, Berlin

Schwarz, AO, Kommentar zur Abgabenordnung, Freiburg

Strohner/Gödtel, Reisekosten, 3. Aufl., Herne 2017

T

Teutemacher, Handbuch zur Kassenführung, 3. Aufl., Herne 2020

Tipke/Kruse, Kommentar zur Abgabenordnung – Finanzgerichtsordnung, Loseblatt, Köln

V

Viskorf/Schuck/Wälzholz, Erbschaftsteuer- und Schenkungsteuergesetz, Bewertungsgesetz, Kommentar, 6. Aufl., Herne 2020

Volb, Die Limited, 2. Aufl., Herne 2010

Volkelt, GmbH-Gründungsberatung, INF 1989 S. 568

W

Webel, Steuerfahndung – Strafverteidigung, 3. Aufl., Herne 2016

Wollny, Unternehmens- und Praxisübertragungen, 9. Aufl., Herne 2018

Z

Zeller, Zur Abgrenzung des Gewerbebetriebs gegenüber der Vermögensverwaltung am Beispiel brauereieigener Gaststätten, BB 1978 S. 608

ABKÜRZUNGSVERZEICHNIS

BGB	Bürgerliches Gesetzbuch
BGBl	Bundesgesetzblatt
BGH	Bundesgerichtshof
BilMoG	Bilanzrechtsmodernisierungsgesetz
BMF	Bundesminister(ium) der Finanzen
BMG	Bundesmeldegesetz
BMWT	Bundesministerium für Wirtschaft und Technologie
BoBD	Grundsätze zur ordnungsmäßigen Führung und Aufbewahrung von Büchern; Aufzeichnungen und Unterlagen in elektronischer Form sowie zum Datenzugriff
BpO	Betriebsprüfungsordnung
BetrSichV	Betriebssicherheitsverordnung
BStatG	Gesetz über die Statistik für Bundeszwecke
BStBl	Bundessteuerblatt
Buchst.	Buchstabe
BV	Berechnungsverordnung
BVMV	Bundesvereinigung der Musiknutzer
BVerfG	Bundesverfassungsgericht
BVerfGG	Gesetz über das Bundesverfassungsgericht
bzgl.	bezüglich
bzw.	beziehungsweise

C

ca.	circa
cl.	Zentiliter
Co	Kompanie

D

DB	Der Betrieb (Zs.)
DEHOGA	Deutscher Hotel- und Gaststättenverband
ders.	derselbe
DFV	Deutscher Franchise-Verband e.V.
dgl.	dergleichen
d.h.	das heißt
DokSt	Dokumentation Steuerrecht (Zs.)
DStR	Deutsches Steuerrecht (Zs.)
DStZ	Deutsche Steuer-Zeitung (Zs.)

E

EFG	Entscheidungen der Finanzgerichte (Zs.)
EG	Europäische Gemeinschaft
EN	Eilnachrichten
ErbSt	Erbschaftsteuer
ErbStG	Erbschaft- und Schenkungsteuergesetz
ErbStH	Erbschaftsteuerhinweise
ErbStR	Erbschaftsteuerrichtlinien

ErbStRG	Erbschaftsteuerreformgesetz
EStG	Einkommensteuergesetz
EStH	Einkommensteuerhinweise
EStR	Einkommensteuer-Richtlinien
EU	Europäische Union
EuGH	Gerichtshof der Europäischen Gemeinschaften

F

F.	Fach
f., ff.	folgend, folgende
FG	Finanzgericht
FGO	Finanzgerichtsordnung
FinVerw	Finanzverwaltung
Fn.	Fußnote
FR	Finanz-Rundschau (Zs.)

G

g	Gramm
GastG	Gaststättengesetz
GastV	Verordnung zur Ausführung des Gaststättengesetzes
GbR	Gesellschaft bürgerlichen Rechts
gem.	gemäß
GewO	Gewerbeordnung
GewStDV	Gewerbesteuer-Durchführungsverordnung
GewStG	Gewerbesteuergesetz
GewStR	Gewerbesteuer-Richtlinien
GG	Grundgesetz
ggf.	gegebenenfalls
GmbH	Gesellschaft mit beschränkter Haftung
GmbHG	Gesetz betreffend die Gesellschaften mit beschränkter Haftung
GrEStG	Grunderwerbsteuergesetz
GrSt	Grundsteuer
GrStG	Grundsteuergesetz
GWB	Gesetz gegen Wettbewerbsbeschränkungen

H

H	Hinweis
HBP	Handbuch der steuerlichen Betriebsprüfung
HFR	Höchstrichterliche Finanzrechtsprechung (Zs.)
HGB	Handelsgesetzbuch
HK	Herstellungskosten
h. M.	herrschende Meinung
HRefG	Handelsreformgesetz
Hrsg.	Herausgeber

I

i. d. F.	in der Fassung
i. d. R.	in der Regel
i. E.	im Einzelnen
i. J.	in Jahren
INF	Die Information (Zs.)
Interhoga	Internationaler Hotel- und Gaststättenverband
InvZulG	Investitionszulagengesetz
i. S. v.	im Sinne von
i. V. m.	in Verbindung mit

J

JStG	Jahressteuergesetz

K

K.	(Kartei-)Karte
KassenSichV	Verordnung zur Bestimmung der technischen Anforderungen an elektronische Aufzeichnungs- und Sicherungssysteme im Geschäftsverkehr
KFR	Kommentierte Finanzrechtsprechung (Zs.)
Kfz.	Kraftfahrzeug
KfzSt	Kraftfahrzeugsteuer
KG	Kommanditgesellschaft
KG(aA)	Kommanditgesellschaft (auf Aktien)
KiSt	Kirchensteuer
Kj	Kalenderjahr
km	Kilometer
KraftStG	Kraftfahrzeugsteuergesetz
KSt	Körperschaftsteuer
KStDV	Kapitalverkehrsteuer-Durchführungsverordnung
KStG	Körperschaftsteuergesetz
KStZ	Kommunale Steuer-Zeitschrift (Zs.)
Kza.	Kennzahl

L

l	Liter
LG	Landgericht
LMHV	Lebensmittelhygieneverordnung
LSt	Lohnsteuer
LStH	Lohnsteuer-Hinweise
LStR	Lohnsteuer-Richtlinien
lt.	laut
Ltd.	Limited

M

M. E.	Meines Erachtens
MiLoG	Mindeslohngesetz

Mio.	Million
MoMiG	Gesetz zur Modernisierung des GmbH-Rechts und zur Bekämpfung von Missbräuchen
MRRG	Melderechtsrahmengesetz
Mrd.	Milliarde
mtl.	monatlich
m. w. N.	mit weiteren Nachweisen
MwStSystRL	Mehrwertsteuersystem-Richtlinie

N

n. F.	neue Fassung
NGstG	Niedersächsisches Gaststättengesetz
Nr.	Nummer
nrkr.	nicht rechtskräftig
n. v.	nicht veröffentlicht
NWB	Neue Wirtschafts-Briefe (Zs.)
NWB-BB	Betriebswirtschaftliche Beratungspraxis (Zs.)
NZB	Nichtzulassungsbeschwerde

O

OFD	Oberfinanzdirektion
o. g.	oben genannt
OHG	Offene Handelsgesellschaft
o. V.	ohne Verfasser

P

PAngV	Preisangabenverordnung
Pkw	Personenkraftwagen
PStRG	Personenstandsrechtsreformgesetz

R

R	Richtlinie
rd.	rund
RennwLottG	Rennwett- und Lotteriegesetz
Rev.	Revision
RFH	Reichsfinanzhof
RFHE	Sammlung der Entscheidungen und Gutachten des Reichsfinanzhofs
rkr.	rechtskräftig
Rspr.	Rechtsprechung
RStBl	Reichssteuerblatt
Rz.	Randziffer

S

S.	Seite
s.	siehe
SenFin	Senatsverwaltung für Finanzen

SGB	Sozialgesetzbuch
sog.	so genannte
SPE	Europäische Privatgesellschaft
SpielV	Spielverordnung
StandOG	Standortsicherungsgesetz
StB	Der Steuerberater (Zs.)
StBauFG	Städtebauförderungsgesetz
Stbg	Die Steuerberatung (Zs.)
StBp	Die steuerliche Betriebsprüfung (Zs.)
StEd	Steuer-Eildienst (Zs.)
StEntlG	Steuerentlastungsgesetz
SteuerHBekV	Steuerhinterziehungsbekämpfungsverordnung
Steufa	Steuerfahndung
StGB	Strafgesetzbuch
Stpfl.	Steuerpflichtige(r)
StuB	Steuern und Bilanzen (Zs.)
StUmgBG	Steuerumgehungsbekämpfungsgesetz
StW	Steuerwarte (Zs.)
SVeV	Sozialversicherungsentgeltverordnung

T

Tz.	Textziffer(n)

U

u.	und
u. a.	unter anderem
u. Ä.	und Ähnliches
u. a. m.	und anderes mehr
UntStFG	Unternehmensteuerfortentwicklungsgesetz
UntStRefG	Unternehmensteuerreformgesetz
UR	Umsatzsteuer-Rundschau (Zs.)
UrhG	Urheberrechtsgesetz
USt	Umsatzsteuer
UStAE	Umsatzsteuer-Anwendungserlass
UStG	Umsatzsteuergesetz
UStR	Umsatzsteuer-Richtlinien (ohne Jahresangabe = UStR 2008)
UVR	Umsatzsteuer- und Verkehrsteuer-Recht (Zs.)

V

v.	vom
VAStRefG	Gesetz zur Strukturreform des Versorgungsausgleichs
VergnSt	Vergnügungsteuer
Vfg.	Verfügung
vgl.	vergleiche
v. H.	vom Hundert
VSt	Vermögensteuer

| VStR | Vermögensteuer-Richtlinien |
| VZ | Veranlagungszeitraum |

W

WBG	Wachstumsbeschleunigungsgesetz
WertV	Verordnung über Grundsätze für die Ermittlung des Verkehrswertes von Grundstücken
WG	Wirtschaftsgut/Wirtschaftsgüter

Z

ZAV	Zentrale Auslands- und Fachvermittlung der Bundesagentur für Arbeit
z. B.	zum Beispiel
Ziff.	Ziffer(n)
Zs.	Zeitschrift
zz.	zurzeit
zzgl.	zuzüglich

Abschnitt A: Gaststätten- und Beherbergungsgewerbe im Allgemeinen

1. Branchenspektrum, rechtliche Hinweise

a) Begriff und Bedeutung; Spektrum „Gaststättengewerbe"; Bundesverbände

Literatur: DEHOGA, Bundesverband, Wirtschaftsfaktor Gastgewerbe; NWB Branchen digital, Gastronomie-Betriebswirtschaft.

Das Hotel- und Gaststättenbetriebe gehört zum Dienstleistungsgewerbe und ist traditionell überwiegend mittelständisch geprägt.

1

Ein **Gaststättengewerbe** (Gastronomiegewerbe) betreibt nach dem Niedersächsischen Gaststättengesetz v. 10.11.2011,[1] zuletzt geändert am 15.12.2015,[2] wer gewerbsmäßig Getränke oder zubereitete Speisen zum Verzehr an Ort und Stelle anbietet, wenn der Betrieb jedermann oder bestimmten Personenkreisen zugänglich ist (§ 1 Abs. 3). Dazu gehören u. a. Bars und Vergnügungslokale, Cafés, Caterer, Diskotheken, Eisdielen, Imbisshallen, Kantinen, Restaurants, Schankwirtschaften (vgl. Rz. 295).

Zum **Beherbergungsgewerbe** zählen u. a. die Hotellerie, Motels, Kurhotels, Pensionen, Hotel garni, Jugendherbergen, Gästehäuser, Gasthöfe, Hütten, Campingplätze sowie Erholungs- und Ferienheime (vgl. Rz. 295).

Das Hotel- und Gaststättengewerbe gehört mit einem hohen Wertschöpfungsanteil am Bruttosozialprodukt zu den wichtigsten Wirtschaftszweigen Deutschlands. Nach wie vor besonders bedeutsam sind die **Handelsgastronomie** der Warenhäuser und Supermärkte, die Erlebnisgastronomie, die im „Franchising" systematisierten Betriebe (Systemgastronomie), die „**Fast-food-Gastronomie**" und die ebenfalls im Franchising operierende Hotellerie (Markenhotellerie). Beachtliche Zuwachsraten verzeichnet der auch als Take-away bezeichnete „Außer-Haus-Markt" und der als Folge zunehmender Berufstätigkeit anzusehende **Speisenbringdienst**. Im Restaurationsangebot zeigt sich bei der einheimischen deutschen Küche eine zunehmende Beliebtheit. Im Trend

---

1 Nds. GVBl Nr. 27 S. 415.
2 Nds. GVBl Nr. 27 S. 412.

sind zz. **frische und saisonale Gerichte**. Auch die **Gesundheitswelle** schlägt bei Speisen und Getränken voll durch. Die Interessen von Hotellerie und Gastronomie in Deutschland werden vertreten durch den **DEHOGA Bundesverband**. Dieser gliedert sich in 17 Landesverbände und die zwei Fachverbände Hotelverband Deutschland (IHA) und die Union der Pächter von Autobahn-Service-Betrieben (UNIPAS). Die Mitglieder werden betreut durch die **Fachabteilungen** Systemgastronomie, Gemeinschaftsgastronomie, Bahnhofsgastronomie und Diskotheken. Der Bundesverband bietet seinen Mitgliedern u. a. Betriebs- und Rechtsberatungen, Sonderkonditionen bei der GEMA, Rabatte bei regionalen Strom- und Entsorgungsbetrieben und Hilfen bei Existenzgründungen. Spezialisierte Steuerberatungen werden für zz. 4.000 zu den kleinen und mittelständischen Unternehmen zählende Betriebe der Branche von der zur ETL-Gruppe gehörenden ETL–ADHOGA, Steuerberatungsgesellschaft GmbH, ausgeführt.

b) Branchenspezifische Rechtsgrundlagen

2 Auf das Betreiben eines Gaststättengewerbes finden die Vorschriften der Gewerbeordnung Anwendung, soweit vorhandene Gaststättengesetze nichts anderes bestimmen. Durch die **Neuordnung der konkurrierenden Gesetzgebung** im Rahmen der Föderalismusreform[1] wurde das Gaststättenrecht mit Wirkung v. 1.9.2006 vom Bund in die Gesetzgebungskompetenz der Länder verlagert. Das Bundesgaststättengesetz gilt aber weiter bis die Bundesländer jeweils eigene Regelungen getroffen haben. Die Gaststättengesetze der Länder regeln insbesondere die Bedingungen für das Betreiben einer Gaststätte, ihren Umfang, eventuelle Auflagen und Versagungsgründe. Sie beinhalten als Voraussetzung für das Betreiben eines stehenden Gaststättengewerbes eine **Erlaubnispflicht** nur, wenn alkoholische Getränke ausgeschenkt werden (vgl. Literatur). Darüber hinaus gibt es i. d. R. nur noch **Anzeigepflichten** nach gesetzlichem Vordruck an die zuständige Behörde (z. B. § 2 Abs. 1 Niedersächsisches Gaststättengesetz v. 10.11.2011 (NGastG). Neben den jeweiligen Gaststättengesetzen gelten eine Vielzahl von Vorschriften anderer Rechtsgebiete wie z. B. das Lebensmittelhygienegesetz, das Jugendschutzgesetz, das Baurecht (Parkplätze), das Urheberrecht, das Melderecht, das Ordnungsrecht (Sperrzeiten), das Gesetz gegen den unlauteren Wettbewerb (UWG) v. 3.7.2004 usw. Die zuständige Behörde hat daher die Angaben der Eröffnungsanzeige unverzüglich den zuständigen Behörden weiterzugeben.

---

1 Gesetz v. 28.8.2006, BGBl 2006 I S. 2034.

Änderungen zu § 138 AO vgl. auch Art. 3 Drittes Bürokratieentlastungsgesetz v. 22.11.2019. Auch auf § 147 Abs. 6 AO wird verwiesen.

(Einstweilen frei)   3–25

c) Wichtige außersteuerliche Rechtspflichten

ARBEITSHILFEN UND GRUNDLAGEN ONLINE:

Bisle, Gastronomie, Branchen digital, NWB RAAAE-79052, Ziff. 77 ff.

aa) Preisverzeichnisse

Nach § 7 der **Preisangabenverordnung** (PAngV) v. 18.10.2002,[1] zuletzt geän-   26
dert am 11.3.2016,[2] haben **Gaststätten und ähnliche Betriebe**, die Speisen und
Getränke anbieten, die Preise einschl. Umsatzsteuer und Bedienung in Preis-
verzeichnissen anzugeben. Darin auszuweisen sind neben dem **Bruttopreis** zur
Identifizierung notwendige Bezeichnungen wie Art, Marke, Menge, usw. Die
Preisverzeichnisse sind entweder auf Tischen auszulegen oder jedem Gast vor
Entgegennahme von Bestellungen und auf Verlangen bei Abrechnung vorzulegen oder gut lesbar anzubringen. **Außerdem ist neben dem Eingang** zur Gaststätte ein Preisverzeichnis anzubringen, aus dem die Preise für die wesentlichen angebotenen Speisen und Getränke ersichtlich sind. Ist ein Gaststättenbetrieb Teil eines Handelsbetriebes (Kaufhaus, Supermarktrestaurants), so genügt das Anbringen des Preisverzeichnisses am Eingang des Gaststättenteils.

Schnellrestaurants sind nach Ansicht des LG Lüneburg keine Gaststätten im
Sinne der PAngV (LG Hamburg v. 15.3.2011[3]).

Beherbergungsbetriebe trifft eine analoge Pflicht auch für die Zimmer- und
Frühstückspreise. Kann der Gast die Fernsprechanlage nutzen, so muss zusätzlich der Preis für die Gebühreneinheit in der Nähe des Fernsprechers, bei der
Vermietung von Zimmern auch im Zimmerpreisverzeichnis offengelegt werden.

HINWEIS: 27

Für die Preisverzeichnisse interessiert sich auch der Außenprüfer. Er verwendet sie für
Zwecke der Verprobung oder Schätzung der Betriebseinnahmen durch Nachkalkulation
(vgl. Rz. 2446 ff.).

---

1 BGBl 2002 I S. 4197.
2 BGBl 2016 I S. 396.
3 NJW-RR 2011 S. 1411.

28 Die Preisauszeichnungsverordnung sieht keine Aufbewahrungspflicht der Preisverzeichnisse (Speise- und Getränkekarten) vor. Die Preisverzeichnisse (Speise- und Getränkekarten) gehören aber zu den **steuerlich bedeutsamen Unterlagen**. Sie sind daher nach der Rechtsprechung gem. § 147 Abs. 1 Nr. 5 AO geordnet **sechs Jahre** aufzubewahren.[1]

Ein Verstoß gegen die Angabepflicht des § 7 PAngV ist nach § 23 eine **Ordnungswidrigkeit.**

bb) Melderecht für Beherbergungsstätten

29 Durch die seit September 2006 in Kraft getretene Föderalismusreform obliegt dem Bund die ausschließliche Gesetzgebungskompetenz für das Meldewesen. Das Bundesmeldegesetz[2] wurde am 3.5.2013 verkündet und zuletzt geändert am 4.3.2019. Mit seinem Inkrafttreten gibt es erstmals bundesweit einheitliche und unmittelbar geltende melderechtliche Vorschriften für alle Bürger. Dadurch wurde u. a. das Verfahren der Hotelmeldepflicht vereinfacht.

30 HINWEIS:

Die an die Meldebehörde oder die Polizei nicht übermittelten Meldescheine sind nach den Meldegesetzen vom Tage der Ankunft des Gastes an ein Jahr aufzubewahren, vor unbefugter Einsicht zu sichern und nach Ablauf der Aufbewahrungsfrist zu vernichten. Die vorgenannte Aufbewahrungsfrist ist steuerlich unbeachtlich. Durch Art. 2 des Steueränderungsgesetzes 1998 wurde in § 147 Abs. 3 Satz 2 AO geregelt, dass kürzere Aufbewahrungsfristen nach außersteuerlichen Gesetzen die steuerlichen Aufbewahrungsfristen nach § 147 AO nicht berühren. Da die AO nicht geändert worden ist, kann davon ausgegangen werden, dass steuerlich eine Aufbewahrungspflicht nach § 147 Abs. 1 Ziff. 5 AO über sechs Jahre gegeben ist.

31 Nach den Fremdenverzeichnissen bzw. Meldezetteln wird der Außenprüfer bei Hotels und Pensionen zur Überprüfung der Vollständigkeit der Einnahmen regelmäßig fragen. Nichtaufbewahrung trotz noch nicht abgelaufener Aufbewahrungsfrist schafft die Berechtigung zur Schätzung der Einnahmen aus Übernachtungen nach § 162 AO.

Der BFH bejahte in einem Einzelfall die Annahme einer Belegungsquote von 40 %.[3] Vgl. aber auch Rz. 2439.

---

1 FG Baden-Württemberg, Urteil v. 18.2.1997 - 6 V 49/96, EFG 1997 S. 928; FG München, Urteil v. 14.10.2005 - 10 V 1834/05, NWB YAAAB-71588.
2 BMG, BGBl 2013 I S. 1084.
3 BFH, Urteil v. 27.1.1989 - III B 130/88, BFH/NV 1989 S. 767, NWB LAAAB-30783.

Durch das Dritte Bürokratieentlastungsgesetz v. 22.11.2019,[1] wurden u. a. die §§ 29 und 30 des Bundesmeldegesetzes geändert. Nach der Neufassung kann die Meldepflicht von Beherbergungsbetrieben mit Zustimmung der zu beherbergenden Person auch **elektronisch** erfüllt werden. Zu Einzelheiten wird auf die Quellenangabe verwiesen.

cc) Fremdenverkehrsstatistiken, Kurbeiträge usw.

Auf **Unterlagen der Kurverwaltungen** der Kurorte zur Festsetzung der Kurtaxe   32
darf die Finanzbehörde zurückgreifen. Das geschieht nicht selten über Auskunftsersuchen nach § 93 AO.

(Einstweilen frei)   33–34

dd) GEMA-Gebührenpflicht

Die GEMA nimmt als Verwertungsgesellschaft auf Grund von Berechtigungs-   35
verträgen die Rechte der jeweiligen Urheber u. a. von musikalischen Aufführungs- und mechanischen Vervielfältigungsrechten wahr und verteilt die eingenommenen Tantiemen auf sie nach einem bestimmten Schlüssel. Sie ist die für das Gastgewerbe bedeutendste Verwertungsgesellschaft für musikalische Werke. Daraus erwächst den Betrieben des Gaststättengewerbes eine Anmelde-, Genehmigungs- und Gebührenpflicht für Musikaufführungen, die Musikwiedergabe durch Tonbandgeräte, Musikautomaten, Radio- und Fernsehsendungen. Die Abgaben richten sich nach den mit der DEHOGA ausgehandelten GEMA-Tarifen.

Voraussetzung für die Gebührenpflicht ist die **Öffentlichkeit der Wiedergabe**   36
(§ 15 Abs. 3 Urheberrechtsgesetz – UrhG). **Hochzeitsfeiern** und sonstige familiäre Feste sind nicht öffentlich, da die Teilnehmer begrenzt und untereinander verbunden sind.[2] Veranstaltungen von Vereinen gelten grundsätzlich als öffentlich. Auf der Gegenseite zur GEMA haben sich als Interessenvertreter die Musiknutzer zur Bundesvereinigung der Musiknutzer (BVMV) zusammengeschlossen. Als einer der größten Vertreter der Musiknutzer ist darin die DEHOGA Mitglied. Über sie erhalten Hotel- und Gaststättenbetriebe, die Mitglied sind, einen Rabatt von 20 % auf alle GEMA-Gebühren. Einzelheiten ergeben sich aus dem bei den jeweiligen GEMA-Landesverbänden erhältlichen **GEMA-Handbuch.**

---

1 BStBl 2019 I S. 1313.
2 BGH, Urteil v. 12.12.1991, NJW 1992 S. 1171.

ee) Weitere außersteuerliche Rechtsvorschriften

37 ▶ **Betriebssicherheitsverordnung (BetrSichV) v. 27.9.2002,**[1] **letzte Neufassung v. 15.11.2016.**[2] Die Verordnung gilt für die Bereitstellung von Arbeitsmitteln durch Arbeitgeber sowie für die Benutzung von Arbeitsmitteln durch Beschäftigte bei der Arbeit. Sie dient u. a. unter bestimmten Voraussetzungen auch für überwachungsbedürftige Anlagen, soweit es sich handelt um Dampfkesselanlagen, Druckbehälteranlagen, Füllanlagen, Rohrleitungen unter innerem Druck, Aufzüge, Fahrtreppen usw. Somit regelt diese Verordnung nach Fortfall der Getränkeschankanlagenverordnung (SchankV) die Schankanlagen.

▶ **Getränkeschankanlagenverordnung** v. 27.11.1989[3] i. d. F. v. 19.6.1998[4] geändert durch Gesetz v. 6.8.2002.[5]
Ab 1.7.2005 wurde die Getränkeschankanlagenverordnung als Sondervorschrift aufgehoben. Es liegt seitdem in der Eigenverantwortung des Wirtes, in welchen Fristen er seine Schankanlage (Zapfkopf, Getränkeleitungen, Zapfarmatur) reinigt. Eine differenzierte Weiterregelung findet sich in der **Betriebssicherheitsverordnung** (BetrSichV) v. 27.9.2002 (s. o.).

▶ **Lebensmittelhygieneverordnung (LMHV)** in der Neufassung v. 8.8.2007,[6] zuletzt geändert durch Verordnung v. 8.3.2016.[7,8] Danach ist jeder Betrieb, der Lebensmittel herstellt, verarbeitet oder in den Verkehr bringt, dazu gehören auch die Gastronomen, verpflichtet, seine Mitarbeiter zu schulen und im Prozessablauf die für die Lebensmittelsicherheit kritischen Arbeitsstufen zu ermitteln, konsequent zu überwachen und zu dokumentieren. Dadurch soll höchstmöglicher Verbraucherschutz erreicht werden.

▶ **Verordnung über Spielgeräte und andere Spiele mit Gewinnmöglichkeit (Spielverordnung – SpielV)** in der Fassung der Bekanntmachung v. 27.1.2006. Aufsteller und Betreiber von **Spielgeräten** benötigen eine Erlaubnis gem. § 33c GewO. Dazu ist auch die o. a. SpielV zu beachten. Zu den Örtlichkeiten der Aufstellung für Geldspielautomaten vgl. § 1 der SpielV, von Warenspielautomaten vgl. § 2 der SpielV. Die Geräte müssen in ihrer

---

1 BGBl 2002 I S. 3777.
2 BGBl 2016 I S. 2549.
3 BGBl 1989 I S. 2044.
4 BGBl 1998 I S. 1421.
5 BGBl 2002 I S. 3082, 3103.
6 BGBl 2007 I S. 1816.
7 BGBl 2007 I S. 1816.
8 BGBl 2016 I S. 444.

Bauart von der Physikalisch-Technischen Bundesanstalt zugelassen sein (§ 33c Abs. 1 GewO). In Schankwirtschaften, Speisewirtschaften und Beherbergungsbetrieben dürfen nach § 3 SpielV höchstens drei Geld- oder Warenspielgeräte aufgestellt werden.

▶ **Mindestlohngesetz (MiLoG v. 11.8.2014[1]).** Nach dem Gesetz zur Regelung des seit 2015 in Deutschland geltenden allgemeinen Mindestlohns beträgt dieser ab 1.1.2019 stündlich 9,19 € und ab 1.1.2020 9,35 €. Eine Erhöhung auf 12 € ist geplant. Der gesetzliche Mindestlohn ist für abhängig Beschäftigte **unverzichtbar** und wird von einer besonderen Kommission stets neu festgesetzt. Das Gesetz gilt nicht für Jugendliche unter 18 Jahren ohne abgeschlossene Berufsausbildung, für Auszubildende, Langzeitarbeitslose und verschiedene Praktikanten. Er gilt bei Arbeitnehmern auch für Zahlungen an Ehegatten, sog. Minijobber, bezahlte Bereitschaftszeiten, für Urlaubs- und Weihnachtsgeld. Rufbereitschaft ist nicht mindestlohnpflichtig. Auch Saisonarbeiter fallen unter das Mindestlohngesetz. Die Kontrolle der Einhaltung obliegt der Zollverwaltung. Ein Verstoß ist nach § 21 des Gesetzes bußgeldbehaftet. Einzelheiten ergeben sich aus dem Aufsatz von Wörz.[2]

▶ **Gesetz gegen den unlauteren Wettbewerb (UWG)** i. d. F. v. 3.10.2010.[3] Das Gesetz schützt in § 3 Mitbewerber, Verbraucher und die Allgemeinheit vor unfairen bzw. unlauteren Handlungen. Geschäftliche und irreführende Handlungen sind danach unzulässig, wenn sie nicht der für den Unternehmer geltenden fachlichen Sorgfalt entsprechen und geeignet sind, die Fähigkeit des Verbrauchers zu beeinträchtigen.

▶ **Beherbergungsabgabe; „Bettensteuer", Kulturförderabgabe, Tourismustaxe.** Nach der Einführung der geänderten Umsatzbesteuerung kurzfristiger Übernachtungen haben einige Kommunen zusätzliche Abgaben für Übernachtungen eingeführt. Dazu hat das Bundesverwaltungsgericht entschieden, dass Gemeinden nur auf private Übernachtungen zusätzliche Abgaben einführen dürfen.

(Einstweilen frei)   38–42

2. Existenzgründung

Literatur: Existenzgründung im Wandel, DIHK-Gründungsreport 2019; *Schoberth*, Existenzgründung in der Gastronomie, BBB 2008 S. 184, *Brünger/de Leve*, Unternehmenstes-

---

1 BGBl 2014 I S. 1348.
2 NWB 2015 S. 1481. Siehe auch Mindestlohn/Anpassungen bis 2022, NWB 33/2020 S. 2450
3 BGBl 2016 I S. 233.

tament: Faire Gestaltungen für den Nachfolger und dessen „problematische" Geschwister, NWB 25/2020 S. 1858.

ARBEITSHILFEN UND GRUNDLAGEN ONLINE:

Geißler, Gründungszuschuss, infoCenter, NWB EAAAC-52295; *Klett*, Gründungsberatung: Checklisten zur Objekt- und Betreibereignung, Arbeitshilfe, NWB CAAAC-73464; *Schoberth*, Existenzgründung in der Gastronomie (Checklisten), Branchen digital, NWB ZAAAE-70089 und NWB BAAAD-18448; *Cremer*, Wie sind Einnahmen aus Existenzgründerzuschüssen zu behandeln?, Steuerfach Scout, NWB YAAAE-70931.

a) Betriebswirtschaftliches, Nachfolge

aa) Marktverhältnisse; Informationsquellen

43 Ob Kauf, Beteiligung, Pachtung oder Franchising in Betracht kommen, ist eine Frage des Einzelfalles und der finanziellen Möglichkeiten. Der Markt zeigt eine deutliche **Tendenz zur Trennung** von Immobilie bzw. Errichtung (Investition) und eigentlichem Betrieb.

44 Brauereien verfügen über einen hohen Bestand von Gaststätten zur Absicherung ihres Bierabsatzes. Diese Gaststätten werden daher i. d. R. von Pächtern betrieben. Bei Koppelung des Pachtvertrages mit Bierlieferungsverträgen (vgl. Rz. 91) erleichtern die Brauereien den Pächtern zusätzlich durch Darlehen oder Zuschüsse, den Kapitalbedarf zu verkraften.

bb) Unternehmensberatungen; Fördermaßnahmen

Literatur: *Marburger*, Sozialrechtsschutz für Existenzgründer, NWB 2013 S. 3700; *Kopp*, Gründungsförderung und freiwillige Arbeitslosenversicherung, NWB 2011 S. 901; *Arens*, Unklare Rechtslage bei Übertragung von KG-Anteilen auf Minderjährige, NWB 2020 S. 570.

ARBEITSHILFEN UND GRUNDLAGEN ONLINE:

Urbitsch/Fath, Förderkriterien, NWB UAAAD-05826; *Klett*, Gründungsberatung: Checklisten zur Finanzierung, NWB ZAAAC-83535; *Münsterer*, Fördermittel, NWB JAAAE-65279; *Sittlinger/Wattendrup*, Fördermittel: Gemeinschaftsaufgabe „Verbesserung der regionalen Wirtschaftsstruktur", NWB XAAAD-40386; *Münsterer*, Kreditsicherheiten, NWB FAAAE-14965; *Klett*, Gründungsberatung: Checklisten zur Wirtschaftlichkeit, NWB EAAAC-87586; *Geißler*, Gründungszuschuss, NWB infoCenter, NWB EAAAC-52295.

45 Steuerberater sollten vor Existenzgründungen auf die Einholung fachlichen, branchenspezifischen, aber auch steuerlichen Rats hinwirken bzw. diese Beratungsleistung selbst durchführen. Fachleute haben dafür die Industrie- und Handelskammern oder können sie benennen. Auch Banken kennen Spezialis-

ten für Unternehmensberatungen. Hilfestellung durch die Industrie- und Handelskammern ist im Allgemeinen kostenlos. Fremdsprachliche DIHK-Publikationen wie z. B. „Selbständig machen (Türkisch)" werden für ausländische Existenzgründer bereitgehalten.

Das Problem der **Unternehmensnachfolge** stellt sich als Folge von Krankheit, 46 Alter oder Tod des Unternehmers oder als vorausschauende Planung. Einer vorausplanenden Regelung ist dabei der Vorzug zu geben. Zu beachten ist auch, dass es eine allgemein geltende optimale Gestaltung nicht gibt. Es kommt stets auf den jeweiligen Sachverhalt an. Wenn in einer solchen Situation ein Verkauf ausscheidet stehen viele Möglichkeiten wie z. B. Leitungsübertragungen, aber auch Gesellschaftsgründungen (Personen- Kapitalgesellschaften), Verpachtungen und Stiftungen zur Verfügung. Eine diesbezügliche Beratung ist in diesen Fällen unverzichtbar.

Wenn Gesellschaftsanteile auf noch minderjährige Kinder übertragen werden, lassen sich die erbschaftsteuerlichen Freibeträge und ertragsteuerliche Progressionsvorteile ausnutzen.[1]

Unternehmens- und Existenzgründungen werden von Bund und Ländern 47 durch Zuschüsse und Darlehen gefördert. Informationen dazu sind in der **Förderdatenbank des Bundes** zu finden. Bezieher von Arbeitslosengeld können über die Bundesagentur für Arbeit einen **Gründungszuschuss bzw. ein Einstiegsgeld** erhalten.[2] Für die Gründung bietet das **BMWi Existenzgründungsportal** in der Möglichkeit zum Download von Checklisten und Übersichten eine gute Hilfe. Gleiches gilt für die DIHK-Gründungsreport-Informationen, die im Internet veröffentlicht sind. Zur generellen Beratung für Existenzgründer stehen auch in der NWB-Datenbank diverse Arbeitshilfen zur Verfügung. Die „Leitstelle für Gewerbeförderungsmittel des Bundes" bei der INTERHOGA, Am Weidendamm 1 A, Berlin, informiert interessierte Existenzgründer der Branche über die Möglichkeiten und Voraussetzungen einer finanziellen Förderung unabhängig von einer Verbandszugehörigkeit.

cc) Allgemeine Hinweise zur Betriebsform

Neugründungen beinhalten gegenüber Kauf, Beteiligung, Pachtung oder Fran- 48 chising größere Unsicherheiten. Kauf kettet bei schwerer Wiederverkäuflichkeit den Erwerber an das Objekt. Bei **Übernahme bestehender Betriebe** lassen

---

1 Vgl. Anders, NWB 2020 S. 570.
2 Vgl. dazu Kopp, NWB 2011 S. 901; Geißler, NWB EAAAC-52295 und Schoberth, Existenzgründung in der Gastronomie, NWB-BB 2008 S. 184.

sich über Bilanz- und Marktanalysen verlässlichere Erkenntnisse zur Beurteilung der Ertragschancen erlangen.

49 Pachtung, Beteiligung und Franchising (vgl. Rz. 121 ff.) bieten bessere Möglichkeiten, sich bei Fehleinschätzung bzw. existenzbedrohenden Kapitalverlusten wieder zurückzuziehen, wenn die Vertragsbedingungen es zulassen.

50 Der **Standort** kann entscheidend dafür sein, ob der Umsatz läuft oder nicht.

51–54 *(Einstweilen frei)*

dd) Berufsgenossenschaft

55 Unternehmen, die Mitarbeiter beschäftigen, sind kraft Gesetzes Mitglied der jeweiligen Berufsgenossenschaft. Diese ist Träger der **gesetzlichen Unfallversicherung** (§§ 646 ff. RVO). Für die Beschäftigten besteht **Versicherungspflicht** (§ 2 SGB VII). Auch der Unternehmer selbst ist bei ihr bis 2008 pflichtversichert. Darüber hinaus hat er die Möglichkeit, sich bei ihr freiwillig zu versichern.[1] Branchenmäßig zuständig ist die Berufsgenossenschaft Nahrungsmittel und Gastgewerbe (BGN), Dynamostrasse 7 – 11, 68165 Mannheim.

56–60 *(Einstweilen frei)*

61 Bei Neugründungen hat der Unternehmer gegenüber der Berufsgenossenschaft **Meldepflichten** (vgl. Rz. 62). Für die Nichtbeachtung besteht Bußgeldandrohung. In der Regel erhält die örtlich zuständige Berufsgenossenschaft eine Kopie der Gewerbeanmeldung. Die Richtigkeit der Beitragsnachweisungen lassen die Berufsgenossenschaften durch Außenprüfer überprüfen.

ee) Gewerbeanmeldung

VERWALTUNGSANWEISUNGEN:

Anwendungserlass zur AO (AEAO) zu § 138 AO, Neubekanntmachung v. 5.4.2019, BStBl 2019 I S. 446.

62 Der Beginn der gewerblichen Betätigung ist mit amtlich vorgeschriebenem Vordruck innerhalb eines Monats der Gemeinde in der der Betrieb gelegen ist anzuzeigen (§ 138 AO, § 14 GewO). Die Anmeldeformulare sind bundeseinheitlich. Die Gemeinde unterrichtet das zuständige Finanzamt. Eine besondere Mitteilungspflicht gegenüber dem Finanzamt besteht daher nicht.

63–66 *(Einstweilen frei)*

---

1 Vgl. auch Püttner, NWB 2011 S. 375.

b) Kaufverträge

aa) Allgemeine Gesichtspunkte

Kaufverträge beinhalten in der Regel Vermögensübertragungen im Wege der   67
Einzelrechtsnachfolge.

Die Vereinbarung von **Übergangsphasen** hat sich in der Praxis bewährt. Sie   68
kann darin bestehen, dass der bisherige Betriebsinhaber nach dem Verkauf
z. B. noch einige Monate im Betrieb bleibt. Das verringert die **Gefahr der Ab-
wanderung** von Gästen und Personal. Es empfiehlt sich außerdem, einen Teil-
betrag des vereinbarten Kaufpreises vertraglich erst nach einer Übergangszeit
fällig werden zu lassen.

(Einstweilen frei)   69–70

bb) Kaufverträge aus steuerlicher Sicht

ARBEITSHILFEN UND GRUNDLAGEN ONLINE:

Kaufpreisaufteilung für bebaute Grundstücke (Berechnung), NWB LAAAE-61859; *Langenkämper*, Kaufpreisaufteilung (Ertragsteuer, Umsatzsteuer)infoCenter, NWB
GAAAF-06370.

Anschaffungszeitpunkt ist steuerlich in der Regel nicht der vertraglich verein-   71
barte Übergang, sondern der Zeitpunkt, zu dem tatsächlich Eigenbesitz, Gefahren, Lasten und Nutzungen auf den Erwerber übergehen.[1] **Die Verschaffung
der Verfügungsmacht** ist der Zeitpunkt der Übergabe als reale Handlung.[2]
Steht ein Kaufvertrag unter einer **aufschiebenden Bedingung**, dann führt allein die Vereinbarung eines bestimmten Termins nicht zur Übertragung des
wirtschaftlichen Eigentums zu diesem Stichtag.[3]

Besonders bedeutsam ist, welcher Kaufpreisanteil auf den nicht abschreibba-   72
ren **Grund und Boden** und auf die sofort abschreibbaren **geringwertigen Wirtschaftsgüter** entfällt.

Die Finanzverwaltung interessiert sich auch dafür, ob ein **Geschäftswert** be-   73
zahlt worden ist (vgl. Rz. 1063).

Ein vereinbarter **Globalkaufpreis** programmiert Meinungsverschiedenheiten   74
mit dem Finanzamt. Käufer und Verkäufer sollten im Kaufvertrag die zum Er-

---

1 BFH, Urteil v. 28.4.1972, BStBl 1972 II S. 553; BFH, Urteil v. 7.11.1991 - IV R 43/90, BStBl 1992 II
   S. 398.
2 BFH, Urteil v. 23.1.1992 - IV R 88/90, BStBl 1992 II S. 525.
3 FG Hamburg, Urteil v. 22.1.1998, EFG 1998 S. 765.

werb gehörenden Wirtschaftsgüter **einzeln bewerten**. Grundsätzlich kann das Finanzamt eine von den Vertragspartnern vorgegebene Aufteilung auf ihre Ernsthaftigkeit hin überprüfen.[1] Im **Normalfall** wird eine Festlegung **unter Fremden akzeptiert**.[2] Eine Vereinbarung, wonach das Entgelt **allein auf das Gebäude** entfällt, ist steuerlich unbeachtlich.[3] **Gesamtkaufpreise** für betriebliche Grundstücke sind auf Grund und Boden und Gebäude nach dem **Verhältnis der Teilwerte** aufzuteilen.[4] Für die Ermittlung der Teilwerte zieht die Verwaltung die WertV v. 15.8.1972[5] – neu gefasst am 6.12.1988, geändert am 18.8.1997[6] – heran. Zur Möglichkeit der Aufteilung nach dem **Ertragswertverfahren**.[7] Die WertV wurde ab 1.7.2010 durch die ImmoWertV[8] abgelöst. In der neuen VO wurden gegenüber der WertV im Wesentlichen zusätzliche Aspekte wie z. B. die energetische Beschaffenheit des Gebäudes berücksichtigt.[9]

Kaufpreise für **private Grundstücke** sind nach dem Verhältnis der Verkehrswerte auf Grundstück und Gebäude aufzuteilen.[10] Zur Aufteilung der Anschaffungskosten bei einem „**bebauten**" Erbbaurecht vgl. **BFH v. 26.5.1992**.[11] Zur Behandlung von **Vorauszahlungen auf Erbbauzinsen** ab 1.1.2004.[12] Für ein gemischt-genutztes, teils mit Eigen- und teils mit Fremdmitteln finanziertes Grundstück sind die **Zinsen nur anteilig** abziehbar.[13]

75–80   *(Einstweilen frei)*

---

1 BFH, Urteil v. 28.3.1966 - VI 320/64, BStBl 1966 III S. 456; BFH, Urteil v. 13.4.1989 - IV R 204/85, BFH/NV 1990 S. 34, NWB FAAAB-30960.

2 BFH, Urteil v. 31.1.1973 - I R 197/70, BStBl 1973 II S. 391; FG Baden-Württemberg, Außensenate Stuttgart, Urteil v. 18 6.1997, NWB EN-Nr. 1414/97; FG Baden-Württemberg, Urteil v. 5.6.1997, EFG 1997 S. 1364.

3 BFH, Urteil v. 26.6.1991 - XI R 3/89, BFH/NV 1991 S. 682, NWB MAAAB-32731.

4 BFH, Urteil v. 21.1.1971 - IV 123/65, BStBl 1971 II S. 682; BFH v. 9.5.1995 - IX R 63/94, BFH/NV 1996 S. 116, NWB MAAAA-97308.

5 BGBl 1972 I S. 1416.

6 BGBl 1997 I S. 2081, 2110.

7 Vgl. BFH, Urteil v. 24.2.1999 - IV B 73/98, BFH/NV 1999 S. 1201, NWB GAAAA-63283.

8 BGBl 2010 I S. 639.

9 Vgl. auch Graf/Nacke, Arbeitshilfe des BMF zur Kaufpreisaufteilung auf dem Prüfstand, NWB 32/2020 S. 2383 ff.

10 BFH, Urteil v. 15.1.1985 - IX R 81/83, BStBl 1985 II S. 252.

11 BFH, Urteil 26.5.1992 - IX R 190/87, BFH/NV 1993 S. 92, NWB JAAAB-33114.

12 Vgl. Beratung aktuell, NWB 2005 S. 309.

13 BFH, Urteil v. 7.11.1991 - IV R 57/90, BStBl 1992 II S. 141.

c) Gaststättenpachtverträge

aa) Allgemeine Hinweise

Es gelten die zivilrechtlichen Vorschriften in §§ 581 ff. BGB. Die Art der Pacht 81
(Umsatz-, Festpacht) ist frei vereinbar. Bei der Ermittlung einer angemessenen
Pacht wird auf die Ertragskraft zurückgegriffen (EOP-Methode). Eine Ge-
brauchsüberlassung von Gasträumen gilt auch als Pachtvertrag, wenn der
Pächter das Inventar noch von einem Dritten erwerben muss.[1]

Bei Pachtobjekten beschränkt sich der **Kapitalbedarf** in der Regel auf den Er- 82
werb der Einrichtung, einen Geschäftswert und erforderliche Pächtereinbauten oder Umgestaltungen. Die Rentierlichkeit von Pachtobjekten hängt in erster Linie von der **Höhe der Pacht** ab.

Ein Pächter kann für die gepachteten Wirtschaftsgüter grundsätzlich **keine** 83
AfA nach § 7 EStG vornehmen. Zur AfA-Berechtigung bei unentgeltlichen sog.
Überlassungsverträgen zur Vorbereitung der Nachfolge s. BFH v. 23.1.1992.[2]

AfA nach den üblichen Grundsätzen sind zulässig für Anlagegüter, die der 84
Pächter angeschafft bzw. in den Betrieb eingebaut hat und die er nach Ablauf
der Pachtzeit entfernen oder unentgeltlich an den Verpächter übertragen
muss.

Mieter- und Pächtereinbauten vgl. Rz. 1181 ff. 85

Die beim Pächter zulässige AfA richtet sich nach der **voraussichtlichen Dauer** 86
der Pacht. Diese ist **nicht ohne weiteres** mit der **Laufzeit des Pachtvertrages**
gleichzusetzen. Wenn nach den tatsächlichen Verhältnissen anzunehmen ist,
dass die Dauer der Pacht die im Vertrag vorgesehene Laufzeit überschreiten
wird (wirtschaftliche Pachtzeit), so ist dies bei der Festsetzung der AfA zu berücksichtigen.

Ersetzt nach den Vereinbarungen der Verpächter bei Beendigung der Pachtzeit 87
den vorhandenen Wert, so sind die gesamten Aufwendungen für eingebaute
Anlagengegenstände auf die **betriebsgewöhnliche Nutzungsdauer** zu verteilen.

Vgl. auch Nutzungsrechte Rz. 1197 ff.

(Einstweilen frei) 88–90

---

1 OLG Düsseldorf v. 9.12.1993, NJW-RR 1994 S. 399.
2 Vgl. BFH, Urteil v. 23.1.1992 - IV R 104/09, BStBl 1993 II S. 327.

bb) Brauereipachtverträge

ARBEITSHILFEN UND GRUNDLAGEN ONLINE:

Bisle, Gastronomie – Recht, Branchen digital, NWB RAAAE-79052.

91 Gaststättenpachtverträge werden häufig mit Brauereien geschlossen. Sie sind teilweise Eigentümer der Objekte. Vereinzelt haben sie feste Miet- oder Pachtverträge mit Hauseigentümern und schließen mit Wirten Unterpachtverträge ab. Diese sind nahezu regelmäßig mit **Bier- bzw. Getränkebezugsverpflichtungen** verbunden (vgl. Rz. 945 ff.). Dabei werden meist Mindestabnahmemengen in Hektolitern und Preise mit dem Wirt festgelegt. Wichtig ist, dass die Verträge in Leistung und Gegenleistung ausgewogen sind. Laufzeiten mit einer Bindung von 15 bis zu höchstens 20 Jahren werden von der Rechtsprechung noch anerkannt. Nach EG-Recht sind Laufzeiten von über fünf Jahren regelmäßig problematisch. Verstöße bzw. **Knebelungsverträge** können zur Nichtigkeit wegen Sittenwidrigkeit (§ 138 BGB) führen[1] und sind damit nichtig. Ist nur die Bezugsbindung sittenwidrig, so ist nur diese auf die zulässige Dauer zu reduzieren. Zu beachten sind bei Alleinbezugsverpflichtungen die kartellrechtlichen Bestimmungen der EU. (EG 330/2010). Für Bayern sind Sonderregelungen für Bierbezugsverpflichtungen zu beachten (vgl. BayAGBGB, BayRS IV, 571).

92 Nicht selten erstrecken sich die Pachtverträge auch auf eine **Pächterwohnung.** Ein solcher Vertrag sollte die Pachtanteile für Betrieb und Wohnung zur Abgrenzung der Betriebsausgaben **getrennt festlegen.** Die Verwaltung wird davon nur ausnahmsweise abweichen.[2]

93 Für die Umsatzsteuer darf der Verpächter nur für den unternehmerisch genutzten Pachtanteil Umsatzsteuer ausweisen. Eine **Option** nach § 9 Abs. 1 UStG für die Steuerpflicht der **Wirtswohnung** ist **nicht möglich.**[3] Gleiches gilt, wenn mit Vorsteuerabzug angepachtete Räume an **Hotelpersonal** überlassen werden.[4]

Zu Brauereidarlehen bzw. -zuschüssen vgl. Rz. 945 ff.

94–120 *(Einstweilen frei)*

---

1 Vgl. auch BGH, Urteil v. 25.4.2001 - VIII ZR 135/00, NWB KAAAA-02772.
2 BFH, Urteile v. 28.3.1966 - VI 320/64, BStBl 1966 III S. 456; v. 13.4.1989 - IV R 204/85, BFH/NV 1990 S. 34, NWB FAAAB-30960.
3 BFH, Urteil v. 28.2.1996 - XI R 70/90, BStBl 1996 II S. 59.
4 BFH, Urteil v. 13.9.1988 - V R 46/83, BStBl 1988 II S. 1021; vgl. Rz. 1660.

d) Franchising

Literatur: *Jacobsen/Prasse*, Grundzüge des Rechts der Franchiseverträge unter Berücksichtigung des Schuldrechtsmodernisierungsgesetzes, NWB 2002 S. 1109; *Löffler*, Franchising/Bilanzierung, DB 2012 S. 1337.

ARBEITSHILFEN UND GRUNDLAGEN ONLINE:

Schoberth, Fragenkatalog zum Franchisesystem, NWB QAAAD-18550; *Ronig*, Franchise, NWB JAAAB-36763; *Haack*, Franchising, infoCenter, NWB HAAAE-08146; *Wattendrup/Schemmel*, Franchising, NWB IAAAE-98356.

aa) Bedeutung

Die Anzahl der Franchisesysteme hat sich in Deutschland in den letzten zehn Jahren mehr als verdoppelt. Franchising ist eine inzwischen oft gewählte Alternative bei Unternehmensgründungen. Es verdrängte das Filial- und Vertragshändlersystem, **senkt für den Franchisenehmer das Unternehmerrisiko und beschleunigt Anfangserfolge.** Inzwischen wird Franchising als die am stärksten entwickelte und der Zeit angepasste Vertriebsmethode bezeichnet. Der Franchisegeber bietet dabei dem rechtlich selbständigen Franchisenehmer gegen Entgelt ein Bündel von Dienstleistungen und Verträgen. Als Grundtypen wird zwischen Produkt-, Vertriebs- und Dienstleistungsfranchising unterschieden. Im August 2015 arbeiteten in Deutschland im Hotel- und Gastronomie 184 Betriebe als Franchiseunternehmen. — 121

Franchising hat in der Fast-food-, System- und Erlebnisgastronomie und auch in der Hotellerie (z. B. Hilton, Shareton) große Bedeutung erlangt. Ketten wie z. B. McDonalds, Nordsee, Kochlöffel, Burger King, Hallo Pizza, Subway, Kentucky Fried Chicken, Maredo usw. praktizieren systematisierte Gastronomie. **Informationen** zum Thema Franchising in der Hotellerie und Gastronomie sind vom Deutschen Franchise-Verband e. V. (DFV), Luisenstraße 41, D-10117 Berlin, erhältlich. — 122

bb) Darstellung des Systems

Franchise-Verträge verfügen über ein standardisiertes Konzept (Franchisepaket) und begründen **interne Dauerschuldverhältnisse.** Der Franchisenehmer wird in ein **erprobtes System eingebunden,** ohne ihm seine Eigenschaft als **selbständiger Gewerbetreibender** zu nehmen. Im Einzelfall gehen die Einbindungen so weit, dass rechtliche und steuerliche Selbständigkeit faktisch fraglich sind. Im negativsten Fall kann der Franchisenehmer nur noch die Funktion eines Filialleiters ohne Sozialabgaben haben. — 123

124 Der Franchise-Vertrag ist gesetzlich **nicht geregelt**. Er ist ein sog. typengemischter Vertrag und hat Merkmale von Dienst-, Werk-, Kauf- und Gesellschaftsverträgen. Er hat in der Regel Laufzeiten von mindestens zehn Jahren. Oft herrschen **Charakteristika von Lizenzverträgen** vor.

Der Franchisegeber gewährt dem Franchisenehmer oft Gebietsschutz und berechtigt zur Nutzung bestimmter Handelsmarken, Warenzeichen, Vertriebsmethoden, Geschäftsführungskonzepten, Handelswaren oder von Know-how im eigenen Namen und für eigene Rechnung. Nicht selten beinhaltet der Vertrag zusätzlich eine Übernahme von **Marketing, Belieferung, Beratung, Schulung** und betriebswirtschaftlicher Betreuung durch den Franchisegeber. Auch die Übernahme von Ausfallbürgschaften ist keine Seltenheit.

125 Franchising kostet den Franchisenehmer üblicherweise eine **einmalige**, zeitraumbezogene Abschlussgebühr als „Eintrittsgeld" in das System und **monatliche Franchise-Gebühren**. Sonderleistungen für Werbung, EDV-Verarbeitungen, Rechnungswesen u. a. m. werden überwiegend gesondert abgerechnet.

126 Das sog. „Eintrittsgeld" wird oft zusammen mit der Inventarinvestition in Rechnung gestellt. Es ist je nach System unterschiedlich hoch.

127 **Seriöse Systeme** räumen dem Franchisenehmer einen **großen unternehmerischen Spielraum** ein. Verträge, die sog. Knebelungsmerkmale enthalten oder ein Missverhältnis von Leistung und Gegenleistung aufweisen, können nach § 138 BGB **sittenwidrig** sein.[1]

128–135 *(Einstweilen frei)*

cc) Steuerliche Hinweise

136 Die meist nach den Umsätzen ausgerichteten **monatlichen Franchisegebühren** betragen i. d. R. 5 bis 10 %. Zusätzlich werden oft pauschale Werbegebühren erhoben. Beide Aufwandsarten sind ebenso wie die für die **Finanzierungskosten des „Eintrittsgeldes"** und die **laufenden Gebühren** für **Sonderleistungen**, wie Marketing, Buchhaltung, Steuerberatung usw. Betriebsausgaben.[2] Ist das **Inventar** Eigentum des Franchisenehmers, so steht ihm dafür die AfA nach § 7 EStG (vgl. Rz. 602 ff.) zu.

137 Wie das **einmalige „Eintrittsgeld"** (Abschlussgebühr) steuerlich zu behandeln ist, richtet sich nach dem Vertrag und den zugrunde liegenden tatsächlichen Gegebenheiten. Es ist sofort als Betriebsausgabe abziehbar, soweit es mit kon-

---

1 OLG Rostock v. 29.6.1995 - 1 U 293/94.
2 FG Köln, Urteil v.28.9.2017 - 7 K 1175/16, NWB SAAAG 68397.

kreten, laufenden und unmittelbaren Leistungen des Franchisegebers nach Vertragsabschluss im Zusammenhang steht. Das sind Schulungen, Eröffnungswerbung, Gründungsberatungen, Aufbau der Organisation usw. Entfällt die Abschlussgebühr auf das **Markenzeichen, einen Gebietsschutz** oder z. B. das **Know-how,** so liegen **Anschaffungskosten** für ein **immaterielles Wirtschaftsgut** nach § 5 Abs. 2 EStG vor. Sie sind zu aktivieren und nach Maßgabe des Vertrages bzw. der wirtschaftlichen Vertragsdauer abzuschreiben. Handelt es sich um ein im Voraus gezahltes Entgelt für eine zeitraumbezogene Gegenleistung, so ist der Betrag als **Rechnungsabgrenzungsposten** auf die Vertragslaufzeit zu verteilen.

In der Regel wird eine **Aufteilung der Abschlussgebühr im Schätzungswege** erfolgen müssen, da sie Bestandteile eines immateriellen Wirtschaftsgutes enthält, aber auch laufende Betriebsausgaben betrifft. Alle Leistungen unterliegen beim Franchisegeber der **Umsatzsteuer zum Regelsteuersatz.** Daher ist beim Vertragspartner vom **vollen Vorsteuerabzug** auszugehen. | 138

Eine bei Beendigung des Vertrages gezahlte, § 89b HGB entsprechende Ausgleichszahlung fällt unter § 24 Nr. 1 EStG. Handelt es sich bei Zahlungen des Franchisenehmers an den Franchisegeber um ein im Voraus gezahltes Entgelt z. B. für vom Franchisegeber noch nicht verbrauchte, zweckgebundene Werbebeiträge, so sind diese beim Franchisegeber erfolgsneutral zu bilanzieren.[1] | 139

Zur Einheitlichkeit mehrerer Franchise-Betriebe der gleichen Art in einer Hand vgl. BFH, Urteil v. 21.1.2005.[2]

e) Ehegattenpacht-/-mietverträge

Literatur: *Paus,* Das betrieblich genutzte Gebäude auf dem Grundstück des Ehegatten, NWB 2017 S. 1593 ff.

VERWALTUNGSANWEISUNGEN:

BMF, Schreiben v. 16.12.2016, BStBl 2016 I S. 1431 ff.

Grundsätzlich bestehen keine Bedenken gegen die steuerliche Anerkennung, wenn die Verträge wie unter Fremden üblich bürgerlich-rechtlich wirksam abgeschlossen und durchgeführt werden. Die Behörde darf keine Anhaltspunkte für die Annahme haben, dass die Gestaltung nur der Steuerersparnis dient und § 42 AO zur Anwendung kommt. Dazu wird auf H 4.8 und H 21.4 EStH und | 140

---

1 BFH, Urteil v. 22.8.2007 - X R 59/04, BStBl 2008 II S. 284.
2 BFH, Urteil v. 21.1.2005 - XI B 23/04, BFH/NV 2005 S. 1134, NWB ZAAAB-52547.

die FG-Urteile des FG des Saarlandes v. 25.11.2008[1] und des FG Mecklenburg-Vorpommern v. 18.7.2007[2] verwiesen.

In der Praxis werden Betriebe der Gastronomiebranche nicht selten auf dem Grundstück des Ehegatten betrieben oder der betrieblich genutzte Grundstücksteil gehört beiden zur ideellen Hälfte. Von einer bei intakter Ehe nicht unüblichen kosten- und vertragslosen Überlassung muss abgeraten werden. Ebenso wenig sinnvoll wäre eine **Grundstücksübertragung** auf den unternehmerisch tätigen Ehegatten oder der Abschluss einer **BGB-Gesellschaft** zwischen ihnen. Das Betreiben der Gaststätte in der Rechtsform einer GmbH (vgl. Rz. 262 ff.) kann empfehlenswert sein.

141 **Grundstücke** sind unbedingt aus dem **haftenden Vermögen** herauszulassen. Auch ins steuerliche Betriebsvermögen soll nur, was nach steuerlicher Rechtslage unvermeidbar ist (vgl. Rz. 1039 ff.). Beide Gesichtspunkte werden erreicht durch klare **Trennung von Betriebsführung und Eigentum** am Grundbesitz über einen Pachtvertrag. Der Verpächter-Ehegatte hat dann Einkünfte aus Vermietung und Verpachtung. Eine spätere **Aufdeckung stiller Reserven** beim Grundstück ist so **nicht steuerbar**. Außerdem haftet es nicht für die Schulden des Betriebes.

Zur Anerkennung eines Pachtvertrages zwischen Ehegatten (Hotelpachtvertrag) vgl. auch FG Köln, Urteil v. 22.10.1012.[3]

Zur Behandlung von eigenem Aufwand des Unternehmerehegatten für die Errichtung von Betriebsgebäuden auf einem dem Nichtunternehmer gehörenden Grundstück vgl. Rz. 1034 ff. Hinweis auch auf BMF, Schreiben v. 16.12.2016.[4]

f) Beteiligung an bestehenden Betrieben

aa) Allgemeines

142 Neben Kauf, Neugründung, Pachtung oder Franchising kommt für die Realisierung unternehmerischer Betätigungsabsicht auch der **Erwerb von Anteilen** an bestehenden Gesellschaften oder der **Eintritt in das Unternehmen** eines Einzelkaufmannes bzw. eine Personengesellschaft in Frage.

---

1 2 K 2008/06, NWB TAAAB-03518.
2 3 K 13/06, NWB HAAAL-79190.
3 7 K 2964/09, EFG 2013 S. 665.
4 BStBl 2016 I S. 1431 ff.

Geschäftsanteile einer GmbH sind käuflich und vererblich (§ 15 Abs. 1   143
GmbHG). Eine Übertragung findet durch **Abtretung** statt.

Tritt jemand in das Unternehmen eines Einzelkaufmannes ein, so entsteht   144
eine **OHG**, wenn keine Haftungsbeschränkungen vereinbart werden. Eine **Haftungsbeschränkung** bei einem Gesellschafter führt zur Rechtsform einer **KG**.
Die durch Beitritt in ein Einzelunternehmen entstehende Gesellschaft haftet
für alle im Betrieb des Einzelunternehmens entstandenen Schulden auch
dann, wenn die Firma nicht fortgeführt wird (vgl. Rz. 2601 ff.).

Anteile an einer Personengesellschaft sind nur veräußerbar, wenn dies der Ge-   145
sellschaftsvertrag vorsieht. Ein **Beitritt** in eine bestehende Personengesellschaft kann dann über einen **neuen Gesellschaftsvertrag** vereinbart werden.

bb)   Gewerberechtliche Hinweise

Aus dem **Beitritt zu einem Einzelunternehmen** und der daraus entstehenden   146
Personengesellschaft erwachsen **gewerberechtliche** und **steuerrechtliche Fragen**. Beim Entstehen von Personengesellschaften des bürgerlichen Rechts oder
des Handelsrechts wird eventuell die **Gaststättenerlaubnis** tangiert.

cc)   Steuerliche Hinweise

Die erworbenen GmbH-Anteile gehören meist zum **notwendigen Privatver-   147
mögen** (bei Veräußerungen Hinweis auf § 17 EStG). Im Einzelfall kann die Beteiligung auch notwendiges oder gewillkürtes Betriebsvermögen sein (vgl.
Rz. 1039 ff.).

Bei Vereinigung **von mindestens zurzeit noch 95 % der GmbH-Anteile** entsteht   148
für den Fall, dass der GmbH Grundbesitz gehört, **Grunderwerbsteuer** (§ 1
Abs. 3 Nr. 2 GrEStG; Anteilsvereinigung; vgl. auch Rz. 1926). Bei Umstrukturierungen im Konzern nach dem Umwandlungsgesetz ist nach dem Wachstumsbeschleunigungsgesetz v. 22.12.2009[1] für Erwerbsvorgänge, die nach dem
31.12.2009 verwirklicht worden sind, die Steuervergünstigung § 6a GrEStG zu
beachten. Gehören inländische Grundstücke zum Vermögen einer Personengesellschaft, so kann § 1 Abs. 2a GrEStG zur Anwendung kommen. Es bleibt abzu-
warten, welche Gesetzesänderungen durch die geplante Grunderwerbsteuer-
reform als Folge des Brexits eintreten werden.

(Einstweilen frei)   149–228

---

1 BGBl 2009 I S. 3950.

3. Rechtsformen; steuerliche Vor- und Nachteile

a) Bedeutung der Rechtsform

Literatur: *Weber*, Rechtsformwahl, Auswirkungen der Unternehmensteuerreform 2008, NWB 2007 S. 3031; *Weber*, Steueroptimierung durch Änderung der Rechtsform, NWB 2008 S. 3075; *Mindermann/Lukas*, Bedeutung der Rechtsformwahl bei der Unternehmensgründung, NWB 2011 S. 3847; *König/Maßbaum/Sureth-Sloane*, Besteuerung und Rechtsformwahl, 7. Aufl., Herne 2016.

229 Die Unternehmensbesteuerung ist in Deutschland immer noch stark **unternehmensabhängig.** Eine einheitliche bzw. verbindliche Empfehlung für die Rechtsformwahl ist daher nicht möglich. Eine, bei der Gründung getroffene Rechtsformwahl ist nicht irreversibel. Eine nachträgliche Änderung ist bei internen bzw. externen Veränderungen jederzeit möglich, aber meist auch wieder mit zusätzlichen Kosten bzw. Steuerzahlungen verbunden.

Die Unternehmenssteuerreform 2008 schaffte zwar eine weitgehende Gleichstellung von Kapital- und Personengesellschaften. Da die Besteuerung bei natürlichen Personen, Personengesellschaften und Kapitalgesellschaften aber unterschiedlich geregelt ist, stimmt die steuerliche Belastung nur selten überein. In vielen Fällen ist die Kapitalgesellschaft gerade für den Mittelstand die überlegene Rechtsform. Für die Kapitalgesellschaft spricht u. a., dass dabei Verträge zwischen Gesellschaft und Gesellschafter (Anstellungsverträge, Pensionszusagen, Mietverträge, Pachtverträge usw.) mit steuerlicher Konsequenz möglich sind, die mitunter günstigere Arbeitnehmerbesteuerung genutzt werden kann, eine Gewinnthesaurierung zu günstigerer Steuer führt. und bei einer Ausschüttung die Möglichkeit der Nutzung von Sparerfreibeträgen gegeben ist.

Auch die Erbschaftsteuer-Reform (Rz. 1910 ff.) hat einen wichtigen Stellenwert bei dieser Abwägung.

Bei Gründungen bzw. Veränderungen sollte stets die Fachberatung eines Steuerberaters in Anspruch genommen werden.

Zur Vermeidung nachteiliger steuerlicher Folgen einsetzbare Steuer- und Satzungsklauseln vgl. Kamchen/Kling.[1]

230–231 *(Einstweilen frei)*

---

1 NWB 2017 S. 1355.

b) Einzelunternehmen, Ehegattenpersonengesellschaften

Literatur: *Sarres*, Der Ehevertrag und seine steuerliche Bedeutung, StuB 1999 S. 537; *Fleischmann*, Der eheliche Güterstand und dessen Auswirkungen auf die Besteuerung der Eheleute sowie deren Nachfolgeplanung, NWB 2002 S. 4041.

VERWALTUNGSANWEISUNGEN:

R und H 4.8 EStR und EStH.

Das **Einzelunternehmen** ist in der Gastronomie die **traditionell gebräuchlichste Rechtsform**. Der Gastwirt führt dabei sein Unternehmen auf eigene Rechnung und Gefahr, **trägt das Risiko** des Kapitalverlustes allein und **haftet** für betriebliche Schulden mit seinem gesamten, **auch dem privaten Vermögen.** 232

Beim Einzelunternehmen ist **die** Möglichkeit zur Steuerminimierung, z. B. durch schuldrechtliche Verträge begrenzt. Der Unternehmer kann für seine Arbeitsleistung nur begrenzt steuerlich wirksam werdende Verträge abschließen. Was bleibt, ist die Möglichkeit der **Ertragsminderung** durch **Verträge mit nahen Angehörigen,** wie Ehegatten, Kindern und Eltern (Arbeits-, Miet-, Pacht-, Darlehensverträge, siehe Rz. 740 ff.). Zur Anerkennung von **Mietverträgen zwischen nahen Angehörigen** vgl. BFH v. 1.8.2012.[1] 233

Die bei einer Einzelfirma schon schmalen Gestaltungsmöglichkeiten werden bei Gründung einer Personengesellschaft (BGB-Gesellschaft, OHG, KG usw.) mit dem Ehegatten oder bei nachteiligem Güterstand noch eingeengt. **Ehegatten** sollten daher aus steuerlichen wie haftungsrechtlichen Gründen ihren Betrieb **nicht als Personengesellschaft** betreiben. Arbeits-, Miet-, Pacht- oder Darlehensverträgen mit dem Ehegatten versagt dann § 15 Abs. 1 Nr. 2 EStG den gewinnmindernden Effekt. 234

Wird einem **Ehegatten gehörender Grundbesitz** betrieblich genutzt, so ist er bei Ehegattenmitunternehmergemeinschaften **notwendiges Betriebsvermögen** und gehört zum Haftungsvolumen. Ein Einzelunternehmen kann den Grundbesitz des Ehegatten über Pachtvertrag entgeltlich nutzen (vgl. Rz. 140 ff.). Eine unentgeltliche, **vertragslose Nutzung** sollte durch entsprechende Verträge beendet werden.[2] 235

Für Eheleute im Güterstand der **Gütergemeinschaft** nach §§ 1415 ff. BGB ist eine Einzelfirma hinsichtlich eines zum Gesamtgut gehörenden Betriebes steuerlich problematisch. Der BFH hat zwar mit grundlegender Entscheidung 236

---

1 BFH, Urteil v. 1.8.2012 - IX R 18/11, NWB UAAAE-30638.
2 BFH, Urteil v. 20.9.1990 - IV R 300/84, BStBl 1991 II S. 82.

v. 18.2.1959[1] festgestellt, dass die Vereinbarung der Gütergemeinschaft **keine unmittelbaren Wirkungen** für die einkommensteuerliche Zurechnung der von Ehegatten erzielten Einkünfte hat. Bedeutung kommt dabei aber dem **Gesamtgut** der Ehegatten zu. So hat das FG Saarland mit Urteil v. 26.5.2004[2] entschieden, dass Ehegatten von denen der eine, eine Speisegaststätte und der andere eine Metzgerei betreibt bei Gütergemeinschaft bezüglich beider Tätigkeiten gemeinschaftlich als **Mitunternehmer** anzusehen sind.[3] Zur **Mehrheit von Betrieben** bei ehelicher Gütergemeinschaft vgl. FG des Saarlandes, Urteil v. 26.5.2004.[4] Zur **stillschweigenden Mitunternehmerschaft** zwischen Ehegatten vgl. BFH, Urteil v. 29.6.2004.[5] Zur Mitunternehmerschaft zwischen Ehegatten durch **schlüssiges Handeln** vgl. FG Düsseldorf, Urteil v. 6.7.2006.[6]

237 Mitunternehmerschaft kann für **Grundbesitz** bedeuten, dass auch der betrieblich genutzte Anteil des Ehegatten **notwendiges Betriebsvermögen** ist, mit der späteren Folge des Versteuernmüssens stiller Reserven bei Veräußerung oder Entnahme.

238 Bei eigenem Aufwand des Unternehmerehegatten für die Errichtung von Betriebsgebäuden auf einem auch dem Nichtunternehmer-Ehegatten gehörenden Grundstück vgl. Rz. 141 und Rz. 1034.

239 Ein an den Ehegatten gezahlter **Arbeitslohn ist bei Gütergemeinschaft als Gewinnanteil** nach § 15 Abs. 1 Nr. 2 EStG nicht als Betriebsausgabe abziehbar. Zu ertragsteuerlichen Folgen aus der Änderung des ehelichen Güterstandes im Beitrittsgebiet vgl. BMF, Schreiben v. 15.9.1992.[7]

240 Treten **Ehegatten nach außen als Inhaber** eines gewerblichen Unternehmens auf, so kann davon ausgegangen werden, dass zwischen ihnen ein Gesellschaftsvertrag zustande gekommen ist. Dabei ist unbeachtlich, wenn der Betrieb allein auf den Namen der Ehefrau angemeldet ist und die Bilanzen keine gesonderten Kapitalkonten des Ehegatten aufweisen. Soll angenommen wer-

---

1 BFH, Urteil v. 18.2.1959 - VI D 1/58 S, BStBl 1959 III S. 263.
2 1 K 306/00, EFG 2004 S. 1449.
3 Vgl. dazu BFH, Urteil v. 7.10.1976 - IV R 50/72, BStBl 1977 II S. 201; BFH, Urteil v. 4.11.1997 - VIII R 18/95, BStBl 1999 II 384 und BFH, Urteil v. 18.8.2005 - IV R 37/04, BFH/NV 2005 S. 2289, NWB OAAAB-68613.
4 FG des Saarlandes, Urteil v. 26.5.2004 - 11 K 119/04, EFG 2004 S. 1472.
5 BFH, Urteil v. 29.6.2004 - IV B 126/03, BFH/NV 2005 S. 30, NWB ZAAAB-35537.
6 FG Düsseldorf, Urteil v. 6.7.2006 - 11 K 1681/04 F, NWB UAAAC-16414.
7 BStBl 1992 I S. 542.

den, dass der Ehegatte seine Beteiligung aufgegeben hat, so muss feststehen, dass das Gesellschaftsverhältnis beendet wurde.[1]

Zur Mitunternehmereigenschaft des im Unternehmen **mitarbeitenden Lebensgefährten** vgl. BFH, Urteil v. 28.10.2008.[2]

(Einstweilen frei) 241–250

c) Personengesellschaften

Literatur: *Lange u. a.*, Personengesellschaften im Steuerrecht, 10. Aufl., Herne 2017; *Ritzrow*, Die Kriterien der Mitunternehmerschaft, StBp 2009 S. 175, 203; *Neufang*, Leistungsaustausch zwischen Gesellschafter und Gesellschaft einer Personengesellschaft, StBp 2009 S. 100; *Stinn*, Familiennachfolge im Einzelunternehmen über Personengesellschaften, NWB 2012 S. 1151.

VERWALTUNGSANWEISUNGEN:

R 15.8 EStR; H 15.8 EStH.

ARBEITSHILFEN UND GRUNDLAGEN ONLINE:

Gehrmann, Dopplestöckige Personengesellschaft, infoCenter, NWB IAAAC-46035; *Haack*, Gründung der GbR, infoCenter, NWB JAAAD-46143.

Als Personengesellschaften gelten die **Gesellschaften des bürgerlichen Rechts** nach §§ 705 ff. BGB und die verschiedenen **Handelsgesellschaften** nach HGB, wie OHG, KG, GmbH & Co. KG, Partnerschaftsgesellschaft, Partenreederei, Stille Gesellschaft und die Europäische Wirtschaftliche Interessenvereinigung (EWIV). 251

Die Gesellschaften haben teilweise eingeschränkte Rechtsfähigkeit. Bei **Umsatz-** (§ 2 Abs. 1 UStG) und **Gewerbesteuer** (§ 2 Abs. 2 GewStG) sind Personengesellschaften i. d. R. **selbständige Steuersubjekte.** GbR und Personenvereinigungen, die nur als reine **Innengesellschaften** gegenüber ihren Mitgliedern tätig sind, fehlt die umsatzsteuerliche Unternehmereigenschaft. Die Personengesellschaft gilt ertragsteuerlich als **partielles Steuerrechtssubjekt**[3] für die Feststellung der Einkunftsart und die Ermittlung der Einkünfte im einheitlichen und gesonderten Gewinnfeststellungsverfahren. Der Ertragsbesteuerung unterliegt der einzelne Gesellschafter bzw. Mitunternehmer. Vom Gesellschaf- 252

---

1 BFH, Urteil v. 28.1.1988 - IV R 198/84, BFH/NV 1988 S. 734, NWB UAAAB-29760.
2 BFH, Urteil v. 28.10.2008 - VII R 32/07, BFH/NV 2009 S. 355, NWB EAAAD-02658.
3 BFH, Urteil v. 25.6.1984 - GrS 4/82, BStBl 1984 II S. 751.

ter getragene **Sonderbetriebsausgaben** können steuerlich nur im Gewinnfeststellungsverfahren geltend gemacht werden.[1]

253 **Mitunternehmerschaft** ist ein von der steuerlichen Rechtsprechung entwickelter ertragsteuerlicher Begriff.[2] Sie liegt u. a. vor, wenn Beteiligte **Unternehmerrisiko** tragen und **Unternehmerinitiative** entfalten können.[3] Mitunternehmer ist in der Regel, wer **am Gewinn und Verlust beteiligt** ist (R 15.8 EStR; H 15.8 EStH).

254 Eine Personengesellschaft erzielt gewerbliche Einkünfte i. S. v. § 15 Abs. 1 i. V. m. Abs. 3 Nr. 1 und 2 EStG, wenn sie ein gewerbliches Unternehmen betreibt. Für im HGB eingetragene Handelsgesellschaften besteht die widerlegbare Vermutung, dass ein gewerbliches Unternehmen gegeben ist.

255 Vertraglich vereinbarte **Tätigkeitsvergütungen** für Gesellschafter sind ebenso wie andere Vergütungen für Kapital, Darlehen oder die Überlassung von Wirtschaftsgütern steuerlich nicht abziehbarer **Vorabgewinn** (§ 15 Abs. 1 Nr. 2 EStG). Dies dient dazu, die Mitunternehmer von Personengesellschaften in ihrer steuerlichen Behandlung der beim Einzelunternehmer anzugleichen. Wegen des Fehlens der Arbeitnehmereigenschaft von Mitunternehmern besteht grundsätzlich auch **keine Sozialversicherungspflicht.**

256 Personengesellschaften sind beliebt als Rechtsform für die Beteiligung von Familienmitgliedern (Familiengesellschaften) zur **Nachfolgeregelung** und **Gewinnaufteilung** zur Senkung der negativen Auswirkung der **Steuerprogression.**

257–260 *(Einstweilen frei)*

d) Die GmbH & Co. KG

Literatur: *Cremer,* Die GmbH & Co. KG, BBK 2002 S. 601; *Söffing u. a.,* Die GmbH & Co. KG, Herne 2012; *Bisle,* Zu beachtende Beurkundungspflichten bei der GmbH & Co. KG, NWB 2015 S. 839; *Werner,* Geschäftsführerhaftung und Kapitalerhaltung bei der GmbH & Co. KG, NWB 2015 S. 2296; *Werner,* GmbH & Co. KG und das Verbot des Selbstkontrahierend, NWB 2016 S. 418.

ARBEITSHILFEN UND GRUNDLAGEN ONLINE:

Haack, Haftung in der GmbH & Co KG, infoCenter, NWB JAAAD-75793; *Gehrmann,* Kommanditgesellschaft, NWB AAAAB-04832; *Haack,* Beendigung der GmbH & Co. KG, infoCenter, NWB TAAAD-82348.

---

1 BFH, Urteil v. 11.9.1991 - XI R 35/90, BStBl 1992 II S. 4.
2 BFH, Urteil v. 13.7.1993 - VIII R 50/92, BStBl 1994 II S. 282.
3 BFH, Urteil v. 28.11.1974 - I R 232/72, BStBl 1975 II 498; BFH, Urteil v. 8.2.1979 - IV R 163/76, BStBl 1979 II S. 405.

Es handelt sich um eine **steuerlich attraktive Gesellschaftsform,** die die **Vortei-** 261
le der GmbH mit denen der Personengesellschaft verbindet, ohne die Nachteile der GmbH voll zur Wirkung zu bringen. Die **Attraktivität** der GmbH & Co.
KG besteht darin, dass über die Funktion der GmbH als Komplementärin die **Haftung** des Komplementärs **faktisch begrenzt** wird, es sich dennoch aber steuerlich um eine Personengesellschaft handelt.[1] Das gilt auch, wenn die **Kommanditisten** zugleich **Gesellschafter der GmbH** oder nahe stehende Personen sind.[2]

Die Rechtsform der GmbH & Co. KG ermöglicht eine relativ **problemlose Nachfolge** und **Geschäftsführung.** **Handelndes Organ** ist der Geschäftsführer, der
auch eine **fremde Person** sein kann. Die Tätigkeit der GmbH & Co. KG ist nach
§ 15 Abs. 3 EStG **gewerblich,** wenn ausschließlich Kapitalgesellschaften persönlich haftende Gesellschafter sind und nur diese oder unbeteiligte Personen
zur Geschäftsführung befugt sind.[3]

Die GmbH & Co. KG ist selbst weder einkommen- noch körperschaftsteuerpflichtig. Wie bei den anderen Personengesellschaften werden ihre Einkünfte
auf die einzelnen Gesellschafter verteilt steuerlich gesondert und einheitlich
festgestellt. Umsatzsteuerlich können sowohl die GmbH & Co. KG, die Komple-
mentär-GmbH als auch die Kommanditisten jeweils Unternehmer sein.

Der Gewinnanteil der GmbH an der KG muss angemessen sein, um verdeckte
Gewinnausschüttungen zu vermeiden.[4]

e) Kapitalgesellschaften

aa) GmbH, Unternehmergesellschaft, Europäische Privatgesellschaft (SPE)

Literatur: *Haack*, Die GmbH-Gesellschafterversammlung, NWB 2007 S. 369; *ders.*, GmbH-
Gründung nach dem MoMiG, NWB 2008 S. 3763; *ders.*, Vergleich des alten und neuen
GmbH-Rechts, Beratung aktuell, NWB 2008 S. 3727; *Rotte*, Folgewirkungen des MoMiG
auf die GmbH in der Krise, NWB 2008 S. 3775; *Werner*, Gesellschafterhaftung im GmbH-
Recht, NWB 2008 S. 3591; *Dißars*, Die Europäische Privatgesellschaft (SPE), NWB 2009
S. 3737; *Pelke*, Die Unternehmergesellschaft, NWB 2009 S. 4757; *Schmidt*, Europäische
Rechtsformen/Europäische Privatgesellschaft, StWK 2010 S. 271; *Haack*, Die Unterneh-
mergesellschaft (haftungsbeschränkt), NWB 2013 S. 214; *Wolf*, Praxiserfahrungen mit
der Unternehmergesellschaft (haftungsbeschränkt) BBK 2014 S. 187; *Kamchen/Kling*,

---

1 BFH, Urteil v. 2.8.1960 - I 221/59 S, BStBl 1960 III S. 408; BFH, Urteil v. 30.9.1964 - I 231/62 U,
  BStBl 1965 III S. 54.
2 BFH, Urteil v. 16.9.1958 - I 351/56 U, BStBl 1958 III S. 462; BFH, Urteil v. 15.11.1967 - IV R
  139/67, BStBl 1968 II S. 152.
3 BFH, Urteil v. 11.12.1986 - IV R 222/84, BStBl 1987 II S. 553.
4 BFH, Urteil v. 15.11.1967 - IV R 139/67, BStBl 1968 II S. 152.

Umwandlung einer GmbH in eine Personengesellschaft, NWB 2017 S. 1896 ff.; *Werner,* Die Entwicklung des Rechts der GmbH im Jahr 2019, NWB 2020 S. 480.

ARBEITSHILFEN UND GRUNDLAGEN ONLINE:

Haack, Societas Privata Europaea/Societas Unius Personae, infoCenter, NWB EAAAD-82353; *Gehrmann,* Kapitalgesellschaft, infoCenter, NWB ZAAAB-17516; *Gehrmann,* GmbH-Gründung, infoCenter, NWB QAAAB-05667; *Haack,* Unternehmergesellschaft (haftungsbeschränkt), infoCenter, NWB FAAAD-82746.

262   Die **GmbH** erfreut sich auch im Gastgewerbe immer größerer Beliebtheit. Die Verbreitung spiegelt das große Interesse der Wirtschaft an dieser Rechtsform wider. Durch das ab 1.11.2008 wirksame, durch das Gesetz zur Modernisierung des GmbH-Rechts und zur Bekämpfung von Missbräuchen (MoMiG) neugefasste GmbHG wird sich diese Tendenz verstärken.

263   Die Gesellschafter der „klassischen" GmbH **haften** weiterhin mit einer Mindesteinlage von 25.000 €. Für Existenzgründer, die nicht über das vorgenannte Mindestkapital verfügen, führte der Gesetzgeber zur Beschleunigung und Erleichterung von Unternehmensgründungen über § 5a GmbHG die sog. **haftungsbeschränkte Unternehmergesellschaft** (UG) ein. Sie kann bereits mit einem Stammkapital von 1 € gegründet werden. Die UG bietet nahezu alle Vorzüge der GmbH. Allerdings hat in diesem Fall die Gesellschaft eine nach § 5a Abs. 3 GmbHG vorgegebene gesetzliche Rücklage zu bilden. Wird bei einer Gründung das Gesellschaftskapital von 25.000 € unterschritten, so muss das Unternehmen zukünftig den Firmenzusatz „Unternehmergesellschaft (haftungsbeschränkt)" tragen. Die Gesetzesänderung sollte vor allem die Beliebtheit der britischen Limited beenden (vgl. Rz. 269). Dies ist auch gelungen. Nach einer Studie der Universität Jena betrug die Anzahl der im Handelsregister eingetragenen Unternehmergesellschaften zum 1.11.2013 91.104. Die Rechtsform behauptet aber den dritten Platz in der Insolvenzstatistik.

Die Europäische Kommission hat zur Vereinheitlichung des Europäischen Gesellschaftsrechts die **Europäische Privatgesellschaft (SPE)** geschaffen. Die SPE ist eine Kapitalgesellschaft mit geringem Mindestkapital. Sie soll insbesondere kleinen und mittleren europäischen Unternehmen die Möglichkeit geben, sich einer europäischen Rechtsform zu bedienen.[1] Das ursprüngliche Ziel, die SPE Mitte 2010 verfügbar zu machen, wurde bisher wegen Statusproblemen nicht erreicht.

---

1 Im Einzelnen vgl. Dißars, Die Europäische Privatgesellschaft (SPE), NWB 2009 S. 3737.

Steuerlich bietet die GmbH eine Vielfalt von **vorteilhaften Gestaltungen.** Sie eignet sich besonders, wenn die Entwicklung des betriebenen Geschäftszweiges nicht absehbar ist. Unter den Insolvenzen sind daher überproportional viele GmbH vertreten.

Die GmbH ist als **juristische Person** unabhängig von ihren Gesellschaftern Träger von Rechten und Pflichten. Sie handelt nach außen durch ihren Geschäftsführer. Für ihre Errichtung ist ein **Gesellschaftsvertrag** erforderlich, der grundsätzlich **notariell zu beurkunden** ist. 264

Nach § 2 Abs. 1a GmbHG kann die Gesellschaft ab 1.8.2008 in einem **vereinfachten Verfahren** gegründet werden, wenn sie höchstens drei Gesellschafter und einen Geschäftsführer besitzt und keine Sacheinlagen tätigt. In diesem Fall hat die Gründung nach einem vom Gesetzgeber vorformulierten Musterprotokoll zu erfolgen. Dies Protokoll verbindet Gesellschaftsvertrag, Geschäftsführerbestellung und Gesellschafterliste in einem Dokument, das notariell zu beurkunden ist. Vorgenanntes vereinfachtes Gründungsverfahren kann auch für die Errichtung der sog. klassischen GmbH Verwendung finden.

Eine GmbH kann auch von einer Person errichtet werden. Erst bei der **Eintragung ins Handelsregister** ist Sie als juristische Person entstanden. Nach der Neufassung des GmbHG brauchen bei der Handelsregisteranmeldung öffentliche Genehmigungen wie z.B. nach dem Gaststättengesetz bzw. nach § 35a GewO nicht mehr eingereicht zu werden. Von der notariellen Beurkundung bis zur Eintragung ins Handelsregister existiert eine sog. **Vorgesellschaft.** Zwischen dieser und der später entstehenden GmbH ist **Personenidentität** gegeben. Das gilt nicht für die „Vorgründungsgesellschaft" vor der notariellen Beurkundung des Gesellschaftsvertrages.

Dienste der Gesellschafter für die GmbH können mit steuerlicher Wirkung durch Vermittlungs-, Arbeits-, Miet-, Pacht-, Dienstvertrag usw. entgeltlich erbracht werden. In dieser Möglichkeit der Gewinnbeeinflussung liegt ein wichtiger steuerlicher Grund für die Beliebtheit dieser Gesellschaftsform. 265

Haben Zuwendungen an die Gesellschafter ihre Ursache im Gesellschaftsverhältnis, so liegen Einkünfte aus Kapitalvermögen vor, wenn die GmbH-Anteile Privatvermögen sind. Zu beachten ist, dass **verdeckte Gewinnausschüttungen** das Einkommen der GmbH nicht mindern (§ 8 Abs. 3 KStG). Bei **schuldrechtlichen Abmachungen** unterliegen die Zuwendungen beim Gesellschafter der Einkunftsart, der der jeweilige Vertrag zuzuordnen ist. Auf **§ 17 EStG** wird besonders hingewiesen. 266

267 Eltern von minderjährigen Kindern bevorzugen die GmbH, weil bei unverhoff-
tem Ableben des Unternehmers eine Weiterführung der GmbH durch einen
fremden Geschäftsführer per Vertrag ohne Beteiligung möglich ist. Das geht
bei Personengesellschaften nicht.

268 Durch die Unternehmensreform 2008 wurde ab VZ 2008 der Körperschaftsteu-
ersatz von 25 auf 15 % abgesenkt. Dadurch sind die bisherigen Hauptnachteile
der Kapitalgesellschaft, wonach ausgeschüttete Gewinne höher besteuert
wurden, weggefallen. Die GmbH ist nunmehr in vielen Fällen für den Mittelstand die überlegene Rechtsform.

bb) Private Limited Company (Ltd)

Literatur: *Nave/Gäbel*, Die deutsche GmbH im Vergleich zur englischen Private Limited
Corporation, NWB 2007 S. 621; *Nave*, Die reformierte Limited, NWB 2008 S. 1351; *Volb*,
Die Limited, 2. Aufl., Herne 2010; *Werner*, Die Limited als Restgesellschaft, NWB 2011
S. 632; *Langer/Hammert*, Limited gelöscht: Die Umsatzsteuerkatastrophe?, NWB 2012
S. 2054; *Böttcher/Ferstl*, Ausweg aus der Limited, NWB 2019 S. 252.

ARBEITSHILFEN UND GRUNDLAGEN ONLINE:

Gehrmann, Private Limited Company, infoCenter, NWB AAAAB-72970.

269 Die Private Limited Company (Ltd) ist eine der deutschen GmbH vergleichbare
Gesellschaftsform des englischen Gesellschaftsrechts. Der Europäische Ge-
richtshof hat klargestellt, dass die Rechts- und Parteifähigkeit der Limited auch
in Deutschland anzuerkennen ist. Vorgenannte Gesellschaftsform machte in
zunehmendem Maße der deutschen GmbH „Konkurrenz", da sie **kein Mindestkapital** erfordert und für Firmengründungen interessant ist. Zur Gründung der
Unternehmergesellschaft (UG) als Antwort auf diese Entwicklung vgl.
Rz. 262 ff.

Nach britischem Gesellschaftsrecht kann die britische Registerbehörde eine
Ltd löschen, wenn Grund zu der Annahme besteht, dass die Gesellschaft nicht
mehr am wirtschaftlichen Leben teilnimmt. Auch eine aufgelöste Ltd besteht
als Steuersubjekt weiter, solange sie noch steuerliche Pflichten zu erfüllen hat.
Das nach Löschung vorhandene Restvermögen wird einer sog. „Restgesellschaft" zugeordnet. Die Löschung der Limited in Großbritannien hat in
Deutschland u. a. auf die Frage der Unternehmereigenschaft, der Steuerschuld
und des Vorsteuerabzugs erhebliche Auswirkung.[1]

---

1 Vgl. dazu Langer/Hammert, Limited gelöscht: Die Umsatzsteuer-Katastrophe?, NWB 2012
S. 2054.

Die Limited Company hat eine Handels- und eine Steuerbilanz nach deutschem Recht aufzustellen. Sie ist unbeschränkt körperschaftsteuerpflichtig, wenn sie ihre Geschäftsleitung oder ihren Sitz im Inland hat. Das gilt auch, wenn sich ihr statuarischer Sitz in Großbritannien befindet, aber eine Zweigniederlassung mit Geschäftsleitung in das Handelsregister eingetragen ist. Die Tätigkeit der Limited gilt stets in vollem Umfang als Gewerbebetrieb. Für die Umsatzsteuer ist zentral das **Finanzamt Hannover** Nord zuständig.

(Einstweilen frei) 270–271

f) Betriebsaufspaltung

Literatur: *Strahl/Bauschatz*, Betriebsaufspaltung im Steuer- und Zivilrecht, NWB 2002 S. 1349; *Cremer*, Betriebsaufspaltung, BBK 2006 S. 1279; *Fehling*, Kleines Ladenlokal kann wesentliche Betriebsgrundlage sein, NWB 2009 S. 2404; *Kolbe*, Aktuelles zu Bilanzierung und Gewinnermittlung bei Betriebsaufspaltung, BBK 2010 S. 412; *Ritzrow*, Kriterien der Betriebsaufspaltung hier: Sachliche Verflechtung, StBp 2009 S. 54, 111; *ders.*, Kriterien der Betriebsaufspaltung hier: Personelle Verflechtung, StBp 2010 S. 22, 48; *Weber-Grellet*, Abschreibung einer Forderung des Besitzunternehmens, NWB 2010 S. 742; *Söffing/Micker*, Die Betriebsaufspaltung, 6. Aufl., Herne 2016.

VERWALTUNGSANWEISUNGEN:

R 15.7 EStR; H 15.7 EStH; BMF v. 18.9.2001, BStBl 2001 I S. 634; BMF v. 20.12.2001, BStBl 2002 I S. 88; BMF v. 11.6.2002, BStBl 2002 I S. 647; BMF v. 7.10.2002, BStBl 2002 I S. 1028; BMF v. 7.12.2006, BStBl 2006 I S. 766; OFD Frankfurt a. M. v. 10.5.2012, NWB DAAAE-12306.

ARBEITSHILFEN UND GRUNDLAGEN ONLINE:

Ebber, Betriebsaufspaltung, infoCenter, NWB EAAAB-13223; *Söffing*, Betriebsaufspaltung, Grundlagen, NWB JAAAE-40045.

Voraussetzungen – Rechtsgrundlagen

Die Betriebsaufspaltung bietet ein **bedeutendes und nützliches** steuerliches **Gestaltungsinstrument**. Es handelt sich um eine von der Rechtsprechung 1938 geschaffene Institution,[1] die auch das BVerfG als verfassungskonform anerkannt hat.[2] Rechtsgrundlagen, Bedingungen und Rechtsfolgen sind gesetzlich nicht geregelt. Die OFD Frankfurt v. 10.5.2012[3] hat eine auf dem aktuellen Rechtsstand befindliche **Gesamtdarstellung** zum Problem Betriebsaufspaltung herausgegeben. 272

---

1 BVerfG, Urteil v. 12.3.1985 - 1 BvR 571/81, 1 BvR 494/82, 1 BvR 47/83, BStBl 1985 II S. 475.

2 BVerfG, Urteil v. 14.1.1969 - 1 BvR 136/62, BStBl 1969 II S. 389; BVerfG, Urteil v. 12.3.1985 - 1 BvR 571/81, 1 BvR 494/82, 1 BvR 47/83, BStBl 1985 II S. 475.

3 OFD Frankfurt a. M. v. 10.5.2012, NWB DAAAE-12306.

273–293   *(Einstweilen frei)*

4. Betriebsformen und Betriebsarten

a) Betriebsformen

294   Die Unternehmen werden hauptsächlich als Einzelunternehmen oder Personengesellschaften betrieben. Die GmbH ist als verwendete Rechtsform immer häufiger anzutreffen. Zunehmend beliebter sind Franchisebetriebe (vgl. Rz. 121 ff.).

b) Betriebsarten

Literatur: *Statistisches Bundesamt,* Statistisches Jahrbuch 2014 S. 26, Gastgewerbe und Tourismus, Glossar; Deutscher Hotel- und Gaststättenverband e.V.

295   Das Gastgewerbe wird in folgende Kategorien unterteilt:

- ▶ **All-Suite-Hotels, Aparthotels, Apartmenthotels:** Die Häuser verfügen ausschließlich über Apartments bzw. kleine Wohnungen.

- ▶ **Bauernhöfe:** Die Unterbringung erfolgt unter der Devise „Ferien auf dem Bauernhof." in gut bewirtschafteten landwirtschaftlichen Betrieben.

- ▶ **Boardinghouses:** Die Beherbergung erfolgt vorwiegend an Langzeitgäste.

- ▶ **Ferienwohnungen, -häuser:** Es handelt sich grundsätzlich um abgeschlossene Wohnungen mit Sanitärbereich und Küche.

- ▶ **Gästehäuser:** Die Unterbringung der Gäste erfolgt in separaten Häusern.

- ▶ **Gasthöfe:** Es handelt sich um ländliche Gastronomiebetriebe, die allgemein zugänglich sind und in denen außer einem für Passanten zugänglichen Gastraum, in der Regel keine weiteren Aufenthaltsräume zur Verfügung stehen.

- ▶ **Hotels:** Es sind Beherbergungsstätten, die allgemein zugänglich sind und in denen auch für Passanten und Passantinnen ein Restaurant vorhanden ist. In der Regel stehen weitere Einrichtungen oder Räume für unterschiedliche Zwecke, z. B. Konferenzen, Sport, Erholung zur Verfügung.

- ▶ **Pensionen:** Es sind für jeden zugängliche Beherbergungsstätten, in denen Speisen und Getränke nur an Hausgäste abgegeben werden.

- ▶ **Hotel Garnis:** Es sind für jeden zugängliche Beherbergungsstätten, in denen als Mahlzeit höchstens ein Frühstück abgegeben wird.

► **Jugendherbergen, Hütten**: Es sind Beherbergungsstätten, die in der Regel nur eine einfache Ausstattung aufweisen und vorzugsweise Jugendlichen und Familien oder Angehörigen der sie tragenden Organisation (z. B. Wanderverein, Heimatverein) zur Verfügung stehen. Speisen und Getränke werden im Allgemeinen nur an Hausgäste abgegeben.

► **Campingplätze:** Dabei handelt es sich um abgegrenzte Gelände, die jedermann zum vorübergehenden Aufstellen von mitgebrachten Wohnwagen, Wohnmobilen und Zelten allgemein zugänglich sind.

► **Schulungsheime:** Beherbergungsstätten, die dazu dienen, Unterricht außerhalb des regulären Schul- und Hochschulsystems anzubieten. Sie dienen überwiegend der Erwachsenenbildung.

► **Erholungs- Kur- und Ferienheime:** Das sind Beherbergungsstätten, die nur bestimmten Personenkreisen, z. B. Mitgliedern eines Vereins oder einer Organisation zugänglich sind.

► **Privatquartiere:** Es sind für jeden zugängliche Beherbergungsstätten mit weniger als 9 Betten. Sie sind nicht erlaubnispflichtig im Sinne des Gaststättengesetzes.

► **Restaurants:** Es sind Bewirtungsstätten mit Abgabe von Speisen (mit oder ohne Ausschank von Getränken). Es wird zwischen Restaurant mit herkömmlicher Bedienung und mit Selbstbedienung unterschieden.

► **Cafés, Eisdielen.**

► **Imbisshallen:** Bewirtungsstätte mit begrenztem Sortiment von Speisen (mit und ohne Ausschank von Getränken) und keinen oder nur wenigen Sitzgelegenheiten.

► **Schankwirtschaft:** Es sind Bewirtungsstätten mit Ausschank von Getränken und i. d. R. ergänzendem Angebot von Speisen zum Verzehr an Ort und Stelle.

► **Bars, Vergnügungslokale:** Dabei handelt es sich um Bewirtungsstätten mit Ausschank von Getränken zum Verzehr an Ort und Stelle, unter Umständen mit begleitendem Unterhaltungsprogramm.

► **Diskotheken, Tanzlokale:** Das sind Lokale mit Tanzmusik, verbunden mit Ausschank von Getränken zum Verzehr an Ort und Stelle, unter Umständen mit begleitendem Unterhaltungsprogramm.

► **Trinkhallen:** Es sind Bewirtungsstätten mit eng begrenztem Sortiment von Getränken und keinen oder nur wenigen Sitzgelegenheiten.

▶ **Kantinen**: Es sind Verpflegungseinrichtungen mit Abgabe von Speisen und Getränken – in der Regel zu ermäßigten Preisen – an einen festen Abnehmerkreis vor Ort, z. B. Betriebskantine oder Mensa.

▶ **Caterer**: Es handelt sich um Unternehmen, die in einer Produktionsstätte zubereitete, verzehrfertige Speisen und Getränke an bestimmte Einrichtungen, z. B. Fluggesellschaften, Firmen oder Personengruppen und für bestimmte Anlässe, z. B. Feiern, liefern.

5. Warenarten, Bezugsquellen, Lagerhaltung und Preisentwicklung

a) Warenarten

296 Es werden die folgenden **branchentypischen Waren** bezogen:[1]

Fassbiere, Flaschenbier, Spirituosen, Weine, Sekte, alkoholfreie Getränke, Kaffee, Tee, Tabakwaren, Süßwaren, Lebensmittel für die Küche und Speiseeis (Eis am Stiel usw.). Für Fassbiere haben sich in der Gastronomie **Keg-Fässer** in den Größen 30 und 50 Liter Inhalt durchgesetzt. Es handelt sich dabei um Mehrwegfässer aus Edelstahl, die mit entsprechenden Keg-Köpfen ausgestattet sind. Die Fässer und deren Befüllung gewährleisten ein problemloses Zapfen und nahezu vollständiges Entleeren.

b) Bezugsquellen

297 Die Waren werden sowohl von den Brauereien, Getränkegroßhändlern, vom Hersteller als auch vom Lebensmittelgroßhändler – insbesondere von Selbstbedienungs-Großmärkten, wie Metro und Cash & Carry – und Wochenmärkten, bezogen. Bei Brauereibindung hat der Getränkebezug vertragsgerecht zu erfolgen. Fremdzukäufe sind anzutreffen. Im Einzelfall können auch eigene landwirtschaftliche Erzeugnisse verarbeitet werden.[2]

CO_2-Flaschen, Keg-Zapfköpfe, Reinigungsmittel für Zapfanlagen usw. bezieht die Gastronomie i. d. R. vom Getränkegroßhändler oder von spezialisierten Schanktechnikfirmen, die oft auch die Reinigungen der Schankanlagen durchführen.

Die gewerblichen Lieferanten sind für ihre Lieferungen an gewerbliche Unternehmer nach § 144 AO zu detaillierten Aufzeichnungen verpflichtet. Über sie

---

1 NWB-Betriebsprüfungs-Kartei, Gastwirtschaften, Abschn. II, 6.
2 NWB-Betriebsprüfungs-Kartei, Gastwirtschaften, Abschn. II, 7.

wird bei der Betriebsprüfung nicht selten die Vollständigkeit der Einkäufe der Betriebe des Gastgewerbes überprüft.

c) Lagerhaltung

Je nach Lagerungs- und Einkaufsmöglichkeiten gehen die Bestände selten über einen Wochenbedarf hinaus. Die Entwicklung geht zunehmend hin zu Frisch- und Gefrierkost.   298

d) Preisentwicklung, Kostenmerkmale

Allgemeine Aussagen über die Preisentwicklung lassen sich nur schwer machen. Wie auch in anderen Wirtschaftszweigen sind die Preise nicht konstant. Im bleibenden Aufwärtstrend zeigen sich die Betriebe der Systemgastronomie.   299

Die Automatisierung durch die moderne Technik ist im Gastgewerbe stark eingeschränkt. Die Branche ist nach wie vor sehr lohnintensiv. Eine Rationalisierung beschränkt sich bis jetzt im Wesentlichen auf den Einsatz von **mobilen elektronischen Bedienterminals.**

Die Hotelbranche zeigt seit Jahren eine wachsende Tendenz. Geographische Lage, Gästestruktur, Messen, Ausstellungen, Auslastung und Serviceleistungen bestimmen u. a. die Preise. So werden Strandhotels vorwiegend im Sommer vermietet und Hotels und Pensionen in den Bergen im Winter bzw. Herbst. Weinanbaugebiete haben ihre Höhepunkte zur Weinlesezeit im Herbst. Auch das stets wachsende **Wellnessangebot** ist wegen der steigenden Nachfrage preisrelevant. In den Städten erfolgt die Vermietung vorherrschend an Geschäftsreisende und Städtetouristen.

(Einstweilen frei)   300–303

e) Frühstück, Mittags- und Abendmahlzeiten

Durch die allgemeinen Kostensteigerungen, insbesondere bei den Löhnen, sind Preiserhöhungen in den letzten Jahren eingetreten   304

f) Übernachtungen

Die durchschnittliche Zimmerauslastung betrug in 2014 70,1 %. Das liegt auch daran, dass die deutsche Hotelbranche trotz seiner überwiegend kleingewerblichen Struktur von einem guten Preisleistungsverhältnis geprägt und als Reiseland auch bei Ausländern zunehmend beliebter ist.   305

Der so genannte Inklusivpreis für Zimmer und Frühstück, der nach der Preis-angabenverordnung (vgl. Rz. 26 ff.) in einem absoluten Betrag anzugeben ist, hat sich in der Praxis durchgesetzt.[1]

In der Regel gewähren Beherbergungsbetriebe Gästen, die für einen längeren Zeitraum ein Zimmer belegen, Preisnachlässe oder Pauschbeträge. Auch werden häufig Doppelzimmer an Einzelpersonen kurzfristig mit Preisnachlass vermietet, wenn die Belegung das zulässt.

Die Höhe der **Inklusivpreise** richtet sich nach der Lage und der Ausstattung der Zimmer.

6. Naturalrabatte, Rabatte, Boni, Rückvergütungen

306 Getränkelieferanten gewähren Gastwirten vielfach **Einführungs-, Mengen-oder Sonderrabatte in Naturalien.** Oft werden diese Naturalrabatte nicht in den Lieferscheinen, Rechnungen usw. kenntlich gemacht. Bei der Umsatzver-probung durch Nachkalkulation sind vom Betriebsprüfer die Naturalrabatte festzustellen, weil sie das Rohgewinnergebnis wesentlich beeinflussen können (vgl. Rz. 2628 ff.).[2] Herstellungs- und Großhandelsunternehmen räumen Gast-wirten vielfach auch dauerhaft nach dem Umsatz gestaffelte **Rabatte oder Warenrückvergütungen (Boni)** ein, die in bar, bzw. durch Barscheck ausgezahlt oder auf Sonderkonten gutgeschrieben werden. Die Finanzverwaltung achtet bei Prüfungen auf die zutreffende Erfassung.[3]

7. Bareinkäufe in Selbstbedienungs-Großmärkten

307 **Belegmäßig nachzuweisen** sind die preislich oft günstigeren Bareinkäufe in Selbstbedienungs- bzw. Supermärkten. mit Kassenstreifen, die lediglich die Preise der eingekauften Waren ausweisen Diese sind ggf. **handschriftlich** um die fehlenden Angaben über den Tag des Einkaufs, die Warenart- und -menge zu ergänzen. Auf Wunsch stellen die Kassen aber stets auch ordnungsgemäße Rechnungen aus.

8. Branchenbedeutung des Gastgewerbes in Zahlen

308 Nach Zahlen der Umsatzsteuer- bzw. der Gastgewerbestatistik 2017 erwirt-schafteten die 222.740 Betriebe des Gastgewerbes mit 2.392.000 Beschäftig-

---

1 NWB-Betriebsprüfungs-Kartei, Hotels und Gasthöfe, Abschn. A VII.
2 NWB-Betriebsprüfungs-Kartei, Gastwirtschaften, Abschn. I, 5.
3 NWB-Betriebsprüfungs-Kartei, Gastwirtschaften, Abschn. I, 6.

ten einen Netto-Jahresumsatz von insgesamt 89,7 Mrd. €. Die Werte verteilen sich auf die einzelnen Betriebszweige wie folgt:

Betriebart	Betriebsanzahl	Beschäftigte	Nettoumsätze
Beherbergungsgewerbe	43.939	598.000	32,1 Mrd. €
Gastronomie	165.044	1.497.000	48,3 Mrd. €
Caterer	13757	297.000	9,3 Mrd. €

(Einstweilen frei) 309–364

Abschnitt B:
Die laufende Besteuerung

I. Gewinnermittlung, Buchführungs-, Aufzeichnungspflichten, Kassenführung, Aufbewahrungspflichten, Buchungsfehler bei Einnahmen und Ausgaben

VERWALTUNGSANWEISUNGEN:

R 4.1 ff. EStR; H 4.1 EStH; Anwendungserlass zur Abgabenordnung (AEAO) v. 31.1.2014, BStBl 2014 I S. 290, zuletzt geändert durch BMF-Schreiben v. 5.4.2019, BStBl 2019 I S. 446.

ARBEITSHILFEN UND GRUNDLAGEN ONLINE:

Geißler, Wechsel der Gewinnermittlungsart, infoCenter, NWB KAAAE-50372.

1. Gewinnermittlungsarten

a) Allgemeine Hinweise

365 Für die steuerliche Gewinnermittlung kommen beim Gast- und Beherbergungsgewerbe der **Betriebsvermögensvergleich** nach § 4 Abs. 1 (R 4.1 EStR) bzw. § 5 EStG und die **Einnahmenüberschussrechnung** nach § 4 Abs. 3 EStG (R 4.5 EStR und H 4.1 EStH) in Frage.

Auch die für steuerliche Zwecke zu führenden Bücher und Aufzeichnungen werden zunehmend in **elektronischer Form** geführt. Dazu wird auf die §§ 145 bis 146a AO und die Grundsätze des BMF v. 28.11.2019[1] zur ordnungsmäßigen Führung und Aufbewahrung von Büchern, Aufzeichnungen und Unterlagen in elektronischer Form sowie zum Datenzugriff (GoBD) verwiesen.

366 Die Gewinnermittlung schlechthin ist die aufgrund kaufmännischer Buchführung nach § 5 EStG. Die Einnahmenüberschussrechnung ist nur eine **vorübergehende Erleichterung** und soll zu keinem anderen „Totalgewinn" führen. Spätestens bei Betriebsaufgabe bzw. -veräußerung wird **Totalgewinngleichheit** durch Übergangskorrekturen (R 4.6 EStR) realisiert.

---

1 BStBl 2014 I S. 1450 ff.

b) Betriebsvermögensvergleich nach § 5 bzw. § 4 Abs. 1 EStG

Literatur: *Ritzrow*, Der Personenkreis für die Gewinnermittlung nach § 5 EStG, StBp 1988 S. 68; *Ritzrow*, Wahl der Gewinnermittlung bei Gewerbetreibenden und Angehörigen der freien Berufe Einnahmen-Überschussrechnung oder Betriebsvermögensvergleich, StBp 2009 S. 17.

VERWALTUNGSANWEISUNGEN:

H 5b EStH; BMF, Schreiben v. 28.9.2011, BStBl 2011 I S. 855; BMF, Schreiben v. 19.12.2013, NWB WAAAE-52257.

ARBEITSHILFEN UND GRUNDLAGEN ONLINE:

Kirsch, Betriebsvermögensvergleich, infoCenter, NWB BAAAC-45531.

Gewerbetreibende, die nach Handels- oder nach Steuerrecht verpflichtet sind, Bücher zu führen (vgl. Rz. 425 ff.) oder sie freiwillig führen, haben ihre Gewinne nach § 5 EStG nach den handelsrechtlichen Grundsätzen ordnungsmäßiger Buchführung zu ermitteln. Diese Rechtsgrundlage gilt für Kaufleute nach § 1 HGB und die Gewerbetreibenden, bei denen **Betragsgrenzen nach § 141 Abs. 1 AO** (vgl. Rz. 431 ff.) **überschritten** werden.   367

Bei **Gewinnermittlung nach § 5 EStG** gelten die Grundsätze der Gewinnrealisierung **(Realisationsprinzip)**. Zufluss-, Abflussgesichtspunkte (Rz. 1370 ff.) sind dabei ohne gewinnentscheidende Folgen. Nach § 5b EStG sind Bilanzen und Gewinn- und Verlustrechnungen dem Finanzamt erstmals für Jahresabschlüsse, deren Wirtschaftsjahr nach den 31.12.2011 begonnen haben, **elektronisch zu übermitteln.** Vgl. dazu auch § 150 AO und BMF, Schreiben v. 27.9.2019.[1] Zur **Kassenführung** vgl. Rz. 506 ff.   368

(Einstweilen frei)   369–380

c) Gewinnermittlung durch Einnahmenüberschussrechnung (§ 4 Abs. 3 EStG)

Literatur: *Schoor*, Problemfälle der Einnahmen-Überschussrechnung, NWB 2010 S. 360; *Cremer*, Gewinnermittlung durch Einnahmenüberschussrechnung (§ 4 Abs. 3 EStG), NWB Beilage zu 27/2015 S. 11; *Happe*, Der Vordruck zur Einnahmen-Überschussrechnung 2014, BBK 2015 S. 68; *Gunsenheimer*, Die Einnahmenüberschussrechnung nach § 4 Abs. 3 EStG, 15. Aufl., Herne 2019.

VERWALTUNGSANWEISUNGEN:

R 4.5 ff. EStR; H 4.5. ff EStH; Standardisierte Einnahmenüberschussrechnung nach § 60 Abs. 4 EStDV, H 25 EStH; BMF, Schreiben v. 27.9.2019 - IV C 6 – S 2142/19/10001 :019, Anlage EÜR 2019, BStBl 2019 I S. 950.

---

1 IV C 6 - 2142/19/10001 :010, BStBl 2019 I S. 950.

ARBEITSHILFEN UND GRUNDLAGEN ONLINE:

Happe, Die Einnahmen-Überschussrechnung nach § 4 Abs. 3 EStG, Grundlagen, NWB KAAAE-23480; *Langenkämper,* Zufluss-Abfluss-Prinzip, infoCenter, NWB YAAAB-05702.

381 Gewerbetreibende, die **nicht** nach §§ 140 ff. AO **buchführungspflichtig** sind, auch **freiwillig keine Bücher führen,** dürfen ihre Gewinne nach § 4 Abs. 3 EStG durch **Einnahmenüberschussrechnung** ermitteln, wenn sie sich wirksam dazu entschieden haben. **Auch nachträgliche Einkünfte** aus Gewerbebetrieb können nach § 4 Abs. 3 EStG ermittelt werden.[1] Nach § 60 Abs. 4 EStDV hat für Wirtschaftsjahre, die nach dem 31.12.2004 beginnen, die dem Finanzamt zusammen mit den Steuererklärungen einzureichende Gewinnermittlung nach § 4 Abs. 3 EStG nach **amtlich vorgeschriebenem Vordruck** zu erfolgen.[2] Mit BFH-Urteil v. 16.11.2011,[3] wurde § 60 Abs. 4 EStDV als wirksame Rechtsgrundlage für die Pflicht zur Abgabe der standardisierten EÜR anerkannt.

Die Gewinne nach Maßgabe der Einnahmenüberschussrechnung sind der Besteuerung nur zugrunde zu legen, wenn sich der Stpfl. **dafür durch schlüssiges Verhalten entschieden** hat **(Kannvorschrift).**[4] Das Recht zur Wahl einer Gewinnermittlung nach § 4 Abs. 3 EStG entfällt erst mit der **Erstellung eines Abschlusses** und nicht bereits mit der Einrichtung einer Buchführung oder der Aufstellung einer Eröffnungsbilanz.[5] Das Wahlrecht zur Gewinnermittlung durch Einnahmenüberschussrechnung muss nicht jährlich wiederholt werden.[6]

382 Bei Einnahmenüberschussrechnung konkretisiert sich der **Gewinn nach** dem **Zufluss-, Abflussprinzip** des § 11 EStG (vgl. Rz. 1370 ff.). Der Zeitpunkt der Erbringung einer Leistung und Gesichtspunkte der **Gewinnrealisierung** sind **ohne Bedeutung.** *Auch Vorschüsse, Teilzahlungen, Vorauszahlungen bzw. Anzahlungen sind bereits als Betriebseinnahmen zu erfassen.*[7]

---

1 Hessisches FG, Urteil v. 9.9.1998, rkr., EFG 1999 S. 16.

2 BMF, Schreiben v. 10.2.2005, BStBl 2005 I S. 320; BMF, Schreiben v. 12.10.2012, BStBl 2012 I S. 1003. Für 2016 vgl. BMF, Schreiben v. 29.9.2016, BStBl 2016 I S. 1019. Für 2019 vgl. BMF, Schreiben v. 27.9.2019, BStBl 2019 I S. 950.

3 BFH, Urteil v. 16.11.2011 - X R 18/09, BStBl 2012 II S. 129.

4 BFH, Urteil v. 30.9.1980 - VIII R 201/78, BStBl 1981 II S. 301.

5 BFH, Urteil v. 19.3.2009 - IV R 57/07, BStBl 2009 II S. 659; BFH, Urteil v. 21.7.2009 - X R 46/08, BFH/NV 2010 S. 186, NWB RAAAD-33114.

6 BFH, Urteil v. 24.9.2008 - X R 58/06, BStBl 2009 II S. 368; zum Wechsel der Gewinnermittlungsart vor dem Hintergrund des § 241a HGB Hinweis auf Neufang, StBp 2009 S. 260.

7 BFH, Urteil v. 2.9.1954 - IV 159/53 U, BStBl 1954 III S. 314.

Betriebseinnahmen sind **zugeflossen**, wenn der Stpfl. über sie **wirtschaftlich**   383
verfügen kann.[1] **Betriebsausgaben** sind in dem Kalenderjahr **abzusetzen**, in
dem sie **geleistet** worden sind.

Wichtige Ausnahmen vom Zufluss-, Abflussprinzip sind: 384

▶ **Regelmäßig wiederkehrende** Betriebseinnahmen oder -ausgaben (§ 11
Abs. 1 und 2 EStG).

▶ **Abnutzbares Anlagevermögen;** es gilt § 7 EStG (§ 4 Abs. 3 Satz 3 EStG).

▶ **§ 6 Abs. 2 EStG** ist anzuwenden (R 6.13 EStR).

▶ Die Anschaffungs- oder Herstellungskosten für **nicht abnutzbare Wirtschaftsgüter** des Anlagevermögens sind erst im Zeitpunkt der Veräußerung
oder Entnahme als Betriebsausgaben zu berücksichtigen (§ 4 Abs. 3 Satz 5
EStG).

▶ **Durchlaufende Posten** scheiden als Betriebseinnahmen bzw. -ausgaben
aus (§ 4 Abs. 3 Satz 2 EStG).

▶ **Vorauszahlungen ohne wirtschaftlich vernünftigen Grund sind nicht abziehbar.**[2]

▶ Darlehensaufnahme und -hingabe finden ebenso wie dessen Tilgung keine
Berücksichtigung.

▶ Durch das Gesetz zur Eindämmung missbräuchlicher Steuergestaltungen v.
28.4.2006[3] wurde für Gewinnermittler nach § 4 Abs. 3 EStG der sofortige
Betriebsausgabenabzug eingeschränkt. Danach sind die Anschaffungs-
oder Herstellungskosten für nicht abnutzbare Wirtschaftsgüter des Anla-
genvermögens, für Anteile an Kapitalgesellschaften, für Wertpapiere und
vergleichbare nicht verbriefte Forderungen und Rechte, für Grund und Boden sowie Gebäude des Umlaufvermögens erst im Zeitpunkt des Zuflusses
des Veräußerungserlöses oder bei Entnahme im Zeitpunkt der Entnahme
als Betriebsausgaben zu berücksichtigen. Die Änderung gilt für Anschaf-
fungs- und Herstellungsvorgänge nach dem 5.5.2006.

▶ Steuerfreie Rücklagen können gebildet werden.

Die **Einnahmenüberschussrechnung** berücksichtigt **keine Bestände.**   385

---

1 BFH, Urteil v. 30.4.1974 - VIII R 123/73, BStBl 1974 II S. 541; BFH, Urteil v. 29.4.1982 - IV R 95/79,
BStBl 1982 II S. 593.
2 BFH, Urteil v. 23.9.1986 - IX R 113/82, BStBl 1987 II S. 219; BFH, Urteil v. 11.8.1987 - IX R 163/83,
BStBl 1989 II S. 702.
3 BGBl 2006 I S. 1095.

386 **Alle Geldkonten,** wie Kasse, Bank und Postscheck **sind** grundsätzlich **Privatvermögen.** Betriebliche Geldeingänge sind mit ihrem Eingang auf dem Konto als entnommen anzusehen.[1]

387 **Umsatzsteuern** sind bei Gewinnermittlung nach § 4 Abs. 3 EStG **Betriebseinnahmen** und **Betriebsausgaben.**[2] Sie gehören nicht zu den durchlaufenden Posten, da sie vom Gastwirt im eigenen Namen vereinnahmt und verausgabt werden.[3]

388–396 *(Einstweilen frei)*

d) Grundsätze beim Wechsel der Gewinnermittlungsart

Literatur: *Schoor,* Übergang von der Einnahmen-Überschussrechnung zum Bestandsvergleich, StuB 2007 S. 221; *Ritzrow,* Übergang von der Gewinnermittlung nach § 4 Abs. 3 EStG zur Gewinnermittlung nach § 4 Abs. 1 bzw. § 5 EStG, StBp 2007 S. 338, 362; *Gunsenheimer,* Wechsel der Gewinnermittlungsart – Übergang von der Einnahmenüberschussrechnung zum Betriebsvermögensvergleich und umgekehrt, NWB 2008 S. 2907; *Neufang,* Wechsel der Gewinnermittlungsart vor dem Hintergrund des § 241a HGB, StBp 2009 S. 260; *Seifert,* Aktuelle Entwicklungen bei der Einnahmen-Überschussrechnung, StuB 2016 S. 424; *Gunsenheimer,* Die Einnahmenüberschussrechnung nach § 4 Abs. 3 EStG, 15. Aufl., Herne 2019.

VERWALTUNGSANWEISUNGEN:

R 4.6 EStR, H 4.6 EStH.

ARBEITSHILFEN UND GRUNDLAGEN ONLINE:

Happe, Wechsel der Gewinnermittlungsart, Grundlagen, NWB PAAAE-23850; *Geißler,* Wechsel der Gewinnermittlungsart, infoCenter, NWB KAAAE-50372.

397 Geht ein Gastwirt von der **Einnahmenüberschussrechnung zum Bestandsvergleich** über oder umgekehrt, so muss der **Gewinn** des ersten Übergangsjahres **korrigiert** werden (R 4.6 EStR). Nach dem Grundsatz der Gesamtgewinngleichheit sind beim Systemwechsel Geschäftsvorfälle durch **Zu- oder Abrechnungen** nachzuversteuern, soweit sie noch nicht versteuert wurden. **Doppelerfassungen** sind zu **neutralisieren.**[4] Zum **erneuten Wechsel** innerhalb von drei Jahren zurück zur Einnahmenüberschussrechnung vgl. BFH, Urteil v. 9.11.2000.[5]

398–424 *(Einstweilen frei)*

---

1 BFH, Urteil v. 25.1.1962 - IV 221/60 S, NWB YAAAB-51062.
2 BFH, Urteil v. 19.2.1975 - I R 154/73, BStBl 1975 II S. 441.
3 BFH v. 18.12.1975 - IV R 12/72, BStBl 1976 II S. 370; BFH, Urteil v. 29.5.2006 - IV S 6/06 (PKH), BFH/NV 2006 S. 1827, NWB AAAAB-91843.
4 BFH, Urteil v. 24.1.1985 - IV R 155/83, BStBl 1985 II S. 255.
5 BStBl 2001 II S. 102.

2. Buchführungspflichten

VERWALTUNGSANWEISUNGEN:

R 5.2 ff. EStR; H 5.1 ff. EStH; vgl. auch Anwendungserlass zur Abgabenordnung (AEAO) v. 31.1.2014, zuletzt geändert durch BMF, Schreiben v. 5.1.2019, BStBl 2019 I S. 446.

ARBEITSHILFEN UND GRUNDLAGEN ONLINE:

Schmidt; Buchführungspflicht (HGB, EStG), infoCenter, NWB EAAAE-20115; *Gerlach*, Aufbewahrungsfristen, infoCenter, NWB BAAAB-04768.

a) Handelsrechtliche Buchführungspflichten (z. B. § 140 AO; § 241a HGB)

Über **§ 140 AO** werden alle **außersteuerlichen Buchführungs- und Aufzeich-** 425 **nungspflichten,** die auch für die Besteuerung von Bedeutung sind, für das Steuerrecht nutzbar gemacht (abgeleitete Buchführungspflicht). In Betracht kommen insbesondere:

▶ Buchführungs- und Aufzeichnungspflichten des Handels-, Gesellschafts- und Genossenschaftsrechts (vgl. Rz. 426 ff.).

▶ Buchführungs- und Aufzeichnungspflichten für bestimmte Betriebe und Berufe, die sich aus einer Vielzahl von Gesetzen und Verordnungen erge- ben.[1]

Aus gewerberechtlichen Vorschriften ergibt sich für den Gastwirt auch für steuerliche Zwecke u. a. die Verpflichtung,

▶ **Preisverzeichnisse für Speisen und Getränke** zu erstellen (vgl. Rz. 26 bis 28) und **Fremdenverzeichnisse** zu führen (vgl. Rz. 29 bis 31).

Auch ausländische Rechtsnormen können eine Buchführungpflicht begrün- den.

§§ 238 ff. HGB verpflichtet **jeden Kaufmann,** Bücher in einer lebenden Sprache 426 zu führen, Verlust- und Gewinnrechnungen aufzustellen und regelmäßig Ab- schlüsse (Bilanzen) zu machen sowie alle Unterlagen unter Beachtung der Auf- bewahrungsfristen (vgl. Rz. 558 ff.) aufzubewahren. In den Büchern hat er sei- ne Handelsgeschäfte und die Lage seines Vermögens nach den **Grundsätzen ordnungsmäßiger Buchführung** (vgl. Rz. 2397 ff.) ersichtlich zu machen.

Es kann, vereinfachend gesagt, davon ausgegangen werden, dass nach HGB 427 buchführungspflichtig ist, wer **im Handelsregister** eingetragen ist. Daher trifft **Kleingewerbetreibende i. d. R. keine handelsrechtliche Buchführungsverpflich- tung.** Kraft Option nach § 2 HGB können sie sich aber im Handelsregister ein-

---

1 AO-Kartei OFD Hannover § 140 K. 1.

tragen lassen. Sie haben dann alle Rechte und Pflichten eines Kaufmanns nach § 1 HGB. Befreiungen ergeben sich aus § 241a HGB (s. Rz. 430).

428 **Gaststätten und Beherbergungsbetriebe** werden oft Kleingewerbetreibende sein, weil ein nach Art und Umfang in kaufmännischer Weise eingerichteter Geschäftsbetrieb nicht gegeben ist und eine Eintragung ins Handelsregister (§ 2 Abs. 2 HGB) nicht erfolgte.

429 **Inhaber größerer Hotels** oder Pensionen sind meist **Kaufmann** nach HGB. Sie müssen dann ihre Firmen im Handelsregister eintragen lassen. Bei mehreren selbständigen Betrieben ist die Beurteilung der **Kaufmannseigenschaft auf den einzelnen Betrieb** abzustellen. Für **Sonderbetriebsvermögen** von Mitunternehmern obliegt die Buchführungspflicht der Personengesellschaft.[1]

Die **Buchführungspflicht ist betriebsbezogen.**[2] Sie geht daher stets auf den über, der den Betrieb als Eigentümer, Nutzungsberechtigter, Erbe usw. übernimmt.

430 **Nach § 241a HGB** i. d. F. des Bilanzrechtsmodernisierungsgesetzes (BilMoG) v. 25.5.2009 sind **Einzelkaufleute** frühestens für Geschäftsjahre, die nach dem 31.12.2007 beginnen, von der Pflicht zur Buchführung nach Handelsrecht befreit, wenn sie an den Abschlussstichtagen **zweier aufeinanderfolgender Geschäftsjahre** Umsatzerlöse von nicht mehr als 500.000 € (600.000 € für Geschäftsjahre ab 1.1.2016) und Jahresüberschüsse von nicht mehr als 50.000 € (60.000 € für Geschäftsjahre ab 2016) in den abgelaufenen Geschäftsjahren erzielt haben. Beide Schwellenwerte müssen **gemeinsam** überschritten werden. Bei Neugründungen vgl. § 241a Satz 2 HGB.

Nehmen Einzelkaufleute die Befreiung nach HGB in Anspruch, so dürfen sie sich auf eine Gewinnermittlung nach § 4 Abs. 3 EStG beschränken. Für das Überschreiten genügt eine überschlägige Ermittlung. Bei Neugründungen richtet sich die Entscheidung nach den zu erwartenden Zahlen. Nimmt der Unternehmer die Befreiung in Anspruch, so hat das nur Auswirkung für die handelsrechtliche Seite, nicht auf die Verpflichtung nach Steuerrecht (§ 141 AO).

b) Steuerliche Buchführungspflichten (§ 141 AO)

431 **§ 141 Abs. 1 AO erweitert** den nach außersteuerlichen Normen (vgl. Rz. 425 ff.) buchführungspflichtigen Personenkreis nach Maßgabe bestimmter Umsatz-, Gewinn- oder Vermögens-Merkmale (originäre Buchführungspflicht). Diese

---

1 BFH, Urteil v. 23.10.1990 - VIII R 142/85, BStBl 1991 II S. 401.
2 BFH, Urteil v. 23.2.1978 - IV R 166/74, BStBl 1978 II S. 477.

Verpflichtung hat nur Bedeutung, wenn nicht bereits Buchführungspflicht nach § 140 AO gegeben ist (subsidiär!).

Durch **§ 141 Abs. 1 AO** werden auch Handwerker, Dienstleistungsbetriebe und Kleingewerbetreibende (gewerbliche Unternehmer) zur Führung von Büchern **verpflichtet,** wenn für den Betrieb **eines der folgenden Merkmale** nach den Feststellungen der Finanzbehörde überschritten wird:

► **Umsätze** einschl. der steuerfreien Umsätze, ausgenommen der Umsätze nach § 4 Nr. 8 bis 10 UStG, mehr als 600.000 € im Kalenderjahr, (bis 2003 250.000 €; bis 2006 350.000 €; bis 2015 500.000 €) oder

► **Gewinn** aus Gewerbebetrieb mehr als 60.000 € (bis 2003 25.000 €; bis 2007 30.000 €; bis 2015 50.000 €) im Wirtschaftsjahr.

Die Merkmale für die Land- und Forstwirtschaft wurden nicht aufgeführt, da sie nicht zu den hier besprochenen Branchen gehören.

Die ab 1.1.2016 geltenden Buchführungsgrenzen stammen aus dem Bürokratieentlastungsgesetz v. 28.7.2015.[1]

Die o. a. Buchführungsgrenzen beziehen sich auf den einzelnen Betrieb, und zwar auch, wenn mehrere Betriebe der gleichen Art unterhalten werden. Die für die Buchführungspflicht maßgebende **Umsatzgrenze** ist unter Einbeziehung nicht steuerbarer Auslandsumsätze zu ermitteln.[2] Auch **ausländische Unternehmer** fallen unter die Vorschrift des § 141 AO, wenn und soweit sie im Inland eine Betriebsstätte unterhalten.[3]   **432**

Obwohl die Buchführungspflicht nach § 141 AO kraft Gesetzes entsteht, ist ihre Erfüllung nach § 141 Abs. 2 AO (nicht bei § 140 AO) von einer besonderen **Mitteilung der Behörde z. B. in einem Steuer- oder Feststellungsbescheid** abhängig. Das gilt auch für den Fall, dass der Unternehmer bereits freiwillig Bücher führt.[4] Die Buchführungspflicht ist **vom Beginn des Wirtschaftsjahres an** zu erfüllen, das auf die Bekanntgabe der Mitteilung folgt, durch die die Finanzbehörde auf den Beginn der Verpflichtung hingewiesen hat.   **433**

Vorgenannte Buchführungspflicht endet mit dem Ablauf des Wirtschaftsjahres, das auf das Wirtschaftsjahr folgt, in dem die Finanzbehörde feststellt, dass die Voraussetzungen der Buchführungspflicht nach § 141 Abs. 1 AO nicht   **434**

---

1 BGBl 2015 I S. 1400.
2 BFH, Urteil v. 7.10.2009 - II R 23/08, BStBl 2010 II S. 219; AEAO zur AO (AEAO) v. 31.1.2014, BStBl 2014 I 290 ff., zu § 141 AO.
3 BFH, Urteil v. 14.9.1994 - I R 116/93, BStBl 1995 II S. 238.
4 FG des Saarlandes, Urteil v. 19.6.1990, EFG 1990 S. 635.

mehr gegeben sind. Eine Mitteilung über die Beendigung erfolgt nicht. Die Buchführungspflicht geht gem. § 141 Abs. 3 AO auf den Erwerber oder übernehmenden Nutzungsberechtigten über.

435 Bei der **Prüfung,** ob die in § 141 Abs. 1 Satz 1 Nr. 4 und 5 AO bestimmten **Buchführungsgrenzen** überschritten werden, sind **erhöhte AfA sowie Sonderabschreibungen unberücksichtigt** zu lassen.[1] Das gilt nicht für die sog. Ansparabschreibung nach § 7g EStG a. F. und den Investitionsabzugsbetrag nach § 7g EStG n. F. Erhöhte AfA sollen bei Anwendung des § 141 Abs. 1 AO nur insoweit dem Gewinn hinzugerechnet werden, als diese die Mindest-AfA-Beträge (§ 7 Abs. 1 oder 4 EStG) übersteigen.

Bücher und Aufzeichnungen, die den Vorschriften der §§ 140 bis 148 AO entsprechen, sind der Besteuerung zugrunde zu legen, wenn kein Anlass besteht, ihre sachliche Richtigkeit zu beanstanden (§ 158 AO).

c) Anfechtbarkeit der Aufforderung zur Buchführung; Erleichterungen von der Verpflichtung

VERWALTUNGSANWEISUNGEN:

Anwendungserlass zur AO (AEAO) v. 31.1.2014, BStBl 2014 I S. 290 ff., zu § 141 und § 148 AO, letzte Änderung erfolgte am 5.4.2019, BStBl 2019 I S. 446.

436 Die Feststellung der Finanzbehörde, dass Buchführungspflicht gem. § 141 Abs. 1 AO vorliegt, ist ein **Verwaltungsakt** i. S. v. § 118 AO. Dagegen ist Einspruch nach § 347 AO gegeben.

437 Die Finanzbehörden dürfen nach § 148 AO auf Antrag **Erleichterungen bewilligen,** wenn Buchführungs-, Aufzeichnungs- und Aufbewahrungspflichten Härten bedeuten. Solche Erleichterungen können auch **vorübergehende Befreiungen** von der Buchführungspflicht sein.[2] Beantragt der Stpfl., ihn von der Buchführungspflicht **freizustellen,** so kann dem nicht entsprochen werden, wenn dies eine Beeinträchtigung der Besteuerung zur Folge hätte.[3] Persönliche Gründe, wie Alter und Krankheit des Stpfl., rechtfertigen in der Regel keine Erleichterungen.[4]

---

1 AEAO zur AO (AEAO) v. 31.1.2014, BStBl 2014 I S. 290 ff., zu § 141 AO.
2 BFH, Urteil v. 17.9.1987 - IV R 31/87, BStBl 1988 II S. 20.
3 FG des Saarlandes, Urteil v. 18.12.1996 - 1 K 55/96, EFG 1997 S. 587.
4 BFH, Urteil v. 14.7.1954 - II 63/53 U, BStBl 1954 III S. 253; AEAO v. 15.7.1998, BStBl 1998 I S. 629 zu § 148 AO.

d) Folgen der Nichtbeachtung von Buchführungspflichten

VERWALTUNGSANWEISUNGEN:

Anwendungserlass zur AO (AEAO) v. 31.1.2014, BStBl 2014 I S. 290 ff., zu §§ 146 bis 148 AO, letzte Änderung vgl. Rz. 436 f.

Die **Erfüllung von Buchführungspflichten kann** grundsätzlich nach § 328 Abs. 1 AO **erzwungen werden.** In der Praxis entscheidet sich die Verwaltung meist für die **Schätzung nach § 162 AO.** Eine solche Schätzung bedeutet **keine stillschweigende Befreiung** von einer Buchführungspflicht. Auch nach Schätzung kann die Nichterfüllung der Verpflichtung den Tatbestand der Steuergefährdung nach § 379 Abs. 1 Nr. 2 AO erfüllen. **438**

Zur **Ordnungsmäßigkeit von Buchführungen** vgl. Rz. 2397 ff. Zur Kassenführung vgl. Rz. 506 ff.

(Einstweilen frei) **439–450**

3. Aufzeichnungspflichten

Literatur: *Brill,* Der neue Anwendungserlass zu § 146a AO für elektronische Aufzeichnungssysteme, NWB 8/2020 S. 575.

VERWALTUNGSANWEISUNGEN:

H 4.1 EStH; BMF, Schreiben v. 22.11.2019, BStBl 2019 I S. 1259, Ziff. 5; Anwendungserlass zur AO (AEAO) v. 31.1.2014, BStBl 2014 I S. 290 ff., zuletzt geändert durch BMF-Schreiben v. 5.4.2019, BStBl 2019 I S 446.

a) Bedeutung für Gewinnermittlung nach § 4 Abs. 3 EStG

Für die Gewinnermittlungsart nach § 4 Abs. 3 EStG gibt es **keine** aus § 4 Abs. 3 EStG herzuleitende **eigenständige Aufzeichnungspflicht.** Es gelten die **Pflichten aus** der AO (§§ 143 ff. AO), den verschiedenen **Einzelsteuergesetzen** und **anderen Rechtsgebieten** (über § 140 AO), sofern die außersteuerlichen Gesetze keine Beschränkung auf ihren Geltungsbereich ausdrücklich enthalten.[1] **451**

(Einstweilen frei) **452**

b) Ordnungsgrundsätze für Aufzeichnungen

VERWALTUNGSANWEISUNGEN:

Anwendungserlass zur AO (AEAO) v. 31.1.2014, BStBl 2014 I S. 290 ff., zu §§ 146, 147 AO.

---

1 BFH, Urteil v. 2.3.1982 - VIII R 225/80, BStBl 1984 II S. 504.

453 Aufzeichnungen **erfordern nicht** zwangsläufig **schriftliches Festhalten** von Zahlen und Geschäftsvorfällen. Sie können nach § 146 Abs. 5 AO auch in einer **geordneten Ablage** von Belegen bestehen oder **auf Datenträgern** geführt werden. Bei der Führung von Büchern und Aufzeichnungen auf Datenträger muss sichergestellt werden, dass während der Dauer der Aufbewahrungsfrist die Daten jederzeit verfügbar sind und unverzüglich lesbar gemacht werden können. Der **Zweck aller Aufzeichnungen** besteht grundsätzlich im Erreichen einer schnelleren und einfacheren **Überprüfbarkeit** ihrer **Vollständigkeit** und **sachlichen Richtigkeit** nach § 146 Abs. 1 AO.

c) Katalog der wichtigen Aufzeichnungspflichten

454 Zu den **wichtigsten,** auch das Gaststätten- und Beherbergungsgewerbe betreffenden **Aufzeichnungspflichten** gehören:

▶ **§ 22 UStG i. V. m. §§ 63 bis 68 UStDV; Unternehmer** sind zum Nachweis der umsatzsteuerlichen Besteuerungsgrundlagen verpflichtet (s. Rz. 1403 ff.).

▶ **§ 14 UStG;** Grundsätzlich ist der Hotelbetreiber gem. § 14 Abs. 2 Satz 2 UStG verpflichtet, innerhalb von sechs Monaten nach Leistung eine Rechnung zu erteilen. Diese Pflicht entfällt nach § 14 Abs. 1 UStG, wenn die Leistung gegenüber einer Privatperson erbracht wird.

▶ **Bei Verwendung von elektronischen Kassensysteme bzw. Registrierkassen** sind vor allem die Grundsätze zur ordnungsmäßigen Führung und Aufbewahrung von Büchern, Aufzeichnungen und Unterlagen in elektronischer Form sowie zum Datenzugriff (GoBG[1]), das Gesetz zum Schutz vor Manipulationen an digitalen Grundaufzeichnungen v. 22.12.2016[2] und das BMF-Schreiben v. 17.6.2019, Einführung des § 146a AO zu beachten. Vgl auch Rz. 506 ff.

▶ **§ 143 AO; gewerbliche Unternehmer** haben ihren Wareneingang aufzuzeichnen (s. Rz. 461 ff.).

▶ **§ 144 AO; gewerbliche Unternehmer,** die andere gewerbliche Unternehmer beliefern, sind zur Aufzeichnung des Warenausgangs verpflichtet; die Vorschrift ist für Gaststätten meist nicht einschlägig. Die vorgenannten Aufzeichnungen hat der Gesetzgeber zur Bekämpfung und Aufdeckung von „Schwarzein- und -verkäufen" geschaffen. Verstöße wurden bisher nicht geahndet. Nach dem JStG 2010 wurde mit der Einstufung als Ordnungswidrigkeit für solche Fälle in § 379 AO erstmals ein **Bußgeldtatbestand** ge-

---

1 BMF, Schreiben v. 28.11.2019, BStBl 2019 I S. 1269 ff.
2 BStBl 2017 I S. 21.

schaffen. Nach § 379 Abs. 2 Nr. 1a AO handelt nun ordnungswidrig, wer vorsätzlich oder leichtfertig entgegen § 144 Abs. 1 oder Abs. 2 Nr. 1a AO eine Aufzeichnung nicht, nicht richtig oder nicht vollständig erstellt. Die Ordnungswidrigkeit kann mit einer Geldbuße bis zu 5.000 € geahndet werden.

► **§ 146 Abs. 1 AO; Kasseneinnahmen und -ausgaben** sollen täglich festgehalten werden (s. Rz. 511 ff.).

► **§ 4 Abs. 3 Satz 5 EStG;** die **Wirtschaftsgüter des** Anlagevermögens und im Gesetz genannte Wirtschaftsgüter des Umlaufvermögens sind in ein besonderes, laufend zu führendes Verzeichnis aufzunehmen.

► **§ 6 Abs. 2 Satz 4 EStG;** bei Inanspruchnahme der Bewertungsfreiheit für **geringwertige Wirtschaftsgüter** ist ein besonderes, laufend zu führendes Verzeichnis zu führen, falls die geforderten Angaben nicht aus der Buchführung ersichtlich sind. Nach Maßgabe des Unternehmensteuerreformgesetzes 2008 ist die Aufzeichnungspflicht für den gesamten Bereich der geringwertigen Wirtschaftsgüter entfallen (§ 6 Abs. 2 Satz 5 EStG). Zur Änderung der Aufzeichnungspflicht für das GWG durch das Zweite Bürokratieentlastungsgesetz vgl. Hechtner.[1]

► **§ 4 Abs. 4a Satz 6 EStG;** um auch bei Gewinnermittlung nach § 4 Abs. 3 EStG die durch das Steuerbereinigungsgesetz 1999 eingeführte Kürzung von Schuldzinsen als Betriebsausgaben für „Überentnahmen" zu ermöglichen, hat der Gesetzgeber in § 4 Abs. 4a Satz 6 EStG die Unternehmer verpflichtet, ihre **Entnahmen und Einlagen gesondert aufzuzeichnen.** Diese Aufzeichnungspflichten sind nach § 52 Abs. 11 Satz 2 EStG erstmals ab 1.1.2000 zu erfüllen.

► **§ 4 Abs. 7 EStG; Aufwendungen nach § 4 Abs. 5 Satz 1 Nr. 1 bis 4, 6b und 7 EStG** (Geschenke, Bewirtung usw.) sind einzeln und getrennt von den sonstigen Betriebsausgaben aufzuzeichnen (s. Rz. 932, 1071).

► **§ 41 EStG;** Arbeitgeber haben für Arbeitnehmer ein Lohnkonto mit diversen Aufzeichnungspflichten zu führen.

► **§ 4 Abs. 1 der VO über Preisangaben;** Inhaber von Gaststättenbetrieben haben Preisverzeichnisse für Speisen und Getränke auszulegen; zu **Speise- und Getränkekarten** (s. Rz. 26 bis 28).

► **Zu den Anforderungen nach den Meldegesetzen** vgl. Rz. 29 bis 31.

---

1 NWB 2017 S. 2252 ff.

▶ **Sachverhalte mit Auslandsbezug**; es können sich Aufzeichnungspflichten aus § 90 Abs. 3 AO ergeben.

▶ Dokumentationspflichten nach den §§ 16 und 17 des Mindestlohngesetzes (MiLoG), vgl. Rz. 37.

d) Aufzeichnungspflichten nach § 22 UStG

455 Vgl. Rz. 1403.

456–460 *(Einstweilen frei)*

e) Wareneingangsaufzeichnungen nach § 143 AO

aa) Zweck

461 Zweck des § 143 AO ist, der Finanzbehörde die **für Verprobungen durch Nachkalkulationen** erforderlichen Daten bereitzustellen. Die Verpflichtung besteht **unabhängig** von bestehender **Buchführungspflicht** nach §§ 140 bzw. 141 AO und anderer Aufzeichnungspflichten wie der nach § 22 UStG.

462 *(Einstweilen frei)*

bb) Verpflichteter Personenkreis

463 § 143 AO betrifft **alle gewerblichen Unternehmer,** also auch den Gastwirt. Bei Gewinnermittlung durch Bestandsvergleich wird die Verpflichtung über das Warenkonto in Verbindung mit den Belegen i. d. R. ausreichend erfüllt.[1]

464 **HINWEIS:**
Der Gastwirt mit Gewinnermittlung nach § 4 Abs. 3 EStG ist grundsätzlich verpflichtet, den Wareneingang zusätzlich aufzuzeichnen. Im Rahmen seiner Gewinnermittlung erfasst er lediglich die Warenbezahlung, nicht den Wareneingang.[2]

cc) Form und Inhalt der Aufzeichnungen

465 **Aufzuzeichnen** sind **alle Waren** einschließlich der Rohstoffe, unfertigen Erzeugnisse, Hilfsstoffe und Zutaten, die der Unternehmer im Rahmen seines Gewerbebetriebes **zur Weiterveräußerung** oder zum **Verbrauch** entgeltlich oder unentgeltlich für eigene oder fremde Rechnung erwirbt. Auch **Einkäufe für** in eigener Regie (Eigenhändler) unterhaltene **Automaten** sind aufzeichnungspflichtig, ebenso **Naturalrabatte**.

---

1 BMF, Schreiben v. 1.10.1976, BStBl 1976 I S. 576.
2 Bichel, INF 1985 S. 557.

Aufzeichnungen nach § 143 AO müssen folgende Angaben enthalten: 466

▶ Den Tag des Wareneingangs oder das Datum der Rechnung,

▶ den Namen oder die Firma und die Anschrift des Lieferers,

▶ die handelsübliche Bezeichnung der Ware,

▶ den Preis der Ware,

▶ einen Hinweis auf den Beleg.

Die erforderlichen **Eintragungen sind laufend,** d. h. am Tag des Erwerbs vor- 467
zunehmen. Unzulässig ist es, den Wareneingang erst beim Eingang oder bei
Bezahlung der Rechnung zu verbuchen.

Ein **Wareneingangsbuch** wird **nicht verlangt.** Es genügt eine besondere Ablage 468
der Eingangsrechnungen. Bei buchführenden gewerblichen Unternehmern genügt es, wenn sich die geforderten Angaben aus der Buchführung ergeben.
§ 143 AO enthält auch **keine Vorschrift,** wonach der Gewerbetreibende verpflichtet ist, **eine Aufgliederung** nach Warengruppen **vorzunehmen.**[1]

(Einstweilen frei) 469–475

dd) Besonderheiten bei Gaststätten

Eis, Kohlensäure usw., die den Getränken zugesetzt werden, sind trotz ihrer Ei- 476
genschaft als Zutaten selbständige zur Veräußerung bestimmte Waren und
daher eintragungspflichtig.

Fleisch, Wurst, Vieh werden bisweilen **aus dem eigenen landwirtschaftlichen** 477
Betrieb in die Gaststätte zur Verwertung übernommen. Es handelt sich um
nach § 143 AO aufzeichnungspflichtige Wareneingänge. (Die nicht aufzuzeich-
nende Urerzeugung liegt nicht im gewerblichen Betrieb!)

Mehrere Betriebe: Ein Gastwirt, der z. B. eine Bäckerei und Gastwirtschaft be- 478
treibt, kann die **Eingänge zusammenfassen.**

Bei Rückzahlungen von Darlehen an Brauereien, die durch **Aufschläge auf den** 479
Bierpreis erfolgen, ist nur der Bierpreis, nicht der Aufschlag einzutragen.

Als **Wareneinkauf festzuhalten** sind auch Einkäufe, die als unentgeltliche 480
Wertabgaben gedacht sind.

Küchenwaren, die **aus dem Privathaushalt** für die Gaststätte Verwendung fin- 481
den, sind mit dem Einkaufspreis **als Wareneingang** festzuhalten.

---

1 BFH, Urteil v. 9.11.1955 - II 145/55 U, BStBl 1955 III S. 383.

482

In der Branche werden nicht selten privat gekaufte Waren im Betrieb verwendet. Es gilt grundsätzlich, dass alle Waren, die im Betrieb Verwendung finden können, auch dann vom Betrieb erworben werden sollen, wenn sie für den privaten Verbrauch gedacht sind. Ein anderes Verhalten kann zur Nichtberücksichtigung von Vorsteuern und Wareneinkäufen als Betriebsausgaben führen. Dadurch eintretende unrealistisch hohe Rohgewinnaufschlagsätze lassen den Außenprüfer an ein Vorliegen „schwarzer" Einkäufe denken.

Der private Warenverbrauch wird mit den Pauschbeträgen für unentgeltliche Wertabgaben abgegolten. Pauschsätze siehe Rz. 2627. Abweichungen von den Pauschsätzen sind im Einzelfall zulässig.[1]

ee) Folgen bei Nichtbeachtung

483 Verstöße gegen die Aufzeichnungspflicht des Wareneingangs **nehmen** der kaufmännischen Buchführung **nicht die Ordnungsmäßigkeit.** Das tritt nur ein, wenn auch die Buchführung fehlerhaft ist, weil z. B. der Wareneinkauf unvollständig erfasst wurde.[2] Eigenständige Sanktionen für Verstöße gegen Form und Volumen kennt die AO für § 143 AO nicht.

f) Aufzeichnung von Bareinnahmen und -ausgaben (§ 146 Abs. 1 AO)

484 Vgl. Rz. 541 ff.

485 *(Einstweilen frei)*

g) Hilfs- und Nebenbücher

486 Im Gaststätten- und Beherbergungsgewerbe werden vielfach neben den aufgrund handels- und steuerrechtlicher Vorschriften notwendigen Büchern und Aufzeichnungen verschiedene Hilfs- und Nebenbücher, Anschreibungen oder EDV-Dateien geführt. Als solche kommen in Betracht: Beherbergungsjournal (vgl. Rz. 496), Zimmerreservier-, Bar-, Buffet-, Fremden-, Wein-, Telefon-, Depotbücher u. a. m.

487–490 *(Einstweilen frei)*

---

1 BFH, Urteil v. 25.2.2004 - III B 126/03, NWB HAAAD-20243.
2 FG Münster, Urteil v. 29.10.1968, rkr., EFG 1969 S. 265.

h) Aufzeichnungspflichten nach Lohnsteuerrecht

Lohnkonto nach § 41 EStG

VERWALTUNGSANWEISUNGEN:

Zu § 41b EStG; R 41 ff. LStR; H 41 ff. EStH; BMF, Schreiben v. 28.8.2013 BStBl 2013 I S. 1132.

ARBEITSHILFEN UND GRUNDLAGEN ONLINE:

Wenning, Lohnkonto, infoCenter, NWB IAAAA-41709; BMF v. 6.11.2019, BStBl 2019 I S. 1010; *Dietz,* § 41 Aufzeichnungspflichten beim Lohnsteuerabzug, NWB MAAAG-96597.

Werden vom Gastwirt Arbeitnehmer beschäftigt, so hat er nach § 41 Abs. 1 EStG am Ort der Betriebsstätte für jeden Arbeitnehmer und jedes Kalenderjahr ein **Lohnkonto** zu führen. In das Lohnkonto sind die nach § 39e Abs. 4 Satz 2 und Abs. 5 Satz 3 EStG abgerufenen elektronischen Lohnsteuerabzugsmerkmale sowie die für den Lohnsteuerabzug erforderlichen Merkmale aus der vom Finanzamt ausgestellten Bescheinigung für den Lohnsteuerabzug zu übernehmen. Einzelheiten zu den erforderlichen Aufzeichnungen ergeben sich aus § 41 EStG und den §§ 4 und 5 LStDV. Eine besondere Aufzeichnungspflicht über an Arbeitnehmer erteilte Versorgungszusagen im Rahmen der betrieblichen Altersversorgung ergibt sich aus § 5 Abs. 1 LStDV. Das Lohnkonto ist sechs Jahre aufzubewahren. Die Aufzeichnungen im Einzelnen ergeben sich aus § 41 EStG, § 4 bzw. § 5 LStDV, sowie aus Wenning.[1]   491

(Einstweilen frei)   492–494

i) Speise- und Getränkekarten

Vgl. Rz. 26 bis 28.   495

j) Fremdenverzeichnisse, „Hoteljournal"

Vgl. Rz. 29 bis 32. Unentbehrlich für einen Beherbergungsbetrieb oder die Beherbergungsabteilung eines Betriebs ist das inzwischen i. d. R. per Software geführte **„Hoteljournal"**, in dem sämtliche **Einzelleistungen an den Hotelgast, wie Reservieren, Belegen, Abrechnen usw.** täglich festgehalten werden. Daneben führen größere Betriebe oft noch eine **Gästekartei.** Solche Aufzeichnungen haben auch steuerliche Bedeutung.   496

---

1 Lohnkonto, NWB JAAAA-41709.

k) Aufzeichnungspflichten bei Bewirtungskosten

497 Vgl. Rz. 935.

498–505 *(Einstweilen frei)*

4. Kassenführung und Kassenaufzeichnungen

Literatur: *Geuenich*, Digitale Kassensysteme, Verschärfte Compliance-Anforderungen ab 2020, NWB 2017 S. 786; *Herold/Volkenborn*, Die sieben wichtigsten Regeln zur Umsetzung der GoBD in der Praxis, NWB 13/2017 S. 922; *Hülshoff/Wied*, Einzelaufzeichnungspflichten bei Bargeschäften, NWB 28/2017 S. 2094; *Skalecki*, Ordnungsgemäße Kassenführung bei Mehrfilialbetrieb mit proprietärem Kassensystem, NWB 35/2018 S. 2551; *Korn/Strahl*, Steuerliche Hinweise und Dispositionen zum Jahresende 2019, NWB 49/2019 S. 3553 und 3566; *Teutemacher*, Kassenführung mit elektronischen Aufzeichnungssysteme ab 2020, BBK 24/2019 S. 1188; *Wermke*, Steuerliche Erfassung von betrieblichem Barverkehr, StW 2019 S. 66; *Brill*, Der neue Anwendungserlass zu § 146a AO für elektronische Aufzeichnungssysteme, NWB 8/2020 S. 575.

VERWALTUNGSANWEISUNGEN:

Anwendungserlass zur Abgabenordnung (AEAO) v. 31.1.2014 mit Änderungen, (BStBl 2014 I S. 290) §§ 146, 146a, 146b AO; vgl. auch Rz. 506.

ARBEITSHILFEN UND GRUNDLAGEN ONLINE:

Arbeitshilfe Mandanten-Merkblatt: „Checkliste für die Kassenführung ab 2020", NWB PAAAE-89435; *Krüger*, Kassenführung (HGB), NWB DAAAC-28623.

a) Steuerliche Bedeutung

506 Das Kerngeschäft der Branche führt nahezu ausschließlich zu Bareinnahmen. Sowohl die sog. offene Ladenkasse als auch die technischen Möglichkeiten der bisher verfügbaren elektronischen (digitalen) Kassensysteme ermöglichten dem Unternehmer per Manipulation jedes gewünschte Einnahmenergebnis. Die technischen Möglichkeiten zur Manipulation von digitalen Grundaufzeichnungen sind nach Ansicht des Gesetzgebers ein ernstes Problem.

Es sollte nicht sein, dass es möglich ist, dass digitale Eingaben unerkannt gelöscht und geändert werden können. Dem Ziel der Eindämmung von technischen Manipulationsmöglichkeiten, insbesondere dem Ziel der lückenlosen Aufzeichnung sämtlicher Transaktionen soll das neue Gesetz zum Schutze vor Manipulationen[1] dienen. Zum anderen soll durch eine standardisierte digitale Schnittstelle der Behörde eine Analyse digitaler Kassendaten erleichtert werden. Fehlende Ordnungsmäßigkeit der Kassenführung hat daher für die Bran-

---

1 Gesetz zum Schutz vor Manipulationen an digitalen Grundaufzeichnungen v. 22.12.2016, BStBl 2017 I 21 ff.

che besondere Bedeutung. Sie führt oft nach Betriebsprüfungen zu Streitigkeiten, weil der Fiskus wegen der Annahme von Manipulationen zum Mittel der Schätzung greift. Mit der formell und materiell ordnungsgemäßen und richtigen Kassenführung bzw. Kassenaufzeichnungen steht und fällt daher beim Gaststätten- und Hotelgewerbe der Anschein der sachlichen Richtigkeit i. S. v. § 158 AO (vgl. Rz. 2410).

Alle Versuche, des Gesetzgebers, auch die GoBD, dies zu unterbinden, führten bisher zu unzureichenden Ergebnissen. Erstmals enthält das Gesetz zum Schutz vor Manipulationen an digitalen Grundaufzeichnungen v. 22.12.2016 (Fundstelle siehe oben) ein breites Bündel systemtechnischer Vorgaben und Maßnahmen. Dazu zählt auch die Erweiterung der Bußgeldtatbestände durch neue Ordnungswidrigkeitstatbestände nach § 379 AO von bis zu 25.000 €. Dadurch sollen die Spielräume für Manipulationen erheblich eingeschränkt werden. Die neuen Maßnahmen und die neu geschaffene bereits ab 1.1.2018 neu eingeführte **Kassennachschau** (vgl. Rz. 1980), können nur als wirksamer Schritt des Gesetzgebers in Richtung Steuerehrlichkeit betrachtet werden.

Ab 1.1.2020 beginnt mit der sog. Bonpflicht die letzte Phase zur Erschwerung der Einnahmeverkürzung durch Manipulationen mit elektronischen Kassen, PC-Systemen, Waagen usw. Insgesamt realisierten Gesetzgeber und Verwaltung die folgenden m. E. wichtigsten Maßnahmen zum Schutz vor Manipulationen von digitalen Grundaufzeichnungen wie folgt:

► **BMF, Schreiben v. 16.7.2001,**[1] Grundsätze zum Datenzugriff und zur Prüfbarkeit digitaler Unterlagen (GDPdU), mit Änderung v. 14.9.2012,[2] **aufgehoben ab 31.12.2014 durch BMF, Schreiben v. 14.11.2014. BMF, Schreiben v. 14.11.2014,**[3] Grundsätze zur ordnungsgemäßen Führung und Aufbewahrung von Büchern, Aufzeichnungen und Unterlagen in elektronischer Form sowie zum Datenzugriff; **aufgehoben ab 1.1.2020 durch BMF-Schreiben v. 28.11.2010.**

► **Gesetz v. 22.12.2016**[4] zum Schutz vor Manipulationen an digitalen Grundaufzeichnungen; Änderung des § 146 AO und Neueinfügung der §§ 146a und b AO; Gültigkeit ab 1.1.2020.

---

1 BStBl 2001 I S. 415.
2 BStBl 2012 I S. 930.
3 BStBl 2014 I S. 1450.
4 BStBl 2017 I S. 21.

- **Verordnung v. 26.9.2017** zur Bestimmung der technischen Anforderungen an elektronische Aufzeichnungs- und Sicherungssysteme im Geschäftsverkehr – KassenSichV.[1]
- **Neufassung des § 146 Abs. 1 AO** durch das Gesetz zum Schutz vor Manipulationen an digitalen Grundaufzeichnungen v. 22.12.2016.[2]
- **BMF, Schreiben v. 26.12.2019,** Grundsätze zur ordnungsmäßigen Führung und Aufbewahrung von Büchern, Aufzeichnungen und Unterlagen in elektronischer Form sowie zum Datenzugriff (GoBD);[3] **ersetzt ab 1.1.2020 den Inhalt des BMF-Schreibens v. 14.11.2019.**

Neu sind im Gesetz die §§ 146, 146a und § 146b AO. Diese Gesetzesnormen sind der Versuch, Manipulationen (z. B. Einnahmenunterdrückung) mindestens zu reduzieren. Sie regeln u. a. die Besonderheiten bei der Verwendung von elektronischer Ausstattung. Diese Technik muss besonders ausgestattet sein. Sie darf z. B. nach der KassenSichV nur gebraucht werden, wenn sie u. a. durch das Bundesamt für Sicherheit in der Informationstechnik nach § 5 als sicher zertifiziert ist und dies der Finanzbehörde fristgerecht nunmehr bis zum 30.9.2020 mitgeteilt wurde. Die sog. **Nichtbeanstandungsregelung** bis zum 30.9.2020 lt. BMF v. 6.11.2019 gilt nur für die Umstellung der sog. Altgeräte. Neben dem Gebrauch nicht zertifizierter Anlagen ist auch das Bewerben und in Verkehr bringen solcher Anlagen nach § 146a AO verboten. Ein Nichtbefolgen der Anweisungen nach § 146a AO kann als Ordnungswidrigkeit nach § 379 AO verfolgt werden. Im Einzelnen wird auf den Einführungserlass v. 17.6.2019,[4] verwiesen.

Zur **Kassennachschau** nach § 146b AO vgl. Rz. 1980.

507 Es gibt keine gesetzliche Regelung, die verlangt, ausschließlich mit einem elektronischen Aufzeichnungssystem zu arbeiten. Auch die Tatsache, dass Bewirtungsrechnungen (vgl. Rz. 932 ff.) maschinell erstellt und registriert sein müssen, zwingt den Gastwirt nicht dazu, seine gesamten Betriebseinnahmen über eine EDV-Kasse zu ermitteln, Es gibt es nach wie vor Betriebe mit „offenen Ladenkassen".

508 Die Anforderungen an die Ordnungsmäßigkeit der Kassenführung unterscheiden sich bei Gewinnermittlung nach Bestandsvergleich (§ 5 oder § 4 Abs. 1

---

1 BStBl 2017 I S. 1310.
2 BStBl 2018 I S. 706.
3 BStBl 2019 I S. 1269.
4 BStBl 2019 I S. 518.

EStG; s. Rz. 368 ff.) von denen bei Gewinnermittlung durch Einnahmenüberschussrechnung nach § 4 Abs. 3 EStG (vgl. Rz. 381 ff.).

(Einstweilen frei) 509–510

b) Grundsätze der Kassenführung

aa) Gesetzliche Anforderungen

Jeder aufzeichnungspflichtige Barvorgang ist **einzeln, vollständig, richtig, zeitgerecht und geordnet** vorzunehmen (§ 146 Abs. 1 Satz 1 AO). Zum Verzicht auf Einzelaufzeichnungen vgl. Rz. 513.   511

Die AO enthält zur Behandlung von Bargeschäften in § 146 Abs. 1 Satz 2 AO auch die Forderung, dass Kasseneinnahmen und -ausgaben **täglich** festgehalten werden sollen. Ist das Ziel der Gesetzesvorschrift nicht gefährdet, so kann im Einzelfall ausnahmsweise ein späteres Festhalten unschädlich sein.[1] Ein wesentlicher Buchführungsmangel liegt aber vor, wenn die Kassenaufzeichnungen **nur einmal monatlich** getätigt werden.

bb) Pflicht zur Führung einer Geschäftskasse

Sind Bargeschäfte im betrieblichen Bereich vorhanden, so ist grundsätzlich eine **Geschäftskasse erforderlich**.[2] Die Kassenführung sollte in einer Organisations-, einer Arbeits- oder Verfahrensanweisung eindeutig und verbindlich geregelt sein.[3] Ein Kassenbuch kann bei offener Ladenkasse aus in Form aneinandergereihter Kassenberichten bestehen.[4] Eine Geschäftskasse muss **vom Stpfl.** als Uraufzeichnung geführt werden, **nicht vom Steuerberater** bzw. durch dessen Büropersonal. Es ist keine ordnungsmäßige Buchführung gegeben, wenn betriebliche Bareinnahmen oder -ausgaben ohne Führung eines Kassenkontos über das Privatkonto bzw. direkt in das Bankkonto eingebucht werden. Das Fehlen einer Geschäftskasse ist nur dann nicht steuerlich beachtlich, wenn der bare Geldverkehr keine ins Gewicht fallende Rolle spielt.[5] Zur Notwendigkeit, eine Geschäftskasse zu führen vgl. auch FG des Saarlandes, Urteil v. 24.5.2005.[6]

---

1 Vgl. Schwarz, AO, § 146 Rz. 12.
2 BFH, Urteil v. 14.12.1966 - VI 245/65, BStBl 1967 III S. 247.
3 BMF v. 28.12.2011, Kassenrichtlinie 2012 − KRL −.
4 BFH, Urteil v. 23.12.2004 - III B 14/04, BFH/NV 2005 S. 667, NWB GAAAB-44193.
5 BFH, Urteil v. 12.1.1968 - VI R 33/67, BStBl 1968 II S. 341.
6 1 K 161/01, NWB BAAAB-56427.

Kassenbücher und die zu ihrem Verständnis erforderlichen Unterlagen sind **zehn Jahre aufzubewahren** (vgl. auch Rz. 558 ff.). Bei einer **Speicherbuchführung** müssen für die Dauer der vorgenannten Aufbewahrungsfrist auch die Programme und Hilfsmittel zur Lesbarmachung zur Verfügung stehen.[1]

Zur Aufbewahrung vgl. auch die Grundsätze zur ordnungsgemäßen Führung und Aufbewahrung von Büchern, Aufzeichnungen und Unterlagen in elektronischer Form sowie zum Datenzugriff (GoBD) v.28.11.2019.[2]

cc) Einzelaufzeichnungspflicht – Verzicht auf Einzelaufzeichnung – Belegausgabepflicht

Literatur: *Hülshoff/Wied*, Einzelaufzeichnungspflichten bei Bargeschäften – Besonderheiten bei Einnahmenüberschussrechnern, NWB 2017 S. 2094 ff.; *Geuenich*, Digitale Kassensysteme: Verschärfte Compliance-Anforderungen ab 2020 – Handlungsbedarf durch das Gesetz zum Schutz vor Kassenmanipulationen, NWB 2017 S. 786 ff.; *Beyer*, Steuerliche Einzelaufzeichnungspflicht und Kassendokumentation in der Gastronomie, NWB 2019 S. 2122.

VERWALTUNGSANWEISUNGEN:

BMF, Schreiben v. 19.6.2018, Neufassung des § 146 Abs. 1 AO durch das Gesetz zum Schutz vor Manipulationen an digitalen Grundaufzeichnungen v. 22.12.2016, BStBl 2018 I S. 706; Gesetz zum Schutz vor Manipulationen an digitalen Grundaufzeichnungen v. 22.12.2016, BStBl 2017 I S. 21.

ARBEITSHILFEN UND GRUNDLAGEN ONLINE:

Teutemacher, Mandanten-Merkblatt „Checkliste für die Kassenführung mittels offener Ladenkasse ab 2020, NWB JAAAF-88008.

513   Zur Einzelaufzeichnungspflicht wird auf § 146 Abs. 1 AO und die Ausführungen des BFH v. 12.5.1966[3] v. 16.12.2014,[4] die Informationen der OFD Karlsruhe v. 3.10.2016, das Gesetz zum Schutz vor Manipulationen an digitalen Grundaufzeichnungen, Art. 1 Ziff 2,[5] verwiesen. Die Pflicht zur Einzelaufzeichnung besteht, wenn sie **zumutbar** ist. Zur Zumutbarkeit von Einzelaufzeichnungen vgl. auch BFH v. 16.12.2014.[6] Sie ergibt sich auch aus § 22 Abs. 2 Nr. 1 UStG. Eine Abstandnahme von der Einzelaufzeichnungspflicht bei Unzumutbarkeit gilt jedoch nicht bei Verwendung eines elektronischen Systems (§ 146a Abs. 1 AO).

---

1 Vgl. Rz. 551 ff.; BMF, Schreiben v. 26.11.2010, Aufbewahrung digitaler Unterlagen bei Bargeschäften, BStBl 2010 I S. 1342.

2 BStBl 2019 I S. 1269.

3 IV 472/60, BStBl 1966 III S. 371; BFH, Urteil v. 1.10.1969 - I R 73/66, BStBl 1970 II S. 45.

4 X R 42/13, BStBl 2015 II S. 519 (sog. Apothekenurteil).

5 BStBl 2017 I S. 21.

6 X R 42/13, BStBl 2015 II S. 519.

In Fällen der Verwendung elektronischer Systeme ist dem Kunden über den Geschäftsvorfall **nach Ablauf des 31.12.2019** ein Beleg auszustellen (**Belegausgabepflicht, § 146a Abs. 2 AO**). Eine Befreiung kann auf Antrag gewährt werden (§ 146 Abs. 2 Satz 2 und § 148 AO).

Für das Hotel- und Gaststättengewerbe sind z. B. folgende Bareinnahmen immer **einzeln aufzuzeichnen:**

▶ **Automatenprovisionen** von Aufstellern als Vertragspartner,

▶ **Übernachtungsentgelte,**[1]

▶ Einnahmen aus Betriebsveranstaltungen, **Familienfeiern,**

▶ Einnahmen aus **Party-Service,**

▶ Erlöse aus **Anschreibungen** (Kreditierungen).

Unterhält ein Gastwirt z. B. neben seiner Gaststätte ein Fleisch- und Wurstwarengeschäft, so sind die Einnahmen aus beiden Bereichen nachvollziehbar getrennt aufzuzeichnen.[2]

Einzelaufzeichnung wird nach wie vor aus Zumutbarkeitsgründen **nicht verlangt,** wenn Waren von geringem Wert an eine unbestimmte Anzahl von namentlich nicht bekannten Kunden gegen Barzahlung veräußert werden.[3] 514

Die Rechtsprechung, wonach auf Einzelaufzeichnungen in bestimmten Fällen verzichtet werden kann, ist auch auf **Klein-Dienstleister** anwendbar.[4] Fast die gesamten Tageseinnahmen des Gastwirtes können daher summarisch über Kassenbericht ermittelt werden. Das summarische Verfahren erfordert nur eine tägliche (§ 146 Abs. 1 Satz 2 AO), nachvollziehbare, systematisch richtige Berechnung der baren Tageseinnahmen durch Rückrechnung mit Hilfe eines Kassenberichtes (s. Rz. 2634). Die Pflicht zur Einzelaufzeichnung ist wegen gegebener Zumutbarkeit immer unverzichtbar bei der Verwendung von elektronischen Aufzeichnungssystemen (vgl. § 146a Abs. 1 AO).

Der **Verzicht auf Einzelaufzeichnungen** ist auch **nicht anzuwenden** für Bareinnahmen z. B. 515

▶ im Hotel- und Beherbergungsgewerbe.[5]

---

1 BFH, Urteil v. 12.5.1966 - IV 472/60, BStBl 1966 III S. 371.
2 FG Nürnberg, Urteil v. 27.4.2004 - II 8/2003, NWB PAAAB-25252.
3 BFH, Urteil v. 12.5.1966 - IV 472/60, BStBl 1966 III S. 371.
4 BFH, Urteil v. 12.7.2017 - X B 16/17, NWB PAAAG-52009.
5 BFH, Urteil v. 27.1.1987 - III B 130/88, BFH/NV 1989 S. 767, NWB LAAAB-30783.

▶ in Restaurants und Gaststätten in Bezug auf Rechnungen bzw. Belege über Familienfeiern, Betriebsveranstaltungen, Bewirtungen von Personen aus geschäftlichem Anlass.[1]

Die **Aufzeichnungspflichten nach dem Geldwäschegesetz** sind zu beachten.

516–520   *(Einstweilen frei)*

dd)   Kassensturzfähigkeit

521   Kassensturzfähigkeit ist eine Pflichteigenschaft für jede Geschäftskasse. Besonders wichtig ist diese Eigenschaft bei offener Ladenkasse. Sie bedeutet, dass der buchmäßige Kassenbestand sich jederzeit mit dem Ist-Bestand abstimmen und differenzlos vergleichen lässt Kassensturzfähigkeit muss bei jeder Filiale bzw. Geschäftsstätte gegeben sein. Einer Kasse, die dieser Anforderung nicht entspricht, fehlt ein wesentliches Kontrollmittel systemgerechter Führung[2] und damit die Ordnungsmäßigkeit (vgl. Rz. 2397 ff.).

522   Eine **nur buchmäßig** geführte Kasse ist auch eine materiell unzutreffende Kasse. Da sie auf Abstimmungen verzichtet, lässt sie **Kassendifferenzen durch Buchungsfehler** zu.[3] Feststellungen, die den Schluss zulassen, dass nicht die tatsächlichen Bareinnahmen und -ausgaben gebucht wurden, rechtfertigen eine Schätzung.[4]

523   Kassensturzfähigkeit bedeutet **nicht die Pflicht,** generell in kurzen Abständen durch **Zählung des Kassenbestandes** die Übereinstimmung zwischen Soll- und Ist-Bestand überprüfen und festhalten zu müssen.[5] Eine **Pflicht zur täglichen Bestandsaufnahme** besteht immer, wenn die **Tageslosung** über Kassenbericht **summarisch ermittelt** werden darf (vgl. Rz. 524 ff.).

c)   Kassenführung in der Praxis

aa)   Verfahren bei „offener Ladenkasse"; Kassenbericht

VERWALTUNGSANWEISUNGEN:

Anwendungserlass zur Abgabenordnung (AEAO) v. 31.1.2014 mit Änderungen zu § 146 AO.

---

1 Vgl. Assmann, StBp 1990 S. 169, 174.
2 BFH, Urteil v. 10.6.1954 - IV 68/53 U, BStBl 1954 III S. 298.
3 BFH, Urteil v. 9.10.1952 - IV 244/52 U, BStBl 1954 III S. 71.
4 BFH, Urteil v. 2.2.1982 - VIII R 65/80, BStBl 1982 II S. 409; BFH, Urteil v. 9.10.1952 - IV 244/62 U, BStBl 1954 III S. 71.
5 BFH, Urteil v. 1.10.1969 - I R 73/66, BStBl 1970 II S. 45.

Mandanten-Merkblatt, Merkblatt zur Ordnungsmäßigkeit der Kassenbuchführung ohne Verwendung eines elektronischen Aufzeichnungssystems (sog. offene Ladenkasse), NWB RAAAH-23917; *Teutemacher*, Mandanten-Merkblatt, Checkliste für die Kassenführung mittels offener Ladenkasse ab 2020, NWB JAAAF-88008.

Als offene Ladenkasse wird die summarische retrograde Berechnung der täglichen baren Tageseinnahmen bezeichnet. Sie bedient sich keiner technischen Anlagen. Die Berechnung der täglichen Bareinnahmen erfolgt dabei unter Beachtung der Einzelaufzeichnungsverpflichtung im Papierformat über Kassenbericht. Im kleingewerblichen Bereich ohne fremdes Personal ist die sog. „offene Ladenkasse" keine Seltenheit. Es sind die Fälle, in denen eine Einzelaufzeichnung insgesamt unzumutbar ist (vgl. Rz. 513 ff.).   524

Für die **richtige Ermittlung** der Tageseinnahmen sind konsequente, **organisatorische Vorkehrungen erforderlich.** Quittungen, Belege und Eigenbelege für Barentnahmen müssen im Kassenbehälter bis zur Ermittlung der Tageseinnahmen abgelegt werden.   525

Eine Fortführung der „alten Registrierkassen" stellt ohne Einzeldatenaufzeichnung und Datenexportschnittstelle keine offene Ladenkasse dar.

Die **Auszählungsnotizen (Zählprotokoll, Aufnahmeprotokoll) dazu** brauchen **nicht aufbewahrt** zu werden.[1] Vgl. auch BFH, Urteil v. 16.12.2016.[2] Bei mehreren Kassen bzw. Filialen sind jedoch die Grundaufzeichnungen zur Überprüfung der Bareinnahmen aufzubewahren.[3] Sind neben der Hauptkasse Sonderkassen eingesetzt, so müssen auch dafür Kassenberichte erstellt werden. Gegen das **Belegprinzip** wird verstoßen, wenn die **Tagesabrechnungsbogen** und Aufzeichnungen der Angestellten über die Tageseinnahme nicht aufbewahrt werden.[4]   526

(Einstweilen frei)   527–529

---

1 BFH, Urteil v. 13.7.1971 - VIII 1/65, BStBl 1971 II S.729; BFH, Urteil v. 7.7.1977 - IV R 205/72, BStBl 1978 II S.307; BFH, Urteil v. 16.12.2016 - X B 41/16, BFH/NV 2017 S.310, NWB LAAAG-35210.

2 BFH, Urteil. v. 16.12.2016 - X B 41/16, BFH/NV 2017 S. 310, NWB LAAAG-35210.

3 BFH, Urteil v. 30.11.1989 - I R 225/84, BFH/NV 1991 S. 356, NWB HAAAB-30887; BFH, Urteil v. 12.9.1990 - I R 122/85, BFH/NV 1991 S.573, NWB ZAAAB-31571; FG Nürnberg, Urteil v. 27.4.2004 - II 8/2003, NWB PAAAB-25252.

4 FG Bremen, Urteil v. 24.9.1996 - 2 94 085 K 2, rkr., EFG 1997 S. 449.

bb) Die Verwendung von. elektronischen Aufzeichnungssystemen

Literatur: *Geuenich*, Digitale Kassensysteme: Verschärfte Compliance-Anforderungen ab 2020, NWB 2017 S. 786; *Merker*, Überblick über das Gesetz zum Schutz vor digitalen Grundaufzeichnungen, StW 2017 S. 63, *Brill*, Der neue Anwendungserlass zu § 146a AO für elektronische Aufzeichnungssysteme, NWB 8/2020 S. 575.

VERWALTUNGSANWEISUNGEN:

Anwendungserlass zur Abgabenordnung (AEAO) v. 31.1.2014 mit Änderungen, zu §§ 146, 146a und 146b AO; BMF, Schreiben v. 28.11.2019, BStBl 2019 I S. 1269 ff.; Gesetz zum Schutz vor Manipulationen an digitalen Grundaufzeichnungen v. 22.12.2016, BStBl 2017 I S. 21; Kassensicherungsverordnung (KassenSichV) v. 26.9.2017, BGBl 2017 I S. 3515.

530 Der Begriff „elektronische Aufzeichnungssysteme" wird verwaltungsseitig erstmals im neueingefügten § 146a AO verwendet. Mit diesem System sollten die Bewertungsgrundsätze des § 146a Satz 1 AO erfüllt werden. Nach § 146a AO sollte jeder aufzeichnungspflichtige Geschäftsvorfall einzeln, vollständig, richtig, zeitgerecht und geordnet aufgezeichnet werden. Buchungen und Aufzeichnungen dürfen also nachträglich nicht in einer Weise unerkennbar verändert oder gelöscht werden, dass der ursprüngliche Inhalt nicht mehr feststellbar ist. Das System muss daher gegen nicht mehr nachvollziehbare Änderungen oder Löschungen programmgesteuert ausgestattet sein. Diese technischen Vorgaben sollen amtlich zertifiziert und gesichert werden. Wer aufzeichnungspflichtige Geschäftsvorfälle oder andere Vorgänge mit elektronischen Aufzeichnungssystemen erfasst, hat das nach § 146a Abs. 4 AO dem zuständigen Finanzamt innerhalb eines Monats nach amtlich vorgeschriebenem Vordruck mitzuteilen.

Die Verwaltung (Gesetzgeber und Fiskus) hat bei Kassenführungen per Registrier- bzw. EDV-kasse mit dem Gesetz zum Schutz vor Manipulationen an digitalen Grundaufzeichnungen v. 22.12.2016 zu verschärfenden Reglementierungen und Erweiterungen der Überprüfung (**Kassennachschau,** § 146b AO) gegriffen. Einzelheiten vgl. *Geuenich*.[1] Die Maßnahme war notwendig, weil es in der Praxis **manipulierbare** Kassensysteme gab (sog. Mogelkassen). Nach FG Rheinland-Pfalz v. 7.1.2015[2] wurde entschieden, dass der Geschäftsführer einer Firma, die Kassensysteme mitsamt Manipulationssoftware herstellt und vertreibt, für die Steuern haftet, die der Kunde unter Nutzung dieser Software hinterzogen hat. Ein **Nichterfassen von Einnahmen,** Addierwerken oder ganzen Kassen ist also bisher möglich.

---

1 Digitale Kassensysteme, NWB 2017 S. 786 ff.
2 5 V 2068/14, NWB UAAAE-82670.

Spätestens ab 1.10.2020, müssen. alle verwendeten **digitalen Kassensysteme** unter Berücksichtigung der Nichtaufgriffsregelung nach § 146a AO ausgestattet sein. Die Frist für die Umrüstung von Kassensystemen elektronischer Art wurde von vielen Ländern **bis zum 31.3.2021** verlängert.[1]

Zu Doppelverkürzungen im gastronomischen Bereich, Zuschätzungen bei Schwarzeinkäufen, vgl. Gehm.[2]

(Einstweilen frei)   531–532

Zur Aufbewahrung von Unterlagen zu **Telecash- und Kreditkartenumsätzen**   533 vgl. auch OFD Düsseldorf v. 20.11.2000.[3]

(Einstweilen frei)   534–540

d) Kassenaufzeichnungen bei Gewinnermittlung nach § 4 Abs. 3 EStG

Literatur: *Teutemacher*, Ordnungsmäßige Kassenführung bei der Einnahmen-Überschussrechnung nach § 4 Abs. 3 EStG, BBK 2014 S. 752.

Wer seinen Gewinn zulässigerweise durch Einnahmenüberschussrechnung   541 nach § 4 Abs. 3 EStG ermittelt, hat **nur reduzierte** gesetzliche **Aufzeichnungspflichten** (z. B. nach § 22 UStG). Daher **entfällt** die Pflicht zur **geschlossenen Kassenführung und der Führung eines Kassenbuches.**[4] Hat der Stpfl. eine digitale Kassenführung, so gelten die gleichen verschärften Anforderungen des § 146a AO wie für buchführende Unternehmer.

Nach FG Bremen v. 16.3.1979,[5] **reicht es** beim Einnahmenüberschussrechner   542 aus, wenn er seine **Bareinnahmen täglich summarisch** durch Auszählen (Kassensturz) **ermittelt** und die durch Belege festgehaltenen **Kassenausgaben** (einschl. Entnahmen) **hinzurechnet.**

Ein **Scheck** ist mit seiner Entgegennahme nach § 11 EStG Betriebseinnahme. Er ist daher bei Gewinnermittlung nach § 4 Abs. 3 EStG bereits **vor Gutschrift** auf dem Konto, also bei den täglichen Bareinnahmen **zu erfassen.**[6] Nach dem Niedersächsischen FG[7] widerspricht es den Ordnungsprinzipien des § 146 Abs. 4 AO und der Lebenserfahrung, wenn bei den Kassenabschlüssen keine **Storno-**

---

1 Vgl. NWB 31/2020 S. 2300
2 NWB 2020 S. 2746 ff.
3 StuB 2001 S. 87.
4 BFH, Urteil v. 16.2.2006 - X B 57/05, BFH/NV 2006 S. 940, NWB KAAAB-80831.
5 EFG 1979, 449, rkr.
6 BFH, Urteil v. 30.10.1980 - IV R 97/78, BStBl 1981 II S. 305.
7 Urteil v. 2.9.2004 - 10 V 52/04, NWB FAAAB-56404.

buchungen erfasst sind. Das Urteil gestattet der Finanzverwaltung zur Feststellung des steuerrelevanten Sachverhalts ausdrücklich Testeinkäufe.

543–544 *(Einstweilen frei)*

e) Schätzungsfolgen bei Kassenmängeln

aa) Grundsätzliches

545 Für die Frage der **Schätzungsrechtfertigung** kommt es nur auf das **sachliche Gewicht eines Mangels** an.[1] Der Begriff „Systemfehler" ist nicht mehr relevant. Die Rechtsprechung dazu wurde aufgehoben.[2]

546 Bei Mängelfeststellungen ist nach formellen und materiellen zu differenzieren und bei formellen Beanstandungen die angenommene **materielle Bedeutung** darzutun.[3] Schätzungen rechtfertigende Mängel müssen mindestens auf **Verkürzung** schließen lassen.[4]

547 **Hauptanforderungen** an eine ordnungsgemäße Kassenführung sind:

▶ Buchungen und sonst erforderliche Aufzeichnungen sind **richtig, zeitgerecht** und **geordnet** vorzunehmen (§ 146 Abs. 1 Satz 1 AO).

▶ Kasseneinnahmen und -ausgaben sollen **täglich festgehalten** werden (§ 146 Abs. 1 Satz 2 AO).

▶ Kassenaufzeichnungen müssen so beschaffen sein, dass ein Buchsachverständiger jederzeit in der Lage ist, den **Soll-Bestand** mit dem **Ist-Bestand** der Geschäftskasse **zu vergleichen**.[5]

548–549 *(Einstweilen frei)*

bb) Zur Schätzungsberechtigung

550 Zur Begründung einer Schätzungsberechtigung wegen Kassenmängeln läuft die Beweiskette aus § 158 AO auf § 162 AO zu. Nachvollziehbare **Anhaltspunkte dafür**, dass **Zuschätzungen** zu einem mit hoher Wahrscheinlichkeit **sachlich richtigeren Ergebnis** führen, müssen vom Finanzamt vorgetragen werden.[6] Schätzungsberechtigung wird auch bejaht, wenn **Kassenvorgänge nachträg-**

---

1 BFH, Urteil v. 15.3.1972 - I R 60/70, BStBl 1972 II S. 488; BFH, Urteil v. 7.7.1977 - IV R 205/72, BStBl 1978 II S. 307.

2 BFH, Urteil v. 31.7.1969 - IV R 57/67, NWB EAAAB-50490.

3 BFH, Urteil v. 17.11.1981 - VIII R 174/77, BStBl 1982 II S. 430.

4 BFH, Urteil v. 17.11.1981 - VIII R 174/77, BStBl 1982 II S. 430.

5 BFH, Urteil, v. 20.9.1989 - X R 39/87, BStBl 1990 II S. 109.

6 FG Berlin, Urteil v. 7.9.1982, rkr., EFG 1983 S. 324.

lich vom Steuerberater erfasst, **Privatentnahmen und -einlagen** mit **geschätz-ten Beträgen** gebucht und **Wareneinkäufe ungebucht** geblieben sind.[1] Liegen **materielle Fehler** vor, so ist der Anschein **sachlicher Richtigkeit** insoweit **nicht gegeben**. Dies Defizit wird sich der Gastwirt durch **Unsicherheitszuschätzungen** korrigieren lassen müssen. Anders ist die Situation, wenn und soweit Fehler sich aufklären und berichtigen lassen.[2] **Berichtigung geht stets vor Schätzung.** Vgl. auch Rz. 2433.

Zur Schätzung bei **ungeklärten Bareinzahlungen** vgl. BFH, Urteil v. 7.5.2004.[3]

cc) Bedeutung von Kassenfehlbeträgen

Kassenfehlbeträge sind bei Gaststättenbetrieben **keine seltene Außenprüfungsfeststellung**. Bei Kassenfehlbeträgen, die nicht durch unchronologische Buchungen entstanden sind, müssen Fehler im Einnahmebereich als Ursache gefolgert werden. Der Hinweis, Kassenfehlbeträge stammten aus privaten Mitteln, wird von der Verwaltung nicht anerkannt.[4] **551**

Die Außenprüfungspraxis leitet aus Kassenfehlbeträgen eine **Berechtigung** zu am Einzelfall orientierter **Zuschätzung** ab.[5] Kassenfehlbeträge rechtfertigen die **Verwerfung der Buchführung** besonders dann, wenn das Roh- und Reingewinnergebnis oder die gebuchten nicht zweckgebundenen Entnahmen offensichtlich zu niedrig sind.[6] Eine Schätzung kann bei Kassenfehlbeträgen in Höhe des **größten Kassenfehlbetrages** zuzüglich eines angenommenen Kassenbestandes erfolgen.[7] Auch **Einlagebuchungen** können Maßstab für Schätzungen sein.[8] **552**

---

1 BFH, Urteil v. 18.12.1984 - VIII R 195/82, BStBl 1986 II S. 226.

2 Zu Zuschätzungen vgl. auch FG des Saarlandes, Urteil v. 15.7.2003 - 1 K 174/00, EFG 2003 S. 1437; FG Bremen, Urteril v. 1.10.2003, EFG 2004 S. 78; FG Rheinland-Pfalz, Urteil v. 16.11.2005 - 1 K 2311/03, NWB LAAAC-19437; FG Nürnberg v. 27.4.2004 - II 8/2003, NWB PAAAB-25252; FG des Saarlandes, Urteil v. 24.5.2005 - 1 K 161/01, NWB BAAAB-56427; BFH, Urteil v. 2.6.2006 - I B 41/05, BFH/NV 2006 S. 1687, NWB SAAAB-91007; BFH, Urteil v. 23.12.2004 - III B 14/04, BFH/NV 2005 S. 667, NWB GAAAB-44193.

3 IV B 221/02, BFH/NV 2004 S. 1367, NWB RAAAB-24800.

4 BFH, Urteil v. 1.10.1969 - I R 73/66, BStBl 1970 II S. 45.

5 Vgl. auch FG Hamburg, Urteil v. 24.6.2005 - I 153/04, NWB GAAAB-62217; FG München, Urteil v. 1.2.2005 - 1 V 4964/04, NWB RAAAB-53231.

6 BFH, Urteil v. 20.8.1964 - IV 113/60, HFR 1965 S. 472; BFH, Urteil v. 26.2.2004 - XI R 25/02, BStBl 2004 II S. 599.

7 BFH, Urteil v. 21.2.1990 - X R 54/87, BFH/NV 1990 S. 683, NWB GAAAA-97187.

8 BFH v. 12.5.1999 - IV B 89/98, BFH/NV 1999 S. 1448, NWB VAAAA-63291.

553 Diese **Praxis** wird vom BFH[1] bestätigt. Er bezeichnet Kassenfehlbeträge bzw. nicht anzuerkennende Einlagebuchungen als Indizien dafür, dass gegen Kassenführungsgrundsätze verstoßen wurde. Bei betriebsbedingt umfangreichen Bargeschäften, wie beim Gastwirt, ergreift diese negative Feststellung die gesamte Buchführung.

554 Nach einem Urteil des Niedersächsischen FG v. 5.7.1990 sind **bei einer GmbH** festgestellte Kassenfehlbeträge und daraus resultierende Zuschätzungen keine verdeckten Gewinnausschüttungen.[2] Gleiches gilt auch für Fehlbeträge aus Nachkalkulationen bei einer in der Rechtsform einer GmbH betriebenen Gaststätte.[3] Mit der Entscheidung v. 18.5.2006[4] entschied der BFH, dass Kassenfehlbeträge auch bei einem Geschäftsführer von Familienunternehmen **nicht automatisch verdeckte Gewinnausschüttungen** sind. Dies gilt vor allem, wenn es möglich ist, dass sich Personal aus der Kasse bedient haben kann.

555 Grundsätzlich sind bei Kassenfehlbeträgen auch **griffweise Schätzungen zulässig**.

556–557 *(Einstweilen frei)*

5. Aufbewahrungspflichten und -fristen

Literatur: *Huschens*, Ausstellungs- und Aufbewahrungspflichten von Rechnungen im Umsatzsteuerrecht, NWB 47/2004 S. 3769; *Pulte*, Steuer- und handelsrechtliche Aufbewahrungspflichten, NWB 27/2008 S. 2541; *Pfadler*, Aufbewahrung von digitalen Belegen, NWB 4/2012 S. 322; *Haack*, Steuerliche und handelsrechtliche Aufbewahrungspflichten, NWB 10/2014 S. 694; *Henn/Kuballa*, Aufbewahrung elektronischer Unterlagen, NWB 35/2017 S. 2648; *Henn/Kuballa*, Steuerrechtliche Anforderungen an die Aufbewahrung elektronischer Unterlagen, NWB 36/2017 S. 2779.

VERWALTUNGSANWEISUNGEN:

R 5.2 EStR; H 5.2 EStH; Anwendungserlass zur Abgabenordnung (AEAO) v. 31.1.2014 mit Änderungen zu §§ 147 und 147a AO; BMF, Schreiben v. 28.11.2019, BStBl 2019 I S. 1269 ff., Gesetz zum Schutz vor Manipulationen an digitalen Grundaufzeichnungen v. 22.12.2016, BStBl 2017 I S. 21.

ARBEITSHILFEN UND GRUNDLAGEN ONLINE:

Gerlach, Aufbewahrungsfristen, infoCenter, NWB BAAAB-04768; *Frey/Pulte/Latour*, Aufbewahrungspflichten nach steuer- und handelsrechtlichen Vorschriften, Arbeitshilfe, NWB IAAAB-04637.

---

1 Urteil v. 20.9.1989 - X R 39/87, BStBl 1990 II S. 109.
2 Niedersächsisches FG, Urteil v. 5.7.1990 – VI 232/89, NWB AAAAD-97984.
3 BFH, Urteil v. 18.5.2006 - III R 25/05, BFH/NV 2006 S. 1747, NWB YAAAB-90234.
4 Vgl. dazu auch Miles, Stellung eines Geschäftsführers im Familienunternehmen, NWB direkt 2006 S. 6.

a) Wichtige aufbewahrungspflichtige Unterlagen

Die Aufbewahrungspflicht ist Bestandteil der handels- und steuerrechtlichen Buchführungs- und Aufzeichnungspflichten. Sie setzt stets voraus, dass eine Aufzeichnungspflicht tatsächlich vorliegt.[1] Unterlagen des **betrieblichen Rechnungswesens** unterliegen vor allem der Aufbewahrungspflicht nach **§ 257 HGB und § 147 AO**. Die Aufbewahrungspflicht für **Lohnkonten** ergibt sich aus § 41 Abs. 1 Satz 9 EStG. Außerdem bestehen zahlreiche Aufbewahrungspflichten aus dem Arbeits-, Umwelt- und Gesundheitsrecht. Erfolgt eine Aufbewahrung auf Bild- oder anderen Datenträgern (§ 147 Abs. 5 AO), so können die **Originale vernichtet** werden, wenn die Hilfsmittel zur Verfügung gestellt werden, um diese lesbar zu machen. Zur Anwendung des § 147 Abs. 6 AO (Mitwirkungspflicht bei Außenprüfungen) wird auf das BMF-Schreiben v. 26.11.2019[2] verwiesen.

558

Der Unternehmer hat auch die **Lieferscheine** aufzubewahren, wenn die **Lieferantenrechnungen** nur **zusammengefasst** unter Hinweis auf Lieferscheindaten erstellt werden. Durch das Zweite Bürokratieentlastungsgesetz v. 12.5.2017 wurde die bisherige Aufbewahrungsfrist der empfangenen und abgesandten Handels- und Geschäftsbriefe (Lieferscheine) nach § 147 Abs. 3 Satz 1 AO abgeschafft. § 147 Abs. 3 Satz 3 und 4 AO bestimmt nun, dass die Aufbewahrungsfrist jeweils mit Erhalt oder Versand der Rechnung endet.

Die Aufbewahrungspflichten gelten z. B. auch für **Lohnverrechnungsunterlagen,** Stundenlohn- und Akkordzettel, Personalakten usw., nicht aber für Kontrolluhr- bzw. Stechkarten, Auftrags-, Abrechnungs-, Bestell- und Kontrollbücher, die der Betriebsüberwachung dienen. Zur Aufbewahrungspflicht der **Tagesabrechnungsbögen** von Angestellten vgl. FG Bremen v. 24.9.1996, rkr.[3] Zum Kassenverkehr vgl. auch Rz. 530 ff. Die **Statistikstreifen von Geldspielautomaten** sind sonstige aufzubewahrende Buchführungsunterlagen i. S. v. § 147 Abs. 1 Nr. 5 AO.[4]

Unterlagen der Privatsphäre sind grundsätzlich nicht aufbewahrungspflichtig. Dies gilt auch für private Kontoauszüge. Ausnahme vgl. § 14b UStG Danach trifft Privatleute seit dem 31.7.2004 eine **zweijährige Aufbewahrungspflicht** für Rechnungen, Zahlungsbelege oder andere beweiskräftige Unterlagen, die sie im Zusammenhang mit Leistungen an einem Grundstück erhalten haben.

559

---

1 BFH, Urteil v. 7.12.2010 - III B 199/09, BFH/NV 2011 S. 411, NWB VAAAD-60625.
2 BStBl 2001 I S. 415.
3 2 94 085 K 2, EFG 1997 S. 449.
4 FG Niedersachsen, Urteil v. 25.3.2003 - 6 K 961/99, EFG 2003 S. 1215.

Für Werbungskosten, Sonderausgaben und außergewöhnliche Belastungen besteht lediglich eine objektive Beweislast (Feststellungslast). Ihr hat der Stpfl. genügt, wenn er die Unterlagen dem Finanzamt zusammen mit den Steuererklärungen vorgelegt hat. Zur Aufbewahrungspflicht privater Unterlagen vgl. auch OFD München v. 9.2.2004.[1]

Für den nach § 193 Abs. 1 AO in die Außenprüfung neu einbezogenen Personenkreis der sog. **Einkommensmillionäre** nach § 147a AO hat der Gesetzgeber in § 147a AO eine Aufbewahrungsfrist von **sechs Jahren** geschaffen.

Aufbewahrungspflichten gelten auch für Gewinnermittlung durch **Einnahmenüberschussrechnung** (§ 4 Abs. 3 EStG), soweit Aufzeichnungspflichten bestehen.

Zur Aufbewahrungspflicht vgl. auch BMF, Schreiben v. 28.11.2019 (vgl. Verwaltungsanweisungen). Das Recht auf Datenzugriff bei einer Außenprüfung nach § 147 Abs. 6 AO beschränkt sich ausschließlich auf Daten, die für die Besteuerung von Bedeutung sind. Auch aus dem Bereich des EDV-Systems sind sie nur im Rahmen der steuerlichen Aufzeichnungs- und Aufbewahrungspflichten in geeigneter Weise für den Datenzugriff zur Verfügung zu halten.

b) Fristen

560 Das Gesetz fordert für Geschäftsbücher, Aufzeichnungen, Jahresabschlüsse, Inventare, Lageberichte, Eröffnungsbilanzen und die zum Verständnis erforderlichen Arbeitsanweisungen und Organisationsunterlagen eine geordnete **Aufbewahrung über zehn Jahre** (§ 147 Abs. 3 AO). Durch das Steueränderungsgesetz 1999 v. 19.12.1998[2] wurde mit Wirkung v. 24.12.1998 auch die Aufbewahrungsfrist für **Buchungsbelege** (§ 147 Abs. 1 Nr. 4 AO) auf zehn Jahre verlängert. Alle übrigen **Unterlagen und Belege,** empfangene und abgesandte Handels-, Geschäftsbriefe und sonstige für die Besteuerung bedeutsame Unterlagen sind, soweit die Steuergesetze keine kürzere Frist ausdrücklich zulassen, **sechs Jahre aufzubewahren. Besonderheiten für die Umsatzsteuer** siehe § 14b UStG.

Kürzere **außersteuerliche Fristen** lassen die steuerlichen Fristen nach § 147 Abs. 3 Satz 1 AO unberührt.

Die **Frist läuft nicht ab,** soweit und solange die Unterlagen für Steuern **von Bedeutung** sind, für die die Festsetzungsverjährung noch nicht eingetreten ist.

---

1 S 0240 - 4 St 312, NWB 2004 S. 151.
2 BGBl 1998 I S. 3816.

Eine **beendete Außenprüfung** führt zu keinem vorzeitigen Ablauf der Aufbewahrungspflichten.

c) Rechtsfolgen bei Nichtaufbewahrung

Verstöße gegen die Aufbewahrungspflichten sind Ordnungsverstöße.[1] Buchführungen bzw. Aufzeichnungen sind dann **ohne Rücksicht auf ein Verschulden** nicht ordnungsmäßig.[2] Bei **unverschuldetem Verlust** werden aber im Allgemeinen keine nachteiligen Folgerungen gezogen.   561

Verstöße gegen die Aufbewahrungspflicht können im Einzelfall auch nach § 379 Abs. 2 AO als Steuergefährdung oder **fahrlässige Steuerverkürzung** strafbar oder ordnungswidrig sein.

Wer Buchführungsunterlagen **vernichtet, beschädigt oder vorenthält**, erfüllt den Tatbestand der **Urkundenunterdrückung** (§ 274 StGB). Bei Insolvenz kann die Nichtführung von Büchern, die Beiseiteschaffung, Verheimlichung, Vernichtung oder Beschädigung aufbewahrungspflichtiger Handelsbücher oder sonstiger Unterlagen als **Insolvenzstraftat** geahndet werden (§ 283 Abs. 1 Nr. 5 und 6 StGB).   562

(Einstweilen frei)   563–598

II. Einkommensteuer in ABC-Form

► **Abonnementessen**

Vgl. Rz. 564.   599

► **Abschreibungsdarlehen**

Vgl. Rz. 945.   600

(Einstweilen frei)   601

► **Absetzung für Abnutzungen (AfA)**

Literatur: *Maus*, Abschreibungen bei Gebäudeabbruch, StBp 1997 S. 38, 72; *Schoor*, Bilanzierung bei Gebäudeabbruch, StBp 2000 S. 110; *ders.*, Gebäudeabbruch: Bilanzmäßige Behandlung des Gebäudebuchwerts und der Abbruchkosten, StuB 2000 S. 1184; *Hilbertz*, Teilwertabschreibung: Voraussichtlich dauernde Wertminderung, NWB 2011 S. 1236; *ders.*, Bemessungsgrundlage für AfA nach Einlage, NWB 2011 S. 198; *Schoor*, Teilwertabschreibung und Wertaufholung, NWB 2015 S. 1865.

---

1 BMF, Schreiben v. 24.9.1987, BStBl 1987 I S. 664.
2 BFH, Urteil v. 6.12.1955 - I 169/55 U, BStBl 1956 II S. 82; BFH, Urteil v. 25.9.1966 - VI 313/65, BStBl 1966 III S. 487; BFH, Urteil v. 20.6.1985 - IV R 41/82, BFH/NV 1985 S. 12, NWB DAAAB-28169.

VERWALTUNGSANWEISUNGEN:

R 7.1 ff. EStR; H 7.1 ff. EStH; BMF, Amtliche AfA-Tabelle Nr. 92 – Gastgewerbe, Rz. 2626; BMF, Schreiben v. 15.12.2000, AfA-Tabelle Nr. 0 für die allgemein verwendbaren Anlagegüter („AV"), BStBl 2000 I S. 1532; OFD Frankfurt/M., Vfg. v. 8.1.2001, StuB 2001 S. 868; BMF, Schreiben v. 6.12.2001, BStBl 2001 I S. 860; BMF, Schreiben v. 27.10.2010, BStBl 2010 I S. 1204; BMF, Schreiben v. 16.7.2014, BStBl 2014 I S. 1162; vgl. auch Rz. 71 ff.

ARBEITSHILFEN UND GRUNDLAGEN ONLINE:

Kaufpreisaufteilung: Berechnung für bebaute Grundstücke, Arbeitshilfe, NWB LAAAE-61859; Abschreibung bei Gebäuden, Arbeitshilfe, NWB TAAAB-04642; *Heinrich,* Abschreibungen, NWB NAAAE-76525; *Hänsch,* Gebäudeabschreibung im Betriebs- und Privatvermögen (EStG), infoCenter, NWB YAAAA-88433. *Hübner,* Leitfaden zur Besteuerung von (Hybrid-) Elektrofahrzeugen, NWB HAAAH-19432.

1. AfA-Berechtigung

602 Wirtschaftsgüter, die zur Erzielung von Einkünften verwendet und deren Nutzungsdauer erfahrungsgemäß mehr als ein Jahr beträgt, dürfen nicht im Jahr der Anschaffung oder Herstellung abgesetzt werden. Zur Vornahme von AfA auf der Abnutzung unterliegendes Anlagevermögen vgl. § 6 Abs. 1 Nr. 1 und §§ 7 ff. EStG. Für eine **Teilwertabschreibung** ist bei abnutzbaren Anlagegütern Voraussetzung, dass ein Wertverlust vorliegt, der mindestens während der halben Nutzungsdauer des Wirtschaftsgutes andauert.[1] Gemäß § 6 Abs. 1 Nr. 1 Satz 4 und Nr. 2 EStG gilt ein striktes Wertaufholungsgebot. Die durch das StEntlG 1999/2000/2002 eingeführte Regelung ist verfassungsgemäß.[2] Zur Ermittlung eines **niedrigeren Teilwertes** und zum Begriff „voraussichtlich dauernde Wertminderung" vgl. BMF, Schreiben v. 16.7.2014 (s. Verwaltungsanweisungen).

AfA darf vornehmen, wer die Abnutzung eines Wirtschaftsgutes, das er zur Erzielung von Einkünften einsetzt, wirtschaftlich trägt.[3] Zivilrechtliches bzw. wirtschaftliches Eigentum oder Zurechnungen nach § 39 AO rechtfertigen allein keinen AfA-Anspruch. Vgl. auch Aktivierung Rz. 714.

---

1 BFH, Urteil v. 14.3.2006 - I R 22/05, BFH/NV 2006 S. 1738, NWB OAAAB-90233; BFH, Urteil v. 29.4.2009 - I R 74/08, BStBl 2009 II S. 899; BFH, Urteil v. 9.9.2010 - IV R 38/08, BFH/NV 2011 S. 423, NWB MAAAD-59501.

2 BFH, Urteil v. 25.2.2010 - IV R 37/07, BStBl 2010 II S. 784; zur **Nachholung von AfA** vgl. BFH, Urteil v. 22.6.2010 - VIII R 3/08, BStBl 2010 II S. 1035.

3 BFH, Urteil v. 26.3.1974 - VIII R 210/72, BStBl 1975 II S. 6; BFH, Urteil v. 9.5.1974 - VIII R 42/68, BStBl 1975 II S. 8.

Beim Abschluss eines **Mietkaufvertrages** (vgl. Rz. 1190) kann ein Wirtschafts-gut auch einem anderen als dem zivilrechtlichen Eigentümer zuzurechnen sein.[1]

BEISPIEL:

▶ Der Hotelier nutzt im Betrieb den **Pkw der Ehefrau**. Er trägt die laufenden Auf-wendungen. Die Nutzung erfolgt im Übrigen **ohne Miet- bzw. Arbeitsvertrag** un-entgeltlich.

▶ Weder der Hotelier noch seine **Ehefrau** dürfen die **AfA steuerlich absetzen**. Die Eigentümerin nicht, weil sie das Fahrzeug nicht zur Erzielung von Einkünften nutzt. Der Hotelier andererseits ist weder zivilrechtlicher noch wirtschaftlicher Eigentümer. Er trägt auch die Abnutzung nicht wenigstens wirtschaftlich.

Für **gepachtete oder gemietete Wirtschaftsgüter** kann **der Verpächter bzw. Vermieter** AfA vornehmen. Gleiches gilt für Leasing (vgl. Rz. 1175). Nur vom Pächter finanzierte Wirtschaftsgüter bzw. Anlagen (Umbauten, Ausbauten, Verbesserungen) berechtigen ihn auch zur Vornahme der AfA. 603

Kann der Pächter die Aufwendungen für eine Anlage mit den Pachtzahlungen verrechnen, so ist der Verpächter AfA-Berechtigter für die vom Pächter errich-tete Anlage.[2] 604

Die vom Stpfl. getragenen Herstellungskosten eines fremden Gebäudes, das er betrieblich nutzen darf, sind bilanztechnisch „wie ein materielles Wirtschafts-gut" zu behandeln und nach den für Gebäude geltenden AfA-Regeln abzu-schreiben.[3] 605

2. Gebäudeabschreibung

Literatur: *Kraft/Kraft*, Steuergestaltungen bei der Bilanzierung von Herstellungskosten für Gebäude auf fremdem Grund und Boden, NWB 27/2016 S. 2031; *Karrenbrock/Keiper*, Sonderabschreibung für Mietwohnungsneubau, NWB 4/2020 S. 264.

VERWALTUNGSANWEISUNGEN:

R 4.2 EStR; H 4.2 EStH; OFD Frankfurt a. M., Vfg. v. 9.1.1995, BB 1995 S. 354.

ARBEITSHILFEN UND GRUNDLAGEN ONLINE:

Hänsch, Gebäudeabschreibung im Betriebs- und Privatvermögen (EStG), infoCenter, NWB YAAAA-88433.

---

1 BFH, Urteil v. 12.9.1991 - III R 233/90, BStBl 1992 II S. 182.
2 BFH, Urteil v. 15.10.1953 - IV 196/53 U, BStBl 1953 III S. 317.
3 BFH, Urteil v. 25.2.2010 - IV R 2/07, BStBl 2010 II S. 670.

a) Allgemeines

606 Das Gebäude ist abzugrenzen vom nicht abschreibbaren Grund und Boden. Vgl. auch Gebäude, Gebäudeteile Rz. 1034 ff.

Für Gebäude sollte nur der **Anteil im Betriebsvermögen** geführt werden, der der betrieblichen Nutzung unterliegt und nach steuerlichen Grundsätzen **notwendiges Betriebsvermögen** ist (R 4.2 EStR). Wahlrechte zum **gewillkürten Betriebsvermögen** (z. B. R 4.2 (8 und 9) EStR) auszuüben, ist eine **zweischneidige Entscheidung.**

607 Bemessungsgrundlage für die AfA sind die tatsächlichen Anschaffungs- und Herstellungskosten. Die **AfA beginnt** im Monat der Anschaffung oder Fertigstellung. Sie ist im Jahr der Anschaffung oder Herstellung bzw. Veräußerung **nur pro rata temporis** zu berechnen. Eine Nachholung unterlassener AfA ist bei vorgeschriebenen AfA-Sätzen durch Verlängerung des Abschreibungszeitraumes möglich.[1]

Selbständige Gebäudeteile wie Betriebsvorrichtungen (vgl. Rz. 922), Ladeneinbauten (vgl. Rz. 1171), Scheinbestandteile oder sonstige selbständige Gebäudeteile sind gesondert abzuschreiben.

608 Für Gebäude hat der Gesetzgeber die AfA in § 7 Abs. 4 und 5 EStG u. a. auf

▶ 2 bzw. 2,5 % nach § 7 Abs. 4 Nr. 2a oder b EStG oder

▶ 3 % für „Wirtschaftsgebäude" nach § 7 Abs. 4 Nr. 1 EStG

typisiert (R 7.2 EStR). Eingetretene Änderungen ergeben sich aus § 52 Abs. 15 Sätze 2 und 3 EStG.

Durch das Steuersenkungsgesetz (StSenkG) wurde die AfA für Wirtschaftsgebäude (zum Betriebsvermögen gehörend), bei denen nach dem 31.12.2000 mit der Herstellung begonnen wurde oder in Anschaffungsfällen das Gebäude erst nach dem vorgenannten Stichtag angeschafft worden ist, von **4 auf 3 %** herabgesetzt.

609 **Höhere Ansätze** kommen nur **ausnahmsweise** in Betracht:

▶ Wenn die **tatsächliche Nutzungsdauer** bei Wirtschaftsgebäuden weniger als 25 (nach dem 31.12.2000) 33 Jahre bzw. bei den übrigen Gebäuden weniger als 50 bzw. 40 Jahre beträgt

oder

▶ eine kürzere Nutzungsdauer gesetzlich vorgeschrieben ist.

---

1 Vgl. auch BFH, Urteil v. 22.6.2010 - VIII R 3/08, BStBl 2010 II S. 1035.

Die wirtschaftliche Nutzungsdauer eines Hotels kann beachtlich hinter der technischen Nutzungsdauer zurückbleiben.[1] Nach Erfahrungen kann bei **erstklassigen Hotels** mit einer wirtschaftlichen Lebensdauer von 40 bis 50 Jahren gerechnet werden.[2] Bei Gebäuden, die ausschließlich dem **Einzelhandel** dienen, soll die Finanzverwaltung ohne Rücksicht auf die Größe der Gebäude allgemein von Beanstandungen absehen, wenn als voraussichtliche Nutzungsdauer ein Zeitraum von mindestens **33 1/3 Jahren** (AfA-Satz 3 %) angenommen wird.[3] Zu **Hallen in Leichtbauweise**, Tennishallen, Squashhallen usw. vgl. AfA-Tabelle für die allgemein verwendbaren Anlagegüter („AV") lt. BMF-Schreiben v. 15.12.2000.[4]   610

Zur wirtschaftlichen Nutzungsdauer eines **großstädtischen Cafés** vgl. RFH, Urteil v. 8.5.1941;[5] von **Raumdekorationen** vgl. BFH, Urteil v. 23.4.1965;[6] eines **Fremdenheimes** vgl. BFH, Urteil v. 17.7.1956.[7]   611

Das **Vorhandensein von Baumängeln** ist **nicht geeignet** darzutun, dass Gebäude in 20 Jahren baufällig werden und deshalb nicht mehr zur Erzielung von Einkünften geeignet sein werden.[8]   612

Die Absicht, ein noch genutztes **Gebäude abzubrechen** oder zu veräußern rechtfertigt keine Verkürzung der Nutzungsdauer.[9]   613

Werden für ein Gebäude später weitere Herstellungskosten z. B. zur Aufstockung aufgewendet, so richtet sich die **AfA** für das als einheitliches Wirtschaftsgut anzusehende Gebäude insgesamt nach § 7 Abs. 4 EStG. Eine **gesonderte AfA** für die neu hergestellten Gebäudeteile ist in der Regel **nicht zulässig**.[10]   614

Wirtschaftsgutfiktion und ihre Bedeutung beim Gebäude vgl. Rz. 1036 ff.   615

(Einstweilen frei)   616–628

---

1 RFH, Urteil v. 21.12.1938, RStBl 1938 S. 309.
2 RFH, Urteil v. 15.3.1939, RStBl 1939 S. 758.
3 OFD Frankfurt a. M., Vfg. v. 9.1.1995 - S 2130 A – 53 – St II 23, NWB YAAAD-80479.
4 BStBl 2000 I S. 1532.
5 RStBl 1941 S. 548.
6 VI 327/64 U, BStBl 1965 III S. 382.
7 I 200/55 S, BStBl 1956 III S. 316.
8 FG Rheinland-Pfalz, Urteil v. 12.9.1989, EFG 1990 S. 166.
9 BFH, Urteil v. 15.12.1981 - VIII R 116/79, BStBl 1982 II S. 385.
10 BFH, Urteil v. 20.2.1975 - IV R 241/69, BStBl 1975 II S. 412.

b) Sonderabschreibungen (§§ 7b, 35c usw. EStG)

Literatur: *Korn/Stahl*, Steuerliche Hinweise und Dispositionen zum Jahresende 2019, NWB 2019 S. 3538; *Heine*, Steuerermäßigung für energetische Gebäudesanierung, NWB 2020 S. 1244; *Hörster*, Überblick zur Steuergesetzgebung im Jahr 2019, NWB 2020 S. 298, *Karrenbrock/Keiper* Sonderabschreibung für Mietwohnungsbau, NWB 2020 S. 264; *Merker*, Überblick über das Gesetz zur Umsetzung des Klimaschutzprogramms 2030 im Steuerrecht, StW 2020 S. 30; *ders.*, Überblick über das Gesetz zur weiteren Förderung der Elektromobilität und zur Änderung weiterer Gesetze, Teil 1, StW 5/2020 S. 68.

VERWALTUNGSANWEISUNGEN:

Gesetz zur steuerlichen Förderung des Mietwohnungsneubaus v. 4.8.2019, BStBl 2019 Teil L S. 1306; Gesetz zur Umsetzung des Klimaschutzprogramms 2030, BGBl 2019 I S. 2886.

ARBEITSHILFEN UND GRUNDLAGEN ONLINE:

Hechtner, Steuerermäßigung für energetische Maßnahmen bei zu eigenen Wohnzwecken genutzten Gebäuden, NWB SAAAH-39480.

629 Alternativ zur Abschreibungsmöglichkeit für Gebäude nach § 7 Abs. 4 EStG bestehen nach **§ 7 Abs. 5 EStG** bei Vorliegen der dort genannten Voraussetzungen weitere häufig veränderte Abschreibungsmöglichkeiten. Ab 1.1.2006 ist die degressive Gebäudeabschreibung durch das Gesetz zum Einstieg in ein steuerliches Sofortprogramm[1] abgeschafft worden. Für Neufälle kommt daher nur noch die lineare AfA (vgl. Rz. 608) in Frage.[2]

630 Hinweis auch auf Sonderabschreibungen nach §§ 7a, 7g, 7h und 7i EStG und das Investitionszulagengesetz (Rz. 1108). Die Sondervorschriften zur Gebäudeabschreibung nach den §§ 7b, 7c, 7d, 7f und 7k EStG wurden aus redaktionellen Gründen durch das Zollkodex-Anpassungsgesetz (JStG 2015[3]) ersatzlos aufgehoben. Die Regelungen haben für aktuelle Veranlagungszeiträume keine Bedeutung mehr.

631 Mit der Schaffung des **§ 7b EStG neu** v. 4.8.2019,[4] hat der Gesetzgeber einen Anreiz zur Schaffung neuen Wohnraums geschaffen. Das Gesetz realisierte auf die Anschaffungs- oder Herstellungskosten eine Sonderabschreibung von jährlich 5 v. H. zusätzlich zur regulären Abschreibung. für die Dauer von vier Jahren. Der Gesetzgeber hat in § 52 Abs. 15a Satz 1 EStG auch geklärt, dass die Sonderabschreibung bereits ab dem Veranlagungszeitraum 2018 in Anspruch

---

1 Vom 22.12.2005, BGBl 2005 I S. 3682.
2 Zu Einzelheiten vgl. Grützner, Gebäudeabschreibung im Betriebs- und Privatvermögen, NWB YAAAA-88433.
3 Vom 22.12.2014, BGBl 2014 I S. 2417.
4 BGBl 2019 I S. 1122.

genommen werden kann. Zur Neufassung des § 7b EStG vgl. u. a. das Anwendungsschreiben des BMF v. 7.7.2020.[1]

Durch das **Gesetz zur Umsetzung des Klimaschutzprogramms 2030 im Steuerrecht**[2] hat der Gesetzgeber auch Änderungen des EStG über § 35a EStG realisiert.[3]

Der Gesetzgeber hat auch die Steuerfreiheit von Zahlungen des Arbeitnehmers für Ladestrom nach § 3 Nr. 46 EStG verlängert. Einzelheiten vgl. ebenfalls den Gesetzestext und o. a. Literatur. Mit dem neuen **§ 7c EStG** wurden zeitlich befristete Sonderabschreibungen für elektrische Nutz- und Lieferfahrzeuge und elektrisch betriebene Lastenfahrräder geschaffen. Auch dazu vgl. Hörster,[4] und Literatur zum JStG 2019.

(Einstweilen frei) 632

c) Erwerb in Abbruchabsicht

VERWALTUNGSANWEISUNGEN:

H 6.4 EStH.

Beim Erwerb eines bebauten Grundstücks in der Absicht, das **Gebäude abzureißen** und das Grundstück neu zu bebauen, gehören zu den Herstellungskosten des Neubaus:[5] 633

▶ der Restbuchwert des abgebrochenen Gebäudes,

▶ die Abbruchkosten und

▶ die Abstandszahlungen an Mieter für vorzeitigen Auszug.

Zum Erwerb in Abbruchabsicht vgl. H 6.4 EStH und auch BFH, Urteil v. 12.6.1978.[6] Zur **bedingten Abbruchabsicht** vgl. BFH, Urteil v. 13.4.2010.[7]

Bei **Wertlosigkeit** eines in Abbruchabsicht erworbenen Gebäudes zählen seine Anschaffungskosten zum Grund und Boden.

---

1 BStBl 2020 I S. 623 ff.; Schmidt, NWB 2020 S. 2452 ff. und Cremer, NWB 2020 S. 21 ff.
2 BGBl 2019 S. 2886 ff.
3 Einzelheiten dazu ergeben sich aus dem ATAD-Umsetzungsgesetz und dem Aufsatz von Heine, NWB 2020 S. 1244 ff. Vgl auch KKB/Hechtner, § 35 EStG, NWB SAAAH-39480. Vgl. auch BMF, Schreiben v. 31.3.2020, BStBl 2020 I S. 484
4 NWB 2020 S. 298 ff., Ziff. 8.
5 BFH, Urteil v. 9.2.1983 - I R 29/79, BStBl 1983 II S. 451.
6 GrS 1/77, BStBl 1978 II S. 620 und BFH, Urteil v. 4.2.2004 - X R 24/02, BFH/NV 2004 S. 787, NWB JAAAB-20024.
7 IX R 16/09, BFH/NV 2010 S. 1799, NWB JAAAD-48084.

Zum **Teilabbruch** von in Abbruchabsicht erworbenen Gebäuden vgl. BFH, Urteil v. 20.4.1993.[1]

Bei **ohne Abbruchabsicht** erworbenen Grundstücken sind Restbuchwert und Abbruchkosten des abgebrochenen Gebäudes Betriebsausgaben.[2]

Falls ein später abgerissenes Gebäude zuvor **nicht zur Erzielung von Einkünften** genutzt wurde, stehen die durch den Abbruch veranlassten Aufwendungen im Zusammenhang mit der Errichtung des Neubaus und sind Herstellungskosten des neu errichteten Gebäudes.[3]

Restwert von abgerissenen Gebäuden und Abbruchkosten als Herstellungskosten des neuen Gebäudes vgl. FG Düsseldorf, Urteil v. 23.2.2016.[4]

3. Gaststätteneinrichtungen

634 Bei Gaststätten gibt es vielfältige **Überschneidungen mit der Privatsphäre.** Waschmaschinen, Trockenautomaten, Heimbügler, Fernseher usw. werden oft privat und betrieblich genutzt (gemischte Nutzung). Auch wenn diese Wirtschaftsgüter als Privatvermögen behandelt werden, sind **anteilige AfA und Betriebskosten Betriebsausgabe.**[5]

635 Zu Ein- und Umbauten in Gaststätten vgl. Rz. 1031.

a) Lineare AfA

636 Neues betriebliches Inventar kann, soweit nicht Bewertungsfreiheit nach § 6 Abs. 2 EStG (vgl. Rz. 671 ff.) in Anspruch genommen wird, nach Maßgabe der **amtlichen AfA-Tabelle „Gaststättengewerbe"** (vgl. Rz. 2626) abgeschrieben werden. Soweit die amtliche Branchentabelle keine Angaben enthält, ist auf die AfA-Tabelle für die **allgemein verwendbaren Anlagegüter** zurückzugreifen.[6] Die Finanzverwaltung ist verpflichtet, bei Berechnung der Abschreibung die in den amtlichen AfA-Tabellen angegebene Nutzungsdauer zu berücksichtigen.[7] **Betriebsindividuelle Verhältnisse** können die Annahme einer **abweichenden Nutzungsdauer** rechtfertigen. Zur **betriebsgewöhnlichen Nutzungsdauer** vgl. auch das BFH, Urteil v. 19.11.1997.[8]

---

1 IX R 122/88, BStBl 1993 II S. 504.
2 BFH, Urteil v. 12.6.1978 - GrS 1/77, BStBl 1978 II S. 620.
3 BFH, Urteil v. 16.4.2002 - IX R 50/00, BStBl 2002 II S. 805.
4 10 K 2708/15 F, NWB RAAAF-71736.
5 BFH, Urteil v. 13.4.1961 - IV 54/60 U, BStBl 1961 III S. 308.
6 BMF, Schreiben v. 15.12.2000, BStBl 2000 I S. 1532AFA-Tabelle Nr. 0 — Arbeitshilfe, NWB JAAAC-85331.
7 FG Berlin, Urteil v. 25.9.1985, EFG 1986 S. 389.
8 X R 78/94, BStBl 1998 II S. 59.

Beim **Erwerb gebrauchter Wirtschaftsgüter** ist eine jeweils entsprechend **niedrigere** betriebsgewöhnliche **Nutzungsdauer** zu schätzen.[1]

Durch das Haushaltsbegleitgesetz 2004 v. 29.12.2003 (§ 7 Abs. 1 Satz 4 EStG) wurde für Wirtschaftsgüter, die nach dem 31.12.2003 angeschafft oder hergestellt worden sind, die Vereinfachung nach R 44 Abs. 2 EStR 2001 (Jahres- oder Halbjahres-AfA) abgeschafft.   637

Danach durften abnutzbare bewegliche Wirtschaftsgüter als Anlagevermögen bei Zugang im ersten Halbjahr in Höhe der vollen, bei Zugang im zweiten Halbjahr in Höhe der halben Jahres-AfA abgesetzt werden. Dies galt nicht für unbewegliches Anlagevermögen (vgl. Rz. 608).

(Einstweilen frei)   638–649

b) Degressive AfA

Das EStG gilt weiter.   650

Rechtslage ab 1.1.2009

Nach dem Gesetz zur Umsetzung steuerrechtlicher Regelungen des Maßnahmenpakets Beschäftigungssicherung durch Wachstumsstärkung wurde für bewegliche Wirtschaftsgüter des Anlagevermögens ab 1.1.2009 befristet für zwei Jahre wieder degressive AfA auf das Zweieinhalbfache der linearen Abschreibung, höchstens 25 %, zugelassen. Daneben kann auch die für zwei Jahre verbesserte Sonderabschreibung nach § 7g EStG (vgl. Rz. 653 ff.) abgezogen werden.   651

Rechtslage ab 31.12.2019

Durch das Zweite Gesetz zur Umsetzung steuerlicher Hilfsmaßnahmen zur Bewältigung der **Corona-Krise** wurde eine degressive AfA nach § 7 Abs. 2 EStG zeitlich begrenzt wieder eingeführt.[2]   652

c) Investitionsabzugsbetrag (§ 7g EStG)
Literatur: *Lipp,* Aktuelle Entwicklungen beim Investitionsabzugsbetrag, NWB 2015 S. 1414; *Reddig,* Neue Gestaltungsmöglichkeiten beim Investitionsabzugsbetrag, NWB 2015 S. 3571; *Merker,* Das aktuelle Anwendungsschreiben zum Investitionsabzugsbetrag, StW 2018 S. 108; *Lechner/Bührer,* Sonder-AfA nach § 7g EStG bei Personengesellschaften, NWB 2016 S. 1712; *Reddig,* BMF klärt Zweifelsfragen zum neuen Investitionsabzugsbetrag, NWB 2017 S. 2022.

---

1 BFH, Urteil v. 19.5.1976 - I R 164/74, BStBl 1977 II S. 60.
2 BStBl 2020 I S. 563 ff.

VERWALTUNGSANWEISUNGEN:

H 7g EStH; BMF, Schreiben v. 25.2.2004, BStBl 2004 I S. 337; BMF, Schreiben v. 30.10.2007, BStBl 2007 I S. 790; BMF, Schreiben v. 8.5.2009, BStBl 2007 I S. 1912; BMF, Schreiben v. 15.8.2014, BStBl 2014 I S. 1174; BMF, Schreiben v. 20.11.2013, BStBl 2013 I S. 1493; BMF, Schreiben v. 15.1.2016, BStBl 2016 I S. 8383; BMF, Schreiben v. 20.3.2017, BStBl 2017 I S. 423.

ARBEITSHILFEN UND GRUNDLAGEN ONLINE:

Ritzkat, Investitionsabzugsbetrag, infoCenter, NWB DAAAC-65919; *ders.*, Ansparabschreibung, infoCenter, NWB RAAAB-04767.

653 Die bisherige Ansparabschreibung wurde durch das Unternehmenssteuerreformgesetz 2008 verbessert und durch den **Investitionsabzugsbetrag** ersetzt. Die aktuelle Neufassung[1] gilt ab 1.1.2016. Danach können nach § 7 Abs. 1 EStG den Einkunftsarten (Einkünfte aus Gewerbebetrieb, selbständiger Arbeit und Land- und Forstwirtschaft) zuzuordnende Unternehmen betriebsbezogen für **künftige Anschaffungen oder Herstellungen** von abnutzbaren beweglichen Wirtschaftsgütern des Anlagevermögens, die mindestens bis zum Ende des dem Wirtschaftsjahr der Anschaffung oder Herstellung folgenden Wirtschaftsjahres in einer inländischen Betriebsstätte betrieblich genutzt werden, **bis zu 40 v. H.** der voraussichtlichen Anschaffungs- oder Herstellungskosten (Gewinnabzugsbetrag) gewinnmindernd abziehen. Den Investitionsabzugsbetrag können aktive Unternehmen aller Rechtsformen in Anspruch nehmen, die den Größenmerkmalen des § 7g Abs. 1 Nr. 1 und 2 EStG entsprechen. Betriebsverpachtung ist kein aktiver Betrieb. Das betrifft nicht Besitzunternehmen bei Betriebsaufspaltung und Organträger bei Organgesellschaften. Der Abzug erfolgt außerhalb der Bilanz.

654 Nach § 7g Abs. 3 Satz 1 EStG muss die tatsächliche Investition innerhalb von drei Wirtschaftsjahren nach dem Abzugsjahr erfolgen. Die Investition darf sich auf **neue und gebrauchte** Wirtschaftsgüter beziehen. Es dürfen auch Verluste entstehen bzw. vorhanden sein. Das geplante Wirtschaftsgut und das tatsächlich angeschaffte oder hergestellte müssen zumindest funktionsgleich sein.

655 Im Anschluss an eine Außenprüfung können zur **Kompensation von Gewinnerhöhungen** nachträglich Investitionsabzugsbeträge geltend gemacht werden.[2] Investitionsabzugsbetrag bei unentgeltlicher Betriebsübertragung vgl. BFH,

---

1 Steueränderungsgesetz 2015 v. 22.12.2014, BGBl 2014 I S. 2417.
2 BFH, Urteil v. 28.4.2016 - I R 31/15, BStBl 2017 II S. 306 und BFH, Urteil v. 23.3.2016 - IV R 9/14, BStBl 2017 II S. 295.

Urteil v. 10.3.2016.[1] Bei **nachträglicher Geltendmachung** eines Investitions-
abzugsbetrages vgl. BFH, Urteil v. 6.4.2016.[2]

Weitere Einzelheiten ergeben sich aus dem Gesetzestext. Zu Zweifelsfragen
vgl. Verwaltungsanweisungen.

Nach dem BFH-Urteil v. 12.11.2014 kann ein für ein bestimmtes Wirtschafts-   656
gut in einem Vorjahr gebildeter Investitionsabzugsbetrag in einem Folgejahr
innerhalb des dreijährigen Investitionszeitraums bis zum gesetzlichen Höchstbetrag aufgestockt werden. Die Entscheidung steht gegen das BMF-Schreiben
20.11.2013.[3] Soweit Einzelheiten, wie Jahreshöchstbetrag usw. zu klären sind
wird auf Gesetze, Arbeitshilfen und Grundlagen sowie auf die Literatur verwiesen,

(Einstweilen frei)   657–670

d) Geringwertige Wirtschaftsgüter

Literatur: *Hechtner,* Geänderte Abschreibungsregelungen für geringwertige Wirtschaftsgüter, NWB 2017 S. 2252 ff.

VERWALTUNGSANWEISUNGEN:

R 6.13 EStR; H 6.13 EStH BMF, Schreiben v. 30.9.2010; BStBl 2010 S. 765; Gesetz v.
30.6.2017, Zweites Büroentlastungsgesetz, BStBl 2017 I S. 890.

ARBEITSHILFEN UND GRUNDLAGEN ONLINE:

Kolbe, Geringwertige Wirtschaftsgüter (HGB, EStG), infoCenter, NWB QAAAB-04818;
Hänsch, Geringwertige Wirtschaftsgüter (§ 6 Abs. 2 EStG) und Bildung eines Sammelpostens (§ 6 Abs. 2a EStG), Grundlagen, NWB MAAAF-86452.

aa) Allgemeines

Die Bewertungsfreiheit gilt auch für **gebrauchte erworbene Wirtschaftsgüter.**[4]   671
Sofortabschreibung ist ebenso zulässig **bei Einlage** von geringwertigen Wirtschaftsgütern aus dem Privatvermögen in das Betriebsvermögen.[5] Als Anschaffungskosten gilt dabei der **Teilwert** (§ 6 Abs. 1 Nr. 5 EStG). Die Einlage eines geringwertigen Wirtschaftsgutes darf nur mit dem Betrag von 0 € erfolgen, wenn deren Anschaffungskosten bereits im Rahmen einer **Überschusseinkunftsart** in voller Höhe abgesetzt worden sind. Das gilt nur, wenn die Einlage
innerhalb von drei Jahren nach der Anschaffung erfolgt.[6]

---

1 IV R 14/12, BStBl 2016 II S. 763.
2 X R 15/14, BStBl 2017 II S. 298.
3 BStBl 2013 I S. 1493.
4 BFH, Urteil v. 17.3.1982 - I R 144/78, BStBl 1982 II S. 545.
5 BFH, Urteil v. 19.1.1984 - IV R 224/80, BStBl 1984 II S. 312.
6 BFH, Urteil v. 27.1.1994 - IV R 101/92, BStBl 1994 II S. 638.

672   Für **immaterielle Wirtschaftsgüter** ist § 6 Abs. 2 EStG **nicht anwendbar.**

673   **Skonti, Rabatte, Gutschriften** mindern die Anschaffungskosten und lassen sich zum Erreichen der Wertgrenze aushandeln.

674   Ein Wirtschaftsgut ist einer **selbständigen Nutzung** nicht fähig, wenn es nach seiner betrieblichen Zweckbestimmung nur zusammen mit anderen Wirtschaftsgütern des Anlagevermögens genutzt werden kann und die Teile technisch **aufeinander abgestimmt** sind.

675   Ist ein Wirtschaftsgut selbständig bewertbar, aber **nicht selbständig nutzungsfähig,** so entfällt die Bewertungsfreiheit.

676   **Einrichtungsgegenstände** einer Gaststätte sind im Allgemeinen selbständig nutzbar.[1] Gleiches gilt für die **Erstausstattung** mit Textilien, Wäsche, Geschirr, Bestecken,[2] Beleuchtungskörpern und -trägern,[3] Hotelwäsche.[4] Zu Fässern, Flaschen und Kisten vgl. BFH, Urteil v. 1.7.1981.[5]

677   Ein **Autoradio** bildet zusammen mit dem Kfz ein einheitliches Wirtschaftsgut. Daher entfällt das Bewertungswahlrecht.

678   **Peripherie-Geräte einer Computeranlage** (Drucker, Maus, Monitor, Tastatur) sind **keine geringwertigen** Wirtschaftsgüter i. S. v. § 6 Abs. 2 EStG.[6]

679   **Fernseher,** die in den **Hotelzimmern** aufgestellt werden, sind als Wirtschaftsgut des beweglichen Anlagevermögens selbständig nutzbar.[7]

680   **Stühle einer Gaststätte** sind dann in ihrer Gesamtheit ein einheitliches der Bewertungsfreiheit entgegenstehendes Ganzes, wenn deren Rückenlehnen mit dem Zeichen einer Brauerei und anderen auf die Brauerei hinweisenden Schriftzeichen versehen sind.[8]

---

1 BFH, Urteil v. 29.7.1966 - IV R 138/66, BStBl 1967 III S. 61.
2 BFH, Urteil v. 17.5.1968 - VI R 11§/67, BStBl 1968 II S. 566.
3 BFH, Urteil v. 5.10.1956 - I 133/56 U, BStBl 1956 III S. 376; BFH, Urteil v. 17.5.1968 - VI R 227/67, BStBl 1968 II S. 567.
4 FG Stuttgart, Urteil v. 2.7.1957, EFG 1957 S. 337.
5 I R 148/78, BStBl 1982 II S. 246.
6 FG München, Urteil v. 30.6.1992 - 16 K 4178/91, EFG 1993 S. 214; BFH, Urteil v. 19.2.2004 - VI R 135/01, BStBl 2004 II S. 958.
7 FG München, Urteil v. 25.10.1985, BB 1986 S. 425.
8 BFH, Urteil v. 29.7.1966 - IV R 138/66, BStBl 1967 III S. 61; BFH, Urteil v. 17.5.1968 - VI R 227/67, BStBl 1968 II S. 567.

bb) Rechtslage ab 1.1.2018

Zur letzten gesetzlichen Änderung ab 2018 vgl. Hechtner[1] und das Zweite Ge-   681
setz zur Entlastung der mittelständischen Wirtschaft von Bürokratie v.
30.6.2017.[2] In § 6 Abs. 2 Satz 1 EStG wurde u. a. die **bisherige Wertgrenze auf
800 €** angehoben. Vgl. dazu Hänsch.[3] Weitere Änderungen betreffen die **Bildung des Sammelpostens** nach § 6 Abs. 2a EStG und die **Aufzeichnungspflichten** nach § 6 Abs. 2 Satz 4 EStG.

(Einstweilen frei)   682–695

e) Festwerte

Literatur: *Mienert,* Festwerte und Gruppenwerte in der Handels- und Steuerbilanz, BBK
F. 13 S. 3689; *Veigel/Lentschig,* Der Ansatz von Festwerten, StBp 1994 S. 81; *Speich,* Die
Bewertung von Wirtschaftsgütern mit einem Festwert, NWB 45/1996 S. 3603; *Langen-
beck,* Festwerte in Handel- und Steuerbilanz, BBK F. 12 S. 6223; *Richter,* Grundlagen,
Wertbildung und -kontrolle bei Anwendung der Festwertmethode, StBp 2009 S. 249.

VERWALTUNGSANWEISUNGEN:

R 5.4 EStR und H 5.4 EStH

ARBEITSHILFEN UND GRUNDLAGEN:

Schmidt, Inventur und Inventar, infoCenter, NWB BAAAB-73651.

Für Gegenstände des Anlagevermögens, sowie Roh-, Hilfs- und Betriebsstoffe   696
des Vorratsvermögens kann der Stpfl. zur Minderung von Buchungsarbeiten
zum **Festwertansatz** übergehen Vgl. dazu auch § 240 Abs. 3 HGB. Der jeweilige
Bestand soll an Größe, Wert und Zusammensetzung nur geringen Veränderungen unterliegen. In der Branche kommen dafür Geschirr, Bestecke, Wäsche,[4]
Flaschen, Kisten, Paletten usw. in Frage.

Die **laufenden Zugänge** sind bei Bewertung zum Festwert sofort **Betriebsaus-**   697
gabe. Das Gesetz schreibt eine regelmäßige **Überprüfung** und Anpassung des
Wertansatzes vor. Bei Wirtschaftsgütern des **Vorratsvermögens** hat an jedem
dritten Bilanzstichtag dafür eine mengen- und wertmäßige Bestandsaufnahme zu erfolgen.

Für **Anlagegüter** soll im Regelfall an jedem dritten Bilanzstichtag, spätestens   698
aber an **jedem fünften Bilanzstichtag,** eine solche Aufnahme erfolgen (R 5.4

---

1 NWB 2017 S. 2252 ff.
2 BStBl 2017 I S. 890.
3 Geringwertige Wirtschaftsgüter, Grundlagen, NWB MAAAF-86452.
4 OFD Düsseldorf v. 23.8.1962, DB 1962 S. 1190.

EStR). Übersteigt der ermittelte Wert den bisherigen Festwert um **mehr als 10 %**, so ist er als neuer Festwert zu bilanzieren.

699 Bei Festwertbildung muss es sich um Wirtschaftsgüter handeln, deren **Gesamtwert** für das Unternehmen von **untergeordneter Bedeutung** ist. Der Gesamtwert ist für das Unternehmen von **nachrangiger Bedeutung,** wenn er an den dem Bilanzstichtag vorangegangenen fünf Bilanzstichtagen im Durchschnitt **10 % der Bilanzsumme** nicht überstiegen hat.[1]

700 Der **Festwert** ist für bewegliche Anlagegüter nach der steuerlich zulässigen AfA nach § 7 EStG zu berechnen.

701 Es ist zu beachten, dass **geringwertige Wirtschaftsgüter** nicht in das Festwertverfahren einbezogen werden. Auch sog. **kurzlebige Wirtschaftsgüter** (Nutzungsdauer unter einem Jahr) sind nicht als Zugänge zu berücksichtigen.[2]

702–710 *(Einstweilen frei)*

f) Bilder, Grafiken, Plastiken, Teppiche

VERWALTUNGSANWEISUNGEN:

BMF, Schreiben v. 15.12.2000, BStBl 2000 I S. 1532.

711 AfA ist bei körperlichen Gegenständen nur möglich, wenn sie **wirtschaftlich oder technisch abnutzbar** sind.[3] Für Grafiken, Gemälde und Plastiken, die Hotels und Gaststätten zur Dekoration und Ausstattung dienen, besteht die Gefahr, dass die Finanzverwaltung sie als nicht abnutzbar ansieht.[4] Für **Kunstwerke anerkannter Meister** oder bei **Sammlungs- und Ausstellungsstücken** wird eine Abnutzbarkeit verneint.[5] Das gilt **auch für technische Abnutzung** durch Umwelteinflüsse. Zurzeit kann sich der Unternehmer zu Teppichen und Brücken bzw. Kunstwerken auf die **AfA-Tabelle** (vgl. Rz. 2626) bzw. die AfA-Tabelle für die allgemein verwendbaren Wirtschaftsgüter berufen.

712 **Anschaffungskosten zwischen 500 und 1.000 €** kennzeichnen keine wertvollen Stücke anerkannter Meister, sondern „**Gebrauchskunst**".[6] Unter Berücksichtigung der Tatsache, dass sich im Gaststättengewerbe der **wechselnde Zeitgeschmack** besonders bemerkbar macht, wurde eine **Nutzungsdauer von**

---

1 BMF, Schreiben v. 8.3.1993, BStBl 1993 I S. 276.

2 BFH, Urteil v. 26.8.1993 - IV R 127/91, BStBl 1994 II S. 232.

3 BFH, Urteil v. 31.1.1986 - VI R 78/82, BStBl 1986 II S. 355.

4 BFH, Urteil v. 9.8.1989 - X R 131-133/87, BStBl 1990 II S. 50.

5 BFH, Urteil v. 2.12.1977 - III R 58/75, BStBl 1978 II S. 164; BFH, Urteil v. 9.8.1989 - X R 131-133/87, BStBl 1990 II S. 50.

6 BFH, Urteil v. 23.4.1965 - VI 327/64 U, BStBl 1965 III S. 382.

20 Jahren für möglich und angemessen gehalten.[1] Auch **Gemälde moderner Maler** wurden vom Thüringer FG als nicht abnutzbares Wirtschaftsgut angesehen, wenn aufgrund eines Preises von ca. 6.000 DM zu erwarten ist, dass das Bild seinen Wert behält bzw. steigern wird.[2]

Anerkannt als Betriebsausgaben wurden auch Aufwendungen für Bilder, Ölgemälde, Aquarelle,[3] ebenso Aufwendungen in Höhe von 5.000 DM für einen Orientteppich.[4]   713

Zur **AfA bei Dekorationsstücken** einer Gaststätte vgl. auch FG München, Urteil v. 15.4.2005.[5]

▶ **Aktivierung**

1. Begriff

Literatur: *Assmann*, Das steuerliche Wirtschaftsgut, BuW 1994 S. 260; *Kleine-Rosenstein*, Das Wirtschaftsgut als Gegenstand steuerrechtlicher Bilanzen, BBK F. 30 S. 833; *Fick*, Bilanzierung und Bewertung von Warenzeichen, StBp 1995 S. 136.

VERWALTUNGSANORDNUNGEN:

BMF, Schreiben v. 25.3.2013, Aktivierung allgemeiner Verwaltungskosten, BStBl 2013 I S. 296.

Aktivieren bedeutet wirtschaftlich den **Ausweis** von zum Betriebsvermögen   714
(vgl. Rz. 911) gehörenden Vermögensgegenständen (steuerlich: Wirtschaftsgütern) **in der Aktivseite der Bilanz** bei Gewinnermittlung nach § 4 Abs. 1 oder § 5 EStG bzw. die **Aufnahme in das Inventarverzeichnis** bei Gewinnermittlung durch Einnahmenüberschussrechnung nach § 4 Abs. 3 EStG. Eine Aktivierung in der Handelsbilanz kommt nur dann und insoweit in Betracht, als ein entsprechender Posten auf der Aktivseite der Handelsbilanz nach Maßgabe der Bilanzierungs- und Bewertungsvorschriften ausgewiesen werden darf, in der Steuerbilanz nach Maßgabe der steuerlichen Bilanzierungs- und Bewertungsvorschriften auszuweisen ist.

2. Aktivierungspflicht

a) Wirtschaftsgut

Literatur: *Grützner*, Wichtige Regelungen der EStÄR 2012 zur Unternehmensbesteuerung, BBK 2013 S. 736.

---

1 BFH, Urteil v. 23.4.1965 - VI 327/64 U, BStBl 1965 III S. 382; StBp 1977 S. 189.
2 Urteil v. 28.8.1996, DStRE 1997 S. 767.
3 Schleswig-Holsteinisches FG, Urteil v. 30.10.1964, EFG 1965 S. 271.
4 FG Baden-Württemberg, Urteil v. 25.9.1985, EFG 1986 S. 67.
5 7 K 5473/02, NWB TAAAB-60221.

Frank/Utz, Vermögengegenstand und Wirtschaftsgut (HGB, EStG), infoCenter, NWB FAAAB-14465.

715   Der steuerrechtliche Begriff des auf der Aktivseite auszuweisenden Wirtschaftsguts wird dem handelsrechtlichen Begriff des **Vermögensgegenstandes** gleichgesetzt. An einer gesetzlichen Definition fehlt es. Der Begriff ist weit gefasst. Vermögensgegenstände sind gem. § 253 HGB höchstens mit den Herstellungskosten vermindert um Abschreibungen, anzusetzen. Dies gilt steuerlich auch für Wirtschaftsgüter. Für die Einbeziehung der Kosten für die allgemeine Verwaltung, sowie angemessene Teile für soziale Einrichtungen, für freiwillige soziale Leistungen und die betriebliche Altersvorsorge galt handelsrechtlich wie steuerlich bisher ein Wahlrecht. Eine Einbeziehung der allgemeinen Verwaltungskosten in die Herstellungskosten wurde steuerlich zur Pflicht gemacht (R 6.3 EStÄR 2012). Durch das BMF, Schreiben v. 25.3.2013,[1] wurde die Einbeziehung der allgemeinen Verwaltungskosten in die Herstellungskosten steuerlich wieder zum Wahlrecht verändert.

716   Eine Aktivierung setzt voraus, dass ein dem Stpfl. zuzurechnendes aktivierungsfähiges, dem Betriebsvermögen zuzuordnendes Wirtschaftsgut vorhanden ist. Wirtschaftsgüter sind Sachen und Rechte sowie tatsächliche Zustände. Dazu gehören z. B. **Anlagegüter,** deren Verwendung oder Nutzung sich zur Erzielung von Einkünften erfahrungsgemäß auf einen Zeitraum von mehr als einem Jahr erstreckt (§ 7 Abs. 1 Satz 1 EStG), aber auch konkrete Möglichkeiten, wenn sie einer selbständigen Bewertung zugänglich sind, am Markt einen gewissen Wert haben und **kein Aktivierungsverbot** (z. B. § 5 Abs. 2 EStG) besteht. **Vorsteuer-Ansprüche** können bereits zu einem Zeitpunkt aktiviert werden, in dem noch keine berichtigten Rechnungen vorliegen.[2]

717   **Immaterielle Wirtschaftsgüter** des Anlagevermögens sind aktivierungspflichtig, wenn sie entgeltlich erworben wurden (§ 246 Abs. 1 HGB; § 5 Abs. 2 EStG).

b) Zurechnungsvoraussetzung

718   Zu aktivieren sind nur Wirtschaftsgüter, die **zivilrechtliches** oder **wirtschaftliches Eigentum** des Stpfl. oder ihm **nach § 39 AO zuzurechnen** sind.[3] Wirtschaftliches Eigentum ist auch handelsrechtlich bedeutsam (§ 246 Abs. 1 Satz 2 HGB). Haben auch Dritte an einem Wirtschaftsgut **Miteigentum,** so darf

---

1 BStBl 2013 I S. 296.
2 BFH, Urteil v. 12.5.1993 - XI R 1/93, BStBl 1993 II S. 786.
3 BFH, Urteil v. 3.8.1988 - I R 157/84, BStBl 1989 II S. 21; BFH, Urteil v. 12.9.1991 - III R 233/90, BStBl 1992 II S. 182.

nur der Anteil des Stpfl. aktiviert werden.[1] Das gilt auch, wenn der Stpfl. mit Zustimmung des Miteigentümers auf einem gemeinsamen Grundstück im eigenen Namen und für eigene Rechnung ein Gebäude errichtet (vgl. Rz. 1197).

▶ **Alarmanlage**

Vgl. Rz. 931.   719

▶ **Anlauf-, Vorlauf- und Vorbereitungskosten**

Literatur: *Hildesheim,* Beginn und Ende der Gewerbesteuerpflicht, NWB 1990 S. 1133; *Speich,* Vorab entstandene Betriebsausgaben und Werbungskosten, NWB 44/1990 S. 7549; Betriebsprüfungs-Kartei: Konto „Anlaufkosten" Teil I; Betriebsausgaben − ABC: Gründungskosten/Umgründungskosten/Anlaufkosten, NWB 1999 S. 1850.

ARBEITSHILFEN UND GRUNDLAGEN ONLINE:

Langenkämper, Vorkosten, infoCenter, NWB JAAAB-14588.

1. Allgemeines

Jede auf Gründung, Pachtung oder Übernahme gerichtete **Handlung** ist bereits   720
von **steuerlicher Bedeutung.** Aufwendungen vor Betriebseröffnung zur Gründung, Ingangsetzung oder Erweiterung des Geschäftsbetriebes wie z. B. Planung, Aufbau einer Organisation, Werbemaßnahmen, Entwicklungskosten, Gebühren oder Finanzierungskosten sind bereits Betriebsausgaben, falls sie nicht Anschaffungs- oder Herstellungskosten sind. Das gilt auch, wenn sie **vergeblich** (vgl. Rz. 723) waren.[2] Der Gewerbebetrieb beginnt mit den ersten Vorbereitungshandlungen.[3] Zum **Beginn der sachlichen Gewerbesteuerpflicht** vgl. FG Berlin, Urteil v. 21.4.2004[4] und R 2.5 GewStR sowie H 2.5 GewStH.

2. Grundsätze der Abziehbarkeit

Zwischen den Aufwendungen und einer konkreten Einkunftsart muss ein aus-   721
reichend bestimmter Zusammenhang objektiv bestehen. Die angestrebte Betätigung muss außerdem mit erkennbarer Gewinnerzielungsabsicht betrieben werden. Auch Aufwendungen für die **Besichtigung eines Hotels** (Fahrt-, Übernachtungs- und Mehrverpflegungskosten) sind daher vorweggenommene Betriebsausgaben, wenn die Besichtigung auf dem endgültigen Beschluss be-

---

1 BFH, Urteil v. 20.9.1990 - IV R 300/84, BStBl 1991 II S. 82; BFH, Urteil v. 6.3.1991 - X R 7/88, BFH/NV 1991 S. 528, NWB BAAAB-32765.

2 BFH, Urteil v. 14.6.1955 - I 154/54 U, BStBl 1955 III S. 221; BFH, Urteil v. 17.4.1986 - IV R 100/84, BStBl 1986 II S. 527.

3 BFH, Urteil v. 7.4.1992 - VIII R 34/91, BFH/NV 1992 S. 797, NWB TAAAB-33316; BFH, Urteil v. 26.11.1993 - III R 58/89, BStBl 1994 II S. 293.

4 6 K 6360/00, EFG 2004 S. 1473.

ruht, gewerbliche Einkünfte aus dem Erwerb eines Hotels zu erzielen.[1] Der Gastwirt trägt dafür die Feststellungslast (vgl. Rz. 892).[2]

722 Der Charakter von Aufwendungen als Betriebsausgaben ist meist zweifelsfrei, wenn es zur geplanten gewerblichen Betätigung kommt. Fehlt eine nachvollziehbare Realisierung, so erstreckt sich die objektive Beweislast für die Abziehbarkeit der Aufwendungen auch auf die **Darlegung ihres konkreten Zusammenhangs** mit einer zukünftigen oder geplanten Einkunftsart.[3]

Überpreise, die im Rahmen der Eröffnung eines Gewerbebetriebes gezahlt werden, können das **laufende Ergebnis** mindern, wenn sie eine Vermögensminderung bewirken oder als vorbereitende Betriebsausgaben außerhalb der Bilanz abziehbar sind.[4]

3. Vergebliche Planungskosten

723 Auch Planungskosten für ein gewerbliches Bauvorhaben, wie Baupläne, Genehmigungen, Statik usw., sind nach Aufgabe des Vorhabens oder, weil notwendige behördliche Genehmigungen nicht erteilt wurden, als Betriebsausgaben abziehbar. Das kann auch im Jahr der Bezahlung sein.[5]

Die Tatsache, dass zum Zeitpunkt der Aufwendungen weder ein Rechnungswesen noch Betriebseinnahmen vorliegen, ist für ihre Abziehbarkeit unbeachtlich.[6] Vergebliche Aufwendungen für **Grund und Boden** sind nicht abziehbar, da sie auch als Anschaffungskosten nicht abziehbar wären.[7]

724 Die Rechtsprechung hat die Anerkennung von Werbungskosten und Betriebsausgaben nicht davon abhängig gemacht, ob der erstrebte Erfolg eingetreten ist und die Aufwendungen üblich, notwendig oder zweckmäßig waren.[8]

4. Einlagen zu Betriebsbeginn

Literatur: *Hilbertz,* Bemessungsgrundlage für AfA nach Einlage, NWB 2011 S. 108.

> **VERWALTUNGSANWEISUNGEN:**
>
> R 7.3 EStR; H 7.3 EStH; BMF, Schreiben v. 27.10.2010, BStBl 2010 I S. 1204.

---

1 BFH, Urteil v. 15.4.1992 - III R 96/88, BStBl 1992 II S. 819.
2 BFH, Urteil v. 20.3.1987 - III R 172/82, BStBl 1987 II S. 679.
3 BFH, Urteil v. 4.8.1961 - VI 162/59 U, BStBl 1962 III S. 5.
4 BFH, Urteil v. 3.5.1967 - I 70/64, BStBl 1967 III S. 463.
5 FG Rheinland-Pfalz, Urteil v. 28.6.1972, rkr., EFG 1973 S. 15.
6 BFH, Urteil v. 3.11.1961 - VI 196/60 U, BStBl 1962 III S. 123.
7 FG Rheinland-Pfalz, Urteil v. 23.4.1993, EFG 1993 S. 780.
8 BFH, Urteil v. 28.11.1980 - VI R 193/77, BStBl 1981 II S. 368.

Wirtschaftsgüter, die der Gastwirt zu Beginn seiner gewerblichen Betätigung **aus der privaten Sphäre** in das Betriebsvermögen einlegt (Möbel, Gebäude, Fahrzeug) sind nach § 6 Abs. 1 Nr. 5 EStG mit dem **Teilwert** zum Zeitpunkt der Zuführung anzusetzen. Teilwert ist im Zusammenhang mit der Eröffnung eines Betriebes der **gemeine Wert,** weil es noch keinen laufenden Betrieb gibt. Das gilt auch für eingelegte Wirtschaftsgüter des Umlaufvermögens.[1] Ein dem Stpfl. **geschenktes Wirtschaftsgut** ist auch dann mit dem Teilwert einzulegen, wenn der Schenker das Wirtschaftsgut innerhalb der letzten drei Jahre vor dem Zeitpunkt der Zuwendung angeschafft, hergestellt oder entnommen hat.[2]

725

Falls das Wirtschaftsgut innerhalb der letzten drei Jahre vor dem Zeitpunkt der Zuführung angeschafft oder hergestellt wurde, kommen höchstens die Anschaffungs- oder Herstellungskosten in Frage (§ 6 Abs. 1 Nr. 5a EStG). Sie sind bei Einlage von **abnutzbaren Wirtschaftsgütern** um die AfA für den Zeitraum zwischen Anschaffung oder Herstellung und Einlage zu kürzen, auch wenn sich die AfA in der Privatsphäre nicht ausgewirkt hat.

Der Teilwert ist in vorgenannten Fällen anzusetzen, wenn er niedriger ist, als die nach § 6 Abs. 1 Nr. 5 Satz 2 EStG ermittelten, um AfA gekürzten Anschaffungs- oder Herstellungskosten.[3]

Ist die Einlage ein Wirtschaftsgut, das vor der Zuführung aus einem Betrieb des Stpfl. entnommen worden ist, so tritt an die Stelle der Anschaffungs- oder Herstellungskosten der Wert, mit dem die Entnahme angesetzt worden ist und an die Stelle des Zeitpunkts der Anschaffung oder Herstellung der Zeitpunkt der Entnahme (§ 6 Abs. 1 Nr. 5c Satz 3 EStG).

Werden **geringwertige Wirtschaftsgüter** (vgl. Rz. 671 ff.) aus dem Privat- ins Betriebsvermögen eingelegt, so kann im Wirtschaftsjahr der Einlage die Bewertungsfreiheit nach § 6 Abs. 2 EStG in Anspruch genommen werden. Die Einlage ist hier dem Begriff Anschaffung oder Herstellung gleichgestellt.[4] Zur Einlage von geringwertigen Wirtschaftsgütern, die bereits bei einer **Überschusseinkunftsart** Werbungskosten waren, vgl. BFH, Urteil v. 27.1.1994.[5] Bei

726

---

1 BFH, Urteil v. 7.12.1976 - I R 142/76, BStBl 1979 II S. 729; BFH, Urteil v. 10.7.1991 - VIII R 126/86, BStBl 1991 II S. 840.

2 BFH, Urteil v. 14.7.1993 - X R 74-75/90, BStBl 1994 II S. 15.

3 AfA nach Einlage vgl. BFH, Urteil v. 17.3.2010 - X R 34/09, BFH/NV 2010 S. 1625, NWB YAAAD-46352. Zu degressiver AfA nach Einlage vgl. BFH, Urteil v. 18.5.2010 - X R 7/08, BStBl 2014 II S. 13.

4 BFH, Urteil v. 19.1.1984 - IV R 224/80, BStBl 1984 II S. 312.

5 IV R 101/92, BStBl 1994 II S. 638.

vorheriger Nutzung als **Arbeitsmittel** vgl. Thüringer FG, Urteil v. 16.2.1994.[1] Zur **ab 1999** gültigen Rechtslage nach dem StEntlG 1999/2000/2002 siehe § 7 Abs. 1 Satz 4 EStG.

Nach R 7.3 (6) EStR sind bei Gebäuden, die aus dem Privat- ins Betriebsvermögen überführt werden, die weiteren AfA vom nach § 6 Abs. 1 Nr. 5 EStG maßgebenden Wert (Teilwert) zu bemessen. Dadurch ändert sich als Folge der Einlage die AfA-Bemessungsgrundlage für das eingelegte Gebäude, nicht aber der AfA-Prozentsatz (vgl. Rz. 608). Zur AfA-Bemessungsgrundlage nach Einlage von Wirtschaftsgütern, die zuvor zur **Erzielung von Überschusseinkünften** genutzt worden sind, vgl. BMF, Schreiben v. 27.10.2010.[2]

▶ **Anliegerkosten**

727 Vgl. Rz. 1092 ff.

▶ **Anschaffungsnahe Aufwendungen (§ 6 Abs. 1 Nr. 1a EStG)**

Literatur: *Grützner*, Anschaffungsnaher Herstellungsaufwand bei Gebäuden, BBK 2005 S. 1065.

VERWALTUNGSANWEISUNGEN:

R 6.4 EStR; H 6.4.EStH; BMF, Schreiben v. 18.7.2003, BStBl 2003 I S. 386.

ARBEITSHILFEN UND GRUNDLAGEN ONLINE:

Grözinger, Steuerfach-Scout, Einkommensteuer, Anschaffungsnahe Aufwendungen, NWB NAAAE-60668; *Langenkämper*, Anbau-Ausbau-Erweiterung und Umbau, NWB infoCenter, NWB XAAAB-04765.

728 Der Gesetzgeber hat die bisherige Verwaltungsauffassung mit Einfügung der Nr. 1a in § 6 Abs. 1 EStG durch das StÄndG 2003 v. 15.12.2003 festgeschrieben. Diese gilt erstmals für Baumaßnahmen, mit denen nach dem 31.12.2003 begonnen wurde. Danach gehören zu den Herstellungskosten eines Gebäudes auch Aufwendungen für Instandsetzungs- und Modernisierungsmaßnahmen, die innerhalb von drei Jahren nach der Anschaffung des Gebäudes durchgeführt werden, wenn die Aufwendungen **ohne die Umsatzsteuer** 15 % der Anschaffungskosten des Gebäudes übersteigen (anschaffungsnahe Herstellungskosten). Zu diesen Aufwendungen gehören nicht die Aufwendungen für Erweiterungen i. S. d. § 255 Abs. 2 Satz 1 des HGB sowie Aufwendungen für Erhaltungsarbeiten, die **jährlich üblicherweise anfallen**.

---

1 EFG 1994 S. 788.
2 BStBl 2010 I S. 1204; H 7.3 EStH.

Nach dem BFH, Urteil v. 25.8.2009[1] sind Aufwendungen im Zusammenhang mit der Anschaffung eines Gebäudes unabhängig davon, ob sie auf jährlich üblicherweise anfallenden Erhaltungsaufwendungen i.S.v. § 6 Abs.1 Nr.1a Satz 2 EStG beruhen, **nicht als Erhaltungsaufwand** sofort abziehbar, wenn sie im Rahmen einheitlich zu würdigender Instandhaltungs- und Modernisierungsaufwendungen anfallen.

Der BFH hat in drei Urteilen v. 14.6.2016[2] Grundsatzentscheidungen zur Behandlung von Kosten als anschaffungsnahen Aufwand nach § 6 Abs.1 Nr.1a EStG gefällt. Den Urteilen ist Folgendes zu entnehmen:

▶ **Schönheitsreparaturen** gehören zu den anschaffungsnahen Aufwendungen.

▶ Bei der Berechnung der **15-v.H.-Grenze** sind nur Aufwendungen für Erweiterungen auszuklammern.

▶ Etwaige Erstattungen für Material und Fertigung von dritter Seite mindern den anschaffungsnahen Aufwand.

▶ Es ist bei der Anwendung des § 6 Abs.1 Nr.1a EStG grundsätzlich auf das Gesamtgebäude abzustellen.

Zu Details wird auf Korn/Strahl[3] hingewiesen.

Aufwendungen zur Beseitigung **versteckter Mängel** sind im Gegensatz zu früheren Richtlinien in die Berechnung der 15 %-Grenze einzubeziehen.

Zur steuerlichen Behandlung von nachträglichen Anschaffungskosten vgl. BFH, Urteil v. 16.6.2015.[4] Vgl. auch BFH, Beschluss v. 28.4.2020.[5]

(Einstweilen frei) 729–732

▶ **Ansparrücklage, Existenzgründerrücklage nach § 7g EStG**

Vgl. Sonderabschreibungen und **Investitionsabzugsbetrag nach § 7g EStG** (vgl. 733
Rz. 653 ff.).

(Einstweilen frei) 734–738

---

1 IX R 20/08, BStBl 2010 II S. 125.
2 IX R 15/15, BStBl 2016 II S. 996; IX R 22/15, BStBl 2016 II S. 999 und IX R 25/14, BStBl 2016 II S. 992.
3 Aus der Steuerrechtsprechung und Verwaltungspraxis im Jahr 2016, NWB 2016 S. 3785.
4 IX R 30/14, BStBl 2017 II S. 94.
5 IX B 121/19, NWB PAAAH-53150.

► **An-, Um-, Zubauten**

VERWALTUNGSANWEISUNGEN:

R 7.4 EStR.

ARBEITSHILFEN UND GRUNDLAGEN ONLINE:

Ronig, Erhaltungsaufwand und Herstellungsaufwand bei Baumaßnahmen, Grundlagen, NWB NAAAE-31472; *Langenkämper*, Anbau, Ausbau, Erweiterung und Umbau, infoCenter, NWB XAAAB-04765.

739 Die **AfA-Bemessung** für An-, Um- oder Zubauten richtet sich danach, ob ein **selbständiges Wirtschaftsgut** entstanden ist, die Baumaßnahme als Herstellungsaufwand in der alten Bausubstanz untergeht oder zur **Schaffung eines neuen Gebäudes** führt.

Bei **Verschachtelung** und gleichem Nutzungs- und Funktionszusammenhang mit dem vorhandenen Gebäude entsteht in der Regel kein neues unbewegliches Wirtschaftsgut. Der AfA-Prozentsatz für die Altsubstanz ist auch für die Herstellungskosten des Anbaues anzuwenden (R 7.3 EStR nachträgliche Herstellungskosten). Gesonderte AfA von unselbständigen Teilen von Gebäuden sind nicht möglich.[1]

Durch **umfassende, nachträgliche bauliche Maßnahmen** am Gebäude kann die Altsubstanz in einem neu geschaffenen Gebäude untergehen (H 7.4 EStH). Das ist der Fall, wenn das Gebäude so tiefgreifend umgestaltet wird, dass die neuen Teile dem Gesamtgebäude das Gepräge geben.[2]

Zur Abgrenzung von Modernisierungsaufwand von der Herstellung eines **neuen oder anderen Wirtschaftsguts** vgl. BFH, Urteil v. 23.5.2007,[3] Anbau an ein bestehendes Gebäude als selbständiges Wirtschaftsgut.[4]

Vgl. auch Rz. 959.

► **Arbeits-, Darlehnsverträge mit Ehegatten und Kindern**

Literatur: *Stuhrmann*, Arbeitsverhältnisse zwischen Ehegatten, NWB 2000 S. 3473; *Schoor*, Steuerorientierte Gestaltungen bei Arbeitsverhältnissen mit Angehörigen, StuB 2002 S. 526; *Hollatz*, Arbeitsverhältnisse zwischen nahen Angehörigen, NWB 2003 S. 49; *Götz*, Schenkungsteuerliche Risiken für Ehegatten bei Errichtung von „Oder-Konten", NWB 2004 S. 2437; *Becker*, Ehegattenarbeitsverhältnisse, NWB 2010 S. 3122.

---

1 BFH, Urteil v. 26.11.1973 - GrS 5/71, BStBl 1974 II S. 132; BFH, Urteil v. 28.6.1983 - VIII R 179/79, BStBl 1984 II S. 196.

2 BFH, Urteil v. 9.8.1974 - V R 11/74, BStBl 1975 II S. 342; BFH, Urteil v. 26.1.1978 - V R 154/74, BStBl 1978 II S. 363.

3 IX B 1/07, BFH/NV 2007 S. 2085, NWB PAAAC-58382; vgl. auch BFH, Urteil v. 29.5.2006 - III B 159/05, BFH/NV 2006 S. 1884, NWB FAAAB-91837.

4 BFH, Urteil v. 25.1.2007 - III R 49/06, BStBl 2007 II S. 586.

VERWALTUNGSANWEISUNGEN:

R 4.8 ff. EStR, H 4.8 EStH; BMF, Schreiben v. 4.9.1984, BStBl 1984 I S. 495; BMF, Schreiben v. 17.6.1996 - IV B 2 – S 2144 a – 3/96, NWB LAAAA-84749; BMF, Schreiben v. 23.12.2010, BStBl 2011 I S. 37.

ARBEITSHILFEN UND GRUNDLAGEN ONLINE:

Geißler, Verträge mit nahen Angehörigen, infoCenter, NWB CAAAA-41724.

Angehörigen steht es frei, ihre Rechtsverhältnisse so zu gestalten, dass sie   740
steuerlich möglichst günstig sind.[1] Der Begriff Angehörige nach § 15 AO wurde
durch das Gesetz zur Anpassung steuerlicher Vorschriften an die Rechtsprechung des Bundesverfassungsgerichts ab 24.7.2014 nicht rückwirkend stark
ausgeweitet. Zu dem so bezeichneten Personenkreis gehören seitdem auch die
Lebenspartner.

Die **Vorteile** der Vereinbarung von Arbeitsverhältnissen liegen **nicht allein auf
steuerlichem Gebiet.** Sie bietet die Möglichkeit, dem Ehepartner eigene versor-
gungs- und krankenversicherungsrechtliche Ansprüche zu verschaffen. Unentgeltliche Mitarbeit würde auch dazu führen, dass ihre Wertschöpfung im Falle
der Insolvenz dem Zugriff der Gläubiger zum Opfer entfällt.

Damit diese Arbeitsverträge mit Ehegatten bzw. Kindern steuerlich wirksam   741
werden, muss Mitarbeit, **wie unter Fremden üblich,** über **ernst gemeinte Arbeitsverträge** vereinbart und entgeltlich **durchgeführt** sein. Es können Aus-
hilfs-, Teilzeit- und Vollzeitarbeitsverhältnisse begründet werden.

(Einstweilen frei)   742–750

1. Ehegattenarbeitsverhältnisse in der Gaststätten-/Hotelbranche

Vor Abschluss eines Ehegattenarbeitsvertrages ist die Frage des Güterstandes   751
der Eheleute zu prüfen. **Gütergemeinschaft beinhaltet die Gefahr,** dass ein Arbeitsverhältnis wegen Mitunternehmerschaft steuerlich nicht anerkannt wird
(vgl. Rz. 234).

Eheleute können unentgeltlich, teilentgeltlich oder vollentgeltlich tätig sein.   752
Der Ernsthaftigkeit des vereinbarten Arbeitsverhältnisses steht nicht entgegen, wenn die Vergütung niedrig ist. Unüblich niedrige Vergütung darf aber
nicht auf mangelnden rechtsgeschäftlichen Betätigungswillen schließen lassen.[2] **Überhöhtes Arbeitsentgelt** stellt nicht das gesamte Arbeitsverhältnis in
Frage.

---

1   BFH, Urteil v. 18.12.1990 - VIII R 290/82, BStBl 1991 II S. 391.
2   BFH, Urteil v. 28.7.1983 - IV R 103/82, BStBl 1984 II S. 60.

753 Die Leistungen dürfen nicht „gelegentliche Hilfeleistungen" (vgl. Rz. 813 ff.) sein, die **üblicherweise unentgeltlich** auf familienrechtlicher Grundlage erbracht werden, wie die Reinigung eines häuslichen Arbeitszimmers.[1]

754–765 *(Einstweilen frei)*

a) Anerkennungsgrundsätze für Ehegattenarbeitsverhältnisse

766 Die **Rechtsprechung** zur Anerkennung von Ehegattenarbeitsverhältnissen ist **engherzig.** Eine Schriftform der Verträge ist nicht erforderlich. Sie können grundsätzlich auch mündlich geschlossen werden. Zur Schaffung von nachvollziehbaren Vereinbarungen muss aber die **Schriftform angeraten** werden. Fehlende Schriftform kann für die Verwaltung ein Indiz gegen die Ernsthaftigkeit sein. Der **Arbeitslohn** muss im Vertrag betragsmäßig festgelegt sein.[2] Werden dem Ehegatten **Sachbezüge** gewährt, so ist dies ebenfalls vertraglich festzulegen.

Bei Ehegattenarbeitsverhältnissen im Hotel- bzw. Gaststättengewerbe kann die Gewährung von **Verpflegung als Arbeitslohn** anerkannt werden, da es in der Branche auch bei familienfremden Arbeitnehmern nicht unüblich ist. Die Warenentnahmen des Arbeitnehmer-Ehegatten (vgl. Rz. 1334) sind dann nicht unentgeltliche Wertabgaben mit den dafür geltenden Pauschsätzen. Es handelt sich um mit den Werten der Sozialversicherungsentgeltverordnung (SvEV) auch der Lohnsteuer zu unterwerfende Personalverpflegung. Die **Gewährung freier Wohnung** erkennt die Finanzverwaltung für Ehegatten **nicht als Arbeitslohn** an.

767 **Soziale Leistungen** und **Sonderzahlungen,** wie Urlaubs-, Weihnachtsgelder, Tantiemen usw. werden steuerlich anerkannt, wenn sie **ausdrücklich vereinbart** und nach dem Fremdvergleich auch fremden Arbeitnehmern in der Branche gewährt werden.[3] Zur betrieblichen Veranlassung einer **Tantiemenzusage** an einen Ehegatten vgl. BFH, Urteil v. 8.1.2007.[4]

768 Es werden nur Arbeitsverträge steuerlich anerkannt, wenn sie auch **zivilrechtlichen Formerfordernissen** entsprechen, die Vereinbarungen **ernsthaft durch-**

---

1 BFH, Urteil v. 27.10.1978 - VI R 166, 173, 174/76, BStBl 1979 II S. 80.
2 BFH, Urteil v. 8.3.1962 - IV 168/60 U, BStBl 1962 III S. 218; BFH, Urteil v. 24.5.1962 - IV 146/61 U, BStBl 1962 III S. 383.
3 BFH, Urteil v. 26.2.1988 - III R 103/85, BStBl 1988 II S. 606.
4 XI B 60/06, BFH/NV 2007 S. 707, NWB RAAAC-38788.

geführt und auch **zwischen Fremden denkbar** sind.[1] Zur Überlassung von Firmenwagen vgl. BFH, Urteil v.10.10.2018.[2]

Vertraglich vereinbarte **Arbeitsvergütungen** müssen **tatsächlich gezahlt** werden.[3] Das kann **auch** im Wege von **Barzahlung** sein. Die Zahlungen sind dann durch **Quittungen** zu belegen. Das gilt vor allem bei Gewinnermittlung nach § 4 Abs. 3 EStG. Nur so kann dabei die Regelmäßigkeit der Zahlungen dargetan werden. Wichtig ist die wie unter Fremden übliche regelmäßige **Zahlung zum vereinbarten Fälligkeitstag**. Längster Lohnzahlungszeitraum ist ein Monat.[4] Unregelmäßige Zahlungen können zur Nichtanerkennung führen.[5] Auch einmalige Zahlungen sind unter Fremden nicht üblich.[6]   769

Das Bundesverfassungsgericht[7] hat die **Nichtanerkennung** eines Ehegattenarbeitsverhältnisses bei Überweisung des Gehaltes auf ein „Oderkonto" für **verfassungswidrig** erklärt, wenn es ansonsten ernstlich vereinbart, tatsächlich erfüllt und angemessen entgolten worden ist.[8]   770

Größere Abhebungen des Arbeitnehmer-Ehegatten vom betrieblichen Konto, die neben dem Haushaltsgeld auch den vereinbarten Lohn enthalten sollen, entsprechen nicht den Anforderungen an den Vollzug des Arbeitsverhältnisses.[9] Auch **monatliche Barabhebungen** durch den Arbeitnehmer-Ehegatten vom betrieblichen Konto, die nach seiner Darstellung auf Mitabhebung des auf ihn entfallenden Arbeitslohns gerichtet waren, genügen den Anforderungen in die notwendige Konkretisierung der Gehaltszahlung an einen Arbeitnehmer-Ehegatten nicht.[10]   771

---

1 BFH, Urteil v. 7.9.1972 - IV R 197/68, BStBl 1972 II S.944; BVerfG, Urteil v. 22.7.1970 - 1 BvR 285/66, 1 BvR 445/67, 1 BvR 192/69, BStBl 1970 II S.652; BFH, Urteil v. 17.3.1988 - IV R 188/85, BStBl 1988 II S.632; BFH, Urteil v. 25.1.1989 - X R 168/87, BStBl 1989 II S.453; BFH, Urteil v. 26.8.2004 - IV R 68/02, BFH/NV 2005 S.553, NWB JAAAB-42760.

2 X R 44-45/17, BStBl 2019 II S.203.

3 BFH, Urteil v. 5.12.1963 - IV 98/63 S, BStBl 1964 III S.131; BFH, Urteil v. 18.7.1972 - VIII R 43/72, BStBl 1972 II S.932.

4 BFH, Urteil v. 14.10.1981 - I R 34/80, BStBl 1982 II S.119.

5 BFH, Urteil v. 9.4.1968 - I 157/65, BStBl 1968 II S.524; BFH, Urteil v. 26.9.1968 - IV 121/64, BStBl 1969 II S.102.

6 BFH, Urteil v. 14.10.1981 - I R 34/80, BStBl 1982 II S.119.

7 Beschluss v. 7.11.1995 - 2 BvR 802/90, BStBl 1996 II S.34.

8 Vgl. auch BFH, Urteil v. 4.9.1997 - IV B 110/96, BFH/NV 1998 S.202, NWB QAAAB-38975; Niedersächsisches FG, Urteil v. 18.1.1994 - VIII 150/91, EFG 1994 S.867.

9 BFH, Urteil v. 20.4.1989 - IV R 81/85, BStBl 1989 II S.655.

10 BFH, Urteil v. 26.8.2004 - IV R 68/02, BFH/NV 2005 S.553, NWB JAAAB-42760.

772 Überweisungen der Löhne **auf ein Sparkonto** des Arbeitnehmer-Ehegatten sind **nicht schädlich.**[1]

773 Unschädlich sind Überweisungen auf ein Konto des Arbeitnehmer-Ehegatten, über das der andere Ehegatte mitverfügen kann.[2] Zahlung auf ein **privates Konto des Arbeitgeber-Ehegatten** kann auch dann nicht anerkannt werden, wenn der Arbeitnehmer-Ehegatte den Abbuchungsauftrag unterschrieben hat.[3]

774 Ist das Gehalt zweifelsfrei in den Verfügungsbereich des Arbeitnehmer-Ehegatten gelangt,[4] so kann er **darüber frei verfügen.** Er kann es **im gemeinsamen Haushalt verwenden,** dem Arbeitgeber-Ehegatten **zurückschenken**[5] oder ihm **darlehensweise verzinslich oder unverzinslich überlassen.**[6]

775–785 *(Einstweilen frei)*

b) Ehegatten-Direktversicherung

Literatur: *Reuter,* Die Direktversicherung im Einkommen- und Lohnsteuerrecht, NWB 1995 S. 2307; *Kleine,* Ertragsteuerliche Anerkennung von Direktversicherungen für Arbeitnehmer-Ehegatten, BBK F. 13 S. 4021.

VERWALTUNGSANWEISUNGEN:

R 4b und H 4b EStR, ESt-Hinweise; BMF, Schreiben v. 17.6.1996 - IV B 2 – S 2144a – 3/96, NWB ZAAAA-18744.

ARBEITSHILFEN UND GRUNDLAGEN ONLINE:

Wenning, Direktversicherung, infoCenter, NWB RAAAB-05658.

786 Die Direktversicherung ist eine Versicherung, die der Arbeitgeber als Versicherungsnehmer zugunsten des Arbeitnehmers abgeschlossen hat und bei der der Arbeitnehmer bzw. seine Hinterbliebenen gegenüber dem Versicherer einen Rechtsanspruch auf die Versicherungsleistung erwerben. Einzelheiten ergeben sich aus Wenning.[7]

787–791 *(Einstweilen frei)*

---

1 BFH, Urteil v. 4.11.1986 - VIII R 82/85, BStBl 1987 II S. 336.
2 BFH, Urteil v. 16.1.1974 - I R 176/72, BStBl 1974 II S. 294.
3 BFH, Urteil v. 8.8.1990 - X R 167/87, BStBl 1991 II S. 16; vgl. aber BFH v. 4.9.1997 - IV B 110/96, BFH/NV 1998 S. 202, NWB QAAAB-38975.
4 BFH, Urteil v. 30.6.1971 - I R 30/69, BStBl 1972 II 112; BFH, Urteil v. 29.2.1972 - VIII R 45/66, BStBl 1972 II S. 533.
5 BFH, Urteil v. 4.11.1986 - VIII R 82/85, BStBl 1987 II S. 336.
6 BFH, Urteil v. 17.7.1984 - VIII R 69/84, BStBl 1986 II S. 48.
7 Direktversicherung, NWB RAAAB-05658.

Rechtslage für nach dem 31.12.2004 abgeschlossene Verträge (Neuverträge)

Durch die Reform der Besteuerung der Alterseinkünfte[1] in eine nachgelagerte   792
Besteuerung ist die steuerliche Behandlung der Direktversicherungen wesentlich geändert worden. Nach dem 31.12.2004 abgeschlossene Direktversicherungen sind danach grundsätzlich steuer- und sozialversicherungsfrei (§ 3 Nr. 63 EStG). Die Möglichkeit der Pauschalierung der Beiträge ist somit entfallen. Begünstigt sind nur noch **Versicherungen**, wenn die Versicherungsleistungen als Leibrente oder Hinterbliebenenrente vereinbart sind.[2]

c) Pensionszusagen

Literatur: *Stuhrmann*, Arbeitsverhältnisse zwischen Ehegatten, NWB 2000 S. 3473; *Benzel*, Pensionszusagen an Ehegatten-Arbeitnehmer in Personenunternehmen, NWB 2010 S. 2147.

VERWALTUNGSANWEISUNGEN:

§ 6a EStG; EStR zu § 6a EStG; BMF, Schreiben v. 4.9.1984, BStBl 1984 I S. 495.

Im Rahmen eines steuerlich anerkannten Arbeitsverhältnisses mit dem Ehe-   793
gatten sind grundsätzlich **auch Pensionszusagen** nach § 6a EStG möglich.[3] Voraussetzung ist

▶ eine ernstlich gewollte, klar und eindeutig vereinbarte Verpflichtung,

▶ Vorliegen ausschließlich betrieblicher Veranlassung,

▶ Angemessenheit der Zusage dem Grunde nach,

▶ der Arbeitgeber-Ehegatte muss mit der Inanspruchnahme tatsächlich rechnen können.

Eine Pensionszusage wird steuerlich nur anerkannt, wenn sie auch der **Höhe**   794
nach angemessen ist.[4] Eine Zusage an den mitarbeitenden Ehegatten, die **anstelle eines Arbeitslohnes** gewährt werden soll, wird steuerlich nicht berücksichtigt.[5] Gleiches gilt für Zusagen auf **Witwen- bzw. Witwerrenten** bei Einzelunternehmen.

Die Pensionszusage ist **betrieblich veranlasst,** wenn **familienfremden Arbeit-**   795
nehmern vergleichbare Zusagen eingeräumt oder mindestens angeboten worden sind.[6] Es muss mindestens eine hohe Wahrscheinlichkeit bestehen, dass

---

1 Alterseinkünftegesetz v. 5.7.2004, BGBl 2004 I S. 1427.
2 Zur Problematik Hinweis auf Wenning, Direktversicherung, NWB RAAAB-05658.
3 BFH, Urteil v. 8.10.1986 - I R 220/82, BStBl 1987 II S. 205.
4 BFH, Urteil v. 30.3.1983 - I R 162/80, BStBl 1983 II S. 500.
5 BFH, Urteil v. 25.7.1995 - VIII R 38/93, BStBl 1996 II S. 153.
6 BFH, Urteile v. 16.5.1990 - X R 72/87, BStBl 1990 II S. 1044; v. 10.3.1993 - I R 118/91, BStBl 1993 II S. 604; v. 9. 2. 2005 - X B 147/04, BFH/NV 2005 S. 1052, NWB BAAAB-52007.

eine vergleichbare Zusage auch einem familienfremden Arbeitnehmer im Betrieb erteilt worden wäre.[1] Zur betrieblichen Veranlassung vgl. BFH, Urteil v. 15.4.2015.[2]

Eine Pensionszusage an den Ehegatten, die sich auf eine **betriebliche Pensionsordnung** stützt, kann steuerlich nicht anerkannt werden, wenn die Pensionsordnung eine Zusage an familienfremde Arbeitnehmer ins Belieben des Unternehmers stellt.[3]

796 Der **Fremdvergleich ist verfassungsgemäß.**[4]

797 Zur Abgeltung von in der Vergangenheit **geleisteten Überstunden** ist eine Pensionsrückstellung nicht gerechtfertigt, auch nicht, wenn sie **arbeitsrechtlich bindend** sein sollte.[5] Hohe Pensionsrückstellung zur **Abgeltung zu niedriger Aktivbezüge** vgl. BFH, Urteil v. 10.12.1992.[6]

798 Die Pensionszusage wird nicht anerkannt, wenn sie zu einem **Lebensalter** erteilt wird, zu dem einem **familienfremden Arbeitnehmer** eine Pensionszusage **nicht mehr erteilt** oder ernsthaft angeboten würde, weil die noch bestehende **aktive Dienstzeit zu kurz** ist.[7]

799 Zur Anerkennung der Zusage einer Witwen- bzw. Witwerversorgung für den Fall, dass der überlebende Ehegatte bei Eintritt des Versorgungsfalles nicht mehr Inhaber des Unternehmens ist vgl. BFH, Urteil v. 16.2.1994.[8]

800–801 *(Einstweilen frei)*

d) Wechselseitige Arbeitsverhältnisse

802 Wechselseitigen Arbeitsverhältnissen wird die steuerliche Anerkennung versagt, wenn die Eheleute sich gegenseitig verpflichten, dem Betrieb des anderen jeweils die volle Arbeitskraft zu widmen und die Tätigkeitsbeschreibung laut Arbeitsvertrag nicht dem tatsächlichen Arbeitsgebiet entspricht.[9] Wech-

---

1 BFH, Urteil v. 9.2.2005 - X B 147/04, BFH/NV 2005 S. 1052, NWB BAAAB-52007. Vgl. dazu vor allem BFH, Urteil v. 15.4.2015 - VIII R 49/12, NWB YAAAE-94256.
2 NWB YAAAE-94256.
3 BFH, Beschluss v. 7.8.1997 - X B 247/96, BFH/NV 1998 S. 440.
4 BFH, Urteile v. 14.7.1989 - III R 97/86, BStBl 1989 II S. 969; v. 10.12.1992 - IV R 118/90, BStBl 1994 II S. 381.
5 BFH, Besscluss v. 16.12.1992 - X B 121/92, BFH/NV 1994 S. 314.
6 IV R 118/90, BStBl 1994 II S. 381.
7 BFH, Urteil v. 16.5.1990 - X R 72/87, BStBl 1990 II S. 1044.
8 BBK KN-Nr. 303/1994; Ritzrow, BBK F. 13 S. 3531, 3546.
9 BFH, Urteile v. 26.2.1969 - I R 165/66, BStBl 1969 II S. 315; v. 10.10.1997 - X B 59/97, BFH/NV 1998 S. 448, NWB VAAAA-97412; FG des Saarlandes, Urteil v. 6.7.1993, EFG 1994 S. 188; FG des Saarlandes, Urteil v. 13.9.1990, EFG 1990 S. 13.

selseitige Arbeitsverhältnisse zwischen Ehegatten halten einem Fremdvergleich nicht stand, wenn diese in einer überschaubaren Stadt konkurrierende Geschäfte haben.[1] Zu „Überkreuzarbeitsverhältnissen" vgl. FG Münster, Urteil v. 26.6.2001, rkr.[2] Auch Teilzeitverträgen steht die Verwaltung kritisch gegenüber. Sie geht davon aus, dass solche Verträge nicht den zwischen Fremden üblichen Vereinbarungen entsprechen und nicht abgeschlossen worden wären.[3] Die Anerkennung scheitert vor allem wegen des Nebeneinanders von unternehmerischer und nicht selbständiger Arbeit.[4]

(Einstweilen frei) 803

2. Mitarbeit von Kindern

Literatur: *Assmann*, Arbeitsverträge zwischen Eltern und Kindern, BuW 1991 S. 402; *Schall*, Arbeitsverträge zwischen Eltern und minderjährigen Kindern, DStZ 1994 S. 179; *Stuhrmann*, Arbeitsverhältnisse zwischen Eltern und Kindern, NWB 2000 S. 3473.

VERWALTUNGSANWEISUNGEN:

R 4.8 EStR; H 4.8 EStH.

ARBEITSHILFEN UND GRUNDLAGEN ONLINE:

Geißler, Verträge mit nahen Angehörigen, infoCenter, NWB CAAAA-41724.

a) Anerkennungsgrundsätze der Rechtsprechung

Mitarbeit von Kindern kann **nach § 1619 BGB unentgeltlich auf familienrechtlicher Grundlage,** aber auch aufgrund eines Arbeits- oder Dienstvertrages **entgeltlich und somit steuerlich wirksam erfolgen.**[5] Für die steuerliche Anerkennung gelten gleich strenge Grundvoraussetzungen, wie für Ehegattenarbeitsverträge (vgl. Rz. 766 ff.). Die Verträge müssen klar, von vornherein vereinbart, zwischen Fremden üblich[6] und betrieblich veranlasst sein.[7] Vgl. auch FG Sachsen-Anhalt, Urteil v. 2.12.2005.[8] Sie dürfen **nicht im privaten Bereich (§ 12** 804

---

1 FG Baden-Württemberg, Außensenate Stuttgart, Urteil v. 6.11.2003 - 8 K 462/98, EFG 2004 S. 484.
2 1 K 2431/99 E, G, EFG 2001 S. 1541.
3 BFH, Urteil v. 20.5.1988 - III R 51/85, BFH/NV 1989 S. 19, NWB BAAAB-29493.
4 BFH, Urteil v. 12.10.1988 - X R 2/86, BStBl 1989 II S. 354.
5 FG Rheinland-Pfalz, Urteil v. 28.8.1986, EFG 1987 S. 234.
6 BFH, Urteil v. 17.3.1988 - IV R 188/85, BStBl 1988 II S. 632.
7 BFH, Urteil v. 24.6.1976 - IV R 101/75, BStBl 1976 II S. 562.
8 1 K 141/02, NWB SAAAB-79989.

EStG) wurzeln oder z. B. **Unterhaltsleistungen verdecken**[1] und müssen in der **zivilrechtlich erforderlichen Form** zustande gekommen sein.[2] Zur Anerkennung der Versorgungszusage einer „Arbeitgebermutter" an ihren Sohn vgl. BFH, Urteil v. 27.10.1993.[3] Zu Arbeitsverträgen, die nicht unter fremden Dritten üblich sind vgl. auch FG Sachsen-Anhalt, Urteil v. 2.12.2005.[4]

805   Die Bestellung eines **Ergänzungspflegers** hält die Verwaltung für die Wirksamkeit eines Arbeits- oder Ausbildungsvertrages mit einem minderjährigen Kind nicht mehr für erforderlich (R 4.8 EStR). Für **Berufsausbildungsverträge** ist das Verbot des Selbstkontrahierens nach § 3 Abs. 3 BBiG aufgehoben; auch § 113 BGB ist nicht anwendbar.[5] Arbeitsverhältnisse mit **Kindern unter 15 Jahren** sind wegen Verstoßes gegen das Jugendarbeitsschutzgesetz nichtig und werden steuerlich nicht anerkannt (R 4.8 Abs. 3 EStR).

806   Ein Auseinanderfallen von Arbeitsleistung und Lohn kann gegen ein ernst gemeintes Arbeitsverhältnis sprechen.[6] Löhne an Kinder **müssen regelmäßig** (mindestens monatlich) **ausgezahlt werden**.[7]

Wird dem Kind für seine Tätigkeit nur Beköstigung, Kleidung, Unterkunft und Taschengeld, also faktisch **Unterhalt** gewährt, so liegen steuerlich **nicht abziehbare Lebenshaltungskosten** vor.[8] Die Gewährung freier Wohnung und Verpflegung kann als Teil der Arbeitsvergütung zu behandeln sein, wenn die Leistungen auf arbeitsvertraglichen Vereinbarungen beruhen (R 4.8 Abs. 3 EStR). Als **Mindestbarentlohnung** für ein voll im Betrieb mitarbeitendes Kind sieht die Verwaltung monatlich **100 €** als **Voraussetzung** für die steuerliche Anerkennung des Arbeitsverhältnisses an.

807   Ein weiterer Gesichtspunkt ist, dass wie zwischen Fremden verfahren und abgerechnet wird. Bei **Bezahlung nach** abgeleisteten **Stunden** werden diese **festgehalten**. Unter Fremden erfolgt die **Abrechnung leistungsgerecht**. Als Nachweis für den Geldabfluss sind **bei Barzahlungen Empfangsquittungen** üblich. Im Verhältnis zu mitarbeitenden Kindern dürfte der Ablauf nicht anders sein.

---

1 BFH, Urteile v. 7.9.1972 - IV R 197/68, BStBl 1972 II S. 944; v. 13.11.1986 - IV R 322/84, BStBl 1987 II S. 121; v. 17.3.1988 - IV R 188/85, BStBl 1988 II S. 632; v. 25.1.1989 - X R 168/87, BStBl 1989 II S. 453.

2 BFH, Urteil v. 8.3.1962 - IV 165/60 U, BStBl 1962 III S. 217; BFH, Urteil v. 8.2.1983 - VIII R 27/80, BStBl 1983 II S. 496.

3 XI R 2/93, BStBl 1994 II S. 111.

4 1 K 141/02, NWB SAAAB-79989.

5 BFH, Urteil v. 13.11.1986 - IV R 322/84, BStBl 1987 II S. 121.

6 Niedersächsisches FG, Urteil v. 30.1.1986, EFG 1986 S. 484.

7 BFH, Urteil v. 30.6.1989 - III R 130/86, BFH/NV 1990 S. 224, NWB EAAAB-30794.

8 BFH, Urteil v. 19.8.1971 - IV R 121/66, BStBl 1972 II S. 172.

(Einstweilen frei) 808–812

b) „Gelegentliche Hilfeleistungen"

Ein wichtiger Gesichtspunkt ist die Frage, ob die im Arbeitsvertrag vereinbarte 813
Leistung auch für einen Vertrag mit Fremden denkbar ist. Dies verneint die
Rechtsprechung für „Gelegentliche Hilfeleistungen" bei „untergeordneten Tätigkeiten". Hilfeleistungen, die üblicherweise nur auf familienrechtlicher
Grundlage erbracht werden, eignen sich nicht als Inhalt eines mit einem Dritten zu begründenden Arbeitsverhältnisses.[1] Danach können **Boten-, Telefon-
dienste, Mithilfe bei Abrechnungen, Reinigung** eines steuerlich anerkannten
Arbeitszimmers **kein Arbeitsverhältnis begründen.** Dafür beschäftige man keine fremde Arbeitskraft.[2]

(Einstweilen frei) 814–816

▶ Arbeitszimmer, häusliches

Literatur: *Paus,* Das häusliche Arbeitszimmer – Verbliebene Gestaltungsmöglichkeiten,
NWB 2008 S. 4905; *Geserich,* Abzugsverbot von Aufwendungen für häusliches Arbeitszimmer, NWB 2009 S. 3252; *Bleschick,* Arbeitszimmer: Bestimmung des Mittelpunkts der
Gesamttätigkeit, NWB 2012 S. 16; *Wichert/Koch,* Aufwendungen für ein häusliches Arbeitszimmer bei Ehegatten, NWB 2013 S. 435; *Kanzler,* Keine Aufteilung der Kosten für
ein häusliches Arbeitszimmer, NWB 2016 S. 1071; *Cremer,* Aktuelle Entwicklungen beim
häuslichen Arbeitszimmer, Beilage zu NWB 13/2018 S. 1; *Heine,* Eilnachrichten Erstmalige Nutzung eines häuslichen Arbeitszimmers aufgrund des Corona-Virus, NWB 2020
S. 878.

VERWALTUNGSANWEISUNGEN:

H 4.10 EStH; BMF, Schreiben v. 3.4.2007, BStBl 2007 I S. 442; BMF, Schreiben v.
6.10.2009, BStBl 2009 I S. 1149; BMF, Schreiben v. 12.8.2010, BStBl 2010 I S. 642; BMF,
Schreiben v. 15.12.2010, BStBl 2010 I S. 1497; BMF, Schreiben v. 2.3.2011, BStBl 2011 I
S. 195.

ARBEITSHILFEN UND GRUNDLAGEN ONLINE:

Nolte, Häusliches Arbeitszimmer, Grundlagen. NWB MAAAE-35006; *Langenkämper,* Arbeitszimmer, infoCenter, NWB FAAAA-41694.

1. Begriff

Ein häusliches Arbeitszimmer ist ein Raum, der seiner Lage, Funktion und Aus- 817
stattung nach in die häusliche Sphäre des Stpfl. eingebunden ist, vorwiegend

---

1 BFH, Urteile v. 27.10.1978 - VI R 166, 173, 174/76, BStBl 1979 II S. 80; v. 17.3.1988 - IV R 188/85,
   BStBl 1988 II S. 632; v. 9.12.1993 - IV R 14/92, BStBl 1994 II S. 298.
2 FG des Saarlandes v. 31.5.1989, EFG 1989 S. 453.

der Erledigung gedanklicher, schriftlicher, verwaltungstechnischer oder organisatorischer Arbeiten dient[1] und **ausschließlich oder nahezu ausschließlich** zu betrieblichen und/oder beruflichen Zwecken genutzt wird.[2] Es ist somit ein beruflich genutztes Büro in einem Gebäude, in dem sich auch die Privatwohnung befindet. Die Aufwendungen für das Arbeitszimmer können als Betriebsausgaben, Werbungskosten oder bei Aus- oder Weiterbildung in einem nicht ausgeübten Beruf auch als Sonderausgaben abziehbar sein. Wird ein Arbeitszimmer zur Erzielung unterschiedlicher Einkünfte genutzt, so hat eine getrennte Prüfung der Abziehbarkeit zu erfolgen. Die Abziehbarkeit ist dann nach dem Verhältnis der Nutzung vorzunehmen.

Die Qualifizierung als häusliches Arbeitszimmer ist für mehrere Räume gemeinsam vorzunehmen, wenn diese für eine gewerbliche Tätigkeit genutzt werden und eine funktionale Einheit bilden.[3] Das FG Rheinland-Pfalz hat mit Urteil v. 25.2.2015 entschieden, dass ein Stpfl. auch, wenn er aus beruflichen Gründen zwei Wohnungen hat, die Aufwendungen für zwei Arbeitszimmer nicht als Werbungskosten geltend machen kann. Zur Frage wie mehrere Arbeitszimmer zweier Ehegatten bei mehreren Einkunftsarten zu behandeln sind vgl. FG Münster, Urteil v. 15.3.2016.[4]

In seiner Entscheidung v. 17.2.2016[5] hat der BFH in Anschluss an das BFH-Urteil v. 27.7.2015[6] entschieden, dass Aufwendungen für einen in die häusliche Sphäre eingebundenen Raum, der in zeitlich nicht unerheblichem Umfang auch privat genutzt wird, **nicht als Betriebsausgaben/Werbungskosten** berücksichtigt werden.

Ist der Nutzer Unternehmer, so kann ein **Vorsteuerabzug** möglich sein. Die strengen Grundsätze der Rechtsprechung zur steuerlichen Anerkennung eines häuslichen Arbeitszimmers können nicht auf **außer Haus angemietete** Arbeitszimmer übertragen werden.[7] Vgl. auch BFH, Urteile v. 23.1.2003[8] und v. 20.3.2003.[9]

---

1 BFH, Urteil v. 19.9.2002 - VI R 70/01, BStBl 2003 II S. 139; BFH, Urteil v. 16.10.2002 - XI R 89/00, BStBl 2003 II S. 185.
2 BFH, Urteil v. 19.9.2002 - VI R 70/01, BStBl 2003 II S. 139.
3 BFH, Urteil v. 18.4.2012 - X R 57/09, BStBl 2012 II S. 770.
4 11 K 2425/13 E, EFG 2016 S. 1000.
5 X R 1/13, BFH/NV 2016 S. 913, NWB HAAAF-72289.
6 GrS 1/14, BStBl 2016 II S. 265.
7 FG München v. 16.8.1995, EFG 1996 S. 220.
8 IV R 71/00, BStBl 2004 II S. 43.
9 VI R 147/00, BStBl 2003 II S. 519.

2. Benutzung

Die Einrichtung einer **Arbeitsecke** in einem Wohnraum führt nicht zu einer An- 818
erkennung der Aufwendungen als Betriebsausgaben oder Werbungskosten.[1]
Vgl. auch BFH, Urteil v. 17.2.2016.[2] Zur **Arbeitsecke** als Arbeitszimmer vgl.
BVerfG, Urteil v. 13.12.2016.[3] Ist das Arbeitszimmer vom Wohnzimmer nicht
durch eine Tür abgeteilt, so ist nicht gewährleistet, dass beide Räume getrennt
genutzt werden.[4] Auch ein durch **Raumteiler** abgegrenzter **Teil eines Wohn-
zimmers** wird nicht als Arbeitszimmer anerkannt.[5] Sind Garten und Terrasse
eines Hauses allein durch das Arbeitszimmer zu erreichen, kann es steuerlich
nicht anerkannt werden.[6] Zur Benutzung eines Arbeitszimmers **für mehrere
Stpfl.** vgl. BFH, Urteil v. 15.12.2016.[7] Zum **Badezimmerumbau** als Arbeitszimmer vgl. BFH, Urteil v. 14.5.2019.[8]

Zur **Flächenberechnung** vgl. §§ 42 bis 44 II. BV.[9]

Schädliche Mitbenutzung wird unterstellt, wenn das Arbeitszimmer ein
Durchgangszimmer ist.[10] Schädlich ist auch, wenn das Arbeitszimmer einen
Balkon hat, der nicht unerheblich privat genutzt wird.[11]

3. Bedeutung der Einrichtung

Es spricht für eine schädliche Mitbenutzung, wenn Gegenstände eine private 819
Nutzung signalisieren.[12]

Eine für ein Wohnesszimmer übliche Ausstattung weist darauf hin, dass der
Stpfl. das Arbeitszimmer auch zu Wohnzwecken nutzt.[13] Eine **Couchgarnitur**

---

1 BFH, Urteil v. 18.5.1961 - IV 333/59 U, BStBl 1961 III S. 337.
2 X R 32/11, BStBl 2016 II S. 708 und BFH, Urteil v. 22.3.2016 - VIII R 24/12, BStBl 2016 II S. 884.
3 BStBl 2017 II S. 450.
4 BFH, Urteil v. 28.10.1977 - IV 168/63 S, NWB KAAAB-48418; FG Baden-Württemberg, Urteil v.
   22.9.1986, EFG 1987 S. 90.
5 BFH, Urteil v. 6.12.1991 - VI R 110/90, BStBl 1992 II S. 304; FG Bremen, Urteil v. 26.3.1992, EFG
   1992 S. 21.
6 Niedersächsisches FG v. 16.4.1997, EFG 1997 S. 953.
7 VI R 86/13, BFH/NV 2017 S. 530, NWB ZAAAG-38328.
8 NWB OAAAH-24031.
9 BStBl 1990 I S. 736.
10 BFH, Urteile v. 18.10.1983 - VI R 180/82, BStBl 1984 II S. 110; v. 19.10.1995 - XI B 153/94, BFH/
   NV 1996 S. 308, NWB DAAAB-37737.
11 FG Rheinland-Pfalz, Urteil v. 18.3.1985, EFG 1985 S. 392.
12 Fernsehgeräte, Stereoanlage – FG Rheinland-Pfalz, Urteil v. 14.11.1990, NWB EN-Nr. 149/91 –,
   Kinderschreibplatz, Klavier – BFH, Urteil v. 8.11.1956 - IV 309/55 U, BStBl 1957 III S. 56.
13 FG Baden-Württemberg, Urteil v. 15.12.1983, EFG 1984 S. 340.

wird bei überzeugender Darstellung der Verwendung anerkannt.[1] Die Einrichtung mit einer Liege ist unschädlich,[2] ebenso eine **Couch im Arbeitszimmer** eines Geschäftsführers.[3] Auch eine **Klappcouch** wurde als nicht schädlich angesehen.[4] Kritischer sieht die Rechtsprechung ein **Klappbett.**

4. Steuerliche Abziehbarkeit der Aufwendungen

– Rechtslage ab Veranlagungszeitraum 2007

820 Mit dem Steueränderungsgesetz 2007 hat der Gesetzgeber § 4 Abs. 5 Satz 1 Nr. 6b EStG geändert. Unverändert sind danach Aufwendungen für ein häusliches Arbeitszimmer grundsätzlich gem. § 4 Abs. 5 Satz 1 Nr. 6b EStG nicht als Betriebsausgaben abziehbar. Als einzige Ausnahme gilt der Fall, dass das Arbeitszimmer den **Mittelpunkt der gesamten betrieblichen und beruflichen Betätigung** bildet. Die Definition des Mittelpunkts der gesamten betrieblichen und beruflichen Betätigung orientiert sich unverändert an der gefestigten Rechtsprechung des BFH.[5]

821 Mit Schreiben v. 3.4.2007[6] hat das BMF die BMF-Schreiben vom Januar und September 2004 an die neue Rechtslage angepasst. Dabei wurde auch die zwischenzeitlich ergangene BFH-Rechtsprechung berücksichtigt.

Das BVerfG hat mit Beschluss v. 6.7.2010 entschieden, dass § 4 Abs. 5 Satz 1 Nr. 6b EStG in der Fassung des StÄndG 2007 **mit Art. 3 Abs. 1 GG insoweit unvereinbar** ist, als es Aufwendungen für ein häusliches Arbeitszimmer auch dann umfasst, wenn für die betriebliche oder berufliche Tätigkeit kein anderer Arbeitsplatz zur Verfügung steht. Durch das JStG 2010 wurde die steuerliche Behandlung der Arbeitszimmeraufwendungen nach § 4 Abs. 5 Satz 1 Nr. 6b Satz 1 und § 9 Abs. 5 Satz 1 EStG neu geregelt. Danach können künftig die Aufwendungen entweder voll oder bis zu einem Betrag von 1.250 € als Betriebsausgaben oder Werbungskosten berücksichtigt werden, wenn das Arbeitszimmer den **Mittelpunkt der gesamten betrieblichen bzw. beruflichen Betätigung** bildet oder **kein anderer Arbeitsplatz zur Verfügung steht.** Die Neuregelung gilt für alle noch änderbaren Veranlagungen bzw. Feststellungen.[7] Nutzen Ehegatten ein häusliches Arbeitszimmer gemeinsam, so ist der Höchstbetrag

---

1 BFH, Urteil v. 26.4.1985 - VI R 68/82, BStBl 1985 II S. 467.

2 BFH, Urteil v. 18.3.1988 - VI R 27/85, BFH/NV 1988 S. 773, NWB RAAAB-30502.

3 BFH, Urteil v. 26.4.1985 - VI R 68/82, BStBl 1985 II S. 467.

4 FG Berlin v. 16.8.1988, EFG 1989 S. 17.

5 Z. B. BFH, Urteile v. 13.10.2003 - VI R 27/02, BStBl 2004 II S. 771; v. 14.7.2010 - VI B 43/10, BFH/NV 2010 S. 2053, NWB EAAAD-52415.

6 BStBl 2007 I S. 448.

7 Vgl. auch BMF, Schreiben v. 2.3.2011, BStBl 2011 I S. 195.

entsprechend dem Nutzungsumfang aufzuteilen. Vgl. Wichert/Koch.[1] Ein Zusammentreffen mehrerer Einkunftsarten rechtfertigt keine Vervielfältigung des Abzugsbetrags.[2] Der personenbezogene Höchstbetrag beträgt auch bei Nutzung mehrerer häuslicher Arbeitszimmer in verschiedenen Haushalten des Stpfl. insgesamt nur 1.250 €.[3] Zur Abziehbarkeit der Aufwendungen für ein im Rahmen mehrerer Einkunftsarten genutztes Arbeitszimmer vgl. BFH, Urteil v. 25.4.2017.[4] Zur Frage, ob ein **anderer Arbeitsplatz** zur Verfügung steht vgl. BFH, Urteil v. 22.2.2017.[5] Zur Vermietung eines häuslichen Arbeitszimmers siehe BFH, Urteil v. 13.12.2016.[6]

Wichtig ist auch die Entscheidung des BFH v. 11.11.2014 in der Sache VIII R 3/12, dass für die Frage, ob die Pensionseinkünfte eines **Pensionärs** in die Entscheidung der Frage einzubeziehen sind, ob der Mittelpunkt der gesamten betrieblichen und beruflichen Tätigkeit vorliegt.

(Einstweilen frei)   822–834

▶ **Aufzeichnungspflichten**

Vgl. Rz. 451 ff.   835

▶ **Ausbildungskosten**

Vgl. Rz. 1013 ff.   836

▶ **Außenanlagen**

Literatur: *Weber-Grellet*, Außenanlagen – selbständige Wirtschaftsgüter?, FR 1979 S. 398; *Grube*, Außenanlagen bei Wohngebäuden und Einkommensteuer, DStZ 1991 S. 97.

VERWALTUNGSANWEISUNGEN:

H. 6.4 EStH.

ARBEITSHILFEN UND GRUNDLAGEN ONLINE:

Hänsch, Bilanzierung von Gebäuden und Gebäudeteilen (HGB, EStG), infoCenter, NWB WAAAC-27568.

Betriebliche Außenanlagen (Wege-, Straßen-, Hof-, Platzbefestigungen, Einfriedigungen, Regenwasserauffanganlagen usw.) sind abweichend vom bürgerlichen Recht in der Regel selbständige, abnutzbare **unbewegliche Wirtschaftsgüter**.[7] Sie können als beweglich eingestuft werden, falls sie **Betriebsvorrich-**   837

---

1 NWB 2013 S. 435.
2 BFH, Urteil v. 16.7.2014 - X R 49/11, BFH/NV 2015 S. 177, NWB KAAAE-81444.
3 VIII R 15/15, NWB FAAAG-50628.
4 VIII R 52/13, NWB QAAAG-52013.
5 III R 9/16, NWB TAAAG-42960.
6 X R 16/12, BFH/NV 2015 S. 815, NWB HAAAE-88363.
7 BFH, Urteil v. 1.7.1983 - III R 161/81, BStBl 1983 II S. 686.

tungen sind.[1] Außenanlagen sind **Gebäudebestandteile,** wenn sie mit ihnen in einem einheitlichen Nutzungs- und Funktionszusammenhang stehen.[2]

838 *(Einstweilen frei)*

▶ **Außerordentliche Einkünfte, Nebeneinnahmen**

839 Vgl. Rz. 1193.

▶ **Automaten (Automatenaufstellerdarlehen)**

VERWALTUNGSANWEISUNGEN:

Bayerisches Landesamt für Steuern v. 23.10.2009, NWB 2009 S. 3557.

840 Gastwirte sind mit dem Automatengeschäft in vielfältiger Weise verbunden. Für Tabakwaren-, Geldspiel- und Unterhaltungsautomaten bieten sie Automatenaufstellern **gegen Provision** oft nur einen **Aufstellplatz.** Bei der zweiten Gruppe unterhält er die **Automaten in eigener Regie** und ist selbst Aufsteller.

841 Ist ein Unternehmensfremder Automatenaufsteller, so erhält der Gastwirt dafür vertraglich vereinbarte Provisionen (Wirteanteile). Für sie erteilt der Automatenaufsteller **im Gutschriftverfahren** Abrechnungen. Es handelt sich meist um **bare Betriebseinnahmen,** die bei buchführenden Gastwirten im Kassenbericht **einzeln aufzuzeichnen** sind (vgl. Rz. 513).

Nicht selten haben Automatenaufsteller den Gastwirten anlässlich des Vertragsabschlusses **Darlehen** gegeben, die **über die Wirteanteile getilgt** werden. In diesen Fällen entspricht die Darlehenstilgung dem als Betriebseinnahme zu erfassenden Erlös (vgl. Rz. 1342).

842 Fungiert der Wirt selbst **als Automatenaufsteller,** so sind die Automaten mit den **Anschaffungskosten** als Anlagevermögen zu **bilanzieren.** Nach der AfA-Tabelle für die allgemein verwendbaren Anlagegüter „AV" v. 15.12.2000[3] gelten für die AfA-Berechnung die folgenden **Nutzungsdauern** in Jahren:

Geldspielautomaten	4 Jahre
Getränkeautomaten	7 Jahre
Leergutautomaten	7 Jahre
Musikautomaten	8 Jahre
Warenautomaten	5 Jahre
Zigarettenautomaten	8 Jahre

---

1 BFH, Urteil v. 14.10.1977 - III R 9/76, BStBl 1978 II S. 163.
2 BFH, Urteil v. 15. 12. 1977 - VIII R 121/73, BStBl 1978 II S. 210.
3 BStBl 2000 I S. 1532.

Die Nutzungsdauer von Geldspielautomaten entspricht dem im Zulassungs-schein vermerkten Zulassungszeitraum. Die Zeiträume gelten für Anschaffung bzw. Herstellung nach dem 31.12.2000.

Zu den Anschaffungskosten gehören neben dem reinen Kaufpreis auch die Er-   843
werbs- und **Aufstellungsnebenkosten.** Das sind auch die Aufwendungen zur Befestigung oder zum Einlassen in der Wand.[1]

Bei in eigener Regie betriebenen Warenautomaten z. B. für Tabakwaren, Prä-   844
servative, Süßwaren, Nüsse usw. sind am Bilanzstichtag die Bestände als **Vor-ratsvermögen zu erfassen.** Das gilt bei Geldautomaten auch für die **Münzen im Stapelrohr** des Automaten.

Für die Bewertung der Bestände in Tabakwarenautomaten ist die Verwendung der Lifo-Methode nicht anwendbar.[2]

Bei Geldspielgeräten mit Röhrenfüllung ohne Türöffnung (sog. Wirtefüllung)   845
ist grundsätzlich der Kasseninhalt, wie er in den Kassenstreifen ausgedruckt wird, als Betriebseinnahmen der Besteuerung zugrunde zu legen. Dieser Be-trag ist jedoch um Röhrenauffüllungen und Röhrenentnahmen zu korrigieren. Die Korrekturbeträge sind dem vom Gerät ausgedruckten Statistikstreifen zu entnehmen.[3]

Zur Schätzung der **Umsätze von Geldspielautomaten** vgl. FG des Landes Sach-   846
sen-Anhalt, Urteil v. 15.3.2001.[4]

(Einstweilen frei)   847–855

▶ **Beginn gewerblicher Tätigkeit**

Vgl. Rz. 725.   856

▶ **Beiträge zu Berufsverbänden**
Literatur: *von Bornhaupt*, Beiträge zu Berufsverbänden, NWB 1990 S. 368.

Beiträge zu beruflichen Vereinigungen, Berufsverbänden und Berufsständen   857
sind Betriebsausgaben, auch wenn sie zusätzlich allgemeinpolitische Rahmen-ziele verfolgen.[5]

---

1 ESt-Kartei § 6 Abs. 2 EStG K. 5.
2 Bayerisches Landesamt für Steuern v. 23.10.2009, Lifo-Methode bei der Bewertung von Tabak-waren, NWB JAAAD-44403.
3 Niedersächsisches FG, Urteil v. 25.3.2003 - 6 K 961/99, EFG 2003 S. 1215.
4 EFG 2001 S. 802.
5 BFH, Urteil v. 18.9.1984 - VIII R 324/82, BStBl 1985 II S. 92; BFH, Urteil v. 25.11.1987 - I R 126/85, BStBl 1988 II S. 220.

Der Aufgabenkreis des Berufsverbandes muss grundsätzlich auf die **Belange des Berufsstandes** oder **Wirtschaftszweiges** beschränkt sein.[1] Das trifft für **Beiträge an die DEHOGA** zu.

Nicht abziehbar sind Beiträge und Spenden an Sportvereine,[2] an **politische Parteien**, den **Golfclub**,[3] **Rotary-Club, Marketing-Club**,[4] den **Bund der Steuerzahler** und an **kommunale Bürgervereine.**[5]

858 Mitgliedsbeiträge an den **Wirtschaftsrat der CDU e.V.** sind nicht abziehbar, wenn Verbandsmittel tatsächlich in erheblichem Maß für allgemeinpolitische Zwecke – Unterstützung politischer Parteien – verwendet werden.[6] Es handelt sich dann nicht um einen steuerlich anzuerkennenden Berufsverband. Anders entschieden hat das FG Rheinland-Pfalz im Urteil v. 24.6.1995, rkr.[7] Auch Reiseaufwendungen zu den Jahresmitgliederversammlungen des Clubs zur Pflege des Erfahrungsaustausches über **moderne Marketing-Methoden (MMM-Club)** sind nicht als Betriebsausgaben abziehbar, weil die betrieblichen Aspekte hinter der touristischen Gestaltung zurückbleiben.[8]

859 Zu **Fremdenverkehrsbeiträgen** vgl. Rz. 1028.

▶ **Belege**

860 Für jede Buchung sind aussagekräftige, den zugrunde liegenden Sachverhalt überprüfbar machende Belege erforderlich, die aufzubewahren sind (vgl. auch Rz. 451 ff.).[9] Zu den umsatzsteuerlichen Anforderungen vgl. Rz. 558 ff. und Abschn. 14.1 ff. UStAE.[10] Zu den Grundsätzen zur ordnungsgemäßen Führung und Aufbewahrung von Büchern, Aufzeichnungen und Unterlagen in **elektronischer Form** sowie zum Datenzugriff (GoBD) vgl. BMF, Schreiben v. 14.11.2014.[11] Zum **Verlust** von Rechnungen mit Vorsteuerausweis vgl. BFH, Ur-

---

1 BFH, Urteile v. 29.11.1967 - I 67/65, BStBl 1968 II S. 236; v. 19.3.1975 - I R 137/73, BStBl 1975 II S. 722; v. 4.3.1986 - VIII R 188/84, BStBl 1986 II S. 373.
2 FG Bremen, Urteil v. 25.7.1980, rkr., EFG 1981 S. 169; Niedersächsisches FG, Urteil v. 11.8.1996, EFG 1996 S. 149.
3 FG München v. 9.4.1997, EFG 1997 S. 1105.
4 OFD Münster v. 11.10.1984, BB 1984 S. 1987.
5 BFH, Urteil v. 26.6.1962, DB 1962 S. 1090; FG Baden-Württemberg v. 30.6.1994, EFG 1994 S. 1036.
6 BFH, Urteil v. 13.8.1993 - VI R 51/92, BStBl 1994 II S. 33.
7 EFG 1995 S. 799.
8 Niedersächsisches FG, Urteil v. 1.12.1993, EFG 1994 S. 513.
9 BFH, Urteil v. 22.12.2000 - IV B 4/00, BFH/NV 2001 S. 774, NWB EAAAA-67027.
10 BStBl 2010 I S. 846 ff. zuletzt geändert durch BMF, Schreiben v. 10.12.2014, BStBl 2014 I S. 1622.
11 BStBl 2014 I S. 1450.

teil v. 23.10.2014.[1] Zur durch § 146a AO neu eingefügten „Bonuspflicht" vgl. Rz. 513.[2]

Bei **Bareinkäufen** des Gastwirtes in sonst dem Einzelhandel dienenden **Super-, Discount- oder Großmärkten** reichen Bons bzw. Kassenstreifen oft nicht aus. Der Gastwirt, der in Warenhäusern oder Supermärkten kauft, hat einen **Anspruch** auf Erteilung einer Rechnung, in der die vom Verkäufer geschuldete Umsatzsteuer gesondert ausgewiesen ist.[3]

Angaben, wie „Fachliteratur", „Reparaturmaterial" usw. **reichen nicht aus.**[4] Für jedes angebliche Fachbuch muss durch Angabe des Titels und Verfassers feststellbar sein, wofür es angeschafft wurde.[5]

Betrieblich veranlasste **Aufwendungen kleineren Umfangs,** für die üblicherweise **keine Belege** erteilt werden, wie z. B. Parkgebühren, Trink-, Zeitungs-, Telefongelder, können auch ohne Beleg in glaubhafter Höhe als Betriebsausgaben abgezogen werden.[6]

Monatsrechnungen von Tankstellen, bei denen die Betriebsfahrzeuge regelmäßig betankt werden, müssen in Daten, Lieferungen und Leistungen überprüfbar sein. Im Zweifel sollten **Kopien der Monatskonten** der Tankstelle den Abrechnungen beigefügt werden. Aus ihnen sind die **polizeilichen Kennzeichen** der belieferten Fahrzeuge und die **Unterschriften der Auftraggeber** zu ersehen. Ein Verweis auf Geschäftsunterlagen nimmt einem Beleg nicht die Ordnungsmäßigkeit einer Rechnung nach § 14 UStG.[7]
   861

(Einstweilen frei)   862–865

▶ Benennungsverlangen (§ 160 AO)

Literatur: *Halaczinsky,* Benennung von Gläubigern und Zahlungsempfängern, NWB 1991 S. 2407; *Assmann,* Die Gläubiger- und Empfängerbenennung nach § 160 AO, HBP 4725; *Apitz,* Benennung von Gläubigern und Zahlungsempfängern (§ 160 AO), StBp 2003 S. 97; *Schmidt/Leyh,* Verdacht auf Schmiergeldzahlungen, NWB 2008 S. 4179; *Müller,* Die Bedeutung der Gläubiger- und Empfängerbenennung nach § 160 AO im Steuerstrafrecht, StBp 2010 S. 82.

---

1 NWB QAAAE-81790.
2 Siehe auch AEAO zu § 146a AO v. 26.12.2016.
3 BMF, Schreiben v. 17.12.1998, StuB 1999 S. 161.
4 FG Rheinland-Pfalz v. 19.3.1975, NWB EN-Nr. 1269/75.
5 BFH, Urteil v. 22.12.2000 - IV B 4/00, BFH/NV 2001 S. 774, NWB EAAAA-67027.
6 Niedersächsisches FG, Urteil v. 11.8.1961, EFG 1962 S. 149.
7 BFH, Urteil v. 22.7.2014 - XI B 29/14, BFH/NV 2014 S. 1780, NWB BAAAE-72845.

VERWALTUNGSANWEISUNGEN:

Anwendungserlass zur AO (AEAO) vom 31.1.2014, BStBl 2014 I S. 290 mit Änderungen zu § 160 AO; OFD Magdeburg, Vfg. v. 13.3.1998, NWB TAAAA–82383.

ARBEITSHILFEN UND GRUNDLAGEN ONLINE:

v. *Wedelstädt*, Benennung von Gläubigern und Zahlungsempfängern, infoCenter, NWB FAAAB-04784.

866 Für Schulden und andere Lasten, Betriebsausgaben, Werbungskosten und andere Ausgaben muss der Stpfl. nach **§ 160 Abs. 1 AO** auf Verlangen der Finanzbehörde die Gläubiger oder Empfänger **genau** benennen, um Abziehbarkeit zu erreichen.[1] Das gilt auch für Zahlungen an nicht ausreichend benannte **Schwarzarbeiter,**[2] wenn der auf der Empfängerseite eingetretene Steuerausfall nicht abgeschätzt werden kann und für **Schwarzgeschäfte** überhaupt.[3] **Gläubiger** i. S. d. § 160 Abs. 1 Satz 1 AO ist der wirtschaftliche Eigentümer einer Forderung, **Empfänger** derjenige, dem der in einer Betriebsausgabe enthaltene wirtschaftliche Wert vom Stpfl. übertragen wurde.[4] Die Aufforderung gem. § 160 AO ist grundsätzlich auch dann rechtmäßig, wenn die geltend gemachten Betriebsausgaben dem Stpfl. mit Sicherheit entstanden sind.[5] Steht mit an Sicherheit grenzender Wahrscheinlichkeit fest, dass der Empfänger **im Inland nicht steuerpflichtig** ist, so kommt ein Benennungsverlangen nicht in Betracht, es sei denn, es liegen Anhaltspunkte für eine straf- oder bußgeldbewährte Bestechungshandlung vor.

Die Nichtberücksichtigung ist eine **Ermessensentscheidung,** die sich aufteilt in eine Entscheidung, ob das Finanzamt die Benennung des Zahlungsempfängers verlangt und die Entscheidung, ob und inwieweit bei nicht genauer Benennung dennoch Betriebsausgaben berücksichtigt werden können.[6]

867 „Genau" i. S. d. § 160 AO ist eine Empfängerbenennung nur, wenn die Finanzbehörde ohne besondere Schwierigkeiten und ohne unangemessenen Zeitaufwand in der Lage ist, den **Empfänger zu ermitteln,** um die Beträge bei diesem zu erfassen.[7] Die Vorschrift gilt bei Schmiergeldzahlungen, Ohne-Rechnung-

---

1 BFH, Urteil v. 25.11.1986 - VIII R 350/82, BStBl 1987 II S. 286; FG Baden-Württemberg v. 16.12.1992, EFG 1993 S. 277.

2 FG München v. 19.2.1997, EFG 1997 S. 1078.

3 FG Münster v. 5.6.1997 - 5 K 3533/95 E; BFH, Urteil v. 18.9.1997 - X S 7/97, BFH/NV 1998 S. 279, NWB MAAAB-39662.

4 BFH, Urteile v. 21.7.2009 - IX B 55/09, BFH/NV 2010 S. 3, NWB KAAAD-31907; v. 17.11.2010 - I B 143/10, BFH/NV 2011 S. 198, NWB OAAAD-58777.

5 BFH, Urteil v. 10.12.2009 - X B 172/08, BFH/NV 2010 S. 596, NWB OAAAD-38251.

6 BFH, Urteil v. 5.11.1992 - I R 8/91, BFH/NV 1994 S. 357, NWB IAAAB-42996.

7 BFH, Urteil v. 15.3.1995 - I R 46/94, BStBl 1996 II S. 51.

Geschäfte, fingierte Geschäfte, Provisionen, Darlehensgewährungen, Lizenzen usw. Die **Nennung des Nachnamens** ist nicht ausreichend.[1] Mit der bloßen Angabe des Namens – **ohne Adresse** – des endgültigen Empfängers eines als Betriebsausgabe geltend gemachten Betrages wird den Anforderungen des § 160 AO nicht entsprochen.[2] Ein Zahlungsempfänger ist auch dann nicht i. S. d. § 160 AO genau bezeichnet, wenn sich herausstellt, dass der Empfänger zwar existiert, aber der mitgeteilte **Name fingiert,** also falsch ist.[3]

Nach dem BFH-Urteil v. 16.1.2003[4] ist ein Benennungsverlangen bei **Domizilgesellschaften** grundsätzlich rechtmäßig, wenn aufgrund der Lebenserfahrung die Vermutung nahe liegt, dass der Empfänger einer Zahlung die Einnahme **zu Unrecht nicht versteuert** hat. Diese Vermutung begründet bei Auslandsbeziehungen eine erhöhte und auch bei Berücksichtigung der regelmäßig schwierigen Aufklärung der Verhältnisse zumutbare Mitwirkungspflicht. Man beachte bei Auslandssachverhalten auch § 90 Abs. 2 AO und § 16 AStG.[5]

Bei Sachverhalten im Zusammenhang mit **Domizilgesellschafte**n vgl. Anwendungserlass zur AO (AEAO) vom 31.1.2014 (AEAO) Zu § 160 – Benennung von Gläubigern und Zahlungsempfängern, Ziff. 3 und BFH, Urteil v. 17.11.2010.[6] Zu Benennungsverlangen bei Gesellschaften im Fürstentum Liechtenstein und bei Treuhandverhältnissen vgl. BFH, Urteil v. 24.4.2009.[7] **868**

▶ **Berufsfortbildungskosten**

Vgl. Rz. 1012 ff. **869**

▶ **Berufsgenossenschaft**

Vgl. Rz. 55 ff. **870**

Bei **Nichtanerkennung** eines **Ehegattenarbeitsverhältnisses** sind auch die darauf entfallenden **Berufsgenossenschaftsbeiträge nicht abziehbar.** Sie können als Vorsorgeaufwendungen im Rahmen der Sonderausgabenhöchstbeträge Berücksichtigung finden.

(Einstweilen frei) **871**

---

1 FG München, Urteil v. 19.2.1997, EFG 1997 S. 1078.
2 FG Münster, Urteil v. 27.6.1997, rkr., EFG 1998 S. 79.
3 BFH, Urteil v. 4.4.1996 - IV R 55/94, BFH/NV 1996 S. 801, NWB HAAAB-38067.
4 VIII B 114/01, BFH/NV 2003 S. 738, NWB DAAAA-71157.
5 BFH, Urteile v. 28.5.1986 - I R 265/83, BStBl 1986 II S. 732; v. 24.10.2006 - XI B 112/05, BFH/NV 2007 S. 201, NWB KAAAC-31803.
6 I B 143/10, BFH/NV 2011 S. 198, NWB OAAAD-58777.
7 IV B 104/07, BFH/NV 2009 S. 1398, NWB XAAAD-26224.

► **Berufskleidung, typische**

Literatur: *von Bornhaupt*, Arbeitsmittel beim Arbeitnehmer, NWB 1991 S. 3111; *Werner*, Gestellung von Kleidung an Arbeitnehmer, NWB 2007 S. 109; *Gehm*, Typische Berufskleidung in Abgrenzung zur bürgerlichen Kleidung, StW 2019 S. 83.

872 Vgl. Rz. 1831 und FG Berlin-Brandenburg v. 29.8.2018,[1] Schwarze Kleidung stellt keine typische Berufskleidung dar.

873–879 *(Einstweilen frei)*

► **Beteiligungen an Kapitalgesellschaften**

Literatur: *Ritzrow*, GmbH- und Genossenschaftsanteile als Betriebsvermögen oder Privatvermögen, StBp 2005 S. 263, 290, 359; *Schulze zur Wiesche*, Beteiligungen an Kapitalgesellschaften als Sonderbetriebsvermögen der Personengesellschaft, StBp 2010 S. 213.

VERWALTUNGSANWEISUNGEN:

H 4.2., H 6.14 EStH.

ARBEITSHILFE UND GRUNDLAGEN ONLINE:

Utz/Frank, Beteiligungen (HGB, EStG), NWB LAAAE-65838.

880 Eine Beteiligung gehört nach BFH v. 22.11.2002[2] dann zum **notwendigen Betriebsvermögen** (vgl. Rz. 914 ff.), wenn sie unmittelbar für eigenbetriebliche Zwecke genutzt wird. Sie muss dazu bestimmt sein, die gewerbliche Betätigung des Stpfl. entscheidend zu fördern oder dazu dienen, den Absatz von Produkten des Stpfl. zu gewährleisten. An der somit erforderlichen Funktionszuweisung fehlt es, wenn der Einsatz des Wirtschaftsguts im Betrieb als möglich in Betracht kommt, aber noch nicht sicher ist.

Die Beteiligung des Gesellschafters einer Kapitalgesellschaft kann auch dann zum notwendigen Betriebsvermögen eines Einzelunternehmens gehören, wenn mittels der Beteiligung nicht unerhebliche Umsätze erstrebt oder gesichert werden sollen.[3] Zur Zuordnung einer Beteiligung an einer Kapitalgesellschaft zum notwendigen Betriebsvermögen vgl. auch BFH v. 25.3.2008,[4] zum Sonderbetriebsvermögen vgl. BFH, Urteile v. 6.11.2007,[5] und v. 14.1.2010,[6] zum gewillkürten Betriebsvermögen vgl. BFH, Urteil v. 23.9.2009.[7]

---

1 3 K 3278/15, EFG 2018 S. 1940.
2 X B 92/02, BFH/NV 2003 S. 320, NWB IAAAA-69629.
3 BFH, Urteile v. 25.11.2008 - X B 268/07, BFH/NV 2009 S. 162, NWB KAAAD-02630; v. 12.1.2010 - VIII R 34/07, BStBl 2010 II S. 612.
4 VIII B 122/07, BFH/NV 2008 S. 1317, NWB WAAAC-83322.
5 IV B 123/06, BFH/NV 2008 S. 364, NWB DAAAC-68109.
6 IV R 86/06, BFH/NV 2010 S. 1096, NWB OAAAD-40992.
7 IV R 5/07, BFH/NV 2010 S. 612, NWB FAAAE-37713.

Beteiligungen an **Einkaufsgenossenschaften, Franchisegebern, Einkaufsringen** usw. sind in der Regel keine bloße Kapitalanlage.[1] Pflichtanteile an **Einkaufsgenossenschaften** bzw. -ringen sind notwendiges Betriebsvermögen.[2] Das gilt auch für **freiwillig übernommene** Genossenschaftsanteile[3] und auch für die **Waren- und sog. Zweitkonten,** die der Genosse bei seiner Genossenschaft unterhält. Zur Behandlung von Genossenschaftsanteilen als gewillkürtes Betriebsvermögen Hinweis auf BFH v. 23.9.2009.[4] Bei einer Einkaufsgenossenschaft liegt der betriebliche Vorteil der Genossen in der **verbilligten Warenbeschaffung** einschließlich der Warenrückvergütung. Auch **Darlehensforderungen** gegenüber der Genossenschaft sind notwendiges Betriebsvermögen, falls das Darlehen den Betrieb des Genossen fördert. Diese Beurteilung ist dann zwingend, wenn der Genosse von der Genossenschaft einen erheblichen Teil seiner Waren bezieht.[5] Ein gewährtes Darlehen **kann privater Natur** sein, auch wenn die Beteiligung selbst zum Betriebsvermögen gehört.

Die Bewertung einer zu bilanzierenden Beteiligung hat nach § 6 Abs. 1 Nr. 2 EStG mit den Anschaffungskosten zu erfolgen. Ist der Teilwert aufgrund einer voraussichtlich dauernden Wertminderung niedriger, so kann dieser angesetzt werden. Die Wertaufholung ist zu beachten. Das ist nach erfolgter Teilwertabschreibung der Fall, wenn Ertragslage, Ertragsaussichten, Vermögenslage und funktionale Bedeutung zum maßgeblichen Bilanzstichtag für eine Wertaufholung sprechen.[6] — 881

Die Beteiligung an einer Kapitalgesellschaft kann auch dann notwendiges Sonderbetriebsvermögen II des Gesellschafters einer Personengesellschaft sein, wenn die Beteiligung keinen beherrschenden Einfluss vermittelt.[7] — 882

► **Betriebsaufgabe, -veräußerung**

Vgl. Rz. 2496 ff. — 883

(Einstweilen frei) — 884–886

---

1 BFH, Urteil v. 1.10.1981 - IV R 147/79, BStBl 1982 II S. 250; BFH, Urteil v. 20.3.1980 - IV R 22/77, BStBl 1980 II S. 439.

2 BFH, Urteil v. 20.3.1980 - IV R 22/77, BStBl 1980 II S. 439; BFH, Urteil v. 1.10.1981 - IV R 147/79, BStBl 1982 II S. 250.

3 BFH, Urteil v. 4.2.1998 - XI R 45/97, BStBl 1998 II S. 301; OFD Düsseldorf, Vfg. v. 6.9.1993, StLex 3,4/1, 1052; FG Köln v. 6.11.1996, EFG 1997 S. 597.

4 IV R 14/07, BStBl 2010 II S. 227.

5 BFH, Urteil v. 3.8.1977 - I R 41/76, BStBl 1978 II S. 53.

6 FG Rheinland-Pfalz, Urteil v. 29.3.2012 - 5 K 1924/07, NWB RAAAE-09359.

7 BFH, Urteil v. 3.3.1998 - VIII R 66/96, BStBl 1998 II S. 383.

▶ Betriebsausflüge

887 Mehrtägige Betriebsausflüge an einen touristisch interessanten Ort sind auch für den teilnehmenden Unternehmer privat veranlasst.[1]

▶ Betriebsausgaben

Literatur: *Drenseck,* Der Drittaufwand nach der Entscheidung des Großen Senats, BFH v. 30.1.1995, DStR 1995 S. 509; *Fischer,* Eigenaufwand und Drittaufwand, NWB 1995 S. 1645; *Dörn,* Betriebsausgaben und Steuerhinterziehung, Stbg 1996 S. 153; *Pfalzgraf/ Meyer,* Schuldzinsen als nachträgliche Betriebsausgaben eines veräußerten bzw. aufgegebenen Betriebes, StBp 1996 S. 5.

VERWALTUNGSANWEISUNGEN:

R 4.7 EStR; H 4.7 EStH; BMF, Schreiben v. 22.1.1998, IV B 2 – S 2170 – 6/98, NWB SAAAA-78391; BMF, Schreiben v. 6.7.2010, BStBl 2010 I S. 614.

ARBEITSHILFEN UND GRUNDLAGEN ONLINE:

Krüger, Erträge und Aufwendungen/Betriebseinnahmen und -ausgaben (HGB, EStG), infoCenter, NWB TAAAC-28567; *Happe-* Betriebsausgaben – ABC, infoCenter, NWB XAAAE-21312.

1. Allgemeine Hinweise

888 Betriebsausgaben sind Aufwendungen, die **durch den Betrieb veranlasst** sind (§ 4 Abs. 4 EStG). Sie werden mit Rücksicht auf den Betrieb gemacht und hängen mit ihm **unmittelbar oder mittelbar** zusammen. Ein **objektiver Zusammenhang** ist **zwingend.** Es sind auch Ausgaben abziehbar, die objektiv nicht notwendig, üblich oder zweckmäßig sind.[2] Der Empfänger, und nicht ein unbekannter Dritter, muss die Leistung auch tatsächlich erbracht haben.[3] Ein Teil der Betriebsausgaben ist nur beschränkt oder gar nicht abzugsfähig (vgl. Rz. 899 bzw. § 4 Abs. 4a bis 5b EStG).

889 Eine **Angemessenheitsprüfung erfolgt nicht,** soweit Ausgaben ausschließlich mit dem Betrieb zusammenhängen. Daher sind z. B. Zuwendungen an einen Berufsverband zur Förderung der Lehrlingsausbildung oder Beiträge eines Hotelbetreibers an einen Fremdenverkehrsverein (s. Rz. 1028) stets abziehbar.

890 Eine Angemessenheitsprüfung gibt es rechtlich nur, wenn Ausgaben **zugleich die Lebensführung berühren** (§ 4 Abs. 5 Nr. 7 EStG).

891 Es ist kein Ermessensfehlgebrauch des Finanzamts, wenn es **Provisionen,** die ein **Nachtlokalbesitzer an Taxifahrer** für die Zuführung von Gästen zahlt, nicht als Betriebsausgabe zulässt, weil der Nachtlokalinhaber Namen und Anschrif-

---

1 Hessisches FG, Urteil v. 30.6.1994, EFG 1994 S. 1036.
2 BFH, Urteil v. 8.10.198 7 - IV R 5/85, BStBl 1987 II S. 853.
3 BFH, Urteil v. 6.10.1993 - VIII B 122/92, BFH/NV 1994 S. 173, NWB CAAAB-34094.

ten der Taxifahrer nicht aufzeichnete.[1] Auch **Betrugs- oder Untreuehandlungen** können Teil einer gewerblichen oder beruflichen Tätigkeit sein und zu Betriebsschulden, Betriebsausgaben oder Werbungskosten führen.[2] Vgl. auch Rz. 1302. Zu Finanzierungskosten, Schuldzinsen vgl. Rz. 1006 ff.

2. Beweislast, Geltendmachung

Es obliegt dem Gastwirt/Hotelier, für Betriebsausgaben neben dem **Geldabfluss** auch die **betriebliche Veranlassung** nachzuweisen.[3] Für Barzahlungen muss mindestens eine **Quittung zum Nachweis** des Geldabflusses vorliegen. Nach **§ 160 Abs. 1 AO** (vgl. auch Rn. 866) kann der Abzug gefährdet sein, wenn der Unternehmer auf Verlangen des Finanzamts Namen und Anschrift des Zahlungsempfängers nicht zu nennen vermag.[4]   892

Zu den **Belegvoraussetzungen** vgl. Rz. 860 ff.   893

Gemischte Aufwendungen (z. B. Pkw-Aufwendungen, Reisekosten, Telefonkosten, Energieaufwendungen usw.) müssen in nachvollziehbarer Weise **geschätzt und glaubhaft gemacht** werden. Das gilt auch für Trinkgelder, Parkgebühren, Telefonate aus Zellen usw.[5] Das von der Verwaltung seit Jahren aus § 12 Nr. 1 Satz 2 EStG gerechtfertigte **Aufteilungsverbot** von Aufwendungen, die sowohl betrieblich/beruflich als auch privat veranlasst sind (gemischte Aufwendungen), hat der BFH mit Urteil v. 21.9.2009,[6] zur **Aufteilungspflicht** geklärt. Aufteilungsanweisungen enthält das BMF-Schreiben v. 6.7.2010.[7]   894

Betriebsausgaben sind nicht nur dann zu berücksichtigen, wenn sie der Steuerbürger geltend macht oder nachweist. Sie sind nach § 162 AO zu schätzen, wenn sie wahrscheinlich sind.   895

(Einstweilen frei)   896

3. Drittaufwand

Literatur: *Stephan*, Drittaufwand nach dem Beschluss des Großen Senats des BFH v. 26.10.1987 sowie dem BFH-Urteil v. 2.2.1988, DB 1988 S. 2477; *Günther*, Drittaufwand bei Sonderausgabenabzug, INF 1989 S. 511; *Beiser*, Ist Drittaufwand abzugsfähig?, DStR 1993 S. 789; *Heilmann*, Die Drittaufwandsproblematik im Einkommensteuerrecht, DStR 1993 S. 1201; *Drenseck*, Der Drittaufwand nach der Entscheidung des Großen Senats des

---

1 BFH, Urteil v. 2.3.1967 – IV 309/64, BStBl 1967 III S. 396.
2 BFH, Urteil v. 20.7.1994 - I B 11/94, BFH/NV 1995 S. 198, NWB LAAAB-34509.
3 BFH, Urteile v. 5.11.1970 - V R 71/67, BStBl 1971 II S. 220; v. 24.6.1976 - IV R 101/75, BStBl 1976 II S. 562.
4 BFH, Urteil v. 8.2.1972 - VIII R 41/66, BStBl 1972 II S. 442.
5 Niedersächsisches FG, Urteil v. 11.8.1961, EFG 1962 S. 149.
6 GrS 1/06, BStBl 2010 II S. 672.
7 BStBl 2010 I S. 614.

BFH v. 30.1.1995, DStR 1995 S. 509; *Schießl*, Drittaufwand im Bereich der Erwerbsaufwendungen, StuB 2007 S. 182.

VERWALTUNGSANWEISUNGEN:

H 4.7 EStH.

ARBEITSHILFEN UND GRUNDLAGEN ONLINE:

Langenkämper, Drittaufwand, infoCenter, NWB OAAAB-05364.

897 **Drittaufwand** wird in der Regel nicht als Betriebsausgabe anerkannt. Aufwendungen des Ehemanns für den von der Ehefrau betrieblich genutzten Teil des gemeinsamen Gebäudes können von ihr nicht als Betriebsausgabe abgezogen werden. Die Ehefrau kann dafür auch **kein Nutzungsrecht** ansetzen und gewinnmindernd abschreiben.[1] Zu Nutzungsrechten vgl. Rz. 1197 ff. Dieser Umstand muss auch beachtet werden, wenn der gewerblich tätige Ehemann für betriebliche Zwecke ein Kfz nutzt, das der Ehefrau gehört.[2] Vgl. auch Rz. 140 ff.

4. Vorweggenommene Betriebsausgaben

VERWALTUNGSANWEISUNGEN:

H 4.7 EStH.

898 Vgl. Anlauf-, Vorlauf-, Vorbereitungsaufwendungen (vgl. Rz. 720 ff.).

5. Nicht abziehbare Betriebsausgaben

Literatur: *Quinten/Anton*, Nichtabzugsfähigkeit der Gewerbesteuer als Betriebsausgabe, NWB 2012 S. 4227.

VERWALTUNGSANWEISUNGEN:

R 12.1 ff., R 4.10 ff. EStR; H 12.1, H 4.10 ff. EStH; BMF, Schreiben v. 10.12.2012, BStBl 2012 I S. 1174.

899 Neben den in voller Höhe abziehbaren Betriebsausgaben kennt das Einkommensteuerrecht auch **nicht** oder nur **teilweise abziehbare Betriebsausgaben** (§ 4 Abs. 4a und § 4 Abs. 5 Nr. 1 bis 13 EStG). Dazu vgl. z. B. Bewirtungskosten, Rz. 932; Geschenke, Aufmerksamkeiten, Rz. 1071; Wege zwischen Wohnung und Arbeitsstätte, Entfernungspauschale, Rz. 1339; Geburtstagsaufwendungen, Rz. 1055, Arbeitszimmer (§ 4 Abs. 5 Nr. 6b EStG; Rz. 817 ff.), Schuldzinsen für Überentnahmen (§ 4 Abs. 4a EStG; Rz. 1011) usw.

Die **Gewerbesteuern** und die darauf entfallenden Nebenleistungen, die für Erhebungszeiträume festgesetzt werden, die nach dem 31.12.2007 enden, sind

---

1 BFH, Urteil v. 20.9.1990 - IV R 300/84, BStBl 1991 II S. 82.
2 BFH, Urteil v. 20.9.1990 - IV R 300/84, BStBl 1991 II S. 82; vgl. auch BFH, Urteil v. 27.6.2007 - X B 73/06, BFH/NV 2007, 1653, NWB OAAAC-50770.

nach Maßgabe des Unternehmensteuerreformgesetzes 2008 v. 6.7.2007 **keine Betriebsausgaben** mehr (§ 4 Abs. 5b EStG i.V.m. § 8 Abs. 1 KStG). Die Nichtabziehbarkeit ist verfassungsgemäß:[1] Nach § 4h EStG hat der Gesetzgeber mit dem Unternehmensteuerreformgesetz auch eine begrenzte Abziehbarkeit von Zinsaufwendungen (**Zinsschranke**; vgl. Rz. 1012) eingeführt.

Nach der nach dem **Steuerhinterziehungsbekämpfungsgesetz** vom 29.7.2009[2] von der Bundesregierung erlassenen Steuerhinterziehungsbekämpfungsverordnung (SteuerHBeV) v. 25.9.2009,[3] wären ab 1.1.2010 unter bestimmten Bedingungen Betriebsausgabenkürzungen möglich. Da zum vorgenannten Stichtag kein Staat oder Gebiet die Voraussetzungen für Maßnahmen nach der SteuerHBeV erfüllt, ist die gesetzliche Möglichkeit von Betriebsausgabenkürzungen bisher nicht gegeben.[4]

6. Nachträgliche Betriebsausgaben

Literatur: *Linden/Meyer*, Schuldzinsenabzug bei unentgeltlicher Betriebsüberlassung, BB 1996 S. 1090.

VERWALTUNGSANWEISUNGEN:

H 4.7 EStH.

Auch nach Einstellung oder Veräußerung eines Betriebes sind Betriebsausgaben **grundsätzlich abziehbar** (§ 24 Nr. 2 EStG). Da kein Bestandsvergleich mehr erfolgt, ist für die Berücksichtigung das **Abflussprinzip** (vgl. Rz. 382, 1370 ff.) maßgebend. Ein Abzug kann nur erfolgen, wenn ein entsprechender Passivposten bei Berechnung des Aufgabe- und Veräußerungsgewinns nach § 4 Abs. 1 EStG nicht bewusst unterlassen worden ist.[5] Ist auf den Veräußerungszeitpunkt **keine Schlussbilanz** aufgestellt worden und hat dies nicht zu ungerechtfertigten Steuervorteilen geführt, so sind in späteren Jahren gezahlte Betriebskosten und andere Aufwendungen nachträgliche Betriebsausgaben.[6]   900

Wegen des Abzugs von **Schuldzinsen** für nicht getilgte betriebliche Kredite vgl. Rz. 2499.[7]   901

---

1 BFH, Urteil v. 16.1.2014 - I R 21/12, BStBl 2014 II S. 531.
2 BStBl 2009 I S. 826.
3 BStBl 2009 I S. 1146.
4 Vgl. BMF v. 5.1.2010, BStBl 2010 I S. 19.
5 BFH, Urteil v. 4.8.1977 - IV R 119/73, BStBl 1977 II S. 866.
6 BFH, Urteil v. 13.5.1980 - VIII R 84/79, BStBl 1980 II S. 692.
7 BFH, Urteile v. 11.12.1980 - I R 119/78, BStBl 1981 II S. 460; v. 12.11.1997 - XI R 98/96, BStBl 1998 II S. 144; v. 28.3.2007 - X R 15/04, BStBl 2007 II S. 642; v. 28.2.2005 - XI B 140/03, BFH/NV 2005 S. 1282, NWB EAAAB-53685.

902 Eine zum **Zeitpunkt der Veräußerung** oder Betriebsaufgabe noch **ungewisse Verbindlichkeit** (strittige Steuer- bzw. Abgabenschuld) bleibt mindestens so lange notwendiges Betriebsvermögen, wie sie nach Grund und Höhe noch ungewiss ist.[1] Ihre Begleichung ist nachträgliche Betriebsausgabe.

▶ **Betriebseinnahmen**

Literatur: *Brosch*, Einkommensteuerliche Behandlung von Rückzahlungen, NWB 1990 S. 7339; *Happe*, „Die Einnahmen-Überschussrechnung nach § 4 Abs. 3 EStG (Teil B), ABC der Betriebseinnahmen und -ausgaben", BBK 2007 S. 27; *Gunsenheimer*, Die Einnahmenüberschussrechnung nach § 4 Abs. 3 EStG, 15. Aufl., Herne 2019.

VERWALTUNGSANWEISUNGEN:

R 4.7 EStR; H 4.7 EStH; BMF, Schreiben v. 5.9.1996, BStBl 1996 I S. 1150; BMF, Schreiben v. 23.12.2002, BStBl 2003 I S. 76; OFD Frankfurt/Main, Vfg. v. 14.5.2014, NWB PAAAE-65854.

ARBEITSHILFEN UND GRUNDLAGEN ONLINE:

Krüger, Erträge und Aufwendungen/Betriebseinnahmen und -ausgaben (HGB, EStG), infoCenter, NWB TAAAC-28567; *Happe*, Betriebseinnahmen- ABC, infoCenter, NWB YAAAE 20798.

903 Betriebseinnahmen sind **alle Gegenleistungen,** die der Gastwirt für den Einsatz seiner Leistungen und seines Betriebsvermögens (aus Haupt- und Nebengeschäften; mit und ohne Rechtsanspruch) erhält.[2] Sie können analog § 8 EStG in **Geld oder Geldeswert** bestehen, aber auch nur ein **wirtschaftlicher Vorteil** sein.[3]

Vgl. auch **Nebentätigkeiten, Nebeneinnahmen,** Rz. 1193.

904 Betriebseinnahmen sind alle **betrieblich veranlassten Wertzugänge** beim Betriebsvermögen, die **nicht Einlagen** i. S. v. § 4 Abs. 1 Satz 8 EStG sind.[4] **Wertsteigerungen** bewirken mit Ausnahme der Wertaufholung erst bei Veräußerung bzw. Entnahme eine Betriebseinnahme. Ein **Verzicht auf Einnahmen** führt ebenso wie ersparte Aufwendungen und durchlaufende Posten zu keinen Betriebseinnahmen. **Entnahmen** werden bei Gewinnermittlung nach § 4 Abs. 3 EStG wie Betriebseinnahmen versteuert. **Zurückgezahlte Betriebsausgaben** sind Betriebseinnahmen.

905 Die Bezeichnung einer Zuwendung ist für ihre steuerliche Behandlung ohne Belang. **Trinkgelder,** die ein Gastwirt erhält, sind in voller Höhe Betriebseinnah-

---

1 BFH, Urteil v. 28.2.1990 - I R 205/85, BStBl 1990 II S. 537.
2 BFH, Urteil v. 9.8.1989 - X R 20/86, BStBl 1990 II S. 128.
3 BFH, Urteil v. 1.10.1993 - III R 32/92, BStBl 1994 II S. 179.
4 BFH, Urteil v. 13.12.1973 - I R 136/72, BStBl 1974 II S. 210.

me. Betriebseinnahmen sind auch die unterschiedlichen **gesetzlichen Leistungen,** wie z. B. nach dem Arbeitsförderungsgesetz (AFG), Lohnfortzahlungsleistungen, **Versicherungserstattungen** (z. B. aus einer Betriebsunterbrechungsversicherung),[1] Zahlungen für eine **Wettbewerbsabrede** (§ 90a HGB), **Rückzahlungen** von Betriebsausgaben usw. Das gilt auch für **Entschädigungen einer Gemeinde** für die Verlagerung eines Betriebes.[2] Auch **Schadensersatz,** den ein Unternehmer von seinem Steuerberater dafür erhält, dass eine im betrieblichen Bereich wirksame steuerliche **Gestaltung nicht optimiert** war, ist Betriebseinnahme.[3] **Schadensersatz,** den ein Steuerberater oder ein Haftpflichtversicherer wegen einer vom Berater zu vertretenden zu hohen Einkommensteuerfestsetzung leistet, ist beim Mandanten keine Betriebseinnahme.[4]

Schenkt eine Brauerei ihrem Gastwirt aus besonderem Anlass, z. B. bei Erreichen des 70. Lebensjahres einen **Pkw** und behandelt sie diese Aufwendungen als Betriebsausgaben, so gehört der Wert des Pkw in der Regel zu seinen Betriebseinnahmen.[5] Gleiches gilt, wenn einem Gewerbetreibenden von einem Geschäftspartner eine **Reise** zugewendet wird.[6] **906**

Als Nebeneinnahmen der Branche kommen in Frage: **907**

Erlöse aus Ansichtskarten-, Postwertzeichenverkauf, Erstattungen von Telefongebühren, Provisionen aus Waren- und Spielautomaten, Garagen-, Saal-, Kegelbahnmieten, Spieleinsätze bei Preisskat, Knobeln usw., Tanzgelder, Korkgelder, Schwimmbad- bzw. Saunabenutzungsgebühren usw.

(Einstweilen frei) **908–909**

▶ **Betriebsverlegung**

Vgl. Rz. 2525, 2536. **910**

▶ **Betriebsvermögen**

Literatur: *Fichtelmann,* GmbH-Beteiligungen als Betriebsvermögen, INF 1994 S. 705; *Moog,* Betriebsvermögen bei Schwesterpersonengesellschaften, DB 1997 S. 298; *Flies,* Gewillkürtes Betriebsvermögen, StBp 1998 S. 17; *Kratzsch,* Gewillkürtes Betriebsvermögen bei Einnahmenüberschussrechnern: Chancen und Risiken, NWB 2004 S. 2855; *Schoor,* Abgrenzung des notwendigen und gewillkürten Betriebsvermögens vom Privat-

---

1 BFH, Urteil v. 18.7.1968 - I 224/65, NWB DAAAB-50126.
2 BFH, Urteil v. 1.2.1990 - V R 102/85, BFH/NV 1990 S. 464, NWB KAAAB-32013.
3 BFH, Urteil v. 26.3.1992 - IV R 74/90, BStBl 1993 II S. 96.
4 BFH, Urteil v. 18.6.1998 - IV R 53/97, BStBl 1998 II S. 621.
5 BFH, Urteil v. 21.11.1963 - IV 345/61 S, BStBl 1964 III S. 183.
6 BFH, Urteil v. 22.7.1988 - III R 175/85, BStBl 1988 II 995; BFH, Urteil v. 20.4.1989 - IV R 106/87, BStBl 1989 II S. 641.

vermögen, StBp 2005 S. 102; *Wälzholz*, Gestaltungen zur Sicherung des Sonderbetriebs-vermögens, NWB 2014 S. 3266.

VERWALTUNGSANWEISUNGEN:

R 4.2 EStR; H 4.2 EStH; BMF, Schreiben v. 17.11.2004, BStBl 2004 I S. 1064.

ARBEITSHILFEN UND GRUNDLAGEN ONLINE:

Kolbe, Betriebsvermögen (EStG), infoCenter, NWB BAAAB-14222; *Kirsch*, Sonderbetriebs-vermögen (EStG), infoCenter, NWB SAAAB-14452.

911 Das Betriebsvermögen bzw. Sonderbetriebsvermögen ist Grundlage für die Er-mittlung des steuerlichen Gewinns, gleich nach welcher Gewinnermittlungs-art (§ 4 Abs. 1, § 5 oder § 4 Abs. 3 EStG) dies geschieht. Vgl. auch Rz. 714 ff.

1. Definition

912 Zum Betriebsvermögen rechnen alle aktiven und passiven Wirtschaftsgüter, die dem Stpfl. gehören (zivilrechtlich), sein wirtschaftliches Eigentum bzw. ihm **steuerlich zuzurechnen** sind (§ 39 AO), und dem Betrieb unmittelbar die-nen. Das ist der Fall, wenn sie objektiv erkennbar zum **unmittelbaren Einsatz** im Betrieb selbst bestimmt und ihn zu fördern bestimmt und geeignet sind. Mit Ausnahme von Gebäuden können Wirtschaftsgüter **nur ganz** Betriebsver-mögen oder Privatvermögen sein. Alle weiteren Wirtschaftsgüter sind Privat-vermögen.

913 Die Betriebsvermögenseigenschaft ist für **jedes Wirtschaftsgut** gesondert zu prüfen. Sind die Voraussetzungen gegeben, so gehört es auch dann zum Be-triebsvermögen, wenn es **nicht in der Bilanz** ausgewiesen ist. Die Rechtspre-chung geht von einer **Dreiteilung der Vermögenszuordnung** in notwendiges (vgl. Rz. 914 ff.) und gewillkürtes (vgl. Rz. 919 ff.) Betriebsvermögen sowie not-wendiges Privatvermögen (vgl. Rz. 921 ff.) aus.

2. Notwendiges Betriebsvermögen

914 Zum notwendigen Betriebsvermögen zählen alle Wirtschaftsgüter, die **aus-schließlich und unmittelbar** oder zu **mehr als 50 %** eigengewerblich genutzt werden. Unbewegliche Wirtschaftsgüter (Grundstücke) sind entsprechend ih-rer tatsächlichen Nutzung auf Betriebs- und Privatvermögen in mehrere Wirt-schaftsgüter aufzuteilen (vgl. Rz. 1034 ff.). Der **Ausweis von Betriebsvermögen in der Bilanz** ist verbindlich. Wirtschaftsgüter im Eigentum von **Kapitalgesell-schaften** sind mangels außerbetrieblicher Sphäre stets Betriebsvermögen.

915 Notwendiges Betriebsvermögen ist in der Branche in der Regel der eigen-betrieblich genutzte eigene **Grundbesitz,** soweit er nicht von untergeordnetem Wert (vgl. Rz. 1047) ist, das **Gaststätteninventar** und das Umlaufvermögen. Ein Grundstück, das im **Alleinbesitz des Ehegatten** des Betriebsinhabers steht, ist

kein Betriebsgrundstück.[1] Das **Kraftfahrzeug** dürfte nur selten notwendiges Betriebsvermögen sein, da seine betriebliche Nutzung branchenbedingt oft unter 50 % liegt. Zu Beteiligungen an Kapitalgesellschaften vgl. Rz. 880 ff.

Für die Zuordnung entscheidend ist die **endgültige Funktionszuweisung**.[2] Lediglich geplante betriebliche Nutzung führt nicht zu notwendigem Betriebsvermögen.   916

Ein an einem **Getränkehandel** beteiligter Personengesellschafter kann sein verpachtetes Gaststättengrundstück als notwendiges Sonderbetriebsvermögen bilanzieren, wenn der Pächter sämtliche Getränke bei diesem Getränkehandel beziehen muss.[3]   917

Zu von einem Automatenaufsteller verpachteten **Gaststättenräumen** als notwendiges Betriebsvermögen des Gewerbebetriebes „Automatenaufstellung" vgl. BFH, Urteil v. 13.9.2000.[4]   918

3. Gewillkürtes Betriebsvermögen

Literatur: *Flies*, Gewillkürtes Betriebsvermögen, StBp 1998 S. 17; *Kratzsch*, Gewillkürtes Betriebsvermögen bei Einnahmenüberschussrechnern: Chancen und Risiken, NWB 2004 S. 2855; *Schoor*, Abgrenzung des notwendigen und gewillkürten Betriebsvermögens vom Privatvermögen, StBp 2005 S. 102.

VERWALTUNGSANWEISUNGEN:
R 4.2 EStR; BMF, Schreiben v. 17.11.2004, BStBl 2004 II S. 1064.

ARBEITSHILFEN UND GRUNDLAGEN ONLINE:
Kolbe, Betriebsvermögen (EStG), infoCenter, NWB BAAAB-14222.

Überschussrechner und bilanzierende Stpfl. können gewillkürtes Betriebsvermögen ausweisen.[5] In Betracht kommen Wirtschaftsgüter, die subjektiv bestimmt und objektiv geeignet sind, den Betrieb zu fördern.[6] Das gilt für bewegliche Wirtschaftsgüter, die **zwischen 10 und 50 % eigenbetrieblich** genutzt werden.[7] In der Regel wird das bei Gaststätten für den Pkw zutreffen. Vermietet der Inhaber eines Hotel- bzw. Gaststättenbetriebes ein auf der dem Betrieb gegenüberliegenden Straßenseite belegenes **Einfamilienhaus** zu fremden   919

---

1 BFH, Urteil v. 26.2.2007 - II R 27/05, BFH/NV 2007 S. 1275, NWB SAAAC-45761.
2 BFH, Urteil v. 6.3.1991 - X R 57/88, BStBl 1991 II S. 829.
3 FG Düsseldorf, Urteil v. 29.9.1998, EFG 1998 S. 1674.
4 X R 140/97, BFH/NV 2001 S. 431 = NWB QAAAA-66479.
5 BFH, Urteil v. 2.10.2003 - IV R 13/03, BStBl 2004 II S. 985.
6 BFH, Urteile v. 23.5.1985 - IV R 198/83, BStBl 1985 II S. 517; v. 17.4.1986 - IV R 115/84, BStBl 1986 II S. 607.
7 BFH, Urteil v. 13.3.1964 - IV 158/61 S, BStBl 1964 III S. 455.

Wohnzwecken, so liegt ein für die Eigenschaft gewillkürten Betriebsvermögens erforderlicher **Förderungszusammenhang** vor, wenn das Haus jederzeit für Betriebsangehörige oder Pächter verwendet oder veräußert werden kann, um dem Betrieb Mittel zuzuführen.[1]

920   Entscheidendes Indiz für die Bildung gewillkürten Betriebsvermögens ist der **Ausweis in der Bilanz.** Die **Zuordnung** zum gewillkürten Betriebsvermögen muss **unmissverständlich** in einer Weise erfolgen, dass ein sachverständiger Dritter ohne weitere Erklärung des Stpfl. die Zugehörigkeit zum Betriebsvermögen erkennen kann. Die **zeitnahe Aufnahme** eines erworbenen Wirtschaftsguts in das **betriebliche Bestandsverzeichnis** kann ausreichen.[2] Der BFH rückte von seiner bisherigen Auffassung ab, dass es bei Gewinnermittlung nach § 4 Abs. 3 EStG kein gewillkürtes Betriebsvermögen gibt.[3] Zur Zuordnung von Grundbesitz zum gewillkürten Betriebsvermögen vgl. R 4.2 EStR; H 4.2 EStH. Vgl. auch Rz. 1034 ff.

4. Notwendiges Privatvermögen

921   Alle Wirtschaftsgüter, die weder als notwendiges, noch als gewillkürtes Betriebsvermögen in Frage kommen, sind notwendiges Privatvermögen. Beträgt **die private Nutzung** eines beweglichen Wirtschaftsgutes mehr als 90 %, so ist in vollem Umfang Privatvermögen gegeben. Laufende Aufwendungen dafür sind aber unabhängig von der Zugehörigkeit zu Betriebs- bzw. Privatvermögen auf Betriebsausgaben bzw. Kosten der privaten Lebensführung aufzuteilen.

Versicherungsansprüche auf das Leben oder den Todesfall sind auch dann kein Betriebsvermögen, wenn sie zur Tilgung von betrieblichen Darlehen bestimmt sind.[4]

▶ **Betriebsvorrichtungen**

922   Vgl. Rz. 1902 ff.

923–930   *(Einstweilen frei)*

▶ **Bewachungskosten**

Literatur: Peter, ABC: B 8. Bewachungskosten/Hundehaltung NWB 1999 S. 522, NWB PAAAA-73671.

VERWALTUNGSANWEISUNGEN:

BMF, Schreiben v. 16.12.1996, BStBl 1996 I S. 1442.

---

1   FG Baden-Württemberg, Außensenate Stuttgart, Urteil v. 4.4.1990, EFG 1990 S. 564.
2   BFH, Urteil v. 22.9.1993 - X R 37/91, BStBl 1994 II S. 172.
3   BFH, Urteil v. 2.10.2003 - IV R 13/03, BStBl 2004 II S. 985.
4   BFH, Urteil v. 11.12.2006 - VIII B 5/06, BFH/NV 2007 S. 689, NWB SAAAC-37165.

Als Betriebsausgaben abziehbar sind alle Aufwendungen für die Bewachung   931
und Sicherung des Betriebes, soweit es sich nicht um Herstellungs- bzw. Anschaffungskosten für Wirtschaftsgüter handelt, die eine betriebsgewöhnliche
Nutzungsdauer von mehr als einem Jahr haben.

Zahlungen an eine **Wach- und Schließgesellschaft** sind in voller Höhe Betriebsausgaben, wenn sich der **Bewachungsauftrag** allein auf den **Betrieb** bezieht.

Alarmanlagen sind **Herstellungskosten des Gebäudes.**[1] Sie können unter bestimmten Umständen als **Betriebsvorrichtungen** wie bewegliche Wirtschaftsgüter abgeschrieben werden.[2]

Wachhunde, die aus betrieblichen Gründen gehalten werden, gelten als Teil
des beweglichen Anlagevermögens. Ein AfA-Satz von 20 % wird allgemein
anerkannt, falls nicht § 6 Abs. 2 EStG anwendbar ist. Ein **Futtersatz** von ca.
35 € monatlich wird kaum beanstandet.[3]

Die Aufwendungen für die Haltung eines Hundes sind nicht abziehbar, wenn
der Hund **auch privat als Wachhund** eingesetzt wird.[4] Zu Aufwendungen für
einen **Diensthund** vgl. auch BFH, Urteil v. 30.6.2010.[5]

► **Bewirtungsaufwendungen**

Literatur: *Seifert,* Bewirtungskosten als Betriebsausgaben, BBK 2001 S. 65; *Paetsch,* Abzug
von Bewirtungskosten bei persönlichen Ereignissen, NWB 2007 S. 2287; *Bode,* Abzugsbeschränkung bei Bewirtungskosten eines Arbeitnehmers, NWB 2998 S. 4127; *Schoor,*
Bewirtungskosten und Kundengeschenke als Problemfelder bei Betriebsprüfungen, HBP,
Kza. 2870; *Wilhelm,* Bewirtungskosten als Betriebsausgaben, NWB 2010 S. 2164; *Weiss,*
Zur Reichweite des Abzugs für Bewirtungen, NWB 2018 S. 3370, *Strohner/Gödtel,* Reisekosten, 3. Aufl., Herne 2017.

VERWALTUNGSANWEISUNGEN:

R 4.10 EStR; H 4.10 EStH; R 19.6 LStR; H 19.6 LStH; BMF, Schreiben v. 30.6.1995, DB 1995
S. 1441; BMF, Schreiben v. 24.9.1997, BStBl 1997 I S. 898; OFD Kiel, Vfg. v. 10.3.1998, DB
1998 S. 751.

ARBEITSHILFEN UND GRUNDLAGEN ONLINE:

Ritzkat, Bewirtungskosten, infoCenter, NWB XAAAA-88429; *Tetzlaff,* Bewirtung im Steuerrecht, Grundlagen, NWB OAAAG-53901.

---

1 BFH, Urteil v. 26.6.1979 - VIII R 22/77, BStBl 1979 II S. 738; BFH, Urteil v. 16.2.1993 - IX R 85/88,
   BStBl 1993 II S. 544.
2 BMF, Schreiben v. 31.3.1967, BStBl 1967 I S. 127, Tz. 16; BMF, Schreiben v. 16.12.1996, BStBl
   1996 I S. 1442.
3 Vgl. auch BMF v. 24.4.1990, FR 1990 S. 317.
4 BFH, Urteil v. 29.3.1979 - IV R 103/75, BStBl 1979 II S. 512.
5 VI R 45/09, BStBl 2011 II S. 45.

932   Nach der allgemeinen Verkehrsauffassung als angemessen anzusehende Aufwendungen für die Bewirtung von Personen **aus geschäftlichem Anlass** sind nach § 4 Abs. 5 Nr. 2 EStG abziehbar, soweit sie für Wirtschaftsjahre nach dem 31.12.2003 70 % nicht übersteigen und deren Höhe und betriebliche Veranlassung schriftlich nachgewiesen wird. Zum Nachweis der Höhe und der betrieblichen Veranlassung sind schriftlich die folgenden Angaben zu machen: Ort, Tag, Teilnehmer und Anlass der Bewirtung sowie die Höhe der Aufwendungen. Hat die Bewirtung in einer Gaststätte stattgefunden, so genügen Angaben zum Anlass und den Teilnehmern der Bewirtung; die Rechnung über die Bewirtung ist beizufügen. Ein begrenzter Abzug und die gesonderte Aufzeichnungspflicht bestehen auch bei betrieblich veranlasster Bewirtung.[1] Die Aufwendungen für reine Arbeitnehmerbewirtung sind voll abziehbar.

Bewirtungen aus geschäftlichem Anlass sind solche, bei denen Personen bewirtet werden, zu denen Geschäftsbeziehungen bestehen oder angebahnt werden sollen. Die Angabe lediglich der Namen und die Funktion der bewirteten Personen genügt nicht.[2] Die Ansprüche der BFH-Rechtsprechung an die Nachweise sind streng. Fehlt auf der Gaststättenrechnung der Name der bewirtenden Person, so wird der Betriebsausgabenabzug versagt.[3] Für Kleinbeträge bis 250 € sind ab 1.1.2017 die Erleichterungen nach § 33 UStDV zu beachten.

Auch Bewirtungsaufwendungen eines Arbeitnehmers können Werbungskosten sein.[4]

Bewirtungskosten sind die **Aufwendungen für Speisen, Getränke, Genussmittel** und die im Zusammenhang mit der Bewirtung anfallenden **Nebenkosten** für Garderoben- und Trinkgelder, Aufwendungen für Einladungen in Gaststätten, **nicht Übernachtungskosten** und Aufwendungen für die **Unterhaltung von Geschäftsfreunden** z. B. durch Theaterbesuche. Bereits in der **Darreichung von kleinen Speisen** ist eine Bewirtung zu sehen.[5] **Aufmerksamkeiten** sind keine Bewirtung. Zum Begriff **Aufmerksamkeiten** in geringem Umfang vgl. R 19.6 LStR und H 19.6 LStH. Auf die in R 19.6 LStR; H 19.6 LStH für Aufmerksamkeiten

1   BFH, Urteil v. 15.1.2003 – XI B 159/02, BFH/NV 2003 S. 754, NWB NAAAA-69717.
2   FG Berlin-Brandenburg, Urteil v. 11.5.2011 - 12 K 12209/10, EFG 2011 S. 2130.
3   BFH, Urteil v. 18.4.2012 - X R 57/09, BStBl 2012 II S. 770.
4   BFH, Urteile v. 12.4.2007 - VI R 77/04, BFH/NV 2007 S. 1644, NWB WAAAC-51307; v. 1.2.2007 - VI R 25/03, BStBl 2007 II S. 459; v. 11.1.2007 - VI R 52/03, BStBl 2007 II S. 317; vgl. auch BFH, Urteile v. 19.6.2008 - VI R 12/07, BFH/NV 2008 S. 1997, NWB CAAAC-93280; v. 26.1.2010 - VI B 95/09, BFH/NV 2010, 875, NWB NAAAD-39592.
5   OFD Hannover, Vfg. v. 30.1.1995, ESt-Kartei § 4 EStG, K. 7.6a.

genannte **Nichtaufgriffsgrenze** von ab 2015 60 € kann nicht abgestellt werden.

Beim Gastwirt gehen Bewirtungsaufwendungen in der eigenen Gaststätte im Wareneinsatz unter. Gratisgetränke für Gäste, Lieferanten, Vereine usw. (Knobelrunden, Zugaben, Lokalrunden) sind **keine Kosten für Bewirtung** von Geschäftsfreunden i. S. v. § 4 Abs. 5 Nr. 2 EStG.[1] Das FG Nürnberg[2] spricht von „**Werbeaufwand**". Das gilt auch, wenn der Gastwirt seine Gäste unentgeltlich anlässlich einer **Neubaueinweihung**[3] bewirtet oder anlässlich eines **Firmenjubiläums** bzw. der **Betriebseröffnung**. Zu Bewirtungsaufwendungen von Betreibern von Hotelrestaurants für Geschäftspartner vgl. FG Berlin-Brandenburg, Urteil v. 19.1.2011.[4] Auch Aufwendungen im Zusammenhang mit Bewirtungen anlässlich eines Galaempfanges zum Betriebsjubiläum eines Hotelbetriebes mit Restaurant unterliegen der Abzugsbeschränkung des § 4 Abs. 5 Satz 1 Nr. 2 EStG.[5]

Gratisgetränke oder Einladungen **aus privaten Anlässen** (Geburtstag, Jubiläum, Hochzeit) sind nach § 12 Nr. 2 EStG **Privatentnahmen** des Gastwirtes.[6] 933

Für **Bewirtungen außerhalb** der eigenen Gaststätte gelten dieselben Grundsätze, wie für andere Steuerbürger.[7] 934

Bewirtungsbelege können nicht nachgereicht bzw. nachträglich vervollständigt werden. Lediglich die **Angabe des Bewirtenden** kann noch im Rechtsbehelfsverfahren nachgeholt werden.[8] Die Bewirtungsaufwendungen sind nach § 4 Abs. 7 EStG einzeln und getrennt von den sonstigen Betriebsausgaben aufzuzeichnen. Die Aufzeichnungen sind von Anfang an, fortlaufend und zeitnah, gesondert von sonstigen Betriebsausgaben schriftlich festzuhalten. Eine gesonderte Ablage von Belegen reicht auch bei Gewinnermittlung nach § 4 Abs. 3 EStG nicht aus.[9] 935

---

1 Analog FG Rheinland-Pfalz, Urteil v. 29.7.1970, DStZ/B 1970 S. 408.
2 Urteil v. 27.6.1969 - III 216/66, NWB GAAAD-32419.
3 FG Hamburg, Urteil v. 6.9.1982, EFG 1983 S. 110.
4 12 K 8371/06 B, EFG 2011 S. 1140.
5 BFH, Urteil v. 7.9.2011 - I R 12/11, BStBl 2012 II S. 194.
6 FG Hamburg v. 6.9.1982, EFG 1983 S. 110.
7 BFH, Urteil v. 6.12.1963 - IV 220/63 S, NWB EAAAB-48258.
8 BFH, Urteil v. 19.3.1998 - IV R 40/95, BStBl 1998 II S. 610.
9 BFH, Urteile v. 22.1.1988 - III R 171/82, BStBl 1988 II S. 535; v. 25.2.1988 - IV R 95/86, BStBl 1988 II S. 581; v. 13.5.2004 - IV R 47/02; BFH/NV 2004 S. 1402, NWB OAAAB-25008.

936 Nehmen an der Bewirtung Unternehmer und Arbeitnehmer teil, so sind auch diese Aufwendungen als betrieblich veranlasst abziehbar.[1]

937 Bewirtungen i. S. d. § 4 Abs. 5 Nr. 2 EStG liegen nur vor, wenn die Darreichung von Speisen und/oder Getränken im Vordergrund steht. Das gilt auch, wenn der Gesichtspunkt von **Werbung oder Repräsentation** eine bedeutende Rolle spielt.[2] Bei **Besuchen von Nachtlokalen** mit Varieté-, Striptease- oder anderen Darbietungen, führt die Angemessenheitsprüfung nach § 4 Abs. 5 Nr. 7 EStG dazu, das die Aufwendungen bereits als ihrer Art nach unangemessen mit der Folge der Nichtabziehbarkeit anzusehen sind.[3]

938 Nicht abziehbare Aufwendungen liegen vor, wenn der **unmittelbare Anlass** für die Bewirtung in der **persönlichen Sphäre** liegt (z. B. Geburtstagsfeier, Hochzeit, Jubiläum – anders bei **Firmenjubiläum**).[4] Bei privatem Anlass scheidet ein Abzug selbst dann aus, wenn der Unternehmer durch Einladung von Geschäftsfreunden und Mitarbeitern auch **betriebliche Zwecke** verfolgt.[5] Zur Bewirtung von Betreibern von Hotelrestaurants vgl. FG Berlin-Brandenburg, Urteil v. 19.1.2011.

939 **Bewirtungen** und die Abgabe von Gratisgetränken **führen nicht zu Umsätzen** nach Maßgabe der Speise- und Getränkekarte. Damit sie für den Fall der Verprobung oder Schätzung durch **Nachkalkulation** (vgl. Rz. 2446 ff.) aus dem Wareneinsatz eliminiert werden können, sollte der Berater seine Gaststättenbetriebe veranlassen, darüber **Aufzeichnungen zu fertigen**.

940–941 *(Einstweilen frei)*

► Bierlieferungsvertrag

Literatur: *Erhard*, Brauereizuschüsse bzw. -darlehen an Bierabnehmer, StBp 1969 S. 121; *Schuhmann*, Zur Aktivierung der sog. Belieferungsrechte, StBp 1978 S. 217; *Crepon*, Behandlung von Bierabnahmeverpflichtungen bei Gastwirten, StBp 1996 S. 212; *Bühler*, Rechtsprechungsübersicht Getränkebezugsvertrag, BB 33/1997 (Beilage 11/1997).

VERWALTUNGSANWEISUNGEN:

BMF, Schreiben v. 11.7.1995, BB 1995 S. 1740.

---

1 BFH, Urteile v. 25.2.1988 - IV R 95/86, BStBl 1988 II S. 581; v. 30.1.1986 - IV R 150/85, BStBl 1986 II S. 488; v. 15.5.1986 - IV R 184/83, BFH/NV 1986 S. 657, NWB VAAAB-28808; BMF, Schreiben v. 14.7.1975, BStBl 1975 I S. 922.
2 BFH, Urteil v. 12.5.2003 - I B 157/02, BFH/NV 2003 S. 1314, NWB NAAAA-69876.
3 BFH, Urteil v. 16.2.1990 - III R 21/86, BStBl 1990 II S. 575.
4 Vgl. BFH, Urteil v. 8.3.1990 - IV R 108/88, BFH/NV 1991 S. 436, NWB RAAAB-31633.
5 BFH, Urteile v. 13.9.1962 - IV 11/61 U, NWB WAAAB-51203; v. 28.11.1991 - I R 13/90, BStBl 1992 II S. 359; v. 12.12.1991 - IV R 58/88, BStBl 1992 II S. 524.

Vgl. Rz. 945 ff.   942

► **Bilder, Grafiken, Plastiken, Teppiche**

Vgl. Rz. 711 ff.   943

► **Bonusforderungen**

Bei Abnahme bestimmter Mengen gewähren die Hersteller und Großhändler   944
in der Regel Jahresboni, Umsatzvergütungen, -prämien, Zulassungsprämien,
Jahresabschlussvergütungen usw. Soweit darauf ein **Rechtsanspruch** besteht,
sind diese Ansprüche zum Bilanzstichtag als **sonstige Forderung** zu bilanzieren.[1] Der Aktivierung von Bonusansprüchen steht nicht entgegen, dass sie erst
mit der Rechnungsregulierung entstehen.[2]

► **Brauereidarlehen, -zuschüsse, „Abschreibungsdarlehen"**

Literatur: *Erhard*, Brauereizuschüsse bzw. -darlehen an Bierabnehmer, StBp 1969 S. 121;
Schuhmann, Zur Aktivierung der so genannten Belieferungsrechte, StBp 1978 S. 217; *För-
schle/Scheffels*, Die Bilanzierung von Zuschüssen, DB 1993 S. 2393; *Crepon*, Behandlung
von Bierabnahmeverpflichtungen bei Gastwirten, StBp 1996 S. 212; *Bühler*, Rechtsprechungsübersicht Getränkebezugsvertrag, BB Beilage 11 zu Heft 33/1997.

VERWALTUNGSANWEISUNGEN:

R. 6.5 EStR; BMF, Schreiben v. 11.7.1995, Bierlieferungsvertrag: Verlorener Zuschuss, BB
1995 S. 1740.

Brauereien geben oft zum Aufbau oder zur Erweiterung von Gaststätten Dar-   945
lehen als sog. **„Abschreibungsdarlehen"** oder **verlorene Zuschüsse**. Dafür muss
sich der Gastwirt verpflichten, für eine bestimmte Zeit Bier und/oder andere
Getränke ausschließlich von ihr zu vereinbarten Preisen abzunehmen.

Sind die Gaststätten von Brauereien gepachtet, so ist damit in der Regel ein
Bierlieferungsvertrag verbunden (s. Rz. 91). Die Vereinbarung in einem Bierlieferungsvertrag, nach der der Bierpreis von der Brauerei festgelegt werden soll,
bedarf nach § 34 GWB der Schriftform. Es gibt eine **Vielzahl von Vertragsvaria-
nten**.[3] Zur Frage der **zulässigen Laufzeit** vgl. BGH v. 25.4.2001.[4] Eine vereinbarte Laufzeit mit einer Bierbezugsverpflichtung von zehn Jahren benachteiligt
den Gastwirt im Regelfall nicht unangemessen.

Bei verzinslichen bzw. unverzinslichen Darlehen ohne erkennbare Koppelung
an die Bierabnahme gelten ertragsteuerlich keine Besonderheiten. Sie sind zu

---

1 BFH, Urteil v. 30.11.1983 - I R 93/79; Schmidt, EStG, § 5 Anm. 31, Rz. 270.
2 BFH, Urteil v. 20.6.2001 - I B 182/00, BFH/NV 2001 S. 1399, NWB XAAAA-66669.
3 Erhard, StBp 1969 S. 121; ders., StBp 1978 S. 217.
4 VIII ZR 135/00, NWB AAAAC-04038.

passivieren (ab 1999 nach § 6 Abs. 1 Nr. 3 EStG i. d. F. des StEntlG 1999/2000/2002 abgezinst) und mindern sich gemäß Abtrag. Eventuelle Zinsen sind als Betriebsausgaben abziehbar. Ein späterer **Rückzahlungsverzicht ist Betriebseinnahme.** Auch bei Einnahmenüberschussrechnung sind Darlehensempfang und -tilgung weder Betriebseinnahmen noch Betriebsausgaben.[1]

Für **Investitionszuschüsse** im Zusammenhang mit der Beschaffung von Anlagegütern hat der Gastwirt ein **Wahlrecht** (R 6.5 EStR). Er kann sie als **Betriebseinnahme** versteuern oder **erfolgsneutral** buchen. Bei der letzten Möglichkeit werden die in Zukunft nach § 7 EStG abschreibbaren Anschaffungs- oder Herstellungskosten um die Zuschüsse gemindert.

Bei **Koppelung** von Zuschüssen an **Bierbelieferungsrechte** haben sie **Entgeltcharakter** für die meist zeitlich oder nach Hektolitern begrenzte Abnahmeverpflichtung. Eine **Rückzahlungsverpflichtung erlischt** erst bei Erfüllung der vereinbarten Abnahmebedingungen. Bei Abschreibungsdarlehen erlischt die Rückzahlungsverpflichtung **schrittweise** mit der Erfüllung der Bierabnahmeverpflichtung.

Der bilanzierende Gastwirt hat in Höhe des erhaltenen Zuschusses als **Passivposten** die noch zu erfüllende „**Abnahmeverpflichtung**" einzusetzen. Dieser wird entsprechend der Vertragsdauer oder der Erfüllung der Mengenvereinbarung **gewinnerhöhend aufgelöst.**[2] Das StEntlG 1999/2000/2002 verlangt ab 1999 für Verbindlichkeiten eine **Abzinsung** nach Maßgabe eines Zinssatzes von 5,5 % (§ 6 Abs. 1 Nr. 3 EStG).

Lässt eine Brauerei beim Verkauf einer Gaststätte vom Erwerber ein Bierlieferungsrecht einräumen, so ist der gemeine Wert des Rechts Teil des Veräußerungsentgelts und von der Brauerei als Lieferungsrecht zu aktivieren und zeitanteilig abzuschreiben.[3]

Ermittelt der Zuschussempfänger seinen Gewinn nach **§ 4 Abs. 3 EStG,** so kann **gleichfalls eine Verteilung** zugelassen werden. Der Zuschuss hat den **Charakter eines unverzinslichen Darlehens,** für das jeweils schrittweise nach Abnahme oder Zeitablauf die Rückzahlungsverpflichtung erlischt, so dass insoweit Betriebseinnahmen entstehen.[4]

---

1 BFH, Urteil v. 8.10.1969 - I R 94/67, BStBl 1970 II S. 44.
2 BFH, Urteil v. 16.5.1957 - IV 82/56 U, BStBl 1957 III S. 342.
3 BFH, Urteil v. 12.12.1968 - IV 27/64, NWB VAAAB-50386.
4 DB 1966 S. 1213.

Erhält der Eigentümer eines **nicht zum Betriebsvermögen** gehörenden Grundstücks von einer Brauerei ein Entgelt (Zuschuss usw.) dafür, dass sich sein dort eine Gaststätte betreibender Pächter gegenüber der Brauerei verpflichtet, nur Bier dieser Brauerei zu beziehen, so liegen bei ihm insoweit Einkünfte aus Leistungen i. S. v. § 22 Nr. 3 EStG vor.[1]

Umsatzsteuerlich stellen Zuschüsse, die an Bierlieferungsverpflichtungen gekoppelt sind, für den Gastwirt **Entgeltsminderungen nach § 17 UStG** dar.[2] Die Brauerei berechnet Zuschüsse stets mit Umsatzsteuer.

Vgl. auch Zuschüsse Rz. 1379.

▶ **Buchführungspflichten**

Vgl. Rz. 425 ff.   946

▶ **Computer, Software**

Literatur: *Bordewin*, Bilanzierung von Computer-Software, NWB 1998 S. 3055; *Eggers*, Kehrtwende bei der einkommensteuerlichen Behandlung von nur teilweise beruflich genutzten Computern, StuB 2002 S. 270; *Greite*, Anteiliger Abzug von Werbungskosten für einen privat angeschafften PC, NWB 2004 S. 2189.

VERWALTUNGSANWEISUNGEN:

R 12.1 EStR; BMF, Schreiben v. 15.12.2000, BStBl 2000 I S. 1532; OFD Berlin, Vfg. v. 31.3.2002, StuB 2002 S. 972; OFD Frankfurt/M. v. 7.5.2002, NWB TAAAA-79393; OFD Frankfurt/M., Vfg. v. 29. 4. 2002, UStB 2002 S. 340.

Die Zunahme von **branchenspezifischer Software** (Hogodat, Hotel 2000, Gas-   947
tro, Hotline-Hotelverwaltung usw.) hat die Verbreitung des Computereinsatzes im Hotelbereich beschleunigt. Die zum Einsatz kommende Software und ihre Anwendungsbereiche im Einzelfall steuern die Entscheidung, ob es sich um Betriebsvermögen handelt.

Wenn der Gastwirt seine **Buchhaltung,** die **Hotelabrechnungen** und seine **be-**   948
triebliche Korrespondenz mit dem PC abwickelt, ist die Behandlung als **Betriebsvermögen** ausreichend dargetan. Untergeordnet ist dann die Tatsache, dass er auch die private Korrespondenz damit erledigt.[3] Der Umfang der beruflichen im Verhältnis zur privaten Nutzung ist vom Unternehmer darzulegen.[4]

---

1 FG Nürnberg, Urteil v. 29.5.1974, EFG 1974 S. 521.
2 Erhard, StBp 1969 S. 121.
3 FG Rheinland-Pfalz, Urteil v. 4.4.1991 - 4 K 1046/87, EFG 1991 S. 602.
4 BFH, Urteile v. 15.1.1993 - VI R 98/88, BStBl 1993 II S. 348; v. 22.9.1995 - VI R 40/95, BFH/NV 1996 S. 207, NWB DAAAA-97311.

Aufwendungen für einen privat angeschafften PC, der beruflich und privat genutzt wird, sind ggf. **hälftig aufzuteilen**.[1]

949 Als **betriebsgewöhnliche Nutzungsdauer** gelten für Großrechner sieben und für Workstations, Personalcomputer, Notebooks und deren Peripheriegeräte (Drucker, Scanner, Bildschirme u. Ä.) drei Jahre.[2] Zur Behandlung von Komponenten einer Computeranlage als geringwertiges Wirtschaftsgut vgl. Rz. 678.

Als **Anwendersoftware** bezeichnete Computerprogramme z. B. zur Steuerung von Buchhaltung, Gästeabrechnung, Kalkulation usw. sind selbständige **immaterielle Wirtschaftsgüter**.[3] Die OFD Chemnitz teilt mit Vfg. v. 28.7.2005[4] mit, das für betriebswirtschaftliche Softwaresysteme grundsätzlich eine Nutzungsdauer von fünf Jahren zugrunde zu legen ist.

▶ **Dauernde Last**

950 Vgl. Rz. 2556 ff.

▶ **Deckelforderungen**

951 Vgl. Rz. 1160.

▶ **Diebstahl**

952 Gelder, die der im Rahmen eines Arbeitsvertrages **mitarbeitende Ehegatte** heimlich aus der Geschäftskasse entwendet hat, können nur als Betriebsausgaben berücksichtigt werden, wenn nach den Gesamtumständen davon ausgegangen werden kann, dass sich auch ein fremder Mitarbeiter in gleicher Weise hätte zur Kasse Zugang verschaffen können.[5] Organisations- oder Überwachungsmängel des Arbeitgeber-Ehegatten können dazu führen, dass ihm die Unterschlagungen als **Entnahmen** angerechnet werden. Das ist der Fall, wenn die Zugriffsmöglichkeit nicht auf die Arbeitnehmerstellung des Ehepartners, sondern seine **Vertrauensstellung als Ehegatte** zurückzuführen ist. Zweifel gehen zu Lasten des Stpfl.

Im Übrigen vgl. Rz. 1302.

---

1 BFH, Urteil v. 10.3.2004 - VI R 44/02, BFH/NV 2004 S. 1242, NWB BAAAB-24506.
2 BMF v. 15.12.2000, AfA-Tabelle für allgemein verwendbare Anlagegüter, „AV", BStBl 2000 I S. 1532.
3 BFH, Urteile v. 3.7.1987 - III R 7/86, BStBl 1987 II S. 728; v. 5.10.1979 - III R 40/76, BStBl 1980 II S. 17; BMF, Schreiben v. 20.1.1992, DB 1992 S. 450.
4 S 2172 – 14/8 – St 21, NWB PAAAD-57831.
5 BFH, Urteil v. 25.10.1989 - X R 69/88, BFH/NV 1990 S. 553, NWB DAAAB-31399.

► **Ehegattenarbeitsverhältnisse**

► **Ehrenämter**

► **Einlagen**

► **Empfängerbenennung**

► **Entfernungspauschale**

► **Erbauseinandersetzung**

► **Erhaltungs-, Herstellungsaufwand**

Literatur: *Gänger,* Erhaltungsaufwand/Herstellungsaufwand, ABC: E 13, NWB 1999 S. 1445; *Veit,* Die Bemessung von Herstellungskosten unter bilanzpolitischen Aspekten, StuB 2001 S. 577; *Köhler,* Nachträgliche Erhöhung der Herstellungskosten, StBp 2002 S. 212; *Neufang,* Herstellungskosten/Erhaltungsaufwand im Blickwinkel der neuen Rechtsprechung des BFH, StBp 2003 S. 33; *Walter,* Gebäudeumbau als Herstellung eines Neubaus, NWB 2005 S. 2641.

VERWALTUNGSANWEISUNGEN:

R 21.1 EStR; H 6.4, H 21.1 EStH; BMF, Schreiben v. 16.12.1996, BStBl 1996 I S. 1442; BMF, Schreiben v. 18.7.2003, BStBl 2003 I S. 386.

ARBEITSHILFEN UND GRUNDLAGEN ONLINE:

Langenkämper, Erhaltungsaufwand/Modernisierungsaufwand, infoCenter, NWB YAAAB-05660; *Ronig,* Erhaltungsaufwand und Herstellungsaufwand bei Baumaßnahmen, Grundlagen, NWB NAAAE-31472.

In zwei richtungweisenden Urteilen v. 12.9.2001[1] hat der BFH im Zusammen-   959
hang mit der begründeten Abkehr von der Rechtsfigur „anschaffungsnaher Aufwand" (vgl. Rz. 728) nun endgültig klargestellt, dass für die Beurteilung von Aufwendungen als Anschaffungskosten oder Herstellungsaufwand **ausschließlich § 255 HGB** heranzuziehen ist. Erhaltungsaufwendungen sind Aufwendungen für die Erneuerung von bereits vorhandenen Teilen, Einrichtungen und Anlagen bzw. in Gebäuden oder Gebäudeteilen und sind sofort als Werbungskosten bzw. Betriebsausgaben abziehbar.

---

1 IX R 39/97, BStBl 2003 II S. 569 und IX R 52/00, BStBl 2003 II S. 574.

960   Nach § 255 Abs. 2 HGB sind Herstellungskosten „die Aufwendungen, die durch den Verbrauch von Gütern und die Inanspruchnahme von Diensten für die Herstellung eines Vermögensgegenstands, seine **Erweiterung** oder für eine über seinen ursprünglichen Zustand hinausgehende **wesentliche Verbesserung** entstehen". Zu **Herstellungsaufwendungen** bei Gebäuden gehören fast nur noch die Aufwendungen für **An-, Um- und Zubauten,** wenn damit etwas Neues, bisher nicht Vorhandenes geschaffen wird. Die handelsrechtliche Begriffsdefinition der Herstellungskosten in § 255 Abs. 2 HGB gilt inhaltlich auch für die Einkünfte aus Vermietung und Verpachtung.[1] Zu Baumaßnahmen als Herstellungs- oder Erhaltungsaufwand vgl. auch BFH, Urteil v. 25.9.2007.[2] Zu **anschaffungsnahem Aufwand** vgl. Rz. 728 ff. Zu **Mieter- bzw. Pächtereinbauten** vgl. Rz. 1181.

961   Aufwendungen für die Instandsetzung und Modernisierung z. B. durch den **Einbau neuer Gegenstände** in vorhandene Installationen eines Wohnhauses können nur dann zu Herstellungskosten gem. § 255 Abs. 2 Satz 1 HGB führen, wenn sie eine deutliche **Verbesserung seines Gebrauchswertes** (wesentliche Verbesserung) zur Folge haben.[3] Eine deutliche Erhöhung des Gebrauchswerts kann in einer erkennbaren Verlängerung der tatsächlichen Gesamtnutzungsdauer des Gebäudes begründet sein. Ein deutlicher Anstieg der erzielbaren Miete ist nur insoweit ein Hinweiszeichen für einen deutlich gesteigerten Gebrauchswert, als er auf den zu Herstellungskosten führenden Maßnahmen beruht. Zur deutlichen **Erhöhung des Nutzungswertes** vgl. BFH, Urteil v. 20.8.2002.[4]

962   Nach BFH, Urteil v. 3.12.2002,[5] ist bei Gebäuden eine über den ursprünglichen Zustand hinausgehende wesentliche Verbesserung gegeben, wenn drei der vier für den Gebrauchswert eines Wohngebäudes wesentlichen Bereiche (Heizungs-, Sanitär-, Elektroinstallationen und Fenster) von einem ursprünglich sehr einfachen auf einen nunmehr mittleren oder von einem ursprünglich mittleren auf einen nunmehr sehr anspruchsvollen Standard gehoben worden ist. Dabei sind für die Prüfung, ob die Installationen und die Fenster im ursprünglichen Zustand als „sehr einfach", „mittel" oder „sehr anspruchsvoll" anzusehen waren, die Maßstäbe zugrunde zu legen, die zu dem Zeitpunkt, in

---

1 BFH, Urteil v. 4.7.1990 – GrS 1/89, BStBl 1990 II S. 830; BFH, Urteil v. 16.7.1996 - IX R 34/94, BStBl 1996 II S. 649.
2 IX R 28/07, BStBl 2008 II S. 218.
3 BFH, Urteil v. 20.8.2002 - IX R 70/00, BStBl 2003 II S. 585.
4 IX R 42/00, BFH/NV 2003 S. 34, NWB WAAAA-69043.
5 IX R 64/99, BStBl 2003 II S. 590.

dem sich das Gebäude im ursprünglichen Zustand befand, allgemein üblich waren. „Ursprünglicher Zustand" i. S. d. § 255 Abs. 2 Satz 1 HGB ist bei Erwerb eines Wohngebäudes durch Schenkung oder Erbfall der Zustand zum Zeitpunkt der Anschaffung oder Herstellung durch den Schenker/Erblasser. Eine durch Einbau einer Dachgaube im Flurbereich eines Gebäudes erzielte – auch geringfügige – Vergrößerung der nutzbaren Fläche ist eine Erweiterung i. S. d. § 255 Abs. 2 Satz 1 HGB, so dass deren Kosten Herstellungskosten sind. Bei der Prüfung der Frage, ob eine Baumaßnahme zu Herstellungsaufwand führt, kann es im Einzelfall erforderlich sein, es auf einen Gebäudeteil abzustellen.[1]

Eine wesentliche Verbesserung liegt z. B. nicht vor bei Instandsetzung vorhandener Sanitär-, Elektro- und Heizungsanlagen, der Fußböden, der Fenster und der Dacheindeckung. Sie liegt ebenfalls nicht vor bei **Schönheitsreparaturen** und der Beseitigung eines Instandsetzungsrückstaus. **Reparaturarbeiten** führen auch dann nicht zu einer Erhöhung des Nutzungswertes und damit zu einer wesentlichen Verbesserung, wenn sie alle Kernbereiche einer Wohnungsausstattung wie Heizungs-, Elektro- und Sanitärinstallation sowie die Fenster betreffen.[2] Zum **Umbau einer betrieblichen Halle** als wesentliche Verbesserung vgl. BFH, Urteil v. 25.1.2006.[3] Tiefgreifende Umbauaufwendungen eines alten Gebäudes schaffen ein **neues Wirtschaftsgut**.[4] Zur Frage, ob durchgeführte Baumaßnahmen am Gebäude zu einem neuen Wirtschaftsgut führen vgl. auch BFH, Urteil v. 24.6.2008.[5] **963**

Betragen Aufwendungen (Rechnungsbetrag ohne Umsatzsteuer) nach Fertigstellung eines Gebäudes für die einzelne Baumaßnahme nicht mehr als **4.000 €** (bis Ende VZ 2001: 4.000 DM) je Gebäude, so ist **auf Antrag** dieser Aufwand stets als Erhaltungsaufwand zu behandeln (R 21.1 Abs. 2 EStR). **964**

Aufwendungen für den **Einbau von Rigips-Zwischenwänden** in ein Großraumbüro sind sofort abziehbare Erhaltungsaufwendungen.[6] Zur Abgrenzung von **Modernisierungsaufwand** von der Herstellung eines neuen oder anderen Wirtschaftsguts vgl. BFH, Urteil v. 23.5.2007.[7] Aufwendungen zur Beseitigung **mangelhafter Bauleistungen** sind Herstellungskosten.[8]

---

1 BFH, Urteil v. 25.9.2007 - IX R 28/07, BStBl 2008 II S. 218.
2 BFH, Urteil v. 20.8.2002 - IX R 10/02, BFH/NV 2003 S. 35, NWB DAAAA-69019.
3 I R 58/04, BStBl 2006 II S. 707.
4 BFH, Urteil v. 26.4.2005 - IX B 191/04, BFH/NV 2006 S. 256, NWB RAAAB-73099.
5 IX R 49/06, BFH/NV 2008 S. 1839, NWB RAAAC-90148.
6 BFH, Urteil v. 16.1.2007 - IX R 39/05, BStBl 2007 II S. 922.
7 IX B 1/07, BFH/NV 2007 S. 2085, NWB PAAAC-58382.
8 BFH, Urteil v. 26.7.2006 - X R 10/05, BFH/NV 2006 S. 2072, NWB SAAAC-16030.

965 Nach Beendigung nachträglicher Herstellungsarbeiten bemisst sich die AfA regelmäßig nach dem in § 7 Abs. 4 Satz 1 Nr. 1 oder 2 EStG genannten Vomhundertsatz, nicht nach einer abweichenden tatsächlichen Nutzungsdauer.[1]

Zuordnung von **dritter Seite erstatteter Aufwendungen** vgl. BFH, Urteil v. 14.6.2016.[2] Zusammentreffen von Schönheitsreparaturen und Modernisierungsmaßnahmen vgl. BFH, Urteil v. 14.6.2016.[3]

Hat das Finanzamt in einem Veranlagungszeitraum Aufwendungen zu Unrecht als größeren Erhaltungsaufwand i. S. d. § 82b EStDV behandelt, so ergibt sich daraus **keine Bindung** für die Folgejahre.[4]

966–970 *(Einstweilen frei)*

► **Erschließungskosten**

971 Vgl. Rz. 1092 ff.

972–986 *(Einstweilen frei)*

► **Fachliteratur, Zeitungen, Zeitschriften**

Literatur: *Bornhaupt,* Arbeitsmittel beim Arbeitnehmer, NWB 1991 S. 3111; *Delp,* Zur Abzugsfähigkeit von Aufwendungen für den Bezug von Tageszeitungen, INF 1994 S. 257.

VERWALTUNGSANWEISUNGEN:

R 12.1 EStR; H 9.12 LStH.

ARBEITSHILFEN UND GRUNDLAGEN ONLINE:

BP-Kartei: Konto „Fachliteratur" Teil I; *Langenkämper,* Fachliteratur, infoCenter, NWB IAAAB-05661.

987 Aufwendungen für **Fachbücher und -zeitschriften** (z. B. „Allgemeine Hotel- und Gastronomiezeitung") sind als **Betriebsausgaben** abziehbar, wenn sie ausschließlich bzw. fast ausschließlich der Berufsausübung dienen.[5] Nach dem Urteil des FG Baden-Württemberg v. 17.10.1996[6] sind die Aufwendungen für das **Handelsblatt** weder bei den Einkünften aus Kapitalvermögen noch bei den aus nicht selbständiger Arbeit als Werbungskosten berücksichtigungsfähig. Auch das FG Brandenburg stufte mit Urteil v. 29.4.2008[7] die Aufwendungen für das

---

1 BFH, Urteil v. 3.7.1984 - IX R 45/84, BStBl 1984 II S. 709.
2 IX R 25/14, BStBl 2016 II S. 992.
3 IX R 22/15, BStBl 2016 II S. 999.
4 BFH, Urteil v. 15.10.1996 - IX R 49/94, BFH/NV 1997 S. 390, NWB QAAAB-38119.
5 BFH, Urteil v. 8.2.1974 - VI R 326/70, BStBl 1974 II S. 306.
6 EFG 1997 S. 467.
7 BBK 2008 S. 833.

Handelsblatt als nicht abzugsfähig ein. Nach der Rechtsprechung hat sich das Handelsblatt zur typischen Tageszeitung (vgl. Rz. 988) entwickelt.

Tageszeitungen,[1] **Illustrierte, Wochenzeitschriften, Magazine** usw. fallen   988
grundsätzlich unter das **Abzugsverbot** nach § 12 Nr. 1 Satz 2 EStG, weil nicht nachgewiesen werden kann, dass die private Lebensführung als unbedeutend in den Hintergrund tritt.[2] Es handelt sich vom Charakter her nicht um Fachzeitschriften. Das gilt auch für „**Wirtschaftswoche**", „**Management-Wissen**"[3] und „**Capital**".[4]

Eine **Ausnahme** kann bestehen, wenn ein **Bezug zur Lebensführung ausscheidet,** weil eine ausschließliche betriebliche Veranlassung nach den besonderen Umständen des Einzelfalles als sicher erscheint. Hier zeigt sich ein Ansatzpunkt für die Zeitschriften, die der Gastwirt in den Gaststättenräumen für die Gäste auslegt. Soweit er dieselben auch für seine Wohnung, also **doppelt, bezieht,** können Aufwendungen Betriebsausgaben sein.[5] Das **FG Rheinland-Pfalz** hat rechtskräftig entschieden, dass Aufwendungen für den Bezug einer **Tageszeitung,** die zur Lektüre für die Besucher einer **Gaststätte ausliegt,** auch dann Betriebsausgaben sind, wenn der Inhaber der Gaststätte sie gelegentlich selbst liest.[6] Aufwendungen für den Bezug von Tageszeitungen sind abziehbar, wenn festgestellt werden kann, dass diesen Zeitungen nur **beruflich interessierende Informationen** entnommen werden.[7]   989

Bücher, die der **Allgemeinbildung** dienen, rechnen **nicht zur Fachliteratur.** Deswegen sind Aufwendungen dafür keine Werbungskosten/Betriebsausgaben.[8]   990

Nachweise für Fachliteratur sind durch mit dem Namen des Stpfl. versehene Belege zu erbringen. Der alleinige Ausweis als „Fachliteratur" reicht in der Regel nicht aus.

(Einstweilen frei)   991–992

► Fahrtenbuch

Vgl. Rz. 1136 ff.   993

---

1 BFH, Urteil v. 5.4.1962 - IV 127/60 U, BStBl 1962 III S. 368.
2 BFH, Urteile v. 7.9.1989 - IV R 128/88, BStBl 1990 II S. 19; v. 7.4.2005 - VI B 168/04, BFH/NV 2005 S. 1300, NWB DAAAB-53334.
3 Hessisches FG, Urteil v. 5.5.1992, EFG 1992 S. 517.
4 FG des Saarlandes, Urteil v. 2.6.1992, EFG 1992 S. 518.
5 BFH, Urteil v. 30.6.1983 - IV R 2/81, BStBl 1983 II S. 715.
6 Urteil v. 25.8.1982, rkr., EFG 1983 S. 110.
7 FG Köln, Urteil v. 7.7.1993, EFG 1994 S. 199.
8 BFH, Urteil v. 21.5.1992 - IV R 70/91, BStBl 1992 II S. 1015.

994–1002   *(Einstweilen frei)*

► **Ferienwohnungen, Vermietung**

1003   Vgl. Rz. 1077 ff.

► **Festwerte**

1004   Vgl. Rz. 696 ff.

► **Festzeltbetrieb**

1005   Ob getätigte Ausgaben dem Festzeltbetrieb als wirtschaftlichem Geschäftsbetrieb eines im Übrigen gemeinnützigen Vereins zuzuordnen sind, hängt von deren Veranlassung durch den steuerpflichtigen Bereich ab.[1] Daher sind Platz- und Reinigungsgebühren für das Aufstellen des Festzeltes in voller Höhe dem wirtschaftlichen Geschäftsbetrieb zuzuordnen.[2] Gleiches gilt für die Kosten einer **Festschrift,** wenn erhebliche Einnahmen aus Inseratenwerbung erzielt werden.[3]

► **Finanzierungskosten, Schuldzinsen**

Literatur: *Schulz*, Abzug betrieblicher Schuldzinsen, NWB 2006 S. 2329; *Söffing*, Schuldzinsenabzug, NWB 2006 S. 3449; *Schoor*, Schuldzinsenabzug bei Umwidmung eines Kredits, StBp 2007 S. 114; *Hilbertz*, Schuldzinsenabzug bei gemischt genutzten Grundstücken, NWB 2009 S. 2884; *Kanzler/Nacke*, Steuerrecht aktuell – Spezial Steuergesetzgebung 2009/2010, Herne 2010; *Geißler*, Abzugsfähigkeit nachträglicher Schuldzinsen – eine vergleichende Darstellung, NWB 2015 S. 332.

VERWALTUNGSANWEISUNGEN:

H 4.2 (15) EStH; BMF, Schreiben v. 18.2.2013, BStBl 2013 I S. 197.

ARBEITSHILFEN UND GRUNDLAGEN ONLINE:

Langenkämper, Finanzierungskosten, infoCenter, NWB FAAAB-03397; *Vanheiden*, Zweikontenmodell, infoCenter, NWB IAAAB-04919.

a) Allgemeine Hinweise

1006   **Darlehen und Kredite sind Betriebsvermögen,** soweit ihre wirtschaftliche **Entstehung auf einem betrieblichen Vorgang** beruht.[4] Darauf entfallende Zinsen sind grundsätzlich unter Beachtung der § 4 Abs. 4a und § 4h EStG (vgl. Rz. 1011 und 1012) als **Betriebsausgaben** abziehbar. Entscheidend für den Schuldzin-

---

1 BFH, Urteil v. 27.3.1991 - I R 31/89, BStBl 1992 II S. 103.
2 BFH, Urteil v. 21.7.1999 - I R 55/98, BFH/NV 2000 S. 85, NWB WAAAA-63042.
3 Nürnberger FG, Urteil v. 17.3.1998, Rev. erledigt durch Zurückverweisung, BFH, Urteil v. 21.7.1999 - I R 55/98, BFH/NV 2000 S. 85, NWB WAAAA-63042.
4 BFH, Urteile v. 10.5.1972 - I R 220/70, BStBl 1972 II S. 620; v. 17.4.1985 - I R 101/81, BStBl 1985 II S. 510; v. 5.6.1985 - I R 289/81, BStBl 1985 II S. 619.

senabzug ist der jeweilige wirtschaftliche Zusammenhang mit den Einkünften.[1] **Gewillkürtes Betriebsvermögen** gibt es bei Schulden **nicht**.[2]

Eine **Absicherung von privaten Krediten** im betrieblichen Bereich ist für die steuerliche Vermögenszuordnung unbeachtlich. Nur Zinsen für betrieblich veranlasste Kredite sind Betriebsausgaben. Werden Eigenmittel für betriebliche und daher Fremdmittel für private Zwecke verwendet, so sind die Schuldzinsen nicht als Betriebsausgaben abziehbar.[3]

Ein praktisches Problem stellt die steuerliche Behandlung von auch durch private Verfügungen **überzogenen Kontokorrentkonten** dar. In der Anlaufzeit und in Phasen geringer Erträge müssen Lebensunterhalt und sonstige private Bedürfnisse über Kredit finanziert werden. Das geschieht meist durch Überziehung des betrieblichen Kontokorrentkontos (Mehrkontenmodell vgl. Rz. 1010).

1007

Der Große Senat hat mit **Beschluss v. 4.7.1990**[4] eine bis dahin bei Gewinnermittlung nach § 4 Abs. 1 und 5 EStG gegenüber der nach § 4 Abs. 3 EStG bestehende Ungleichbehandlung beendet. Im betrieblichen Bereich zählen gemischt verursachte, einheitlich geführte Kontokorrentkonten je nach ihrer Verursachung **anteilig** zum **Betriebs- bzw. Privatvermögen**. Das gemischte Konto ist rechnerisch in private und betriebliche Unterkonten aufzugliedern, und seine Zinsen nach Maßgabe einer **Zinsstaffelrechnung** aufzuteilen. Geldeingänge sind dabei grundsätzlich anteilig den jeweiligen Unterkonten gutzuschreiben. Der Schuldner kann aber nach dem Rechtsgedanken des § 366 Abs. 1 BGB vordringlich zuerst den privaten Unterkredit durch die Geldeingänge tilgen.[5] Das entspricht auch der Verwaltungsauffassung.[6]

1008

Bei einheitlicher **Finanzierung** eines **gemischt-genutzten Grundstücks** mit Eigen- und Fremdmitteln gibt es, anders als bei gemischten Kontokorrentkrediten, keinen Grundsatz, dass zuerst die private Schuld getilgt werde.[7]

Eine nach Verursachung zum Privatvermögen gehörende Verbindlichkeit kann durch **Umschuldung** zur Betriebsschuld werden.[8] Ein Ausweis in der Bilanz

---

1 BFH, Urteil v. 23.10.2008 - IX B 134/08, BFH/NV 2009 S. 26, NWB PAAAC-97233.
2 BFH, Urteil v. 5.10.1973 - VIII R 30/70, BStBl 1974 II S. 88.
3 BFH, Urteil v. 21.2.1991 - IV R 46/86, BStBl 1991 II S. 514.
4 GrS 2/88, BStBl 1990 II S. 817.
5 BFH, Urteil v. 11.12.1990 - VIII R 190/85, BStBl 1991 II S. 390; BFH, Urteil v. 15.11.1990 - IV R 97/82, BStBl 1991 II S. 226.
6 BMF, Schreiben v. 27.7.1987, BStBl 1987 I S. 508.
7 BFH, Urteil v. 7.11.1991 - IV R 57/90, BStBl 1992 II S. 141; vgl. dazu BFH, Urteil v. 10.4.2007 - IX B 159/06, BFH/NV 2007 S. 1503, NWB CAAAC-47288.
8 BFH, Urteil v. 17.4.1985 - I R 101/81, BStBl 1985 II S. 510.

reicht dafür aber ebenso wenig aus, wie die Absicherung auf betrieblichem Grundbesitz. Voraussetzungen und Verfahren für eine steuerliche Umschuldung hat der BMF mit Schreiben v. 27.7.1987[1] dargestellt.

Zur Abziehbarkeit von Schuldzinsen bei **Betriebsaufgabe** vgl. BFH, Urteil v. 28.3.2007.[2]

b) Schulden und Zinsen bei Einnahmenüberschussrechnung

1009   Die Gewinnermittlung nach § 4 Abs. 3 EStG ignoriert alle Bestände. Daher zählen auch Geldkonten, wie Kasse, Bank und Postscheckkonten zum notwendigen Privatvermögen.[3]

Die Frage der Abziehbarkeit von Zinsen als Betriebsausgaben wird allein nach dem Veranlassungsprinzip des § 4 Abs. 4 EStG entschieden. Dieser schon bisher vertretene Rechtsstandpunkt hat sich durch den BFH-Beschluss v. 4.7.1990[4] für den Einnahmenüberschussrechner nicht geändert. Die Finanzverwaltung untersucht alle Zahlungsvorgänge auf ihre private oder betriebliche Veranlassung, um über die Abziehbarkeit der Zinsen zu entscheiden.[5]

Für überzogene Girokonten, über die private und auch betriebliche Geldbewegungen abgewickelt werden, verneint die Behörde die Abziehbarkeit der auf private Abhebungen entfallenden Zinsen. Sie ermittelt sie durch Schätzung oder Zinsstaffelrechnung.

c) Das „Zwei-/Mehrkonten-Modell"

Literatur: *Pfalzgraf/Meyer*, Bestätigung des Zwei-Konten-Modells durch den Beschluss des Großen Senats des BFH v. 8.12.1997, INF 1998 S. 129; *Siegel*, Der Irrtum des Großen Senats zu dem Mehrkontenmodell, DStR 1998 S. 611; *Söffing*, Der Schuldzinsenabzug und der Kontentrennungsbeschluss des Großen Senats des Bundesfinanzhofs (BB 1998 S. 298), BB 1998 S. 450; *Wolff-Diepenbrock*, Die betriebliche Veranlassung von Kreditkosten und das sog. Zweikontenmodell, DStR 1998 S. 185.

VERWALTUNGSANWEISUNGEN:

BMF, Schreiben v. 10.11.1993, BStBl 1993 I S. 930.

ARBEITSHILFEN UND GRUNDLAGEN ONLINE:

Vanheiden, Zweikontenmodell, infoCenter, NWB IAAAB-04919.

---

1 BStBl 1987 I S. 508.
2 X R 15/04, BStBl 2007 II S. 642.
3 BFH, Urteil v. 25.1.1962 - IV 221/60 S, BStBl 1962 III S. 366.
4 GrS 2/88, BStBl 1990 II S. 817.
5 BFH, Urteil v. 23.6.1983 - IV R 185/81, BStBl 1983 II S. 723.

Mit dem Beschluss des GrS des BFH v. 8.12.1997[1] wurde das sog. Zwei- oder Mehrkontenmodell grundsätzlich als nicht rechtsmissbräuchlich bestätigt. Dem Stpfl. steht es frei, zunächst dem Betrieb Barmittel ohne Begrenzung auf einen Zahlungsmittelüberschuss zu entnehmen und im Anschluss daran betriebliche Aufwendungen durch Darlehen zu finanzieren. 1010

Bei richtiger Gestaltung lassen sich für private Verfügungen notwendige Zinskürzungen durch das sog. „Zwei-/Mehrkonten-Modell" vermeiden. Voraussetzung sind **getrennt geführte Konten** für Betriebseinnahmen und Betriebsausgaben. Dabei sind Betriebseinnahmen einem positiv zu haltenden Kontokorrentkonto zuzuführen. Dieses Konto wird regelmäßig mit den Geldabflüssen für private Lebenshaltungskosten belastet. So entstehen bei richtiger Kontenführung in der Regel keine oder geringere steuerlich nicht abziehbaren Zinsen. Über das zweite Konto werden die Betriebsausgaben gebucht. Der dadurch entstehende negative Saldo steigt an und wird sich stärker im Minusbereich bewegen. Die Zinsen sind voll abziehbar. Die Grundsätze des Zweikontenmodells sind auch nach der gesetzlichen Neuregelung des Schuldzinsenabzugs gem. § 4 Abs. 4a EStG weiterhin anwendbar.

d) Schuldzinsenabzug bei Überentnahmen (§ 4 Abs. 4a EStG)

Literatur: *Söffing*, Schuldzinsenabzug, NWB 2006 S. 3449; *Wacker*, Schuldzinsenkürzung bei Mitunternehmerschaften nach § 4 Abs. 4a EStG, NWB 2007 S. 3223; *Schulz*, Betrieblicher Schuldzinsenabzug nach § 4 Abs. 4a EStG, NWB 2008 S. 3179; *Möller*, Beschränkung des Zinsabzugs bei Überentnahmen (§ 4 Abs. 4a EStG), NWB 2014 S. 3184.

VERWALTUNGSANWEISUNGEN:

BMF, Schreiben v. 17.11.2005, BStBl 2005 I S. 1019; BMF, Schreiben v. 12.6.2006, BStBl 2006 I 4S. 16; BMF, Schreiben v. 7.5.2008, BStBl 2008 I S. 588; BMF, Schreiben v. 4.11.2008, BStBl 2008 I S. 957; FM Schleswig-Holstein v. 14.9.2012 – VI 306-S 2144-168, NWB VAAAE-18207; BMF, Schreiben v. 2.11.2018, BStBl 2018 I S. 1207.

Durch § 4 Abs. 4a EStG in der Fassung des Gesetzes zur Bereinigung von steuerlichen Vorschriften (Steuerbereinigungsgesetz 1999) v. 22.12.1999[2] ist die Abziehbarkeit von Schuldzinsen als Betriebsausgaben ab dem VZ 1999 gesetzlich neu geregelt worden. Danach sind Schuldzinsen nach Maßgabe der Sätze 2 bis 4 nicht abziehbar, wenn **Überentnahmen** getätigt worden sind. Soweit betrieblich veranlasste Schuldzinsen vorhanden sind, ist in einem zweiten Schritt zu prüfen, ob ihr Abzug nach der Überentnahmeregelung in § 4 Abs. 4a EStG, Sätze 1 bis 4 EStG, einzuschränken ist. 1011

---

1 GrS 1-2/95, BStBl 1998 II S. 193.
2 BGBl 1999 I S. 601, BStBl 2000 I S. 13.

Eine Überentnahme ist der Betrag, um den die Entnahmen die Summe des Gewinns und der Einlagen des Wirtschaftsjahres übersteigen. Die nicht abziehbaren Schuldzinsen werden typisiert mit **6 %** der Überentnahme des Wirtschaftsjahres zuzüglich der Überentnahmen vorangegangener Wirtschaftsjahre und abzüglich der Beträge, um die in den vorangegangenen Wirtschaftsjahren der Gewinn und die Einlagen die Entnahmen überstiegen haben (Unterentnahmen), berechnet. Die Berücksichtigung von Überentnahmen aus Vorjahren wurde vom BFH[1] als rechtens anerkannt. Der sich dabei ergebende Betrag, höchstens der um 2.050 € verminderte Betrag der im Wirtschaftsjahr angefallenen Schuldzinsen, ist dem Gewinn hinzuzurechnen. Zinsen, die auf Darlehen zur Finanzierung von Anschaffungs- und Herstellungskosten des Anlagevermögens entfallen, sind bei der Berechnung nicht einzubeziehen. Zu Zweifelsfragen hat das BMF mit Schreiben v. 17.11.2005[2] unter teilweiser Aufhebung vorangegangener Schreiben, Stellung genommen.

Zur Berücksichtigung von vor dem 1.1.1999 entstandenen Unterentnahmen vgl. BFH, Urteil v. 18.10.2006.[3] Vgl. dazu auch das BMF-Schreiben v. 12.6.2006.[4] Zur Hinzurechnung von Schuldzinsen bei Überentnahmen in 1999 vgl. BFH, Urteil v. 18.10.2006.[5] Zum Schuldzinsenabzug bei auf ein Kontokorrentkonto ausgezahltem **Investitionsdarlehen** vgl. BFH, Urteil v. 23.2.2012.[6] Bei der Berechnung der nicht abziehbaren Schuldzinsen nach § 4 Abs. 4a EStG für den Veranlagungszeitraum 2001 sind Unterentnahmen aus den Jahren vor 1999 außer Acht zu lassen.[7] Zu Überentnahmen vgl. auch BFH, Urteil v. 23.3.2011.[8] Zum eingeschränkten Schuldzinsenabzug bei Finanzierung der Erstausstattung mit Umlaufvermögen vgl. BFH, Urteil v. 27.10.2011.[9]

e) Betriebsausgabenabzug für Zinsaufwendungen (§ 4h EStG, „Zinsschranke")

Literatur: *Dörr/Geibel/Fehling*, Die neue Zinsschranke, NWB 2007 S. 2751; *Feldgen*, Der Zinsvortrag nach § 4h EStG bei Umstrukturierungen, NWB 2009 S. 3574; *ders.*, Die Zins-

---

1 Urteil v. 17.8.2010 - VIII R 42/07, BStBl 2010 II S. 1041.
2 BStBl 2005 I S. 1019.
3 XI R 41/02, BFH/NV 2007 S. 416. NWB HAAAC-35634.
4 BStBl 2006 I S. 416.
5 XI R 23/05, BFH/NV 2007 S. 418, NWB TAAAC-36560.
6 IV R 19/08, BStBl 2013 II S. 151.
7 BFH, Urteil v. 9.5.2011 - X R 30/06, BStBl 2012 II S. 667.
8 X R 28/09, BStBl 2011 II S. 753.
9 III R 60/09, BFH/NV 2012 S. 576, NWB HAAAE-03237.

schranke bei Mitunternehmerschaften, NWB 2009 S. 998; *Schmidt*, Die Zinsschranke im Fokus der Betriebsprüfung, NWB 2015 S. 1840.

VERWALTUNGSANWEISUNGEN:

BMF, Schreiben v. 4.7.2008, Zinsschranke (§ 4h EStG; § 8a KStG), BStBl 2008 I S. 718.

ARBEITSHILFEN UND GRUNDLAGEN ONLINE:

Gehrmann, Zinsschranke, infoCenter, NWB DAAAC-52602.

Für Wirtschaftsjahre, die nach dem 25.5.2007 beginnen und nicht vor dem 1.1.2008 enden, hat der Gesetzgeber nach dem Unternehmensteuerreformgesetz 2008 durch Einfügung des § 4h in das EStG den Betriebsausgabenabzug von Zinsaufwendungen erneut begrenzt (Einführung einer Zinsschranke). Zinsaufwendungen können danach künftig uneingeschränkt nur noch bis zur Höhe der Zinserträge desselben Wirtschaftsjahres als Betriebsausgaben abgezogen werden. Darüber hinaus gehende Zinsaufwendungen dürfen nur noch bis zur Höhe von 30 % des um im Gesetz genannte Faktoren bereinigten maßgeblichen Gewinns abgezogen werden.[1]

1012

▶ **Fortbildungskosten; Ausbildungskosten, Studium**

Literatur: *Braun*, Berufsausbildungskosten – Mit Null und Nichts zufrieden?, NWB 2014 S. 1338; *Geserich*, Beruflich veranlasste Ausbildungskosten, NWB 2014 S. 681; *Yilmaz/Nunnenkamp*, Feststellung von Verlustvorträgen – BFH entscheidet zugunsten zahlreicher Steuerpflichtiger, NWB 2015 S. 1832.

VERWALTUNGSANWEISUNGEN:

R 10.9 EStR; H 10.9 EStH; R 9.2 LStR; BMF, Schreiben v. 6.7.2010, BStBl 2010 I S. 614; BMF, Schreiben v. 22.9.2010, BStBl 2005 I S. 343 ab 2004, BStBl 2010 I S. 721.

ARBEITSHILFEN UND GRUNDLAGEN ONLINE:

Langenkämper, Fortbildungskosten, infoCenter, NWB SAAAB-03400; *Meier*, Ausbildungskosten, Ausbildungsverhältnis, infoCenter, NWB PAAAA-88423.

Der BFH hat die bisherigen Regelungen (§ 12 Nr. 5, § 9 Abs. 6 und § 4 Abs. 9 EStG) zur steuerlichen Abziehbarkeit der **Ausbildungskosten** in mehreren Entscheidungen für verfassungswidrig erklärt. Deshalb wurde vom Gesetzgeber durch das Zollkodex-Anpassungsgesetz („JStG 2015") v. 22.12.2014[2] eine ab 2015 geltende neue Rechtslage geschaffen. Nun wird nur noch zwischen den Begriffen Erstausbildung und einer Zweitausbildung unterschieden. Jetzt sind die **Erstausbildungskosten** (Definition vgl. § 9 Abs. 6 EStG) nur noch als Sonderausgaben (§ 10 Abs. 1 Nr. 7 EStG) abziehbar. Nur für eine nachgelagerte sog.

1013

---

1 Zu Einzelheiten Hinweis auf Kanzler/Nacke, Steuerrecht aktuell – Spezial Steuergesetzgebung 2009/2010, Herne 2010.

2 BGBl 2014 I S. 2417.

Zweitausbildung kommt eine Berücksichtigung als Werbungskosten bzw. Betriebsausgaben infrage. Im Einzelnen wird auf Hörster,[1] verwiesen.

Zur Einordnung des Masterstudiums als Teil der Erstausbildung vgl. BFH, Urteil v. 3.9.2015;[2] Studium kein Bestandteil einer einheitlichen Erstausbildung, vgl. BFH, Urteil v. 4.2.2016.[3] Vgl. auch BFH, Urteil v. 12.2.2020.[4]

1014–1026   *(Einstweilen frei)*

▶ **Franchising**

1027   Vgl. Rz. 121 ff.

▶ **Fremdenverkehrsbeiträge**

VERWALTUNGSANWEISUNGEN:

OFD Frankfurt a. M. v. 20.3.1995, FR 1995 S. 553.

1028   An Kur- und Erholungsorten nach Landesrecht erhobene Fremdenverkehrsbeiträge sind beim Gastwirt Betriebsausgaben. Sie werden üblicherweise von Gewerbetreibenden erhoben.[5] Gleiches gilt für Beiträge an **Verkehrsvereine**. Betriebe des Hotel- und Gaststättengewerbes sind in der Regel aus betrieblichen Gründen an der Förderung solcher Vereine interessiert. Die Abziehbarkeit ist aber auf den Betrag beschränkt, den der Gastwirt als **festen Mitgliedsbeitrag** zu entrichten hat. Darüber hinausgehende Beträge sind in der Regel als **besondere Zuwendung** Kosten der Lebenshaltung nach § 12 Nr. 1 EStG.[6]

▶ **Fremdenverzeichnisse**

1029   Vgl. Rz. 29 bis 31.

▶ **Führerscheinaufwendungen**

1030   Vgl. Rz. 1154 ff.

▶ **Gaststättenein- bzw. -umbauten**

VERWALTUNGSANWEISUNGEN:

R 4.2 EStR; H 4.2 EStH; BMF, Schreiben v. 30.5.1996, BStBl 1996 I S. 643; BMF, Schreiben v. 15.12.2000, BStBl 2000 I S. 1532.

1031   Maßnahmen für Gaststättenum- oder -einbauten, die einem schnellen **Wandel des modischen Geschmacks** unterliegen, gelten nach R 4.2 Abs. 3 EStR als

---

1 NWB 2015 S. 92 ff.
2 VI R 9/15, BStBl 2016 II S. 166.
3 III R 14/15, BStBl 2016 II S. 615.
4 VI R 17/20, NWB PAAAH-54041.
5 FinMin Schleswig-Holstein v. 13.9.1955, DB 1955 S. 932.
6 OFD Frankfurt a. M., Vfg. v. 20.3.1995, NWB EN-Nr. 979/95.

selbständige Gebäudeteile.[1] Das gilt **auch,** wenn es sich um Einfügungen in **Neubauten** handelt.[2] Die Arbeiten dafür müssen **für die Statik** des Gesamtgebäudes **unwesentlich** sein. Für Einbauten, die nach dem 31.12.1994 angeschafft oder hergestellt worden sind, ist die AfA nach einer betriebsgewöhnlichen **Nutzungsdauer von sieben Jahren** mit 14 % zu bemessen.[3] Für Ladeneinbauten, Gaststätteneinbauten, Schaufensteranlagen und -einbauten, die nach dem 31.12.2000 hergestellt wurden, ist von einer betriebsgewöhnlichen Nutzungsdauer von **acht Jahren** auszugehen. Gesonderte Abschreibung kommt auch in Betracht, wenn Bauherr und Gewerbetreibender verschiedene Personen sind, also auch für den **Vermieter.** Vgl. auch Rz. 1171.

Schaufensteranlagen und Beleuchtungsanlage sind auch bei Neubauten selbständige Gebäudeteile.[4]

► **Gaststättenverkäufe**

Vgl. Rz. 2531. 1032

► **Gaststättenverpachtung**

Vgl. Rz. 2507. 1033

► **Gebäude, Gebäudeteile**

Literatur: *Schoor,* Bilanzierung gemischt genutzter Gebäude, NWB 2010 S. 2892.

VERWALTUNGSANWEISUNGEN:

R 4.2 EStR; H 4.2 ff. EStH; BMF, Schreiben v. 16.12.2016, BStBl 2016 I S. 1431; Koordinierter Ländererlass v. 27.7.1987, ESt-Kartei OFD Hannover, § 4 EStG, K 2.7.

ARBEITSHILFEN UND GRUNDLAGEN ONLINE:

Hänsch, Bilanzierung von Gebäuden und Gebäudeteilen (HGB, EStG), infoCenter, NWB WAAAC-27568; *Ritzkat,* Grundstück im Privatvermögen, infoCenter, NWB AAAAB-05668; *Wolz,* Bilanzierung von Grundstücken und Grundstücksteilen (HGB), infoCenter, NWB VAAAB-04825.

Zur **Gebäude-AfA** vgl. Rz. 606 ff. Zum Erwerb in Abbruchsabsicht vgl. Rz. 633. 1034

Die vom Stpfl. getragenen Herstellungskosten eines von ihm zu betrieblichen Zwecken genutzten fremden Gebäudes sind bilanztechnisch wie ein materielles Wirtschaftsgut zu behandeln.[5] 1035

---

1 FG Baden-Württemberg, Urteil v. 3.11.1977, EFG 1978 S. 117.
2 BFH, Urteil v. 29.3.1965 - I 411/61 U, BStBl 1965 III S. 291.
3 BMF, Schreiben v. 5.10.1994, BStBl 1994 I S. 771; BMF, Schreiben v. 30.5.1996, BStBl 1996 I S. 643.
4 BFH, Urteil v. 29.3.1965 - I 411/61 U, BStBl 1965 III S. 291.
5 BFH, Urteil v. 25.2.2010 - IV R 2/07, BStBl 2010 II S. 670.

1. Wirtschaftsgutfiktion

1036   Ein bautechnisch **einheitliches Gebäude** besteht nach der BFH-Fiktion aus so vielen **selbständigen Wirtschaftsgütern,** wie es unterschiedlichen Nutzungs- und Funktionszusammenhängen dient.

1037   Für jedes selbständige Wirtschaftsgut ist gesondert die **Zugehörigkeit zu Betriebs- oder Privatvermögen** zu entscheiden. Es sind außerdem **unterschiedliche AfA-Methoden und AfA-Sätze,** aber nur nach Maßgabe einer einheitlichen Nutzungsdauer, **zulässig.**

1038   **Maßstab für die Aufteilung** eines Gebäudes in selbständige Wirtschaftsgüter nach tatsächlicher Nutzung ist das **Verhältnis der Nutzflächen** zur Gesamtfläche. Andere Maßstäbe, z. B. der **umbaute Raum** oder die **tatsächlichen Wertverhältnisse** sind anwendbar, falls das Nutzflächenverhältnis zum nachvollziehbar unrichtigen Ergebnis führt. Entsprechend aufzuteilen ist auch der dazugehörige Grund und Boden.

2. Zugehörigkeit zum Betriebsvermögen

1039   Zum **notwendigen Betriebsvermögen** gehören die Gebäudeteile, die **objektiv erkennbar** dem **unmittelbaren Einsatz im Betrieb dienen** und dazu bestimmt und geeignet sind.[1] Weitere Voraussetzung ist, dass das Gebäude oder die Gebäudeteile **dem Gewerbetreibenden gehören** bzw. ihm nach § 39 AO **zuzurechnen** sind. **Bilanzierung** oder Nichtbilanzierung sind **kein Indiz** für den Charakter eines Wirtschaftsgutes als Betriebs- oder Privatvermögen.

1040   Die Zugehörigkeit eines Wirtschaftsgutes zum notwendigen Betriebsvermögen setzt eine **endgültige Funktionszuweisung** oder Widmung durch den Stpfl. voraus. **Planungen,** auf einem Grundstück ein weiteres Hotel zu errichten, stellen noch keine ausreichende Beziehung des Grund und Bodens zum Hotelbetrieb her, um erkennbar zum unmittelbaren Einsatz im Betrieb bestimmt zu sein.[2]

1041   Gebäude- und Gebäudeteile sollten nur als **Betriebsvermögen** geführt werden, wenn dies nach den Gegebenheiten und der Rechtslage **unvermeidbar ist.**

1042   Die Behandlung eines Wirtschaftsgutes als **notwendiges Betriebsvermögen** ist **nicht Bedingung** für einen **Abzug** der Aufwendungen als Betriebsausgaben. Dafür gilt ausschließlich das Veranlassungsprinzip des § 4 Abs. 4 EStG. Zur betrieblichen Veranlassung bei unentgeltlicher Nutzung von Grundstücken bzw.

---

1   BFH, Urteile v. 23.7.1975 - I R 6/73, BStBl 1976 II S. 179; v. 18.7.1974 - IV R 187/69, BStBl 1974 II S. 767.
2   FG München, Urteil v. 17.9.1991, EFG 1992 S. 259.

Teilen von Grundstücken, die Angehörigen gehören, vgl. BFH, Urteil v. 5.9.1991.[1] Zu Nutzungsrechten vgl. Rz. 1197 ff.

Privat oder zu **eigenen Wohnzwecken** genutzte Grundstücke oder Grund- 1043 stücksteile sind **notwendiges Privatvermögen.** Die von der Inhaberin eines Gästehauses (Pension) **privat bewohnten Räume** sind auch nicht ausnahmsweise notwendiges Betriebsvermögen.[2] Das gilt ebenso für **an Dritte unentgeltlich zu Wohnzwecken** überlassene Grundstücke oder Grundstücksteile.

Gebäude bzw. **Gebäudeteile und Grund und Boden** bzw. Anteile am Grund 1044 und Boden können **nur einheitlich** entweder als **Betriebs- oder Privatvermögen** qualifiziert werden.[3] Dabei ist der **Grund und Boden nicht schematisch** zuzuordnen, sondern nach den **tatsächlichen Nutzungsverhältnissen.** Die Nutzungsverhältnisse des Gebäudes gelten für die bebaute Grundstücksfläche zuzüglich einer notwendigen Verkehrsfläche.

Vgl. zum Betriebsvermögen auch Rz. 911 ff.

(Einstweilen frei) 1045–1046

3. Betrieblicher Grundstücksteil „von untergeordnetem Wert"

VERWALTUNGSANWEISUNGEN:

R 4.2 Abs. 8 EStR.

Eigenbetrieblich genutzte Gebäudeteile **brauchen nicht** dem Betriebsver- 1047 mögen zugeordnet zu werden (Wahlrecht!), wenn ihr Wert im Verhältnis zum Wert des ganzen Grundstücks **von untergeordnetem Wert** ist. Ab 1.1.1996 hat der Gesetzgeber die Regelung zum Bilanzierungswahlrecht von Grundstücksteilen aus R 4.2 Abs. 8 (damals R 13 Abs. 8 EStR) in das Gesetz übernommen (§ 8 EStDV). Danach brauchen eigenbetrieblich genutzte Grundstücksteile nicht als Betriebsvermögen ausgewiesen zu werden, wenn ihr Wert nicht mehr als ein Fünftel des gemeinen Wertes des gesamten Grundstücks und **nicht mehr als 20.500 €** beträgt.

Für die Frage, ob ein Grundstücksteil „von untergeordnetem Wert" ist, kann sich der Gastwirt darauf berufen, dass Nebenräume i. S. d. § 42 Abs. 4 der II. BV ausschließlich privat genutzt werden.[4]

---

1 IV R 40/90, BStBl 1992 II S. 192.
2 FG Baden-Württemberg, Urteil v. 21.3.1990, EFG 1991 S. 12.
3 BFH, Urteil v. 27.1.1977 - I R 48/75, BStBl 1977 II S. 388.
4 BFH, Urteil v. 21.2.1990 - X R 174/87, BStBl 1990 II S. 578.

1048   Ob die Voraussetzungen „von untergeordnetem Wert" gegeben sind, ist **keine endgültige** Entscheidung. Für jeden weiteren Bilanzstichtag ist neu zu prüfen, ob die Voraussetzungen noch gegeben sind. Das **Wahlrecht** für die Zuordnung **erlischt,** wenn die **Wertgrenzen erstmals überschritten** werden. Zu diesem Zeitpunkt ist der eigenbetrieblich genutzte Grundstücksteil als notwendiges Betriebsvermögen **mit dem Teilwert** zu bilanzieren bzw. bei Gewinnermittlung nach § 4 Abs. 3 EStG ins **Anlagenverzeichnis** aufzunehmen.

4. Gewillkürtes Betriebsvermögen

1049   Grundstücke oder Grundstücksteile, die in einem gewissen objektiven Zusammenhang mit dem Betrieb stehen, können vom Gastwirt als **gewillkürtes Betriebsvermögen** behandelt werden, falls sie **zu fremden Wohn- oder Gewerbezwecken vermietet** werden. Für den zur Eigenschaft als gewillkürtes Betriebsvermögen erforderlichen Förderungszusammenhang reicht es aus, wenn ein zu fremden Wohnzwecken **vermietetes Einfamilienhaus** beim Inhaber eines Hotelgaststättenbetriebes jederzeit als Wohnung für Betriebspächter bzw. -angehörige verwendet oder veräußert werden kann. Die dafür erforderliche Widmung liegt vor, wenn das Grundstück in den Bilanzen als Betriebsvermögen seit langem ausgewiesen ist und Mieterlöse und Aufwendungen als betrieblich veranlasst gebucht worden sind. Bei dieser Sachlage kann sich der Unternehmer weder darauf berufen, dass die endgültige Verwendung des Einfamilienhauses noch offen sei, noch, dass hinsichtlich des Bilanzausweises ein Irrtum vorliege.[1] Vgl. auch Rz. 919.

1050–1054   *(Einstweilen frei)*

▶ **Geburtstagsaufwendungen**

Literatur: *Pollmann,* Zur Bewirtung von Geschäftsfreunden anlässlich einer Geburtstagsfeier, NWB 1992 S. 1943.

ARBEITSHILFEN UND GRUNDLAGEN ONLINE:

Heinrich, Werbungskosten, Grundlagen, NWB BAAAE-52183;

1055   Bewirtungskosten anlässlich einer Geburtstagsfeier sind auch dann **nicht als Betriebsausgaben** abziehbar, wenn ausschließlich oder überwiegend Kunden oder Geschäftsfreunde eingeladen waren.[2] Der Geburtstag ist ein Anlass in der **privaten Sphäre.** Es mangelt an der betrieblichen Veranlassung nach § 4 Abs. 4 EStG. Beim Gastwirt geht eine Bewirtung anlässlich privater Ereignisse kostenmäßig im Warenkonto unter, wenn sie in der eigenen Gaststätte erfolgt. Ver-

---

1 FG Baden-Württemberg, Außensenate Stuttgart, Urteil v. 4.4.1990, EFG 1990 S. 564.
2 BFH, Urteil v. 12.12.1968 - IV R 150/68, BStBl 1969 II S. 239.

wendete **Waren und Getränke** sind mit dem Ansatz der **Pauschbeträge** für Sachentnahmen als **abgegolten** anzusehen.

Die Übernahme der Aufwendungen für den 65. Geburtstag des **Gesellschafter-Geschäftsführers** durch die GmbH hat der BFH[1] als verdeckte **Gewinnausschüttung** angesehen.[2] Aufwendungen für eine **Betriebsfeier** aus dem Anlass des 80-jährigen Geburtstages des Firmengründers und jetzigen Minderheitsgesellschafters sind nicht als Betriebsausgaben abziehbar.[3] Die Aufwendungen für die 75. Geburtstagsfeier des Firmengründers sind auch dann nicht als Betriebsausgaben abziehbar, wenn die anderen Gesellschafter zu der Veranstaltung eingeladen haben und die Personengesellschaft die Kosten getragen hat.[4] Lädt ein Arbeitgeber anlässlich eines Geburtstages des (Fremd-)Geschäftsführers einer GmbH Kunden, Geschäftsfreunde und Arbeitnehmer der GmbH zu einem Empfang ein, ist unter Berücksichtigung aller Umstände des Einzelfalls zu entscheiden, ob es sich um ein **Fest des Arbeitgebers** (betriebliche Veranstaltung) oder um ein privates Fest des Geschäftsführers handelt.[5] Auch Kosten für eine **zusammengefasste Geburtstags- und Steuerberaterfeier** sind nicht abziehbar.[6]

Zur Abziehbarkeit von Kosten für eine **Geburtstagsfeier mit Kollegen** vgl. FG Rheinland-Pfalz, Urteil v. 12.11.2015.[7] Aufwendungen für eine Feier eines GmbH-Geschäftsführers anlässlich eines **runden Geburtstages** sind keine Werbungskosten.[8] Aufwendungen für die Feier des **Geburtstages und der Bestellung zum Steuerberater** können teilweise abziehbar sein.[9] Zur Abziehbarkeit von Aufwendungen bei sog. **Herrenabenden** vgl. BFH, Urteil v. 13.7.2014.[10]

Vorsteuer ist abziehbar, wenn wegen einer Bewirtung von Kunden und Geschäftsfreunden ein **Leistungsbezug** i. S. v. § 15 Abs. 1 UStG **für das Unterneh-**

1056

---

1 Urteil v. 28.11.1991 - I R 13/90, BStBl 1992 II S. 359.
2 Vgl. auch BFH v. 24.9.1980 - I R 88/77, BStBl 1981 II S. 108; andere Entscheidungen vgl. BFH, Urteil v. 8.3.1990 - IV R 108/88, BFH/NV 1991 S. 436, NWB RAAAB-31633; v. 27.4.1990 - VI R 54/88, BFH/NV 1991 S. 85, NWB JAAAA-97215.
3 BFH, Urteil v. 23.9.1993 - IV R 38/91, BFH/NV 1994 S. 616, NWB SAAAB-33860.
4 BFH, Urteil v. 27.2.1997 - IV R 60/96, BFH/NV 1997 S. 560, NWB LAAAA-97356.
5 BFH, Urteil v. 28.1.2003 - VI R 43/99, BFH/NV 2003 S. 1039, NWB CAAAA-70839.
6 FG Baden-Württemberg, Urteil v. 19.3.2015 - 1 K 3541/12, EFG 2015 S. 370.
7 6 K 1868/13, NWB JAAAF-28826.
8 BFH, Urteil v. 10.11.2016 - VI R 7/16, BStBl 2017 II S. 409.
9 Vgl. BFH v. 8.7.2015 - VI R 46/14, BStBl 2015 II S. 1013.
10 VIII R 26/14, BStBl 2017 II S. 161.

men vorliegt.[1] Ein Aufteilungs- und Abzugsverbot entsprechend § 12 Nr. 1 Satz 1 EStG enthält das UStG nicht.

▶ **Gefälligkeitseinkäufe**

1057 Gefälligkeitseinkäufe von Wein, Sekt oder anderen Nahrungs- bzw. Genussmitteln **für Freunde oder Verwandte** sind steuerlich **problematisch.** Werden sie nicht als Wareneingang gebucht, so treten **Abweichungen vom Warenbezug** auf, falls die Finanzverwaltung von Lieferanten **Kontoauszüge** anfordert bzw. Kontrollmaterial vorliegt.

1058 Falls Gefälligkeitseinkäufe nicht vermeidbar sind, muss der Warenbezug offen **über das Wareneinkaufskonto laufen** und den Empfängern gesondert **in Rechnung gestellt** oder belegmäßig als **besonderer Privatvorgang** unter Angabe des Empfängers festgehalten werden. Erfolgt **keine Neutralisierung** auf dem Warenkonto, so wird bei einer Außenprüfung auch dieser Wareneingang nach Maßgabe der Speisen- und Getränke-Karte im Rahmen der **Nachkalkulation hochgerechnet** (vgl. Rz. 2446 ff.).

▶ **Geldbußen**

1059 Vgl. Strafen usw. Rz. 1286.

▶ **Geldspielautomaten (Automatenaufstelldarlehen)**

1060 Vgl. Rz. 840 ff.

▶ **Geringwertige Wirtschaftsgüter**

1061 Vgl. Rz. 671 ff.

▶ **Geschäftsveräußerung, -aufgabe**

1062 Vgl. Rz. 2496 ff.

▶ **Geschäftswert, Firmenwert**

Literatur: *Eder*, Der Geschäfts- oder Firmenwert, NWB 2005 S. 3141; *Levedag*, Neuere Rechtsprechung zum Übergang des Geschäftswertes, NWB 2010 S. 106; *Petersen/Zwirner/Boecker*, Nutzungsdauer eines Geschäfts- oder Firmenwerts, StuB 2011 S. 399; *Wiechers*, Geschäfts- und Firmenwerte im Handels- und Steuerrecht, BBK 2011 S. 735; *Mujkanovic/Roland*, Goodwill-Bilanzierung nach BilMoG, StuB 2012 S. 379; *Prinz*, Aktivierung immaterieller Vermögengegenstände nach BilMoG, BBK F. 20, S. 2223; *Broemel/Endert*, Bilanzierung eines Geschäfts- oder Firmenwerts im Jahresabschluss, BBK 2013 S. 1107.

VERWALTUNGSANWEISUNGEN:

H 6.1 EStH; H 5.5. EStH; BMF, Schreiben v. 20.11.1986, BStBl 1986 I S. 532.

---

1 BFH, Urteil v. 12.12.1985 - V R 25/78, BStBl 1986 II S. 216.

Willeke, Geschäfts- oder Firmenwert, Goodwill, infoCenter, NWB CAAAB-80073.

Das Bilanzrechtsmodernisierungsgesetz v. 29.5.2009[1] qualifiziert ab dem   1063
1.1.2010 käuflich erworbene Geschäfts- und Firmenwerte als **abnutzbare Wirtschaftsgüter**. Damit sind derivative Geschäfts- oder Firmenwerte auch handelsrechtlich planmäßig abzuschreiben. Handelsrechtlich bestand bis zum 31.12.2009 für derivative Geschäftswerte ein **Aktivierungswahlrecht**. Steuerlich wird durch § 7 Abs. 1 Satz 3 EStG unverändert ein Abschreibungszeitraum von 15 Jahren vorgegeben. Entgeltlich erworbene (derivative) Geschäfts- und Firmenwerte (und geschäftswertähnliche Wirtschaftsgüter) sind **abnutzbare immaterielle Wirtschaftsgüter** des Anlagevermögens, wenn sie einem **Wertverzehr** unterliegen.[2] Es kann sich im Einzelfall auch um **nicht abnutzbare** immerwährende Rechte handeln. AfA ist **nur linear mit 1/15 in gleichen Jahresbeträgen** möglich. Zur Ermittlung und steuerlichen Behandlung von **Geschäftswerten** beim Erwerb von Gaststätten vgl. FM Sachsen-Anhalt v. 8.10.1992.[3] Für Gaststätten und Hotels zeigt der Markt einen normalen bis mittleren **Angebotsüberhang**. Als originäre **Geschäftswerte** werden Erfahrungssätze von **15 bis 40 % vom Umsatz** für Hotels, von **10 bis 35 % für Gaststätten** und von **25 bis 65 % für Diskotheken** gezahlt.[4]

Der **niedrigere Teilwert** kann angesetzt werden, wenn die wirtschaftliche Entwicklung des Betriebes seit der erstmaligen Aktivierung des Geschäftswertes   1064
zeigt, dass die **Rentabilität nachhaltig gesunken** ist.[5]

Ab 1999 (Steuerentlastungsgesetz 1999/2000/2002) ist für eine Teilwertabschreibung eine voraussichtlich **dauernde Wertminderung** erforderlich (§ 6   1065
Abs. 1 Nr. 1 EStG). Das mit gleicher Rechtsänderung geschaffene Wertaufholungsgebot (§ 6 Abs. 1 Nr. 2 Satz 3 i. V. m. § 6 Abs. 1 Nr. 1 Satz 4 EStG) ist verfassungsgemäß.[6]

Zur Verpachtung von Kundenstamm und Know-how an eine neugegründete   1066
GmbH vgl. BFH v. 26.11.2009.[7]

(Einstweilen frei)   1067–1070

---

1 BGBl 2009 I S. 1102.
2 BFH, Urteil v. 28.5.1998 - IV R 31/97, BStBl 2000 II S. 286.
3 DDR Spezial 1992, Heft 47 S. 2.
4 Barthel, DB 1990 S. 1145.
5 BFH, Urteil v. 13.4.1983 - I R 63/79, BStBl 1983 II S. 667.
6 BFH, Urteil v. 25.2.2010 - IV R 37/07, BStBl 2010 II S. 784.
7 III R 40/07, BStBl 2010 II S. 609.

▶ Geschenke, Aufmerksamkeiten

Literatur: *Liess*, Geschenke und Sachzuwendungen an Geschäftsfreunde und Kunden, NWB 2011 S. 913; *Löbe*, Pauschalsteuer auf Geschenke unter 35 € an Kunden, NWB 2013 S. 20; *Weber*, Pauschalierung von Sachzuwendungen nach § 37b EStG, NWB 2015 S. 2136; *Ludwig/Neu/Ribeaucourt/Zimmermann*, Aktuelles zum Betriebsausgabenabzug bei Geschenken, Aufmerksamkeiten, Streuwerbeartikeln und Verlosungen, NWB 2020 Beilage S. 3 ff.

VERWALTUNGSANWEISUNGEN:

R 4.10 EStR; H 4.10 EStH; BMF, Schreiben v. 29.5.1995, DStR 1995 S. 1150; BMF, Schreiben v. 29.4.2008, BStBl 2008 I S. 566; BMF, Schreiben v. 19.5.2015, BStBl 2015 I S. 468; OFD Hannover v. 6.7.1995, ESt-Kartei OFD Hannover § 4 Nr. 7.7.

ARBEITSHILFEN UND GRUNDLAGEN ONLINE:

Tetzlaff, Geschenke, Grundlagen, NWB FAAAF-89457.

1071 Geschenke können Bar-, Sachleistungen oder geldwerte Vorteile sein. Schmiergelder (vgl. Rz. 1242) sind meist keine Geschenke, weil dafür eine bestimmte Gegenleistung erwartet wird. Auch Kosten einer für Geschäftsfreunde veranstalteten Auslandsreise sind Aufwendungen für Geschenke i. S. v. § 4 Abs. 5 Nr. 1 EStG.[1] Aufwendungen für Geschenke an Personen, die Arbeitnehmer des Gastwirtes sind, unterliegen keiner Beschränkung. Betriebsausgaben liegen vor, wenn davon auszugehen ist, dass die Zuwendung betrieblich veranlasst ist. Zugaben i. S. d. bis zum 24.7.2001 gültigen ZugabenVO gelten nicht als Geschenke.[2]

1072 **Beim Arbeitnehmer** unterliegen Zuwendungen des Arbeitgebers als Bestandteil des Arbeitsverhältnisses der **Lohnsteuer.** Zu Sachbezügen vgl. Rz. 1840 ff. Zu Betriebsveranstaltungen siehe Rz. 1827 ff.

1073 Aufwendungen für Geschenke an **Personen, die nicht Arbeitnehmer** des Gastwirtes sind, sind gem. § 4 Abs. 5 Nr. 1 EStG als **Betriebsausgaben** abzugsfähig, wenn die Anschaffungs- oder Herstellungskosten der dem Empfänger im Wirtschaftsjahr zugewendeten Geschenke insgesamt **35 € nicht übersteigen.** Wird die Freigrenze überschritten, so ist der **Gesamtbetrag nicht abziehbar.**

1074 Geschenke i. S. v. § 4 Abs. 5 Nr. 1 EStG liegen nicht vor, wenn die Gegenstände für den **Betrieb des Empfängers** bestimmt sind, wie Fachbücher, von Brauereien überlassene Aschenbecher usw.[3]

---

1 BFH, Urteil v. 23.6.1993 - I R 14/93, BStBl 1993 II S. 806.
2 BFH, Urteil v. 21.9.1993 - III R 76/88, BStBl 1994 II S. 170.
3 Herrmann/Heuer/Raupach, ESt-Komm. § 4 Abs. 5 Nr. 1, allgemeine Anmerkungen.

Ebenso wie Bewirtungskosten (vgl. Rz. 932 ff.) sind Geschenke nach § 4 Abs. 7 **1075** EStG **einzeln und getrennt** von den sonstigen Betriebsausgaben **aufzuzeichnen,** um als abziehbar anerkannt zu werden.

Mit dem Jahressteuergesetz 2007 v. 13.12.2006[1] wurde mit § 37b EStG ab 1.1.2007 eine Regelung eingeführt, die es den zuwendenden Stpfl. ermöglicht, die Einkommensteuer auf betrieblich veranlasste, nicht in Geld bestehende Zuwendungen (Sachzuwendungen einschl. Umsatzsteuer) und Geschenke i. S. d. § 4 Abs. 5 Satz 1 Nr. 1 EStG an Arbeitnehmer und Nichtarbeitnehmer mit einem Steuersatz von 30 % pauschal zu übernehmen und abzuführen. Es handelt sich um ein Wahlrecht, das grundsätzlich für alle Zuwendungen im Wirtschaftsjahr einheitlich auszuüben ist. Zu Pauschalierungsausschlüssen vgl. § 37b Abs. 1 Satz 3 EStG. Zu Einzelheiten und Ausnahmen Hinweis auf BMF, Schreiben v. 29.4.2008.[2] Vgl. auch Rz. 1106.

Das o. a. BMF-Schreiben v. 29.4.2008 wurde durch das BMF-Schreiben v. 19. 5. 2015,[3] ersetzt. Nach dem Urteil des FG Sachsen v. 9.3.2017[4] fallen Zuwendungen, die zur Anbahnung eines Vertragsverhältnisses an „**Geschäftspartner**" gezahlt werden, nicht unter § 37b Abs. 1 Satz 1 Nr. 1 EStG.

(Einstweilen frei) **1076**

▶ Gewerbebetrieb – Vermögensverwaltung

Literatur: *Siegmund/Ungemach*, Einkünfteerzielungsabsicht bei der Vermietung von Gewerbeimmobilien, NWB 2010 S. 3806; *Stein*, Einkunftserzielungsabsicht bei Wohnraumvermietung, StBp 2010 S. 217; *ders.*, Einkunftserzielung und Einkunftsermittlung bei der Vermietung von Ferienwohnungen, StBp 2010 S. 101; *Weiss*, Gewerblichkeitsfiktionen des § 15 Abs. 3 EStG, NWB 2016 S. 3248 ff; *Hofele*, Die Vermietung von Ferienwohnungen, NWB 2016 S. 2135, *Grözinger*, Die Ferienimmobilie im Ausland, NWB 2017 S. 3; *L'habitant*, Ferienimmobilie im Focus der Finanzverwaltung, NWB 2017 S. 3490.

VERWALTUNGSANWEISUNGEN:

R 15.7 EStR; H 15.3 EStH; R 2.1 ff. GewStR; BMF, Schreiben v. 20.11.2003, BStBl 2003 I S. 640; BMF, Schreiben v. 26.3.2004, BStBl 2004 I S. 434; BMF, Schreiben v. 1.4.2009, BStBl 2009 I S. 515.

---

1 BStBl 2007 I S. 28.
2 Pauschalierung der Einkommensteuer bei Sachzuwendungen nach § 37b EStG, BStBl 2008 I S. 566.
3 BStBl 2015 I S. 468.
4 6 K 1201/16, NWB FAAAG-47116; s. auch Hilbert, „Geschäftspartner" im Sinne der Sachzuwendungspauschalierung nach § 37b Abs. 1 EStG, NWB 2017 S. 2091.

ARBEITSHILFEN UND GRUNDLAGEN ONLINE:

Langenkämper, Liebhaberei, infoCenter, NWB FAAAB-14585; *Ronig*, Vermögensverwaltung, infoCenter, NWB IAAAC-37527.

1077   Bei Vermietungen bzw. Beherbergungen ist nicht immer eindeutig, ob **Einnahmen** Ausfluss aus § 2 Abs. 1 GewStG **gewerbliche Betätigung** darstellen oder **mangels Gewinnerzielungsabsicht** außerhalb der Einkunftserzielungssphäre liegen,[1] weil der Betrieb nach Wesensart oder Art der Bewirtschaftung objektiv ungeeignet ist, einen Totalgewinn zu erarbeiten (Liebhaberei, vgl. Rz. 1176 ff.). Das ist der Fall, wenn die Mieteinnahmen dauerhaft nicht ausreichen, um die mit der Wohnung zusammenhängenden Aufwendungen zu decken. Bei der Vermietung von Gewerbeobjekten ist die Einkünfteerzielungsabsicht stets konkret festzustellen.[2] Zur Gewinnerzielungsabsicht vgl. auch BFH, Urteil v. 16.4.2013. Zum langjährigen Leerstand vgl. BFH, Urteil v. 11.1.2017.

1078   Eine mit Hotel- und Beherbergungsbetrieben vergleichbare steuerliche Behandlung von vergleichbaren Leistungen liegt aus Wettbewerbsgründen auch im Interesse der Branche. Dies Problem stellt sich bei **Zimmervermietungen** in Kur- und Feriengebieten vor allem in Abgrenzung zu Pensionsbetrieben und Fremdenheimen, anlässlich der **Vermietung von Ferienwohnungen** und bei **Vermietung von möblierten Zimmern an Prostituierte**. Die Grenzen sind oft schwierig zu ziehen.

1079   Die bloße **Verwaltung eigenen Vermögens** ist grundsätzlich **nicht gewerblich;** es müssen Merkmale nach R 15.7 EStR dazu kommen. Die **Beherbergung in Gaststätten ist** grundsätzlich **gewerblich,** eine Zimmervermietung auch dann nicht, wenn Vergütungen für Nebenleistungen, wie die Benutzung von Einrichtungen, Gewährung von Frühstück und die Reinigung der Räume in Rechnung gestellt werden.[3] Ein Gewerbebetrieb ist regelmäßig gegeben, wenn die Zimmervermietung an Feriengäste den **Rahmen eines Pensionsbetriebs** annimmt (hotelmäßige Beherbergung). Entscheidend ist, ob über die Nutzungsüberlassung hinaus dafür unübliche wesentliche **Sonderleistungen** erbracht werden.

1080   Die Vermietung von Wohnungen ist nur ausnahmsweise eine **gewerbliche Tätigkeit.** Das gilt grundsätzlich auch für Ferienwohnungen. Zu den Voraussetzungen für gewerbliche Betätigung vgl. H 15.7 Abs. 2 EStH. Die Anzahl der ver-

---

1   BFH, Urteil v. 25.6.1984 - GrS 4/82, BStBl 1984 II S. 751; BFH, Urteil v. 5.5.1988 - III R 41/85, BStBl 1988 II S. 778.
2   BFH, Urteil v. 20.7.2010 - IX R 49/09, BStBl 2010 II S. 1038.
3   BFH, Urteil v. 21.12.1976 - VIII R 27/72, BStBl 1977 II S. 244.

mieteten Wohnungen (im Urteilsfall 20) ist allein kein entscheidender Gesichtspunkt für Gewerblichkeit.[1]

Zur steuerlichen Behandlung von Ferienwohnungen vgl. auch Rz. 1176 ff.

Die **Grenzen** hat die Rechtsprechung als **überschritten** angesehen bei   1081

▶ Dauervermietung von Zimmern i. V. m. **Lebensmittelverkauf** an die Mieter.[2]

▶ Gestellung von **Unterkunft und Nebenleistungen** (Wäsche, Frühstück, Hausaufsicht) für **24 Umschüler** eines Berufsförderungsvereins.[3]

▶ Vermietung von möblierten **Zimmern an Prostituierte,** wenn vom Vermieter getroffene organisatorische Maßnahmen den Kontakt mit den Prostituierten erleichtern.[4]

▶ Vermietung eines **Wohnheimes mit 111 Appartements** auf zehn Jahre an einen Mieter bei Erbringung von Sonderleistungen, wie Möblierung, Säuberung, Bettwäsche, Hausmeister, Stellung von Aufenthaltsraum.[5]

Ferienwohnungen sind nicht selten an Beherbergungsbetriebe angegliedert.   1082
Ist das der Fall, so ist auch dieser Bereich Bestandteil des Gewerbebetriebes.
Eine Vermietung von Ferienwohnungen ist sonst **gewerblich,** wenn dies **nach Art einer Fremdenpension**[6] geschieht oder ein „hotelmäßiges" Angebot darstellt.[7] Dafürsprechende Kriterien sind vor allem kurzfristige Vermietungen und über bloße Vermietung hinausgehende Leistungsangebote, wie sie sonst von Hotels und Fremdenpensionen erbracht werden. Solche Sonderleistungen können auch von **Feriendienstorganisationen** erbracht werden, nicht vom Vermieter.[8] Zur Einkünfteerzielungsabsicht bei Ferienwohnungen vgl. BFH, Urteil v. 16.4.2013[9] und „Liebhaberei" (vgl. Rz. 1176 ff.).

---

1 FG Baden-Württemberg, Urteil v. 28.9.1998, EFG 1999 S. 165.

2 BFH, Urteil v. 21.12.1976 - VIII R 27/72, BStBl 1977 II S. 244.

3 BFH, Urteil v. 11.7.1984 - I R 182/79, BStBl 1984 II S. 722.

4 BFH, Urteil v. 12.4.1988 - VIII R 256/81, BFH/NV 1989 S. 44, NWB MAAAB-30239; FG des Saarlandes, Urteil v. 30.9.1992, EFG 1993 S. 332.

5 BFH, Urteil v. 27.2.1987 - III R 217/82, BFH/NV 1987 S. 441, NWB LAAAB-29455.

6 BFH, Urteil v. 28.6.1984 - IV R 150/82, BStBl 1985 II S. 211.

7 BFH, Urteile v. 25.6.1976 - III R 167/73, BStBl 1976 II S. 728; v. 23.7.2003 - IX B 23/03, BFH/NV 2003 S. 1425, NWB AAAAA-71466; v. 14.1.2004 - X R 7/02, BFH/NV 2004 S. 945, NWB TAAAB-20025.

8 BFH, Urteil v. 25.6.1976 - III R 167/73, BStBl 1976 II S. 728; vgl. dazu auch BFH, Urteile v. 23.7.2003 - IX B 23/03, BFH/NV 2003 S. 1425; v. 14.1.2004 - X R 7/02, BFH/NV 2004 S. 945 NWB TAAAB-20025; FG Baden-Württemberg, Außensenate Freiburg, Urteil v. 24. 5. 2000 - 2 K 281/98, rkr., EFG 2000 S. 1069.

9 IX R 26/11, BStBl 2013 II S. 613.

Zur Vermietung von **Zimmern an Asylbewerber** Hinweis auf das Urteil des FG Hamburg v. 22.11.2001.[1]

1083 Eine Vermietung von nur einer **Ferienwohnung** ist keine einem gewerblichen Unternehmen vergleichbare Tätigkeit, wenn die angebotenen **Zusatzleistungen** im Verhältnis zur Vermietung **von untergeordneter Bedeutung** sind.[2] Werden **drei Ferienwohnungen** in einem Haus vermietet, so ist ein Gewerbebetrieb nur anzunehmen, wenn dies nach Art einer Fremdenpension geschieht.[3] Zur Einkünfteerzielungsabsicht bei Vermietung von Ferienwohnungen vgl. auch BFH, Urteile v. 19.8.2008[4] und v. 31.1.2017.[5]

1084 **Dauernde Verluste** aus der Vermietung einer Ferienwohnung können nicht als Einkünfte aus Gewerbebetrieb berücksichtigt werden, wenn die Kosten weder gedeckt noch zurückgeführt werden können.[6]

1085 Die **Vermietung von Tennisplätzen** ist in der Regel **gewerbliche Betätigung.**[7] Dies gilt auch für **Vermietung von Campingplätzen,** wenn der Vermieter über die Vermietung hinaus wesentliche Nebenleistungen erbringt, wie das **Vorhalten von sanitären Anlagen,** deren **Reinigung,** die **Stromversorgung** und **Instandhaltung, Pflege** und **Überwachung** des Platzes.[8]

1086 Zur **Vermietung von Gaststätten** als Vermögensverwaltung oder als Gewerbebetrieb vgl. FG Baden-Württemberg, Urteil v. 9.5.2005.[9] Liebhaberei bei Verlusten eines Automatenaufstellers vgl. BFH, Urteil v. 19.3.2009.[10] Zur Einkünfteerzielungsabsicht bei der **Vermietung von Gewerbeobjekten** Hinweis auf BFH, Urteile v. 21.6.2010 und v. 20.7.2010.[11]

1087–1089 *(Einstweilen frei)*

▶ **Gewinnermittlungsarten**

1090 Vgl. Rz. 366 ff.

---

1 I 1053/97, rkr., NWB XAAAB-08060.
2 BFH, Urteil v. 25.11.1988 - III R 37/86, BFH/NV 1990 S. 36, NWB AAAAB-29489.
3 BFH, Urteil v. 28.6.1984 - IV R 150/82, BStBl 1985 II S. 211.
4 IX R 39/07, BStBl 2009 II S. 138.
5 IX R 17/16, BFH/NV 2017 S. 829, NWB OAAAG-41822.
6 OFD Hannover v. 15.2.1993 - S 2240 – 22 – StH 221.
7 BFH, Urteil v. 25.10.1988 - VIII R 262/80, BStBl 1989 II S. 291.
8 BFH, Urteil v. 6.10.1982 - I R 7/79, BStBl 1983 II S. 80; BFH, Urteil v. 27.1.1983 - IV R 215/80, BStBl 1983 II S. 426.
9 4 K 150/02, NWB VAAAB-81915.
10 IV R 40/06, BFH/NV 2009 S. 1115, NWB YAAAD-21802.
11 BFH, Urteile v. 21.6.2010 - IX B 25/10, BFH/NV 2010 S. 2052, NWB EAAAD-51323 und IX R 49/09, BStBl 2010 II S. 1038.

▶ **Gratisgetränke**

Die Abgabe von Gratisgetränken hat große Bedeutung bei **Nachkalkulationen** 1091
(vgl. Rz. 2446) anlässlich von Außenprüfungen. Ein über das normale Maß hinausgehendes Volumen sollte mit **einfachen Anschreibungen** festgehalten werden.

▶ **Grund und Boden, Erschließungsbeiträge**

Literatur: *Spindler*, Zur steuerlichen Behandlung nachträglicher Erschließungskosten, DB 1996 S. 444; *Schoor*, Bilanzierung von Erschließungsbeiträgen, StBp 1997 S. 239; BP-Kartei: „Konto „Grund und Boden" Teil I; *Gänger*, ABC der abzugsfähigen/nicht abzugsfähigen Ausgaben, G 8 Grundstücke/Gebäude, NWB 1999 S. 1835; *Asmussen/Westphal*, Nachträgliche Erschließungsbeiträge an Grundstücken bei Erneuerung von Ver- und Entsorgungsnetzen, StuB 2000 S. 288; *Schuhmann*, Das Grundstück bei der Mitunternehmerschaft, HBP, 2812.

VERWALTUNGSANWEISUNGEN:

R 6.4 EStR; BMF, Schreiben v. 13.7.2000, BStBl 2000 I S. 631; OFD Frankfurt/M., Vfg. v. 24.7.2002, StuB 2002 S. 1219.

ARBEITSHILFEN UND GRUNDLAGEN ONLINE:

Ronig, Erhaltungsaufwand und Herstellungsaufwand bei Baumaßnahmen, Erschließungsbeiträge, Grundlagen, NWB NAAAE-31472; *Wolz*, Bilanzierung von Grundstücken und Grundstücksteilen (HGB), infoCenter, NWB VAAAB-04825.

Aufwendungen für Grund und Boden betreffen ein **nicht abnutzbares Wirt-** 1092
schaftsgut. Die Anschaffungskosten eines bebauten Grundstücks sind daher regelmäßig **auf Grund und Boden und Gebäude aufzuteilen** (vgl. Rz. 72). **Vergebliche Aufwendungen** für Grund und Boden sind nicht abziehbar, da sie sonst als Anschaffungskosten auch nicht abziehbar wären.[1] Die Übernahme einer **Zufahrtsbaulast** des Nachbarn kann zu den Anschaffungskosten des Grund und Bodens zu zählen sein.[2]

Zur Steuerermäßigung für Anliegerbeiträge nach § 35a EStG vgl. Rz. 1257 und FG Rheinland-Pfalz, Urteil v. 18.10.2017.

Zum Grund und Boden gehören **erstmalige Straßenanlieger- und Erschlie-** 1093
ßungsbeiträge. Es handelt sich dabei um ausschließlich **grundstücksbezogene Beiträge.**[3]

---

1 FG Rheinland-Pfalz, Urteil v. 23.4.1993, EFG 1993 S. 780.
2 BFH, Urteil v. 20.7.2010 - IX R 4/10, BStBl 2011 II S. 35.
3 BFH, Urteil v. 18.9.1964 - VI 100/63 S, BStBl 1965 III S. 85; BFH, Urteil v. 22.2.1967 - VI 295/65, BStBl 1967 III S. 417.

1094 Ergänzungsbeiträge für eine Ersetzung oder Modernisierung einer schon vollständig **ausgebauten Straße** sind sofort abziehbarer **Erhaltungsaufwand.**[1]

1095 **Kanalbaubeiträge** für den erstmaligen Anschluss sind Werterhöhungen des Grund und Bodens.[2] Das gilt **nicht für Ergänzungsbeiträge** für eine bereits vorhandene Kanalisation.[3]

1096 Beiträge des Gastwirtes nach Kommunalabgabengesetz zur **Einbeziehung** einer Straße **in die Fußgängerzone** sind Aufwand für den Grund und Boden.[4] Maßgebend für die Beitragspflicht ist allein die Rechtsbeziehung zum Grundstück. **Freiwillige Zuschüsse** an die Gemeinde zur Errichtung einer Fußgängerzone sind **sofort abziehbare** Werbungskosten bzw. Betriebsausgaben.[5]

1097 Aufwendungen für die **Ablösung der Verpflichtung** zur Errichtung von **Pkw-Stellplätzen und Garagen** an die Kommune z. B. nach § 64 Abs. 7 BauONW sind **Herstellungskosten des Gebäudes.**[6] Anknüpfungspunkt dafür ist jeweils die Baugenehmigung.[7]

1098 Zum **Teilwert eines Grundstücks** vgl. BFH v. 8.9.1994.[8] Ab 1999 ist nach dem StEntlG 1999/2000/2002 ein niedriger Teilwert nur noch zulässig bei voraussichtlich **dauernder Wertminderung** (§ 6 Abs. 1 Nr. 2 EStG).

Zur **Vermögenszuordnung** vgl. Rz. 1039.

▶ **Gutachtertätigkeit**

1099 Vgl. Nebentätigkeit, Rz. 1193.

▶ **Haushalts-, Fernseh-, Video-, Radiogeräte; Mischnutzung**

VERWALTUNGSANWEISUNGEN:

BMF, Schreiben v. 6.7.2010, BStBl 2010 I S. 614.

---

1 BFH, Urteil v. 2.5.1990 - VIII R 198/85, BStBl 1991 II S. 448; FG Köln, Urteil v. 16.10.1985, EFG 1986 S. 224; OFD Münster, Vfg. v. 1.2.1990, DB 1990 S. 763; BFH, Urteil v. 22.3.1994 - IX R 52/90, BStBl 1994 II S. 842.

2 BFH, Urteil v. 18.7.1972 - VIII R 43/68, BStBl 1972 II S. 931; BFH, Urteil v. 13.9.1984 - IV R 101/82, BStBl 1985 II S. 49.

3 BFH, Urteile v. 13.9.1984 - IV R 101/82, BStBl 1985 II S. 49; v. 4.11.1986 - VIII R 322/83, BStBl 1987 II S. 333; v. 25.8.1982 - I R 130/78, BStBl 1983 II S. 38.

4 BFH, Urteil v. 16.11.1982 - VIII R 167/78, BStBl 1983 II S. 111; BFH, Urteil v. 26.1.1984 - IV R 30/80, BStBl 1984 II S. 480.

5 BFH, Urteil v. 12.4.1984 - IV R 137/80, BStBl 1984 II S. 489.

6 BFH, Urteil v. 8.3.1984 - IX R 45/80, BStBl 1984 II S. 702.

7 BFH, Urteil v. 18.9.1964 - VI 100/63 S, BStBl 1965 III S. 10.

8 IV R 16/94, BStBl 1995 II S. 309.

Krüger, Erträge und Aufwendungen/Betriebseinnahmen und -ausgaben (HGB, EStG), infoCenter, NWB TAAAC-28567.

In der Gaststättenbranche werden Wirtschaftsgüter nicht selten **betrieblich** **1100** und auch privat verwendet. Das betrifft **Waschmaschinen, Trockner, Schleudern, Heimbügler, Kühl- und Gefrierschränke, Computer** usw. Grundsätzlich sollte der Gastwirt sich für eine Zuordnung zum Betriebsvermögen entscheiden, da bei der Branche nicht davon auszugehen ist, dass die Anschaffung der vorgenannten Güter für private Zwecke erfolgte.

Wenn es sich um Privatvermögen handelt, sind bei betrieblicher Nutzung **AfA, Reparaturen und Energiekosten**[1] anteilig als Betriebsausgaben abziehbar. Der betriebliche Nutzungsanteil muss sich schätzen lassen.[2] Darlegung und **Nachweis des Umfangs** behaupteter beruflicher Nutzung sind erforderlich.[3] Werden die Anschaffungskosten eines Gerätes der **Unterhaltungselektronik** als Werbungskosten bzw. Betriebsausgaben geltend gemacht, so muss der Stpfl. die nahezu ausschließliche berufliche Nutzung dieses Gerätes im Einzelnen darlegen und nachweisen.[4]

Der Fernseher, der gelegentlich im Gastraum aufgestellt wird, um den Gästen **1101** z. B. Fußballspiele zu zeigen, bleibt notwendiges Privatvermögen. Etwas anderes greift, wenn Radios und Fernseher in Gaststätten oder Hotels zur Benutzung durch die Gäste oder **in den Zimmern aufgestellt** werden. Es gilt dafür ein linearer **AfA-Satz von 14,29 %** (ND sieben Jahre). Vgl. auch Rz. 2626. Radio- und Fernsehgebühren sind abziehbar, soweit sie für den betrieblichen Bereich gezahlt werden. Aufwendungen für die Anschaffung eines **Videorecorders** sind (auch für einen bei einem Rundfunksender angestellten Kameramann) Kosten der Lebensführung.[5]

Wegen der Problematik der **Abkehr vom Aufteilungs- und Abzugsverbot** Hinweis auf BMF, Schreiben v. 6.7.2010.[6]

---

1 FG Rheinland-Pfalz, Urteil v. 10.6.1980, EFG 1980 S. 588.
2 BFH, Urteil v. 13.3.1964 - IV 158/61 S, BStBl 1964 III S. 455.
3 BFH, Urteil v. 27.9.1991 - VI R 1/90, BStBl 1992 II S. 195.
4 BFH, Urteil v. 21.6.1994 - VI R 16/94, BFH/NV 1995 S. 216, NWB SAAAB-35201.
5 FG des Saarlandes v. 7.12.1988, EFG 1989 S. 174.
6 Steuerliche Beurteilung gemischter Aufwendungen; Beschluss des GrS des BFH, Urteil v. 21.9.2009 - GrS 1/06, BStBl 2010 II S. 672; BMF, Schreiben v. 6.7.2010, BStBl 2010 I S. 614.

▶ **Hausprospekte, Werbemittel**

1102 **Bestände an Hausprospekten,** die für mehrere Jahre beschafft wurden, sind am Bilanzstichtag zu erfassen.[1]

▶ **Herstellungsaufwendungen**

1103 Vgl. Rz. 959 ff.

▶ **Hotelschwimmbecken, -hallen**

1104 Bei Hotelbetrieben stehen Schwimmbäder den Hotelgästen, teilweise auch fremden Personen, gegen Entgelt oder zu Inklusivpreisen zur Verfügung. Die Unterhaltungsaufwendungen sind Betriebsausgaben.

Nach dem Urteil des BFH v. 11.12.1991[2] stellen Schwimmbecken bei Hotelbetrieben grundsätzlich **keine Betriebsvorrichtung** dar. Der dafür erforderliche unmittelbare und besondere betriebsspezifische Zusammenhang besteht in der Regel nicht. Auch die Mitbenutzung des Schwimmbeckens durch Personen, die nicht Hotelgäste sind, gibt dem Grundstück kein gegenüber einem normalen Hotelgrundstück verändertes Gepräge. Eine andere Rechtslage ist nur dann gegeben, wenn neben dem Hotelbetrieb ein selbständiger Gewerbebetrieb Hallenschwimmbad unterhalten wird.

Die Schwimmhalle als bauliche Umschließung ist von ihrer Funktion her Gebäudebestandteil und kein selbständiges Wirtschaftsgut.

1105 Zur umsatzsteuerlichen Behandlung vgl. Rz. 1633.

▶ **Incentive-Reisen**

Literatur: *Hußmann*, Besteuerung von Incentive-Reisen, DB 1985 S. 1858; *Löwenstein*, Umsatzsteuerliche Folgen im Zusammenhang mit der Gewährung von Bons bei Incentive-Aktionen, UR 1989 S. 203; *Hartmann*, Incentive-Reisen – ein Beispiel kumulativer Besteuerung, DStR 1997 S. 1061; *Strohner/Gödtel*, Reisekosten, 2. Aufl., Herne 2015.

VERWALTUNGSANWEISUNGEN:

H 4.3 EStH; BMF, Schreiben v. 14.10.1996, BStBl 1996 I S. 1192; BMF, Schreiben v. 29.4.2008, BStBl 2008 I S. 566.

ARBEITSHILFEN UND GRUNDLAGEN ONLINE:

Langenkämper, Incentives, infoCenter, NWB WAAAB-80571.

1106 Incentive-Reisen werden von Hersteller- und Händlerfirmen für Arbeitnehmer oder Geschäftspartner als Anreiz für eine erhöhte Leistungsbereitschaft zum Erreichen von Umsatzzielen eingesetzt. Sie werden in vielfältigen Formen wie

---

1 BFH, Urteil v. 9.10.1962 - I 167/62 U, BStBl 1963 III S. 7; BFH, Urteil v. 25.10.1963 - IV 433/62 S, BStBl 1964 III S. 138.
2 II R 14/89, BStBl 1992 II S. 278.

Sach- und Geldprämien, Verlosungen, Rabatten, Reisen usw. eingesetzt. Bei den Reisen handelt es sich in der Regel um Privatreisen, da sie überwiegend dem privaten Reiseinteresse entsprechen. Die Abgrenzung zwischen **Dienst- und Incentive-Reisen** hat grundsätzlich einheitlich ohne Aufteilungsmöglichkeit zu erfolgen.[1]

Aus dem Charakter der Reise als Ansporn für gute betriebliche Leistungen folgt grundsätzlich, dass der **Wert der Reise** beim Teilnehmer als Sachwert **Betriebseinnahme** darstellt.[2]

Die Aufwendungen von Händler-Incentivereisen sind im Einzelfall entsprechend der betrieblichen Veranlassung bzw. einer Behandlung als Arbeitslohn aufzuteilen.[3] Als notfalls im Schätzungswege **anzusetzender Wert** gilt gem. § 8 Abs. 2 EStG der übliche **Endpreis am Abgabeort.** Der Wert ist **umsatzsteuerlich kein Leistungsentgelt,** meist auch kein nach § 17 UStG zur Vorsteuerkürzung führender Umsatzbonus.[4]

Mit dem Jahressteuergesetz 2007 v. 13.12.2006[5] wurde mit **§ 37b EStG ab 1.1.2007** eine Regelung eingeführt, die es den zuwendenden Stpfl. ermöglicht, die Einkommensteuer auf betrieblich veranlasste, nicht in Geld bestehende, Zuwendungen (Sachzuwendungen einschl. Umsatzsteuer) und Geschenke i. S. d. § 4 Abs. 5 Satz 1 Nr. 1 EStG an Arbeitnehmer und Nichtarbeitnehmer mit einem **Steuersatz von 30 % pauschal zu übernehmen und abzuführen.** Es geht um Sachzuwendungen, die beim Empfänger zu den Einkünften i. S. d. EStG oder KStG gehören würden. Soweit der Leistende ab 2007 Incentive-Leistungen pauschal versteuert, bleiben die Zuwendungen beim Empfänger auch beim Bezug im Rahmen einer Einkunftsart außer Ansatz. Der Leistungsempfänger erhält vom Leistenden eine Mitteilung über die Durchführung der Pauschalierung.

Bei der Pauschalierung handelt es sich um ein **Wahlrecht, das grundsätzlich für alle Zuwendungen im Wirtschaftsjahr einheitlich auszuüben ist.** Zu Pau-

---

1 BFH, Urteil v. 9.8.1996 - VI R 88/93, BStBl 1997 II S. 97.
2 BFH, Urteil v. 22.7.1988 - III R 175/85, BStBl 1988 II S. 995; BFH, Urteil v. 20.4.1989 - IV R 106/87, BStBl 1989 II S. 641; FG Rheinland-Pfalz, Urteil v. 18.12.1986, EFG 1987 S. 291.
3 BFH, Urteil v. 18.8.2005 - VI R 32/03, BStBl 2006 II S. 30; BFH, Urteil v. 24.8.2010 - VI B 14/10, BFH/NV 2011 S. 24, NWB OAAAD-55209.
4 FG Rheinland-Pfalz, Urteil v. 2.3.1982, EFG 1982 S. 639; Hessisches FG, Urteil v. 13.12.1991, EFG 1992 S. 559.
5 BStBl 2007 I S. 28.

schalierungsausschlüssen vgl. § 37b Abs. 1 Satz 3 EStG. Zu Einzelheiten und Ausnahmen Hinweis auf das Schreiben des BMF v. 29.4.2008.[1]

▶ **Investitionsabzugsbetrag (§ 7g EStG)**

1107   Vgl. Rz. 653.

▶ **Investitionszulage**

Literatur: *Ludolph*, Investitionszulage für Investitionen im Jahresübergang 2009/2010, NWB 2009 S. 3179; *Ludolph*, Investitionszulagengesetz 2010, Herne 2010.

VERWALTUNGSANWEISUNGEN:

BMF, Schreiben v. 8.5.2008, BStBl 2008 I S. 590; Investitionszulagengesetz 2010 (InvZulG 2010) v. 7.12.2008, BGBl 2008 I S. 2350; BMF, Schreiben v. 20.11.2013, BStBl 2013 I S. 1493; BMF, Schreiben v. 20.3.2017, BStBl 2017 I S. 423.

ARBEITSHILFEN UND GRUNDLAGEN ONLINE:

Geißler, Investitionszulage, infoCenter, NWB YAAAB-14437.

1108   Nach dem Beschluss des Bundeskabinetts v. 16.7.2008, die Investitionszulage für betriebliche Investitionen in Ostdeutschland bis 2013 fortzuführen, hat der Gesetzgeber am 7.12.2008 das **Investitionszulagengesetz 2010** als Nachfolgeregelung für das InvZulG 2007 verkündet und am 11.12.2008 in Kraft gesetzt. Darin wurden die bis zum 31.12.2009 geltenden Fördersätze von 12,5 % bzw. 25 % für kleinere und mittlere Unternehmen von 2010 bis 2013 jährlich um 2,5 % für Großunternehmen bzw. um 5 % für kleinere und mittlere Unternehmen verringert.

Zur Anspruchsberechtigung vgl. Geißler.[2] Zur Thematik der Investitionszulage hier einige **Einzelfälle aus der Rechtsprechung:**

1109–1113   *(Einstweilen frei)*

▶ **Investitionszuschüsse**

1114   Vgl. Rz. 1379 ff.

▶ **Kassenführung, Kassenaufzeichnungen**

1115   Vgl. Rz. 506 ff.

▶ **Kaufverträge**

1116   Vgl. Rz. 67 ff.

---

1 Pauschalierung der Einkommensteuer bei Sachzuwendungen nach § 37b EStG, BStBl 2008 I S. 566.
2 Investitionszulage, infoCenter, NWB YAAAB-14437.

► **Kautionen**

ARBEITSHILFEN UND GRUNDLAGEN ONLINE:

Willeke, Forderungen: Ansatz, Bewertung, Ausweis (HGB), infoCenter, NWB VAAAC-31419.

Miet- und Pachtverträge sehen meist Kautionen in Höhe von bis zu **drei Monatsmieten oder -pachten** vor. Der Kautionsnehmer ist verpflichtet, diese Kautionen von seinem Vermögen getrennt bei einer öffentlichen Sparkasse oder Bank zum für Spareinlagen mit dreimonatiger Kündigungsfrist **üblichen Zinssatz** anzulegen.[1] Sie sind und bleiben **Vermögen des Kautionsgebers,** für das lediglich eine Verfügungsbeschränkung besteht.   1117

Die **Zinsen** stehen zivilrechtlich und steuerlich dem Kautionsgeber zu. Er hat sie bei seinen Einkünften zu erfassen.

Bei Gewinnermittlung nach § 4 Abs. 3 EStG sind **Kautionszahlungen** weder Betriebseinnahmen noch -ausgaben, da sie **Darlehenscharakter** haben.[2] Erst bei Verrechnung bzw. endgültigem Ausfall der Rückzahlung treten Gewinnauswirkungen ein.[3] Bei Gewinnermittlung nach Bestandsvergleich sind die Ansprüche aus Kautionen und die daraus resultierenden Zinsen sonstige Forderungen.

► **Kegelbahnen**

Kegelbahnen sind **teils Gebäudebestandteil, teils Betriebsvorrichtungen.** Zur Definition **Betriebsvorrichtungen** vgl. auch Rz. 1903. Zu den Betriebsvorrichtungen (vgl. Rz. 1905 ff.) rechnen die **technischen Anlagen** wie Bahnen, Kugelfang- und -rücklaufvorrichtungen, Anzeige-, Steuervorrichtungen und die speziellen Isolierungen.[4] Zur **betriebsgewöhnlichen Nutzungsdauer** vgl. Rz. 2626.   1118

Das **umschließende Bauwerk** ist als **Gebäude** nur nach Maßgabe des § 7 Abs. 4 bzw. 5 EStG abzuschreiben.

Zur umsatzsteuerlichen Behandlung vgl. BFH, Urteil v. 16.10.1980[5] und Rz. 1603 ff.   1119

► **Kinderarbeitsverträge**

Vgl. Rz. 804 ff.   1120

(Einstweilen frei)   1121–1123

---

1 BGH, Urteil v. 21.9.1994, NWB EN-Nr. 1689/94.
2 BFH, Urteil v. 8.10.1969 - I R 94/67, BStBl 1970 II S. 44.
3 Littmann, EStG, §§ 4, 5, Anm. 2194.
4 RFH, Urteil v. 24.9.1943 - V 198/40, RStBl 1943 S. 827.
5 V R 51/76, BStBl 1981 II S. 228.

▶ **Kongress-, Studien- und Gruppenreisen**

1124 Vgl. Fortbildungskosten Rz. 1013 ff.

▶ **Kontokorrentzinsen**

1125 Vgl. Rz. 1006 ff.

▶ **Kraftfahrzeugkosten für Geschäfts- und Firmenwagen**

Literatur: *Schneider*, 1-%-Regelung und Anscheinsbeweis bei privater Dienstwagennutzung, NWB 2010 S. 3105; *Becker*, Die private Nutzung im Betriebsvermögen befindlicher Kraftfahrzeuge, StBp 2011 S. 218, 254, 285; *Wagner*, Private Nutzung betrieblicher Pkw im Lichte jüngster Rechtsprechung, NWB 2011 S. 2930; *Geserich*, (Neue) Anwendungsvoraussetzungen der 1 %-Regelung, NWB 2013 S. 2376; *Moritz*, Private Nutzung betrieblicher Pkw: 1 %-Regelung und Erschütterung des Anscheinsbeweises, NWB 2013 S. 918; *Behrens*, Der Pkw im Privat- und Betriebsvermögen, NWB 2014 S. 3570; *Ramb*, Umsatzbesteuerung der von Einzelunternehmen (teil)unternehmerisch genutzten Fahrzeuge, NWB 2014 S. 2499; *o. Verf.*, Pkw-Betriebsausgabenabzug bei zusätzlicher Nutzung im Betrieb des Ehegatten, NWB 2014 S. 3776; *Greif*, Überlassung eines dem Unternehmen zugeordneten Pkw an einen Gesellschafter-Geschäftsführer, NWB 2014 S. 3543; *Samagga*, Nutzung eines Firmenwagens durch Arbeitnehmer für eigene betriebliche Zwecke, NWB 2015 S. 699; *Hilbert*, Firmenwagen: 1 %-Regelung und Leasingsonderzahlung, NWB 2016 S. 32; *Schmitz-Herscheidt*, Dienstwagenbesteuerung an Gesellschafter-Geschäftsführer – quo vadis?, NWB 2016 S. 1429 ff.; *Hörster*, Überblick zur Steuergesetzgebung im Jahr 2019, NWB 2020 S. 298; *Nürnberg*, Update: Steuerliche Begünstigungen der Elektromobilität im Belastungsvergleich, NWB 2020 S. 2495.

VERWALTUNGSANWEISUNGEN:

R 4.12 EStR; H 4.12 EStH; BMF, Schreiben v. 15.12.2000, BStBl 2009 I S. 412; BMF, Schreiben v. 6.2.2009, BStBl 2009 I S. 13; BMF, Schreiben v. 18.11.2009, BStBl 2009 I S. 1326; OFD Koblenz, Vfg. v. 18.1.2012, – S. 2334 A – St 32 2, NWB RAAAE-04424; BMF, Schreiben v. 3.4.2012, BStBl 2012 I S. 478; BMF, Schreiben v. 15.11.2012, BStBl 2012 I S. 1099; BMF, Schreiben v. 5.6.2014, BStBl 2014 I S. 835; BMF, Schreiben v. 5.6.2014, BStBl 2014 I S. 896; BMF, Schreiben v. 15.7.2014, BStBl 2014 I S. 1109; BMF, Schreiben v. 19.12.2016, BStBl 2017 I S. 34; Gesetz zur weiteren Förderung der Elektromobilität v. 12.12.2019, BStBl 2020 Teil I S. 17.

ARBEITSHILFEN UND GRUNDLAGEN ONLINE:

Langenkämper, Firmenwagen, infoCenter, NWB YAAAB-04811; Mandanten-Merkblatt: Geschäfts- und Firmenwagen, NWB OAAAC-96017; *Hübner*, Leitfaden zur Besteuerung von (Hybrid-)Elektrofahrzeugen, Online-Beitrag, NWB HAAAH-19432.

1. Allgemeine Hinweise

1126 Als **Firmenwagen** bezeichnet man das zum Betriebsvermögen gehörende Fahrzeug, das den Arbeitnehmern auch zur privaten Nutzung zur Verfügung steht. **Geschäftswagen** ist das zum Betriebsvermögen gehörende Kraftfahrzeug, das vom Unternehmer auch für private Zwecke genutzt wird. Eine betriebliche Kraftfahrzeugnutzung **unter 10 %** ist von untergeordneter Bedeutung und qualifiziert den Geschäftswagen zu notwendigem Privatvermögen. Nachweise dafür müssen für einen repräsentativen Zeitraum erfolgen.[1] Zur **Vermögenszuordnung** im Übrigen vgl. Rz. 911 ff.

2. Anschaffungskosten

Zu den Anschaffungskosten gehören der **zivilrechtliche Kaufpreis** abzüglich etwaiger Preisnachlässe, wie Skonti, alle Aufwendungen für Mehr-, Sonderausstattungen und Zubehör, die Kosten der Herstellung der Betriebsbereitschaft und zusätzliche betriebsspezifische Aufwendungen, wie eine **Firmenbeschriftung.** Der nachträgliche Einbau eines **Autoradios** ist Teil der Anschaffungskosten ebenso wie Aufwendungen für Nebellampen, Schonbezüge, Winterreifen, Spezialfelgen, Navigationssystem, Klimaanlage usw. | 1127

Durch **Gesetz zur steuerlichen Förderung der Elekromobilität** v. 7.11.2016,[2] ist bei erstmaliger Zulassung reiner Elektrofahrzeuge nach dem 18.5.2011 rückwirkend die KraftSt-Befreiung von fünf auf zehn Jahre verlängert worden. Diese Vergünstigung gilt auch für technisch angemessene, verkehrsrechtlich genehmigte Umrüstungen. Außerdem wurde für Arbeitnehmer vom Arbeitgeber zusätzlich zu Arbeitslohn gewährte Vergütungen für das elektrische Aufladen Steuerfreiheit (§ 3 Nr. 46 EStG) geschaffen. Einzelheiten zu weiteren Vergünstigungen vgl. Korn/Strahl.[3]

3. AfA-Bemessung

Für die AfA-Bemessung maßgeblich ist die AfA-Tabelle für **allgemein verwendbare Anlagegüter.** Danach gelten für Anschaffungen bzw. Herstellungen bis zum 31.12.2000 eine betriebsgewöhnliche **Nutzungsdauer von fünf Jahren** und ein maßgebender AfA-Satz von 20 %.[4] Für nach dem 31.12.2000 angeschaffte bzw. hergestellte Personenkraftwagen und Kombifahrzeuge hat der BMF nach der AfA-Tabelle für allgemein verwendbare Anlagegüter („AV")[5] die **Nutzungsdauer auf sechs Jahre** verlängert. | 1128

Zur Neufassung des § 7c EStG mit der zeitlich begrenzten Sonderabschreibung für elektrische Nutz- und Lieferfahrzeuge vgl. Rz. 630.

---

1 Sächsisches FG, Urteil v. 25.6.2014 - 8 K 1144/13, NWB EAAAE-69987.
2 BStBl 2016 I S. 2498.
3 Korn/Strahl, Jahresende 2016, NWB 2016 S. 3652 ff.
4 BMF, Schreiben v. 3.12.1992, BStBl 1992 I S. 734.
5 BStBl 2000 I S. 1532.

4. Private Nutzung

1129 Vgl. auch Wege zwischen Wohnung und Arbeits-, Betriebsstätte (1. Tätigkeitsstätte); Entfernungspauschale[1] (vgl. Rz. 1339).

Für die Bewertung der Überlassung eines Firmenwagens an den Arbeitnehmer für private Fahrten und die Bewertung der entsprechenden Nutzungsentnahme durch den Unternehmer selbst oder ihm nahestehende Personen gelten grundsätzlich inhaltlich identische gesetzliche Regelungen.

Ab 1.1.1996 wird die private Nutzung betrieblicher Kraftfahrzeuge nach § 6 Abs. 1 Nr. 4 EStG typisierend geschätzt, falls der Stpfl. die insgesamt entstehenden Aufwendungen nicht durch Belege und das Verhältnis der privaten zu den geschäftlichen Fahrten nicht durch ein **ordnungsgemäßes Fahrtenbuch** (vgl. Rz. 1136 ff.) nachweist. Die private Nutzung wird dann für die privat mitbenutzten Fahrzeuge pro Kalendermonat mit **1 % des auf 100 € abgerundeten inländischen Listenpreises im Zeitpunkt der Erstzulassung** zuzüglich der Kosten für Sonderausstattungen einschließlich Umsatzsteuer angesetzt. Für die Anwendung der 1-%-Methode kommt es nicht auf die kfz-steuerrechtliche Einstufung des Fahrzeuges an.[2] Die 1-%-Regelung gilt für die Überlassung eines Firmenwagens an Arbeitnehmer und die Nutzungsentnahme für private Zwecke des Unternehmers in gleicher Weise. Nach dem Amtshilferichtlinie-Umsetzungsgesetz v. 26.6.2013[3] hat der Gesetzgeber wegen der zurzeit noch deutlich höheren Listenpreise einen Nachteilsausgleich bei der Ermittlung der privaten Kraftfahrzeugnutzung für **Elektro- oder Hybridelektrofahrzeuge** nach der 1-%-Regelung (§ 6 Abs. 1 Nr. 4 EStG) geschaffen. Danach ist der Listenpreis als Bemessungsgrundlage um die enthaltenen Kosten für das Batteriesystem zu mindern. Die Regelung tritt am Tag nach der Verkündigung des Gesetzes in Kraft und ist somit erstmals für den Veranlagungszeitraum 2013 anzuwenden. Er kann für alle begünstigten Fahrzeuge geltend gemacht werden, die vor dem 1.1.2023 angeschafft werden.

Die 1-%-Regelung ist **verfassungsgemäß**.[4] Mit dem Gesetz zur Eindämmung missbräuchlicher Steuergestaltungen v. 28.4.2006[5] wurde § 6 Abs. 1 Nr. 4 Satz 2 EStG geändert. Aufgrund dieser Änderung ist die pauschale Ermittlungsmethode für die private Kraftfahrzeugnutzung (1-%-Regelung) nur noch an-

---

1 FG München, Urteil v. 12.8.2002 - 13 K 1850/02, EFG 2002 S. 1511.

2 OFD Berlin, Vfg. v. 3.5.2004, NWB EN-Nr. 1233/2004.

3 BGBl 2013 I S. 1809.

4 BFH, Urteil v. 11.10.2006 - XI B 89/06, BFH/NV 2007 S. 416, NWB NAAAC-35632; BFH v. 22.9.2010 - VI R 57/09, BStBl 2011 II S. 359.

5 BGBl 2006 I S. 1095, BStBl 2006 I S. 353.

wendbar, wenn das Kraftfahrzeug **zu mehr als 50 % betrieblich** genutzt wird (notwendiges Betriebsvermögen). Die Neuregelung ist erstmals für Wirtschaftsjahre anzuwenden, die nach dem 31.12.2005 beginnen (§ 52 Abs. 16 Satz 15 EStG). Die Absenkung der betrieblichen Kfz-Nutzung unter 10 % stellt für die Frage der Zuordnung zum Betriebsvermögen keine Zwangsentnahme dar.[1]

Mit Schreiben v. 18.11.2009,[2] hat das BMF seine bisherigen Schreiben zur ertragsteuerlichen Erfassung der Nutzung eines betrieblichen Kraftfahrzeuges zu Privatfahrten, zu Fahrten zwischen Wohnung und Betriebsstätte sowie zu Familienheimfahrten nach § 4 Abs. 5 Satz 1 Nr. 6 und § 6 Abs. 1 Nr. 4 Satz 1 bis 3 EStG überarbeitet. Eine erneute Ergänzung bzw. Überarbeitung erfolgte mit BMF-Schreiben v. 15.11.2012.[3] Die erneute Änderung betrifft die Glaubhaftmachung der **Nutzung bestimmter Fahrzeuge**, damit die 1-%-Regelung nicht für alle Fahrzeuge erforderlich ist. Zu Einzelfragen wird darauf verwiesen.

Die bloße Behauptung, das betriebliche Fahrzeug werde nicht zu Privatfahrten genutzt, schließt die Anwendung der 1-%-Regelung nicht aus.[4] Der **allgemeine Erfahrungssatz**, dass ein Dienstfahrzeug auch privat genutzt wird, gilt grundsätzlich auch dann, wenn ein Privatfahrzeug zur Verfügung steht.[5] Die Nutzung eines betrieblichen Fahrzeuges für einen weiteren Betrieb des Stpfl. wird durch die 1-%-Regelung nicht abgegolten.[6]

Die **Wahl der Ermittlungsmethode** muss für das Wirtschaftsjahr einheitlich getroffen werden. Etwas anderes gilt nur bei **Fahrzeugwechsel**. Zu **unterjährigem Wechsel** von der 1-%-Regelung zur Fahrtenbuchmethode vgl. BFH, Urteil v. 20.3.2014.[7]   1130

Die Finanzverwaltung geht bei zum Betriebsvermögen gehörenden Pkw generell von einer auch privaten Nutzung aus.[8] Auch bei **Campingwagen** kann eine private Nutzung zu bewerten sein.[9] Zur Bewertung einer privaten Nutzung bei

---

1 BFH, Urteil v. 21.8.2012 - VIII R 11/11, BStBl 2013 II S. 117.
2 BStBl 2009 I S. 1326.
3 BStBl 2012 I S. 1099.
4 BFH, Urteil v. 27.5.2009 - VI B 123/08, BFH/NV 2009 S. 1434, NWB AAAAD-25922.
5 BFH, Urteile v. 19.5.2009 - VIII R 60/06, BFH/NV 2009 S. 1974, NWB TAAAD-30582; Zur Erschütterung des **Anscheinsbeweises** vgl. BFH v. 20.10.2009 - VI B 74/08, BFH/NV 2010 S. 197, NWB FAAAD-33319; BFH v. 16.6.2009 - V B 131/08, BFH/NV 2009 S. 1678, NWB JAAAD-27714.
6 BFH, Urteil v. 19.3.2009 - IV R 59/06, BFH/NV 2009 S. 1617, NWB AAAAD-27367.
7 VI R 35/12, BStBl 2014 II S. 643.
8 BMF, Schreiben v. 12.5.1997, BStBl 1997 I S. 562.
9 BFH, Urteil v. 6.11.2001 - VI R 62/96, BStBl 2002 II S. 370.

einem **Werkstattwagen** vgl. BFH, Urteil v. 18.12.2008.[1] Nicht als für private Nutzung geeignete Firmen- oder Geschäftswagen sind **Zugmaschinen** und **Lastkraftwagen** anzusehen. Sog. **Luxusfahrzeuge** sind selten geeignet, den Betrieb zu fördern und stellen daher weder gewillkürtes noch notwendiges Betriebsvermögen dar. Zu **unangemessenem Fahrzeugaufwand** vgl. BFH, Urteil v. 29.4.2014.[2]

1131 Die vorgenannte Pauschalierungsmöglichkeit unter Zugrundelegung des Listenpreises gilt auch für **reimportierte, gemietete oder geleaste** Fahrzeuge, die zu mehr als 50 % für betrieblich veranlasste Fahrten genutzt werden. Zur Dienstwagenbesteuerung in Leasingfällen vgl. BMF, Schreiben v. 15.12.2016.[3]

Der **inländische Listenpreis** zum Zeitpunkt der Erstzulassung ist auch Bemessungsgrundlage bei **gebraucht erworbenen** bzw. bereits abgeschriebenen Fahrzeugen. **Händlerrabatte** dürfen nicht abgesetzt werden. Der Zeitpunkt der Erstzulassung ergibt sich für inländische Fahrzeuge aus den Zulassungspapieren. Zur Berücksichtigung von **Sonderausstattungen** vgl. BFH, Urteil v. 13.10.2010.[4]

Gehören bei Einzelunternehmen **mehrere Fahrzeuge** zum Betriebsvermögen, so ist der **pauschalierte Nutzungswert** grundsätzlich für jedes Fahrzeug anzusetzen, das vom Unternehmer und/oder von zu seiner Privatsphäre gehörenden Personen für private Fahrten genutzt wird. Der BFH hat mit Urteil v. 9.3.2010[5] entschieden, dass entgegen Rz. 9 Satz 2 des BMF-Schreibens v. 21.2.2002,[6] bei Zugehörigkeit mehrerer Kfz zu einem Betriebsvermögen die pauschale Nutzungswertermittlung auch dann fahrzeugbezogen anzuwenden ist, wenn in tatsächlicher Hinsicht feststeht, dass ausschließlich **eine Person** die Fahrzeuge privat genutzt haben kann. Vgl. auch BFH, Urteil v. 26.4.2010.[7] Führt ein Stpfl. bei mehreren auch privat genutzten betrieblichen Kfz **nur für einzelne** der Fahrzeuge (ordnungsgemäß) **ein Fahrtenbuch,** so kann er für diese Fahrzeuge die private Nutzung mit den auf die Privatfahrten entfallenden Aufwendungen ansetzen und für die anderen auch privat genutzten Kfz die sog. 1-%-Regelung wählen.[8]

---

1 VI R 34/07, BStBl 2008 II S. 381.
2 VIII R 20/12, BStBl 2014 II S. 679.
3 BStBl 2016 I S. 1449.
4 VI R 12/09, BStBl 2011 II S. 361.
5 VIII R 24/08, BStBl 2010 II S. 90; BFH, Urteil v. 13.12.2012 - VI R 51/11, BStBl 2013 II S. 385.
6 BStBl 2002 I S. 48.
7 VIII B 258/09, BFH/NV 2010 S. 1440, NWB EAAAD-45420.
8 BFH, Urteil v. 3.8.2000 - III R 2/00, BStBl 2001 II S. 332.

Zur Frage der Glaubhaftmachung der privaten Nutzung nur **bestimmter Fahrzeuge** vgl. BMF, Schreiben v. 15.11.2012.[1]

Der pauschale Nutzungswert nach § 6 Abs. 1 Nr. 4 Satz 2 EStG sowie die nicht abziehbaren Betriebsausgaben nach § 4 Abs. 5 Satz 1 Nr. 6 EStG können die insgesamt tatsächlich entstandenen Aufwendungen für das Kfz übersteigen. In diesem Fall ist höchstens der Betrag der Gesamtkosten des Kfz anzusetzen **(Kostendeckelung)**. 1132

Der Gesetzgeber hat zur steuerlichen Förderung der Elektromobilität die bisherige 1-%-Regelung für private Nutzung teilweise geändert. Unter bestimmten Voraussetzungen wurde die Bezugsgröße (Listenpreis) auf $1/2$ bzw. $1/4$ reduziert. Einzelheiten dazu vgl. Hörster, Ziff. 5.

Wird der Nutzungswert nach der **Fahrtenbuch-Methode** ermittelt, so ist ein Fahrtenbuch für jedes Fahrzeug, für das wegen seiner privaten Mitbenutzung sonst die Pauschalierung vorzunehmen wäre, permanent so lange zu führen, wie die Pauschalierung vermieden werden soll. 1133

Für durch Betriebsfahrten verursachte Fahrtkosten mit im Privatvermögen gehaltenen Pkw können dem Betrieb 0,30 € pro Kilometer angelastet werden. 1134

Bei Verwendung der Fahrtenbuchvariante ist die private Nutzung betrieblicher Fahrzeuge als **Nutzungsentnahme** mit den **anteiligen Aufwendungen** des Betriebes zu bewerten, die auf die Nutzung entfallen. Das entspricht den anteiligen **Selbstkosten**.[2] Enthalten sein müssen auch Garagenmiete, Versicherung, Steuern und auch Finanzierungskosten,[3] soweit sie angefallen sind.

Bei der Bewertung der privaten Pkw-Nutzung bleiben **Sonderabschreibungen** außer Betracht.[4] Das gilt auch für die Berechnung der nicht abziehbaren Aufwendungen für Wege zwischen Wohnung und Arbeitsstätte.[5]

Die Kfz-Aufwendungen sind **nach der Zweckbestimmung** der einzelnen Fahrten (tatsächliche Nutzungsverhältnisse) auf Betriebsausgaben bzw. Privatentnahmen aufzuteilen.[6] Das betrifft die fixen und variablen Kosten.[7]

---

1 BStBl 2012 I S. 1099.
2 BFH, Urteile v. 24.5.1989 - I R 213/85, BStBl 1990 II S. 8; v. 9.10.1953 - IV 536/52 U, BStBl 1953 III S. 337; FG Rheinland-Pfalz, Urteil v. 4.3.1988, EFG 1988 S. 465.
3 OFD Koblenz v. 30.12.1987, UR 1988 S. 330.
4 BFH, Urteil v. 12.5.1955 - IV 19/55 U, BStBl 1955 III S. 205.
5 BFH, Urteil v. 25.3.1988 - III R 96/85, BStBl 1988 II S. 655.
6 BFH, Urteil v. 9.10.1953 - IV 536/52 U, BStBl 1953 III S. 337; BFH, Urteil v. 14.10.1954 - IV 352/53 U, BStBl 1954 III S. 358.
7 BFH, Urteil v. 7.2.1975 - VI R 133/72, BStBl 1975 II S. 478.

1135   Nutzt ein Gesellschafter-Geschäftsführer den Betriebs-Pkw ohne entsprechende Gestattung der Gesellschaft für private Zwecke, so ist grundsätzlich eine **verdeckte Gewinnausschüttung** anzunehmen.[1] Mit Urteil v. 11.2.2010[2] hat der BFH aber erneut entschieden, dass die nachhaltige „vertragswidrige" private Nutzung eines betrieblichen Pkw durch den anstellungsvertraglich gebundenen **Gesellschafter-Geschäftsführer nicht stets als verdeckte Gewinnausschüttung** zu beurteilen ist.[3] Die unbefugte Nutzung kann im Einzelfall sowohl durch das Arbeitsverhältnis als auch durch das Gesellschaftsverhältnis veranlasst sein.[4] Eine vertragswidrige Pkw-Nutzung des Gesellschafter-Geschäftsführers liegt nicht vor, wenn vereinbart wird, dass der Geschäftsführer einen Firmenwagen beanspruchen kann.[5] Zur privaten Kfz-Nutzung durch den Gesellschafter-Geschäftsführer einer Kapitalgesellschaft vgl. BMF, Schreiben v. 3.4.2012.[6] Zur unentgeltlichen **Überlassung eines Dienstwagens** zur privaten Nutzung durch den Arbeitnehmer vgl. BFH, Urteil v. 29.1.2009.[7]

Zur Behandlung von Kfz-Kosten als außergewöhnliche Belastung bei **schwer geh- und stehbehinderten Personen** vgl. BFH, Urteile v. 19.5.2004[8] und Nr. 8 und v. 14.6.2012.[9]

Zur Frage der Behandlung der **1-%-Regelung bei der Umsatzsteuer** vgl. BFH, Urteil v. 7.12.2010.[10] Die Verwendung eines dem Unternehmen zugeordneten Fahrzeugs für Fahrten zwischen Wohnung und Betrieb ist **keine** unentgeltliche Wertabgabe.[11]

5. Fahrtenbuch

Literatur: *Assmann*, Beweismittel Fahrtenbuch, HBP Kza. 4728; *Hollatz*, Anforderungen an ein ordnungsgemäßes Fahrtenbuch, NWB 2006 S. 1673; *Wagner*, Ordnungsgemäßes Fahrtenbuch, NWB 2011 S. 2930; *Schneider*, Mindestanforderungen im Fahrtenbuch nicht nachträglich ergänzungsfähig, NWB 2012 S. 1892; *Kiermaier*, Anforderungen an ein

---

1 BFH, Urteil v. 17.7.2008 - I R 83/07, BFH/NV 2009 S. 417, NWB JAAAD-03650.

2 VI R 43/09, BStBl 2012 II S. 266.

3 Vgl. auch BFH, Urteil v. 23.4.2009 - VI B 118/08, BStBl 2012 II S. 234.

4 Vgl. auch BFH, Urteil v. 23.4.2009 - VI R 81/06, BStBl 2012 II S. 262.

5 BFH, Urteil v. 21.10.2009 - VI B 26/09, BFH/NV 2010 S. 199, NWB VAAAD-34047.

6 BStBl 2012 I S. 478.

7 VI R 56/07, BStBl 2010 II S. 1067.

8 III R 16/02, BStBl 2005 II S. 23; vgl. auch BFH, Urteile v. 21.5.2004 - III B 171/03, BFH/NV 2004 S. 1404, NWB EAAAB-25007; v. 26.10.2010 - VI B 52/10, BFH/NV 2011 S. 253. NWB AAAAD-57522.

9 VI R 89/10, BStBl 2012 II S. 835 und Bode, NWB Steuerrecht aktuell 3/2012 S. 73.

10 VIII R 54/07, BStBl 2011 II S. 451.

11 BFH, Urteil v. 5.6.2014 - XI R 36/12, BStBl 2015 II S. 43.

Fahrtenbuch, NWB 2013 S. 2406, *Wermke,* Das Fahrtenbuch bei Privatnutzung eines Kraftfahrzeugs, StW 2018 S. 163.

VERWALTUNGSANWEISUNGEN:

R 8.1. LStR; BMF, Schreiben v. 18.11.2009, BStBl 2009 I S. 1326.

ARBEITSHILFEN UND GRUNDLAGEN ONLINE:

Mandanten-Merkblatt: Geschäfts- und Firmenwagen, NWB OAAAC-96017; *Gemballa,* Kfz-Rechner: 1 %-Methode vs. Fahrtenbuch, Arbeitshilfe, NWB ZAAAD-37232; *Langenkämper,* Firmenwagen, infoCenter, NWB YAAAB-04811.

Nach ständiger Rechtsprechung des BFH kommt als **Beweismittel** für das Volu-   **1136** men der betrieblichen/beruflichen Nutzung eines Kraftwagens nur ein Fahrtenbuch in Frage.[1]

Nach BFH[2] soll ein Fahrtenbuch sämtliche im Veranlagungszeitraum **zurückgelegten Fahrten** mit nach beruflichem/betrieblichem und privatem Zweck (eventuell einschließlich Fahrten zwischen Wohnung und Betrieb) **gefahrenen Kilometern** enthalten. Zu den einzelnen **Anforderungen** an ein ordnungsgemäßes Fahrtenbuch vgl. BFH, Urteile v. 17.4.2007 und 13.11.2012.[3] Zur Anerkennung eines handschriftlich geführten durch Computeraufzeichnungen ergänzten Fahrtenbuches vgl. FG Berlin, Urteil v. 14.4.2010.[4] Zu den **Mindestanforderungen** für ordnungsgemäßes Fahrtenbuch vgl. BFH, Urteil v. 1.3.2012.[5]

Zum ordnungsgemäßen Fahrtenbuch **trotz kleinerer Mängel** vgl. BFH, Urteil v.   **1137** 10.4.2008.[6]

Für die **Privatfahrten** können Angaben zu Reiseweg und -zweck nicht verlangt werden.

---

1 BFH, Urteil v. 14.10.1954 - IV 352/53 U, BStBl 1954 II S. 358; BFH, Urteil v. 7.2.1975 - VI R 133/72, BStBl 1975 II S. 478; vgl. auch BMF v. 21.1.2002, Ziff. III, 1, BStBl 2002 I S. 148.

2 Urteil v. 7.2.1975 - VI R 133/72, BStBl 1975 II S. 478.

3 VI B 145/06, BFH/NV 2007 S. 1314, NWB FAAAC-45158; BFH, Urteile v. 13.3.2007 - VI B 141/06, BFH/NV 2007 S. 1132, NWB XAAAC-43772; v. 13.2.2007 - XI B 33/06, BFH/NV 2007 S. 915, NWB LAAAC-39817; v. 16.1.2009 - VIII B 140/08, BFH/NV 2009 S. 770, NWB KAAAC-17969, BMF, Schreiben v. 18.11.2009, III Nr. 2 bis 3, BStBl 2009 I S. 1326; BFH, Urteil v. 13.11.2012 - VI R 3/12, BFH/NV 2013 S. 526, NWB SAAAE-30630; Langenkämper, NWB YAAAB-04811.

4 12 K 12047/09, EFG 2010 S. 1306.

5 VI R 33/10, BStBl 2012 II S. 505 und BFH, Urteil v. 12.7.2011 - VI B 12/11, BFH/NV 2011 S. 1863, NWB EAAAD-90975.

6 VI R 38/06, BStBl 2008 II S. 768.

Zur Führung eines Fahrtenbuches durch **Arbeitnehmer** vgl. R 8.1 LStÄR 2011. Zur lohnsteuerlichen Behandlung von Leasingsonderzahlungen bei Privatnutzung durch Arbeitnehmer vgl. BFH, Urteil v. 3.9.2015.[1]

1138 Unabdingbar ist die laufende, **zeitnahe und wahrheitsgemäße Aufzeichnung** aller mit dem betreffenden Fahrzeug durchgeführten Fahrten **in geschlossener Form**.[2] Werden Tachometerstände nur tageweise notiert, ergeben sich die zurückgelegten Fahrstrecken aber aus anderen Unterlagen (Rechnungen bzw. Kundenkartei), ist die durch das Fahrtenbuch zu gewährleistende „leichte" Überprüfung der Angaben nicht möglich.[3] Dem BFH ist es nicht verwehrt, ein nachträglich erstelltes Fahrtenbuch zu berücksichtigen.[4]

1139 **Mangelnde Aufzeichnungen** zu den beruflich veranlassten Fahrten können nicht durch die zusätzliche Vorlage eines Terminkalenders kompensiert werden, da dadurch eine „leichte und einwandfreie" Überprüfung der gemachten Angaben nicht mehr gewährleistet ist.[5]

1140 Zur **Schätzungsberechtigung** bei nicht ordnungsmäßigem Fahrtenbuch für die Zeit vor dem 1.1.1996 vgl. BFH, Urteil v. 22.8.2002.[6]

Ein **elektronisches Fahrtenbuch** ist anzuerkennen, wenn sich daraus dieselben Erkenntnisse wie aus einem manuell geführten gewinnen lassen.[7] Zur Ordnungsmäßigkeit elektronisch geführter Fahrtenbücher vgl. FG Münster, Urteil v. 4.2.2010.[8]

Ein mit **PC geführtes Fahrtenbuch** ist nur dann ordnungsgemäß, wenn nachträgliche Änderungen technisch ausgeschlossen sind oder zumindest dokumentiert werden.[9] Das FG Düsseldorf hat mit Urteil v. 7.11.2008[10] entschieden, dass Abweichungen der Streckenlängen von den Ergebnissen des Routenpla-

---

1 VI R 27/14, BStBl 2016 II S. 174.
2 BFH, Urteil v. 26.6.2007 - VIII B 33/06, BFH/NV 2007 S. 2093, NWB FAAAC-57798; FG Baden-Württemberg, Urteil v. 7.7.1988, EFG 1989 S. 307; BFH, Urteil v. 13.10.2009 - V B 109/09, BFH/NV 2010 S. 475, NWB DAAAD-36746.
3 FG des Saarlandes, Urteil v. 22.6.1994, EFG 1994 S. 962.
4 BFH, Urteil v. 24.2.2000 - IV B 83/99, BStBl 2000 II S. 298.
5 FG München, Urteil v. 6.3.1996, DStRE 1996 S. 314.
6 IV R 42, 43/01, BFH/NV 2003 S. 302, NWB WAAAA-70491.
7 BMF, Schreiben v. 21.1.2002, Ziff. III. 2, BStBl 2002 I S. 148.
8 5 K 5046/07 E, U, NWB BAAAD-39638.
9 Vgl. auch BFH, Urteil v. 16.11.2005 - VI R 64/04, BStBl 2006 II S. 410 und FG Münster, Urteil v. 4.2.2010 - 5 K 5046/07 E,U, NWB BAAAD-39638.
10 12 K 4479/07 E, NWB BAAAD-19151.

ners mit einer Quote von 1,5 % nicht zur Verwerfung der Ordnungsmäßigkeit eines Fahrtenbuches führen. Ein Führen per **Excel-Tabelle** entspricht nicht den Anforderungen.[1] Zur Anerkennung von besprochenen Kassetten als Fahrtenbuch vgl. FG Köln, Urteil v. 18.6.2015.[2]

(Einstweilen frei)   1141–1149

6. Unfallkosten

Literatur: *Richter,* Unfallkosten bei (Umweg-)Fahrten zwischen Wohnung und Betrieb, DStR 1997 S. 229; *Scheich,* Zivil- und steuerrechtliche Folgen eines Unfallschadens am privat genutzten Firmenfahrzeug, StuB 2001 S. 639.

VERWALTUNGSANWEISUNGEN:

R 8.1 Abs. 9 LStR.

– Abzugsvoraussetzungen

Bei einem Unfall im Rahmen einer beruflichen Fahrt des Gastwirtes können die **Kosten als Betriebsausgaben** steuermindernd geltend gemacht werden.[3] Die Unfallschäden teilen steuerrechtlich das Schicksal der Fahrt, auf der sie entstanden sind.[4] Problematisch wird es allerdings, wenn **Alkohol** im Spiel war. Hier wird i. d. R. trotz betrieblicher Veranlassung, wie z. B. bei einer Feier mit Mitarbeitern oder Kollegen, ein Abzug als **Betriebsausgabe versagt.**[5] Auch bei **vorsätzlicher Unfallverursachung** (z. B. Racheaktion, Wettfahrt usw.) wird das den Unfall **auslösende Moment** als im privaten Bereich liegend gesehen und ein vorhandener betrieblicher Zusammenhang aufgehoben. Es liegt außerhalb der betrieblichen Sphäre, wenn der Unternehmer auf einer betrieblichen Fahrt einen „**Anhalter**" mitnimmt und dieser zu Schaden kommt.[6] Kommt ein **gemischt genutzter Pkw** auf einer **Privatfahrt** zu Schaden, so dürfen die dadurch entstandenen Aufwendungen nicht als Betriebsausgaben bzw. Werbungskosten abgezogen werden.[7] Eine **Aufteilung** im Verhältnis der betrieblichen/privaten Nutzung kommt nicht in Betracht.[8] Gleiches gilt umgekehrt bei Unfällen auf betrieblich veranlassten Fahrten. Wird ein **im Privatver-**   1150

---

1 BFH, Urteil v. 16.11.2005 - VI R 64/04, BStBl 2005 II S. 410; BFH, Urteil v. 26.6.2007 - V B 197/05, BFH/NV 2007 S. 1897, NWB UAAAC-52576.
2 10 K 33/15, EFG 2015 S. 1598.
3 BFH, Urteil v. 17.10.1973 - VI R 395/70, BStBl 1974 II S. 185; BFH, Urteil v. 18.12.1981 - VI R 201/78, BStBl 1982 II S. 261.
4 BFH, Urteil v. 1.12.2005 - IV R 26/04, BStBl 2006 II S. 182.
5 BFH v. 6.4.1984 - VI R 103/79, BStBl 1984 II S. 434.
6 FG München, Urteil v. 18.7.1960, EFG 1961 S. 51.
7 BFH, Urteile v. 12.4.1956 - IV 611/54 U, BStBl 1956 III S. 176; v. 28.2.1964 - VI 180/63 S, BStBl 1964 III S. 453; v. 22.3.1990 - IV R 353/84, BFH/NV 1991 S. 512, NWB OAAAB-31647.
8 BFH, Urteil v. 12.4.1956 - IV 611/54 U, BStBl 1956 III S. 176.

mögen gehaltenes Fahrzeug bei einer beruflich veranlassten Fahrt infolge Unfalls beschädigt und nicht repariert, so richtet sich die AfaA nach § 7 Abs. 1 Satz 5 EStG nach den Anschaffungskosten abzüglich der normalen AfA, die der Stpfl. hätte in Anspruch nehmen können, wenn er das Fahrzeug im Betriebsvermögen gehalten hätte.[1]

1151   Wird der Pkw **anlässlich einer privaten Fahrt** beschädigt, so bezieht sich die Entnahme nur auf die Nutzung selbst, nicht aber auf die dadurch untergegangenen stillen Reserven.[2] Schadensersatz und Erlöse aus Veräußerungen (Schrottwert) sind Betriebseinnahmen.

1152   **Unfallbedingte Aufwendungen** sind die Aufwendungen für notwendige Reparaturen, die Wertminderung des Fahrzeuges,[3] Krankheitskosten,[4] Gerichts- und Anwaltskosten im Zusammenhang mit einem Schadensersatzprozess, Kosten für Taxi, Telefon und Gutachter,[5] Abschleppkosten, Verlust von Kleidung und Schmuck[6] und Zinsaufwendungen[7] für notwendige Darlehen, auch Zahlungen an Geschädigte für Verdienstausfall und Schmerzensgeld. Auch **Strafverteidigungskosten**[8] sind abziehbar, nicht aber Geldstrafen und -bußen (vgl. Rz. 1286 ff.).

Mit der **Nutzungswertbesteuerung** sind sämtliche laufenden und außergewöhnlichen Kosten, insbesondere Unfallkosten, abgegolten. Ab 2011 gehören Unfallkosten anlässlich von Privat- oder Trunkenheitsfahrten nicht mehr zu den Gesamtkosten eines dem Arbeitnehmer überlassenen Firmenwagens. Abgegolten sind Kosten für **private Urlaubsreisen**.

Für ein zum Privatvermögen zählendes Fahrzeug rechnet ein **merkantiler Minderwert** nicht zu den abziehbaren Aufwendungen.[9] **Prozesskosten** sind auch abziehbar, wenn die Verursachung auf einer Ordnungswidrigkeit beruht.[10] Bei **Totalverlust** des Fahrzeugs kommt eine außergewöhnliche AfA nach § 9 Abs. 1 Satz 3 Nr. 7 i. V. m. § 7 Abs. 1 Satz 4 EStG in Betracht.

---

1 BFH, Urteil v. 24.11.1994 - IV R 25/94, BStBl 1995 II S. 318.
2 BFH, Urteil v. 24.5.1989 - I R 213/85, BStBl 1990 II S. 8.
3 BFH, Urteil v. 19.3.1982 - VI R 25/80, BStBl 1982 II S. 442.
4 BFH, Urteil v. 13.10.1960 - IV 196/59 S, BStBl 1960 III S. 511.
5 FG Düsseldorf, Urteil v. 11.1.1979, EFG 1979 S. 440.
6 BFH v. 26.1.1968 - VI R 131/66, NWB NAAAB-50127.
7 BFH, Urteil v. 2.3.1962 - VI 79/60 S, BStBl 1962 III S. 192.
8 BFH, Urteil v. 19.2.1982 - VI R 31/78, BStBl 1982 II S. 467.
9 BFH, Urteil v. 31.1.1992 - VI R 57/88, BStBl 1992 II S. 401.
10 BFH, Urteil v. 21.11.1983 - GrS 2/82, BStBl 1984 II S. 160.

– Ersatzleistungen

Schadensersatzleistungen von **dritter Seite** (z. B. Insassenunfallversicherung, Kaskoversicherung, Versicherung des Unfallgegners usw.) zur Beseitigung von Kfz-Schäden sind bei Abziehbarkeit der Unfallaufwendungen **Betriebseinnahmen.** Das gilt auch für **Entschädigungen** für entgangene bzw. entgehende Einnahmen, nicht aber für **Arzt-, Krankheitskosten und Schmerzensgeld.** In Vergleichen **ausgehandelte Pauschalsummen** sind im Schätzungswege aufzuteilen.[1] Wird ein Pkw des Betriebsvermögens anlässlich eines Unfalls auf einer **Privatfahrt** zerstört, so ist die Leistung der Kfz-Kaskoversicherung eine Betriebseinnahme.[2]

1153

Zahlungen von dritter Seite für **entgehende oder entgangene Einnahmen** sind auch Betriebseinnahmen, wenn der Unfall selbst privat veranlasst war. Eine Entschädigung aus einer für ein zum Betriebsvermögen gehörendes Kfz aus betrieblichen Gründen abgeschlossene **Insassenunfallversicherung** ist Betriebseinnahme, wenn sie durch einen Unfall auf einer Privatfahrt ausgelöst wurde.[3]

Ausstehende, **unbestrittene Forderungen** gegen die Versicherungsgesellschaft oder andere Dritte sind bei buchführenden Unternehmern zu **aktivieren.**[4]

7. Führerscheinaufwendungen

Aufwendungen für den Erwerb eines Führerscheines sind bei Stpfl., die ihr Fahrzeug nicht nur aus beruflichen Gründen, sondern auch aus privaten Gründen nutzen, keine Betriebsausgaben bzw. Werbungskosten.[5] Auch wenn Beruf oder unternehmerische Betätigung eine Kfz-Nutzung sinnvoll erscheinen lassen, sind solche Aufwendungen nach **§ 12 Nr. 1 EStG** nicht abziehbare Kosten der Lebensführung.[6]

1154

Etwas anderes gilt, wenn für einen **Taxi- oder Lkw-Fahrer** die Fahrprüfung unmittelbare **Voraussetzung zur Berufsausübung** ist bzw. er die Fahrprüfung aus beruflichen Gründen ablegt, weil die erstmalige Anstellung oder ein berufliches Fortkommen davon abhängen.[7] Die spätere auch private Nutzung eines Fahrzeuges gilt dann als untergeordnet.

1155

---

1 BFH, Urteil v. 29.10.1959 - IV 235/58 U, BStBl 1960 III S. 87.
2 BFH, Urteil v. 16.3.2004 - VIII R 48/98, BStBl 2004 II S. 725.
3 BFH, Urteil v. 15.12.1977 - IV R 78/74, BStBl 1978 II S. 212.
4 BFH, Urteil v. 11.10.1973 - VIII R 1/69, BStBl 1974 II S. 90.
5 BFH, Urteile v. 8.4.1964 - VI 251/63 U, BStBl 1964 III S. 431; v. 11.7.2005 - VI B 29/05, BFH/NV 2005 S. 1801, NWB NAAAB-58205.
6 BFH, Urteil v. 20.2.1969 - IV R 119/66, BStBl 1969 II S. 433.
7 BFH, Urteil v. 20.2.1969 - IV R 119/66, BStBl 1969 II S. 433.

1156 **Private Interessen** müssen aufgrund der Würdigung aller Umstände des Falles nahezu ausgeschlossen sein und berufliches Fortkommen bzw. eine Anstellung objektiv erkennbar alleiniger Beweggrund für den Erwerb des Führerscheines sein.[1] Für die Übernahme der Aufwendungen für den Erwerb eines Führerscheines seines Sohnes durch den als **Glasermeister** tätigen Vater hat das FG Berlin[2] den Abzug abgelehnt.

1157 Für einen **schwerbehinderten Arbeitnehmer** lässt das FG Münster[3] die Führerscheinaufwendungen als Werbungskosten zu, wenn er nach § 9 Abs. 2 EStG die tatsächlichen Aufwendungen des Pkw für Fahrten zwischen Wohnung und Arbeitsstätte geltend machen darf. Aufwendungen der Eltern für den Erwerb der Fahrerlaubnis ihrer schwer seh- und gehbehinderten Tochter hat der BFH neben dem Pauschbetrag für Körperbehinderung nach § 33b EStG als **außergewöhnliche Belastung** anerkannt.[4] Vgl. auch Rz. 1158.

Der Aufwand eines Unternehmens für den Führerschein eines **Arbeitnehmers,** um ihn ein Betriebsfahrzeug fahren zu lassen, ist Betriebsausgabe. Das gilt auch im Verhältnis zum im Rahmen eines steuerlich anerkannten Arbeitsverhältnisses **mitarbeitenden Ehegatten,** wenn er den Führerschein ausschließlich oder überwiegend im betrieblichen Interesse nutzt.[5]

8. Fahrtkosten bei behinderten Arbeitnehmern

ARBEITSHILFEN UND GRUNDLAGEN ONLINE:

Meier, Behinderte Menschen, infoCenter, NWB AAAAB-03364.

1158 Zu steuerlichen Vergünstigungen für Behinderte vgl. BFH, Urteile v. 26.3.1993; v. 13.12.2001; v. 18.12.2003; v. 19.5.2004 und v. 15.6.2010.[6] Vgl. auch Rz. 1157 und BFH, Urteil v. 19.12.2019.[7]

1159 *(Einstweilen frei)*

▶ Kundenforderungen, „Deckelforderungen"

1160 Die Erlöse einer Gaststätte sind i. d. R. Bareinnahmen. **Außenstände** von Kunden sind die **Ausnahme,** aber als „Deckelforderungen", Firmenabrechnungen

---

1 FG Rheinland-Pfalz, Urteil v. 11.1.1979, EFG 1979 S. 329.

2 Urteil v. 27.9.1966, EFG 1967 S. 167.

3 Urteil v. 20.12.1967, EFG 1968 S. 351.

4 BFH, Urteil v. 26.3.1993 - III R 9/92, BStBl 1993 II S. 749.

5 BFH, Urteil v. 26.6.1968 - I 214/65, NWB TAAAB-49935.

6 BFH, Urteile v. 26.3.1993 - III R 9/92, BStBl 1993 II S. 749; v. 13.12.2001 - III R 40/99, BStBl 2002 II S. 224; v. 18.12.2003 - III R 31/03, BStBl 2004 II S. 453; v. 19.5.2004 - III R 16/02, BStBl 2005 II S. 23 und BFH, Beschluss v. 15.6.2010 - VI B 11/10, BFH/NV 2010 S. 1631, NWB IAAAD-47860.

7 VI R 8/18, BStBl 2020 II S. 291; Geserich, NWB 2020 S. 952.

oder Ansprüche aus Firmen- bzw. Familienfeiern und Außenstände an **Kreditkartenorganisationen** (Eurocard, American Express usw.) dennoch realistisch. Da ein laufendes Kundenkorrentkonto meist nicht geführt wird, müssen **zum Bilanzstichtag** solche **Außenstände statistisch erfasst** und als Kundenforderungen **eingebucht** werden.

Gleiches gilt für **Forderungen an Hotel-(Pensions-)Gäste,** die sich über den Bilanzstichtag im Betrieb aufhalten, wie es in Kur-, Sanatoriumsbetrieben und in Wintersportorten üblich ist. Die bis zum Bilanzstichtag aufgelaufenen Ansprüche laut Hoteljournal sind zu aktivieren.   1161

▶ **Kundschaftsessen, Kundschaftstrinken**

Literatur: *el*, Kundschaftsessen, Kundschaftstrinken, DB 1988 S. 1825; *Broudré*, Die steuerliche Behandlung von Bewirtungsaufwendungen, DStR 1995 S. 117; *Kottke*, Irritationen bei der steuerrechtlichen Beurteilung von Kundschaftsessen/-trinken, BB 1998 S. 613.

Eigene Verzehraufwendungen im Zusammenhang mit Besuchen bei Kunden können als Betriebsausgaben anerkannt werden, wenn der für die Lebensführung übliche Aufwand überschritten wird und ein ausschließlicher Zusammenhang mit dem Betrieb einwandfrei dargelegt ist.[1] Das ist z. B. der Fall, wenn Brauereivertreter oder Wein- bzw. Zigarettenreisende in Gastwirtschaften zur Pflege der Geschäftsbeziehungen größere Zechen machen, als sie aus persönlichen Gründen machen würden. Die subjektive Meinung des Stpfl. genügt dafür nicht. Es muss **nachgewiesen** werden, dass die private Lebensführung als unbedeutend in den Hintergrund tritt. Einzelaufzeichnungen und Belege sind erforderlich. Ist die betriebliche Veranlassung objektiv feststell- und nachprüfbar, so handelt es sich bei den eigenen Verzehraufwendungen um voll abziehbare Betriebsausgaben.   1162

Nicht abzugsfähig sind Aufwendungen eines in ländlicher Gegend ansässigen Bäckers und Konditors, der verschiedene Gastwirtschaften belieferte und für ein Kalenderjahr mit 42 Gastwirtschaftsrechnungen lediglich 500 DM als Betriebsausgaben geltend machte.[2] Gleiches gilt für Aufwendungen für Brot, Kaffee u. Ä., weil der Stpfl. mit den Lieferanten dieser Waren in Geschäftsbeziehungen stehe, für die Kosten der Teilnahme an einem wöchentlichen **Skatabend** oder einer **Stammtischrunde,** den Besuch eines Varietés oder einer gu-   1163

---

1 RFH v. 26.2.1936, RStBl 1936 S. 681; RFH v. 24.3.1937, StuW Nr. 250; BFH, Urteile v. 11.12.1963 - VI 340/92 U, BStBl 1964 III S. 98; v. 14.4.1988 - IV R 205/85, BStBl 1988 II S. 771.
2 FG Nürnberg v. 27.6.1969, DStZ/B 1971 S. 104.

ten Gaststätte, weil der Stpfl. zu den Veranstaltern in geschäftlichen Beziehungen steht.[1] Ein objektiver Zusammenhang kann durch die **Branchenüblichkeit** dargetan werden.[2]

Zu **Testessen** vgl. Rz. 1296.

1164–1169 *(Einstweilen frei)*

▶ **Kurtaxeeinnahmen, -ausgaben**

1170 Beherbergungsbetriebe und Fremdenheime in Kurorten haben nach den Bestimmungen der jeweiligen Gemeindesatzung von ihren Gästen Kurtaxen zu erheben und an die Gemeinde abzuführen. Es handelt sich um **durchlaufende Posten** (vgl. Rz. 1423). Die **Vereinnahmung** ist **keine Betriebseinnahme**, die **Weiterleitung keine Betriebsausgabe** (vgl. § 4 Abs. 3 Satz 2 EStG; § 10 Abs. 1 Satz 4 UStG).

▶ **Ladeneinbauten**

1171 Vgl. Gaststättenein- bzw. -umbauten, Rz. 1031.

▶ **Landwirtschaft mit Gaststätte**

1172 In ländlichen Regionen werden Gaststätten vielfach von Landwirten neben ihrer Landwirtschaft betrieben. Zwischen Landwirtschaft und Gaststätte vollziehen sich dann **Warenflüsse,** die selten abgegrenzt und festgehalten werden:

– Kartoffeln, Gemüse und **Hausschlachtprodukte** werden **in der Gaststätte** eingesetzt,

– andererseits verwertet der Gastwirt Küchen- und **Speisereste** in der **Tierfütterung.**

1173 Die Waren- und Wertflüsse haben **steuerliche Bedeutung,** vor allem, wenn der Gewinn aus Land- und Forstwirtschaft nach Durchschnittssätzen gem. § 13a EStG ermittelt wird. Ohne Buchung und Bewertung sind die **Wertabgaben in der Landwirtschaft** mit § 13a EStG voll **abgegolten,** ohne dass beim Gewerbebetrieb Betriebsausgaben entstehen. Steuerlich zutreffend ist wie folgt zu verfahren:

1174 Wirtschaftsgüter, die zur Verwendung im landwirtschaftlichen Betrieb aus dem Betriebsvermögen der Gaststätte ausscheiden, sind in der Buchführung

---

1 BFH, Urteil v. 11.12.1963 - VI 340/92 U, BStBl 1964 III S. 98; FG Düsseldorf, Urteil v. 21.5.1970, EFG 1971 S. 127.

2 BFH, Urteil v. 19.1.1961, HFR 1961 S. 244; vgl. auch FG Rheinland-Pfalz, Urteil v. 9.11.2000 - 6 K 1867/98, EFG 2001 S. 420.

der Gaststätte als Entnahme zu verbuchen. Im buchführenden landwirtschaftlichen Betrieb stellt der Vorgang eine Einlage dar.

Die landwirtschaftlichen Erzeugnisse, die **in der Gaststätte verwendet** werden, sind mit ihrem **Marktwert Betriebsausgaben.** Beim buchführenden Landwirt ist die Entnahme der Erzeugnisse Ertrag.

► Leasingverträge

Literatur: *Engel,* Beendigung des Kfz-Leasingvertrages, NWB 2005 S. 2063; *Cremer,* Leasing in Handels- und Steuerbilanz, NWB 2006 S. 3365; *Streit/Baar,* Leasing oder Kauf, BBK F. 29 S. 1265; *Roßmann;* Kfz-Leasing und die vertragliche Ausgestaltung, NWB 2012 S. 3327; *Jacobs,* Minderwertausgleich bei Schäden am Leasingfahrzeug und Umsatzsteuer, NWB 2013 S. 2986; *Brühl/Weiss,* Fortentwicklung der Leasingrechtsprechung bei „sale-and-lease-back" und Teilamortisation. NWB 2018 S. 90; *Robisch/Greif,* Umsatzsteuer bei Leasingverträgen, NWB 2020 S. 2309.

VERWALTUNGSANWEISUNGEN:

H 4.2, 5.6 und 11 EStH; BMF, Schreiben v. 19.4.1971, BStBl 1971 I S. 264; Koordinierter Ländererlass v. 10.10.1983, BStBl 1983 I S. 431, ESt-Kartei OFD Hannover, § 6 EStG Nr. 8.6; OFD Hannover v. 10.5.1991, ESt-Kartei, § 6 EStG Nr. 8.4; Koordinierter Ländererlass v. 23.12.1991, BStBl 1992 I S. 13, ESt-Kartei OFD Hannover, § 6 EStG Nr. 8.8; BMF, Schreiben v. 6.2.2014, BStBl 2014 I S. 267; BMF, Schreiben v. 31.8.2015, BStBl 2015 I S. 787.

ARBEITSHILFEN UND GRUNDLAGEN ONLINE:

Kolbe, Leasing (HGB, EStG), infoCenter, NWB RAAAE-56884; *Mujkanovic,* Leasing im Handels- und Steuerrecht, Grundlagen, NWB AAAAE-68318.

„Eigentumslose" Nutzung über Leasing für bewegliche und unbewegliche Wirtschaftsgüter steht hoch im Kurs. Leasing ist grundsätzlich **nicht bilanzwirksam.** Das Leasingobjekt amortisiert in der Regel die Leasinggesellschaft. Für den Leasingnehmer ist Leasing **Investition ohne Kapitaleinsatz.** 1175

Leasing bietet eine klare Kalkulationsbasis, denn die **Leasingraten** liegen für die gesamte Vertragsdauer von vornherein fest. Über den Leasingvertrag hinaus ist meist keine Sicherheitsgestellung erforderlich, da das Leasingobjekt in der Regel Eigentum des Leasinggebers bleibt.

Leasingverträge sind zivilrechtlich **atypische Mietverträge.** Sie werden meist für eine feste **Grundmietzeit** abgeschlossen. Nicht selten beinhalten sie eine Kauf- oder Verlängerungsoption, betreffen Investitionsgüter und haben den Charakter von **Finanzierungsleasing.**

Steuerlich werden Leasingverträge nach ihrem wirtschaftlichen Gehalt beurteilt. Bei sog. **Vollamortisationsverträgen** trägt der Leasingnehmer innerhalb der meist unkündbaren Grundmietzeit die gesamte Aufwendungen des Leasinggebers einschließlich Gewinnaufschlag. Beim **Teilamortisationsvertrag** ist der Aufwand des Leasinggebers nur zum Teil gedeckt.

Beim Angebot von Leasingverträgen wird zwischen **Netto- und Bruttoleasing** unterschieden. Dabei versteht sich Nettoleasing als ein **Finanzierungskonzept,** Bruttoleasing dagegen schließt den **Service** ein. Fast alle heute am Markt befindlichen Modelle sind aus Sicherheitsgründen und zur Erleichterung der Refinanzierung so konzipiert, dass der **Leasinggeber rechtlicher und auch wirtschaftlicher Eigentümer** ist.

Finanzierungsleasing ist neben der klassischen Darlehensfinanzierung betriebswirtschaftlich und steuerlich durchaus konkurrenzfähig. Bei **Darlehensfinanzierung** werden die als Betriebsausgaben abziehbaren AfA und Zinsen mit Zeitablauf niedriger. Leasingraten sind meist in **gleich bleibender Höhe** abziehbar. Zu „Sale-and-lease-back" vgl. BFH, Urteil v. 27.11.2019.[1]

Da in den **Anlaufjahren Verluste** wahrscheinlich sind, kann Leasing trotz höherer Gesamtaufwendungen steuerlich günstiger sein. Leasingraten unterliegen nicht der **gewerbesteuerlichen Hinzurechnungspflicht** von Dauerschulden wie bei konventioneller Finanzierung.

Zu beachten ist, dass bei Leasing die **Preise** der geleasten Wirtschaftsgüter **nicht verhandelbar** sind. Es entfallen auch die Möglichkeiten von Sonderabschreibungen bzw. degressiven Abschreibungen. Die Wirtschaftsgüter werden steuerlich fast generell dem **Leasinggeber zugerechnet.** Die ertragsteuerliche Behandlung von Finanzierungs-Leasing-Verträgen richtet sich nach den Weisungen des BMF v. 19.4.1971.[2] Danach sind im Normalfall die laufenden Leasingraten als **Betriebsausgaben** abziehbar. Für Mobilien und Immobilien gelten grundsätzlich die gleichen Zurechnungskriterien. Danach ist der Leasinggegenstand dem **Leasingnehmer zuzurechnen,** wenn nach Vertragsablauf das zivilrechtliche Eigentum daran ohne zusätzliches oder gegen geringes Entgelt auf ihn übergeht. Alle Aufwendungen dafür sind dann steuerlich **Anschaffungskosten.** Das gilt vor allem für Spezialleasingverträge und für **Sale-and-lease-back-Verträge** Zur umsatzsteuerlichen Behandlung von Sale-and-lease-back-Geschäften vgl. BFH, Urteil v. 6.4.2016.[3] **Degressive Leasingraten** werden steuerlich nicht anerkannt.[4] Die während der Grundmietzeit geschuldeten vertraglichen Jahresmieten sind auf die Grundmietzeit in jährlich gleich bleiben-

---

1 V R 25/18, NWB SAAAH-42110.
2 BStBl 1971 I S. 264.
3 V R 12/15, BStBl 2017 II S. 188.
4 BFH, Urteil v. 12.8.1982 - IV R 184/79, BStBl 1982 II S. 696.

den Beträgen zu verteilen. Was in den ersten Jahren über die jährlich abziehbaren Ansätze hinausgeht, ist zu aktivieren.[1]

Einnahmen aus der **Forfaitierung von Leasingverträgen** sind passiv abzugrenzen.[2] Der Passivposten ist linear aufzulösen, wenn der Leasinggeber zu gleich bleibenden Leistungen verpflichtet bleibt. Die Gleichmäßigkeit der Leasingrate ist grundsätzlich Ausdruck einer solchen gleichmäßigen Leistungsverpflichtung.

Bei Leasingverträgen werden oft **einmalige Sonderzahlungen** vereinbart. **Sonderzahlungen** sind nach BFH-Rechtsprechung keine Anschaffungskosten dieses Nutzungsrechts, sondern **vorausgezahltes Nutzungsentgelt**.[3]

Sonderzahlungen sind bei Gewinnermittlung durch Bestandsvergleich nach § 5 Abs. 5 Nr. 1 EStG als aktive Rechnungsabgrenzung zu **aktivieren** und auf die Grundmietzeit zu verteilen. Bei **Einnahmenüberschussrechnung** nach § 4 Abs. 3 EStG sind Sonderzahlungen sofort abziehbare Betriebsausgaben.

Passive Rechnungsabgrenzungsposten für Aufwendungen in einem Leasingmodell, vgl. FG Köln, Urteil v. 19.10.2011.[4]

▶ **Liebhaberei**

Literatur: *Moritz,* Objektbezogene Prüfung der Einkünfteerzielungsabsicht, NWB 2009 S. 2965; *Siegmund/Ungemach,* Einkünfteerzielungsabsicht bei der Vermietung von Gewerbeimmobilien, NWB 2010 S. 3806; *Stein,* Einkunfterzielung und Einkunftsermittlung bei der Vermietung von Ferienwohnungen, StBp 2010 S. 101; *ders.,* Einkunfterzielungsabsicht bei Wohnraumvermietung, StBp 2010 S. 217; *Mindermann/Lukas,* Liebhaberei – eine rein steuerliche Angelegenheit?, NWB 2012 S. 182; *Mindermann/Lukas,* Verdeckte Gewinnausschüttung bei Liebhaberei in der GmbH, NWB 2014 S. 2092; *Loll,* Besteuerung stiller Reserven nach Veräußerung eines Liebhabereibetriebs, NWB 2016 S. 1010 ff.

VERWALTUNGSANWEISUNGEN:

H 2, H 15.3. und H 15.7 EStH; BMF, Schreiben v. 8.10.2004, BStBl 2004 I S. 933.

ARBEITSHILFEN UND GRUNDLAGEN ONLINE:

Langenkämper, Liebhaberei, infoCenter, NWB FAAAB-14585; *Ronig,* Vermögensverwaltung, infoCenter, NWB IAAAC-37527.

Eine Tätigkeit, die rein äußerlich zum Spektrum der Einkunftsarten des § 2 Abs. 1 EStG gehört, kann sich als **„Nichteinkunftsart"** darstellen, wenn sie als

1176

---

1 ESt-Kartei OFD Hannover § 6 EStG Nr. 8.6.
2 BFH, Urteil v. 24.7.1996 - I R 94/95, BStBl 1997 II S. 122.
3 BFH, Urteil v. 5.5.1994 - VI R 100/93, BStBl 1994 II S. 643; vgl. auch H 11 EStH.
4 10 K 2381/10, EFG 2012 S. 105.

Liebhaberei qualifiziert werden muss. Dabei fehlt das **Streben nach Gewinnen und Überschüssen** (Totalgewinn) als wesentliches Merkmal steuerlich relevanter Betätigung. Zum Totalgewinn ist auch ein möglicher **Aufgabe- bzw. Veräußerungsgewinn** zu zählen.[1] Bei den Überschusseinkunftsarten bleiben Wertsteigerungen bei der Frage eines Totalüberschusses mit Ausnahme des § 22 Nr. 2 EStG außer Ansatz. Steuerliche Liebhaberei kann bereits zu Beginn der Tätigkeit fehlen oder im Laufe der Zeit eintreten oder wegfallen. Wenn keine gewerbliche Vermietung (Yachtcharter) vorliegt, findet eine Berücksichtigung des **Veräußerungsgewinns** bei Prüfung des Totalergebnisses nicht statt.[2] Die Absicht, Einnahmen zu erzielen, ist für die Ertragsbesteuerung nicht ausreichend. Liebhaberei führt steuerlich dazu, dass erzielte Gewinne, aber vor allem Verluste nicht berücksichtigt werden. Zur **Übernachtungsprognose** bei einer Ferienwohnung vgl. BFH, Urteil v. 12.7.2016.[3]

Vgl. auch Rz. 1077 ff., Gewerbebetrieb, Vermögensverwaltung.

1177 **Absichtserklärungen** des Unternehmers sind irrelevant. **Verluste über mehrere Jahre** sprechen gegen eine Gewinnerzielungsabsicht.[4] **Anlaufverluste** sind nur begrenzt von Bedeutung.[5] Sie sind beachtlich, wenn ihr Ausgleich nicht erwartet werden kann.[6] Der Beweis der fehlenden Gewinnerzielungsabsicht für einen **neu aufgebauten Betrieb** gilt als erbracht, wenn er so wie vom Stpfl. betrieben, von vornherein nicht in der Lage ist, nachhaltige Gewinne zu erzielen.[7]

1178 Gewerbebetriebe werden im Allgemeinen nicht als Liebhaberei betrieben. Dennoch hat die Rechtsprechung auch dabei Fälle von Liebhaberei entschieden. Bei einem **Getränkegroßhandel** z. B. spricht der Beweis des ersten Anscheins für eine Absicht der Gewinnerzielung. Diese **Anscheinsvermutung** kann widerlegt werden, wenn im konkreten Fall für die Fortführung eines verlustbringenden Betriebes **private Gründe** als maßgebend erkannt werden. Als privater Natur qualifizierte die Rechtsprechung auch das Bestreben, den Verlustbetrieb fortzuführen, um ihn dem Sohn zu erhalten.[8] Nach dem BFH, Urteil

---

1 BFH, Urteil v. 25.6.1984 - GrS 4/82, BStBl 1984 II S. 751; BFH, Urteil v. 17.6.1998 - XI R 64/97, BStBl 1998 II S. 727.
2 FG München, Urteil v. 10.12.1996, EFG 1997 S. 1245.
3 IX R 21/15, BFH/NV 2016 S. 1695, NWB OAAAF-83709.
4 BFH, Urteil v. 15.11.1984 - IV R 139/81, BStBl 1985 II S. 205.
5 Niedersächsisches FG, Urteil v. 28.8.1991, EFG 1993 S. 76.
6 BFH, Urteil v. 21.3.1985 - IV R 25/82, BStBl 1985 II S. 399.
7 BFH, Urteil v. 15.5.1997 - IV B 74/96, BFH/NV 1997 S. 668, NWB YAAAB-39003.
8 BFH, Urteil v. 19.11.1985 - VIII R 4/83, BStBl 1986 II S. 289.

v. 20.7.2010[1] ist bei der **Vermietung von Gewerbeobjekten** die Gewinnerzielungsabsicht stets konkret festzustellen.

Zur steuerlichen Behandlung von **Ferienwohnungen** vgl. BMF, Schreiben v. 8.10.2004[2] und Rz. 1077 ff. Zur Einkünfteerzielungsabsicht bei **langfristiger Vermietung** vgl. BFH, Urteil v. 10.5.2007.[3] Zur Ermittlung der Überschusserzielungsabsicht bei einer auch **teilweise selbstgenutzten Ferienwohnung** Hinweis auf BFH, Urteil v. 21.6.2010.[4]

In einem anderen Fall erkannte das Niedersächsische FG[5] das Betreiben einer   1179
verlustbringenden **Gaststätte** durch einen Zahnarzt als Liebhaberei. Die Gaststätte befand sich seit Jahrhunderten im Familienbesitz. Anders entschied der BFH einen Fall, bei dem ein **Gästehaus** über acht und mehr Jahre mit Verlusten betrieben wurde.[6] Der Zeitraum rechtfertige allein nicht den Schluss, das Gästehaus werde auch in den Folgejahren ohne Gewinnerzielungsabsicht betrieben. Liebhaberei beim Kauf und Verkauf von Wein. Liebhaberei bei Verlusten eines Automatenaufstellers.[7] Zur Gewinnerzielungsabsicht beim **Getränkeverkauf in einer Tanzschule** vgl. BFH, Urteil v. 18.5.1995.[8]

Zur Versteuerung des Gewinns aus der **Veräußerung eines Liebhabereibetriebes** vgl. BFH, Urteil v. 11.5.2016.[9]

► **Meisterausbildung**

Literatur: *Korn*, Aus- und Fortbildungskosten für mitarbeitende Kinder, NWB 1991 S. 1169; *von Bornhaupt*, Berufsfortbildungskosten als Werbungskosten, NWB 1992 S. 2671; *Heinen*, Einkommen- und umsatzsteuerliche Behandlung von Aus- und Fortbildungskosten, INF 1994 S. 363; *von Bornhaupt*, Abgrenzung der beruflichen Fortbildung zur Weiterbildung in einem ausgeübten Beruf, NWB 1997 S. 181; BP-Kartei, „Konto Fortbildungskosten", Teil I; *Braun*, Berufsausbildungskosten – Mit Null und Nichts zufrieden?, NWB 2014 S. 3834.

ARBEITSHILFEN UND GRUNDLAGEN ONLINE:

Meier, Ausbildungskosten – Ausbildungsverhältnis, infoCenter, NWB PAAAA-88423.

---

1 IX R 49/09, BStBl 2010 II S. 1038.

2 Einkunftserzielung bei den Einkünften aus Vermietung und Verpachtung, BStBl 2004 I S. 933.

3 IX R 7/07, BStBl 2007 II S. 873.

4 IX B 25/10, BFH/NV 2010 S. 2052, NWB EAAAD-51323.

5 Urteil v. 20.8.1991, EFG 1992 S. 329.

6 BFH, Urteil v. 13.12.1984 - VIII R 59/82, BStBl 1985 II S. 455.

7 Vgl. BFH v. 27.5.2009 - X R 62/06, BFH/NV 2009 S. 1793, NWB YAAAD-29303 und BFH, Urteil v. 19.3.2009 - IV R 40/06, BFH/NV 2009 S. 1115, NWB YAAAD-21802.

8 IV R 31/94, BStBl 1995 II S. 718.

9 X R 15/15, BStBl 2017 II S. 112.

1180 Die Aufwendungen für einen Meisterlehrgang können auch dann **vorab entstandene Werbungskosten** bezüglich der später nicht selbständigen Berufstätigkeit als Meister sein, wenn der Stpfl. vor Lehrgangsbeginn vorübergehend in einem anderen als dem erlernten Beruf tätig und nach Abschluss des Lehrgangs kurzfristig arbeitslos gewesen ist.[1]

Die Kosten der Meisterausbildung des im **Betrieb des Vaters** mitarbeitenden Sohnes (Lohnfortzahlung, Schul- und Prüfungskosten) sind beim Vater nur dann Betriebsausgaben, wenn nachgewiesen wird, dass vergleichbare Betriebe solche Kosten auch für fremde Arbeitnehmer tragen. Der Umstand, dass der Sohn den Betrieb des Vaters später übernimmt, ist kein betrieblicher Anlass für die Kostenübernahme durch den Betrieb.[2] Aufwendungen der Eltern für die Berufsausbildung der Kinder gehören grundsätzlich zu den Lebenshaltungskosten. Nach BFH, Urteil v. 29.10.1997[3] sind sie nicht allein deshalb Betriebsausgaben, weil die Berufsausbildung eine spätere **Unternehmensnachfolge** vorbereiten soll. Auch diese Vorbereitung ist prinzipiell dem privaten Bereich zuzuordnen.[4]

Zur gesetzlichen Neuregelung zu Ausbildungskosten ab 1.1.2015 vgl. Rz. 1013 ff.

▶ **Mieter-, Pächterein- bzw. -umbauten**

Literatur: *Neufang*, Mietereinbauten – ein Spannungsfeld in der Steuerberatung, INF 1998 S. 65; *Engelberth*, Ertragsteuerrechtliche Behandlung von Mietereinbauten, NWB 2011 S. 322.

VERWALTUNGSANWEISUNGEN:

R 4.2 EStR; H 4.2, H 5.5, H 7.1 und H 7.4 EStH; BMF, Schreiben v. 15.1.1976, BStBl 1976 I S. 66; OFD Düsseldorf, Vfg. v. 8.7.2002, StuB 2002 S. 1063.

ARBEITSHILFEN UND GRUNDLAGEN ONLINE:

Langenkämper, Mietereinbauten, infoCenter, NWB BAAAB-04862; *Michel/Hülsmann*, Mietereinbauten und -umbauten, Grundlagen, NWB UAAAE-35025.

1181 Bei der **Vielzahl der Pachtbetriebe** in der Gaststättenbranche hat die Behandlung von Mieter- und Pächterein- bzw. -umbauten breite steuerliche Bedeutung. Nach BMF v. 15.1.1976[5] ist bei den Baumaßnahmen des Mieters oder Pächters zu **unterscheiden zwischen**

---

1 BFH, Urteil v. 18.4.1996 - VI R 75/95, BStBl 1996 II S. 529.
2 FG Baden-Württemberg, Urteil v. 30.7.1997, BBK KN-Nr. 12/1998.
3 X R 129/94, BStBl 1998 II S. 149.
4 BFH, Urteil v. 2.12.1998 - II R 43/97, BStBl 1999 II S. 235.
5 BStBl 1976 I S. 66.

▶ Scheinbestandteilen,

▶ Betriebsvorrichtungen,

▶ sonstigen Mietereinbauten,

▶ immateriellen Wirtschaftsgütern,

▶ Erhaltungs- und

▶ Herstellungsaufwand.

Zur **Übertragbarkeit von Mietereinbauten** vgl. BFH, Urteil v. 14.2.2007.[1] Die **Abgrenzung ist** in der Praxis **nicht immer einfach,** aber entscheidend für die steuerliche Behandlung. Nach der neueren BFH-Rechtsprechung[2] sind Mietereinbauten und -umbauten, die der Mieter in gemieteten Räumen auf eigene Rechnung vornimmt, als **materielle,** dem Mieter zuzurechnende Wirtschaftsgüter zu aktivieren, und zwar als bewegliche, wenn es sich um **Scheinbestandteile** nach § 95 BGB oder um **Betriebsvorrichtungen** handelt. Sie sind **unbewegliche Wirtschaftsgüter** unter dem Gesichtspunkt des besonderen Nutzungs- und Funktionszusammenhangs oder des **wirtschaftlichen Eigentums.**   1182

Eine **Kegelbahn oder Sauna,** die der Gaststättenpächter im Pachtobjekt **auf eigene Kosten** einbauen lässt, ist **Betriebsvorrichtung** (vgl. Rz. 1905). Der **Pächter** ist nach Maßgabe der betriebsgewöhnlichen Nutzungsdauer **zur Vornahme der AfA berechtigt.**   1183

Baut der **Hotelpächter einen Personenaufzug** ein, der eine längere Nutzungsdauer als die Mietvertragsdauer hat, so handelt es sich dabei, wenn er ihn bei Vertragsablauf wieder entfernen muss, um einen **Scheinbestandteil.**   1184

Beim **Mieter oder Pächter** gelten für Herstellungs- und Erhaltungsaufwendungen die **gleichen Abgrenzungskriterien,** wie für den Eigentümer. Was beim Eigentümer Erhaltungsaufwand ist, gilt genauso für den Mieter oder Pächter.   1185

Stehen die Einbauten eines Mieters oder Pächters mit dem Gebäude in einem einheitlichen Nutzungs- und Funktionszusammenhang (z. B. eine neue Heizungsanlage), ohne dass er wirtschaftlicher Eigentümer ist, so ist ein **immaterielles Wirtschaftsgut** entstanden. Der Aufwand ist ertragsteuerlich **sofort als Betriebsausgabe** abziehbar. Einer Aktivierung steht § 5 Abs. 2 EStG entgegen.[3]   1186

Übernimmt ein **Pächter** die Neueindeckung eines Daches, obwohl er dazu nach dem Pachtvertrag nicht verpflichtet ist, so kann es sich um ein zusätzli-   1187

---

1 XI R 18/06, BStBl 2009 II S. 957.
2 Urteil v. 11.6.1997 - XI R 77/96, BStBl 1997 II S. 774.
3 FG Nürnberg, Urteil v. 17.10.1984, rkr., EFG 1985 S. 279.

ches Pachtentgelt handeln, das als aktiver Rechnungsabgrenzungsposten zu bilanzieren ist.[1]

1188   Dienen Baumaßnahmen des Mieters oder Pächters unmittelbar seinem Betrieb, ohne dass Scheinbestandteil, Betriebsvorrichtung oder wirtschaftliches Eigentum vorliegen, so sind die entstehenden Ein- oder Umbauten ihm als **materielles Wirtschaftsgut** zuzurechnen, wenn sie mit dem **Gebäude** in **keinem einheitlichen** Nutzungs- und Funktionszusammenhang stehen.[2] **Schaufensteranlagen und Beleuchtungsanlage** dazu sind auch bei Neubauten selbständige Gebäudeteile.[3]

Zur **AfA-Berechtigung** des Mieters für Mietereinbauten vgl. Sächsisches FG, Urteil v. 9.7.2001.[4]

1189   *(Einstweilen frei)*

► **Mietkaufverträge**

FinMin Schleswig-Holstein, Abgrenzung zwischen Kauf nach Miete, Mietkauf und Leasing, NWB CAAAB-36197.

1190   Einrichtungen und EDV-Anlagen werden dem Abnehmer nicht selten **zunächst mietweise** überlassen. Die Verträge räumen einen Kauf ein, bei dem die gezahlten **Mieten voll anrechenbar** sind. Die Rechtsprechung behandelt Mietkaufverträge meist als **Kaufverträge**.[5] Das gilt, wenn dem Mieter eine **Kaufoption** bereits zu einem **festgelegten Kaufpreis** eingeräumt wird und die **Mietzahlungen** bei Annahme des Kaufangebots in voller Höhe **angerechnet werden**.

1191   *(Einstweilen frei)*

► **Naturalrabatte**

1192   Brauereien und andere Lieferanten geben häufig ihren Abnehmern Rabatte in Form von Naturalien (Einführungs-, Mengen-, Abschlussrabatt). Sie werden entgegen § 144 AO oft weder in Lieferscheinen noch in Rechnungen ausgewiesen. Wegen ihrer **mangels Einkaufspreises** wesentlichen **Auswirkungen auf**

---

1 BFH, Urteil v. 10.11.1994 - IV B 22/94, BFH/NV 1995 S. 591, NWB EAAAB-34773.

2 BFH, Urteil v. 21.2.1978 - VIII R 148/73, BStBl 1978 II S. 345; BFH, Urteil v. 28.7.1993 - I R 88/92, BStBl 1994 II S. 164.

3 BFH, Urteil v. 29.3.1965 - I 411/61 U, BStBl 1965 III S. 291.

4 1 V 1564/98, NWB WAAAB-16973.

5 BFH, Urteil v. 5.11.1957 - I 221/56 U, BStBl 1957 III S. 445; BFH, Urteil v. 12.9.1991 - III R 233/90, BStBl 1992 II S. 182.

den **Rohgewinn** sollten Naturalrabatte festgehalten und vollständig erfasst werden. Es besteht **Aufzeichnungspflicht** aus § 143 AO (vgl. Rz. 461 ff.).

► **Nebentätigkeiten, Nebeneinnahmen, Preisgelder**

VERWALTUNGSANWEISUNGEN:

H 2 EStH; BMF, Schreiben v. 5.9.1996, BStBl 1996 I S. 1150; BMF, Schreiben v. 23.12.2002, BStBl 2003 I S. 76; BMF, Schreiben v. 27.4.2006, BStBl 2006 I S. 342; BMF, Schreiben v. 27.3.2013, BStBl 2013 I S. 452; OFD Frankfurt, Vfg. v. 14.5.2014, NWB PAAAE-65854.

ARBEITSHILFEN UND GRUNDLAGEN ONLINE:

Geißler, Nebentätigkeiten, infoCenter, NWB DAAAB-36966; *Grözinger, Spiel- und Wettgewinn,* Steuerfach-Scout, NWB MAAAE-64416.

Einnahmen aus Nebentätigkeiten sind **Betriebseinnahmen,** wenn sie im Rahmen des Betriebes anfallen. Ein Indiz dafür ist der Umstand, dass solche Tätigkeiten **berufliche Kenntnisse** und Fähigkeiten nutzen, an die unternehmerische Position anknüpfen bzw. wirtschaftlichen Zusammenhang mit dem Betrieb haben. Es kann sich auch um **sonstige Einkünfte** nach § 22 Nr. 3 EStG handeln.[1]   **1193**

Entschädigungen (Aufwandsentschädigungen) für die Gaststättenbranche betreffende **Gutachtertätigkeit,** berufsbezogene **Ehrenämter** oder die Mitwirkung in **Prüfungsausschüssen** und Standesorganisationen sind betrieblich veranlasst und damit Betriebseinnahmen. Maßgeblich für die Zuordnung zum betrieblichen/beruflichen Bereich ist die **Gleichstellung mit** den entsprechenden **als Betriebsausgaben abziehbaren Beitragzahlungen.** Für die Frage der Zugehörigkeit zu den Betriebseinnahmen kann persönliche Mitarbeit z. B. bei **Verbandstätigkeit** nicht anders eingeordnet werden, als der Beitrag an den Verband selbst.[2]   **1194**

Aufwandsentschädigungen einer **Berufskammer** für einen ehrenamtlich als Präsident tätigen Inhaber eines einschlägigen Betriebes sind **Betriebseinnahmen.**[3] Ersatzleistungen für im Rahmen des Betriebes geschlossene Verträge sind wie die Erfüllungsleistungen selbst Gegenstand des Betriebes und keine Entschädigungen als **Ersatz für entgangene Einnahmen** i. S. d. § 24 Nr. 1a EStG. Erstellt ein Gewerbetreibender **Gutachten,** so sind die Einnahmen daraus Betriebseinnahmen.[4]   **1195**

---

1 Vgl. „Big Brother"-Preisgeld, BFH, Urteil v. 24.4.2012 - IX R 6/10, BStBl 2012 II S. 581.
2 BFH, Urteil v. 28.11.1980 - VI R 193/77, BStBl 1981 II S. 368.
3 BFH, Urteil v. 26.2.1988 - III R 241/84, BStBl 1988 II S. 615.
4 FG Bremen, Urteil v. 25.8.1953, EFG 1953 S. 56.

1196 **Nebenberufliche Lehrtätigkeit** an Berufs- oder Meisterschulen ist als **freiberuflich** anzusehen, wenn sie sich ohne Schwierigkeiten von der Haupttätigkeit trennen lässt.[1]

Zur Teilnahme an Pokerturnieren, FG Münster.[2]

▶ **Nutzungsrechte, Nießbrauch**

Literatur: *Brandenberg*, Der neue Nießbrauchserlass, NWB 1998 S. 2621 *Harthaus*, Die unentgeltliche Nutzungsüberlassung von Gebäuden und Gebäudeteilen, StuB 2000 S. 1137; *Paus*, Steuerfragen der Nießbrauchs- und Nutzungsrechte, StW 2001 S. 43; *Janssen*, Zuwendungsnießbrauch an ertragreichem Gebäude, NWB 2008 S. 2887; *Meyer/Ball*, Grundstücksübertragungen unter Nießbrauchsvorbehalt im Steuerrecht, StBp Heft 7/10 und 2010 S. 223; *Paus*, Das betrieblich genutzte Gebäude auf dem privaten Grundstück des Ehegatten, NWB 2017 S. 1348 ff.; s. auch NWB 2017 S. 1532 ff.; *Götz/Hülsmann*, Der Nießbrauch im Zivil- und Steuerrecht, 12. Aufl., Herne 2019; *Böttcher/Feist*, Nießbrauchsgestaltungen im Rahmen der Übergabe eines Einzelunternehmens, NWB 2020 S. 717.

VERWALTUNGSANWEISUNGEN:

H 4.2, 4.3, 5.5, 7.1, 11 und 21.2 EStH; BMF, Schreiben v. 24.7.1998, BStBl 1998 I S. 914; BMF, Schreiben v. 9.2.2001, BStBl 2001 I S. 171; BMF, Schreiben v. 16.12.2016, BStBl 2016 I S. 1431.

ARBEITSHILFEN UND GRUNDLAGEN ONLINE:

Schmalbach, Nießbrauch, infoCenter, NWB TAAAB-14443.

1197 Nießbrauch ist eine persönliche Dienstbarkeit, die den Inhaber berechtigt, die Nutzungen eines Gegenstandes kraft eigenen Rechts zu ziehen, ohne selbst Eigentümer zu sein.

Wegen der meist **familiären Strukturierung** der Gaststättenbetriebe entsprechen betriebliche Nutzung und Investitionen unter Eheleuten nicht immer der zivilrechtlichen Eigentumslage. Oft werden **betriebliche Bauvorhaben** oder Erweiterungen vom Betriebsinhaber auch auf dem **Ehegatten** oder den Eheleuten gemeinsam **gehörender Grundbesitz** vorgenommen, **ohne dass Miet- oder Pachtverträge** (Rz. 81 ff.) wie unter Fremden geschlossen werden.

1198 Mit Urteil v. 9.3.2016,[3] hat der BFH zur Behandlung des eigenen Aufwands des Betriebsinhabers für die Errichtung eines betrieblich genutzten Gebäudes auf einem auch dem anderen Nichtunternehmer-Ehegatten gehörenden Grundstück entschieden, dass die Aufwendungen grundsätzlich Privatvermögen sind. Die vom Betriebsinhaber getragenen Aufwendungen dafür sind, soweit

---

1 Niedersächsisches FG, Urteil v. 24.4.1980, EFG 1980 S. 546.
2 NWB FAAAF-86087.
3 X R 46/14, BStBl 2016 II S. 976.

sie auf den Miteigentumsanteil des Nichtunternehmer-Ehegatten entfallen, in der Bilanz als sog. **Aufwandsverteilungsposten** auszuweisen. Entsprechendes gilt analog bei Gewinnermittlung nach § 4 Abs. 3 EStG und Alleineigentum des Nichtunternehmerehegatten.

Vgl. dazu BMF v. 16.12.2016 (siehe oben Verwaltungsanweisungen) und Korn/ Strahl, Aus der Steuerrechtsprechung und Verwaltungspraxis im Jahr 2016.[1]

Überlässt die Ehefrau dem gewerblich tätigen Ehemann ein ihr gehörendes bebautes Grundstück **unentgeltlich** zur betrieblichen Nutzung, so kann sie als wirtschaftliche Trägerin des Aufwandes diesen mangels Einkunftserzielung steuerlich nicht geltend machen. Andererseits kann auch der Betriebsinhaber Aufwendungen nicht steuerlich berücksichtigen, die er nicht getragen hat. Nicht absetzbarer **Drittaufwand** bezieht sich auf laufende Aufwendungen und die AfA.   **1199**

Zur steuerlichen Behandlung von **unentgeltlichen Nutzungsrechten** und zur **Ablösung von Nutzungsrechten** vgl. BMF, Schreiben v. 24.7.1998.[2]   **1200**

▶ **Pachterneuerungsverpflichtungen; Substanzerhaltung; Rückstellung**

Literatur: *Brosch*, Die Substanzerhaltungspflicht des Pächters, StBp 1967 S. 68; *Westerfelhaus*, Eingeschränkte Bilanzierungsfähigkeit des Substanzerhaltungsanspruchs beim Verpächter, DB 1992 S. 2365; *Ritzow*, Rückstellungen bei Miet- und Pachtverträgen, Übersicht über die Rechtsprechung des BFH, StW 1997 S. 145.

VERWALTUNGSANWEISUNGEN:

BMF, Schreiben v. 21.2.2002, BStBl 2002 I S. 262.

Hat bei der Verpachtung eines Unternehmens der **Pächter** die Verpflichtung übernommen, die gepachteten Wirtschaftsgüter instand zu halten und unbrauchbar gewordene Gegenstände auf seine Kosten durch neue zu ersetzen, so darf er solche Pachtgegenstände nicht aktivieren und dafür **keine AfA** vornehmen. Zur Abschreibungsberechtigung des Pächters bei sog. **eiserner Verpachtung** vgl. BMF, Schreiben v. 21.2.2002[3] und BFH, Urteil v. 28.5.1998.[4]   **1201**

Für die Verpflichtung zum kostenlosen Ersatz muss der Pächter eine Rückstellung bilden, deren Höhe durch die Abnutzung der gepachteten Wirtschafts-   **1202**

---

1 NWB 2016 S. 3785 ff.
2 BStBl 1998 I S. 914; vgl. auch BFH, Urteil v. 22.2.2007 – IX R 29/05, BFH/NV 2007 S. 1100, NWB HAAAC-42642.
3 BStBl 2002 I S. 262.
4 IV R 31/97, BStBl 2000 II S. 286.

güter während der Pachtzeit und deren Wiederbeschaffungskosten bestimmt ist (Erfüllungsrückstand).[1] Hat der Pächter bei Beginn des Pachtvertrages **gebrauchte Wirtschaftsgüter** übernommen, so ist die Last des Pächters so zu bemessen, dass die Rückstellung im Zeitpunkt der Fälligkeit der Ersatzverpflichtung so viel von dem Preis für ein neues Ersatzwirtschaftsgut angesammelt hat wie dem Wertigkeitsgrad des ersetzten Wirtschaftsguts im Zeitpunkt des Pachtbeginns entspricht.

1203 Bei Verpachtung abnutzbaren Anlagevermögens mit **Substanzerhaltungspflicht** des Pächters stehen dem **Verpächter** die Absetzungen für Abnutzung sowohl an den im Zeitpunkt des Pachtbeginns vorhandenen als auch an den ersatzbeschafften Anlagegütern zu.[2] Sein Anspruch auf Ersatzbeschaffung für ausgeschiedene und unbrauchbar gewordene Pachtgegenstände entsteht nicht erst mit Ablauf des Pachtverhältnisses. Er hat ihn laufend mit dem jeweiligen **Zeitwert** des Bilanzstichtages zu aktivieren.[3] Aus dem BFH-Urteil v. 12.2.2015[4] ergibt sich für den Verpächter keine Pflicht zur Aktivierung des Instandhaltungsanspruchs.

1204 Pächter von **Autobahnraststätten** übernehmen nach ihren Verträgen mit der „Gesellschaft für Nebenbetriebe der Bundesautobahnen (GFN)" die Substanzerhaltungspflicht für das im Eigentum des Verpächters stehende Pachtobjekt. Das Vorliegen der Voraussetzungen für eine Substanzerhaltungsrückstellung wird für die Verträge mit der GFN von der Verwaltung häufig verneint, da die Pächter weder zu Beginn noch am Ende des Pachtvertrages Ausgleichszahlungen leisten müssen. Es werden aber Rückstellungen für unterlassene Aufwendungen für Instandhaltung anerkannt. Die Bemessung der Substanzerhaltungsrückstellung richtet sich nach BMF, Schreiben v. 9.5.1967.[5]

1205 Auch für aufgrund von Franchise-Verträgen werden Pachterneuerungsverpflichtungen eingegangen. Schon für noch nicht fällige Verpflichtungen zur Erneuerung unbrauchbar gewordener Pachtgegenstände kann eine Pachterneuerungsrückstellung gebildet werden.[6]

---

1 BFH, Urteil v. 2.11.1965 - I 51/61 S, BStBl 1966 III S. 61; BFH, Urteil v. 3.12.1991 - VIII R 88/87, BStBl 1993 II S. 89; vgl. auch BMF, Schreiben v. 9.5.1967, BStBl 1967 I S. 155.

2 BFH, Urteil v. 2.11.1965 - I 51/61 S, BStBl 1966 III S. 61; BFH, Urteil v. 23.6.1966 - IV 75/64, BStBl 1966 III S. 589.

3 BFH, Urteil v. 21.12.1965 - IV 228/64 S, BStBl 1966 III S. 147; BFH, Urteil v. 23.6.1966 - IV 75/64, BStBl 1966 III S. 589; Niedersächsisches FinMin v. 9.5.1967, BStBl 1967 II S. 156; BFH, Urteil v. 17.2.1998 - VIII R 28/95, BStBl 1998 II S. 505.

4 IV R 29/12, BFH/NV 2015 S. 895, NWB OAAAE-88378.

5 BStBl 1967 II S. 156.

6 BFH, Urteil v. 3.12.1991 - VIII R 88/87, BStBl 1993 II S. 89.

Bei **Betriebsaufspaltung** müssen die Substanzerhaltungsrückstellungen des Pächters und der aktivierte Substanzerhaltungsanspruch des Verpächters gleich hoch sein.[1]   1206

(Einstweilen frei)   1207

▶ **Pachtverträge; Ehegatten-, Brauereipachtverträge**

Vgl. Rz. 81, 91, 140 ff.   1208

▶ **Personalverpflegung**

Das Volumen der Personalverpflegung hat für den betrieblichen **Rohgewinn- aufschlagsatz** große Bedeutung. Bei **Nachkalkulationen** (vgl. Rz. 2446) ist es wichtig, den Umfang **betragsmäßig** zu **qualifizieren**. Dazu sind **Anschreibun- gen** zu empfehlen. Die verwendeten Waren sollten vom Warenkonto auf ein besonderes Konto „Personalverpflegung" umgebucht werden.[2]   1209

▶ **Personenaufzug**

Vgl. Rz. 1905 ff.   1210

▶ **Pfandgeldrückstellungen**

Vgl. Rz. 1223.   1211

▶ **Preisgelder, Spielgewinne**

Vgl. Rz. 1513.   1212

(Einstweilen frei)   1213

▶ **Preisverzeichnisse; Speisen- und Getränkekarten**

Vgl. Rz. 26 bis 28.   1214

▶ **Privateinkäufe**

Wareneinkäufe für den Privatbedarf sind **getrennt zu verbuchen**. Einkäufe von Gütern, die auch vom Betrieb üblicherweise bezogen werden (Lebensmittel, Putzmittel, Getränke usw.), sind **über Warenkonto** voll als Betriebsausgabe zu buchen, auch wenn sie ganz oder teilweise als Eigenbedarf gedacht sind. Der privaten Verwendung wird mit dem Ansatz der **Pauschbeträge** Rechnung ge- tragen (vgl. Rz. 2627).   1215

Die für den gewerblichen Kunden geschaffenen Großmärkte, wie **Metro, Ratio, C+C-Märkte**, führen das gesamte Einzelhandelssortiment. Hier findet oft eine **Vermischung** von betrieblichen und privaten Einkäufen statt.

---

1 BFH, Urteil v. 21.12.1965 – IV 228/64 S, BStBl 1966 III S. 147.
2 BFH, Urteil v. 1.8.1961, HFR 1961 S. 247.

Getätigte Privateinkäufe (Textilien, Elektrogeräte, Kosmetika usw.) sollten auf den Einkaufsbelegen gekennzeichnet und über Privatkonto als Entnahme gebucht werden.

▶ Privatvermögen, Privatkonten, private Unterlagen

1216 Wirtschaftsgüter, die nur untergeordnet (bis 10 %) eigenbetrieblich genutzt werden, sind notwendiges Privatvermögen.

Betriebliche Geldeingänge sind Betriebseinnahmen (vgl. Rz. 903) und bei Gewinnermittlung durch Einnahmenüberschussrechnung nach § 4 Abs. 3 EStG mit ihrer Vereinnahmung entnommen und notwendiges Privatvermögen. Das gilt auch für alle Geldkonten, wie Kasse, Bank und Postscheckkonto.[1]

1217 Unterlagen der Privatsphäre sind grundsätzlich nicht aufbewahrungspflichtig. Dies gilt auch für private Kontoauszüge. Ausnahme vgl. § 14b UStG. Danach trifft Privatleute seit dem 31.7.2004 eine zweijährige Aufbewahrungspflicht für Rechnungen, Zahlungsbelege oder andere beweiskräftige Unterlagen, die sie im Zusammenhang mit Leistungen an einem Grundstück erhalten haben. Vgl. Rz. 559. § 14 Abs. 2 Satz 1 Nr. 1 i.V. m. § 14b Satz 5 UStG ist ab 1.1.2004 zu beachten. § 147 AO gilt nur für Unterlagen und Belege im Zusammenhang mit Buchführungs- und Aufzeichnungspflichten.

Der Gastwirt ist nicht verpflichtet, für seine privaten Sparkonten eine Buchführung einzurichten. Er muss auch nicht erläutern, woher die Einzahlungen stammen, noch einen Nachweis hierüber erbringen. Der Gastwirt ist zwar nach der AO zur Auskunftserteilung und Mitwirkung bei Klärung von Steuerfragen verpflichtet. Er ist jedoch nicht verpflichtet, einen in sich geschlossenen Nachweis über die Herkunft seines Privatvermögens zu führen. In der Regel muss das Finanzamt, nicht der Steuerbürger, belegen und beweisen, dass die auf das Privatkonto eingezahlten Beträge nicht aus zu versteuernden Einkommen stammen (s. Rz. 2487 ff.).[2]

▶ Prospekte

1218 Vgl. Rz. 1102.

▶ Provisionszahlungen

1219 Provisionszahlungen an Taxifahrer durch einen Nachtlokalbesitzer für Kundenzuleitungen sind als Betriebsausgaben abziehbar, wenn die Empfänger genau benannt werden (§ 160 AO).[3]

---

1 BFH, Urteil v. 25.1.1962 - IV 221/60 S, BStBl 1962 III S. 366.
2 BFH, Urteil v. 28.5.1986 - I R 265/83, BStBl 1986 II S. 732.
3 BFH, Urteil v. 2.3.1967 - IV 309/64, BStBl 1967 III S. 396.

▶ **Richtsätze**

Vgl. Rz. 2627.   1220

▶ **Rückstellungen**

Literatur: *Scheffler*, Verbreiterung der Bemessungsgrundlage: Was bleibt von Rückstellungen in der Steuerbilanz?, StuB 2000 S. 489 und 541; *Maus*, Rückstellungen für die Aufbewahrung von Geschäftsunterlagen, BBK F. 13 S. 4547; *Rätke*, Pauschalrückstellungen für Gewährleistungsverpflichtungen, StuB 2003 S. 175; *Scheffler*, Rückstellungen zur Nachbetreuung, StuB 2003 S. 18; *Schiffer/Reinke*, Neues Schuldrecht und Rückstellungspraxis, StuB 2003 S. 5; *Pitzke*, Abzinsung von Verbindlichkeiten und Rückstellungen, NWB 2005 S. 2055; *Fink*, Bildung einer Rückstellung für Jubiläumsleistungen, NWB 2007 S. 1935; *Becker*, Rückstellungen für Sozialabgaben und hinterzogene Steuern, StBp 2008 S. 181; *Maus*, ABC der Rückstellungen, Herne/Berlin 2008; *Pitzke*, Rückstellungen für Jubiläumszuwendungen, NWB 2009 S. 360; *Seidel*, Garantierückstellungen, StBp 2009 S. 281; *Zeidler/Mißbach*, Rückstellungen für Kosten künftiger Betriebsprüfungen NWB 2012 S. 336; *Hänsch*, Bilanzierung von Mehr-/Mindersteuern auf Grund geänderter Rechtsauffassung, NWB 2016 S. 806; *Fink*, Rückstellungen für Entsorgungspflichten nach dem Elektro- und Elektronikgerätegesetz, NWB 2017 S. 2989; *Zimmermann/Dorn/Först*, Rückstellungen in der Handels- und Steuerbilanz, NWB 2019 S. 24.

VERWALTUNGSANWEISUNGEN:

R 5.7, 6.11 EStR; H 5.7 EStH; BMF, Schreiben v. 17.8.1998, BStBl 1998 I S. 1045; BMF, Schreiben v. 26.5.2005, BStBl 2005 I S. 699; BMF, Schreiben v. 8.12.2008, BStBl 2008 I S. 1013; BMF, Schreiben v. 12.3.2010, BStBl 2010 I S. 239, BMF, Schreiben v. 11.5.2010, BStBl 2010 I S. 495.

ARBEITSHILFEN UND GRUNDLAGEN ONLINE:

Hänsch, Grundlagen zur Bilanzierung von Rückstellungen, infoCenter, NWB EAAAD-82019; *Zeidler/Mißbach*, Rückstellungen in der Steuerbilanz, infoCenter, NWB SAAAD-82733.

1. Allgemeines

Der BFH hat mit den Urteilen v. 17.12.1998[1] und v. 4.2.1999[2] entschieden,   1221
dass für betriebliche Zuwendungen, die nur unter einer noch nicht eingetretenen Bedingung zurückzuzahlen sind, unabhängig davon, ob das Rechtsverhältnis als auflösend oder aufschiebend bedingte Liquiditätshilfe oder als bedingt nicht rückzahlbarer Zuschuss anzusehen ist, eine Verbindlichkeitsrückstellung zu bilden ist.

Rückstellungen für Aufwendungen, die **Anschaffungs- oder Herstellungskosten** für ein Wirtschaftsgut sind, dürfen nach § 5 Abs. 4b EStG nach dem Steuer-

---

1 IV R21/97, BStBl 2000 II S. 116.
2 IV R 54/97, BStBl 2000 II S. 139.

entlastungsgesetz 1999/2000/2002 nicht mehr gebildet **werden**. Sofern dafür bisher Rückstellungen zugelassen wurden, sind diese nach § 52 Abs. 14 EStG im ersten noch offenen Veranlagungszeitraum aufzulösen.

Zum Ansatz von Rückstellungen wurde durch das Steuerentlastungsgesetz 1999/2000/2002 in den § 6 Abs. 1 EStG eine Nr. 3a neu eingefügt. Sie enthält eine nicht abschließende Aufzählung von überwiegend neuen, den Bewertungsspielraum des Unternehmers **einschränkenden Bewertungsgrundsätzen**. Dazu gehört, dass Rückstellungen in der Steuerbilanz generell mit 5,5 % **abzuzinsen** sind, wenn deren voraussichtliche Restlaufzeit am Bilanzstichtag mindestens zwölf Monate beträgt. Die bei der Abzinsung zu beachtenden Grundsätze sind im BMF-Schreiben v. 26.5.2005 zusammengefasst (siehe Verwaltungsanweisungen).

Bei Rückstellungen ist zu unterscheiden zwischen Rückstellungen für **ungewisse Verbindlichkeiten**, Rückstellungen für **drohende Verluste aus schwebenden Geschäften** und **Aufwandsrückstellungen**. Für Rückstellungen für ungewisse Verbindlichkeiten muss am Bilanzstichtag eine betrieblich veranlasste Verpflichtung gegenüber einem Dritten oder eine hinreichend konkretisierte öffentlich-rechtliche Verpflichtung entstanden sein. Es muss ein gesetzlicher Anspruch oder Verwaltungsakt zugrunde liegen. Die Ungewissheit kommt darin zum Ausdruck, dass entweder der Grund oder die Höhe der Verpflichtung ungewiss ist. Rückstellungen für drohende **Verluste aus schwebenden Geschäften** sind ab 1.1.1998 nicht mehr zulässig (§ 5 Abs. 4a EStG). Zum Begriff schwebende Geschäfte vgl. auch BFH, Urteil v. 22.8.2006.[1]

2. Einzelfälle

– **Rückstellung für Dauerwartungsverträge**

1222 Vgl. BFH, Urteile v. 3.7.1980;[2] v. 20.5.1992.[3]

– **Rückstellung für Pachterneuerungsverpflichtungen (Substanzerhaltung)**

1223 Vgl. Rz. 1201 ff.

– **Rückstellung für Pfandgeldrückgabe**

Literatur: *Köhler*, Zur steuerlichen Behandlung der für Mehrwegleergut („Leihemballagen") gezahlten und erhaltenen Pfandgelder beim Handel, StBp 2008 S. 282; *Köhler*, Die „Pfandgeld"-Zurechnung im Mehrweg- und Einwegsystem der Getränkeindustrie, StBp 2010 S. 16.

---

1 X B 30/06, BFH/NV 2006 S. 2253, NWB XAAAC-17972.

2 IV R 138/76, BStBl 1980 II S. 648.

3 X R 49/89, BStBl 1992 II S. 904.

VERWALTUNGSANWEISUNGEN:

H 5.7 (6) EStH; BMF, Schreiben v. 13.6.2005, BStBl 2005 I S. 715; OFD Hannover, Vfg. v. 12.11.2002, ESt-Kartei § 6 EStG Nr. 3.23.

Pfandgelder, die ein Abfüller oder ein anderer Unternehmer von einem Abneh- 1224
mer verlangt, um einen Anreiz zu geben, dass dieser die mit Pfand belegten
Flaschen und Kästen zurückgibt, stellen Betriebseinnahmen dar. Für die Verpflichtung, die Pfandgelder zurückzuzahlen, wenn die bepfandeten Gegenstände zurückgegeben werden, hat der Unternehmer eine Rückstellung für ungewisse Verbindlichkeiten (Pfandrückstellung) zu bilden. Die Höhe der Pfandrückstellung richtet sich nach den Verpflichtungen am Bilanzstichtag im Einzelfall.

Für die vom Getränkehändler an den Abfüller verauslagten Pfandgelder steht 1225
ihm eine zu aktivierende Forderung auf Rückerstattung zu.[1] Diese bestehende
Forderung kann nicht mit der Verpflichtung verrechnet werden, die von einem
Kunden des Getränkehändlers vereinnahmten Pfandgelder an diesen zurückgeben zu müssen.[2]

Diese Grundsätze gelten unabhängig davon, ob der Unternehmer Eigentümer
der bepfandeten Gegenstände ist oder ob sie ihm von einem anderen nur zum
Gebrauch überlassen worden sind. Ebenfalls ist ohne Bedeutung, ob es sich
um Individualleergut oder um Einheitsleergut handelt.

Risiken aus etwaigen Schadensersatzforderungen der Getränkehersteller beim
Groß- und Einzelhandel mit Getränken wegen nicht zurückgegebenen Leer-
guts will der BFH[3] unter Hinweis auf die branchenüblichen Abläufe negieren
solange sie nicht konkret durch Störung der Leistungsbeziehungen zutage getreten sind.

Vgl. auch Rz. 1450.

Für die Rückzahlungspflicht **vereinnahmter Pfandgelder** ist eine Rückstellung 1226
zu bilanzieren.[4]

---

1 BFH, Urteil v. 9.2.1978 - IV R 201/74, BStBl 1978 II S. 370.
2 BMF, Schreiben v. 18.9.1997, DB 1997 S. 2354.
3 Urteil v. 6.10.2009 - I R 36/07, BStBl 2010 II S. 232.
4 RFH v. 9.12.1942, RStBl 1943 S. 98; BFH, Urteil v. 11.3.1965 - IV 407/62 U, BStBl 1965 III S. 363;
   FG Münster, Urteil v. 31.7.1967, EFG 1968 S. 118.

– Rückstellung für Steuernachforderungen bzw. Kosten durch Betriebsprüfungen

VERWALTUNGSANWEISUNGEN:

BMF, Schreiben v. 7.3.2013, BStBl 2013 I S. 274.

1227 Die Tatsache, dass nach allgemeiner Erfahrung bei einer Betriebsprüfung mit Steuernachforderungen zu rechnen ist, rechtfertigt nicht die Bildung einer Rückstellung.[1] Es fehlt am hinreichend konkreten Sachverhalt, der ernsthaft eine Nachzahlung zu wenig gezahlter Betriebssteuern begründet. Gleiches gilt auch für die Kosten einer Betriebsprüfung, solange diese noch nicht z. B. durch Prüfungsanordnung konkretisiert ist.[2] Eine Rückstellung kann gerechtfertigt sein, wenn bei einer laufenden Betriebsprüfung bereits eine bestimmte Sachbehandlung als unrichtig beanstandet wurde. Das FG Baden-Württemberg hat mit Urteil v. 14.10.2010[3] entschieden, dass die Bildung einer Rückstellung für die Kosten einer Betriebsprüfung auch ohne Vorliegen einer Prüfungsanordnung zulässig ist.

Abweichend von der Verwaltungspraxis hat der BFH inhaltlich wie folgt entschieden: In der Steuerbilanz einer von der Finanzverwaltung als Großbetrieb eingestuften Kapitalgesellschaft sind Rückstellungen für die im Zusammenhang mit einer Außenprüfung stehenden **Mitwirkungspflichten gem. § 200 AO** grundsätzlich auch vor Erlass einer Prüfungsordnung zu bilden, wenn und soweit diese die am jeweiligen Bilanzstichtag bereits abgelaufenen Wirtschaftsjahre betreffen.[4]

– **Sonstige Rückstellungen**

Literatur: *Becker*, Urlaubsrückstellungen, NWB 2012 S. 592.

VERWALTUNGSANWEISUNGEN:

OFD Erfurt, Vfg. v. 3.3.1998, BB 1998 S. 2309.

1228 Rückstellungen für drohende Verluste aus **Berufsausbildungsverhältnissen** sind nicht zulässig.[5] Gleiches gilt für **künftige Beiträge an Berufsgenossenschaften.**[6] Zur Rückstellung für die Buchung von **Geschäftsvorfällen des Vor-**

---

1 BFH, Urteil v. 13.1.1966 - IV 51/62, BStBl 1966 III S. 189.
2 BFH, Urteil v. 24.8.1972 - VIII R 21/69, BStBl 1973 II S. 55.
3 3 K 2555/09, EFG 2011 S. 339; BFH, Urteil v. 6.6.2012 - I R 99/10, BStBl 2013 II S. 196.
4 Vgl. BFH, Urteil v. 6.6.2012 - I R 99/10, BStBl 2013 II S. 196.
5 BFH, Urteil v. 25.1.1984 - I R 7/80, BStBl 1984 II S. 344; BFH, Urteil v. 3.2.1993 - I R 37/91, BStBl 1993 II S. 441.
6 BFH v. 24.4.1968 - I R 50/67, BStBl 1968 II S. 544.

jahres vgl. BFH, Urteil v. 25.3.1992.[1] Zur Bildung von **Garantierückstellungen** vgl. BFH, Urteil v. 17.2.1993.[2] Zur Rückstellung für gesetzliche Verpflichtungen zur **Aufstellung des Jahresabschlusses** vgl. BFH, Urteil v. 20.3.1980.[3] Eine Rückstellung für mit einer **Betriebsverlegung** verbundene Risiken ist erst in dem Wirtschaftsjahr zulässig, in dem die Verlegungsmaßnahmen tatsächlich begonnen wurden.[4] Zu **Jubiläumsrückstellungen** vgl. BFH, Urteile v. 5.2.1987,[5] und v. 18.1.2007[6] für künftige **Verpflichtungen zur Lohnfortzahlung** vgl. BFH, Urteil v. 7.6.1988,[7] für **Leistungsprämien** an Mitarbeiter vgl. BFH, Urteil v. 18.6.1980,[8] für betriebliche **Schadensersatzverpflichtungen** aus strafbaren Handlungen vgl. BFH, Urteil v. 2.10.1992,[9] für **Rücknahmeverpflichtungen** vgl. BFH, Urteil v. 10.1.2007,für **Jubiläumsleistungen** vgl. BFH, Urteil v. 18.1.2007 und BMF-Schreiben v. 27.2.2020,[10] für **Schadensersatz wegen nicht zurückgegebenen Leergutes** vgl. BFH, Urteil v. 25.4.2006.[11] Zur Bildung von Rückstellungen für die **Aufbewahrung von Geschäftsunterlagen** vgl. SenFin Berlin v. 13.9.2006[12] und BFH, Urteil v. 11.10.2012.[13] Zu Urlaubsrückstellungen vgl. Rz. 1303.

Die Zulässigkeit von Rückstellungen für Zuwendungen anlässlich eines Dienst- 1229 jubiläums regelt das BMF-Schreiben v. 8.12.2008.[14] Für die künftige Verpflichtung des Arbeitgebers zur Zahlung von Leistungen nach dem **Mutterschutzgesetz** kann eine Rückstellung wegen drohender Verluste oder für ungewisse Verbindlichkeiten selbst dann nicht gebildet werden, wenn eine Mitteilung über den Eintritt der Schwangerschaft vorliegt.[15]

---

1 I R 69/91, BStBl 1992 II S. 1010.
2 X R 60/89, BStBl 1993 II S. 437.
3 IV R 89/79, BStBl 1980 II S. 297.
4 BFH, Urteil v. 24.8.1972 – VIII R 31/70, BStBl 1972 II S. 943.
5 IV R 81/84, BStBl 1987 II S. 845; BMF, Schreiben v. 28.12.1987, BStBl 1987 I S. 770; BMF, Schreiben v. 25.5.1993, BBK F. 2 S. 973.
6 IV R 42/04, BStBl 2008 II S. 956.
7 VIII R 296/82, BStBl 1988 II S. 886.
8 I R 72/76, BStBl 1980 II S. 741; BFH, Urteil v. 2.12.1992 - I R 46/91, BStBl 1993 II S. 109.
9 III R 54/91, BStBl 1993 II S. 153.
10 BStBl 2020 I S. 254.
11 VIII R 40/04, BStBl 2006 II S. 749.
12 III A – S 2175 – 1/06, NWB JAAAC-26304.
13 I R 66/11, BStBl 2013 II S. 676.
14 BStBl 2008 I S. 1013.
15 BFH, Urteil v. 2.10.1997 - IV R 82/96, BStBl 1998 II S. 205.

1230   Mit Urteil v. 19.8.1998[1] hat der BFH die Zulässigkeit der Bildung einer Rückstellung wegen der Verpflichtung zum Einbau eines **Fettabscheiders** in einer Gaststätte verneint, wenn die zukünftigen Aufwendungen zu **Herstellungskosten** für ein selbständig bewertbares Wirtschaftsgut (Betriebsvorrichtungen) führen. Dieser Rechtstatbestand ist durch das StEntlG 1999/2000/2002 in § 5 Abs. 4b EStG übernommen worden.

1231   Eine Rückstellung wegen eines gerichtlich geltend gemachten **Schadensersatzes** ist erst zum Schluss des Wirtschaftsjahres aufzulösen, in dem über den Anspruch endgültig und rechtskräftig entschieden worden ist.[2] Eine erst nach dem Bilanzstichtag ergangene endgültige und rechtskräftige Entscheidung entfaltet keine Rückwirkung, da es sich um keine Wertaufhellung handelt. Zur Rückstellungsbildung wegen zukünftiger **Schadensersatzansprüche** oder Erfüllungsrückstände vgl. Niedersächsisches FG, Urteil v. 13.11.1997.[3]

1232   **Hinterzogene Lohnsteuer** ist vom Arbeitgeber in dem Zeitpunkt zurückzustellen, in dem er mit seiner Haftungsinanspruchnahme ernsthaft rechnen muss.[4] Er ist für die einbehaltene und abzuführende Lohnsteuer nicht Schuldner, sondern kann nur als Haftungsschuldner in Anspruch genommen werden. Für Zinsen auf hinterzogene Lohnsteuern ist keine Rückstellung zu passivieren.

1233   Für nicht abgeführte **Sozialabgaben** hat der Arbeitgeber grundsätzlich zum jeweiligen Bilanzstichtag eine Verbindlichkeit zu bilden.[5]

Nach BFH-Urteil v. 22.8.2012[6] kann eine **Rückstellung für hinterzogene Mehrsteuern** erst zu dem Bilanzstichtag gebildet werden, zu dem der Stpfl. mit der Aufdeckung der Hinterziehung rechnen musste.

▶ **Rückvergütungen, Boni, Naturalrabatte**

1234   Vgl. Rz. 944. Geschieht die **Zahlung** durch den Lieferanten **freiwillig,** so kann eine Aktivierung des Anspruchs so lange unterbleiben, wie der Entschluss des Verpflichteten zur Zahlung nicht mitgeteilt ist.[7]

1235   Immer mehr Hersteller aus dem Lebensmittelbereich sind dazu übergegangen, **Boni bar** per Post oder als **Barscheck** bzw. entsprechend den **Wünschen des**

---

1 XI R 8/96, BStBl 1999 II S. 18.
2 BFH, Urteil v. 27.11.1997 - IV R 95/96, BStBl 1998 II S. 375.
3 EFG 1998 S. 633, rkr.
4 BFH, Urteil v. 16.2.1996 - I R 73/95, BStBl 1996 II S. 592.
5 BFH, Urteil v. 16.2.1996 - I R 73/95, BStBl 1996 II S. 592.
6 X R 23/10, BStBl 2013 II S. 76.
7 BFH, Urteil v. 25.9.1956 - I 103/55 U, BStBl 1956 III S. 349; BFH, Urteil v. 7.11.1957 - IV 33/56 U, BStBl 1958 III S. 65.

Unternehmers auszuzahlen. Bisweilen gewähren sie auch **Vermögensvorteile** oder private Sachwerte, wie Gegenstände, Münzen, Aktien oder Wertpunkte (Reisepunkte, Incentive-Reisen). Dieses Verfahren verleitet zur **Nichterfassung** der Betriebseinnahmen. Außerdem besteht die Gefahr des Unterlassens der notwendigen **Vorsteuerkürzung** nach § 17 Abs. 1 Nr. 2 UStG.

Geldwerte Sachleistungen und Nutzungsvorteile sind **Betriebseinnahmen**[1] (vgl. Rz. 903 ff.), wenn eine betriebliche Veranlassung gegeben ist. § 8 Abs. 1 EStG gilt auch für Betriebseinnahmen. Dass **Sachzuwendungen von Lieferanten** betrieblich veranlasst sind, wird in der Regel nicht strittig sein.   1236

Sachgeschenke, die eine **Brauerei** einem Gastwirt als bedeutendem Bierabnehmer zuwendet, sind bei ihm auch dann **Betriebseinnahmen,** wenn die Brauerei diese Aufwendungen nach § 4 Abs. 5 Nr. 1 EStG nicht gewinnmindernd geltend macht.[2] Die zu erfassenden **Wertansätze** sollen den **Mittelpreisen des Verbrauchsortes** entsprechen (§ 8 Abs. 2 EStG). Sachzuwendungen von Lieferanten in Form von Naturalrabatten (z. B. Bier von Brauereien) wirken sich gewinnmäßig erst aus im Zeitpunkt der Veräußerung oder Entnahme.   1237

Die Finanzverwaltung erhält **von gewährten Boni Kenntnis** über Betriebsprüfungen bei den Hersteller- bzw. Großhandelsfirmen. Über **Kontrollmaterial** nach § 194 AO besteht die Gefahr der Aufdeckung bei Nichterfassung (§ 9 BpO).   1238

Rückvergütungen z. B. von Brauereien werden bisweilen als „**streng vertraulich**" auf Wunsch auf „**besondere Konten**" überwiesen. Das fördert den Eindruck, man könne sie ohne Risiko der **Besteuerung entziehen.** Es darf nicht außer Acht gelassen werden, dass Lieferanten solche Rückvergütungen in ihrer Buchführung als Entgeltsminderungen offen verbuchen.   1239

► Schankverlust

Vgl. Rz. 2628.   1240

► Schecks

Vgl. Rz. 1370.   1241

► Schmiergelder, Bestechungsgelder

Literatur: *Littwin,* Aktuelle Entwicklungen bei der steuerlichen Behandlung von Schmier- und Bestechungsgeldern, BB 1998 S. 2398; *Klingelhöfer,* Im Spannungsfeld von Steuer- und Strafrecht: Schmiergelder, StBp 1999 S. 309; *Schmidt/Leyh,* Verdacht auf Schmier-

---

1 BFH, Urteil v. 8.12.1987 - GrS 1 – 2/95, BStBl 1998 II S. 193.
2 BFH, Urteil v. 13.12.1973 - I R 136/72, BStBl 1974 II S. 210; Fichtelmann, FR 1974 S. 454.

geldzahlungen, NWB 2008 S. 4197; *Assmann,* Die Gläubiger- und Empfängerbenennung nach § 160 AO, HBP 4725.

VERWALTUNGSANWEISUNGEN:

R 4.14 EStR; H 4.14 EStH; BMF, Schreiben v. 10.10.2002, BStBl 2002 I S. 1031; OFD München, Vfg. v. 13.12.2002, NWB RAAAA-81275.

ARBEITSHILFEN UND GRUNDLAGEN ONLINE:

Geißler, Schmiergeld, infoCenter, NWB OAAAB-26810.

1242 Das Zahlen, Anbieten oder Versprechen von Schmier- bzw. Bestechungsgeldern hat im Wirtschaftsleben **zunehmende Bedeutung.** Sie sollen das Zustandekommen bestimmter Geschäfte oder persönlicher Kontakte realisieren helfen und werden aufgewendet, um den zur Wahrung der Interessen einer anderen Person verpflichteten Empfänger zu einem bestimmten Verhalten zu veranlassen. Es handelt sich um **Handgelder,** die oft **ohne belegmäßige Spuren** bar auf den Empfänger übergehen. Um die Aufmerksamkeit von Prüfern nicht zu erregen, werden dafür meist **verdeckte Bezeichnungen** gewählt (Provisionen, Spesen, Darlehen, Gebühren, Handgelder usw.).

1243 Betrieblich veranlasste Schmiergeldzahlungen waren im Gegensatz zu dem für Geschenke nach § 4 Abs. 5 Nr. 1 EStG bestehenden Abzugsverbot bis 31.12.1995 grundsätzlich als **Betriebsausgaben** abziehbar, wenn die Zahlung eine bestimmte oder bestimmbare Gegenleistung für eine vom Empfänger erbrachte oder zu erwartende Leistung ist.[1]

Die ertragsteuerliche Behandlung von Bestechungsgeldern, Schmiergeldzahlungen und ähnlichen Zuwendungen wie auch deren strafrechtliche Ahndung sind in den vergangenen Jahren mehrfach geändert worden.

Durch die Neufassung des § 4 Abs. 5 Satz 1 Nr. 10 EStG im Steuerentlastungsgesetz 1999/2000/2002 v. 24.3.1999[2] greift das Abzugsverbot bereits dann ein, wenn die Zuwendung von Vorteilen eine **rechtswidrige Handlung** darstellt, die den Tatbestand eines Strafgesetzes oder eines Gesetzes verwirklicht, das die Ahndung mit einer Geldbuße zulässt. Ein schuldhaftes Verhalten des Zuwendenden oder dessen Verurteilung oder eine Einstellung des gegen ihn gerichteten Verfahrens ist nicht mehr erforderlich; auch auf die Verfolgbarkeit kommt es grundsätzlich nicht an.

Nach derzeitiger Rechtslage sind betrieblich veranlasste Schmier- oder Bestechungsgelder in voller Höhe abziehbar, wenn es sich nicht um Geschenke

---

1 BFH, Urteil v. 18.2.1982 - IV R 46/78, BStBl 1982 II S. 394.
2 BGBl 1999 I S. 402.

i. S. d. § 4 Abs. 5 Satz 1 Nr. 1 EStG (vgl. Rz. 1071 ff.) handelt, der Stpfl. ggf. dem Benennungsverlangen des Finanzamts nach § 160 AO nachkommt und das Abzugsverbot des § 4 Abs. 5 Satz 1 Nr. 10 EStG nicht greift. Beim Empfänger sind Schmier- oder Bestechungsgelder einkommensteuerpflichtig, wenn sie sich unter einer Einkunftsart subsummieren lassen. Nach BFH, Urteil v. 9.12.2009[1] ist dies regelmäßig nicht sachlich unbillig.

Mit der Anknüpfung an die Tatbestände des Straf- und Ordnungswidrigkeitenrechts werden nicht nur Zuwendungen an inländische Empfänger vom Abzugsverbot erfasst, sondern auch Leistungen an **ausländische Amtsträger**.[2] Nach der neuen Systematik des Abzugsverbots werden nunmehr Gerichte, Staatsanwaltschaften und Verwaltungsbehörden – über § 116 AO hinaus – verpflichtet, der zuständigen Finanzbehörde **Sachverhalte mitzuteilen,** die einen hinreichenden Tatverdacht eines der in Satz 1 der Vorschrift im Einzelnen genannten Delikte begründen.[3]

1244

Zur Umsatzsteuerpflicht von Schmiergeldern vgl. FG Nürnberg, Urteil v. 23.12.1994;[4] Niedersächsisches FG, Urteil v. 24.10.1996.[5] Zur Bekämpfung von Schwarzarbeit vgl[6]. Weber.

1245

▶ **Schuldzinsen**

Vgl. Rz. 1006 ff.

1246

▶ **„Schutzgeld" in der Gastronomie**

Heine/Trinks, Steuerliche Folgen einer Erpressung für Täter und Opfer, NWB UAAAF-77201; *Meier*, Außergewöhnliche Belastungen: Zumutbare Belastung – Berechnungsprogramm, NWB AAAAE-55789.

Die Betreiber chinesischer, italienischer, türkischer und auch griechischer Restaurants werden immer häufiger von international tätigen Banden zu so genannten Schutzgeldzahlungen gezwungen. Kleinere ausländische Wirte haben in Betriebsprüfungen die unter Zwang verlangten und geleisteten Zahlungen auf monatlich 1.500 € beziffert. In der Regel werden die Schutzgeldzahlungen bei Praktizierung von Doppelverkürzung (Einkauf der benötigten Waren im Su-

1247

---

1 IX B 132/09, BFH/NV 2010 S. 646, NWB CAAAD-37364.

2 OFD München, Vfg. v. 28.12.1999, StuB 2000 S. 208.

3 Im Einzelnen vgl. BMF, Schreiben v. 10.10.2002, BStBl 2002 I S. 1031; vgl. auch BFH, Urteil v. 14.7.2008 - VII B 92/08, BStBl 2008 II S. 850.

4 II 45/93, EFG 1995 S. 502.

5 V 570/95, EFG 1997 S. 182.

6 Schwarzarbeitsbekämpfung: rechtliche Stärkung der Finanzkontrolle, NWB 2020 S. 1575.

permarkt gegen bar) aus der „**schwarzen Kasse**" geleistet und bereiten keine unmittelbaren steuerlichen Rechtsprobleme, da sie nicht erkannt werden. Es besteht kein Zweifel, dass offene Zahlungen nur unter der Auflage der genauen Empfängerbenennung (vgl. Rz. 866) als Betriebsausgaben abziehbar wären. Da diese Auflage für den Wirt i. d. R. nicht erfüllbar ist, ist ein Betriebsausgabenabzug nach § 160 AO regelmäßig ausgeschlossen.

Das Abkassieren erfolgt in jüngster Zeit schon **beim Einkauf,** indem durch Zusammenarbeit mit Großhändlern überhöhte Preise bezahlt werden müssen. Die Wirte werden in diesen Fällen gezwungen, ihre wichtigsten Waren ausschließlich bei bestimmten **Händlern am Großmarkt** oder im **benachbarten Ausland** (wie z. B. Holland) zu beziehen. Auf diese Weise abgeflossene Schutzgeldzahlungen werden belegmäßig als Wareneinsatz erfasst und reduzieren faktisch zu Unrecht als Betriebsausgaben die Steuerschuld des Wirtes, ohne dass der inländische Fiskus in der Lage ist, die korrespondierende Einnahmeerfassung zu kontrollieren.

► **Schwarzarbeit**

Literatur: *Hamminger,* Schwarzarbeit lohnt sich nicht, NWB 2017 S. 3508.

ARBEITSHILFEN UND GRUNDLAGEN ONLINE:

Geißler, Schwarzarbeit, infoCenter, NWB CAAAB-36693.

1248   Am 1.8.2004 trat das Gesetz zur Bekämpfung der Schwarzarbeit und illegalen Beschäftigung (Schwarzarbeitsbekämpfungsgesetz) in Kraft. Zu Einzelheiten vgl. Arbeitshilfen. Ein Unternehmer, der bewusst gegen § 1 Abs. 2 Nr. 2 des Schwarzarbeitsbekämpfungsgesetzes verstößt, kann für seine Werkleistung keine Bezahlung verlangen.[1]

Hinweis auf BGH, Urteil v. 10.4.2014.

► **Schwarzeinkäufe**

1249   Vgl. Rz. 1332.

► **Schwimmbäder**

1250   Vgl. Rz. 1905.

1251   *(Einstweilen frei)*

► **Steuerberatungskosten**

Literatur: *Traxel,* Steuerberatungskosten im Einkommensteuer- und Unterhaltsrecht, NWB 1994 S. 2117; *ders.,* Prozesskosten als Steuerberatungskosten, NWB 1995 S. 2857; *Schmitt,* Abgrenzungsprobleme bei der Zuordnung von Steuerberatungskosten, NWB

---

1 BGH v. 10.4.2014 - VII ZR 241/13, NWB RAAAE-63853.

2008 S. 731; *Weber-Grellet*, Kein Abzug privater Steuerberatungskosten, NWB 2010 S. 1670.

VERWALTUNGSANWEISUNGEN:

R 4.7 und 12.1 EStR; BMF v. 21.12.2007, Zuordnung der Steuerberatungskosten zu den Betriebsausgaben, Werbungskosten oder Kosten der Lebensführung, BStBl 2008 I S. 256.

ARBEITSHILFEN UND GRUNDLAGEN ONLINE:

Gemballa, Steuerberatervergütungsrechner seit 2002 (Vergütungstatbestände und Hebesätze), Arbeitshilfe, NWB SAAAB-05542; *Meier*, Steuerberatungskosten/Sonstige Beratungskosten, infoCenter, NWB TAAAB-14524.

Zu den **Steuerberatungskosten** gehört eine **breite Palette** von Aufwendungen, wie solche für steuerliche Fachliteratur und Sammelwerke,[1] die Erstellung der Buchführung, der Abschlüsse und Steuererklärungen, Beratungen in Einzelfragen, die Kosten der Vertretung bei steuerlichen Rechtsstreitigkeiten,[2] aber auch die **Fahrtkosten** zum Besuch des Steuerberaters. Eigene „Selbstkosten" für die Bearbeitung der Steuererklärung sind **keine abziehbaren Steuerberatungskosten**.[3] **Zu Anwaltskosten** zur Erreichung des Realsplittings vgl. BFH, Urteil v. 10.3.1999.[4]   1252

Steuerliche Abziehbarkeit ist für alle Aufwendungen **nach** Maßgabe der **Veranlassung** gegeben. Während die Aufwendungen für Buchführung, Abschluss, Gewinnermittlung und die der Erstellung von Umsatz- und Gewerbesteuererklärung **Betriebsausgaben** sind, handelt es sich bei den Aufwendungen für die Erstellung von Einkommen-, Vermögen- und Erbschaftsteuererklärungen um **Sonderausgaben** nach § 10 Abs. 1 Nr. 6 EStG.[5]   1253

Die **richtige Zuordnung** berührt die **Gewerbesteuer** des Gastwirtes. Eine Abgrenzung soll notfalls im Schätzungswege vorgenommen werden. Bei Beratungskosten von nicht mehr als insgesamt 520 € im Kalenderjahr soll die Zuordnung des Gastwirtes weder aufgeteilt noch verändert werden. Es besteht ein **Wahlrecht**. Von Bedeutung ist eine Aufteilung auf Betrieb und Privat auch wegen des **Vorsteuerabzugs,** der nur für den unternehmerischen Anteil gegeben ist.   1254

---

1 BFH v. 23.5.1989 - X R 6/85, BStBl 1989 II S. 865.
2 BFH v. 20.9.1989 - X R 43/86, BStBl 1990 II S. 20.
3 FG Rheinland-Pfalz, Urteil v. 10.3.1988, rkr., EFG 1988 S. 415.
4 XI R 86/95, BStBl 1999 II S. 522.
5 BFH, Urteile v. 30.4.1965 - VI 207/62 S, BStBl 1965 III S. 410; v. 30.4.1965 - VI R 7/63 U, BStBl 1965 III S. 412; v. 22.5.1987 - III R 220/83, BStBl 1987 II S. 711.

1255   **Nicht** als Steuerberatungskosten **abziehbar,** weder als Betriebs- noch als Sonderausgaben, sind die **Aufwendungen für die Verteidigung** eines Gastwirtes in einem **Steuerstrafverfahren.**[1] Steuerberatungskosten für Erklärungen nach dem Steuerbefreiungserklärungsgesetz sind nicht abziehbar; vgl. BFH, Urteil v. 20.11.2012.[2]

Nach dem Gesetz v. 22.12.2005[3] **zum Einstieg in ein steuerliches Sofortprogramm wurde ab Veranlagungszeitraum 2006** der Sonderausgabenabzug für private Steuerberatungskosten **abgeschafft**. Sie sind nur noch zu berücksichtigen, wenn sie Betriebsausgaben oder Werbungskosten darstellen. Im Einzelnen Hinweis auf BMF, Schreiben v. 21.12.2007.[4] Das Abzugsverbot für private Steuerberatungskosten ist verfassungsgemäß.[5] Bis 100 € sollen die Finanzämter bei gemischten Steuerberatungskosten der Zuordnung des Stpfl. folgen.

► **Steuern**

1256   Nach dem durch das Unternehmensteuerreformgesetz 2008[6] in das EStG eingefügten § 4 Abs. 5b sind die **Gewerbesteuer** und die darauf entfallenden Nebenleistungen keine Betriebsausgaben mehr. Vom Abzugsverbot ist nach § 52 Abs. 12 Satz 7 EStG erstmals Gewerbesteuer betroffen, die für Erhebungszeiträume festgesetzt wird, welche nach dem 31.12.2007 enden. Vgl. auch Rz. 899.

► **Steuerermäßigung nach § 35a EStG**

1257   Vgl. Anwendungsschreiben des BMF v. 9.11.2016.[7]

1258–1285   *(Einstweilen frei)*

► **Strafen, Geldbußen, Ordnungs-, Verwarngelder, Auflagen, Einzugsmaßnahmen**

Literatur: *Saller*, Bußgelder und Geldstrafen als abzugsfähige Betriebsausgaben? – Erstattungszahlungen für übernommene Fahrer-Bußgelder, DStR 1996 S. 534.

VERWALTUNGSANWEISUNGEN:

R 4.13 ff. EStR; H 4.13 EStH.

---

1 BFH, Urteil v. 20.9.1989 - X R 43/86, BStBl 1990 II S. 20.
2 VIII R 29/10, BStBl 2013 II S. 344.
3 BGBl 2005 I S. 3682.
4 Zuordnung der Steuerberatungskosten zu den Betriebsausgaben, Werbungskosten oder Kosten der Lebensführung, BStBl 2008 I S. 256.
5 BFH, Urteil v. 4.2.2010 - X R 10/08, BStBl 2010 II S. 617.
6 Vgl. BGBl 2007 I S. 1912; BStBl 2007 I S. 630.
7 BStBl 2016 I S. 1213.

1. Rechtslage

Sanktionen jeder Art, wie Geldbußen, Ordnungs- oder Verwarngelder, die ein Gericht, eine Behörde oder Organe der Europäischen Gemeinschaften festgesetzt haben, dürfen nach § 4 Abs. 5 Nr. 8 EStG den betrieblichen Gewinn auch dann nicht mindern, wenn sie **betrieblich verursacht** sind. Das betrifft ebenso die Erfüllung von Auflagen oder Weisungen, und zwar auch, wenn sie in einem **berufsgerichtlichen Verfahren** erteilt werden. Nicht abzugsfähig sind ebenfalls die in einem Strafverfahren festgesetzten **Geldstrafen, vermögensrechtlichen Rechtsfolgen** und Auflagen oder Weisungen (§ 12 Nr. 4 EStG).

1286

2. Einzelfälle

Auch eine von einem **ausländischen Gericht** festgesetzte Geldstrafe ist nach § 12 Abs. 4 EStG nicht abziehbar, wenn sie wesentlichen Grundsätzen der **deutschen Rechtsordnung entspricht.**[1]

1287

Das Abzugsverbot für Geldbußen greift nach § 4 Abs. 4 Nr. 8 Satz 4 EStG nicht, soweit der wirtschaftliche Vorteil, der durch den Gesetzesverstoß erlangt wurde, abgeschöpft wird und die Steuern auf den wirtschaftlichen Vorteil nicht abgezogen worden sind.[2]

Lässt sich ein Bußgeldbescheid nach seinem Inhalt und den zu seiner Auslegung erteilten Auskünften nicht eindeutig in einen Ahndungs- und einen Abschöpfungsteil aufteilen, so scheidet die Berücksichtigung eines Bußgeldteiles als Betriebsausgabe nach § 4 Abs. 5 Nr. 8 EStG aus.[3]

Ordnungsstrafen und Bußgelder sind auch dann keine Betriebsausgaben, wenn sie **anlässlich einer Geschäftsreise** anfallen.[4] Die **Einziehung von Gegenständen** wie Fahrzeugen oder Vorräten nach § 74 Abs. 2 Nr. 1 StGB darf sich nicht als Betriebsausgabe auswirken. Das gilt nicht für Einzugsmaßnahmen nach § 74 Abs. 2 Nr. 2 StGB, wenn der **Einzug nicht Nebenstrafe,** sondern **Sicherungsmaßnahme** darstellt wie z. B. beim Einzug von Weinen wegen Gefährdung der Allgemeinheit.[5]

3. Steuerliche Nebenfolgen

Soweit Leistungen an **gemeinnützige Einrichtungen** erbracht werden müssen, ist auch ein **Abzug als Spende** nach § 10b EStG nicht zulässig. Die Zahlungen

1288

---

1 BFH, Urteil v. 31.7.1991 - VIII R 89/86, BStBl 1992 II S. 85.
2 BVerfG, Urteil v. 23.1.1990 - 1 BvL 4, 5, 6, 7/87, BStBl 1990 II S. 483.
3 FG Baden-Württemberg, Urteil v. 18.11.1993, EFG 1994 S. 608.
4 BFH, Urteil v. 22.7.1986 - VIII R 93/85, BStBl 1986 II S. 845.
5 BFH, Urteil v. 13.1.1965, BStBl 1965 III S. 278.

werden **nicht freiwillig** geleistet.[1] Aufwendungen zur Erfüllung von Auflagen und Weisungen sowie Kosten der Strafverteidigung sind bei einer Einstellung des Verfahrens nach § 153a Abs. 2 StPO nicht als außergewöhnliche Belastung zu berücksichtigen.[2]

Im Zusammenhang mit einer Geldbuße, einem Ordnungs- oder Verwarnungsgeld angefallene **Gerichts- bzw. Anwaltskosten** sind für betriebliche Vorgänge auch dann abziehbar, wenn die Sanktion selbst vom Abzug ausgeschlossen ist. **Strafverteidigungskosten** sind nicht betrieblich veranlasst, wenn die zur Last gelegten Tatsachen nicht in Ausübung der beruflichen Tätigkeit begangen worden sind.[3]

▶ **Strohmannverhältnisse, Scheinunternehmen**

ARBEITSHILFEN UND GRUNDLAGEN ONLINE

Ebber, Scheinunternehmen, infoCenter, NWB YAAAB-14450.

1289   Die Umsätze einer Gaststätte sind grundsätzlich demjenigen zuzurechnen, der nach § 2 GastG die Gaststättenerlaubnis erhielt. Das gilt auch bei sog. „Strohmannverhältnissen".[4] Ein Strohmannverhältnis liegt ertragsteuerlich vor, wenn der nach Außen im Geschäftsleben und Rechtsverkehr auftretende Stpfl. nicht zugleich auch Unternehmer des Gewerbebetriebes ist.[5] Die im Namen oder durch den Strohmann abgeschlossenen Geschäfte stellen zivilrechtlich in der Regel keine Scheingeschäfte i. S. d. § 41 AO dar. Die daraus resultierenden Gewinne sind ertragsteuerlich dem hinter dem Strohmann stehenden Unternehmer zuzurechnen.

Entsprechend der Anwendung des § 3 Abs. 3 UStG und § 3 Abs. 11 UStG auf Kommissionsgeschäfte kann es auch bei Strohmann- und Treuhandgeschäften zu einer Verdoppelung der Leistungsbeziehungen kommen, so dass z. B. der „Hintermann" an den „Strohmann" und dieser an den Abnehmer liefert.[6]

Zum Vorsteuerabzug bei sog. Strohmanngeschäften vgl. FG Hamburg, Urteil v. 29.1.2014.[7]

---

1   BFH, Urteil v. 8.4.1964 - VI 83/63 U, BStBl 1964 III S. 333; FG Rheinland-Pfalz, Urteil v. 20.11.1978, EFG 1979 S. 280.
2   BFH, Urteil v. 19.12.1995 - III R 177/94, BStBl 1996 II S. 197.
3   BFH, Urteil v. 12.6.2002 - XI R 35/01, BFH/NV 2002 S. 1441, NWB NAAAA-68009.
4   BFH, Urteil v. 20.2.2004 - V B 152/03, BFH/NV 2004 S. 833, NWB LAAAB-20246.
5   Niedersächsisches FG, Urteil v. 21.6.2002, EFG 2002 S. 1594.
6   BFH, Urteil v. 12.5.2011 - V R 25/10, BFH/NV 2011 S. 1541, NWB HAAAD-87154.
7   3 V 259/13, NWB WAAAE-57704.

▶ Telefonkosten

Literatur: *Zschenderlein/Mayer,* Private Nutzung betrieblicher Telefonanschlüsse durch Unternehmer, BBK F. 30 S. 869; *Seifert,* Überblick zum neuen Telefonkostenerlass, StuB 2000 S. 610; *Spatschek/Manderfeld,* Umsatzsteuer und Telekommunikationsdienstleistungen, UStB 2000 S. 116; *Trinks/Heine,* Smartphones in der Einkommensteuer, NWB 2015 S. 2433.

VERWALTUNGSANWEISUNGEN:

R 9.1 LStR; H 12.1 EStH; BMF, Schreiben v. 11.4.2001, NWB SAAAA-86478; BMF, Schreiben v. 20.11.2001, BStBl 2001 I S. 993; BMF, Schreiben v. 6.5.2002, NWB VAAAD-19299; OFD Frankfurt/M., Vfg. v. 4.3.2003, StuB 2003 S. 518.

Hat der Gastwirt einen **Telefonanschluss** in der **Wohnung und** einen weiteren   **1290** **in seinem Betrieb,** so werden die Aufwendungen im Betrieb im Allgemeinen voll **als Betriebsausgaben** anerkannt. Die **des privaten Anschlusses** sind nach § 12 Nr. 1 EStG **nicht abziehbar.** Zum **Telefonanschluss in der Wohnung** vgl. auch H 12.1 EStH. Die Aufwendungen (Gebühreneinheiten und Grundgebühren) für auch betrieblich/beruflich genutzte private und auch **privat genutzte** betriebliche/berufliche Anschlüsse (Mischnutzung) sind grundsätzlich nach dem Verhältnis der beruflich und privat geführten Gespräche **aufzuteilen.**[1] Das gilt nicht, wenn einer der Anteile von untergeordneter Bedeutung ist. Wurde ein Betrieb **während des Jahres eröffnet,** so sind für die erforderliche Aufteilung der Gesamtaufwendungen auch die vor Betriebseröffnung angefallenen Telefonkosten vergleichend heranzuziehen.[2] In die Aufteilung dürfen nicht die von der Post zusammen mit dem Fernsprechanschluss abgerechneten Gebühren für **Kabelanschluss** oder **Funkgebühren** enthalten sein.

Ohne Nachweise über die tatsächlichen Nutzungsverhältnisse soll nach den   **1291** jeweiligen Gegebenheiten, ggf. nach **Zahlen des statistischen Bundesamtes** geschätzt werden.[3] Grundsätzlich **obliegt dem Gastwirt** für den als Betriebsausgaben abziehbaren Anteil der Kosten die **Beweislast.**[4] Ein Nachweis ist nach der Zahl der betrieblichen bzw. privaten Gespräche durch **geeignete Aufzeichnungen** zu erbringen. Dabei sollen **auch ankommende Gespräche** berücksichtigt werden.[5]

---

1 BFH, Urteile v. 21.11.1980 - VI R 202/79, BStBl 1981 II S. 131; v. 25.10.1985 - VI R 15/81, BStBl 1986 II S. 200; v. 16.12.1966 – VI 133/64, BStBl 1967 III S. 249; FG Rheinland-Pfalz, Urteil v. 22.9.1976, rkr., EFG 1977 S. 15.

2 FG München, Urteil v. 23.7.1992, EFG 1993 S. 11.

3 Niedersächsisches FG, Urteil v. 26.10.1982, rkr., EFG 1983 S. 348.

4 BFH, Urteil v. 9.11.1978 - VI R 195/77, BStBl 1979 II S. 149.

5 BFH, Urteil v. 20.5.1976 - VI R 221/74, BStBl 1976 II S. 507.

1292 Statt eines Vomhundertsatzes der privat anteiligen Telefonnutzung kann nach BFH, Urteil v. 8.10.1981[1] dieser **auch** in **festen Monats- oder Jahresbeiträgen** geschätzt werden. Dabei werden die **Besonderheiten des Einzelfalls** berücksichtigt, so dass die privaten Telefonkostenanteile niedriger, aber auch höher sein können (z. B. bei ausländischen Gastwirten).

1293 Zu den Telefonkosten gehören **auch Telefonate von der Post** oder aus den Telefonzellen. Sie werden **im glaubhaften Rahmen** auch **ohne Beleg** anerkannt.[2]

1294 Im Jahr 2015 wurden in Deutschland geschätzte 25 Mio. Smartphones verkauft. Die Verwaltung schätzt als betriebliche bzw. berufliche Nutzung ca. 50 v. H. als Betriebsausgaben bzw. Werbungskosten.

▶ **Teppiche**

1295 Vgl. Rz. 711 ff. Die Aufwendungen für das **Verkleben von Teppichböden** sind als Erhaltungsaufwendungen abziehbar.[3]

▶ **Testessen**

1296 Aufwendungen für sog. **Testessen eines Spitzengastronomen** bei Konkurrenzbetrieben sind regelmäßig auch privat veranlasst und daher nach § 12 Nr. 1 EStG nicht als Betriebsausgaben abziehbar.[4] Vgl. auch Rz. 1162.

1297 *(Einstweilen frei)*

▶ **Umsatzvergütungen**

1298 Vgl. Rz. 1234 ff.

▶ **Umzugskosten**

Literatur: *Fella,* Umzugskosten bei der Einkommen- und Lohnsteuer, NWB 1998 S. 2077; *Renner,* Das Reise- und Umzugskostenrecht, NWB 2000 S. 2987; *v. Bornhaupt,* Grundstückskosten im Zusammenhang mit berufsbedingtem Umzug, NWB 2001 S. 157; *Strohner/Gödtel,* Reisekosten, Herne 2015.

VERWALTUNGSANWEISUNGEN:

R 9.9 LStR; H 9.9 LStR; BMF, Schreiben v. 6.10.2014, BStBl 2014 I S. 1342.

ARBEITSHILFEN UND GRUNDLAGEN ONLINE:

Langenkämper, Umzugskosten, infoCenter, NWB PAAAA-57095.

---

1 IV R 90/80, n. v.
2 Niedersächsisches FG, Urteil v. 11.8.1961, rkr., EFG 1962 S. 149.
3 BFH, Urteil v. 14.1.1986 - IX R 105/83, BFH/NV 1986 S. 399, NWB NAAAB-28867.
4 BFH, Urteil v. 16.1.1996 - III R 11/94, BFH/NV 1996 S. 539, NWB QAAAA-97324.

Gründung, Erwerb oder Verlegung eines Betriebes sind Ereignisse, die Um- **1299** zugskosten durch Wohnungswechsel verursachen können.[1] Es sind grundsätzlich Kosten der Lebensführung nach § 12 Nr. 1 Satz 2 EStG. Ist der **Wechsel einer Tätigkeit ursächlich,** so sind die Aufwendungen nach § 4 Abs. 4 EStG bzw. § 9 Abs. 1 Satz 1 EStG **Betriebsausgaben bzw. Werbungskosten.**[2] Kosten der **Wohnungsrenovierung** sind stets privat mitverursacht und deshalb nicht absetzbar. Dies gilt für Auslandsumzüge jedenfalls bei Umzügen vom Ausland ins Inland.[3]

Die Aufwendungen der Verlegung der Familienwohnung sind auch abziehbar, wenn jemand eine **unselbständige Tätigkeit aufgibt,** um an einem anderen Ort **gewerblich tätig zu werden.**[4] Die neue Tätigkeit muss nicht gleichartig sein.[5]

Bei **Umzügen am selben Ort** werden **strenge Anforderungen** an die berufliche Veranlassung gestellt.[6] Die **Verkürzung der Entfernung** zwischen Wohnung und Betrieb kann eine ausreichende berufliche Veranlassung sein.[7] Eine **Fahrzeitverkürzung** von 20 Minuten arbeitstäglich reicht nicht aus.[8] Der BFH hat für einen bei einem Arbeitsplatzwechsel notwendigen Umzug die berufliche Veranlassung bejaht, wenn durch den Umzug die gesamte Fahrzeit zwischen Wohnung und Arbeitsstätte um **eine Stunde verringert** wird.[9] Eine Fahrzeitverkürzung von mindestens einer Stunde ist aber **nicht als absolutes Kriterium** anzusehen.

Bei einem **Umzug aus privaten Gründen** sind auch durch den Transport von **1300** Arbeitsmitteln bzw. **Arbeitszimmergegenständen** entstandene anteilige Umzugskosten **nicht abziehbar.** Dabei resultiert auch der Transport der Arbeitsmittel auf einem aus privaten Gründen beruhenden Entschluss.[10]

---

1 BFH, Urteil v. 1.3.1972 - IV R 166/69, BStBl 1972 II S. 458.
2 BFH, Urteil v. 18.10.1974 - VI R 72/72, BStBl 1975 II S. 327.
3 FG Hamburg, Urteil v. 7.5.1998, EFG 1998 S. 1386.
4 BFH, Urteil v. 1.3.1972 - IV R 166/69, BStBl 1972 II S. 458.
5 BFH, Urteil v. 18.10.1974 - VI R 72/72, BStBl 1975 II S. 327.
6 BFH, Urteil v. 18.10.1974 - VI R 72/72, BStBl 1975 II S. 327; BFH, Urteil v. 15.10.1976 - VI R 162/74, BStBl 1977 II S. 117.
7 BFH, Urteil v. 10.9.1982 - VI R 95/81, BStBl 1983 II S. 16; FG Baden-Württemberg, Urteil v. 29.4.1993, EFG 1993 S. 715.
8 BFH, Urteil v. 16.10.1992 - VI R 132/88, BStBl 1993 II S. 610.
9 BFH, Urteil v. 10.9.1982 - VI R 95/81, BStBl 1983 II S. 16; BFH, Urteil v. 6.11.1986 - VI R 106/85, BStBl 1987 II S. 81.
10 BFH, Urteil v. 21.7.1989 - VI R 102/88, BStBl 1989 II S. 972.

► **Unfallkosten**

1301   Vgl. Rz. 1150 ff.

► **Unterschlagungen, Veruntreuungen**

Literatur: *Paus*, Steuerliche Behandlung von Unterschlagungen bei Personengesellschaften, INF 1998 S. 36.

ARBEITSHILFEN UND GRUNDLAGEN ONLINE:

Langenkämper, Zufluss-Abfluss-Prinzip, infoCenter, NWB YAAAB-05702.

1302   Auch bei Gewinnermittlung nach § 4 Abs. 3 EStG sind **Unterschlagungen durch das Personal Betriebsausgaben.** Durch die Funktion des Veruntreuers als Arbeitnehmer bzw. Angestellter ist ein objektiver und tatsächlicher betrieblicher Zusammenhang offensichtlich.[1] Zur Unterschlagung durch den als Arbeitnehmer **beschäftigten Ehegatten** vgl. BFH, Urteil v. 25.10.1989.[2] Zu unfreiwilligen **Wertabgaben** des Betriebes als Betriebsausgaben vgl. auch BFH, Urteil v. 22.10.1991.[3]

Geldverluste durch Diebstahl bzw. Unterschlagungen sind im Allgemeinen beim Einnahmenüberschussrechner keine Betriebsausgaben.[4] Geldverlust ist als **Betriebsausgabe** abziehbar, wenn ein betrieblicher Zusammenhang anhand konkreter objektiv greifbarer Anhaltspunkte feststellbar ist.[5]

Durch Unterschlagungen oder Untreue **erlangte Einnahmen** fallen unter keine Einkunftsart des § 2 Abs. 1 EStG. Sie sind nicht steuerbare Vermögensmehrungen.[6]

Veruntreuen von Geldbeträgen durch einen Miteigentümer führt bei Einkünften aus **Vermietung und Verpachtung** nicht zu Werbungskosten.[7] Zu **Diebstahl** vgl. auch Rz. 952.

---

1 BFH, Urteil v. 6.5.1976 - IV R 79/73, BStBl 1976 II S. 560.
2 X R 69/88, BFH/NV 1990 S. 553, NWB DAAAB-31399.
3 VIII R 64/86, BFH/NV 1992 S. 449, NWB SAAAA-97225; Niedersächsisches FG, Urteil v. 25.3.1998, rkr. EFG 1999 S. 761.
4 BFH, Urteil v. 25.1.1962 - IV 221/60 S, NWB YAAAB-51062.
5 BFH, Urteil v. 28.11.1991 - XI R 35/89, BStBl 1992 II S. 343.
6 Vgl. auch BFH, Urteil v. 14.12.2000 - IV R 16/00, BStBl 2001 II S. 238; BFH, Urteil v. 29.3.2000 - X R 99/95, BFH/NV 2000 S. 1188, NWB RAAAA-65031.
7 BFH, Urteil v. 20.12.1994 - IX R 122/92, BStBl 1995 II S. 534; vgl. auch FG Bremen, Urteil v. 13.11.1997, EFG 1998 S. 1052.

► Urlaubsverpflichtung; Rückstellung

Literatur: *Christiansen,* Die Bewertung der Rückstellung bei der Verpflichtung zur Gewährung rückständigen Urlaubs, StBp 1989 S. 221; *Müller,* Bilanzierung von Urlaubsrückstellungen, DB 1993 S. 1581; *Becker,* Urlaubsrückstellungen, NWB 2012 S. 592.

Haben Arbeitnehmer zum Bilanzstichtag den ihnen zustehenden Urlaub noch nicht oder noch nicht in vollem Umfang genommen, so hat der Arbeitgeber für den rückständigen Urlaub eine „**Urlaubsrückstellung**" zu passivieren. Es handelt sich insoweit um einen **Erfüllungsrückstand**.[1] Der Betrieb hat die arbeitsvertragliche Verpflichtung, Urlaub zu gewähren, nicht oder nicht vollständig erfüllt. Bei abweichendem Wirtschaftsjahr kann zeitanteilig verfahren werden.[2]

1303

Die Bewertung der Rückstellung erfolgt nach Verhältnissen am Bilanzstichtag. Sie bestimmt sich nach dem Urlaubsentgelt, das der Arbeitgeber hätte aufwenden müssen, wenn er seine Zahlungsverpflichtung bereits am Bilanzstichtag erfüllt hätte.[3] Änderungen der Vergütung im Folgejahr sind unbeachtlich.[4] Einzubeziehen sind die Ausgleichsansprüche gegen Urlaubskassen.[5]

In der Berechnung des „Tageskostensatzes" sind neben dem **Bruttogehalt** auch der **Arbeitgeberanteil** zur Sozialversicherung, das **Urlaubsgeld** und weitere **lohnabhängige Nebenkosten** einzubeziehen.[6] Nicht einzubeziehen sind jährlich vereinbarte **Sondervergütungen** wie Weihnachtsgeld, Tantiemen, Zuführungen zu Pensions- und Jubiläumsrückstellungen und Zahlungen, die nicht Bestandteil von Lohn und Gehalt sind.[7] In der Praxis kann die Berechnung der Rückstellungen durch Multiplikation der rückständigen Urlaubstage mit den durch Division der Arbeitgeberjahresaufwendungen durch die Anzahl der tatsächlichen Arbeitstage ermittelten Aufwendungen pro Tag erfolgen.

Zur Begrenzung nicht genommenen Urlaubs auf das **letzte Urlaubsjahr** vgl. FG Nürnberg, Urteil v. 6.6.2000.[8]

---

1 BFH, Urteil v. 10.3.1993 - I R 70/91, BStBl 1993 II S. 446.
2 BFH, Urteil v. 26.6.1980 - IV R 35/74, BStBl 1980 II S. 506; vgl. auch BFH, Urteil v. 20.1.1983 - IV R 158/80, BStBl 1980 II S. 506.
3 BFH, Urteil v. 10.3.1993 - I R 70/91, BStBl 1993 II S. 446; BFH, Urteil v. 6.12.1995 - I R 14/85, BStBl 1996 II S. 406.
4 BFH, Urteil v. 6.12.1996 - I R 14/85, BStBl 1996 II S. 406.
5 BFH, Urteil v. 8.2.1995 - I R 72/94, BStBl 1995 II S. 412.
6 BFH, Urteil v. 8.7.1992 - XI R 50/89, BStBl 1992 II S. 910.
7 Vgl. auch BFH, Urteile v. 10.3.1993 - I R 70/91, BStBl 1993 II S. 446; v. 6.4.1993 - VIII R 86/91, BStBl 1993 II S. 709.
8 I 334/97, EFG 2000 S. 965.

▶ **Verderb**

1304   Für Verderb, der über das Übliche hinausgeht, werden **Aufzeichnungen** empfohlen, damit der Wareneinsatz dafür bei Nachkalkulationen (vgl. Rz. 2446) während der Außenprüfungen angemessen berücksichtigt werden kann.

▶ **Vereinsbeiträge**

1305   Beiträge an Vereine können auch beim Gastwirt in der Regel nicht als Betriebsausgabe behandelt werden. Trotz eines nicht von der Hand zu weisenden Betriebsinteresses stehen objektive Nachprüfbarkeit und Abgrenzbarkeit (§ 12 Nr. 1 EStG) des betrieblichen Zusammenhangs entgegen.[1] Beiträge an **Sportvereine** sind **ausnahmsweise** Betriebsausgaben, wenn die Mitgliedschaft in klar erkennbarer Weise aus Geschäftsrücksichten bzw. zur Betriebsförderung eingegangen wurde.[2]

▶ **Vergebliche Planungskosten**

1306   Vgl. Rz. 723.

▶ **Verkehrsverein**

1307   Vgl. Rz. 1028.

1308–1318   *(Einstweilen frei)*

▶ **Versicherungsprämien, Versicherungsleistungen**

Literatur: *Paus*, Neue steuerliche Behandlung von Lebens- und Rentenversicherungen, NWB 2006 S. 2019; *Redert*, Besteuerung von Lebensversicherungen, NWB 2006 S. 1413; *Eilts*, Reform der gesetzlichen Unfallversicherung, NWB 2008 S. 3403; *Harder-Buschner/ Jungblut*, Einkommen-/lohnsteuerliche Behandlung von freiwilligen Unfallversicherungen, NWB 2010 S. 26; *Pfirrmann*, Die Praxisausfallversicherung im Einkommensteuerrecht, NWB 2009 S. 2798.

VERWALTUNGSANWEISUNGEN:

R 10.5 EStR; H 4.2, H 10.5, H 10.6 EStH; BMF, Schreiben v. 28.10.2009, BStBl 2009 I S. 1275.

ARBEITSHILFEN UND GRUNDLAGEN ONLINE:

Meier, Unfallversicherung, infoCenter, NWB RAAAB-13236.

1319   Prämien für betriebliche Versicherungen sind Betriebsausgaben, Rückvergütungen und Erstattungen aus Schadensmeldungen dafür Betriebseinnahmen. **Betriebliche Versicherungen** sind insbesondere die betriebliche Haft-

---
1 Niedersächsisches FG, Urteil v. 11.8.1961, EFG 1962 S. 149.
2 FG Bremen, Urteil v. 25.7.1980, EFG 1981 S. 169.

pflichtversicherung, Einbruch-, Diebstahl-, Brand-,[1] Sturm-, Wasserschaden-, Kfz-, Rechtsschutz-, Betriebsunterbrechungsversicherungen.[2]

Unfallversicherungen privater Art sind als **Sonderausgaben** abziehbar. Nur bei **berufsspezifisch hohem Unfallrisiko** können sie **Betriebsausgaben** sein.[3] Beiträge zur gesetzlichen Unfallversicherung (Berufsgenossenschaften) sind regelmäßig Betriebsausgaben/Werbungskosten. Bei Versicherung sowohl beruflicher als auch privater Risiken erfolgt i. d. R. eine Aufteilung. Bei vom Arbeitgeber abgeschlossenen Unfallversicherungen des Arbeitnehmers liegt eine Betriebsausgabe des Arbeitgebers vor. Beiträge eines in der **Berufsgenossenschaft** nach § 545 RVO freiwillig versicherten Unternehmers zur gesetzlichen Unfallversicherung sind als **Betriebsausgaben** abziehbar. **Leistungen** daraus sind dann zwar Betriebseinnahmen, aber nach § 3 Nr. 1a EStG **steuerfrei.** Wiederkehrende Leistungen aus privaten Unfallversicherungen sind regemäßig als Leibrenten zu versteuern. Zu Leistungen einer vom Arbeitgeber abgeschlossenen Unfallversicherung vgl. BMF, Schreiben v. 28.10.2009.[4]

Die **Abgrenzung** zwischen Betriebsausgaben und Sonderausgaben erfolgt danach, ob mit einem Versicherungsantrag **berufliche oder private Risiken** abgedeckt werden sollen.[5] Daher sind Beiträge für eine **Risikolebensversicherung** auch dann keine Betriebsausgaben, wenn die Versicherung der Absicherung eines betrieblichen Bankkredits dient.[6] Es kommt kein Abzug von Prämien für einen **Lebensversicherungsvertrag** als Betriebsausgaben in Betracht.[7] Auch Leistungen aus einer Praxisausfallversicherung nach einem Unfall sind nicht steuerbar.[8] Zu Lebensversicherungen vgl. H 4.2 EStH. Auch, wenn **Kapitalgesellschaften** Versicherungen auf den Erlebens-, Todesfall oder Risikolebensversicherungen abschließen, um **Abfindungsansprüche zu versichern,** sind diese nicht betrieblich veranlasst und daher vGA.[9] Etwas anderes gilt, wenn Versicherungen für Gesellschafter im **Rahmen eines Arbeitsverhältnisses** abgeschlossen werden. Daran ändert auch die Tatsache nichts, dass z. B. eine **Kran-**

1320

1321

---

1 BFH, Urteil v. 3.10.1985 - IV R 16/83, BFH/NV 1986 S. 208, NWB AAAAB-28131.
2 BFH, Urteil v. 9.12.1982 - IV R 54/80, BStBl 1983 II S. 371.
3 BFH, Urteil v. 5.8.1965 - IV 42/65 S, BStBl 1965 III S. 650; BFH, Urteil v. 16.5.1963 - IV 75/60 U, BStBl 1963 III S. 399.
4 Einkommen(-lohn-)steuerliche Behandlung von freiwilligen Unfallversicherungen, BStBl 2009 I S. 1275.
5 BFH, Urteil v. 11.5.1989 - IV R 56/87, BStBl 1989 II S. 657.
6 FG Köln, Urteil v. 4.2.1988, EFG 1989 S. 624.
7 BFH, Urteil v. 21.5.1987 - IV R 80/85, BStBl 1987 II 710; BFH, Urteil v. 29.10.1985 - IX R 56/82, BStBl 1986 II S. 143.
8 BFH, Urteil v. 19.5.2009 - VIII R 6/07, BStBl 2010 II S. 168.
9 BMF, Schreiben v. 31.7.1991, StEd 1991 S. 310.

kenhaustagegeldversicherung vom Gesellschaftsvermögen[1] oder eine Leistung aus einer Lebensversicherung an den überlebenden Gesellschafter zu erbringen ist.[2]

1322 **Unfallversicherungen mit Prämienrückgewähr** stellen eine Kombination von Unfall- und Lebensversicherung dar. Dafür kann ein Abzug als Sonderausgabe nur in Betracht kommen, wenn bei laufender Beitragsleistung der Versicherungsvertrag einen Sparanteil enthält und für die Dauer von mindestens zwölf Jahren abgeschlossen wird.

1323 Beiträge zu **Rechtsschutzversicherungen** sind in § 10 Abs. 1 Nr. 2 EStG nicht aufgeführt. Sie können daher nicht als Sonderausgaben abgezogen werden. Ein Abzug als Betriebsausgabe kommt in Frage, wenn die Versicherung im Rahmen eines Betriebes oder im Zusammenhang mit der Berufstätigkeit des Gastwirtes abgeschlossen wurde.[3] Beiträge zu **Automobil-Rechtsschutzversicherungen** sind im Verhältnis privater und betrieblicher Nutzung Privatentnahme bzw. Betriebsausgabe.

1324 **Insassenunfallversicherungen** für einen zum Betriebsvermögen gehörenden Pkw sind Betriebsausgaben, wenn die Versicherung im Rahmen des Betriebes abgeschlossen worden ist.[4] Die **Versicherungssumme** daraus ist **Betriebseinnahme,** wenn sie einen Unfall auf einer Betriebsfahrt betrifft. Geschah der Unfall auf einer Privatfahrt, gehören die Versicherungsansprüche nicht zum Betriebsvermögen.[5]

1325 Zum Abzug von Versicherungsbeiträgen als Vorsorgeaufwendungen nach § 10 Abs. 1 Nr. 2a EStG ist nur berechtigt, wer die Beiträge **als Versicherungsnehmer leistet** und mit den **Aufwendungen** auch **selbst belastet** ist. Das gilt auch für Vorsorgeaufwendungen zugunsten eines gesetzlich unterhaltsberechtigten Dritten (Eltern – Kinder). Eine **Ausnahme** gilt nur **für Ehegatten.**[6]

Der Gesetzgeber hat mit dem **Alterseinkünftegesetz** v. 5.7.2004[7] u. a. die Vergünstigungen für Lebens- und Rentenversicherungen beschnitten. **Bei Neuverträgen entfällt der Abzug bei den Sonderausgaben** (mit einer Ausnahme für reine Risikoversicherungen – § 10 Abs. 1 Nr. 3 Buchst. a EStG). Die Erträge wer-

---

1 BFH, Urteil v. 7.10.1982 - IV R 32/80, BStBl 1983 II S. 101.
2 BFH, Urteil v. 21.5.1987 - IV R 80/85, BStBl 1987 II S. 710.
3 ESt-Kartei OFD Hannover § 10 Nr. 2.7.
4 BFH, Urteil v. 18.11.1971 - IV R 132/66, BStBl 1972 II S. 277.
5 BFH, Urteil v. 15.12.1977 - IV R 78/74, BStBl 1978 II S. 212.
6 BFH, Urteil v. 19.4.1989 - X R 28/86, BStBl 1989 II S. 862.
7 BGBl 2004 I S. 1427.

den nur noch zur Hälfte von der Einkommensteuer freigestellt, vorausgesetzt, dass bestimmte, hinsichtlich der neu eingeführten Altersgrenze verschärfte Voraussetzungen erfüllt sind. Es gibt allerdings noch einige Sonderfälle, in denen die Erträge insgesamt von der Steuer verschont bleiben.

(Einstweilen frei)   1326–1330

► **Veruntreuungen**

Vgl. Rz. 1302.   1331

► **Wareneinkäufe**

Wareneinkäufe sollten auch soweit sie **Zukäufe** an Lebens- und Genussmittel **für private Zwecke** darstellen, über das Warenkonto gebucht werden, wenn sie dem auch sonst betrieblich verwendeten Warenspektrum entsprechen. Die Pauschbeträge für unentgeltliche Wertabgaben decken den gesamten privaten Bedarf von im Betrieb verwendeten Waren ab (Rz. 1334). Außerdem können nicht gebuchte, beim Großhandel getätigte Privateinkäufe bei Vorliegen von **Kontrollmaterial** den Eindruck erwecken, der Gastwirt praktiziere **Doppelverkürzung** (Schwarzeinkäufe bei entsprechender Einnahmekappung).   1332

Einkaufsbelege müssen den **Anforderungen des § 143 AO** (vgl. Rz. 461) und § 14 UStG entsprechen. Verbindlich sind Artikel- und Mengenbezeichnungen der erworbenen Waren bzw. Hinweise auf Lieferscheine, aus denen diese Angaben entnommen werden können. **Kassenbons aus Einzelhandelsgeschäften** (vgl. Rz. 860) ohne solche Angaben stellen einen Verstoß gegen die Pflicht zur Aufzeichnung des Wareneinkaufs nach § 143 AO dar und geben Anlass, den Charakter der Aufwendungen als Betriebsausgaben anzuzweifeln.   1333

► **Warenentnahmen, unentgeltliche Wertabgaben**

Warenentnahmen für privaten Lebensunterhalt sind **grundsätzlich** vom Gastwirt **aufzuzeichnen**.[1] Eine pauschale Verbuchung **ohne Aufzeichnung** im Einzelnen reicht aus, wenn er seinen privaten Warenverbrauch **nach den Pauschsätzen** (vgl. Rz. 2627) schätzen lässt. Er muss dann aber eventuelle Ungenauigkeiten hinnehmen.[2] Das Finanzamt ist nicht gehindert, bei Gaststätten die Kosten für unentgeltliche Wertabgaben und Personalverköstigung abweichend von den allgemeinen Pauschsätzen zu schätzen.[3] Für den Ansatz der Pauschsätze kommt es nicht darauf an, ob die Familienmitglieder des Gast-   1334

---

1 RFH, Urteil v. 24.11.1937 - VI 597/37, RStBl 1938 S. 355.
2 BFH, Urteil v. 26.4.1983 - VIII R 38/82, BStBl 1983 II S. 618; FG des Saarlandes v. 14.2.1991, EFG 1991 S. 772.
3 BFH, Urteil v. 25.2.2004 - III B 126/03, NWB HAAAB-20243.

wirts in der Gaststätte tatsächlich **anwesend** sind und in welchem Umfang in der Gaststätte hergestellte fertige **Gerichte eingenommen werden.**[1]

1335 Entscheidend für den steuerlichen Ansatz der Pauschsätze ist, ob von den betrieblichen Einkäufen der Lebensunterhalt der Familie bestritten werden kann, nicht, ob es tatsächlich geschehen ist.[2] Zur **Schätzung** der unentgeltlichen Wertabgaben eines Gastronomen vgl. auch Sächsisches FG, Urteil v. 16.12.2002[3] und v. 16.5.2001.[4]

Beim Gastwirt sind **Tabakwaren**, in den Pauschsätzen nicht enthalten und daher zusätzlich anzusetzen. Üblicher Getränkekonsum, **auch von Alkohol,** ist im Pauschbetrag **abgedeckt. Zu- oder Abschläge** sind außer für Tabakwaren normalerweise nicht gerechtfertigt. Die **Höhe der Pauschbeträge** resultiert aus dem denkbar breitesten Warenkorb, der selbst Putz- und Reinigungsmittel enthält.

1336 Für **Imbissbetriebe** und Gaststätten mit knappem Speisenangebot sind die Pauschsätze den **Gegebenheiten beim Wareneinkauf anzupassen.**

▶ Warenvorräte; Bewertung

Literatur: *Bolik/Bürek,* Bewertung des Vorratsvermögens – der neue Lifo-Grundsatzerlass des BMF, NWB 2015 S. 2214.

VERWALTUNGSANWEISUNGEN:

R 5.3, 6.3, 6.8, 6.9 EStR; H 5.3 EStH; BMF, Schreiben v. 16.7.2014, BStBl 2014 I S. 1162; BMF, Schreiben v. 12.5.2015, BStBl 2015 I S. 462.

ARBEITSHILFEN UND GRUNDLAGEN ONLINE:

Willeke, Vorratsvermögen (HGB, EStG, IFRS), infoCenter, NWB LAAAB-14463.

1337 Die Vorräte einer Gaststätte schlagen sich kurzfristig um. Sie bewegen sich höchstens zwischen einem **halben und zwei Monatsverbräuchen.** Da es sich vorwiegend um Handelswaren handelt, kommt i. d. R. eine Bewertung mit Anschaffungskosten infrage. Mit Schreiben v. 12.5.2015[5] erläutert das BMF die Zulässigkeit der Bewertungsvereinfachung nach § 6 Abs. 1 Nr. 2a EStG. Danach lässt der Gesetzgeber bei der Bewertung die sog. Lifo-Methode („last in – first out") zu und unterbricht damit den Einzelbewertungsgrundsatz.

---

1 FG München, Urteil v. 28.6.2007 - 14 K 2378/05, NWB DAAAC-53477.
2 FG Berlin, Urteil v. 30.4.1985, EFG 1985 S. 581.
3 1 K 235/98, NWB CAAAB-16971.
4 5 K 994/98, NWB BAAAB-17174.
5 BStBl 2015 I S. 462.

Bei der Bewertung mit Herstellungskosten sind die Neuerungen lt. R 6.3 EStR und die Übergangsregelungen dazu gem. BMF, Schreiben v. 25.3.2013[1] (Bewertungswahlrecht für Kosten der allgemeinen Verwaltung) zu beachten. Das Gesetz zur Modernisierung des Besteuerungsverfahrens v. 18.7.2016,[2] realisiert mit § 6 Abs. 1 Nr. 1b EStG eine Modifikation des Begriffs **Herstellungskosten**. Es schafft hinsichtlich der Berücksichtigung der allgemeinen Verwaltungskosten wieder ein Bewertungswahlrecht. Damit wird die ursprüngliche Verwaltungsauffassung in R 6.3 Abs. 4 EStR 2008 im Gesetzeswege wieder hergestellt.[3]

Bei Geschäftsführung durch fremdes Personal sollte die Organisation eine **tägliche Bestandskontrolle** ermöglichen. Sie allein lässt eine Abstimmung mit den Tageseinnahmen zu und Diebstahl bzw. **Unterschlagung** frühzeitig erkennen.

Bei Differenzen aus **Nachkalkulationen** (vgl. Rz. 2446) sollten bei Gewinnermittlung durch Einnahmenüberschussrechnung mögliche Bestandsveränderungen beachtet werden! 1338

▶ **Wege zwischen Wohnung und Betriebsstätte (1. Tätigkeitsstätte); Entfernungspauschale**

Literatur: *Schneider*, Neues vom BFH zur Entfernungspauschale, NWB 2012 S. 638; *Geserich*, Fahrtkosten bei vollzeitiger Bildungsmaßnahme und Vollzeitstudium, NWB 2012 S. 1226; *Schneider*, BFH entscheidet zur regelmäßigen Arbeitsstätte bei Outsourcing-Fällen teilweise entgegen LStR/LStH, NWB 2012 S. 1732; *Strohner/Gödtel*, Reisekosten, Herne 2015.

VERWALTUNGSANWEISUNGEN:

R 4.12 EStR; H 4.12 EStH; R 9.1 LStÄR 2011; Die Neuregelung zu den Entfernungspauschalen ab 2007 und das BMF-Schreiben v. 1.12.2006, BStBl 2006 I S. 778, sind damit überholt; BMF, Schreiben v. 31.10.2013, BStBl 2013 I S. 1376; BMF, Schreiben v. 24.10.2014, BStBl 2014 I S. 1412.

ARBEITSHILFEN UND GRUNDLAGEN ONLINE:

Mandanten-Merkblatt: Reisekosten, NWB PAAAE-29355; Reisekosten-Abrechnung Inland 2010, Arbeitshilfe, NWB RAAAB-14409; Reisekosten-Abrechnung Ausland 2010, Arbeitshilfe, NWB JAAAD-55617; *Langenkämper*, Entfernungspauschale, infoCenter, NWB VAAAB-14224.

---

1 BStBl 2013 I S. 296.
2 BGBl. 2016 I S. 1679.
3 Vgl dazu Korn/Strahl, Jahresende 2016, NWB 2016 S. 3652 ff.

Aktuelle Rechtslage

1339 Im Einzelnen vgl. § 4 Abs. 5 Ziff. 6 bzw. § 9 Abs. 1 Nr. 4 EStG, das Gesetz zur weiteren Förderung der Elektromobilität v. 12.12.2019,[1] und die o. a. Arbeitshilfen und Grundlagen.

Für **Flugstrecken** und bei steuerfreier Sammelbeförderung entfällt ein Ansatz der Entfernungspauschale.

1340 Mit den abziehbaren Pauschalen sind die **gewöhnlichen Aufwendungen** des Pkw abgegolten. Solche sind z. B. die **Parkgebühren** für das Abstellen während der Arbeitszeit,[2] Kosten für einen Austauschmotor, Mautgebühren und die anteiligen **Finanzierungszinsen**.[3] Das gilt auch für die Beseitigung eines Motorschadens wegen Falschbetankung.[4] **Unfallkosten** sind neben der Entfernungspauschale abziehbar.[5] Nach neuerer BFH-Entscheidung sind auch Unfallkosten als mit der Entfernungspauschale abgegolten anzusehen. Bei **Totalschaden** kann der Restwert nach Abzug der Versicherungsleistungen und dem Schrotterlös als außergewöhnliche AfA geltend gemacht werden. Vgl. BMF, Schreiben v. 11.12.2001.[6] Mit den Pauschalen wird auch eine **Leasingsonderzahlung** abgegolten.[7] **Sonderabschreibungen** bleiben beim Berechnen der nicht abziehbaren Pkw-Aufwendungen außer Ansatz.[8]

Zur Definition des Begriffs „Arbeitsstätte" bei Outsourcing vgl. BFH, Urteil v. 9.2.2012.[9]

Bezüglich Sonderregelungen für behinderte Menschen vgl. Richter/Breuer/Knebel.[10]

---

1 BStBl 2020 I S. 17.

2 BFH, Urteil v. 2.2.1979 - VI R 77/77, BStBl 1979 II S. 372.

3 BFH, Urteil v. 30.11.1979 - VI R 83/77, BStBl 1980 II S. 138.

4 BFH, Urteil v. 20.3.2014 - VI R 29/13, BStBl 2014 II S. 849.

5 BMF, Schreiben v. 11.12.2001, BStBl 2001 I S. 994.

6 Einführungsschreiben zu den Entfernungspauschalen ab 2001, BStBl 2001 I S. 994, StuB 2002 S. 40; H 42 LStR.

7 BFH, Urteil v. 15.4.2010 - VI R 20/08, BStBl 2010 II S. 805.

8 BFH, Urteil v. 25.3.1988 - III R 96/85, BStBl 1988 II S. 655; zu Einzelheiten vgl. BMF, Schreiben v. 11.12.2001, BStBl 2001 I S. 994.

9 VI R 22/10, BStBl 2012 II S. 827.

10 Reise- und Bewirtungskosten, 12. Aufl., Herne 2010, III. Sonderregelung für behinderte Menschen.

▶ **Werbezuschüsse**

Werbezuschüsse von Firmen z. B. zur **Beschaffung von Werbemitteln** oder zur **1341**
Durchführung von Werbeaktionen (Anzeigenkampagnen) sind Betriebseinnahmen, die Werbeaufwendungen selbst Betriebsausgaben.

▶ **Wirtedarlehen von Automatenaufstellern**

Der **Automatenmarkt** ist ein lukrativer Geschäftszweig mit vielen Mitbewer- **1342**
bern. In der Absicht, den Wirt zu binden und so einen guten Gerätestandplatz
zu erhalten, **kombinieren** Spielgeräteaufsteller **Automatenaufstellverträge** oft
mit **zinslosen Darlehen,** teilweise auch mit **verlorenen Zuschüssen.** Die Darlehen werden in der Regel **mit den Wirteanteilen** am Einspielergebnis **getilgt.**
Solche Vorgänge werden in der Praxis buchmäßig nicht immer erfasst, da **keine Geldbewegungen** erfolgen. Das gilt vor allem bei Gewinnermittlung nach
§ 4 Abs. 3 EStG.

Mit der Tilgung des Darlehens laut Vereinbarung ist **Zufluss anzunehmen.** Es **1343**
handelt sich dabei **nicht nur um Darlehenstilgungen,** die steuerlich weder Betriebseinnahmen noch Betriebsausgaben sind.[1] Primär **liegen Betriebseinnahmen** vor, die zur Darlehenstilgung verwendet werden.

Zu **Automaten (Automatenaufstellerdarlehen)** vgl. auch Rz. 840. **1344**

(Einstweilen frei) **1345–1350**

▶ **Wohnen im Betriebsgebäude**

Gastwirte oder Hoteliers unterhalten in der Regel **im Betrieb auch ihre Privat- 1351
wohnung.** Bei Pachtobjekten sind dafür Mieten, Neben- und Energiekosten
nicht abziehbar.

Bei **eigenen Betriebsgebäuden** können privaten Wohnzwecken dienende Ge- **1352**
bäudeteile von buchführenden Stpfl. kein **gewillkürtes Betriebsvermögen** sein.
Ein Ansatz von Mietwerten kommt daher nicht in Frage. Den Privatbereich betreffende Kosten für Wasser, Kanal, Strom, Gas, Heizung sind Privatentnahmen und mit den dafür dem Betrieb entstandenen Selbstkosten nicht abziehbar (§ 12 Nr. 1 EStG).

▶ **Zimmervermietung**

Vgl. Rz. 1077 ff. **1353**

(Einstweilen frei) **1354–1369**

---

1 BFH, Urteil v. 8.10.1969 - I R 94/67, BStBl 1970 II S. 44; BFH, Urteil v. 6.3.1974 - I R 203/72, BStBl
1974 II S. 341.

▶ **Zufluss von Einnahmen; Abfluss von Ausgaben**

Literatur: *Gunsenheimer*, Die Einnahmenüberschussrechnung nach § 4 Abs. 3 EStG, 14. Aufl., Herne 2015.

VERWALTUNGSANWEISUNGEN:

R 4.5 EStR; H 11, H 16 EStH; BMF, Schreiben v. 10.11.2008, BStBl 2008 I S. 958.

ARBEITSHILFEN UND GRUNDLAGEN ONLINE:

Schmidt, Durchlaufende Posten, infoCenter, NWB IAAAB-80071; *Langenkämper*, Zufluss-Abfluss-Prinzip, infoCenter, NWB YAAAB-05702.

1. Grundsätze

1370 Eine Vielzahl von **kleineren Gaststätten** ermittelt die Gewinne nach den Grundsätzen der **Einnahmenüberschussrechnung** (vgl. Rz. 381 ff.). Dabei richtet sich die Erfassung von Betriebseinnahmen und -ausgaben grundsätzlich nach den **Zufluss-, Abflussgesichtspunkten** der §§ 11 bis 11b EStG. Zu Ausnahmen vgl. Rz. 384 und Langenkämper, Zufluss-Abfluss-Prinzip, lt. Arbeitshilfen. Kundenforderungen und Lieferantenverbindlichkeiten beeinflussen dann nicht die gewerblichen Gewinne. Ein Zufluss liegt vor, wenn Einnahmen in den wirtschaftlichen Verfügungsbereich des Empfängers gelangen. Zu regelmäßig wiederkehrenden Einnahmen/Ausgaben vgl. § 11 Abs. 1 Satz 2 EStG.

Bei **Überweisungen** ist Abflusszeitpunkt die Hingabe des Überweisungsauftrages an die Bank.[1] Im **Scheckverkehr** gilt seine **Annahme als Zufluss** bei **Kontendeckung** bzw. **Zahlungsfähigkeit** des Schuldners,[2] als Abfluss beim Verpflichteten die Scheckhingabe bzw. -übergabe an die Bank oder zur Post.[3] Zu Einnahmen bzw. Ausgaben, die auf einer **Nutzungsüberlassung** beruhen vgl. § 11 Abs. 1 Satz 3 und Abs. 2 Satz 3 EStG. Auf einer Nutzungsüberlassung beruhende Einnahmen für einen Zeitraum von mehr als fünf Jahren können erstmals ab Veranlagungszeitraum 2005 gleichmäßig verteilt werden. Gleiches gilt für entsprechende Ausgaben. Vorgenannte Regelung gilt nicht für ein marktübliches Disagio bzw. Damnum.[4]

---

1 BFH, Urteil v. 14.1.1986 - IX R 51/80, BStBl 1986 II S. 453; BFH, Urteil v. 22.5.1987 - III R 47/82, BStBl 1987 II S. 673.
2 BFH, Urteil v. 30.10.1980 - IV R 97/78, BStBl 1981 II S. 305.
3 BFH, Urteil v. 8.11.1968 - VI R 81/67, BStBl 1969 II S. 76; BFH, Urteil v. 24.9.1985 - IX R 2/80, BStBl 1986 II S. 284.
4 NWB 2005 S. 4117.

Wechsel werden nur **zahlungshalber** gegeben. Sie sind daher erst zugeflossen bei Diskontierung bzw. Fälligkeit,[1] abgeflossen zum Zeitpunkt der Belastung durch die Bank.[2]

Ein Zufluss kann nicht vorliegen, wenn **Fremdgelder** in Empfang genommen werden. Sie sind **wie durchlaufende Posten** zu behandeln.[3] Zu durchlaufenden Posten vgl. Arbeitshilfen.

Zufluss liegt grundsätzlich vor, wenn ein Betrag **auf dem Bankkonto** des Gastwirtes gutgeschrieben ist. Daher sind Voraus-, Abschlags- und Anzahlungen bei Einnahmenüberschussrechnung bereits vor Erbringung der vereinbarten Leistung gewinnrelevant.[4] Grundsätzlich ist Zufluss anzunehmen, wenn der Gastwirt **über seinen Leistungserfolg verfügen** kann bzw. **tatsächlich verfügt**.[5] Das Abflussprinzip des § 11 EStG gilt auch für Sonderausgaben und außergewöhnliche Belastungen.

1371

2. Zufluss von Zinsen bei Spareinlagen

Zinsen für Spareinlagen sind in dem Jahr zugeflossen, für das sie von der Bank gutgeschrieben wurden. Der Zeitpunkt der Eintragung im Sparbuch ist ohne Bedeutung.[6]

1372

3. Abfluss von Zinsen bei Kreditierung

Ein **Abfluss von Schuldzinsen** ist auch anzunehmen, wenn der Gastwirt in Höhe der geschuldeten Zinsen eine **weitere Verbindlichkeit eingeht**.[7]

1373

4. Abfluss von Zinsen bei Überweisungen

Betriebsausgaben, die mittels Überweisungsauftrag von einem Bankkonto geleistet werden, sind beim Kontoinhaber abgeflossen, wenn der **Überweisungsauftrag der Bank zugegangen** ist und der Gastwirt im Übrigen alles in seiner Macht stehende getan hat, um eine banktübliche Ausführung zu gewährleis-

1374

---

1 BFH, Urteil v. 1.7.1952 - I 37/52 S, BStBl 1952 III S. 205; BFH, Urteil v. 30.10.1980 - IV R 97/78, BStBl 1981 II S. 305.
2 Vgl. aber BFH, Urteil v. 30.10.1986 - III R 56/86, BStBl 1987 II S. 137.
3 BFH, Urteil, v. 30.1.1975 - IV R 190/71, BStBl 1975 II S. 776.
4 BFH, Urteil v. 2.9.1954 - IV 159/53 U, BStBl 1954 III S. 314; BFH, Urteil v. 29.4.1982 - IV R 95/79, BStBl 1982 II S. 593.
5 BFH, Urteile v. 30.10.1980 - IV R 97/78, BStBl 1981 II S. 305; v. 14.5.1982 - VI R 124/77, BStBl 1982 II S. 469; v. 26.7.1983 - VIII R30/82, BStBl 1983 II S. 755.
6 BFH, Urteil v. 3.6.1975 - VIII R 156/71, BStBl 1975 II S. 696.
7 FG des Saarlandes, Urteil v. 6.9.1989, rkr., EFG 1989 S. 634; BFH, Urteil v. 6.3.1997 - IV R 47/95, BStBl 1997 II S. 509.

ten. Hierzu gehört, dass im Zeitpunkt der Erteilung des Überweisungsauftrags genügende Deckung auf dem Girokonto vorhanden ist.

1375 Der Abflusszeitpunkt **beim Schuldner** ist **nicht identisch** mit dem Zuflusszeitpunkt beim Gläubiger. Beim Gläubiger tritt der Zufluss erst ein, wenn er über den Betrag verfügen kann. Das ist bei Überweisungen regelmäßig erst mit Gutschrift auf dem Konto des Gläubigers der Fall.

5. Zufluss bei Gutschriften des Lieferanten

1376 Auch **Gutschriften** von Rückvergütungen, Rabatten, Boni usw. **in den Büchern des Lieferanten** sind dem Gastwirt **mit Kenntnis** der Gutschriften zugeflossen, wenn der Schuldner **zahlungsfähig** und **zahlungswillig** ist.[1]

6. Zufluss bzw. Abfluss bei Verrechnung

1377 Bei **Inzahlunggabe** von gebrauchten Wirtschaftsgütern unter Anrechnung auf den vereinbarten Kaufpreis beim Kauf eines neuen Wirtschaftsgutes ist die **Auf- bzw. Verrechnung als Zufluss** des Veräußerungspreises des gebrauchten Wirtschaftsgutes anzusehen.[2] Ein **Damnum** bzw. Disagio, das bei Kreditauszahlung gleich einbehalten wird, ist für betrieblich veranlasste Schulden bei Einnahmenüberschussrechnung **sofort als Betriebsausgabe abziehbar**.[3] Einem Zufluss von Zinsen steht nicht entgegen, dass sie später zurückgezahlt werden müssen.[4] Zum Abfluss von Zinsen durch **Novation** vgl. BFH, Urteil v. 7.8.2007.[5]

7. Missbrauchstatbestände nach § 42 AO

1378 Das bei Gewinnermittlung nach § 4 Abs. 3 EStG allein von Maßnahmen des Steuerbürgers abhängige Abflussprinzip beinhaltet die Möglichkeit der **gesteuerten Gewinnbeeinflussung** durch **Vorauszahlungen** oder Zahlungen **ohne Rechtsgrund**. Grundsätzlich gilt der Abflussgrundsatz auch, wenn Vorauszahlungen geleistet werden. Bei **Zahlungen** im Voraus **ohne wirtschaftlich vernünftigen Grund** sieht der BFH aber einen **Missbrauch** von Gestaltungsmöglichkeiten nach **§ 42 AO**. In solchen Fällen werden die Zahlungen als Ausgabe (Betriebs- bzw. Sonderausgabe) nicht anerkannt.[6]

---

1 BFH, Urteile v. 9.4.1968 - IV 267/64, BStBl 1968 III S. 525; v. 22.11.1974 - VI R 138/72, BStBl 1975 II S. 350; v. 14.5.1982 - VI R 124/77, BStBl 1982 II S. 469.
2 BFH, Urteil v. 19.7.1977 - VIII R 119/75, BStBl 1977 II S. 601.
3 BFH, Urteil v. 6.12.1965 - GrS 2/64, BStBl 1966 III S. 144.
4 BFH, Urteil v. 2.7.2008 - X B 204/07, BFH/NV 2008 S. 1679, NWB KAAAC-89486.
5 IV B 139/06, BFH/NV 2008 S. 57, NWB AAAAC-63026.
6 BFH, Urteile v. 25.1.1963 - VI 69/61 U, BStBl 1963 III S. 141; v. 23.9.1986 - IX R 113/82, BStBl 1987 II S. 219.

▶ Zuschüsse

Literatur: *Langenbeck,* Zuschüsse und Zulagen, BBK F.30 S.865; *Gummert/Trapp,* Steuerliche Behandlung von Werbekostenzuschüssen, NWB 2000 S.4751; *Köhler,* Buchung und Bilanzierung von Investitionszuschüssen, BBK 14/2014 S.661.

VERWALTUNGSANWEISUNGEN:

R 6.5, R 6.13, R 7.3, R 21.5 EStR, H 6.5, H 21.5 EStH; BMF, Schreiben v. 27.5.2003, BStBl 2003 I S.361; BMF, Schreiben v. 15.8.2006, BStBl 2006 I S.502.

ARBEITSHILFEN UND GRUNDLAGEN ONLINE:

Langenkämper, Einkommensteuerliche Behandlung von Zuschüssen, infoCenter, NWB KAAAB-04914; *Wenning,* Umsatzsteuerliche Behandlung von Zuschüssen, infoCenter, NWB RAAAA-41732.

Zuschüsse sind Zuwendungen von Vermögenswerten mit einer Zweckbindung **1379** ohne unmittelbare Gegenleistung. Das Wirtschaftsleben kennt rückzahlbare, einmalige oder laufende Zuschüsse unter den Bezeichnungen Investitionszuschüsse, Aufwands-, Ertragszuschüsse, Prämien, Zulagen, Beihilfen oder Subventionen. Rückzahlbare Zuschüsse sind i. d. R. Verbindlichkeiten.

Ertragsteuerlich kommen **sofortige Gewinnerhöhung, Kürzungen von Anschaffungs- bzw. Herstellungskosten** oder **Passivierung als passive Rechnungsabgrenzungsposten** in Betracht. Die EStR bieten in R 6.5 EStR für Investitionszuschüsse aus öffentlichen und privaten Mitteln ein **Wahlrecht** zwischen **sofortiger Erfassung** oder Kürzung der Anschaffungs- oder Herstellungskosten. Das Wahlrecht wird durch die Bilanzierung ausgeübt. Zur Behandlung von Investitionszuschüssen bei Einnahmen-Überschussrechnung Hinweis auf BFH, Urteil v. 29.11.2007.[1] Die BFH-Rechtsprechung steht nicht einheitlich hinter dem von der Finanzverwaltung für den betrieblichen Bereich tolerierten Wahlrecht.[2]

Ertragszuschüsse sind gewinnerhöhend zu erfassen.[3] Für öffentliche **Ertrags- 1380 und Aufwandszuschüsse** ist ein passiver **Rechnungsabgrenzungsposten** zu bilden, wenn sich der Unternehmer dafür auf Zeit zu einem bestimmten Verhalten verpflichtet **(unechte Zuschüsse).**

Verlorene Baukostenzuschüsse gehören beim **Vermieter** zu den Einnahmen **1381** aus Vermietung und Verpachtung und mindern nicht die Herstellungskosten.[4] Zuschüsse, die eine Gemeinde **nach § 43 Abs. 3 Satz 2 StBauFG** unabhängig

---

1 IV R 81/05, BStBl 2008 II S. 561.
2 Vgl. BFH, Urteile v. 14.7.1988 - IV R 78/85, BStBl 1089 II S. 189; v. 14.7.2009 - IX R 7/08, BStBl 2010 II S. 34.
3 Vgl. zu öffentlichen Zuschüssen zur **Liquiditätsverbesserung** z. B. nach § 44 StBauFG BFH, Urteil v. 17.9.1987 - III R 225/83, BStBl 1988 II S. 324.
4 BFH, Urteil v. 28.10.1980 - VIII R 34/76, BStBl 1981 II S. 161.

von der Nutzung des Gebäudes gewährt, **mindern die Herstellungskosten** und sind nicht als Einnahmen aus Vermietung und Verpachtung zu behandeln. **Investitionszuschüsse** aus öffentlichen Mitteln zur Anschaffung oder Herstellung von abnutzbaren Sachanlagegütern sind **nicht passiv abzugrenzen.**[1]

▶ „Zwei-/Mehr-Konten-Modell"

1382   Vgl. Rz. 1010.

1383–1398   *(Einstweilen frei)*

III. Umsatzsteuer

Nachfolgend werden spezielle umsatzsteuerrechtliche Fragen des Gaststätten- und Beherbergungsgewerbes in **ABC-Folge** behandelt.

Literatur: Mann, Temporäre Absenkung des Steuersatzes auf Gastronomieumsätze, USt direkt digital 15/2020 S. 13.

VERWALTUNGSANWEISUNGEN:

BMF, Umsatzsteuer-Anwendungserlass v. 1.10.2010, BStBl 2010 I S. 846, mit Änderungen.

▶ **Abgabe von Mahlzeiten**

1399   Vgl. Rz. 1410.

▶ **Abgaben**

1400   Vgl. Durchlaufende Posten, Rz. 1424.

▶ **Abschreibungsdarlehen**

1401   Bei Darlehensgewährung einer Brauerei an einen Wirt und 22 UStG Verpflichtung des Wirtes, ausschließlich Getränke der darlehensgewährenden Brauerei auszuschenken, ist nach FG Baden-Württemberg, Urteil v. 21.5.1981[2] der **Darlehensbetrag Entgelt** für eine sonstige Leistung. Vgl. Rz. 945.

▶ **Altenwohnheimähnliche Leistungen eines Hotels**

1402   Ein Hotel, das **an Senioren Appartements auf Lebenszeit vermietet** und ihnen bestimmte Leistungen eines benachbarten Altenwohnheims zugänglich macht, kann, wenn es selbst die Erlaubnis zum Betrieb eines Altenheims nicht besitzt, **keine Steuerbefreiung** nach § 4 Nr. 16d UStG beanspruchen.[3]

---

1 BFH, Urteil v. 22.1.1992 - X R 23/89, BStBl 1992 II S. 488; zur Umsatzsteuer vgl. Wenning, Umsatzsteuerliche Behandlung von Zuschüssen, infoCenter, NWB RAAAA-41732; BFH, Urteil v. 19.2.2009 - XI B 68/08, BFH/NV 2009 S. 975, NWB KAAAD-18471; BFH, Urteil v. 22.7.2008 - V R 34/07, BFH/NV 2008 S. 1895, NWB QAAAC-92234 und Rz. 1710.

2 EFG 1982 S. 48.

3 BFH, Urteil v. 15.4.1993 - V B 182/92, BFH/NV 1993 S. 753, NWB BAAAB-33977.

▶ **Aufzeichnungspflichten nach § 22 Abs. 1 bis 6 UStG (§§ 63 bis 68 UStDV)**

Literatur: *Mösbauer*, Aufzeichnungspflichten des Unternehmers nach § 22 UStG, BB 1984 S. 1928; *Kremerskothen*, Aufzeichnungspflichten nach § 22 UStG, BBK F. 6 S. 915; *ders.*, Erweiterte Aufzeichnungspflichten nach UStG 1993, BBK F. 6 S. 977.

VERWALTUNGSANWEISUNGEN:

Umsatzsteuer-Anwendungserlass (UStAE) v. 1.10.2010, BStBl 2010 I S. 846, Abschn. 22.1 ff., mit späteren Änderungen.

Die allgemeinen Vorschriften über das Führen von Büchern und Aufzeichnun-   1403
gen der §§ 140 bis 148 AO gelten in Übereinstimmung mit § 63 Abs. 1 UStDV auch für Aufzeichnungen für die Umsatzsteuer. Vgl. Rz. 451 ff. Die Aufzeichnungspflicht nach § 22 Abs. 2 UStG wirkt unmittelbar für alle Besteuerungszwecke, also auch für die Gewerbe- und Einkommensteuer.[1]

Aus den Aufzeichnungen müssen alle steuerlich relevanten Daten zu ersehen sein. Dazu gehört auch die Ausstellung von Rechnungen (§ 14 UStG). Aufzeichnungspflichtig ist daher **jeder Unternehmer** i. S. d. § 2 Abs. 1 UStG. Auch **Nichtunternehmer** sind in bestimmten Fällen verpflichtet Aufzeichnungen zu machen (z. B. § 13a Abs. 1 Nr. 2 und 5, § 13b Abs. 5, § 14c Abs. 2 UStG). Soweit die geforderten Angaben aus dem Rechnungswesen oder den Aufzeichnungen des Unternehmers für andere Zwecke eindeutig und leicht nachprüfbar hervorgehen, brauchen sie daher für Umsatzsteuerzwecke nicht noch gesondert aufgezeichnet zu werden. Ebenso sind Unternehmer aus dem übrigen Gemeinschaftsgebiet nach deutschem Recht zu Aufzeichnungen im Geltungsbereich des UStG verpflichtet. Aufzuzeichnen sind auch steuerfreie und nicht steuerbare Vorgänge. Daher ist auch jeder Vermieter, wenn er nur steuerfreie Umsätze tätigt, als Unternehmer nach § 22 UStG aufzeichnungspflichtig.

Die wichtigsten aufzeichnungspflichtigen Sachverhalte sind:

– Die **vereinbarten Entgelte** für die vom Unternehmer ausgeführten Lieferungen und sonstigen Leistungen. Dabei ist **ersichtlich zu machen,** wie sich die Entgelte auf die **steuerpflichtigen Umsätze,** getrennt nach **Steuersätzen,** und auf die **steuerfreien Umsätze** verteilen (§ 22 Abs. 2 Nr. 1 UStG); dies gilt auch für Bemessungsgrundlagen nach § 10 Abs. 4 UStG, wenn Lieferungen i. S. d. § 3 Abs. 1b UStG, sonstige Leistungen i. S. d. § 3 Abs. 9a UStG sowie § 10 Abs. 5 UStG ausgeführt werden;

– die **vereinnahmten Entgelte und Teilentgelte** für noch nicht ausgeführte Lieferungen und sonstige Leistungen. Dabei ist u. a. ersichtlich zu machen, wie sich die Entgelte und Teilentgelte auf die steuerpflichtigen Umsätze,

---

1 FG des Saarlandes v. 16.9.1990, NWB EN-Nr. 1179/1990.

getrennt nach Steuersätzen, und auf die steuerfreien Umsätze verteilen (§ 22 Abs. 2 Nr. 2 UStG);

– die Bemessungsgrundlage für Lieferungen i. S. d. § 3 Abs. 1b UStG und für sonstige Leistungen i. S. d. § 3 Abs. 9a Nr. 1 UStG. Nr. 1 Satz 2 gilt entsprechend (§ 22 Abs. 2 Nr. 3 UStG);

– die Entgelte für **steuerpflichtige Lieferungen und sonstige Leistungen,** die **an den Unternehmer für sein Unternehmen** ausgeführt worden sind, und die vor Ausführung dieser Umsätze gezahlten Entgelte und Teilentgelte, soweit für die Umsätze nach § 13 Abs. 1 Nr. 1a Satz 4 UStG die Steuer entsteht, sowie die auf Entgelten und Teilentgelte entfallenden Steuerbeträge (§ 22 Abs. 2 Nr. 5 UStG);

– die Bemessungsgrundlage für die Einfuhr von Gegenständen (§ 11 UStG), sowie die dafür entrichtete oder in den Fällen des § 16 Abs. 2 Satz 4 UStG zu entrichtende **Einfuhrumsatzsteuer** (§ 22 Abs. 2 Nr. 6 UStG);

– die Bemessungsgrundlage für den **innergemeinschaftlichen Erwerb** von Gegenständen sowie die hierauf entfallenden Steuerbeträge (§ 22 Abs. 2 Nr. 7 UStG)

Weitere Aufzeichnungspflichten ergeben sich aus § 22 UStG.

§ 22 UStG spricht von „Entgelt". **Nicht aufzuzeichnen** ist daher alles, **was** nach umsatzsteuerlichen Termini **nicht** als **Entgelt** anzusehen ist, wie

– durchlaufende Posten,

– Schadensersatz,

– Mitgliederbeiträge,

– Zuschüsse,

– Gesellschafterleistungen usw.

Auch **nachträgliche Entgeltsänderungen** durch Skonti, Boni, Gutschriften, Nachlässe unterliegen der Aufzeichnungsverpflichtung.

Nachträgliche Entgeltsänderungen haben **ertragsteuerliche Bedeutung** für die Gewinnermittlung nach § 4 Abs. 3 EStG. **Herabsetzungen der Wareneinstandspreise** werden nicht selten vom Lieferanten der Gaststättenbranche **per Barscheck** vergütet. Sie gelangen daher nicht in die Gewinnermittlung ein. Diese Nichterfassung ist auch ein Verstoß gegen gesetzliche Aufzeichnungspflichten.

▶ **Ausbildungszuschuss, Ausbildungsbeihilfe**

1404   Vgl. Rz. 1710.

▶ Automatenaufstellung

VERWALTUNGSANWEISUNGEN:

Umsatzsteuer-Anwendungserlass (UStAE) v. 1.10.2010, BStBl 2010 I S. 846, mit späteren Änderungen; Abschn. 3.7 (8) UStAE.

1. Warenautomat

Werden in Gaststätten mit Genehmigung des Gastwirts Warenautomaten aufgestellt, so liefert der Aufsteller die Waren an die Benutzer der Automaten. Der Gastwirt bewirkt eine steuerpflichtige sonstige Leistung an den Aufsteller, die darin besteht, dass er die Aufstellung der Automaten in seinen Räumen gestattet. Der **Aufsteller** hat für **seine Lieferungen** an den Benutzer die **Gesamteinnahmen** aus dem Automaten ohne Abzug der Entgelte für den Wirt mit 19 % zu **versteuern.**

1405

Stellt der **Wirt eigene** oder **geliehene Apparate** auf, so liegt eine sonstige Leistung vor. Er **liefert** selbst an den Benutzer und hat die Gesamteinnahmen aus dem Automaten mit 19 % zu versteuern.

Vorgenannte Regelung gilt nicht nur für die Umsätze aus den in Gaststätten aufgestellten **Tabakwarenautomaten,** sondern bei gleichen tatsächlichen Verhältnissen für den **Wareneinkauf mittels Automaten** allgemein. Die gleiche Sach- und Rechtslage ist gegeben, wenn derjenige, der die Aufstellung eines Automaten gestattet, mit dem Verkauf (Lieferung) der Waren an die Automatenbenutzer in keiner Weise befasst ist. Dies ist insbesondere der Fall, wenn nur der Automatenaufsteller die Füllung und Leerung der Automaten besorgt, nur er einen Schlüssel zum Automaten besitzt und alle Verluste zu seinen Lasten gehen.[1]

Befinden sich in Warenautomaten in der **Anlage zum UStG aufgeführte Erzeugnisse,** z. B. unverpackte Erdnüsse, Süßwaren, Brezel, ist die Abgabe aus dem Automaten nach BFH, Urteil v. 29.6.1988[2] selbst dann **keine** Lieferung zum vollen Steuersatz von 19 %, wenn die Automaten in Gaststätten aufgestellt sind.[3] Die Lieferungen unterliegen daher dem **ermäßigten** Steuersatz.

Die **Aufstellung eines Zigarettenautomaten** in Geschäftsräumen ist **keine steuerbefreite Grundstücksvermietung,** wenn der Lokalinhaber dem Eigentümer eines Zigarettenautomaten das Recht einräumt, den Automaten für einen Zeitraum von zwei Jahren an einer von dem Lokalinhaber bezeichneten Stelle

---

1 BMF, Schreiben v. 2.7.1956 – IV A/2 – S 4104, NWB EN-Nr. 884/59.

2 X R 64/82, BStBl 1989 II S. 207.

3 Vgl. auch Theisen in KFR F. 7 UStG § 12, 1/88, S. 345.

in den Räumlichkeiten gegen einen prozentualen Anteil an den Bruttoerträgen aus dem Verkauf von Zigaretten und anderen Tabakwaren aufzustellen, zu betreiben und zu warten.[1] Mit der Ausgabe **trinkfertiger Heißgetränke** tätigt der Aufsteller Lieferungen, die wie folgt zu versteuern sind:[2]

- Kaffee und Tee 19 %

- Kakao 7 % bei Milchanteil mindestens 75 % Massenanteil, 19 % bei Milchanteil weniger als 75 % Massenanteil

- Suppe 7 %

Zum Verzehr an Ort und Stelle vgl. Rz. 1675.

2. Geldspiel-, Unterhaltungsautomaten

Literatur: *Leonhard/Szczekalla*, Anwendungsvorrang und Bestandskraft – Eine Bestandsaufnahme aus Anlass der Rechtssache Linneweber, UR 2005 S. 420; *Rätke*, Keine Änderung bestandskräftiger USt-Bescheide bei Geldspielautomatenbetreiber, BBK 2007 S. 4668; *Hippke*, Umsatzsteuerpflicht sog. Fun-Games, NWB 2008 S. 3845.

VERWALTUNGSANWEISUNGEN:

Umsatzsteuer-Anwendungserlass (UStAE) v. 1.10.2010, BStBl 2010 I S. 846, mit späteren Änderungen; Abschn. 3.8. Abs. 8 und Abschn. 4.81 UStAE; OFD Rheinland, Vfg. v. 4.5.2006, UR 2006 S. 426; Bayerisches Landesamt für Steuern v. 18.8.2006 – S 2141 – 1 St 32/St 33, NWB EAAAC-03847; OFD Koblenz, Vfg. v. 11.7.2005 – S 7165 A – St 44 2, NWB UAAAB-58434.

1406 Werden in Gastwirtschaften mit Genehmigung des Gastwirtes Spielautomaten aufgestellt, so bewirkt der Gastwirt eine steuerpflichtige sonstige Leistung, die darin besteht, dass er die Aufstellung der Automaten in seinen Gasträumen duldet. Ein Gastwirt, der Spielautomaten **in eigenem Namen** und für eigene Rechnung betreibt, ist i. d. R. als Automatenaufsteller anzusehen.[3]

Die Umsätze eines gewerblichen Betreibers von Geldspielautomaten sind aufgrund der am 6.5.2006 in Kraft getretenen Neuregelung des § 4 Nr. 9 Buchst. b UStG steuerpflichtig.[4] Das ist unionsrechtskonform und verfassungsgemäß.[5] Nach BFH-Urteil v. 16.5.2012,[6] ist die Veräußerung gebrauchter Geldspielautomaten mit Gewinnmöglichkeit, die ein Unternehmer ausschließlich zur

---

1 EuGH, Urteil v. 12.6.2003 - C-275/01, NWB PAAAB-79416, UR 2003 S. 348.

2 Vgl. OFD Hannover, Vfg. v. 20.6.2007, UR 2007 S. 755.

3 BFH, Urteil v. 24.9.1987 - V R 152/78, BStBl 1988 II S. 29.

4 BFH, Urteil v. 10.11.2010 - XI R 79/07, BStBl 2011 II S. 311; vgl auch BFH v. 10.6.2016 - V B 97/15, BFH/NV 2016 S. 1497, NWB CAAAF-80035.

5 FG Hamburg, Urteil v. 15.7.2014 - 3 K 207/13, NWB DAAAE-71239.

6 XI R 24/10, BStBl 2013 II S. 52.

Ausführung steuerfreier Umsätze genutzt hat, gem. § 4 Nr. 28 EStG (1999) steuerfrei.

Nach BFH, Urteil v. 29.5.2008[1] sind **Fun-Games** keine Glücksspiele. Sie bieten keine Gewinnchance in Gestalt eines Bargeldgewinns. Folglich kann sich der Veranstalter solcher Spiele nicht auf die Befreiungsvorschrift berufen.

▶ **Backwaren**

Die **Lieferung von Brötchen zusammen mit Speisen und Getränken** in Gast-   1407
wirtschaften unterliegt dem allgemeinen **Steuersatz von 19 %.**[2]

Der **ermäßigte Steuersatz** des § 12 Abs. 2 Nr. 1 UStG in Höhe von **7 %** könnte allerdings wohl dann zur Anwendung kommen, wenn ein Wirt wie ein Bäcker ohne Zusammenhang mit einem sonstigen Verzehr ausschließlich trockenes Backwerk einem einzelnen Kunden abgibt.

▶ **Bedienungsgeld**

Der im Gaststätten- und Beherbergungsgewerbe **erhobene Bedienungs-**   1408
zuschlag ist **Teil** des vom Unternehmer **vereinnahmten Entgelts,** auch wenn das Bedienungspersonal den Zuschlag nicht abführt, sondern vereinbarungs-gemäß als Entlohnung für seine Dienste zurückbehält.[3] Dagegen werden die **neben** dem ortsüblichen Bedienungszuschlag an das Personal gezahlten **frei-willigen Trinkgelder** bei den Gastwirten usw. nicht zur Umsatzsteuer heran-gezogen (Abschn. 10.1. Nr. 5 UStAE).

Freiwillige Trinkgelder an den **Gastwirt** usw. **selbst** oder an seine unentgeltlich mitarbeitenden **Familienangehörigen** sind jedoch umsatzsteuerpflichtig.[4]

▶ **Beherbergung von Gästen**

Siehe Rz. 1535 und 1564 ff.   1409

▶ **Beköstigung und Logis: Gastwirt, Arbeitnehmer, Auszubildende, Ehegatte und Kinder**

Literatur: *Hünnekens,* Änderungen des Umsatzsteuerrechts durch das Steuerentlastungs-gesetz 1999/2000/2002, NWB 1999 S. 1539; *Rondorf,* Umsatzbesteuerung der Sach-zuwendungen und sonstigen Leistungen an das Personal, NWB 2000 S. 1785; *Kanzler,* Personalverpflegung mit Belegschaftsrabatt auf Flusskreuzfahrt, NWB 2010 S. 1502.

VERWALTUNGSANWEISUNGEN:

Abschn. 1.8. Abs. 4 Satz 3 Nr. 6 UStAE; vgl. auch Rz. 1675 ff.

---

1 V R 7/06, BStBl 2009 II S. 64.
2 BFH, Urteil v. 16.8.1962, HFR 1963 S. 126.
3 BFH, Urteil v. 19.8.1971 - V R 74/68, BStBl 1972 II S. 24.
4 BFH, Urteil v. 17.2.1972 - V R 118/71, BStBl 1972 II S. 405.

1410   Die **Abgabe von Mahlzeiten in der Gastronomie** (sog. **Restaurationsumsätze**) wird umsatzsteuerlich nicht mehr als Lieferung von Gegenständen, sondern als eine **sonstige Leistung** (Dienstleistung) behandelt. Zur Einnahme von Speisen und Getränken durch den **Gastwirt** selbst in seiner Gaststätte vgl. „Pauschbeträge für unentgeltliche Wertabgaben" Rz. 2627. Daraus ergibt sich auch die jeweilige Zuordnung zu den Steuersätzen. Der **ermäßigte Steuersatz** nach § 12 Abs. 2 Nr. 1 i. V. m. der Anlage 2 UStG kann nach § 3 Abs. 1b Nr. 1 UStG bei einer **Entnahme von Nahrungsmitteln** durch den Gastwirt zum Verzehr in einer von der Gaststätte getrennten Wohnung angewandt werden.[1]

Gewährt ein Gastwirt/Hotelier seinen Arbeitnehmern **freie Verpflegung**, so handelt es sich um die unentgeltliche Erbringung einer sonstigen Leistung für den privaten Bedarf des Personals (§ 3 Abs. 9a Nr. 2 UStG), die steuerbar und steuerpflichtig ist und dem **Regelsteuersatz** unterliegt. Der ermäßigte Steuersatz kommt für derartige Leistungen nicht in Betracht, weil es sich um Restaurationsleistungen handelt (Rz. 1675 ff.).

Auch Leistungen an **Auszubildende** müssen der Umsatzsteuer unterworfen werden. Allerdings ist die Gewährung von **Kost und Logis** an Auszubildende im Hotel- und Gaststättengewerbe ein steuerbarer, aber nach § 4 Nr. 23 UStG **steuerfreier** Umsatz, wenn der Unternehmer überwiegend Jugendliche für Erziehungs-, Ausbildungs- und Fortbildungszwecke aufnimmt.[2] Steuerfreiheit tritt jedoch nur dann ein, wenn dem Unternehmer selbst Erziehung, Ausbildung oder Fortbildung der aufgenommenen Jugendlichen obliegen.[3] Vgl. auch Rz. 1572.

Für die in der Gaststätte/Hotel mitarbeitenden **Angehörigen** (z. B. Ehegatte, Kinder) aufgrund eines **Dienstverhältnisses** gilt die Regelung für Arbeitnehmer entsprechend. Beruht die Abgabe von Mahlzeiten an Ehegatten/Kinder allerdings auf **familienrechtlichen Unterhaltspflichten,** ist sie der privaten Sphäre zuzuordnen. Die Abgabe unterliegt dann als unentgeltliches Erbringen einer sonstigen Leistung durch den Gastwirt für Zwecke, die außerhalb des Unter-

---

1   Vgl. BMF, Schreiben v. 10.9.1998, BStBl 1998 I S. 1148, UR 1998 S. 399.
2   Vgl. BFH, Urteil v. 24.5.1989 - V R 127/84, BStBl 1989 II S. 912; OFD Frankfurt/M., Vfg. v. 10.1.1994, UR 1995 S. 31.
3   BFH, Urteil v. 28.9.2000 - V R 26/99, BStBl 2001 II S. 691.

nehmens liegen (unentgeltliche Wertabgaben, s. Rz. 2627), der Umsatzsteuer mit dem **Regelsteuersatz** (§ 3 Abs. 9a Nr. 2 UStG n. F.).

Gewährt der Gastwirt/Hotelier seinen Arbeitnehmern **freie Unterkunft/freie Wohnung,** liegt umsatzsteuerlich die unentgeltliche Erbringung einer (Vermietungs-)Leistung für den Privatbedarf seiner Arbeitnehmer vor (§ 3 Abs. 9a Nr. 2 UStG). Die unentgeltliche Vermietungsleistung an die Arbeitnehmer ist zwar steuerbar, jedoch regelmäßig **steuerfrei** nach § 4 Nr. 12a UStG. Überlässt allerdings z. B. ein Hotelier in seinem Hotel Räume an eigene **Saison-Arbeiter** kann die Überlassung nach § 4 Nr. 12 Satz 2 UStG steuerpflichtig sein, wenn diese Räume wahlweise zur vorübergehenden Beherbergung von Gästen oder zur Unterbringung des Saison-Personals bereitgehalten werden. **Steuerpflichtig** ist auch die Unterbringung eines Arbeitnehmers in einem **Ferienhaus/Ferienwohnung,** wenn dieser darin seinen Urlaub verbringt. Der **Vorsteuerabzug** aus den Vorbezügen im Zusammenhang mit der steuerfreien Wohnraumüberlassung, z. B. Renovierungskosten, ist nach § 15 Abs. 2 Nr. 1 UStG ausgeschlossen. Bei steuerpflichtiger Wohnraumüberlassung bleibt der Vorsteuerabzug aus den Vorbezügen erhalten.

Bemessungsgrundlage für die **Abgabe von Mahlzeiten** sind grundsätzlich die **Selbstkosten** nach § 10 Abs. 4 Nr. 3 UStG. Aus **Vereinfachungsgründen** lässt Abschn. 1.8. Abs. 9 ff. UStAE jedoch den Ansatz der amtlichen Sachbezugswerte nach der Verordnung über die sozialversicherungsrechtliche Beurteilung von Zuwendungen (SvEV) zu. Für 2017 Hinweis auf BMF, Schreiben v. 8.12.2016.[1]

Aus den Vorbezügen für die Abgabe der Mahlzeiten, z. B. Lebensmitteleinkäufe, anteilige Energiekosten für die Zubereitung der Mahlzeit, kann der Vorsteuerabzug **ohne Einzelnachweis** mit einem Betrag in Anspruch genommen werden, der mit einem durchschnittlichen Steuersatz von 7,9 % auf den Wert errechnet wird, der bei der Einkommensteuer für die außerbetrieblichen Zukäufe als Betriebsausgabe anerkannt wird.

Ab 1.1.2010 erbringt der Unternehmer die Leistung an dem Ort, an dem diese Leistung tatsächlich bewirkt wird (§ 3a Abs. 3 Nr. 3b UStG in der ab 1.1.2010 geltenden Fassung). Vgl. auch Rz. 1492.

Sowohl der Arbeitgeber als auch Kantinenbetreiber/Gastwirt führen nunmehr sonstige, dem Regelsteuersatz unterliegende Leistungen aus. Vgl. i. E. Abschn. 1.8. Nr. 12 UStAE.

Vgl. auch Rz. 1495.

---

1 BStBl 2013 I S. 86.

▶ **Besichtigung**

1411 Vgl. Rz. 1440.

▶ **Betriebsveranstaltungen**

VERWALTUNGSANWEISUNGEN:

Abschn. 1.8. Abs. 4 Satz 3 Nr. 6 UStAE; BMF, Schreiben v. 18.5.2017 – III C 2 – S 7109/15/10001, NWB GAAAG-48559.

1412 Zuwendungen an einen Jubilar gehören **nicht** zu Betriebsveranstaltungen i. S. v. Abschn. 1.8. Abs. 4 Satz 3 Nr. 6 UStAE. Vgl. auch Rz. 1824.

▶ **Bierabnahmeverpflichtung gegenüber Brauereien**

1413 Bierabnahmeverpflichtungen, die Gastwirte gegenüber Brauereien für die „leihweise" Überlassung von Wirtschaftseinrichtungen unter Eigentumsvorbehalt eingehen, sind **kein Entgelt für eine Leistung** der Gastwirte an die Brauereien.[1] Das gilt in der Regel auch, wenn ein Gastwirt Zuschüsse oder unverzinsliche Darlehen zum Aufbau neuer oder zur Erweiterung bereits vorhandener Gaststätten bei gleichzeitigem Abschluss neuer Lieferungsverträge erhält.

Verpflichtet sich ein **Sportverein** einer Brauerei gegenüber, in der von einem **Pächter betriebenen Vereinsgaststätte** ausschließlich Getränke der Brauerei ausschenken zu lassen, und gewährt die Brauerei hierfür ein sog. **Abschreibungsdarlehen**, ist der Darlehensbetrag **Entgelt** für eine **sonstige Leistung**. Betreibt der **Verein** die **Gaststätte selbst,** sind die Beträge, um die das Darlehen jährlich abgeschrieben wird, **Preisnachlässe** der Brauerei.[2] Verpflichtet sich ein **Wirt** gegenüber der Brauerei zum Bierbezug für zehn Jahre gegen Gewährung eines zinslosen Einrichtungsdarlehens, auf das dem Wirt eine jährliche **Gutschrift** von 10 % erteilt wird, ist hierin die **Gegenleistung** für die Bierbezugsverpflichtung zu sehen, die bei einem zinslosen Brauereidarlehen mit der **erzielten Zinsersparnis** zu bewerten ist.[3]

▶ **Bieraushilfe**

1414 Hilft ein Gastwirt einem anderen Gastwirt mit einem Fass Bier aus, dann handelt es sich dabei **nicht** um einen **gegenseitigen Leistungsaustausch,** wie er für die Umsatzsteuerpflicht vorliegen muss. Die **Rücklieferung** eines gleichen Fasses Bier stellt demnach **keine Gegenleistung** dar.[4]

---

1 BFH, Urteil v. 18.12.1957 - V 322/57 U, NWB BAAAB-50961.
2 FG Baden-Württemberg, Urteil v. 21.5.1981, EFG 1982 S. 48.
3 FG Rheinland-Pfalz, Urteil v. 2.4.1990, rkr., UR 1991 S. 195.
4 RFH v. 24.10.1930, RStBl 1931 S. 160.

▶ **Bierdepot**

Vgl. Rz. 1448.　　　　1415

▶ **Bierschuldumwandlung**

Die **Umwandlung** einer Bierschuld in eine **Verkehrshypothek** ist als Vereinnah-　　1416
mung der Forderung anzusehen und daher umsatzsteuerpflichtig, ggf. nur in
Höhe des wirklichen Verkehrswertes.[1]

▶ **Bierstube**

Betreibt jemand in einer Vergnügungsstätte eine Bierstube und tritt er den　　1417
Gästen gegenüber als Wirt auf, ist er umsatzsteuerrechtlich Unternehmer.[2]

▶ **Bordbetrieb**

Die Überlassung von **Bordgastronomie** und **Bordfotografie (Bordbetriebe)** auf　　1418
Seebäderschiffen durch den Schiffseigner ist eine sonstige Leistung. Wegen
des **Orts der Leistung** bei Umsätzen von Bordbetrieben vgl. Rz. 1492.

▶ **Bratwurststand**

Die Lieferung von Bratwürsten und anderen zum baldigen Verzehr bestimm-　　1419
ten Lebensmitteln durch Abgabe von einem Bratwurststand mit einem Rund-
tresen vgl. Rz. 1675.

▶ **Büfettier**

Ist jemand in einer Vergnügungsstätte als Büfettier tätig und tritt er **den Gäs-**　　1420
ten gegenüber als Wirt auf, dann ist er umsatzsteuerrechtlich Unternehmer.[3]
Unselbständigkeit des Büfettiers liegt jedoch vor, wenn er in das Unternehmen des Gastwirts **voll eingegliedert ist.**[4] Die Beurteilung hängt von dem **Ge-**
samtbild der rechtlichen und tatsächlichen Stellung des Büfettiers ab.[5]

▶ **Campinggasflaschen**

Gastwirte, die auch einen Campingplatz betreiben, stellen beim Vertrieb von　　1421
Flüssiggas – im Wesentlichen Propan und Butan – an Camper usw. mit ambu-
lanten Bedarf eine druckbeständige Stahlflasche mit 5-kg-Füllinhalt gegen
Zahlung eines einmaligen Nutzungsentgelts zur Verfügung, die als Leergebin-
de beim weiteren Einkauf von Gas gegen das Vollgebinde ausgewechselt werden kann, und zwar nicht nur beim Erstlieferanten und seinen örtlichen Vertei-

---

1　RFH v. 6.2.1931, RStBl 1932 S. 359.
2　RFH v. 27.5.1938 - V 497/37, RStBl 1938 S. 764.
3　RFH v. 27.5.1938 - V 497/37, RStBl 1938 S. 764.
4　RFH v. 23.10.1942 - V 133/40, RStBl 1943 S. 53.
5　Vgl. BFH, Urteil v. 31.1.1963 - V 80/60 U, NWB AAAAB-51365.

lerstellen, sondern auch bei jedem anderen Flüssiggas-Großverteiler und dessen Vertriebsstellen, der solche Campingflaschen führt.

Umsatzsteuerrechtlich liegt **nur** bei der **Hingabe** der Campingflasche bei der **ersten Überlassung** ein **Leistungsaustausch** vor. Der Unternehmer hat in diesem Fall das Nutzungsentgelt und das Entgelt für die Lieferung des Gases der Umsatzsteuer zu unterwerfen. Das spätere **Auswechseln der Campingflasche** stellt **keinen Leistungsaustausch** dar. Der wirtschaftliche Gehalt des Leistungsaustausches beschränkt sich in diesen Fällen auf die Lieferung des Flüssiggases. Der Unternehmer braucht nur das Entgelt für die Lieferung des Gases der Umsatzsteuer zu unterwerfen.

▶ Chauffeur, freie Beköstigung

1422 Chauffeure, Reiseleiter erhalten in Gaststätten/Hotels häufig freie Verpflegung, wenn sie Gäste ins Haus bringen. Bei der Beurteilung der Frage, ob in der Gewährung freier Verpflegung in derartigen Fällen ein Leistungsaustausch liegt, sind folgende Sachverhalte zu unterscheiden:[1]

a) Mahlzeiten für die Reisegesellschaft und den Chauffeur bestellt das Reisebüro beim Gastwirt. Die Kosten der dem Chauffeur unentgeltlich verabreichten Verpflegung sind in den Gesamtkosten der Verpflegung der Reisegesellschaft einkalkuliert. In den Zahlungen der Reiseteilnehmer an das Reisebüro ist der auf die Verpflegung des Chauffeurs fallende Betrag enthalten.

Umsatzsteuerrechtlich liegt **kein Leistungsaustausch zwischen** dem **Gastwirt** und dem **Chauffeur** vor, da es an einer Gegenleistung des Chauffeurs fehlt.

b) Die Teilnehmer der Reisegesellschaft werden in ein Lokal gebracht, dessen Besuch auf dem Reiseprogramm steht oder das auf ausdrückliches Verlangen der Reiseteilnehmer von dem Chauffeur angefahren werden muss.

Auch in diesem Fall liegt mangels Gegenleistung des Chauffeurs **kein Leistungsaustausch** vor.

c) Da Reisebüro und Reiseteilnehmer keinen besonderen Wunsch geäußert haben, bringt der Chauffeur die Gäste in ein besonders schön gelegenes Lokal oder in eine Gaststätte, die für ihre gute Küche bekannt ist. Der Chauffeur erhält freie Verpflegung.

---

1 Hammer, BB 1962 S. 127.

Ursache für das Heranbringen der Reisegäste war nicht die freie Verpflegung, sondern die gute Küche der Gaststätte. Es liegt zwar eine Gegenleistung des Fahrers vor. Aber Leistung und Gegenleistung stehen in keinem Zusammenhang. Es liegt **kein Leistungsaustausch** vor.

d) Die Reiseteilnehmer werden von dem Chauffeur zu einem Gastwirt gebracht, von dem er weiß, dass er ihm freie Verpflegung gewährt. Bei der Abrechnung zahlen die Reisegäste die Mahlzeit des Fahrers mit. Der Wirt hatte die Verpflegung für den Chauffeur unentgeltlich zur Verfügung gestellt. Die Gegenleistung für das Heranbringen der Gäste wird durch die Gäste selbst abgegolten. Es liegt **kein Leistungsaustausch** zwischen Chauffeur und Gastwirt vor.

e) Sachverhalt wie unter d). Die Gäste zahlen nichts. Die Verpflegung des Fahrers wird vom Gastwirt unentgeltlich zur Verfügung gestellt.

Es dürfte sich um eine **Zugabe** handeln, die die gleiche Wirkung wie ein Rabatt hat. Sofern sie ohne Entgelt gewährt worden ist, ist sie nicht steuerpflichtig.[1]

Zu den Aufwendungen eines Raststättenbetreibers für die Bewirtung von Busfahrern vgl. BFH, Urteil v. 26.4.2018.[2]

► **Durchlaufende Posten**

Literatur: *Langenbeck*, Durchlaufende Posten, BBK 2005 S. 589.

VERWALTUNGSANWEISUNGEN:
H 4.2 EStH; Abschn. 10.4 UStAE.

ARBEITSHILFEN UND GRUNDLAGEN ONLINE:
Schmidt, Durchlaufende Posten (HGB, EStG), infoCEnter, NWB IAAAB-80071.

Durchlaufende Posten sind Beträge, die der Unternehmer im Namen und für Rechnung eines anderen vereinnahmt und verausgabt (§ 10 Abs. 1 Satz 5 UStG). Sie sind nicht Bestandteil des Entgelts. Deshalb gehören sie auch nicht zum steuerbaren Umsatz. Ob der Unternehmer – Gastwirt/Hotelier usw. – Beträge im Namen und für Rechnung eines anderen vereinnahmt und verauslagt, kann nicht nach der wirtschaftlichen Betrachtungsweise entschieden werden. Es ist vielmehr erforderlich, dass zwischen dem Zahlungsverpflichteten und dem, der Anspruch auf die Zahlung hat (Zahlungsempfänger), **unmittelbare Rechtsbeziehungen** bestehen.[3] Wegen weiterer Einzelheiten vgl.

1423

---

1 Vgl. Hammer, BB 1962 S. 127.
2 NWB WAAAG-94738.
3 Vgl. BFH, Urteil v. 24.2.1966 - V 135/63, BStBl 1966 III S. 263.

Abschn. 10.4. UStAE. Im Gaststätten- und Beherbergungsgewerbe gilt im Einzelnen Folgendes:

– **Fernsprecher**

1424 Ein Gastwirt/Hotelier usw., der seinen Gästen die Fernsprecheinrichtungen zur Benutzung gegen Entgelt zur Verfügung stellt, ist mit dem gesamten hierfür empfangenen Entgelt **umsatzsteuerpflichtig.**[1]

– **Gemeindegetränkesteuer**

1425 Wird die Gemeindegetränkesteuer nach der Gemeindegetränkeordnung vom **Gast geschuldet** und zieht sie der Gastwirt im Namen und für Rechnung der Gemeinde ein und führt sie ab, so handelt es sich um einen **durchlaufenden Posten.**

Schuldet jedoch der **Gastwirt** usw. die Getränkesteuer, dann ist sie **kein** durchlaufender Posten.[2]

– **Kurtaxen**

1426 Kurtaxen sind beim Vermieter **durchlaufende Posten,** wenn er sie im Namen der berechtigten Gemeinde einzieht und an diese weitergibt.[3]

– **Schaumweinsteuer**

1427 Schaumwein und schaumweinähnliche Getränke unterliegen der Schaumweinsteuer, die dem Abnehmer gesondert zu berechnen ist. Sie gehört zum umsatzsteuerlichen **Entgelt** und damit zur Bemessungsgrundlage.

– **Verbrauchsteuern**

1428 Verbrauchsteuern sind **keine durchlaufenden Posten,** sondern Teil des umsatzsteuerpflichtigen Entgelts.[4]

– **Vergnügungsteuer**

1429 Sie ist für den Gastwirt/Hotelier **kein durchlaufender Posten.**[5]

▶ **Durchschnittssätze**

VERWALTUNGSANWEISUNGEN:

Umsatzsteuer-Anwendungserlass (UStAE) v. 1.10.2010, BStBl 2010 I S. 845 mit Änderungen; Abschn. 23.1 ff. UStAE.

---

1 RFH v. 26. 9.1927 – V 417/27, RStBl 1927 S. 219.
2 RFH v. 1.12.1927, Mroz, UStG 26 § 8 Abs. 1 R. 4.
3 RFH v. 14.6.1935, RStBl 1935 S. 1116.
4 USt-Kartei S 4200 K. 37, Ziff. 5.
5 RFH v. 10. 11.1921, RStBl 1922 S. 89.

Zur **Vereinfachung** des Besteuerungsverfahrens kann der BMF gem. § 23 UStG für Gruppen von Unternehmern, bei denen hinsichtlich der Besteuerungsgrundlagen annähernd gleiche Verhältnisse vorliegen und die nicht verpflichtet sind, Bücher zu führen und aufgrund jährlicher Bestandsaufnahmen regelmäßig Abschlüsse zu machen (§ 140, § 141 Abs. 1 AO; vgl. Rz. 425 ff., 431 ff.) durch Rechtsverordnung **Durchschnittssätze** festsetzen für

1430

a) die nach § 15 UStG abziehbaren **Vorsteuerbeträge** oder die Grundlagen ihrer Berechnung oder

b) die zu entrichtende Steuer oder die Grundlagen ihrer Berechnung.

Aufgrund dieser Ermächtigung hat der BMF in § 69 UStDV allgemeine Durchschnittssätze für sämtliche Vorsteuern festgesetzt. In der Anlage zu den §§ 69, 70 UStDV Abschn. A III, 2 und 3 sind u. a. enthalten:

Eisdielen (Nr. 1)

Dazu gehören Betriebe, die überwiegend erworbenes oder selbst hergestelltes Speiseeis zum Verzehr auf dem Grundstück des Verkäufers abgeben.

Der Durchschnittssatz für die Berechnung sämtlicher Vorsteuerbeträge beträgt 5,8 % des Umsatzes.

Gast- und Speisewirtschaften (Nr. 3)

Hierzu gehören Gast- und Speisewirtschaften mit Ausschank alkoholischer Getränke (ohne Bahnhofswirtschaften).

Der **Durchschnittssatz** für die Berechnung sämtlicher Vorsteuern beträgt 8,7 % des Umsatzes.

Fremdenheime und Pensionen (Nr. 2)

Hierzu gehören Unterkunftsstätten, in denen jedermann beherbergt und häufig auch verpflegt wird.

Der **Durchschnittssatz** für die Berechnung sämtlicher Vorsteuern beträgt 6,7 % des Umsatzes.

Die für Fremdenheime und Pensionen festgesetzten Durchschnittssätze zur Ermittlung der abziehbaren Vorsteuerbeträge können nach BFH, Urteil v. 18.5.1995[1] nur solche Unternehmer in Anspruch nehmen, die ihre Gäste nicht nur beherbergen, sondern **zusätzlich** auch verpflegen.

---

1 V R 7/94, BStBl 1995 II S. 751.

▶ **Ehefrau; Beköstigung**

1431 Vgl. Rz. 1410.

▶ **Ehrenamtlich Tätigkeit (§ 4 Nr. 26b UStG)**

VERWALTUNGSANWEISUNGEN:

Umsatzsteuer-Anwendungserlass (UStAE) v. 1.10.2010, BStBl 2010 I S. 845, mit Änderungen; Abschn. 4.26.1. UStAE.

1432 Gemäß § 4 Nr. 26 UStG ist die **ehrenamtliche Tätigkeit von der Umsatzsteuer befreit,** wenn das Entgelt für diese Tätigkeit nur in Auslagenersatz und einer angemessenen Entschädigung für Zeitversäumnis besteht. Die Tätigkeit darf demnach nicht leistungsbezogen sein.

Auslagenersatz ist der Ersatz der Aufwendungen für Reise, Übernachtung und Verpflegung in der tatsächlich entstandenen Höhe. Eine Abrechnung dieser Aufwendungen nach **Pauschsätzen** wird für unschädlich gehalten, wenn sie die für die Einkommen- und Lohnsteuer geltenden Pauschbeträge nicht überschreiten.

Was als **angemessene Entschädigung für Zeitversäumnisse** anzusehen ist, muss nach den Verhältnissen des Einzelfalles beurteilt werden. Dabei sind die berufliche Stellung des ehrenamtlich Tätigen, insbesondere der tatsächliche Verdienstausfall zu berücksichtigen (Abschn. 4.26.1. Abs. 4 UStAE).

Geht das **Entgelt über Auslagenersatz** und die angemessene **Zeitverlustentschädigung hinaus,** so besteht für die ehrenamtliche Tätigkeit **Steuerpflicht in vollem Umfang,** also nicht nur für den übersteigenden Entgeltteil.

▶ **„Eigenverbrauch"**

Literatur: *Birkenfeld*, Eigenverbrauch und Vorsteuerabzug, NWB 1995 S. 2577; *Hünnekens*, Änderungen des Umsatzsteuerrechts durch das Steuerentlastungsgesetz 1999/2000/2002, NWB 1999 S. 1539.

VERWALTUNGSANWEISUNGEN:

Umsatzsteuer-Anwendungserlass (UStAE) v. 1.10.2010, BStBl 2010 I S. 845, mit Änderungen; Abschn. 3.2. UStAE.

1433 Durch Art. 7 Nr. 1 StEntlG 1999/2000/2002 v. 24.3.1999[1] wurde der Eigenverbrauch als besonderer Steuertatbestand ab 1.4.1999 **gestrichen.**

Vgl. i. E. Rz. 1702 ff.

1434–1439 *(Einstweilen frei)*

---

1 BStBl 1999 I S. 402.

▶ **Eintrittsgelder**

Gastwirte/Hoteliers erheben für Veranstaltungen vielfach Eintrittsgelder: Sol- 1440
che zusätzlichen Entgelte für z. B. Besichtigungen, Modeschauen, Tanzveranstaltungen, Preiskegeln, Preisskat usw. sind steuerbare und teilweise nach
§ 12 UStG im Steuersatz begünstigte Entgelte.

(Einstweilen frei)   1441–1444

▶ **Essenzuschüsse**

Zuschüsse, die ein privater oder öffentlicher Arbeitgeber an eine Gaststätte 1445
oder an fremde Kantinen für die Abgabe von Essen an seine Arbeitnehmer
zahlt, sind beim **Gastwirt** – dem Zuschussempfänger – **preisauffüllende Entgelte** (vgl. § 10 Abs. 1 UStG).

▶ **Fahrer, freie Beköstigung**

Vgl. Rz. 1423.   1446

▶ **Fernsprecheinnahmen**

Ein Unternehmer des Gaststätten- und Beherbergungsgewerbes, der den Gäs- 1447
ten die **Fernsprecheinrichtung** des Betriebs zur entgeltlichen Benutzung zur
Verfügung stellt, ist mit dem gesamten dafür vereinnahmten **Entgelt umsatzsteuerpflichtig.**[1]

Keine Umsatzsteuerpflicht besteht jedoch hinsichtlich der Fernsprecheinnahmen, wenn der Hotelier/Gastwirt einem Telefonbetreiber die Aufstellung eines
„öffentlichen Fernsprechers" gestattet. Umsatzsteuerpflicht besteht jedoch,
sofern der Betreiber dem Gastwirt/Hotelier für die Gestattung der Aufstellung
ein Entgelt zahlt.

▶ **Flaschenbierverkauf für eine Brauerei**

Ein Gastwirt ist hinsichtlich des in seinem Gastwirtschaftsgebäude im Auftra- 1448
ge einer Brauerei durchgeführten Verkaufes von Flaschenbier umsatzsteuerrechtlich **Vermittler** und nicht Eigenhändler, wenn er den **Abnehmern gegenüber eindeutig erkennbar im Namen der Brauerei auftritt.**[2] Das Urteil enthält
eine Einschränkung des Grundsatzes, dass ein Unternehmer hinsichtlich der in
seinem Geschäftslokal erfolgten Warenabgabe als Lieferer und nicht als Vermittler anzusehen ist. In tatsächlicher Hinsicht hatte das FG festgestellt, dass
der Gastwirt und Metzger bei der Abgabe von Flaschenbier lediglich Vermittler
der Brauerei war. Die Bierabnehmer wussten, dass sie unmittelbar von der

---

1 RFH v. 26.9.1927 - V 417/27, RStBl 1927 S. 219.
2 BFH, Urteil v. 22.3.1962 - V 249/59 U, BStBl 1962 III S. 229.

Brauerei kauften, was insbesondere durch **Liefer- und Empfangsscheine** zum Ausdruck kam, auf denen jeder Abholer der Brauerei gegenüber den Empfang des Flaschenbieres bestätigte, und außerdem auch dadurch, dass sie den **Kaufpreis unmittelbar an die Brauerei** bezahlen konnten. Wie der BFH in diesem Zusammenhang betont, kommt dem **Auftreten des Gastwirts gegenüber den Abnehmern** für die Umsatzsteuer entscheidende Bedeutung zu.

► **Flaschenbier-/Weinverkauf durch Private**

1449 Privatpersonen verkaufen häufig in abgelegenen Wohngegenden für Gastwirte Flaschenbier und Wein. Die Gastwirte richten in diesen Fällen in den Wohnungen der Privatpersonen besondere **Verkaufsstellen** ein. Der **Verkaufsstelleninhaber** kann nach den tatsächlichen Verhältnissen im Einzelfall **Agent oder Eigenhändler** sein.

Ist er **Agent,** so hat er nur seine **Provision** zu versteuern. Der Gastwirt hat den Gesamtbetrag einschließlich der Provision des Verkaufsstelleninhabers der Umsatzsteuer zu unterwerfen.

Ist der **Verkaufsstelleninhaber Eigenhändler,** dann ist er mit dem **Gesamtbetrag** der vereinnahmten Entgelte umsatzsteuerpflichtig. Entgelt des Gastwirts ist der Verkaufspreis, den er dem Verkaufsstelleninhaber in Rechnung stellt.

► **Flaschenpfand**

Literatur: *Köhler,* Zur steuerlichen Behandlung der für Mehrwegleergut („Leihemballagen") gezahlten und erhaltenen Pfandgelder beim Handel, StBp 2008 S. 282.

VERWALTUNGSANWEISUNGEN:

Umsatzsteuer-Anwendungserlass (UStAE) v. 1.10.2010, BStBl 2010 I S. 845, mit Änderungen; Abschn. 10.1 (8) UStAE.

1450 Hinweis auf Abschn. 10.1 Abs. 8 UStAE.

1451–1453 *(Einstweilen frei)*

► **Flüssiggasverkauf**

1454 Vgl. Rz. 1420.

► **Garderobe**

1455 Wer in einer Gastwirtschaft/einem Hotel nach Vereinbarung mit dem Wirt die Aufbewahrung der Garderobe besorgt und hierfür von den Gästen ein in deren Belieben gestelltes **Trinkgeld** erhält, ist als **Angestellter** des Wirtes anzusehen, auch wenn er unter der Bezeichnung als Pachtzahlung einen Teil der anfallenden Trinkgelder an den Wirt abliefern muss.[1]

► **Gaststättenleiter**

Wer in einer Gaststätte den **Gästen gegenüber als Wirt,** also nicht als Kellner, auftritt, ist i. d. R. umsatzsteuerrechtlich **Unternehmer** und nicht Angestellter. Es ist nicht entscheidend, wenn er beim Bezug von Waren und Getränken vertragliche Bindungen eingegangen ist und wenn die Lieferungen für den Gastwirt zunächst von Dritten bezahlt werden.   1456

Ein **Gaststättenleiter** kann aber dann **unselbständig** sein, wenn er nicht das Recht hat, Angestellte frei anzustellen, Lohnsteuer und Sozialabgaben für ihn einbehalten werden, die Waren ihm zur Verfügung gestellt werden und er nur eine sehr niedrige Umsatzprovision von den von ihm umgesetzten Waren – ohne Küche – erhält.[2]

► **Gastwirt, Hotelier, Fremdenheimbetreiber als Unternehmer**

VERWALTUNGSANWEISUNGEN:

Umsatzsteuer-Anwendungserlass (UStAE) v. 1.10.2010, BStBl 2010 I S. 845, mit Änderungen; Abschn. 2.1. UStAE.

ARBEITSHILFEN UND GRUNDLAGEN ONLINE:

Vanheiden, Unternehmer, infoCenter, NWB YAAAA-41721.

Ein Gastwirt/Hotelier/Inhaber eines Fremdenheims – ebenso eine Personengesellschaft, die in vorgenannter Weise tätig wird – ist gem. § 2 Abs. 1 Satz 1 UStG **Unternehmer,** wenn er eine **gewerbliche oder berufliche Tätigkeit selbständig** ausübt. Nach ständiger Rechtsprechung ergibt sich regelmäßig aus den zugrunde liegenden **zivilrechtlichen Vereinbarungen,** wer bei einem Umsatz als leistender Unternehmen anzusehen ist. Dies gilt auch für sog. **Strohmänner** (vgl. Rz. 1289). Demgemäß sind auch die Umsätze einer Gaststätte grundsätzlich demjenigen zuzurechnen, der nach **§ 2 GastG** die Gaststättenerlaubnis erhielt und nach **§ 15a Abs. 1 GewO** als Betreiber benannt ist.[3] § 15a GewO ist gem. Gesetz v. 17.3.2009[4] weggefallen.   1457

---

1 RFH v. 26.11.1926, RStBl 1927 S. 41.
2 BFH, Urteil v. 6.12.1956 - V 137/55 U, BStBl 1957 III S. 42.
3 BFH, Urteil v. 20.2.2004 - V B 152/03, BFH/NV 2004 S. 833, NWB LAAAB-20246.
4 BGBl 2009 I S. 550.

1. Abgrenzungskriterien Selbständigkeit/Unselbständigkeit

VERWALTUNGSANWEISUNGEN:

Umsatzsteuer-Anwendungserlass (UStAE) v. 1.10.2010, BStBl 2010 I S. 845, mit Änderungen; Abschn. 2.2. UStAE.

1458 Die Frage der Selbständigkeit natürlicher Personen ist für Umsatzsteuer, Einkommensteuer und Gewerbesteuer nach denselben Grundsätzen zu beurteilen.[1] Für die Umsatzsteuer Hinweis auf Abschn. 2.2. UStAE.

Für Selbständigkeit spricht es, wenn jemand im Wesentlichen unter eigener Verantwortung, eigener Arbeits- und Zeiteinteilung, eigener Arbeitsgestaltung und auf eigene Gefahr handelt, insbesondere wenn er seinerseits wieder Arbeitnehmer beschäftigt und sich in der Ausführung der übertragenen Arbeiten vertreten lassen kann.

1459 **Unternehmer-** und **Arbeitnehmereigenschaft** schließen sich gegenseitig aus. Daher kann niemand wegen einer Tätigkeit, die umsatzsteuerpflichtig ist, lohnsteuerpflichtig sein.

Da es sich bei dem Begriff **„Selbständigkeit"** i. S. d. § 2 UStG um einen besonderen umsatzsteuerrechtlichen Begriff handelt, können Entscheidungen zur Frage der Selbständigkeit einer Person, z. B. auf dem Gebiet des Sozialversicherungsrechts nicht ohne weiteres übertragen werden. In Zweifelsfällen kann jedoch die **Zahlung von Sozialversicherungsbeiträgen** ein Beweisanzeichen für die Unselbständigkeit einer Person sein.

1460 Die Unternehmereigenschaft kann entfallen, wenn ein Hotelappartement an eine Hotel-Betriebsgesellschaft **unentgeltlich überlassen** wird.[2]

2. Beginn und Ende der gewerblichen Tätigkeit

VERWALTUNGSANWEISUNGEN:

Umsatzsteuer-Anwendungserlass (UStAE) v. 1.10.2010, BStBl 2010 I S. 846, mit Änderungen; Abschn. 2.6 UStAE.

1461 Die Unternehmereigenschaft eines Gastwirts/Hoteliers **beginnt** mit dem ersten nach außen erkennbaren, auf eine Unternehmertätigkeit gerichteten Tätigwerden, wenn die spätere Ausführung entgeltlicher Leistungen **ernsthaft beabsichtigt** ist und die Ernsthaftigkeit dieser Absicht durch **objektive Merkmale nachgewiesen und glaubhaft** gemacht wird. Lassen sich die objektiven Anhaltspunkte **nicht** an Amtsstelle ermitteln, ist zunächst grundsätzlich **nicht**

---

1 BFH, Urteil v. 27.7.1972 - V R 136/71, BStBl 1972 II S. 810.
2 BFH, Urteil v. 20.1.2010 - XI R 13/08, BFH/NV 2010 S. 1137, NWB OAAAD-42492.

von der Unternehmereigenschaft auszugehen. Eine zunächst angenommene Unternehmereigenschaft ist nur dann nach § 164 Abs. 2 AO, § 165 Abs. 2 AO oder § 173 Abs. 1 AO durch **Änderung** der ursprünglichen **Steuerfestsetzung rückgängig** zu machen, wenn später festgestellt wird, dass objektive Anhaltspunkte für die Verwendungsabsicht im Zeitpunkt des Leistungsbezugs nicht vorlagen, die Verwendungsabsicht nicht in gutem Glauben erklärt wurde oder ein Fall von Betrug oder Missbrauch vorliegt (vgl. Abschn. 2.6. Abs. 1 UStAE).

Plant jemand die **Aufnahme eines Hotelbetriebs,** indem er eine Bauträgergesellschaft mit dem **Hotelbau** beauftragt, kann jedoch dieser Plan wegen Konkurses der Baugesellschaft **nicht realisiert** werden und wird deshalb im folgenden Jahr ein bereits **bestehendes Hotel gekauft** und in Betrieb genommen, kann nicht ohne weiteres für die Planungsphase des ersten Hotels vom Vorliegen einer Unternehmereigenschaft des späteren Hotelunternehmens ausgegangen werden. Die Aufnahme eines Hotelbetriebs begründet damit nach BFH, Urteil v. 12.5.1993[1] die Unternehmereigenschaft bezüglich der sich auf ein anderes Objekt bezogenen Vorphase nur dann, wenn die Tätigkeiten objektiv miteinander verbunden waren und zusätzlich subjektiv auf einem einheitlichen Entschluss der Einnahmeerzielung beruhen.   1462

Die **Unternehmereigenschaft** eines Gastwirts usw. bleibt **erhalten,** wenn er seine Tätigkeit für kurze Zeit unterbricht, solange er die Absicht hat, die unternehmerische Tätigkeit fortzusetzen.   1463

Die **Unternehmereigenschaft** geht nicht durch **Erbfolge** auf den Erben über. Der Erbe eines Unternehmers muss vielmehr seinerseits selbst nachhaltig tätig werden, um umsatzsteuerrechtlich Unternehmer zu werden. Eine kurzfristige einstweilige Fortführung des Unternehmens genügt. Veräußert die **Witwe** eines Gastwirts usw. lediglich die Gaststätte usw. ihres verstorbenen Mannes, so wird sie weder durch Erbfolge noch durch die einmalige Veräußerung Unternehmerin. Da sie jedoch in ihrer Eigenschaft als Erbin Gesamtrechtsnachfolgerin des Erblassers geworden ist,[2] muss sie für die von ihm ausgeführten Umsätze Umsatzsteuer entrichten, auch wenn das Entgelt erst nach dem Tode des Erblassers eingeht.[3] Hierfür ist es ohne Bedeutung, ob sie durch die Erbfolge Unternehmerin geworden ist. Die Tätigkeit eines Gastwirts als Unternehmer **endet** mit dem „letzten Tätigwerden", nicht bereits mit der Unterbrechung oder Einstellung des Gewerbebetriebs. Der **Zeitpunkt** der Einstellung   1464

---

1 UR 1994 S. 269.
2 BFH, Urteil v. 7.5.1953 - V 61/52 U, BStBl 1953 III S. 204.
3 BFH, Urteil v. 19.11.1970 - V R 14/67, BStBl 1971 II S. 121.

oder Abmeldung eines Gewerbebetriebs ist unbeachtlich (Abschn. 2.6. Abs. 6 UStAE). Hat z. B. ein Gastwirt seine Gastwirtschaft eingestellt und veräußert er im Laufe von zwei Jahren nach und nach an verschiedene Abnehmer Gegenstände seines Betriebsvermögens, so ist er als Unternehmer tätig, solange er noch Gegenstände seines Betriebsvermögens veräußert. Die spätere Veräußerung von Gegenständen des Betriebsvermögens oder die nachträgliche Vereinnahmung von Entgelten gehören noch zur Unternehmertätigkeit. Eine Gesellschaft besteht als Unternehmen so lange fort, bis alle Rechtsbeziehungen, zu denen auch das Rechtsverhältnis zwischen Gesellschaft und dem Finanzamt gehört, beseitigt sind.[1]

1465 Es liegt **keine Einstellung** einer gewerblichen Tätigkeit vor, wenn den Umständen zu entnehmen ist, dass der Gastwirt usw. die Absicht hat, das **Unternehmen** – die **Gastwirtschaft** usw. – **weiterzuführen** oder in **absehbarer Zeit wieder aufleben** zu lassen; es ist nicht erforderlich, dass laufend Umsätze bewirkt werden.[2]

1466–1468 *(Einstweilen frei)*

▶ Geldspielautomaten

1469 Vgl. Rz. 1406.

▶ Gemeindegetränkesteuer

1470 Vgl. Rz. 1426.

▶ Geschäftsveräußerung

Literatur: *Wollny/Hallerbach/Dönmetz/Liebert/Wepler*, Unternehmens- und Praxisübertragungen, 9. Aufl., Herne 2018.

VERWALTUNGSANWEISUNGEN:

Umsatzsteuer-Anwendungserlass (UStAE) v. 1.10.2010, BStBl 2010 I S. 846, zu Abschn. 1.5.UStAE; BMF, Schreiben v. 24.10.2012, BStBl 2012 I S. 1086.

ARBEITSHILFEN UND GRUNDLAGEN ONLINE:

Ebber, Geschäftsveräußerung im Ganzen, infoCenter, NWB QAAAB-14431.

1471 Die Umsätze im Rahmen einer Geschäftsveräußerung **an einen anderen Unternehmer** für dessen Unternehmen unterliegen gem. § 1 Abs. 1a Satz 1 UStG **nicht** der **Umsatzsteuer.** Die Nichtsteuerbarkeit beschränkt sich demnach auf die Fälle, in denen der Erwerber Unternehmer ist und das Unternehmen fortführt. Eine **Geschäftsveräußerung im Ganzen** liegt vor, wenn ein Unternehmen oder ein in der Gliederung eines Unternehmens gesondert geführter Be-

---

1 BFH, Urteil v. 18.11.1999 - V R 22/99, BStBl 2000 II S. 241.
2 BFH, Urteil v. 13.12.1963 - V 77/61 U, BStBl 1964 III S. 90.

trieb im Ganzen **entgeltlich oder unentgeltlich übereignet oder in eine Gesellschaft eingebracht** wird. Der erwerbende Unternehmer tritt an die Stelle des Veräußerers (§ 1 Abs. 1a Sätze 2 und 3 UStG).

1. Geschäftsveräußerung im Ganzen (§ 1 Abs. 1a UStG)

Literatur: *Hättich/Renz*, Geschäftsveräußerung im Ganzen, NWB 2011 S. 268; *Fuß*, Keine Geschäftsveräußerung im Ganzen bei Veräußerung von Teilen des Inventars einer Gaststätte, NWB 2015 S. 1987; *Greif*, Geschäftsveräußerung bei nur teilweiser Fortführung der Verpachtung, NWB 2017 S. 96 ff.; *Wollny/Hallerbach/Donmetz/Liebert/Wepler*, Unternehmens- und Praxisübertragungen, 9. Aufl., Herne 2018; *Bihler*, Immobilienumsätze im Umsatzsteuerrecht, NWB 2019 S. 3418.

VERWALTUNGSANWEISUNGEN:

BMF, Schreiben v. 19.12.2016, BStBl 2016 I S. 1459.

ARBEITSHILFEN UND GRUNDLAGEN ONLINE:

Ebber, Geschäftsveräußerung im Ganzen, infoCenter, NWB QAAAB-14431.

Eine **nicht steuerbare Geschäftsveräußerung** im Ganzen nach § 1 Abs. 1a UStG liegt vor, wenn **sämtliche** Wirtschaftsgüter, die die wesentlichen Grundlagen des bisherigen Unternehmens bilden oder ein in der Gliederung eines Unternehmens gesondert geführter Betrieb **an ein und denselben Erwerber** entgeltlich oder unentgeltlich übereignet werden, der entweder schon Gastwirt/Hotelier sein muss oder durch den Erwerb der Gastwirtschaft/des Hotels selbständiger Wirt/Hotelier wird.[1] Eine Übereignung setzt eine zivilrechtliche Eigentumsübertragung voraus. Hat der Erwerber die Absicht, den Betrieb sofort abzuwickeln und aufzugeben, handelt es sich nicht um eine Geschäftsveräußerung im Ganzen. Der Erwerber muss die Absicht haben, das Geschäft fortzuführen.[2] Eine sofortige Weiterveräußerung (Durchgangserwerb) schließt daher eine Nichtsteuerbarkeit des Vorgangs aus. Unschädlich ist, wenn der Erwerber den übernommenen Betrieb in seinem Zuschnitt ändert oder modernisiert.[3] Eine Geschäftsveräußerung im Ganzen setzt grundsätzlich die Fortführung des Unternehmens voraus.[4] Zur Geschäftsveräußerung im Ganzen bei Ferienwohnung vgl. BFH, Urteil v. 5.6.2014.[5] Zur Geschäftsveräußerung im Gan-

1472

---

1 BFH, Urteil v. 23.4.1964, HFR 1965 S. 190.
2 Vgl. BFH, Urteil v. 15.4.2016 - XI B 109/15, BFH/NV 2016 S. 1306, NWB UAAAF-77185.
3 Vgl. dazu auch BFH, Urteil v. 6.7.2016 - XI R 1/15, BStBl 2016 II S. 909.
4 BFH, Urteil v. 3.7.2014 - V R 12/13, BFH/NV 2015 S. 1239, NWB KAAAE-71925.
5 V R 10/13, BFH/NV 2014 S. 1600, NWB EAAAE-71564.

zen bei Grundstücksübertragung vgl. BFH, Urteil v. 25.11.2015.[1] Zur nichtsteuerbaren Geschäftsveräußerung im Ganzen bei Betriebsaufspaltung vgl. BFH, Urteil v. 2.12.2015.[2] Zur Geschäftsveräußerung im Ganzen bei Übertragung eines vermieteten Bürokomplexes vgl. BFH, Urteil v. 12.8.2015.[3]

Was die **wesentlichen Grundlagen** einer Gastwirtschaft/eines Hotels/einer Pension sind, ist nach dem Gesamtbild des Einzelfalles zu entscheiden, wobei maßgebend die tatsächlichen Verhältnisse im Zeitpunkt der Übereignung sind.[4] Nach EuGH-Urteil v. 10.11.2011,[5] reicht es bei einem Ladenlokal aus, wenn die Einrichtung und der Warenbestand verkauft werden. Das gilt auch für den Fall, in dem die Geschäftsräume vom Verkäufer an den Erwerber auf unbestimmte Zeit vermietet werden und der Vertrag kurzfristig gekündigt werden kann. Mit Schreiben v. 24.10.2012 (siehe Verwaltungsanweisungen) hat sich der BMF der Rechtsauffassung des EuGH angeschlossen.

Die wesentliche Grundlage für einen **Hotelbetrieb** ist in dem **Hotelgebäude** und der dazugehörigen **Hoteleinrichtung** zu erblicken. Nach Urteil des BFH v. 4.2.2015,[6] vgl. auch Literatur, liegt keine Geschäftsveräußerung im Ganzen vor, wenn lediglich Teile des Inventars einer Gaststätte veräußert werden.

Zur Geschäftsveräußerung im Ganzen beim **Verkauf einzelner Unternehmensteile** durch mehrere Veräußerer an verschiedene Erwerber vgl. BFH, Urteil v. 4.2.2015.[7]

Wird bei einer Geschäftsveräußerung im Ganzen nach § 1 Abs. 1a UStG ein verpachtetes Geschäftshaus mit veräußert, so ist die Änderung des Umsatzsteuer-Anwendungserlasses v. 19.12.2016,[8] zu beachten. Vgl. auch BFH, Urteil v. 6.7.2016.[9]

2. Gesondert geführter Betrieb

1473 Ein in der Gliederung eines Unternehmens gesondert geführter Betrieb liegt vor, wenn er **wirtschaftlich selbständig** ist. Das setzt nach Abschn. 1.5. Abs. 6 UStAE voraus, dass der veräußerte Teil des Unternehmens einen für sich le-

---

1 V R 66/14, BFH/NV 2016 S. 497, NWB BAAAF-49313.
2 V R 25/13, BFH/NV 2016 S. 500, NWB JAAAF-48788.
3 XI R 16/14, BFH/NV 2016 S. 346, NWB ZAAAF-18904.
4 BFH, Urteil v. 25.11.1965 - V 175/63 U, BStBl 1966 III S. 333.
5 C-444/10 „Rs. Schriever", BStBl 2012 II S. 848.
6 XI R 42/13, NWB EAAAE-88753.
7 NWB 2015 S. 2135.
8 BStBl 2016 I S. 1459 ff.
9 XI R 1/15, BStBl 2016 II S. 909.

bensfähigen Organismus gebildet hat, der unabhängig von den anderen Geschäften des Unternehmens nach Art eines selbständigen Unternehmens betrieben worden ist und nach außen hin ein selbständiges, in sich geschlossenes Wirtschaftsgebilde gewesen ist.[1] Soweit einkommensteuerrechtlich eine Teilbetriebsveräußerung angenommen wird (vgl. R 16 Abs. 3 EStR) kann umsatzsteuerrechtlich von der Veräußerung eines gesondert geführten Betriebs ausgegangen werden.

BEISPIEL: ▶ Restaurant und Hotel, Gasthof und Reitschule, Hotel und Golfanlage oder Tennisanlage sofern die vorstehend aufgeführten Voraussetzungen gegeben sind.

Zur **Teilbetriebsveräußerung** vgl. BFH, Urteil v. 25.11.2009:[2] Die Veräußerung von **Teilen des Inventars einer Gaststätte** ist keine Geschäftsveräußerung im Ganzen.[3]

3. Vielzahl von einzelnen Leistungen

Die Geschäftsveräußerung besteht umsatzsteuerrechtlich aus einer **Vielzahl von einzelnen Leistungen,** z. B. Übertragung von Besitzposten wie Grundstücken, Maschinen, Geschäftseinrichtungen, Waren, Forderungen, Firmenwert, die in einem geschäftlichen Akt ausgeführt werden.[4] Nicht die Geschäftsveräußerung als solche ist nicht steuerbar, sondern der einzelne **Umsatz** im Rahmen dieser Geschäftsveräußerung

1474

Geschäftsveräußerung nach § 1 Abs. 1a UStG bei Kauf von Gaststätteninventar und Miete vgl. BFH, Urteil v. 29.8.2018.[5]

▶ Gutscheine

Literatur: *L'habitant,* Rabattfreibetrag ist auch bei Gutscheinen anwendbar, NWB 2020 S. 1990; *Hörster,* Gutscheine bei der Umsatzsteuer, NWB 2020 S. 298; *Mücke,* Gutscheine im Umsatzsteuerrecht, NWB 2010 S. 159; *Pflaum,* Praxisfragen der Gutschrift, StW 2020 S. 105.

VERWALTUNGSANWEISUNGEN:

Umsatzsteuer-Anwendungserlass (UStAE) v. 1.10.2010, BStBl 2010 I S. 846, mit späteren Änderungen; Abschn. 17.2. UStAE.

Die Ausgabe von Gutscheinen erfreut sich auch im Hotel- und Gaststättengewerbe immer größerer Beliebtheit. Die umsatzsteuerlichen Konsequenzen von

1475

---

1 Vgl. i. E. BFH, Urteil v. 8.3.2001 - V R 24/98, BStBl 2003 II S. 430.
2 X R 23/09, BFH/NV 2010 S. 633, NWB KAAAD-38556.
3 BFH, Urteil v. 4.2.2015 - XI R 42/13, BStBl 2015 II S. 616.
4 BFH, Urteil v. 6.10.1977 - V R 50/74, BStBl 1978 II S. 241.
5 NWB MAAAG-97783.

ihrem Verkauf und der nachfolgenden Einlösung werden von Mücke[1] auch mit Beispielen praxisnah dargestellt.

Zum Zufluss von Einnahmen bei Ausgabe von Hotelgutscheinen vgl. BFH, Urteil v. 21.8.2012:[2]

► Hilfsgeschäfte

1476 Zur unternehmerischen Tätigkeit eines Gastwirts/Hoteliers gehören nicht nur seine typischen Tätigkeiten wie z. B. die Verabreichung von Speisen und Getränken sowie die Beherbergung. Auch sog. **Hilfsgeschäfte** fallen in den **unternehmerischen** Bereich. Derartige Geschäfte sind z. B. die Veräußerung von Anlagegegenständen und Abfällen usw. Die Umsätze aus Hilfsgeschäften unterliegen dem **Regelsteuersatz.**

► Jahresumsatz; Umrechnung

1477 Ein Unternehmer, der jährlich auf einem 14 Tage dauernden Volksfest eine Gastwirtschaft betreibt und nur aus dieser Tätigkeit Einnahmen erzielt, hat seine gewerbliche Tätigkeit nicht jeweils im Laufe des Jahres eröffnet oder eingestellt. Infolgedessen darf für die Berechnung der Steuer der tatsächliche Umsatz **nicht in einen Jahresumsatz umgerechnet** werden.[3]

Bei Neugründungen vgl. Hörster.[4]

► Jugendherberge

VERWALTUNGSANWEISUNGEN:

Umsatzsteuer-Anwendungserlass (UStAE) v. 1.10.2010, BStBl 2010 I S. 846, mit späteren Änderungen; Abschn. 4.24.1 UStAE.

1478 Die **Pächter von Jugendherbergen** sind, da sie selbständig ihren Gästen gegenüber auftreten, Unternehmer i. S. d. § 2 Abs. 1 UStG. Sie gehören allerdings zu den nach **§ 4 Nr. 24 UStG** begünstigten Unternehmern.

Ihnen sind die Personen **– Herbergseltern –** gleichzustellen, die einen Teil einer Jugendherberge, z. B. eine Kantine in eigener Regie betreiben. Es ist jedoch erforderlich, dass das Entgelt für die erbrachten Leistungen, z. B. Beköstigung, den in Jugendherbergen üblichen Rahmen nicht übersteigt.[5]

---

1 NWB 2010 S. 1596,
2 IX R 55/10, BFH/NV 2013 S. 354, NWB LAAAE-26306.
3 FG München, Urteil v. 9.8.1963, EFG 1964 S. 144.
4 Überblick zur Steuergesetzgebung im Jahr 2019, NWB 2020 S. 537.
5 FinMin Nordrhein-Westfalen v. 22.1.1979 - S 7182 – 1 – VC 2.

► **Kaffeegetränkelieferungen**

Literatur: *Becker*, Warum der Umsatzsteuerrechtler seinen Kaffee nicht „to go" bestellen sollte, NWB 2014 S. 3460.

VERWALTUNGSANWEISUNGEN:

OFD Frankfurt, Vfg. v. 4.4.2014, NWB RAAAE-43477.

Der Verkauf fertig zubereiteter Getränke kann entweder eine Lieferung oder eine sonstige Leistung sein.[1] **1479**

► **Kantinen-Verkauf durch Angestellte**

Zum selbständigen Unternehmer i. S. d. Umsatzsteuerrechts neben seiner Eigenschaft als Angestellter wird, wer als Angestellter einer Firma aufgrund des Anstellungsvertrages im Betrieb seines Arbeitgebers an die Arbeitnehmer der Firma Flaschenbier, alkoholfreie Getränke usw. **im eigenen Namen und auf eigene Rechnung** verkauft.[2] **1480**

► **Kegelbahn**

Vgl. Rz. 1603. **1481**

► **Kleinunternehmerregelung (§ 19 Abs. 1 Satz 1 UStG)**

Ab 1.1.2020 erfolgte eine Erhöhung der Kleinunternehmergrenze von 17.500 € auf 22.000 €. **1482**

► **Kochlehrling**

In Gaststätten/Hotels werden in den Küchen vielfach zur Ausbildung Kochlehrlinge entgeltlich beschäftigt. Diese Einnahmen des Gastwirts/Hoteliers sind als **Entgelte** für eine sonstige Leistung **umsatzsteuerpflichtig.** **1483**

► **Kofferträger**

Die an Kofferträger für den Transport des Gepäcks von Reisegruppen zum und vom Hotel gezahlten vereinbarten Entgelte sind durchlaufende Posten, so dass sie beim Hotelier keine Umsatzsteuerpflicht auslösen. **1484**

► **Küchenbetrieb-Verpachtung**

Verabreicht ein Gastwirt **Speisen,** die aus einem von ihm verpachteten, **räumlich** mit dem von ihm geführten Betrieb einer Großdestillation **zusammenhängenden Küchenbetrieb** stammen, so sind auch diese Umsätze ihm zuzurechnen, da er Inhaber der Räume ist.[3] Der Gastwirt ließ die Gäste durch seine Kell- **1485**

---

1 BFH, Urteil v. 29.8.2013 - XI B 79/12, BFH/NV 2013 S. 1953, NWB WAAAE-46610.
2 RFH v. 27.9.1922, RStBl 1922 S. 350; RFH v. 26.1.1923, RStBl 1923 S. 132.
3 BFH, Urteil v. 28.7.1960 - V 156/58, UR 1961 S. 157.

ner bedienen. Er vereinnahmte durch die Kellner die Entgelte für die Getränke und Speisen, die in gleichen Räumen in einem verpachteten Küchenbetrieb zubereitet wurden. Die Eingangstüren zu den Gaststätten und den Küchen sowie die Speisekarten trugen die Bezeichnung „Großdestillation", den Namen des Gastwirts und den Hinweis, dass der Küchenpächter ein anderer ist. **Unmittelbare Rechtsbeziehungen** sind bei dieser Sachlage immer nur zwischen dem Gastwirt einerseits und den Gästen andererseits zustande gekommen.

▶ **Kurtaxe**

1486 Vgl. Rz. 1426.

▶ **Landwirtschaftliche Verbrauchsgüter**

1487 Bei Verwendung landwirtschaftlicher Erzeugnisse aus einem eigenen landwirtschaftlichen Betrieb in der eigenen Gaststätte zur Essensabgabe unterliegen die landwirtschaftlichen Erzeugnisse wie die Speisen selbst dem Regelsteuersatz.

▶ **Lunchpakete**

1488 Stellen Beherbergungsunternehmen statt der vereinbarten Verpflegung, deren Lieferung dem Regelsteuersatz unterliegt, ihren Gästen sog. Lunchpakete zum Verzehr außer Haus zur Verfügung, so unterliegen diese Lieferungen dem **ermäßigten Steuersatz**. Für diesen Fall muss der Hotelier aber die begünstigten Entgelte einzeln ermitteln und gem. § 22 Abs. 2 Nr. 1 Satz 1 UStG gesondert aufzeichnen; eine pauschale Ermittlung der begünstigten Entgelte kommt nach OFD Hannover, Vfg. v. 21.11.1989 nicht in Betracht.[1]

▶ **Märchenwald**

1489 Vgl. Rz. 1440.

▶ **Modenschau**

1490 Vgl. Rz. 1440.

▶ **Musiker, Musikkapellen**

1491 Vgl. Rz. 1836.

▶ **Ort der Leistung bei Restaurationsumsätzen**

VERWALTUNGSANWEISUNGEN:

Umsatzsteuer-Anwendungserlass (UStAE) v. 1.10.2010, BStBl 2010 I S. 846, mit späteren Änderungen; Abschn. 3a.2. Abs. 19, 3e.1 UStAE; OFD Frankfurt, Vfg. v. 7.5.2010, NWB BAAAD-44141.

---

1 UR 1990 S. 95.

Wenning, Ortsbestimmung, Umsatzsteuer, infoCenter, NWB DAAAA-41715; *Ebber*, Restaurationsleistungen, infoCenter, NWB BAAAB-14449.

Nach EuGH v. 2.5.1996[1] sind Restaurationsumsätze als **Dienstleistungen (sonstige Leistungen)** i. S. v. Art. 6 Abs. 1 der Sechsten EG-Richtlinie anzusehen, deren Ort nach Art. 9 Abs. 1 der Richtlinie der Ort ist, an dem der Dienstleistende den Sitz seiner wirtschaftlichen Tätigkeit hat (Unternehmersitzprinzip nach § 3a Abs. 1 UStG). Dieser Beurteilung hat sich BFH, Urteil v. 26.6.1996[2] angeschlossen. Zum Ort der Leistung bei Übernachtungs- und Verpflegungsleistungen **im Ausland** eines Reiseorganisators vgl. BFH, Urteil v. 15.1.2009.[3]

1492

Vorgenannte Rechtslage gilt bis 31.12.2009. Ab 1.1.2010 erbringt der Unternehmer die Leistung bei Abgabe von Speisen und Getränken nach § 3a Abs. 3b UStG an dem Ort, an dem diese Leistung tatsächlich bewirkt wird. Vgl. auch Rz. 1411.

Bei Restaurationsleistungen an Bord eines Schiffes, in einem Flugzeug oder in einer Eisenbahn während einer Beförderung innerhalb des Gemeinschaftsgebietes gilt ab 1.1.2010 der Abgangsort des Beförderungsmittels als Ort der sonstigen Leistung **(§ 3e Abs. 1 UStG)**. Beginnt die Beförderung in Deutschland und endet in einem anderen Mitgliedstaat, ist die Restaurationsleistung steuerbar. An Bord eines Schiffes kann sie nach § 4 Nr. 6e UStG steuerfrei sein. Beginnt die Fahrt in einem anderen Mitgliedstaat und endet in Deutschland, so ist die Restaurationsleistung nicht steuerbar.

Zu Snacks, kleinen Süßigkeiten und Getränken vgl. BMF, Schreiben v. 10.12.2014,[4] Anfügung von Satz 5 in Abschn. 3e.1 UStAE. Vgl. auch BFH, Urteil v. 27.2.2014.[5]

Nach OFD Frankfurt v. 7.5.2010[6] ist die Verlagerung der Steuerschuldnerschaft nach der Neuregelung des § 3e UStG für Restaurationsleistungen von grenzüberschreitenden Verkehrsflugzeugen, Personenzügen und Schiffen in der Praxis nicht handhabbar.

---

1 C- 231/94, BStBl 1998 II S. 282.
2 XI R 18/94, BStBl 1998 II S. 278.
3 V R 9/06, BStBl 2010 II S. 433.
4 BStBl 2014 I S. 1622.
5 V R 14/13, BStBl 2014 II S. 869.
6 NWB BAAAD-44141.

▶ **Pächter einer Jugendherberge**

1493 Vgl. Rz. 1478.

▶ **Party-Service**

Literatur: *Monfort*, Abgrenzung von Restaurationsleistung und Lieferung von Nahrungs-mitteln, NWB 2011 S. 1059.

VERWALTUNGSANWEISUNGEN:

UStAE v. 1.10.2010, zuletzt geändert durch BMF-Schreiben v. 27.8.2014; Abschn. 3.6 Abs. 6 UStAE.

ARBEITSHILFEN UND GRUNDLAGEN ONLINE:

Ebber, Restaurationsleistungen, infoCenter, NWB BAAAB-14449.

1494 Leistungen eines **Party-Service**, der zusätzlich zur Abgabe zubereiteter Speisen Geschirr und Bestecke überlässt und anschließend reinigt, unterliegen dem Regelsteuersatz.[1] Vgl. auch FG des Landes Sachsen-Anhalt, Urteil v. 22.5.2014.[2]

Vgl. auch Verzehr an Ort und Stelle, Restaurationsleistungen, Rz. 1675.

▶ **Personalbeköstigung**

Literatur: *Rondorf*, Umsatzbesteuerung von Sachzuwendungen an Arbeitnehmer, NWB 2008 S. 2129.

VERWALTUNGSANWEISUNGEN:

UStAE v. 1.10.2010, in der Fassung v. 10.12.2014, BStBl 2014 I S. 1622; Abschn. 1.8 Abs. 11 UStAE.

1495 Gibt ein Arbeitgeber seinen Arbeitnehmern Mahlzeiten kostenlos oder verbilligt ab, liegen sonstige Leistungen vor, wenn der Arbeitgeber Dienstleistungen erbringt, die nicht notwendig mit der Vermarktung der Mahlzeiten verbunden sind (z. B. Bereitstellung von Tischen und Stühlen, Bereitstellung von Geschirr und dessen Reinigung). Es kommt nicht darauf an, ob der Arbeitgeber die Dienstleistungen in besonders hergerichteten Räumen (z. B. Betriebskantinen), in den Betriebsräumen oder in seinen Privaträumen erbringt. Bei der Beköstigung im Gaststättengewerbe und Handwerk (Metzgereien, Bäckereien usw.) liegen deshalb regelmäßig sonstige Leistungen vor.

Häufig werden Speisen in der Zentralküche des Arbeitgebers zubereitet und im warmen, verzehrfertigen Zustand, jedoch unportioniert in Essenskübel abgefüllt. Die Behälter werden zu anderen Betriebsteilen des Arbeitgebers transportiert, wo die Speisen portioniert und in Aufenthaltsräumen ausgegeben

---

1 BFH, Urteile v. 18.12.2008 - V R 55/06, BFH/NV 2009 S. 673, NWB KAAAD-13964; v. 1.4.2009 - XI R 3/08, BFH/NV 2009 S. 1469, NWB IAAAD-24810.
2 1 K 515/11, NWB MAAAE-79849.

werden, in denen Tische und Stühle sowie Geschirr und Besteck bereitgehalten werden. Auch in diesen Fällen erbringt der Arbeitgeber sonstige Leistungen an die Arbeitnehmer.

(Einstweilen frei)   1496–1509

▶ Portier

Im Normalfall ist der Portier **Angestellter des Gastwirts/Hoteliers.** Die an ihn   1510
gezahlten Trinkgelder sind daher den Bruttoeinnahmen des Wirts usw. zuzurechnen.

Der Portier kann jedoch auch die **Portierloge** eines Hotels **gepachtet** haben. Liegt ein Pachtvertrag vor und handelt er in eigener Verantwortung und auf eigene Rechnung, trägt er also ein Unternehmerrisiko, dann ist er mit seinen **Gesamteinnahmen umsatzsteuerpflichtig.** Der **Hotelier** ist mit der vereinnahmten **Pachtzahlung steuerpflichtig.** Es handelt sich bei dem Hotelier um die Einräumung eines Rechts.[1]

▶ Postwertzeichen-Verkauf

Gastwirte/Hoteliers verkaufen vielfach an ihre Gäste zusammen mit Ansichts-   1511
karten – aber auch ohne Abnahme von Karten – Postwertzeichen. Die Einnahmen aus dem **Verkauf** von **amtlichen Wertzeichen** an Gäste sind gem. § 4 Nr. 8i UStG **umsatzsteuerfrei.**

▶ Preisgelder, Spielgewinne

Literatur: *Jörißen,* Die einkommensteuerrechtliche Behandlung von Preisgeldern und Gewinnwn aus TV-Shows, NWB 2019 S. 2264.

Vgl. Rz. 1212.   1512

▶ Preiskegeln/Preisskat

Die von den Teilnehmern zur Deckung der Unkosten und zur Auszahlung von   1513
Preisen vom Wirt vereinnahmten **Einsätze** unterliegen der Umsatzsteuer.[2]

▶ Provisionszahlung

Bei der **Abrechnung** von Provisionszahlungen im Beherbergungsgewerbe   1514
kommt es nach BMF, Schreiben v. 6.11.1997[3] auf die zwischen den Beteiligten getroffenen Vereinbarungen an, ob auf **Brutto- oder Nettobasis** abgerechnet wird.

---

1 RFH v. 28.10.1927, Mroz, UStG 26, § 1 Nr. 1 R 37.
2 RFH, Urteil v. 10.2.1933 - V A 962/32, RStBl 1933 S. 1212.
3 NWB ZAAAA-86321.

► **Ratskellerwirt**

1515 Der Ratskellerwirt, der von einer Stadt den Ratskeller gepachtet hat und vertraglich verpflichtet ist, die zur Abgabe gelangenden Weine von der Stadt in deren Eigentum sie verbleiben, zu beziehen und an Dritte zu bestimmten Preisen zu verkaufen, ist umsatzsteuerrechtlich **selbständig** und damit **Unternehmer.**[1]

► **Rechnung mit gesondertem Ausweis der Umsatzsteuer**

1516 Vgl. „Bonpflicht" Rz. 515.

► **Reihengeschäft**

1517 Werden Mahlzeiten durch eine von einem Arbeitgeber nicht selbst betriebene Kantine/Gaststätte an seine Arbeitnehmer abgegeben, so ist die früher mögliche Beurteilung als **Reihengeschäft entfallen,** einmal wegen der Annahme von sonstigen Leistungen, bei denen begrifflich kein Reihengeschäft möglich war, und zum anderen wegen der **Aufhebung des § 3 Abs. 2 UStG,** der das Reihengeschäft zum Inhalt hatte. Zur umsatzsteuerrechtlichen Beurteilung des o. a. Sachverhalts nach Aufhebung des § 3 Abs. 2 UStG, vgl. Rz. 1410.

Zur Änderung ab 2019 vgl. Hörster[2] und Ramb.[3]

1518–1519 *(Einstweilen frei)*

► **Reisebüroabrechnung**

1520 Für das Gaststättengewerbe werden vielfach Reisebüros vermittelnd tätig. In ihren Abrechnungen setzen sie von der **Bruttosumme Unkosten** ab, z. B. Provisionen, Gebühren usw. **Entgelt** des Gastwirts/Hoteliers ist nicht der verbleibende Nettobetrag, sondern der **Bruttobetrag.**[4]

1521 Bei **Einschaltung ausländischer Reisebüros** kürzen die eingeschalteten Kreditinstitute den vom ausländischen Reisebüro angewiesenen Betrag um **Überweisungsgebühren** und **Umrechnungsprovisionen.** Durch diese Kürzung wird das **Entgelt** des deutschen Hoteliers **nicht gemindert.** Zur Umsatzsteuerberechnung sind die angewiesenen Devisenbeträge auf € nach dem Kurs umzurechnen, den das BMF als Durchschnittskurs für den Monat festgesetzt hat, in dem die Leistung ausgeführt oder das Entgelt oder ein Teil des Entgelts vor

---

1 RFH v. 9.3.1923, RStBl 1923 S. 196.
2 NWB 2020 S. 530.
3 NWB 2020 S. 2022.
4 RFM v. 16.1.1939, USt-Kartei S 4107 K. 15; BFH, Urteil v. 2.7.1959 - V 285/57 U, BStBl 1959 III S. 358.

Ausführung der Leistung vereinnahmt wird (§ 16 Abs. 6 UStG). Nach der **Euro-einführung** entfiel diese Umrechnung.

► **Reiseleiter; freie Beköstigung**

Vgl. Rz. 1423.   1522

► **Reitschule**

Die Umsätze einer **Gastwirtschaft,** die in Verbindung mit einer **Reitschule** be-trieben wird, unterliegen – wie die Umsätze jeder anderen Gastwirtschaft – dem **Regelsteuersatz.**   1523

Die **Vermietung von Reitpferden** unterliegt gem. § 12 Abs. 2 Nr. 2 UStG in Ver-bindung mit Anlage zu § 12 Abs. 2 Nr. 1 und 2 UStG dem **ermäßigten Steu-ersatz.** Dies gilt nicht, wenn Pferde im Zusammenhang mit anderen (Haupt-)Leistungen überlassen werden, z. B. zur Erteilung von Reitunterricht; im Rahmen eines Beherbergungsvertrages usw.   1524

Die Erteilung von **Reitunterricht** mit eigenen oder vom Schüler gestellten Pfer-den unterliegt dem **Regelsteuersatz.**   1525

Bei der **Vermietung von Boxen** einschließlich der **Betreuung und Fütterung der eingestellten Pferde** handelt es sich um das Halten von Vieh (sog. Pensions-viehvertrag). Die Entgelte dafür unterliegen gem. § 12 Abs. 2 Nr. 3 UStG dem ermäßigten Steuersatz.   1526

► **Restaurationsumsätze**

Literatur: *Huschens,* Änderungen des Umsatzsteuerrechts durch das JStG 2008, NWB 2007 S. 4759; *Fink,* Lieferungen zubereiteter Speisen oder Restaurationsumsatz?, NWB 2009 S. 2143; *Monfort,* Abgrenzung von Restaurationsleistung und Lieferung von Nah-rungsmitteln, NWB 2010 S. 886; *Monfort,* Abgrenzung von Restaurationsleistung und Lieferung von Nahrungsmitteln, NWB 2011 S. 1059; *Ramb,* Restaurationsumsatz oder nicht, StW 2013 S. 190; *Rondorf,* Umsatzsteuersatz bei der Abgabe von Speisen und Ge-tränken, NWB 2013 S. 1076.

VERWALTUNGSANWEISUNGEN:

Umsatzsteuer-Anwendungserlass (UStAE) v. 1.10.2010, BStBl 2010 I S. 846; mit späte-ren Änderungen; Abschn. 3.6 UStAE; OFD Frankfurt/M., Vfg. v. 7.5.2010, NWB VAAAD-44143.

ARBEITSHILFEN UND GRUNDLAGEN ONLINE:

Ebber, Steuersatz, infoCenter, NWB MAAAB-14454.

Die Abgabe von Speisen und Getränken zum sofortigen Verzehr wird als Res-taurationsleistung bezeichnet (sonstige Leistung). Davon abzugrenzen ist die Abgabe von Speisen und Getränken als bloßer Umsatz von Nahrungsmitteln   1527 zum „Mitnehmen" (Lieferung). Die früheren Regelungen hierzu in § 3 Abs. 9 UStG wurden durch das Jahressteuergesetz 2008 aufgehoben.

Vgl. auch Rz. 1675 ff. Zur Rechtslage und ihrer Gültigkeit vgl. BMF, Schreiben v. 20.3.2013.[1] Soweit die darin genannten Urteile an die Komplexität von Speisen anknüpfen, sind sie für nach dem 30.6.2011 ausgeführte Umsätze nicht mehr anzuwenden. Damit haben die betroffenen Unternehmer ein Wahlrecht, ob sie die neuen Regelungen rückwirkend zum 1.7.2011 anwenden oder aber erst zum 1.10.2013.

Temporäre Absenkung des Steuersatzes auf Gastronomieumsätze: Da die Gastronomie unter der Pandemie besonders stark zu leiden hat, sieht das Erste Corona-Steuerhilfegesetz v. 19.6.2020[2] die Ausweitung des ermäßigten Steuersatzes für Restaurant- und Verpflegungsdienstleistungen vor, die nach dem 30.6.2020 und vor dem 1.7.2021 erbracht werden (§ 12 Abs. 2 Nr. 15 UStG). Das BMF hat hierzu ein Schreiben v. 2.7.2020 veröffentlicht.[3] Für die Abgabe von Getränken gilt diese Maßnahme nicht. Vgl. dazu auch Rondorf.[4]

Parallel zu dieser Regelung ist ferner die durch das Zweite Corona-Steuerhilfegesetz v. 29.6.2020[5] eingeführte allgemeine Steuersatzminderung zu beachten. § 28 Abs. 1 und Abs. 2 UStG sehen vor, dass der Regelsteuersatz und der ermäßigte Steuersatz vom 1.7.2020 bis zum 31.12.2020 auf 16 % bzw. 5 % sinken. Dadurch ermäßigt sich der Steuersatz für Restaurantumsätze ab dem 1.7.2020 zunächst auf 5 %. Ab dem 1.1.2021 steigt er dann wieder auf 7 %. Der Steuersatz von 7 % gilt bis zum 30.6.2021, um dann wieder auf 19 % zu steigen.

Der ermäßigte Steuersatz des § 12 Abs. 2 Nr. 1 UStG gilt **nur für Lieferungen,** die Einfuhr und den innergemeinschaftlichen Erwerb der in der Anlage 2 zum UStG bezeichneten Gegenstände. Wird die Abgabe von Speisen und Getränken als sonstige Leistung qualifiziert, so muss diese als sog. Restaurationsumsatz mit dem allgemeinen Steuersatz von 19 % besteuert werden. Nach EuGH- und BFH-Rechtsprechung liegt eine sonstige Leistung vor, wenn aus der Sicht eines Durchschnittsverbrauchers das Dienstleistungselement der Speisenabgabe qualitativ überwiegt. Dabei sind nur solche Dienstleistungen zu berücksichti-

---

1 BStBl 2013 I S. 444.
2 BGBl 2020 I S. 1385.
3 BStBl 2020 I S. 610, NWB MAAAH-52675.
4 Befristete Senkung des allgemeinen und ermäßigten Umsatzsteuersatzes, NWB 2020 S. 2068; ders., Befristete Anwendung des ermäßigten Umsatzsteuersatzes auf Restaurant- und Verpflegungsdienstleistungen, NWB 2020 S. 1838.
5 BGBl 2020 I S. 1512.

gen, die sich von denen unterscheiden, die notwendig mit der Vermarktung der Speisen verbunden sind.[1] Die Finanzverwaltung hat mit Schreiben v. 20.3.2013[2] zu den Konsequenzen der neueren Rechtsprechung und auch zum sog. **Sozialcatering** Stellung genommen. Zu **Verpflegungsleistungen für Kindergärten** durch Cateringfirmen vgl. BFH, Urteil v. 28.5.2013.[3] Nach dem BFH-Urteil v. 27.2.2014,[4] werden Snacks, kleine Süßigkeiten und Getränke an Bord eines Flugzeugs während der Beförderung innerhalb des Gemeinschaftsgebiets gegen Entgelt abgegeben. Es handelt sich dabei nicht um eine Nebenleistung zur Flugbeförderung. Vgl. dazu auch die Neufassung des § 3e UStG.

Zum **Vorsteuerabzug** aus Leistungen zur Bewirtschaftung einer Betriebskantine vgl. BFH, Urteil v. 29.1.2014.[5]

Nach der neueren Verwaltungsauffassung ist die Abgabe zubereiteter oder nicht zubereiteter Speisen und/oder Getränke zusammen mit ausreichenden, den sofortigen Verzehr ermöglichenden, unterstützenden Dienstleistungen insgesamt eine sonstige Leistung. Auf die Qualität bzw. Komplexität der Speisen kommt es für die Abgrenzung nicht an. Die begünstigte Besteuerung kann also bei Standardspeisen ebenso in Frage kommen, wie für Speisen von gehobener Qualität. Dies ist aber nicht der Fall, wenn der Dienstleistungsanteil qualitativ überwiegt. Entscheidend ist das Gesamtbild aller Umstände des Einzelfalls. Bestimmte, mit der Vermarktung bzw. der Verzehrfertigkeit verbundene, notwendige Dienstleistungselemente spielen dabei keine Rolle. Schädlich ist aber die Bereitstellung einer die Bewirtung fördernden Infrastruktur wie z. B. das Vorhandensein von Gasträumen, Garderoben, Kundentoiletten, Tischen, Stühlen, Bänken usw. sowie die Gestellung von Bedienungs-, Koch- und Reinigungspersonal und das Servieren, Bedienen und Spülen beim Kunden. Zu Einzelheiten vgl. Rondorf.[6]

---

1 Vgl. BMF, Schreiben v. 16.10.2008, Umsatzsteuer; Abgrenzung von Lieferungen und sonstigen Leistungen bei Abgabe von Speisen und Getränken, BStBl 2008 I S. 949.
2 BStBl 2013 I S. 444.
3 XI R 28/11, BFH/NV 2013 S. 1950, NWB GAAAE-46611.
4 V R 14/13, BStBl 2014 II S. 869.
5 XI R 4/12, BFH/NV 2014 S. 992, NWB JAAAE-61851.
6 Umsatzsteuer bei der Abgabe von Speisen und Getränken, NWB 2013 S. 1076.

EuGH und BFH haben sich im Jahr 2011 in mehreren Urteilen zur Abgrenzung zwischen Lieferung und Restaurationsleistung geäußert.[1] Danach unterliegt die Abgabe von Würstchen, Pommes frites und ähnlichen **standardisiert zubereiteten Speisen** an einem nur mit **behelfsmäßigen Verzehrvorrichtungen** (lediglich Ablagebretter) ausgestatteten Imbissstand als Lieferung dem ermäßigten Steuersatz. Dies soll nach dem Verständnis des BFH bereits anders sein, wenn ein Tisch mit Bank und ein Stehtisch vorgehalten werden. Zu **Imbissständen und -stuben** vgl. BMF-Schreiben v. 16.10.2008[2] und Vfg. der OFD Frankfurt v. 10.12.2008.[3] Außerdem wurde entschieden, dass auch die Abgabe von **Nachos und Popcorn** in einem Kino, bei dem das mit Tischen und Sitzgelegenheiten ausgestattete Foyer lediglich als Treffpunkt und Warteraum gewertet wurde, als Lieferung ermäßigt besteuert worden ist. Zu **Getränkelieferungen in einem Kino** vgl. BFH, Urteil v. 7.1.2011.[4] Zur umsatzsteuerlichen Behandlung einer „**Dinner-Show**" vgl. BFH, Urteil v. 10.1.2013.[5] Vorgenannte Urteile sind lt. Vfg. der OFD Niedersachsen v. 14.6.2012 (siehe Verwaltungsanweisungen) als eindeutige Fälle bereits vorab anzuwenden.

1528 Zum Ort der Leistung bei Restaurationsleistungen vgl. Rz. 1494. Zum Leistungsort von **Restaurationsleistungen** im Zusammenhang mit **Reiseleistungen** vgl. OFD Hannover, Vfg. v. 6.5.2002.[6]

1529 Gibt ein Reeder an Bord eines Seeschiffes Speisen und Getränke ab, liegt eine Lieferung vor, wenn der Reeder über die Abgabe hinaus keine nicht notwendig mit der Vermarktung verbundenen Dienstleistungen an die Kunden erbringt. Erbringt er solche Dienstleistungen, liegt eine sonstige Leistung vor, die nach § 4 Nr. 6e UStG umsatzsteuerfrei sein kann. Nach FG Nürnberg, Urteil v. 27.3.2012[7] kommt der ermäßigte Steuersatz auch für Restaurations- und Unterhaltungsleistungen bei Kombifahrten mit Schiffen zur Anwendung.

---

1 Dazu wird auf die EuGH-Urteile v. 10.3.2011 - C-497/09, C- 499/09, C 501/09, C-502/09 Rs. „Bog u. a.", NWB OAAAD-75602 sowie auf die BFH-Folgeurteile v. 8.6.2011 - XI R 37/08, BStBl 2013 II S. 238; v. 30.6.2011 - V R 18/10, BStBl 2013 II S. 246; v. 12.10.2011 - V R 66/09, BStBl 2013 II S. 250 und v. 23.11.2011 - XI R 6/08, BStBl 2013 II S. 253 verwiesen.
2 BStBl 2008 I S. 949.
3 NWB IAAAD-08098.
4 V B 55/10, BFH/NV 2011 S. 660, NWB JAAAD-61290.
5 V R 31/10, BStBl 2013 II S. 352.
6 UR 2002 S. 531.
7 2 K 854/10, NWB LAAAE-15598.

Leistungen eines **Party-Service** (vgl. Rz. 1494), der zusätzlich zur Abgabe zube- reiteter Speisen Geschirr und Bestecke überlässt und anschließend reinigt, un- terliegen dem Regelsteuersatz.[1]   1530

► **Sachzuwendungen an Arbeitnehmer**

Vgl. Rz. 1411.   1531

► **Schaumweinsteuer**

Vgl. Rz. 1428.   1532

► **Schiffsrestaurateur**

Ein Schiffsrestaurateur, der seinen **Gästen gegenüber selbständig als Wirt auf-**   1533
tritt, ist auch dann **selbständiger Unternehmer,** wenn er verpflichtet ist, die Getränke und Speisen von dem Konzessionsinhaber zu beziehen und zu be- stimmten Preisen zu verkaufen. Siehe auch Rz. 1420.

► **Schlossbesichtigung**

Vgl. Rz. 1440.   1534

► **Beherbergungsumsätze**

Literatur: *Huschens,* Ermäßigter Umsatzsteuersatz bei kurzfristiger Beherbergung, NWB 2010 S. 100; *ders.,* Umsatzsteuerermäßigung für Beherbergungsleistungen, NWB 2010 S. 1507.

VERWALTUNGSANWEISUNGEN:

BMF, Schreiben v. 5.3.2010, BStBl 2010 I S. 259; Umsatzsteuer-Anwendungserlass (UStAE) v. 1.10.2010, BStBl 2010 I S. 846, mit späteren Änderungen, letztmalig in BMF, Schreiben v. 10.12.2014, BStBl 2014 I S. 1622; BMF, Schreiben v. 4.5.2010, BStBl 2010 I S. 490; BMF, Schreiben v. 5.3.2010, BStBl 2010 I S. 259; BMF, Schreiben v. 29.4.2014, BStBl 2014 I S. 814; BMF, Schreiben v. 9.12.2014, BStBl 2014 I S. 1620; BMF, Schreiben v. 17.1.2017, BStBl 2017 I S. 104.

Die **Beherbergung** in Hotels und Fremdenheimen sowie Gasthöfen ist gem. § 4   1535
Nr. 12 UStG bis zum 31.12.2009 zum Regelsteuersatz **umsatzsteuerpflichtig.** Vgl. hierzu Rz. 1564 ff.

Ab 1.1.2010 unterliegt nach dem Gesetz zur Beschleunigung des Wirtschafts-   1536
wachstums v. 22.12.2009,[2] nach § 12 Abs. 2 Nr. 11 UStG die Vermietung von Wohn- und Schlafräumen, die der Unternehmer zur kurzfristigen Beherber- gung von Fremdem bereithält, sowie die kurzfristige Vermietung von Cam- pingflächen dem ermäßigten **Steuersatz von 7 %. Eine nunmehr begünstigte**

---

1 BFH, Urteil v. 18.12.2008 - V R 55/06, BFH/NV 2009 S. 673, NWB KAAAD-13964; BFH, Urteil v. 1.4.2009 - XI R 3/08, BFH/NV 2009 S. 1469, NWB IAAAD-24810.

2 BGBl 2009 I S. 3950.

kurzfristige Beherbergung liegt danach nur vor, wenn und soweit ein originäres Mietverhältnis vorliegt und das Mietverhältnis nicht länger als sechs Monate besteht.[1] Das Mietverhältnis muss durch einen gewissen **Servicecharakter** gekennzeichnet sein. Begünstigt ist nicht nur das klassische Hotelgewerbe, sondern auch die entsprechenden Beherbergungen in Pensionen, Fremdenzimmern, in Ferienwohnungen und vergleichbaren Einrichtungen. Werden Räumlichkeiten zur lang- und kurzfristigen Vermietung angeboten, so sind sämtliche Umsätze voll steuerpflichtig. Für **nicht ortsgebundene Wohn- und Schlafplätze** (z. B. Wohnmobile, Hausboote, Jachten usw.) gilt die Vergünstigung nicht.

Nur die **unmittelbar der Vermietung dienenden Leistungen** unterliegen dem ermäßigten Steuersatz.[2] Die Steuerermäßigung gilt also nicht für Leistungen (Nebenleistungen), die nicht unmittelbar der Vermietung dienen, auch wenn diese Leistungen mit dem Entgelt für die Vermietung abgegolten sind (§ 12 Abs. 2 Nr. 11 Satz 2 UStG). Für **Frühstücksleistungen** gilt z. B. der Regelsteuersatz. Da nicht zu beanstanden ist, dass ein Pauschalpreis vereinbart wird und nur die typische Hotelleistung begünstigt ist, besteht ein **Aufteilungsgebot**. Der Gesetzgeber hat dadurch für derartige Leistungen den im Umsatzsteuerrecht geltenden Grundsatz, dass unselbständige Nebenleistungen das umsatzsteuerliche Schicksal der Hauptleistung teilen, aufgehoben. Das BFH-Urteil v. 15.1.2009,[3] in dem die Verpflegung von Hotelgästen als Nebenleistung zu den Übernachtungsumsätzen angesehen wird, ist über den entschiedenen Einzelfall hinaus nicht anzuwenden.[4] Aus Vereinfachungsgründen kann bei **Pauschalangeboten** nach dem BMF-Schreiben v. 5.3.2010 ein Abschlag von 20 v. H. des Entgelts als auf die Zusatzleistungen entfallend akzeptiert werden. Im Einzelnen vgl. Huschens[5] und BMF, Schreiben v. 5.3.2010 (a. a. O.). Zur **Parkplatzüberlassung** im Rahmen einer Hotelübernachtung vgl. BFH, Urteil v. 1.3.2016.[6]

Die Umsätze aus der Überlassung von Zimmern an Prostituierte zur Ausübung der **Prostitution** unterfallen nicht dem ermäßigten Steuersatz.[7] Dazu wird auf

---

1 BFH, Urteil v. 27.10.1993 - XI R 69/90, BFH/NV 1994 S. 744, NWB BAAAB-34385.
2 BFH, Urteil v. 24.4.2013 - XI R 3/11, BStBl 2014 II S. 86.
3 V R 9/06, BStBl 2010 II S. 433.
4 BMF, Schreiben v. 4.5.2010, Nebenleistungen zu Übernachtungsumsätzen; Konsequenzen aus dem BFH-Urteil v. 15.1.2009 - V R 9/06, BStBl 2010 II S. 433, BStBl 2010 I S. 490.
5 Ermäßigter Umsatzsteuersatz bei kurzfristiger Beherbergung, NWB 2010 S. 1507.
6 XI R 11/14, BStBl 2016 II S. 753.
7 FG Düsseldorf, Urteil v. 1.6.2012 - 1 K 2723/10 U, NWB CAAAE-13702.

die BFH-Urteile v. 22.8.2013[1], v. 17.12.2014;[2] v. 24.9.2015[3] und die Neufassung von Abschn. 12.16 des UStAE zu § 12 Abs. 2 Nr. 11 UStG durch BMF, Schreiben v. 10.12.2014[4] verwiesen. Zur Steuerermäßigung für Beherbergungsleistungen (kostenlose Parkmöglichkeiten) eines Hoteliers vgl, BFH, Urteil v. 1.3.2016.[5] Zur steuerlichen Behandlung von Übernachtungsmöglichkeiten der **Jugendherbergen** an allein reisende Erwachsene vgl. BFH, Urteil v. 10.8.2016.[6] Zur steuerlichen Behandlung der Beherbergung in **Stundenhotels** vgl. BFH, Urteil v. 24.9.2015 - V R 30/14 und BMF, Schreiben v. 17.1.2017.[7] **Steuerfreiheit** nach § 4 Nr. 23 UStG für Umsätze aus dem **Betrieb einer Cafeteria** durch einen privaten Förderverein tritt nicht ein, wenn es an der Aufnahme von Jugendlichen zu Erziehungs-, Ausbildungs- oder Fortbildungszwecken fehlt.[8]

▶ **Stornokosten**

VERWALTUNGSANWEISUNGEN:

OFD Frankfurt/M., Vfg. v. 5.8.2008 – S 7100 A – 199 – St 110, NWB ZAAAC-90167.

ARBEITSHILFEN UND GRUNDLAGEN ONLINE:

Vanheiden, Bemessungsgrundlage, infoCenter, NWB ZAAAA-41696.

Die umsatzsteuerliche Behandlung der Stornokosten sowohl in den **Beherbergungsverträgen** als auch in den Reservierungs- oder **Hotelkontingentierungsverträgen** hängt davon ab, ob dem Kunden aufgrund des Vertrags ein Rücktrittsrecht eingeräumt wird. Ist der Kunde **wirksam vom Vertrag zurückgetreten,** handelt es sich bei den Stornokosten um eine **Schadensersatzleistung** für etwaige Vermögenseinbußen des Hoteliers. Stand dem Kunden hingegen kein Rücktrittsrecht zu und konnte er sich **nicht wirksam vom Vertrag lösen,** sind die Stornokosten das Entgelt für das Bereithalten der Hotelzimmer und **keine** Schadensersatzleistung.[9]

1537

▶ **Tabakwarenautomat; Warenautomat; Geldspielautomat**

Vgl. Rz. 1405.

1538

---

1 V R 18/12, BStBl 2013 II S. 1058.
2 XI R 16/11, BStBl 2015 II S. 427.
3 V R 30/14, BStBl 2017 II S. 132.
4 BStBl 2014 I S. 1622.
5 XI R 11/14, BStBl 2016 II S. 753.
6 V R 11/15, BFH/NV 2017 S. 139, NWB LAAAF-87352.
7 BStBl 2017 I S. 104.
8 BFH, Urteil v. 12.2.2009 - V R 47/07, BStBl 2009 II S. 677.
9 BMF, Schreiben v. 6.11.1997, DB 1998 S. 236.

► **Tabakwarenverkauf durch Angestellte**

1539 Vgl. Rz. 1698.

► **Tanzveranstaltung**

1540 Vgl. Rz. 1440.

► **Toilette**

1541 Wer in einer Gaststätte/einem Hotel nach Vereinbarung mit dem Wirt/Hotelier die Toilette besorgt und hierfür von den Gästen ein in deren Belieben gestelltes **Trinkgeld** erhält, ist als **Angestellter** des Wirtes/Hoteliers anzusehen, auch wenn er unter der Bezeichnung als Pachtzahlung einen Teil der anfallenden Trinkgelder an den Wirt/Hotelier abliefern muss.[1]

► **Trennung der Entgelte**

VERWALTUNGSANWEISUNGEN:

Umsatzsteuer-Anwendungserlass (UStAE) v. 1.10.2010, BStBl 2010 I S. 846, mit späteren Änderungen; Abschn. 22.6 UStAE; BMF, Schreiben v. 6.5.2009, BStBl 2009 I S. 681.

1542 Unabhängig von den in Rz. 366 ff. aufgeführten Vorschriften, die eine Pflicht zur Führung von Büchern und zur Ermittlung des Gewinns durch Vermögensvergleich begründen, sind Gastwirte/Hoteliers usw. verpflichtet, zur Feststellung der Umsatzsteuer und der Grundlagen ihrer Berechnung Aufzeichnungen zu machen (vgl. Rz. 1403 ff.).

1543 Unternehmer, deren Umsätze **unterschiedlichen Steuersätzen** unterliegen, müssen in ihren Aufzeichnungen ersichtlich machen, wie sich die Entgelte auf die einzelnen Steuersätze verteilen (§ 22 Abs. 2 UStG).

1544 Dem Unternehmer, dem wegen der Art und des Umfangs des Geschäfts eine Trennung der Entgelte und Teilentgelte bzw. der Bemessungsgrundlagen nach Steuersätzen in seinen **Aufzeichnungen nicht zuzumuten** ist, kann das Finanzamt auf **Antrag Erleichterung** gewähren (§ 63 Abs. 4 UStDV; Abschn. 22.6. UStAE). Eine solche Erleichterung der Aufzeichnungspflichten kommt allerdings nicht in Betracht, wenn eine **Registrierkasse/EDV-Kasse mit Zählerwerken** für mehrere Warengruppen oder eine entsprechende andere Speichermöglichkeit eingesetzt wird.

1545 Das Finanzamt darf **nur ein Verfahren** zulassen, dessen steuerliches Ergebnis **nicht wesentlich** von dem Ergebnis einer nach Steuersätzen getrennten Aufzeichnung **abweicht**. Die Anwendung des Verfahrens kann auf einen in der

---

1 RFH, Urteil v. 23.10.1942 - V 133/40, RStBl 1943 S. 53.

Gliederung des Unternehmens gesondert geführten Betrieb beschränkt werden.[1]

(Einstweilen frei) 1546–1548

▶ **Umrechnung in einen Jahresumsatz**

Vgl. Rz. 1477. 1549

▶ **Unentgeltliche Wertabgabe**

Literatur: *Oldiges*, Unentgeltliche Wertabgaben bei Sachspenden eines Unternehmens, NWB 2016 S. 3018.

Vgl. Rz. 1702. 1550

▶ **Unternehmer**

Vgl. Rz. 1457. 1551

▶ **Veranstaltungen**

Vgl. Rz. 1440. 1552

▶ **Verbrauchsteuer**

Vgl. Rz. 1430. 1553

▶ **Vergnügungsteuer**

Vgl. Rz. 1424. 1554

(Einstweilen frei) 1555–1559

▶ **Vermietung und Verpachtung**

Literatur: *Lange*, Umsatzsteuerpflichtige Beherbergungsumsätze, UR 1995 S. 425; *Hättich/Renz*, Vermietung von Grundstücken im Umsatzsteuerrecht, NWB 2010 S. 3631.

VERWALTUNGSANWEISUNGEN:

Umsatzsteuer-Anwendungserlass (UStAE) v. 1.10.2010, BStBl 2010 I S. 846, mit späteren Änderungen; Abschn. 4.12.1. ff. UStAE.

Im Gaststätten- und Beherbergungsgewerbe können **Vermietungen** an Gäste 1560
als umsatzsteuerrechtlich **sonstige Leistungen** in Betracht kommen, die umsatzsteuerfrei oder umsatzsteuerpflichtig sein können. Vgl. i. E. die folgenden Ausführungen:

− **Allgemeines**

ARBEITSHILFEN UND GRUNDLAGEN ONLINE:

Langenkämper, Vermietung und Verpachtung, infoCenter, NWB BAAAB-13237.

---

1 Vgl. Merkblatt, I 1 Vorbemerkung, BStBl 2005 I S. 69.

1561   Der Begriff „Vermietung" ist ausschließlich nach **bürgerlich-rechtlichen Grundsätzen** abzugrenzen.

– **Außenwandflächen**

1562   Vermietet ein Gastwirt/Hotelier die **Außenwand- oder Dachflächen** eines Gebäudes zu Reklamezwecken, so ist das **umsatzsteuerpflichtig.** Es handelt sich um eine Grundstücksvermietung.[1]

– **Badebetrieb**

1563   Bei der Verpachtung eines Landstreifens zur Nutzung als Badebetrieb erstreckt sich der Pachtvertrag **nicht** auf ein **Grundstück,** sondern auf die Ausnutzung eines **gewerblichen** Unternehmens. Die Einnahmen aus einer solchen Verpachtung sind umsatzsteuerpflichtig.[2]

– **Beherbergung**

Literatur: *Huschens,* Ermäßigter Umsatzsteuersatz bei kurzfristiger Beherbergung, NWB 2010 S. 100.

VERWALTUNGSANWEISUNGEN:

Umsatzsteuer-Anwendungserlass (UStAE) v. 1.10.2010, BStBl 2010 I S. 846, mit späteren Änderungen; Abschn. 12.16. und Abschn. 4.12.9 UStAE.

1564   Gemäß § 4 Nr. 12 Satz 2 UStG ist u. a. die Vermietung und Verpachtung von Wohn- und Schlafräumen zur kurzfristigen Beherbergung von Fremden **nicht** von der **Umsatzsteuer befreit.** um Steuersatz ab 1.1.2010 Hinweis auf Rz. 1535 und Huschens.[3]

1565   Hat ein Unternehmer den **einen Teil** der in einem Gebäude befindlichen Räume **längerfristig,** den **anderen** jedoch nur **kurzfristig** vermietet, so ist die Vermietung – nur – insoweit steuerfrei, als er die Räume eindeutig und leicht nachprüfbar nicht zur kurzfristigen Beherbergung von Fremden bereitgehalten hat.[4] Bietet der Unternehmer dieselben Räume **wahlweise** zur lang- oder kurzfristigen Vermietung an, so sind **sämtliche** Umsätze **steuerpflichtig.**[5] Auch bei der Unterbringung von Mietern, die dem Vermieter **vom Sozialamt zugewiesen** wurden, hat BFH, Urteil v. 26.10.1989,[6] ein steuerpflichtiges wahlweises

---

1   BFH, Urteil v. 23.10.1957 - V 153/55 U, BStBl 1957 III S. 457; RFH, Urteil v. 13.4.1933, RStBl 1934 S. 47.
2   Vgl. RFH v. 22.3.1929, Mroz, UStG 26 § 2 Nr. 4 R 19.
3   Ermäßigter Umsatzsteuersatz bei kurzfristiger Beherbergung, NWB 2010 S. 100.
4   BFH, Urteil v. 9.12.1993 - V R 38/91, BStBl 1994 II S. 585.
5   BFH, Urteil v. 20.4.1988 - X R 5/82, BStBl 1988 II S. 795, BFH, Urteil v. 13.9.1988 - V R 46/83, BStBl 1988 II S. 1021.
6   V R 88/86, BFH/NV 1990 S. 810, NWB IAAAB-31341.

Anbieten zur kurzfristigen und nicht kurzfristigen Beherbergung angenommen, weil hierbei mit unterschiedlichen Nutzungszeiten zu rechnen ist. Die Überlassung von Räumen einer Pension an **Saison-Arbeitnehmer (Kost und Logis)** ist dann nach § 4 Nr. 12 Satz 2 UStG steuerpflichtig, wenn diese Räume wahlweise zur vorübergehenden Beherbergung von Gästen oder zur Unterbringung des Saison-Personals bereitgehalten werden.[1]

Eine **Laufzeit** von weniger als sechs Monaten steht der Besteuerung nicht entgegen, wenn anzunehmen ist, dass diese Laufzeit der Absicht der Parteien entspricht.[2] Bei der Unterbringung von Aussiedlern kommt es nach BFH, Urteil v. 11.3.1998[3] auf die **aus äußeren Umständen ableitbare Absicht** des Vermieters an, ob eine kurzfristige oder eine auf Dauer angelegte Überlassung von Räumen vorliegt. Vgl. hierzu FG Berlin, Urteil v. 28.3.2000[4] und v. 25.1.2001.[5] **1566**

Maßgebend ist immer der **Vertrag mit dem unmittelbaren Mieter.** Daher findet die Steuerbefreiung Anwendung, wenn der Vermieter Wohn- und Schlafräume längerfristig an einen anderen Unternehmer vermietet, der in den Räumen z. B. seine Geschäftsfreunde lediglich kurzfristig beherbergt. Dies gilt auch bei der **Unterbringung von Asylbewerbern, Asylanten sowie Aus-, Um- und Übersiedlern sowie Bürgerkriegsflüchtlingen,** bei denen die Mieter vertragliche Vereinbarungen oft nicht mit den jeweils aufgenommenen Personen, sondern mit **Einrichtungen der öffentlichen Hand,** Wohlfahrtsverbänden oder ähnlichen Institutionen abschließen. Vermietet ein Beherbergungsunternehmen Räume an eine Gemeinde, die darin Asylanten unterbringt oder ihrerseits an Asylanten weitervermietet, richtet sich die Beurteilung der Kurzfristigkeit allein nach den Umständen der Vermietung an die Gemeinde.[6] Die entgeltliche **Nutzung** eines für längere Zeit auf seinem Liegeplatz befestigten **Schiffes** zur Unterbringung von Asylanten ist unabhängig von Kurz- oder Langfristigkeit der Beherbergung nicht nach § 4 Nr. 12a UStG steuerfrei.[7] Ebenso ist die Unterbringung einer wechselnden Zahl von Aussiedlern/Zuwanderern auf Grundlage eines **kurzfristig kündbaren Mietoptionsvertrags** regelmäßig eine Vermietung i. S. d. § 4 Nr. 12 Satz 2 UStG.[8] Die Erlöse aus dem **Betrieb eines Wohnheims** für Aussiedler/Asylanten sind nicht nach § 4 Nr. 12a UStG steuer- **1567**

---

1 BFH, Urteil v. 13.9.1988 - V R 46/83, BStBl 1988 II S. 1021.
2 EuGH, Urteil v. 12.2.1998 - C-346/95, UR 1998 S. 189.
3 UR 1998 S. 425.
4 5 K 5402/98, EFG 2000 S. 895.
5 4 K 1170/98, EFG 2001 S. 760.
6 BFH, Urteil v. 11.1.1990 - V B 109/89, BFH/NV 1990 S. 607, NWB AAAAB-31724.
7 BFH, Urteil v. 7.3.1996 - V R 29/95, BStBl 1996 II S. 341.
8 FG Baden-Württemberg, Urteil v. 4.11.1998, EFG 1999 S. 585.

frei, wenn dem Leistungsverhältnis zwischen Heimbetreiber und Gemeinde als Leistungsempfänger eine **Überlassung des Gebrauchs** oder des Grundstücks als wesentliches Element der Vermietung fehlt.[1]

1568   Wird **neben** der **Beherbergung** auch die **Verpflegung** der untergebrachten Personen übernommen, handelt es sich insoweit **nicht** mehr um übliche **Nebenleistungen,** die entsprechend der Besteuerung der Vermietungsleistung steuerfrei sein könnten. Die Abgabe ist eine sonstige Leistung die dem Regelsteuersatz unterliegt.

1569   Als **übliche Nebenleistungen,** die wie die Hauptleistung (Vermietung) zu besteuern sind, können insbesondere angesehen werden: Bereitstellung von Bettwäsche, Bereitstellung von Mobiliar, Reinigung des ganzen Gebäudes, Bereitstellung von Waschmaschinen und Wäschetrocknern, auch wenn hierfür ein besonderes Entgelt erhoben wird. Zurverfügungstellung von Hauspersonal und Hausmeistern, Transportverpflichtung gegenüber den untergebrachten Personen, Übernahme der sozialen Betreuung durch Einschaltung der durch den Mieter angegebenen Stelle. Zur steuerlichen Behandlung der Vermietung von **Nebenleistungen** bei Verpachtung eines Seniorenparks vgl. BFH, Urteil v.11.11.2015.[2] Zur Steuerfreiheit von **Pflegeleistungen** vgl. BFH, Urteil v. 18.8.2015.[3]

Zur Behandlung der Nebenleistungen ab 1.1.2010 vgl. Rz.1535.

1570   Auch ein **pauschaler Abnutzungszuschlag,** der vom Mieter gezahlt wird, da er keine Renovierung der angemieteten Räume vorzunehmen hat, ist wie die eigentliche Vermietungsleistung zu besteuern.

1571   Gewährt ein Unternehmer aufgrund eines Vertrages mit der öffentlichen Hand (hier: Land) Flüchtlingen, Asylbewerbern **Unterkunft und Verpflegung,** so erbringt er gegenüber dem Land regelmäßig **mehrere selbständige Leistungen.**[4] Die Beurteilung, ob eine steuerfreie Vermietung von Wohn- und Schlafräumen vorliegt, richtet sich nach den Umständen der Vermietung an das Land. Zahlt das Land oder ein Landkreis dem Vermieter das Verpflegungsgeld, damit dieser es an den Asylbewerber oder Asylanten bar auszahlt, so handelt es sich insoweit um einen **durchlaufenden Posten,** der bei dem Vermieter nicht der Umsatzsteuer unterliegt. Voraussetzung ist allerdings, dass der Ver-

---

1 FG Thüringen, Urteil v. 7.5.2003 - I 560/01, EFG 2003 S. 1803.
2 V R 37/14, BFH/NV 2016 S. 495, NWB NAAAF-66183.
3 V R 13/14, BFH/NV 2015 S. 1784, NWB QAAAF-05924.
4 BFH, Urteil v. 9.12.1993 - V R 38/91, BStBl 1994 II S. 585.

mieter den Betrag im Namen und für Rechnung des Asylbewerbers/Asylanten vereinnahmt und verauslagt.[1]

Zur **Gewerbesteuerpflicht** bei über normale Vermietung hinausgehender Unterbringung von Asylbewerbern vgl. Rz. 1792.

Die Gewährung von **Kost und Logis an Auszubildende** im Hotel- und Gaststättengewerbe ist ein steuerbarer, aber nach **§ 4 Nr. 23 UStG steuerfreier Umsatz,** wenn der Unternehmer überwiegend Jugendliche für Erziehungs-, Ausbildungs-, Fortbildungszwecke aufnimmt. Für die Beurteilung der Frage des „Überwiegens" ist nur auf den Kreis der Personen abzustellen, die der Unternehmer zu steuerbegünstigten Zwecken im Sinne dieser Vorschrift aufgenommen hat. Demzufolge ist § 4 Nr. 23 UStG anzuwenden, wenn mehr Jugendliche als Erwachsene zu den vorgenannten Zwecken aufgenommen werden. Weder die Hotelgäste noch die ausgelernten, beim Unternehmer untergebrachten Arbeitnehmer gehören zu diesem Personenkreis.[2] Allerdings tritt die Steuerfreiheit nur dann ein, wenn dem Unternehmer **selbst** die Erziehung, Ausbildung oder Fortbildung der aufgenommenen Jugendlichen obliegen.[3]

1572

Die Arbeitnehmer eines Hotels, das an diese **Appartements** vermietet, sind keine „Fremden", an die kurzfristig i. S. d. § 4 Nr. 12 Satz 2 UStG vermietet werden kann. Deshalb kommt es auf die Länge der Vermietungsdauer nicht an.[4]

1573

Die **Dauervermietung von Zimmern durch Privatpersonen** kann durch die Übernahme von Nebenleistungen **gewerblichen** Charakter erhalten, wenn die beiden Tätigkeitsbereiche wesensmäßig untrennbar miteinander verbunden sind und die Nutzung des Vermögens im Einzelfall hinter der Bereitstellung einer – mit einem gewerblichen Beherbergungsbetrieb vergleichbaren – einheitlichen unternehmerischen Organisation zurücktritt.[5]

1574

– **Beherbergung und Verpflegung auf einem Schiff**

VERWALTUNGSANWEISUNGEN:

Umsatzsteuer-Anwendungserlass (UStAE) v. 1.10.2010, BStBl 2010 I S. 846, mit späteren Änderungen; Abschn. 12.13 UStAE.

---

1 Vgl. hierzu Busl, UR 1989 S. 42; OFD Saarbrücken, Vfg. v. 22.7.1993, UR 1994 S. 169.
2 BFH, Urteil v. 24.5.1989 - V R 127/84, BStBl 1989 II S. 912; OFD Frankfurt a. M., Vfg. v. 10.1.1994, UR 1995 S. 31.
3 BFH, Urteil v. 28.9.2000 - V R 26/99, BStBl 2001 II S. 691; BMF, Schreiben v. 28.9.2001, BStBl 2001 I S. 726.
4 Hessisches FG, Urteil v. 5.8.1997, UR 1998 S. 187.
5 BFH, Urteil v. 21.12.1976 - VIII R 27/72, BStBl 1977 II S. 244.

1575 Bei Pauschalreisen mit Kabinenschiffen auf Binnenwasserstraßen sind **Unterbringung und Verpflegung Nebenleistungen** zur Personenbeförderung.[1] Auch die **Beförderung eines Pkw** bei Mitnahme durch den Reisenden unterliegt als Nebenleistung zur Beförderungsleistung dem ermäßigten Steuersatz (vgl. Abschn. 12.13. UStAE).

Art. 3 der **Mannheimer Rheinschifffahrtsakte** steht der Besteuerung von Umsätzen auf dem Rhein und seinen Nebenflüssen nicht entgegen.[2]

Durch Art. 8 Nr. 4a und Nr. 9 JStG 2008 wurden § 12 Abs. 2 Nr. 10 Buchst. a und § 28 Abs. 4 UStG geändert. Danach unterliegen die Personenbeförderungen mit Schiffen dem **ermäßigten Steuersatz**. Folgende dieser Beförderungen sind nach dem BMF-Schreiben v. 29.8.2008[3] insgesamt steuerbar: (1) Beförderungen, die sich ausschließlich auf das Inland erstrecken, (2) Beförderungen, die ausschließlich in den in § 1 Abs. 3 UStG bezeichneten Gebieten ausgeführt werden, wenn diese Beförderungen wie Umsätze im Inland zu behandeln sind (§ 1 Abs. 3 Satz 1 Nr. 2 UStG), und (3) grenzüberschreitende Beförderungen, bei denen die ausländischen Streckenanteile als inländische Beförderungsstrecken anzusehen sind (§ 7 Abs. 1 und Abs. 2 Satz 1 Nr. 1 UStDV). Als Folge davon ist Abschn. 172 UStR ab 1.1.2008 weggefallen. Im Einzelnen Hinweis auf BMF, Schreiben v. 29.8.2008, Umsatzsteuer; Ermäßigter Steuersatz für Personenbeförderungen, § 12 Abs. 2 Nr. 10 UStG; Konsequenzen aus den Regelungen im Jahressteuergesetz 2008.[4]

- **Billardvermietung**

1576 Bei der Billardvermietung handelt es sich um **Verträge besonderer Art** i. S. des Abschn. 4.12.6. UStAE. Die Entgelte für die Billardvermietung unterliegen daher dem **Regelsteuersatz**.

1577–1580 *(Einstweilen frei)*

- **Bootsanlegeplätze, Bootseinstellung**

VERWALTUNGSANWEISUNGEN:

Umsatzsteuer-Anwendungserlass (UStAE) v. 1.10.2010, BStBl 2010 I S. 846, mit späteren Änderungen; Abschn. 4.12.2 UStAE.

---

1 BFH, Urteil v. 1.8.1996 - V R 58/94, BStBl 1997 II S. 160; BFH, Urteil v. 19.9.1996 - V R 129/93, BStBl 1997 II S. 164.
2 BFH, Urteil v. 19.9.1996 - V R 129/93, BStBl 1997 II S. 164.
3 BStBl 2008 I S. 880.
4 BStBl 2008 I S. 880.

Die Überlassung von Bootsliegeplätzen als Vermietung von Plätzen für das Abstellen von Fahrzeugen nach § 4 Nr. 12 Satz 2 UStG ist allgemein von der **Steuerbefreiung ausgenommen** und damit ohne Rücksicht auf die Vermietungsdauer **steuerpflichtig. Fahrzeuge** sind nach Abschn. 3a.5. UStAE u. a. Segelboote, Ruderboote, Paddelboote und Motorboote.

1581

– Bräunungsstudio

Nicht zu der dem ermäßigten Steuersatz unterliegenden Verabreichung von Heilbädern gehört in Hotels die **Verabreichung** von Lichtbädern, z. B. mittels UV-Licht, in sog. Bräunungsstudios; denn Lichtbäder dieser Art dienen regelmäßig nur kosmetischen Zwecken und können somit nicht als steuerfreie oder steuerbegünstigte medizinische Behandlung angesehen werden (Abschn. 12.11. UStAE).[1]

1582

– Campingplatz

Literatur: *Huschens*, Ermäßigter Umsatzsteuersatz bei kurzfristiger Beherbergung, NWB 2010 S. 100.

VERWALTUNGSANWEISUNGEN:

Umsatzsteuer-Anwendungserlass (UStAE) v. 1.10.2010, BStBl 2010 I S. 846, mit späteren Änderungen; Abschn. 4.12.3, Abschn. 12.16 UStAE.

Die Leistungen der Campingplatzunternehmer sind als **Grundstücksvermietung** i. S. d. § 4 Nr. 12 UStG anzusehen, wenn sie darauf gerichtet sind, dem Benutzer des Campingplatzes den Gebrauch einer bestimmten, nur ihm zur Verfügung stehenden Campingfläche zu gewähren. Die **Dauer der Überlassung** der Campingfläche ist für die Frage, ob eine Vermietung vorliegt, ohne Bedeutung. Die Überlassung einer Campingfläche ist nur dann steuerfrei, wenn sie **nicht kurzfristig** ist, d. h., wenn die **tatsächliche Gebrauchsüberlassung** mindestens sechs Monate beträgt (Abschn. 4.12.3. Abs. 2 UStAE).

1583

BEISPIELE:

▶ Eine Campingfläche wird auf unbestimmte Dauer vermietet. Der Vertrag kann monatlich verlängert werden. Die Vermietung ist als langfristig anzusehen und somit steuerfrei. Endet die tatsächliche Gebrauchsüberlassung jedoch vor Ablauf von sechs Monaten, handelt es sich insgesamt um eine steuerpflichtige kurzfristige Vermietung.

▶ Eine Campingfläche wird für drei Monate vermietet. Der Mietvertrag verlängert sich automatisch um je einen Monat, wenn er nicht vorher gekündigt wird. Die Vermietung ist als kurzfristig anzusehen und somit steuerpflichtig. Dauert die tatsächliche Gebrauchsüberlassung jedoch mindestens sechs Monate, handelt es sich insgesamt um eine steuerfreie langfristige Vermietung.

---

1 Vgl. BFH, Urteil v. 18.6.1993 - V R 1/89, BStBl 1993 II S. 853.

1584   Die Vermietung auf Campingplätzen ist nach § 4 Nr. 12 Satz 2 UStG nur **steuerpflichtig**, wenn sie **kurzfristig** erfolgt. Ist die Überlassung einer Campingfläche als Grundstücksvermietung anzusehen, so ist sie dann **steuerfrei**, wenn
die **tatsächliche Gebrauchsüberlassung** mindestens sechs Monate beträgt, unabhängig davon, ob die Fläche für das Aufstellen eines Zeltes oder eines
Wohnwagens (Fahrzeugs) überlassen wird.[1]

Ab 1.1.2010 unterliegt die kurzfristige Vermietung (**tatsächliche Überlassung**
weniger als sechs Monate) von Campingflächen nach § 12 Abs. 2 Nr. 11 Satz 1
UStG nach Maßgabe des Wachstumsbeschleunigungsgesetzes v. 22.12.2009
dem **ermäßigten Steuersatz von 7 %**. Vgl. auch Rz. 1535. **Ergänzende Leistungen** zur Vermietung von Campingflächen sind von der Steuerermäßigung ausgeschlossen, wenn sie nicht unmittelbar der Vermietung dienen. Das betrifft
insbesondere die Vermietung von beweglichen Sachen, wie z. B. Wohnanhän-
gern, Zelten, Mobilheimen und sonstigen Freizeitunterkünften in Leichtbauweise. Zu Einzelheiten Hinweis auf Huschens.[2]

1585   Die vom Campingplatzunternehmer durch die Überlassung von üblichen **Ge-
meinschaftseinrichtungen** gewährten Leistungen sind gegenüber der Vermietung der Campingfläche von untergeordneter Bedeutung. Sie sind als **Nebenleistungen** anzusehen, die den Charakter der Hauptleistung als Grundstücksvermietung nicht beeinträchtigen. Zu den **üblichen** Gemeinschaftseinrichtun-
gen gehören insbesondere Wasch- und Duschräume, Toiletten, Wasserzapfstellen, elektrische Anschlüsse, Vorrichtungen zur Müllbeseitigung, Kinder-
spielplätze. Die Nebenleistungen fallen unter die Steuerbefreiung für die
Grundstücksvermietung. Das gilt auch dann, wenn für sie ein besonderes Entgelt berechnet wird. Die vom Campingplatzunternehmer durch die Überlassung von Wasserzapfstellen, Abwasseranschlüssen und elektrischen Anschlüs-
sen erbrachten Leistungen sind auch dann als Nebenleistungen anzusehen,
wenn die Einrichtungen nicht für alle Benutzer gemeinschaftlich, sondern gesondert für einzelne Besucher bereitgestellt werden. Die Lieferungen von Wär-
me und Wasser (auch Warmwasser) sind gleichfalls Nebenleistungen, **nicht** jedoch die Lieferung von elektrischem Strom (Abschn. 4.12.3. Abs. 3 UStAE).

1586   Leistungen, die **nicht** durch die Überlassung von üblichen **Gemeinschaftsein-
richtungen** erbracht werden, sind **nicht** als **Nebenleistungen** anzusehen. Es
handelt sich in der Regel um Leistungen, die darin bestehen, dass den Benut-

---

1   Bayerisches FinMin v. 23.7.1992, UR 1993 S. 69; vgl. auch OFD Saarbrücken v. 22.7.1993,
UR 1994 S. 169.
2   Ermäßigter Umsatzsteuersatz bei kurzfristiger Beherbergung, NWB 2010 S. 100.

zern der Campingplätze besondere Sportgeräte, Sportanlagen usw. zur Verfügung gestellt werden wie z. B. Segelboote, Wasserski, Reitpferde, Tennisplätze, Minigolfplätze, Hallenbäder, Saunabäder. Derartige Leistungen sind umsatzsteuerrechtlich gesondert zu beurteilen. Die Überlassung von **Sportgeräten** fällt **nicht** unter die **Steuerbefreiung** nach § 4 Nr. 12a UStG. Das Gleiche gilt für die Überlassung von **Sportanlagen**.[1] Wird für die bezeichneten Leistungen und für die Vermietung der Campingfläche ein **Gesamtentgelt** berechnet, ist dieses Entgelt durch **Schätzung aufzuteilen** (Abschn. 4.12.3. Abs. 4 UStAE).

– Dachfläche

Die Vermietung von Dachflächen eines Gebäudes zu **Reklamezwecken** ist umsatzsteuerpflichtig.[2]   1587

– Dauervermietung

Die **Dauervermietung von Zimmern durch Privatpersonen** kann durch Übernahme von Nebenleistungen gewerblichen Charakter erhalten. Vgl. Rz. 1574.   1588

– Ferienwohnung

Literatur: *Schuhmann*, Zum Vermieten von Ferienwohnungen, StBp 2003 S. 87; *Stein*, Einkunftserzielung und Einkunftsermittlung bei der Vermietung von Ferienwohnungen, StBp 2010 S. 101; *Grözinger*, Die Ferienimmobilie im Ausland, NWB 2017 S. 3.

VERWALTUNGSANWEISUNGEN:
BMF, Schreiben v. 20.11.2003, BStBl 2003 I S. 640.

ARBEITSHILFEN UND GRUNDLAGEN ONLINE:
Ronig, Vermögensverwaltung, infoCenter, NWB IAAAC-37527.

Vgl. Rz. 1077 und 1176. Die Vermietung von Ferienwohnungen stellt einen **Gewerbebetrieb** dar, wenn dies nach **Art einer Fremdenpension** geschieht. Werden **drei Ferienwohnungen** in einem Haus **vermietet,** kann nicht ohne weiteres ein Gewerbebetrieb angenommen werden. Ausschlaggebend ist vielmehr, ob wegen der Häufigkeit des Gästewechsels oder im Hinblick auf zusätzlich zur Nutzungsüberlassung erbrachte Leistungen eine Unternehmensorganisation erforderlich ist, wie sie auch in Fremdenpensionen vorkommt. Dabei ist auch der Arbeitsumfang des Vermieters bedeutsam.[3]   1589

Liegt in den vorerwähnten Fällen eine **gewerbliche Betätigung** vor, so ist das **gesamte Entgelt** mit dem Regelsteuersatz steuerpflichtig.   1590

1 BFH, Urteil v. 31.5.2001 - V R 97/98, BStBl 2001 II S. 658.
2 RFH, Urteil v. 13.4.1933, RStBl 1934 S. 47; BFH, Urteil v. 23.10.1957 - V 153/55 U, BStBl 1957 III S. 457.
3 BFH, Urteil v. 28.6.1984 – IV R 150/82, BStBl 1985 II S. 211.

1591 Zur Vermietung einer Ferienwohnung als **Liebhaberei** vgl. BFH, Urteil v. 5.5.1988.[1]

1592 Ein Hotelier, der außerdem in einem **Appartementhaus Ferienwohnungen** vermietet, kann mit der Vermietungstätigkeit die Voraussetzungen eines Teilbetriebs erfüllen.[2]

1593 Vermietung **nur einer Ferienwohnung** als gewerbliche Tätigkeit, wenn die Wohnung **in einem Feriengebiet** im Verband mit einer Vielzahl gleichartig genutzter Wohnungen einer einheitlichen Wohnanlage liegt.[3] Vgl. auch Rz. 1081.

Vermietung einer Ferienwohnung durch einen **Reiseunternehmer**.[4]

– Fitness-Studio

1594 Das Führen eines Fitness-Studios ist umsatzsteuerrechtlich als **Gewerbebetrieb** zu behandeln, auch wenn eine gemischte Tätigkeit vorliegt.[5] Vgl. zur Umsatzbesteuerung von Fitness-Studios ausführlich OFD Saarbrücken, Vfg. v. 20.1.1989.[6]

1595–1596 *(Einstweilen frei)*

– Garagen

Literatur: *Rohrlack-Soth,* Die umsatzsteuerliche Behandlung der Vermietung von Parkflächen nach dem Steueränderungsgesetz 1992, DStR 1992 S. 1536; *Fuchs/Schabe,* Umsatzsteuerliche Vorteile ab 1.1.1992 bei der Vermietung von Fahrzeug-Abstellplätzen, UVR 1993 S. 11; *Schelnberger/Thiemann,* Umsatzsteuer für die Vermietung von Parkplätzen für das Abstellen von Fahrzeugen (§ 4 Nr. 12 Satz 2 UStG), UVR 1993 S. 138; *Stobbe,* Zivilrechtliche Ausgleichsansprüche bei Änderungen des Umsatzsteuergesetzes, DStZ 1993 S. 144.

VERWALTUNGSANWEISUNGEN:

Umsatzsteuer-Anwendungserlass (UStAE) v. 1.10.2010, BStBl 2010 I S. 846, mit späteren Änderungen; Abschn. 4.12.2 UStAE.

1597 Die Vermietung von **Plätzen für das Abstellen von Fahrzeugen** ist gem. § 4 Nr. 12 Satz 2 UStG **umsatzsteuerpflichtig.** Als derartige Plätze kommen Grundstücke einschließlich Wasserflächen[7] oder Grundstücksteile in Betracht. Die Bezeichnung des Platzes und die bauliche oder technische Gestaltung, z. B. Be-

---

1 III R 41/85, BStBl 1988 II S. 778.
2 BFH, Urteil v. 23.11.1988 - X R 1/86, BStBl 1989 II S. 376.
3 BFH, Urteil v. 19.1.1990 - III R 31/87, BStBl 1990 II S. 383.
4 BFH, Urteil v. 21.1.1993 - V B 95/92, BFH/NV 1994 S. 346, NWB XAAAB-34022.
5 FG Nürnberg, Urteil v. 9.5.1989, EFG 1989 S. 543.
6 UR 1989 S. 226; OFD Saarbrücken, Vfg. v. 13.3.1991, UR 1991 S. 360.
7 Vgl. BFH, Urteil v. 8.10.1991 - V R 46/88, BStBl 1992 II S. 368.

festigung, Begrenzung, Überdachung, sind ohne Bedeutung. Auch auf die **Dauer der Nutzung** als Stellplatz kommt es nicht an. Die Stellplätze können sich im Freien, z. B.: **Parkplatz, Parkbuchten, Bootsanlegeplätze,** oder in **Parkhäusern, Tiefgaragen, Einzelgaragen, Bootshallen** befinden. Auch andere Flächen, z. B. landwirtschaftliche Grundstücke, die aus besonderem Anlass, z. B. Sport- und Festveranstaltungen, nur vorübergehend für das Abstellen von Fahrzeugen genutzt werden, gehören zu den Stellplätzen in diesem Sinne.

Als **Fahrzeuge** sind vor allem Beförderungsmittel anzusehen. Das sind Gegenstände, deren **Hauptzweck auf die Beförderung von Personen und Gütern** zu Lande, zu Wasser oder in der Luft gerichtet ist und die sich auch tatsächlich fortbewegen. Hierzu gehören auch Fahrzeuganhänger sowie Elektro-Caddywagen. Tiere, z. B. Reitpferde, können zwar Beförderungsmittel sein, sie fallen jedoch nicht unter den Fahrzeugbegriff (vgl. Abschn. 3a.5. UStAE). Der Begriff des Fahrzeugs nach § 4 Nr. 12 Satz 2 UStG geht jedoch über den Begriff des Beförderungsmittels hinaus. Vgl. i. E. Abschn. 4.12.2. Abs. 2 UStAE.   1598

Eine **Vermietung von Plätzen für das Abstellen von Fahrzeugen** liegt vor, wenn dem Fahrzeugbesitzer der Gebrauch der Stellfläche überlassen wird. Auf die tatsächliche Nutzung der überlassenen Stellfläche als Fahrzeugstellplatz durch den Mieter kommt es nicht an. Die **Vermietung ist umsatzsteuerfrei,** wenn sie eine **Nebenleistung** zu einer **steuerfreien Hauptleistung,** insbesondere zu einer steuerfreien Grundstücksvermietung nach § 4 Nr. 12 Satz 1 UStG ist. **Beispiele** enthält Abschn. 4.12.2. Abs. 3 UStAE.   1599

– **Gaststättenverwaltung**

Verpachtet eine **Brauerei** im Namen und für Rechnung der Hauseigentümer Gaststätten und dazugehörige Wohnungen an Gastwirte, übernimmt sie die Verwaltung der Pachtobjekte und haftet sie für den pünktlichen Eingang der Pacht bis zu einem Höchstbetrag, so kann es sich um „Leistungen gegen Entgelt" handeln, wenn sich die Hauseigentümer gegenüber der Brauerei verpflichten, deren Werbung an ihren Häusern zu dulden, und ihrerseits die Pächter zu verpflichten, das Bier bei der Brauerei zu beziehen. Ein **Anhaltspunkt** für die **Bewertung des Entgelts** können nach BFH, Urteil v. 10.7.1997,[1] die Aufwendungen sein, die der Brauerei für die Erbringung ihrer Leistungen entstanden sind.   1600

---

1 BStBl 1997 II S. 668.

– Hühnerbraterei

1601 Gestattet ein Gastwirt dem Betreiber einer Hühnerbraterei die Aufstellung eines entsprechenden Verkaufsstandes mit der Erlaubnis zum Handel in der Gaststätte, tritt die Überlassung der Grundstücksfläche für den Stand vollständig zurück hinter der Einräumung eines Rechts. Bei einem solchen Vertrag besonderer Art ist das erzielte **Entgelt voll umsatzsteuerpflichtig.**[1]

– Istversteuerung

1602 Für die Beantragung der Istversteuerung wurde ab 1.1.2020 die Umsatzwertgrenze von 500.000 € auf 600.000 € angehoben.

– Kegelbahn

> **VERWALTUNGSANWEISUNGEN:**
>
> Umsatzsteuer-Anwendungserlass (UStAE) v. 1.10.2010 BStBl 2010 I S. 846, mit späteren Änderungen; Abschn. 4.12.11 UStAE.

1603 Bei der Vermietung der Kegelbahn einer Gaststätte/eines Hotels ist eine **Aufteilung der Vermietungsleistung** in einen steuerfreien Teil für die Vermietung des Grundstücks und in einen steuerpflichtigen Teil für die Vermietung der Betriebsvorrichtungen **nicht** mehr **zulässig.** Vgl. i. E. Rz. 1636.

1604–1605 *(Einstweilen frei)*

– Minigolf-Anlage

1606 Soweit Gastwirte/Hoteliers die Benutzung der Minigolf-Anlage im Rahmen des allgemeinen Sportbetriebs gegen Entgelt ihren Gästen gestatten, liegen keine Mietverträge, sondern Verträge besonderer Art vor. Die **Entgelte** für die Benutzung der Anlage unterliegen dem **Regelsteuersatz.**

– Parkplatz

1607 Vgl. Rz. 1597 ff.

– Preisgelder, Spielgewinne

1608 Vgl. Rz. 213.

– Reithalle

1609 Bei der Vermietung einer Reithalle ist eine **Aufteilung** der Vermietungsleistung in einen steuerfreien Teil für die Vermietung des Grundstücks und einem steuerpflichtigen Teil für die Vermietung der Betriebsvorrichtungen **nicht** mehr **zulässig.** Vgl. i. E. Rz. 1636.

---

1 OFD Freiburg i. B., Vfg. v. 13.5.1952 (Konfitürestände), BB 1952 S. 597.

– Reklame

Als **Vertrag besonderer Art nicht steuerbefreit** ist die Einräumung des Rechts, an Außenflächen oder Dachflächen des Gaststätten- oder Hotelgebäudes Wirtschaftswerbung oder Reklame für gewerbliche Zwecke zu betreiben. Die vereinnahmten Entgelte sind **umsatzsteuerpflichtig.**[1] Eine steuerpflichtige Einnahme aus Reklame liegt auch vor, wenn sie auf **Speisekarten** erfolgt und der Gastwirt/Hotelier von der Firma, für die die Reklame gemacht wird, einen Teil der Druckkosten vergütet erhält. — **1610**

(Einstweilen frei) — **1611–1625**

– Rückübertragung eines Warenlagers

Vgl. hierzu Rz. 1647 ff. — **1626**

– Saal-Vermietung

Die **Vermietung** – auch stundenweise – eines Saales innerhalb eines Betriebsgebäudes ist nach § 4 Nr. 12a UStG **steuerfrei, nicht** dagegen die **Mietanteile,** die auf die **Einrichtungsgegenstände** entfallen. Zu den Einrichtungsgegenständen rechnen z. B. die zum Gebrauch mitvermieteten Bühnenrequisiten, Flügel, Musikinstrumente und die Orgel, auch wenn sie fest eingebaut ist.[2] — **1627**

Zur **umsatzsteuerfreien Saal-Vermietung** gehören auch die Entgelte, die anteilig entfallen auf Beleuchtung, Heizung, Herrichtung, Lautsprecheranlage, Lüftung, Säuberung und ähnliche Nebenleistungen.

– Saison-Arbeitnehmer

Vgl. Rz. 1565. — **1628**

– Sauna

VERWALTUNGSANWEISUNGEN:

Abschn. 4.14 und 12.11 UStAE; BMF, Schreiben v. 18.12.2019, BStBl 2019 I S. 1396, NWB SAAAH-38576.

Bei der Verabreichung von Heilbädern, die ihrer Art nach **allgemeinen Heilzwecken** dienen, z. B. von Saunabädern, ist nicht erforderlich, dass im Einzelfall ein bestimmter Heilzweck nachgewiesen wird. Insbesondere bedarf es nicht einer ärztlichen Verordnung des Heilbades (vgl. Abschn. 12.11. Abs. 3 UStAE). In den Fällen, in denen **Saunen nicht zu Heilzwecken** aufgesucht werden, sondern der Betrieb der Sauna primär aus dem Motiv der Schönheitspflege, der Freizeit- — **1629**

---

1 RFH, Urteil v. 13.4.1933, RStBl 1934 S. 47; BFH, Urteil v. 23.10.1957 - V 153/55 U, BStBl 1957 III S. 457.
2 Vgl. hierzu RFH, Urteil v. 5.5.1939 - V 498/38, RStBl 1939 S. 806.

gestaltung und Unterhaltung unterhalten wird, unterliegen die Entgelte dem **Regelsteuersatz,** also nicht dem ermäßigten Steuersatz gem. § 12 Abs. 2 Nr. 9 UStG. Werden **neben der Verabreichung des Saunabades noch andere selbständige Leistungen** bewirkt, die umsatzsteuerrechtlich nicht begünstigt sind (z. B. Parkplatzüberlassung, Campingplatzvermietung, Lieferung von Speisen und Getränken), so beschränkt sich die Steuervergünstigung auf die Verabreichung des Heilbades.[1]

Seit dem 1.7.2015 sind Saunaleistungen mit dem Regelsteuersatz zu besteuern, während die unmittelbar mit dem Betrieb eines Schwimmbades verbundenen Umsätze nach § 12 Abs. 2 Nr. 9 UStG ermäßigt zu besteuern sind.

– Schießstand

1630 Bei der Vermietung von Schießständen ist eine **Aufteilung** der **Vermietungsleistung** in einen steuerfreien Teil für die Vermietung des Grundstücks und in einen steuerpflichtigen Teil für die Vermietung der Betriebsvorrichtungen **nicht** mehr **zulässig.** Vgl. i. E. Rz. 1636.

1631–1632 *(Einstweilen frei)*

– Schwimmbäder

1633 Beherbergungsbetriebe können mit der Überlassung der von ihnen betriebenen Schwimmbäder grundsätzlich unter die **Steuerermäßigung** nach § 12 Abs. 2 Nr. 9 UStG fallen. **Voraussetzung** ist jedoch, dass es sich um eine selbständige entgeltliche Leistung oder unentgeltliche Wertabgabe (Hauptleistung) handelt. Bei Überlassung des Schwimmbades als **Nebenleistung** zur Beherbergungsleistung kommt insgesamt der **begünstigte Steuersatz** in Betracht. Eine Nebenleistung ist insbesondere dann anzunehmen, wenn mit dem Entgelt für die Beherbergung zugleich die Benutzung des Schwimmbades – unabhängig davon, ob es tatsächlich benutzt wird – abgegolten wird (vgl. i. E. Abschn. 12.11. UStAE). Bei Erfüllung der o. a. Voraussetzungen kommen folgende begünstigte Leistungen in Betracht:

a) Das Schwimmbad wird an **Hausgäste** gegen ein besonderes Entgelt überlassen, wobei es unerheblich ist, ob die Gäste das Entgelt jeweils nur bei tatsächlicher Benutzung oder durch eine nicht von der Benutzung abhängige Pauschale entrichten.

b) Das Schwimmbad wird an **Außenstehende** (z. B. Gäste anderer Hotels) gegen Entgelt überlassen.

---

1 OFD Hannover v. 1.7.1987 - S 7170 – 100 – StH 712/S 7143 – 4 – StH 732.

c) Die unentgeltliche Nutzung des Schwimmbades durch das **Hotelpersonal** ist eine unentgeltliche Wertabgabe i. S. d. § 3 Abs. 9a Nr. 1 UStG. Bemessungsgrundlage sind nach § 10 Abs. 4 UStG die Kosten. Es empfiehlt sich, die Kosten ähnlich wie bei den Schulschwimmbädern anhand der von Dritten erhobenen Eintrittsgelder zu schätzen.

Die Nutzungsmöglichkeit eines **Thermalschwimmbades** in einem **Kurhotel** ist dann keine unselbständige Nebenleistung zur Hotel-Beherbergung, wenn das Thermalschwimmbad nach seiner Beschaffenheit, Größe und dem Erholungs- und Heilangebot nicht von untergeordneter Bedeutung ist und wenn der Leistungsempfänger Erstattung der ihm dafür gesondert berechneten Aufwendungen bei seiner Krankenkasse beantragen könnte.[1] Vgl. auch Rz. 1629. **1634**

– Sonnenstudio

Ein gewerbliches Bestrahlungsinstitut verabreicht **keine** „Heilbäder" i. S. d. § 12 Abs. 2 Nr. 9 UStG, wenn die Bestrahlungen weder zur Heilung einer Krankheit durchgeführt werden noch der Vorbeugung von Krankheiten (Gesundheitsvorsorge) zu dienen bestimmt sind. Der Nachweis des Heilzwecks im Einzelfall reicht für eine generelle Steuerbegünstigung nicht aus.[2] UV-Lichtbehandlungen ohne ärztliche Verordnung in Bräunungs- und Sonnenstudios stellen daher nach Abschn. 4.12.11. Abs. 4 UStAE keine Verabreichung eines Heilbades dar.[3] **1635**

– Sportanlage

Der BFH hat seine bisherige Rechtsprechung, wonach die **Vermietung von Sportanlagen** in eine steuerfreie Grundstücksvermietung und eine steuerpflichtige Vermietung von Betriebsvorrichtungen **aufzuteilen** ist, **aufgegeben** und im Fall der Überlassung von Sportanlagen durch den Sportanlagenbetreiber an Endverbraucher eine **einheitliche steuerpflichtige Leistung** angenommen (vgl. Abschn. 4.12.11. UStAE).[4] Eine Übergangsregelung enthält § 27 Abs. 6 UStG. Sportanlagenbetreiber kann auch ein Hotelier/Gastwirt sein, wenn er Sportanlagen (z. B. Kegelbahn, Reithalle, Schießstand, Schwimmbad, Squashhalle, Tennishalle, Tennisplatz) an seine Gäste vermietet. **1636**

---

1 BFH, Urteil v. 29.4.1999 - V R 72/98, NWB UAAAA-63705.
2 BFH, Urteil v. 18.6.1993 - V R 1/89, BStBl 1993 II S. 853; BFH, Urteil v. 18.6.1993 - V R 101/88, BFH/NV 1994 S. 746, NWB XAAAB-34249.
3 Vgl. BFH, Urteil v. 18.6.1993 - V R 1/89, BStBl 1993 II S. 853.
4 Vgl. BFH, Urteil v. 31.5.2001 - V R 97/98, BStBl 2001 II S. 658.

- Squashhalle, Squashbox

1637 Bei der Vermietung einer Squashhalle/Squashbox ist eine **Aufteilung** der **Vermietungsleistung** in einen steuerfreien Teil für die Vermietung des Grundstücks und in einen steuerpflichtigen Teil für die Vermietung der Betriebsvorrichtungen **nicht** mehr **zulässig.** Vgl. i. E. Rz. 1636.

- Standflächen bei Kirmessen

VERWALTUNGSANWEISUNGEN:

BMF, Schreiben v. 21.1.2016, BStBl 2016 I S. 150.

1638–1640 *(Einstweilen frei)*

- Süßwaren-Verkaufsstand

1641 Bei der Erlaubnis zur Aufstellung eines Süßwaren-Verkaufsstandes im Foyer einer Gaststätte/eines Hotels mit der Erlaubnis zum Handel geht es überwiegend um die Einräumung eines Rechts, hinter dem die Überlassung der Grundstücksfläche für den Stand vollständig zurücktritt. Bei einem solchen Vertrag besonderer Art ist das erzielte **Entgelt voll umsatzsteuerpflichtig.**[1] Es handelt sich um **keine Vermietungsleistung.**

- Tabakwaren-Verkaufsstand

1642 Gestattet ein Gastwirt/Hotelier einem Tabakwarenhändler, in der Gaststätte/ im Hotel, z. B. im Foyer, einen Verkaufsstand zu betreiben, so handelt es sich um einen Vertrag besonderer Art. Das erzielte **Entgelt** ist **voll umsatzsteuerpflichtig.**

- Tennishalle, Tennisplatz

1643 Vgl. i. E. Rz. 1636.

1644–1646 *(Einstweilen frei)*

- Übertragung und Rückübertragung des Warenlagers bei Betriebsverpachtungen

1647 Bei der Verpachtung von Betrieben überträgt der **Verpächter** häufig das **Warenlager** auf den Pächter mit der Maßgabe, dass dieser am Ende des Pachtverhältnisses den vorhandenen **Warenbestand** auf den Verpächter **zurücküberträgt.** Oft wird dabei auch vereinbart, dass der Verpächter Eigentümer der Ware bleibt, der Pächter aber im Rahmen des laufenden Geschäftsbetriebs über sie verfügen kann und die während der Pachtzeit wieder beschafften Waren jeweils in das Eigentum des Verpächters übergehen.

---

1 OFD Freiburg i. B., Vfg. v. 13.5.1952, BB 1952 S. 597.

In diesen Fällen liegt nach Ansicht der Finanzverwaltung **kein Leistungsaustausch** hinsichtlich der Übertragung und Rückübertragung des Warenlagers vor, das vielmehr im Rahmen des Pachtvertrages hin- und zurückgegeben wird.   1648

Von dem Pachtzins ist ein entsprechender Teil als **Entgelt** für die Zurverfügungstellung des Warenlagers anzusehen.   1649

Ein Hin- und Zurückgeben des Warenlagers wird aber dann **nicht** mehr anzunehmen sein, wenn ein Bestandsunterschied bei Beendigung der Pacht zwischen Verpächter und Pächter in bar oder durch Gutschrift ausgeglichen wird.[1]   1650

– **Verkaufsstände**

Vgl. i. E. Rz. 1421, 1601, 1641, 1642 und 1664.   1651

– **Voranmeldungszeitraum bei Existenzgründung**

Vgl. Rz. 1477.   1652

– **Verzicht auf Steuerbefreiung**

VERWALTUNGSANWEISUNGEN:

Umsatzsteuer-Anwendungserlass (UStAE) v. 1.10.2010 BStBl 2010 I S. 846, mit späteren Änderungen; Abschn. 9.1. und Abschn. 9.2 UStAE.

Steuerbefreiungen führen innerhalb einer Unternehmerkette – der Vermieter ist Unternehmer –, wenn der Abnehmer zum Vorsteuerabzug berechtigt ist, wegen des Ausschlusses vom Vorsteuerabzug i. d. R. zu Wettbewerbsnachteilen. Deshalb gibt § 9 UStG dem Unternehmer in bestimmten Fällen die Möglichkeit, auf die Steuerbefreiung zu verzichten. Ein Verzicht auf die Steuerbefreiung ist u. a. für Vermietungen und Verpachtungen gem. § 4 Nr. 12 UStG zulässig (§ 9 UStG). Die freiwillige Besteuerung im Rahmen des § 4 Nr. 12 UStG ist jedoch auf Umsätze an andere Unternehmer für deren Unternehmen beschränkt. Eine **gesetzliche Verpflichtung**, auf Verlangen des Abnehmers zu **optieren, besteht nicht.**   1653

Der Verzicht auf Steuerbefreiung ist bei der Vermietung oder Verpachtung von Grundstücken (§ 4 Nr. 12a UStG) und bei den in § 4 Nr. 12b und 12c UStG bezeichneten Umsätzen nur **zulässig,** soweit der Leistungsempfänger das Grundstück ausschließlich **für Umsätze verwendet** oder zu verwenden beabsichtigt, die den **Vorsteuerabzug nicht ausschließen.** Der Unternehmer hat die Voraussetzungen nachzuweisen (§ 9 Abs. 2 UStG).

---

1 Vgl. OFD München, Vfg. v. 20.7.1956, StW 1957 S. 15.

1654   Ein Verzicht auf die Steuerfreiheit nach § 4 Nr. 12a UStG ist für die bei Verpachtung eines Gaststättengebäudes **mit verpachtete Pächterwohnung** nicht zulässig.[1]

1655   Die **Ausübung** des Verzichts ist vorbehaltlich der Einschränkungen in § 9 Abs. 3 UStG (vgl. hierzu Abschn. 9.2. UStAE) an **keine besondere Form und Frist** gebunden. Die Option erfolgt, indem der leistende Unternehmer den Umsatz als steuerpflichtig behandelt. Der Verzicht kann auch in anderer Weise (durch schlüssiges Verhalten) erklärt werden, soweit aus den Erklärungen oder sonstigen Verlautbarungen, in die das gesamte Verhalten einzubeziehen ist, der Wille zum Verzicht eindeutig hervorgeht. Er ist **solange möglich**, wie die Steuerfestsetzung für diese Leistung noch vorgenommen oder geändert werden kann. Der Verzicht ist demnach noch möglich, wenn die Steuerfestsetzung aufgehoben oder geändert wird (vgl. i. E. Abschn. 9.2. UStAE).

1656   Der **Verzicht** kann auch wieder **rückgängig** gemacht werden. Sind allerdings für die Umsätze Rechnungen/Gutschriften mit gesondertem Steuerausweis erteilt worden, entfällt die Steuerschuld nur, wenn die Rechnungen/Gutschriften berichtigt werden (vgl. i. E. Abschn. 9.1. UStAE).

– **Warenlager – Übertragung und Rückübertragung**

1657   Vgl. Rz. 1647 ff.

– **Weinberg-Verpachtung**

1658   Verpachtet ein Weinbergbesitzer seinen Weinberg gegen einen Anteil an der Traubenernte bzw. an dem daraus gewonnenen Most oder Wein, so ist die **Verpachtung** des Weinbergs gem. § 4 Nr. 12 UStG **steuerfrei.** Verkauft der Verpächter hieraus Trauben, Most oder Wein, so sind die Einnahmen hieraus steuerpflichtig, ggf. mit dem ermäßigten Steuersatz.

– **Werbeschaukasten-Vermietung**

1659   Die Vermietung von Werbeschaukästen ist als Vermietung von sog. **Betriebsvorrichtungen steuerpflichtig** (Abschn. 4.12.10. UStAE). Zum Entgelt gehören neben den **Benutzungsgebühren** ggf. auch vereinnahmte **Baukostenzuschüsse** und die **erstatteten Kosten** für die elektrische Beleuchtung und Glasversicherung.

– **Werkdienstwohnung**

1660   Die Überlassung einer Werkdienstwohnung durch einen Gastwirt/Hotelier (Arbeitgeber) an seine Arbeitnehmer ist auch nach Einführung des § 565e BGB

---

1 BFH, Urteil v. 28.2.1996 - XI R 70/90, BStBl 1996 II S. 459.

umsatzsteuerfrei nach § 4 Nr. 12a UStG.[1] Hat ein Unternehmer den einen Teil der in einem Gebäude befindlichen Räume **längerfristig**, den anderen Teil jedoch nur kurzfristig vermietet, so ist die Vermietung – nur – insoweit steuerfrei, als er die Räume eindeutig und in leicht nachprüfbarer Weise zur nicht nur vorübergehenden Beherbergung von Fremden bereitgehalten hat. Bietet der Unternehmer dieselben Räume **wahlweise** zur **lang- oder kurzfristigen Vermietung** an, so sind **sämtliche** Umsätze **steuerpflichtig**.[2]

– **Wohnwagen-Vermietung**

VERWALTUNGSANWEISUNGEN:

BMF, Schreiben v. 7.10.1985, BStBl 1985 I S. 624.

Vermieten Unternehmer **Wohnwagen**, die **auf Campingplätzen aufgestellt** sind und ausschließlich zum stationären Gebrauch als Wohnung überlassen werden, so ist die Vermietung als sonstige Leistung im Zusammenhang mit einem Grundstück anzusehen. Die Vermietung wird dort ausgeführt, wo das Grundstück liegt, auf dem der vermietete Wohnwagen aufgestellt ist (§ 3a Abs. 3 Nr. 1 UStG). Soweit die Campingplätze **außerhalb des Inlands** liegen, unterliegt die Vermietung der Wohnwagen **nicht der Umsatzsteuer.** **1661**

Vorstehende Regelung gilt auch in den Fällen, in denen die **Wohnwagen nicht fest mit dem Grund und Boden verbunden** sind und deshalb auch als Beförderungsmittel verwendet werden könnten. Maßgebend ist nämlich nicht die abstrakte Eignung eines Gegenstandes als Beförderungsmittel. Vielmehr ist entscheidend, dass die Wohnwagen nach dem Inhalt der abgeschlossenen Mietverträge nicht als Beförderungsmittel, sondern zum stationären Gebrauch als Wohnwagen überlassen werden. Über den Ort der sonstigen Leistung ist deshalb auch in diesen Fällen nach § 3a Abs. 3 Nr. 1 UStG (und nicht nach § 3a Abs. 1 UStG) zu entscheiden. **1662**

Die Regelung in Rz. 1661 gilt ferner in den Fällen, in denen die Vermietung der Wohnwagen nicht die Überlassung des jeweiligen Standplatzes umfasst und die Mieter deshalb über die Standplätze besondere Verträge mit den Inhabern der Campingplätze abschließen müssen. **1663**

---

1 BFH, Urteil v. 30.7.1986 - V R 99/76, BStBl 1986 II S. 877; BFH, Urteil v. 7.10.1987 - V R 2/79, BStBl 1988 II S. 88.
2 BFH, Urteil v. 20.4.1988 - X R 5/82, BStBl 1988 II S. 795; BFH, Urteil v. 13.9.1988 - VI R 46/83, BStBl 1988 II S. 1021.

– Würstchenstand

1664 Bei der Erlaubnis zur Aufstellung eines Würstchenstandes in einer Gastwirt-schaft/einem Hotel mit der Erlaubnis zum Handel geht es überwiegend um die Einräumung eines Rechts, hinter dem die Überlassung der Grundstücksflä-che für den Stand vollständig zurücktritt. Bei einem solchen Vertrag besonde-rer Art ist das erzielte **Entgelt voll umsatzsteuerpflichtig.**[1] Es handelt sich um **keine** Vermietungsleistung.

– Zimmervermietung

1665 Die **Dauervermietung von Zimmern durch Privatpersonen** kann durch die Übernahme von Nebenleistungen gewerblichen Charakter erhalten, wenn die beiden Tätigkeitsbereiche wesensmäßig untrennbar miteinander verbunden sind und die Nutzung des Vermögens hinter die Bereitstellung einer – mit ei-nem Beherbergungsbetrieb vergleichbaren – einheitlichen unternehmerischen Organisation zurücktritt.[2]

1666–1673 *(Einstweilen frei)*

▶ **Verpflegung/Unterkunft von Arbeitnehmern und Angehörigen**

1674 Vgl. Rz. 1410.

▶ **Verzehr an Ort und Stelle, Restaurationsleistungen**

Literatur: *Huschens,* Änderungen des Umsatzsteuerrechts durch das Jahressteuergesetz (JStG) 2008, NWB 2007 S. 4759; *Obermair/Schrader,* Abgabe von Speisen zum Verzehr an Ort und Stelle, NWB 2007 S. 1863; *Klenk,* Lebensmittelzubereitungen, Zubereitungen von Mahlzeiten, Mahlzeitdienste und die Tarifierung von Reibekuchen, UR 2008 S. 20; *Fink,* Lieferung zubereiteter Speisen oder Restaurationsumsatz, NWB 2009 S. 2143; *Heidner,* Speisezubereitungen im Umsatzsteuerrecht, UStR 2009 S. 217; *Monfort,* Abgrenzung von Restaurationsleistung und Lieferung von Nahrungsmitteln, NWB 2011 S. 1059; *Du-scha,* Abgrenzungskriterien bei der Abgabe von Speisen und Getränken, NWB Beilage zu 40/2013.

VERWALTUNGSANWEISUNGEN:

Umsatzsteuer-Anwendungserlass (UStAE) v. 1.10.2010, BStBl 2010 I S. 846, mit späte-ren Änderungen; Abschn. 3.6 UStAE.

ARBEITSHILFEN UND GRUNDLAGEN ONLINE:

Erichsen, Kalkulationsrechner für Gastronomiebetriebe, Arbeitshilfe, NWB YAAAF-86850; *Ebber,* Restaurationsleistungen, infoCenter, NWB BAAAB-14449; *Rondorf,* Umsatzsteuer bei der Abgabe von Speisen und Getränken, Grundlagen, NWB NAAAE-97151.

---

1 OFD Freiburg i. B. v. 13.5.1952, BB 1952 S. 597.
2 BFH, Urteil v. 21.12.1976 - VIII R 27/72, BStBl 1977 II S. 244.

Der Begriff „zum Verzehr an Ort und Stelle" wurde aufgegeben und ab 29.12.2007 durch den Begriff „Restaurationsleistungen" ersetzt. Bei Abgabe von Speisen und Getränken muss nun jeweils für den Steuersatz geprüft werden, ob das Lieferelement oder das Element der sonstigen Leistung überwiegt. Maßgebend ist dabei nicht ein quantitatives, sondern ein qualitatives Überwiegen. Unberücksichtigt bleibt bei der Abwägung das Element der Zubereitung der Speisen, da diese Dienstleistung notwendig mit der Vermarktung verbunden ist.   **1675**

Einzelheiten zur neuen Rechtslage vgl. BMF, Schreiben v. 16.10.2008.[1] Vgl. auch **Restaurationsleistungen** Rz. 1527.

Bei einem **Catering-Unternehmen** führen nach FG Berlin-Brandenburg, Urteil v. 10.7.2007[2] die Erstellung von Speiseplänen sowie Lieferung, Spüldienst und die umfangreiche Transportlogistik, die neben der Zubereitung der Speisen erheblich ins Gewicht fallen, zu einer insgesamt umsatzsteuerpflichtigen Dienstleistung.   **1676**

Leistungen eines **Party-Service**s (vgl. Rz. 1494), der zusätzlich zur Abgabe zubereiteter Speisen Geschirr und Besteck überlässt und anschließend reinigt, unterliegen dem Regelsteuersatz.[3]

Ein für die Annahme einer Lieferung schädliches qualitatives Überwiegen der Dienstleistungselemente ist stets anzunehmen, wenn sich der leistende Unternehmer nicht auf die Ausübung der Handels- und Verteilerfunktion des Lebensmittelhandels und -handwerks beschränkt.[4]   **1677**

Da die Vermarktung eines Gegenstandes immer mit einer minimalen Dienstleistung, wie dem Darbieten der Waren in Regalen, dem Ausstellen einer Rechnung usw. verbunden ist, können bei der Beurteilung des Dienstleistungsanteils an der Gesamtheit eines komplexen Geschäfts, zu dem auch die Lieferung eines Gegenstandes gehört, nur die Dienstleistungen berücksichtigt werden, die sich von denen unterscheiden, die notwendig mit der Vermarktung eines Gegenstandes verbunden sind.   **1678**

---

1 Umsatzsteuer; Abgrenzung von Lieferungen und sonstigen Leistungen bei der Abgabe von Speisen und Getränken, BStBl 2008 I S. 949; Heidner, Speisezubereitungen im Umsatzsteuerrecht, UStR 2009 S. 217; zur Problematik vgl. auch Rz. 1527 ff. und OFD Hannover, Vfg. v. 26.3.2009 - S 7100 – 441 – StO 171, NWB CAAAD-21549.
2 5 K 7285/01 B, EFG 2007 S. 1733, NWB RAAAC-58189.
3 BFH, Urteil v. 18.12.2008 - V R 55/06, BFH/NV 2009 S. 673, NWB KAAAD-13964; vgl. auch EuGH, Urteil v. 10.3.2011 - Rs. C-497/09, 499/09, 501/09 und 502/09, NWB OAAAD-75602.
4 BFH, Urteil v. 24.11.1988 - V R 30/83, BStBl 1989 II S. 210.

1679 Auch wenn die aufgrund der Getränkesteuersatzung (im entschiedenen Falle) erhobene Steuer an den unmittelbaren Verzehr an Ort und Stelle und damit an ein dienstleistungsbezogenes Element anknüpft, das sich von den Vorgängen unterscheidet, die notwendig mit der Vermarktung alkoholhaltiger Getränke verbunden sind, so lässt sich doch nicht allgemein sagen, dass bei allen in den Anwendungsbereich dieser Steuer fallenden Vorgängen das Dienstleistungselement immer überwiegen wird.[1]

1680 Eine dem Regelsteuersatz unterliegende sonstige Leistung und keine Lieferung von Speisen liegt vor, wenn im Rahmen einer Gesamtbetrachtung das Dienstleistungselement im Sinne einer Bewirtungssituation überwiegt. Das ist bei der Abgabe von warmem Mittagessen an Schüler insbesondere dann der Fall, wenn der Unternehmer nach dem Essen die Tische und das Geschirr abräumt und reinigt.

1681 Die **Abgabe von Speisen durch einen Mahlzeitendienst**, der Mittagessen auf eigenem **Geschirr** an Einzelabnehmer in deren Wohnung **ausgibt** und das Geschirr **endreinigt**, unterliegt als sonstige Leistung (Dienstleistung) dem Regelsteuersatz.

1682 Die **Abgabe von fertig zubereiteten Speisen** aus einem **Imbisswagen** unterliegt als Dienstleistung dem Regelsteuersatz, wenn aus der Sicht eines Durchschnittsverbrauchers das **Dienstleistungselement der Speiseabgabe überwiegt**; dagegen ist die **bloße Abgabe von fertig zubereiteten Speisen** aus einem Imbisswagen **„zum Mitnehmen"** eine nach § 12 Abs. 2 Nr. 1 UStG 1993 **ermäßigt zu besteuernde Lieferung**. Bei der Beurteilung, ob das Dienstleistungselement der Abgabe von zubereiteten Speisen überwiegt, sind nur solche Dienstleistungen zu berücksichtigen, die sich von denen unterscheiden, die notwendig mit der Vermarktung der Speisen verbunden sind. Der EuGH[2] hat entschieden, dass die Abgabe von Speisen durch Imbiss-Unternehmen grundsätzlich eine Lieferung von Nahrungsmitteln ist und somit ermäßigt zu besteuern ist. Vgl. auch BMF, Schreiben v. 16.10.2008; aktuelle Rechtslage siehe Rz. 1527.

1683 Nach Aufhebung von § 3 Abs. 9 Satz 4 und 5 UStG ist auch bei Restaurationsumsätzen künftig zwischen Lieferungen und sonstigen Leistungen **nach den allgemeinen umsatzsteuerrechtlichen Grundsätzen abzugrenzen**, die für alle einheitlichen Leistungen gelten.[3]

---

1 Vgl. i. E. BFH, Urteil v. 10.8.2006 - V R 55/04, BStBl 2007 II S. 480.
2 Urteil v. 10.3.2011 - Rs. C-497/09, 499/09, 501/09 und 502/09, NWB OAAAD-75602.
3 Vgl. Huschens, NWB F. 7, 6953.

- Bei **qualitativ überwiegenden Lieferelementen** liegt insgesamt eine **Lieferung** vor (z. B. Außer-Haus-Verkäufe).
- Bei **qualitativ überwiegenden Lieferelementen einer sonstigen Leistung** liegt insgesamt eine **sonstige Leistung** vor. (z. B. Verzehr in Gaststätten und Hotels).
- Im Rahmen einer **Gesamtbetrachtung** muss der wirtschaftliche Gehalt der Leistung festgestellt werden.

Kein ermäßigter Steuersatz für Leistungen einer „Dinner-Show" vgl. BFH, Urteil v. 13.6.2018.[1]

► **Verzehrtheater, Verzehrkinos**

Literatur: *Monfort*, Abgrenzung von Restaurationsleistung und Lieferung von Nahrungsmitteln, NWB 2011 S. 1059.

VERWALTUNGSANWEISUNGEN:

BMF, Schreiben v. 29.3.2010, BStBl 2010 I S. 230.

Die Abgabe von Speisen und Getränken **in Theatern und Cabarets** ist **keine steuerbefreite Nebenleistung** zur Theateraufführung.[2] Die Abgabe von Speisen und Getränken ist sowohl in Theatern als auch in Kinos eine sonstige Leistung, wenn der Betreiber des Theaters oder Kinos mit der Bereitstellung von Stehtischen und/oder integrierten Abstellborden und -plätzen eine über die Vermarktung der Speisen und Getränke hinausgehende Dienstleistung erbringt.

1684

Der XI. und der V. Senat des BFH haben durch vier Beschlüsse dem EuGH mehrere Fragen zur Abgrenzung zwischen Lieferung und sonstiger Leistung bei Abgabe von Speisen und Getränken zur Vorabentscheidung vorgelegt. Die inzwischen vorliegenden Entscheidungen[3] qualifizieren die Abgabe von Speisen durch Imbiss-Unternehmen sowie in Kino-Foyers grundsätzlich als Lieferung von Nahrungsmitteln zum ermäßigten Steuersatz. Vgl. dazu auch Monfort.[4]

Ein Verkauf von Popcorn, Nachos, Süßigkeiten, Hotdogs und Eis im Eingangsbereich zu **Kinosälen** unterliegt dem ermäßigten Steuersatz.[5] Vgl. Rz. 1527.

---

1 NWB WAAAG-93500.
2 BFH, Urteil v. 14.5.1998 - V R 85/97, BStBl 1999 II S. 145; BFH, Urteil v. 21.4.2005 - V R 6/03, BStBl 2005 II S. 899.
3 EuGH, Urteil v. 10.3.2011 - C-497/09, 499/09, 501/09 und 502/09, NWB OAAAD-75602.
4 Abgrenzung von Restaurationsleistung und Lieferung von Nahrungsmitteln, NWB 2011 S. 1059 und Rz. 1527.
5 BFH, Urteil v. 18.2.2009 - V R 90/07, BFH/NV 2009 S. 1551, NWB KAAAD-26250.

► **Vorsteuerabzug**

Literatur: *Greif*; Vorsteuerabzug bein gemischt genutzten Gebäuden, NWB 2014 S. 2766; *Pfefferle/Renz*, Fiskus bremst – Berichtigung einer § 14c UStG-Steuer wird schwieriger, NWB 2015 S. 3456 ff.; *Cremer* , Voraussetzungen für den Vorsteuerabzug, NWB Beilage zu 26/2016 S. 7 ff.; *Gries/Stößel*, Formale Voraussetzungen für den Vorsteuerabzug und die Steuerfreiheit der innergemeinschaftlichen Lieferung, NWB 2016 S. 1794; *Hammerl/Vietz*, Gemischt genutzte Gebäude – Welcher (Vorsteuer-) Schlüssel passt zum neuen Schloss?, NWB 2016 S. 3598 ff.; *Sikorski*, Berichtigung von Rechnungen im Umsatzsteuerrecht, NWB 2017 S. 564 ff.; *Beyer*, „Wissenmüssen" von Steuerbetrug, NWB 2020 S. 970.

VERWALTUNGSANWEISUNGEN:

Umsatzsteuer-Anwendungserlass (UStAE) v. 1.10.2010, BStBl 2010 I S. 846, mit letzter Änderung lt. BMF-Schreiben v. 10.12.2014, BStBl 2014 I S. 1622; Abschn. 15.1.ff. UStAE.

ARBEITSHILFEN UND GRUNDLAGEN ONLINE:

Vanheiden, Vorsteuerabzug, infoCenter, NWB MAAAA-41725.

1685 Für den Vorsteuerabzug im Gaststätten- und Beherbergungsgewerbe gilt § 15 UStG. Zur Voraussetzung der Vorlage der **Originalrechnungen** vgl. BFH, Urteil v. 19.11.2014.[1] Ein **Gutglaubensschutz** entfällt für den Vorsteuerabzug schon bei leichtfertigem Handeln.[2] Zu Rechnungen über Kleinbeträge vgl. § 33 UStDV. Erstmals ab 1.1.2017 erfolgte eine Anhebung von 150 auf 250 € des Gesamtbetrages.

Ob eine **Rechnungsberichtigung** Rückwirkung entfalten kann, war vom EuGH zu klären. Mit Urteil v. 15.9.2016[3] wurde dazu eine rückwirkende Vorsteuerkorrektur zugelassen.

Zum Vorsteuerabzug bei **Verlust aller Rechnungen** vgl. BFH, Urteil v. 23.10.2014.[4]

1686 Ein Unternehmer (Gastwirt) kann auf dem Grundstück, an dem er und seine Ehefrau zu gleichen Teilen **gemeinschaftliche Miteigentümer** sind, „für sein Unternehmen" ein Bauwerk errichten lassen. Zur steuerlichen Gestaltung in Hinblick auf den Vorsteuerabzug Hinweis auf BFH, Urteil v. 11.12.1986.[5] Zu beachten ist die neue Rechtslage nach der BFH-Rechtsprechung v. 9.3.2016.[6]

---

1 V R 39/13, BStBl 2015 II S. 352.
2 BFH, Urteil v. 13.10.2014 - V B 19/14, BFH/NV 2015 S. 243, NWB RAAAE-81151.
3 C-518/14, NWB XAAAF-82024.
4 V R 23/13, BStBl 2015 II S. 313.
5 BFH, Urteil v. 11.12.1986 - V R 57/76, BStBl 1987 II S. 233; KFR F. 7 UStG § 15, 1/87 S. 83, mit Anm. von Kullmann.
6 X R 46/14, BStBl 2016 II S. 976.

Pachten Eheleute Räume zum Betrieb einer vom Ehemann **allein geführten** **1687** **Gaststätte,** so sind die Eheleute die **Leistungsempfänger,** wenn sie nicht gemeinsam, z. B. als Gesellschaft des bürgerlichen Rechts, unternehmerisch tätig sind. In diesem Fall kann dem Ehemann als alleinigem Unternehmer der Vorsteuerabzug zur Hälfte zustehen. Ein Pachtvertrag, in dem ein monatliches Pachtgeld zuzüglich Umsatzsteuer vereinbart ist, erfüllt nur in Verbindung mit entsprechenden monatlichen Abrechnungsbelegen, z. B. Bankbelegen, die **Rechnungsvoraussetzungen** für den Vorsteuerabzug.[1]

Werden in einem **Mietvertrag über Gaststättenräume beide Ehegatten** ein- **1688** deutig als **Mieter** bezeichnet, rechtfertigt der Umstand, dass **nur ein Ehegatte die Gaststätte** betreibt und die erforderliche Konzession besitzt, regelmäßig weder eine Auslegung des Mietvertrages in dem Sinne, der andere Ehegatte habe nur die Rechtsstellung eines Bürgen, noch die Annahme, die vereinbarten Leistungen seien abweichend vom Zivilrecht an den die Gaststätte betreibenden Ehegatten erbracht worden. Letzterer hat auch dann **kein Vorsteuerabzugsrecht,** wenn die Ehegattengemeinschaft selbst sich nicht unternehmerisch betätigt.[2]

Zum **Vorsteuerabzug** bei **Überlassung eines Hotelgrundstücks** an den **Ehepart-** **1689** **ner ohne Pachtzahlung:** Entscheidend ist, dass der Unternehmer die Aufwendungen für das Grundstück in der ernsthaften Absicht tätigt, das Grundstück unternehmerisch zu nutzen.[3]

Eine **Kommune** unterhält in einem gemischt-genutzten Gebäude durch die **1690** **Verpachtung einer Gaststätte** einen **Betrieb gewerblicher Art,** nicht aber durch drei an private Unternehmer vermietete Läden sowie Wohnungen, da es sich insoweit um Vermögensverwaltung handelt. Daher steht ihr hinsichtlich der grundlegenden Sanierung des Gebäudes, bei der die Bauleistungen für die Läden und die Wohnungen einerseits und die Gaststätte andererseits getrennt bezogen werden, der **Vorsteuerabzug** nur bezüglich der **Gaststätte** zu.[4]

Die erstmalige Nutzung neu errichteter Räume eines Sportvereins durch **un-** **1691** **entgeltliche Überlassung** an ein Vereinsmitglied zum Betrieb einer Gaststätte **schließt** den **Vorsteuerabzug aus,** wenn es sich nicht um eine nur vorübergehende Nutzung handelt, die einer von vornherein geplanten unternehmeri-

---

1 BFH, Urteil v. 7.11.2000 - V R 49/99, BStBl 2008 II S. 493.
2 FG Düsseldorf, Urteil v. 11.3.1998 - 5 K 560/94 U, EFG 1998 S. 1163.
3 BFH, Urteil v. 11.12.2003 - V R 48/02, BStBl 2006 II S. 384.
4 FG München, Urteil v. 20.3.2003 - 14 K 4111/00, EFG 2003 S. 1054.

schen Nutzung vorausgeht. Allein die Eigenbewirtschaftung der Gaststätte im Folgejahr rechtfertigt keinen Vorsteuerabzug.[1]

1692 Die **Überlassung von Werkdienstwohnungen** im Rahmen von „Kost und Logis" ist nach § 4 Nr. 12a UStG **steuerfrei.** Sie führt zum Ausschluss der Umsatzsteuer für die Errichtung dieser Wohnungen nach § 15 Abs. 2 UStG vom **Vorsteuerabzug.**[2]

1693 Bei **Vermietung eines Beherbergungsbetriebs** beschränkt sich die Berechtigung zum **Vorsteuerabzug** auf den zu **unternehmerischen Zwecken** genutzten Teil des Beherbergungsgebäudes.[3] Bei einem **gemischtgenutzten Gebäude** richtet sich die Vorsteueraufteilung i. S. d. § 15 Abs. 4 UStG in der Regel nach dem objektbezogenen Flächenschlüssel.[4]

1694 Bauleistungen zum **Wiederaufbau eines abgebrannten Hotels** sind, wenn das Hotel nicht wieder eröffnet, sondern zwangsversteigert wird, der steuerfreien Grundstückslieferung zuzuordnen. Der Abzug der für die Wiederaufbauleistungen berechneten Umsatzsteuer als **Vorsteuer ist ausgeschlossen.**[5]

1695 Eine **Gaststätte** betreibende **KG** kann aus einem zwischen ihrer persönlich haftenden **Gesellschafterin** und einer **Brauerei** geschlossen Gaststättenpachtvertrag **keinen** Vorsteuerabzug beanspruchen.[6]

1696 Ein Unternehmer ist aus Leistungen für **Betriebsausflüge**, die ausschließlich dem privaten Bedarf des Personals i. S. v. § 3 Abs. 9a UStG 1999 dienen, nicht zum Vorsteuerabzug berechtigt.[7]

1697 Wegen unberechtigtem bzw. unrichtigem Steuerausweis Hinweis auf § 14c UStG.

▶ **Warenverkauf durch Dritte**

1698 Vielfach werden in Gaststätten/Hotels Blumen, Bratwürste, Brezel, andere Esswaren, gebratene Hähnchen/Hühnchen, Postkarten, Salzstangen, Süßwaren, Zigarren, Zigaretten, Zeitungen u. Ä. von umhergehenden Verkäufern oder von Verkaufsständen im Foyer aus den Gästen angeboten. In diesen Fällen muss geprüft werden, ob die Verkäufer Angestellte des Gastwirts/Hoteliers oder ei-

---

1 FG Düsseldorf, Urteil v. 23.2.2000 - 5 K 2245/96 U, EFG 2000 S. 826.
2 BFH, Urteil v. 7.10.1987 - V R 2/79, BStBl 1988 II S. 88, UR 1988 S. 129, mit Anm. von Weiss.
3 BFH, Urteil v. 28.2.1996 - XI R 95/92, BFH/NV 1996 S. 856, NWB YAAAB-38699.
4 BFH, Urteil v. 3.7.2014 - V R 2/10, BFH/NV 2014 S. 1699, NWB FAAAE-71931.
5 BFH, Urteil v. 25.1.1996 - V S 10/95, BFH/NV 1996 S. 647, NWB VAAAB-38567.
6 FG Baden-Württemberg, Urteil v. 9.6.2004 - 14 K 214/99, EFG 2005 S. 156.
7 BFH v. 9.12.2010 – V R 17/10, BStBl 2012 II 53.

nes anderen Unternehmers sind, der seine Waren mit Billigung des Gastwirts/ Hoteliers anbietet oder den Verkaufsstand mit Duldung des Gastwirts/Hoteliers betreibt. Werden z. B. Blumen angeboten, so weiß der Gast i. d. R., dass er diese nicht vom Gastwirt/Hotelier kauft.

▶ **Warenverkauf über die Theke**

Die Grundsätze der **Ladenrechtsprechung**[1] kommen auch für einen Gastwirt in Betracht, der **über** die gleiche **Theke** neben seinem eigenen Bier und eigenen Speisen auch **Tabak- und Süßwaren für fremde Rechnung** verkauft.[2] Nach der Ladenrechtsprechung ist davon auszugehen, dass der Kunde der Auffassung ist, mit dem Ladeninhaber in rechtliche Beziehungen zu treten. **Hinweisschilder,** die erkennen lassen, dass es sich um Ware einer anderen Firma handelt, werden – insbesondere bei Waren für den sofortigen Verzehr – regelmäßig als Herkunftsbezeichnungen gedeutet. Der Kunde kann auch der Meinung sein, dass es sich um einen kommissionsweisen Verkauf handele; umsatzsteuerrechtlich wäre dies allerdings ohne Bedeutung. Ausnahmen von diesen Grundsätzen sind nach der Rechtsprechung möglich. Voraussetzungen hierfür sind jedoch ganz besondere Umstände.

1699

Die Ladenrechtsprechung findet auch bei sog. **Schiffsgastwirtschaften** Anwendung.[3]

1700

▶ **Weinverkauf durch Private**

Privatpersonen verkaufen in abgelegenen Wohngegenden für Gastwirte Wein. Wegen der umsatzsteuerrechtlichen Behandlung vgl. Rz. 1449.

1701

▶ **Wertabgabe, unentgeltliche**

Literatur: *Hünnekens*, Änderungen des Umsatzsteuerrechts durch das Steuerentlastungsgesetz 1999/2000/2002, NWB 1999 S. 1539; *Behrens*, Kein Vorsteuerabzug bei Zusammenhang des Leistungsbezug mit unentgeltlichen Wertabgaben, NWB 2011 S. 2204; *Behrens*, Die unentgeltliche Wertabgabe – Gefahr des Missbrauchs einer rechtlichen Gestaltung, NWB 2014 S. 985.

VERWALTUNGSANWEISUNGEN:

Umsatzsteuer-Anwendungserlass (UStAE) v. 1.10.2010, BStBl 2010 I S. 846, mit späteren Änderungen siehe auch Rz. 2627.

ARBEITSHILFEN UND GRUNDLAGEN ONLINE:

Wenning, Unentgeltliche Wertabgaben, info-Center, NWB HAAAB-13235.

---

1 Vgl. z. B. BFH, Urteil v. 9.4.1970 - V R 80/66, BStBl 1970 II S. 506.
2 BFH, Urteil v. 3.10.1963 - V 94/60, HFR 1964 S. 30.
3 BFH, Urteil v. 13.12.1963, HFR 1964 S. 400.

1702 Der Begriff Eigenverbrauch ist als besonderer Steuertatbestand durch das StEntlG 1999/2000/2002 gestrichen worden. Stattdessen stellt **§ 3 Abs. 1b UStG** den **Lieferungen** und **§ 3 Abs. 9a UStG** den **sonstigen Leistungen bestimmte Wertabgaben gleich.** Die Besteuerung der unentgeltlichen Wertabgaben soll verhindern, dass ein unversteuerter Letztverbrauch entsteht und der private Verbrauch des Unternehmers der gleichen Umsatzsteuerbelastung unterliegt wie der des Privatmanns.

1. Den Lieferungen gleichgestellte Wertabgaben (§ 3 Abs. 1b UStG)

1703 Nach § 3 Abs. 1b UStG werden folgende Tatbestände einer Lieferung gegen Entgelt gleichgestellt:

Nr. 1: Die **Entnahme eines Gegenstandes** durch einen Unternehmer aus seinem Unternehmen für Zwecke, die außerhalb des Unternehmens liegen. Dieser Tatbestand entspricht dem bisherigen Entnahmeeigenverbrauch.

Nr. 2: Die **unentgeltliche Zuwendung eines Gegenstands** durch einen Unternehmer **an sein Personal für deren privaten Bedarf,** sofern keine Aufmerksamkeiten vorliegen.

Nr. 3: Jede sonstige **unentgeltliche Zuwendung eines Gegenstands,** ausgenommen Geschenke von geringem Wert, Bewirtungsaufwendungen aus unternehmerischem Anlass und Warenmuster für Zwecke des Unternehmens.

Die Steuerbarkeit entfällt nicht, wenn der Empfänger die zugewendeten Gegenstände in seinem Unternehmen verwendet. **Ausgenommen von der Besteuerung** sind Geschenke, für die kein Vorsteuerabzug vorgenommen werden kann (§ 15 Abs. 1a Nr. 1 UStG i. V. m. § 4 Abs. 5 Satz 1 Nr. 1 EStG, vgl. § 3 Abs. 1b Satz 2 UStG), Geschenke von geringem Wert (35 €, § 4 Abs. 5 Nr. 1 UStG) sowie die Abgabe von Warenmustern **für** Zwecke des Unternehmens. Vgl. zur Besteuerung der unentgeltlichen Wertabgaben[1] sowie zur unentgeltlichen Abgabe von Getränken/Genussmitteln an Arbeitnehmer zum häuslichen Verzehr OFD Hannover, Vfg. v. 10.2.2000.[2]

1704 Bei allen drei Tatbeständen des § 3 Abs. 1b UStG ist Voraussetzung, dass der **Gegenstand oder seine Bestandteile zum vollen oder teilweisen** Vorsteuerabzug berechtigt haben. Die Entnahme eines dem Unternehmen zugeordneten Wirtschaftsgutes, das ein Unternehmer **ohne Berechtigung zum Vorsteuerabzug** erworben hat, unterliegt demnach nicht der Umsatzbesteuerung. Der

---

1 BMF, Schreiben v. 10.7.2000, BStBl 2000 I S. 1185.
2 NWB BAAAA-86488.

Untergang eines dem Unternehmen dienenden Gegenstandes während einer unternehmensfremden Nutzung führt nicht zu einer Entnahme.

2. Den sonstigen Leistungen gleichgestellte Wertabgaben (§ 3 Abs. 9a UStG)

Zu den unentgeltlichen Wertabgaben nach § 3 Abs. 9a UStG gehören **alle sonstigen Leistungen,** die ein Unternehmer im Rahmen seines Unternehmens für eigene, außerhalb des Unternehmens liegende Zwecke oder für den privaten Bedarf seines Personals ausführt. Sie erstrecken sich auf alles, was seiner Art nach Gegenstand einer sonstigen Leistung i. S. d. § 3 Abs. 9 UStG sein kann. **Nicht steuerbar ist** dagegen die Gewährung unentgeltlicher sonstiger Leistungen aus **unternehmerischen Gründen** (Abschn. 3.4. Satz 3 UStAE). Zu den unentgeltlichen sonstigen Leistungen für den privaten Bedarf des Personals i. S. d. § 3 Abs. 9a UStG vgl. i. E. Abschn. 1.8. UStAE.

1705

Nach **§ 3 Abs. 9a UStG** werden folgende Tatbestände den sonstigen Leistungen gleichgestellt (Abschn. 3.4. UStAE):

Nr. 1: Die **Verwendung** eines dem Unternehmen zugeordneten Gegenstands und unternehmerische Nutzung des Gegenstandes, der zum vollen oder teilweisen Vorsteuerabzug berechtigt hat, durch einen Unternehmer für Zwecke, die außerhalb des Unternehmens liegen, oder für den privaten Bedarf seines Personals, sofern keine Aufmerksamkeiten vorliegen, wird den sonstigen Leistungen gleichgestellt.
Bei diesem Tatbestand ist für die Steuerbarkeit der vorherige Vorsteuerabzug für den Gegenstand entscheidend. Wird daher ein dem Unternehmen zugeordneter Gegenstand, bei dem kein Recht zum Vorsteuerabzug bestand, z. B. ein von einer Privatperson erworbener Computer, für nicht unternehmerische Zwecke genutzt, liegt keine steuerbare Wertabgabe i. S. von § 3 Abs. 9a Satz 1 Nr. 1 UStG vor (Abschn. 3.4. Abs. 2 UStAE).

Nr. 2: Gleichgestellt wird nach § 3 Abs. 9a Nr. 2 UStG die **unentgeltliche Erbringung einer anderen sonstigen Leistung** durch den Unternehmer für Zwecke, die außerhalb des Unternehmens liegen, oder für den privaten Bedarf seines Personals, sofern keine **Aufmerksamkeiten** vorliegen. Hierunter fällt z. B. der Einsatz betrieblicher Arbeitskräfte für private Zwecke des Unternehmers (Abschn. 3.4. UStAE).

Bei beiden Fallgruppen sind **Aufmerksamkeiten gegenüber dem Personal ausgenommen.** Bei der Abgrenzung dieses Begriffs dürfte weiterhin nach R 73 LStR verfahren werden können. Vgl. i. E. Rz. 1824.

3. Bemessungsgrundlage (§ 10 Abs. 4 UStG)

1706   Bei den einer **Lieferung gleichgestellten Wertabgaben** i. S. d. § 3 Abs. 1b UStG (vgl. Rz. 1703) ist bei der Ermittlung der Bemessungsgrundlage grundsätzlich vom **Einkaufspreis zuzüglich Nebenkosten** für den Gegenstand oder für einen gleichartigen Gegenstand im Zeitpunkt der Entnahme oder Zuwendung auszugehen (§ 10 Abs. 4 Satz 1 Nr. 1 UStG). Der Einkaufspreis entspricht in der Regel dem **Wiederbeschaffungspreis.** Kann ein Einkaufspreis nicht ermittelt werden, so sind als Bemessungsgrundlage die **Selbstkosten** anzusetzen, die alle durch den betrieblichen Leistungsprozess bis zum Zeitpunkt der Entnahme oder Zuwendung entstandenen Kosten umfasst, **ausgenommen** die auf die Wertabgabe entfallende Umsatzsteuer (Abschn. 10.6. Abs. 1 UStAE). Bei den einer **sonstigen Leistung gleichgestellten Wertabgabe nach § 3 Abs. 9a UStG** (vgl. Abschn. 3.4. UStAE) bilden die bei der **Ausführung der Leistung entstandenen Kosten** die Bemessungsgrundlage (§ 10 Abs. 4 Nr. 2 und 3 UStG). Vgl. hierzu i. E. Abschn. 10.6. UStAE. In diese Kosten sind – unabhängig von der Einkunftsermittlungsart – die nach § 15 UStG abziehbaren Vorsteuerbeträge nicht einzubeziehen. Besteht die Wertabgabe in der Verwendung eines Gegenstands (§ 3 Abs. 9a Satz 1 Nr. 1 UStG), sind nach § 10 Abs. 4 Satz 1 Nr. 2 UStG aus der Bemessungsgrundlage solche Kosten auszuscheiden, die nicht zum vollen oder teilweisen Vorsteuerabzug berechtigt haben. Dabei ist es unerheblich, ob das Fehlen des Abzugsrechts darauf zurückzuführen ist, dass für die Leistung an den Unternehmer keine Umsatzsteuer geschuldet wird, die Umsatzsteuer für die empfangene Leistung beim Unternehmer nach § 15 Abs. 1a oder 2 UStG vom Vorsteuerabzug ausgeschlossen ist oder dass die Aufwendungen in öffentlichen Abgaben (Steuern, Gebühren, Beiträgen) bestehen.

Pauschsätze für unentgeltliche Wertabgaben vgl. Rz. 2627.

1707   *(Einstweilen frei)*

▶ **Winzerwirt**

1708   Die sog. Winzerwirte im pfälzischen Weinbaugebiet sind unselbständig, soweit sie mit dem Ausschank der Weine des Winzervereins betraut sind. Sie sind selbständig, soweit sie auf eigene Rechnung eine Speisewirtschaft betreiben.[1]

▶ **Zapfer**

1709   Vgl. Rz. 1421. Die Ausführungen gelten entsprechend.

---

1 RFH, Urteil v. 11.12.1931, RStBl 1932 S. 800; nach BFH, Urteil v. 24.9.1987 - V R 152/78, BStBl 1988 II S. 29, m. w. N., zweifelhaft.

► Zuschüsse

Literatur: *Renz/Pfefferle*, Umsatzsteuerliche Behandlung von Zuschüssen im kommunalen Bereich, NWB 2016 S. 1961 ff.; *Langer/Müller*, Kantinenzuschüsse in Zeiten der Corona-Steuersatzsenkung, NWB 2020 S. 2532.

VERWALTUNGSANWEISUNGEN:

Umsatzsteuer-Anwendungserlass (UStAE) v. 1.10.2010 BStBl 2010 I S. 846, mit späteren Änderungen; Abschn. 10.2 UStAE.

ARBEITSHILFEN UND GRUNDLAGEN ONLINE:

Wenning, Umsatzsteuerliche Behandlung von Zuschüssen, infoCenter, NWB RAAAA-41732.

Zur ertragsteuerlichen Behandlung von Zuschüssen vgl. Rz. 1379 ff.   **1710**

Für die umsatzsteuerliche Behandlung von Zuschüssen ist entscheidend, ob es sich um **echte oder um unechte Zuschüsse** handelt. Während echte Zuschüsse nicht steuerbar sind, handelt es sich bei unechten Zuschüssen um Entgelt für eine steuerbare Leistung.

Gastwirte/Hoteliers erhalten von Brauereien oft Zuschüsse zum Aufbau neuer oder zur Erweiterung bereits vorhandener Gaststätten/Hotels. Die Zuschüsse sind **umsatzsteuerpflichtig,** wobei es nicht entscheidend ist, ob die Zuschüsse unter Abschluss neuer Lieferungsverträge gewährt werden oder nicht.

Echte, **nicht steuerbare Zuschüsse** liegen vor, wenn sie nicht an bestimmte Umsätze anknüpfen, sondern unabhängig von einer bestimmten Leistung gewährt werden, vgl. auch Rz. 945 und 1379.

Bei **Zuschüssen aus öffentlichen Kassen** kann es an einem Leistungsaustausch fehlen, wenn die Zahlung lediglich der Förderung der Tätigkeit des Empfängers allgemein dient und nicht der Gegenwert für eine Leistung des Zahlungsempfängers an den Geldgeber ist.[1] Zur Abgrenzung zwischen Entgelt eines Dritten bei einer auf Antrag ausgezahlten **Ausfuhrerstattung** vgl. BFH, Urteil v. 26.9.2012.[2]

Beitragszuschüsse zur privaten Kranken- und Pflegeversicherung sind kein Entgelt i. S. v. § 10 UStG.[3]   **1711**

(Einstweilen frei)   **1712–1789**

---

1 BFH, Urteil v. 18.12.2008 - V R 38/06, BStBl 2009 II S. 749.
2 V R 22/11, BFH/NV 2013 S. 486, NWB HAAAE-28004.
3 BFH, Urteil v. 19.5.2010 - XI R 35/08, BStBl 2010 II S. 1082.

IV. Gewerbesteuer

Literatur: *Schöneborn*, Gewerbesteuerliche Hinzurechnung von Miet- und Pachtzinsen sowie bei Zwischenvermietern, NWB 2014 S. 3319.

VERWALTUNGSANWEISUNGEN:

Gewerbesteuerrichtlinien 2009 v. 28.4.2010 (BStBl Sondernummer 1/2010), Gleichlautender Ländererlass v. 26.1.2011, BStBl 2011 I S. 152; Gleich lautender Ländererlass v. 2.7.2012, BStBl 2012 I S. 654; FinMin Bayern v. 9.3.1981 - G 1422 - 18/108/8413, NWB FAAAD-41017.

ARBEITSHILFEN UND GRUNDLAGEN ONLINE:

Ebber, Gewerbesteuer, infoCenter, NWB KAAAB-14433.

1790   Unternehmer des Gaststätten- und Beherbergungsgewerbes üben eine gewerbliche Tätigkeit aus. Sie betreiben einen Gewerbebetrieb i. S. d. § 2 Abs. 1 Satz 2 GewStG und unterliegen der Gewerbesteuer, wenn der Betrieb im Inland betrieben wird. Der Gewerbesteuer unterliegt seit 1998 nur noch der nach § 10 GewStG **maßgebende Gewerbeertrag.** Maßgebender Gewerbeertrag ist der um bestimmte gewerbesteuerliche Hinzurechnungen (§ 8 GewG; R 8.1 ff. GewStR) und Kürzungen (§ 9 GewG; R 9.1 ff. GewStR) korrigierte einkommen-/körperschaftsteuerliche Gewinn. Zur Nichtabziehbarkeit der Gewerbesteuer Hinweis auf Rz. 899. Das Abzugsverbot der Gewerbesteuer ist verfassungsgemäß.[1]

Zum **Beginn** der Gewerbesteuerpflicht Hinweis auf R 2.5 ff. GewStR und H 2.5 GewStH, zum **Erlöschen** vgl. R 2.6 ff. GewStR und H 2.6 GewStH.

Vgl. auch Rz. 1077 ff

1. Abfindung für vorzeitige Pachtaufgabe

1791   Eine Abfindung, die der Pächter eines Hotelgrundstücks vom Verpächter für die vorzeitige Beendigung des Pachtvertrags erhält, gehört zum **nicht steuerbaren Betriebsaufgabegewinn.**[2]

2. Asylbewerber

1792   Wird ein von einem Landkreis angemietetes Gebäude vom Mieter dem Landkreis zur Unterbringung von Asylbewerbern zur Verfügung gestellt, so liegt eine **gewerbliche Tätigkeit** vor, wenn gegenüber dem Landkreis weitere, **über**

---

1   BFH, Urteil v. 16.1.2014 - I R 21/12, BStBl 2014 II S. 531.
2   FG Köln, Urteil v. 7.3.1995, EFG 1985 S. 759, bestätigt durch BFH, Urteil v. 4.3.1998 - X R 56/95, BFH/NV 1998 S. 1354, NWB KAAAB-40019.

ein bloßes **Mietverhältnis hinausgehende Leistungen** erbracht werden (z. B. regelmäßiger Bettwäschewechsel, Zurverfügungstellung des vom Landkreis angeschafften Inventars und der notwendigen Haushaltsgegenstände, Zuweisung der Zimmer bei Neuaufnahme in dem Objekt, Reinigung der Verkehrsflächen und der Sanitärbereiche, Sicherstellung von Ordnung und Sicherheit), die Erstattung für sämtliche Betriebs- und Personalkosten nach der Zahl der Unterbringungsplätze bemessen ist und insgesamt gesehen erheblich höhere Einnahmen als bei einer bloßen Vermietungstätigkeit erzielt werden.[1]

3. Betriebsstätte

VERWALTUNGSANWEISUNGEN:

R 2.9. GewStR.

Übernimmt eine **ausländische Management-Kapitalgesellschaft** die Leistung eines im **Inland belegenen** und von einem Steuerinländer betriebenen **Hotels** und übt sie die Leitungstätigkeit durch einen von ihr angestellten und bezahlten General-Manager aus, dem ein **eigener Arbeitsraum in dem Hotel** zur Verfügung gestellt wird, so hat die ausländische Gesellschaft **im Inland eine Betriebsstätte**; sie erzielt nach BFH, Urteil v. 3.2.1993[2] körperschaft- und gewerbesteuerpflichtige Einkünfte. Pachtet eine ausländische Kapitalgesellschaft ein im Inland belegenes Hotel, können Rechts- und Beratungskosten, die noch im Vorfeld des Pachtvertrages entstanden sind, nach FG Köln, Urteil v. 20.9.1995[3] nicht bei der Ermittlung des Gewerbeertrags nach § 6 GewStG berücksichtigt werden. Denn zum Zeitpunkt der wirtschaftlichen Entstehung dieser Kosten wurde noch **keine Betriebsstätte** im Inland „unterhalten". 1793

4. Betriebsunterbrechung

Eine Betriebsunterbrechung i. S. d. § 2 Abs. 4 GewStG liegt nicht vor, wenn eine Gesellschaft bürgerlichen Rechts, die im Wesentlichen mit der Vermietung und Verpachtung von Grundstücken, Räumen und Inventar zum Betrieb von Gaststätten tätig ist, einige Zeit nach der Verpachtung des letzten selbst bewirtschafteten Teilbetriebs einen weiteren Teilbetrieb hinzuerwirbt und selbst bewirtschaftet. Eine gewerbliche Gaststättenverpachtung wird nicht bereits deshalb zum „Gaststättenhandel", weil innerhalb von fünf Jahren mehr als 1794

---

1 Sächsisches FG, Urteil v. 26.8.2003 - 2 K 780/01, NWB KAAAB-17184.

2 I R 80-81/91, BStBl 1993 II S. 462.

3 NWB EN-Nr. 1880/95.

drei der verpachteten Gaststätten verkauft werden.[1] Ein mit der **Beherbergung von Feriengästen** ausgeübter Gewerbebetrieb wird ohne entsprechende eindeutige Erklärung gegenüber den Finanzbehörden nicht schon dadurch aufgegeben, dass der Unternehmer durch Umbau des Betriebsgebäudes acht Wohnungen schafft und sich in der Folgezeit im Wesentlichen auf deren Vermietung als Ferienwohnungen beschränkt. Solange in einem solchen Fall die Möglichkeit besteht, zu der Wohnraumüberlassung hoteltypische Zusatzleistungen anzubieten und der Vermietung damit einen gewerblichen Charakter zu verleihen, ist lediglich von einer **Betriebsunterbrechung** auszugehen. Das gilt jedenfalls dann, wenn der Unternehmer für die Umbaumaßnahmen Investitionszulage beantragt und er seine Vermietungserträge auch weiterhin als Einkünfte aus Gewerbebetrieb erklärt hat.[2]

1795–1800   *(Einstweilen frei)*

5. Einheitlicher Gewerbebetrieb

VERWALTUNGSANWEISUNGEN:
R 2.4 GewStR und H 2.4 GewStH.

1801   Wirtschaftlich ungleiche Tätigkeitsbereiche sind nicht stets als einheitlicher Gewerbebetrieb zu beurteilen, wenn gemeinsame Lagerräume vorhanden sind und die Leitung von denselben Räumlichkeiten aus erfolgt.[3] **Vier branchenähnliche Kioske** (jeweils Schnellimbiss), die ein Unternehmer in einem Kaufhaus betreibt, sind ein einheitlicher Gewerbebetrieb, auch wenn die Buchführung getrennt gehalten wird.[4]

Zur **Einheitlichkeit von Franchise-Betrieben** vgl. BFH, Urteil v. 21.1.2005.[5] Wirtschaftlich ungleiche Tätigkeitsbereiche sind nicht stets als einheitlicher Gewerbebetrieb zu beurteilen, wenn gemeinschaftliche Lagerräume vorhanden sind und die Leitung von denselben Räumlichkeiten aus erfolgt.[6]

6. Kürzungen

VERWALTUNGSANWEISUNGEN:
R 9.1 bis 9.5 GewStR.

---

1 BFH, Urteil v. 18.6.1998 - IV R 56/97, BStBl 1998 II S. 735.
2 FG Baden-Württemberg, Urteil v. 24. 5. 2000, EFG 2000 S. 1069.
3 BFH, Urteil v. 27.5.2010 - X B 182/09, BFH/NV 2010 S. 1658, NWB BAAAD-47456.
4 FG Hamburg, Urteil v. 11.11.1997, EFG 1998 S. 499.
5 XI B 23/04, BFH/NV 2005 S. 1134, NWB ZAAAB-52547.
6 BFH, Urteil v. 27.5.2010 - X B 182/09, BFH/NV 2010 S. 1658, NWB BAAAD-47456.

Eine GmbH, die ihr ehemaliges Hotelanwesen entsprechend vertraglicher Vereinbarungen mit einem Land zur Unterbringung von Asylbewerbern, Asylberechtigten und Kontingentflüchtlingen zur Verfügung stellt und dabei dem Land zur Erfüllung der diesem obliegenden öffentlich-rechtlichen Pflichten bei Unterbringung, Betreuung und Versorgung der in Betracht kommenden Personengruppe übernimmt und hierfür eine bestimmte Organisation zur Verfügung stellt, übt eine einem gewerblichen Beherbergungsunternehmen vergleichbare Tätigkeit aus. Eine solche Tätigkeit geht über eine bloße Vermögensverwaltung weit hinaus mit der Folge, dass auf die erweiterte **Kürzung** des gewerblichen Gewinns i. S. v. **§ 9 Nr. 1 Satz 2 GewStG** kein Anspruch besteht.[1]

1802

Da die Hinzurechnung von Mieten und Pachten für bewegliche Wirtschaftsgüter künftig unabhängig von der Behandlung beim Vermieter oder Verpächter erfolgt, ist nach Maßgabe des Unternehmensteuerreformgesetzes die entsprechende Kürzungsvorschrift letztmals für den Erhebungszeitraum 2007 anzuwenden.

7. Hinzurechnungen

Literatur: *Fehling*, Der koordinierte Ländererlass zu § 8 Nr. 1 GewStG, NWB 2008 S. 2995.

R 8 ff. GewStR; Erlasse der obersten Finanzbehörden der Länder v. 4.7.2008, BStBl 2008 I S. 730; Gleich lautende Erlasse der obersten Finanzbehörden der Länder v. 26.1.2011, BStBl 2011 I S. 152; Gleich lautende Erlasse der obersten Finanzbehörden der Länder v. 2.7.2012, BStBl 2012 I S. 654.

a) Hinzurechnung von Miet- und Pachtzinsen

Nach § 8 Nr. 7 GewStG a. F. ist dem Gewinn aus Gewerbebetrieb die Hälfte der Miet- und Pachtzinsen für die die Benutzung der nicht im Grundbesitz stehenden Wirtschaftsgüter des Anlagevermögens, die im Eigentum eines anderen stehen, hinzuzurechnen. Die Hinzurechnungsregelungen des Gewerbesteuergesetzes wurden zunächst durch das Unternehmensteuerreformgesetzes 2008 ab Erhebungszeitraum 2008 und erneut durch das sog. Wachstumsbeschleunigungsgesetz ab 2010 geändert. Seit der letzten Änderung werden ab Erhebungszeitraum 2010 nach § 8 Nr. 1 GewStG dem Gewinn aus Gewerbebetrieb u. a. ein Viertel der Summe aus der Hälfte der Miet- und Pachtzinsen (einschl. Leasingraten) für die Benutzung der unbeweglichen Wirtschaftsgüter des An-

1803

---

1 FG Rheinland-Pfalz, Urteil v. 6.11.1996 - 1 K 2139/95, NWB JAAAA-19555.

lagevermögens, die im Eigentum eines anderen stehen, hinzugerechnet, soweit die Summe den Betrag von 100.000 € übersteigt. Die Grundsätze des R 8.1 GewStR zur Abgrenzung von Miete und Pacht zu anderen Verträgen sind auch für den Erhebungszeitraum ab 2008 anzuwenden. Im Übrigen Hinweis auf die gleich lautenden Erlasse der obersten Finanzbehörden der Länder v. 4.7.2008 und v. 2.7.2012.[1]

Das FG Hamburg[2] bezweifelt zur Gewerbesteuerveranlagung 2008 die Verfassungsmäßigkeit der Hinzurechnung gem. des § 8 Nr. 1 GewStG und reichte dem BVerfG dazu eine Vorlagefrage zur Entscheidung ein. Das Verfahren ist zz. noch anhängig.

1804 Bei einem gewerblichen Verpächter, der die gesamten beweglichen Einrichtungsgegenstände langfristig an den **Betreiber des Hotels** verpachtet, gehören zu den wesentlichen Grundlagen des Hotels nicht nur die Pachtgegenstände, sondern auch die Pachtverträge, da ohne sie die Tätigkeit des (Verpachtungs-)Betriebs nicht möglich ist. Die Betriebsverpachtung setzt daher in einem derartigen Fall voraus, dass der **Hotelpächter** auch in die **Pachtverträge** für die einzelnen Wirtschaftsgüter eintritt.[3]

1805 Zu den **Miet- und Pachtzinsen** i. S. d. § 8 Nr. 7 GewStG gehören auch Aufwendungen des Mieters oder Pächters für die **Instandsetzung, Instandhaltung und Versicherung** des Miet- oder Pachtgegenstandes, die er über seine gesetzliche Verpflichtung nach bürgerlichem Recht hinaus (§§ 582 ff. BGB) aufgrund vertraglicher Verpflichtungen übernommen hat.[4] Ist der Pächter einer gewerblichen Betriebseinrichtung dem Verpächter gegenüber verpflichtet, zur Abgeltung der Abnutzung eine **Erneuerungsrücklage** zu bilden, so sind dieser Rücklage zugeführten Beträge als Teil der Pachtzinsen i. S. d. § 8 Nr. 7 GewStG anzusehen.[5] Die Rechtsfrage, ob die Verpachtung von **nicht in Grundbesitz bestehenden Wirtschaftsgütern** des Anlagevermögens (im Streitfall: die langfristige Verpachtung der gesamten beweglichen Einrichtungsgegenstände eines Hotels an den Hotelbetreiber) als Verpachtung eines Betriebs i. S. d. § 8 Nr. 7 Satz 2 GewStG zu beurteilen ist, wenn die verpachteten Wirtschaftsgüter das

1 Anwendungsfragen zur Hinzurechnung von Finanzierungsanteilen nach § 8 Nr. 1 GewStG in der Fassung des Unternehmensteuerreformgesetzes 2008 v. 14.8.2007, BGBl 2007 I S. 1912, BStBl 2007 I S. 630, BStBl 2008 I S. 730; BStBl 2012 I S. 654.
2 Urteil v. 29.2.2012 - 1 K 138/10, EFG 2012 S. 960.
3 BFH, Urteil v. 1.4.1996 - I B 143/94, BFH/NV 1996 S. 787, NWB EAAAB-37822.
4 Vgl. BFH, Urteil v. 27.11.1975 - IV R 192/71, BStBl 1976 II S. 220.
5 RFH, Urteil v. 11.2.1941, RStBl 1941 S. 292.

gesamte Anlagevermögen des gewerblich tätigen Verpächters darstellen, ist nicht von grundsätzlicher Bedeutung.[1]

Bei **mit Einrichtung gepachteten Gaststätten** hängt die Frage der Hinzurechnung von Miet- und Pachtzinsen zum gewerblichen Gewinn davon ab, ob der Verpächter mit diesen Einnahmen der Gewerbesteuer unterliegt. Regelmäßig ist das der Fall bei sog. **Brauereigastwirtschaften,** so dass keine Hinzurechnungen in Betracht kommen, anders demgegenüber bei einem Betrieb, dessen Eigentümer sich wegen hohen Alters zur Ruhe gesetzt hat und keine gewerbliche Tätigkeit mehr ausübt. Nach dem Unternehmensteuerreformgesetz 2008 hängt die Hinzurechnung von Mieten und Pachten nicht mehr von der Behandlung beim Vermieter oder Verpächter ab. — 1806

Die **Hinzurechnung beschränkt** sich auf die **Pacht der Einrichtungsgegenstände. Schätzung** des Teils der nicht hinzurechnungspflichtigen Mieten hat ggf. zu erfolgen, wenn ein Grundstück nebst Einrichtung und Zubehörstücken gepachtet ist und der Pachtvertrag keine klare Trennung der auf das Grundstück entfallenden Miete erkennen lässt. — 1807

Zu den beweglichen Wirtschaftsgütern des Anlagevermögens, für die eine Hinzurechnung nach § 8 Nr. 7 GewStG a. F. in Betracht kommt, zählen auch die sog. **Betriebsvorrichtungen.** Solche Betriebsvorrichtungen finden sich auch häufig in Beherbergungs- und Gaststättenbetrieben. Vgl. dazu die Übersicht in Rz. 1905. — 1808

Zentralheizungs-, Warmwasseranlagen und Fahrstühle sind Teil des Grundstücks und **keine Betriebsvorrichtungen.** Da sie bereits der Grundsteuer unterliegen, **entfällt** eine **Zurechnung** der darauf entfallenden Miete bei der Gewerbesteuer. Miete für **Fernsprechanlagen** ist hinzuzurechnen. Die privaten Unternehmen, die als Vermieter auftreten, sind regelmäßig gewerbesteuerpflichtig. — 1809

b) Höhe des Pachtzinses für Inventar

Die Pachtverträge gehen meistens von einem **Pachtzins** aus, der auch die **Benutzung des Inventars** einschließt. In diesen Fällen kann der von dem gesamten Pachtzins auf das gepachtete Inventar entfallende **Anteil** nur durch **Schätzung** festgestellt werden. Die **angemessene Pacht** für das Wirtschaftsgut umfasst die **AfA** sowie die **Verzinsung** des Wertes des Pachtinventars. Geht man von einer durchschnittlichen Nutzungsdauer von zehn Jahren = 10 % und einer — 1810

---

1 BFH, Urteil v. 1.4.1996 - I B 143/94, BFH/NV 1996 S. 787, NWB EAAAB-37822.

Verzinsung von 5 % aus, so beträgt der jährliche Pachtzins 10 % + 5 % = 15 % des Teilwerts zu Beginn der Pacht.

1811 Beim **Leasing** ist der in einer **Leasingrate** enthaltene **Zinsanteil** nur dann gem. § 8 Nr. 1 GewStG hinzurechnungspflichtig, wenn der Leasinggegenstand dem Leasingnehmer zuzurechnen ist. Diese Hinzurechnung kommt jedoch nur bei **Spezialleasingverträgen** und **verunglückten** Gestaltungen in Betracht. Im normalen Fall ist der Leasinggegenstand dem Leasinggeber zuzurechnen. Die Leasingrate stellt dann keinen Zins und keine Tilgung, sondern Entgelt für die Überlassung eines fremden Wirtschaftsguts zur Nutzung dar. Sofern ein Miet- oder Pachtverhältnis im bürgerlich-rechtlichen Sinne vorliegt, fallen Nutzungsüberlassungen unter die Hinzurechnungsvorschrift des § 8 Nr. 7 GewStG.[1] Vgl. zum Leasing auch Rz. 1175 ff.

8. Teilbetrieb

1812 Wer ein **Hotel betreibt** und außerdem in einem **Appartementhaus Ferienwohnungen** vermietet, kann mit der Vermietungstätigkeit die Voraussetzungen eines Teilbetriebs erfüllen.[2] Auch **örtlich getrennt betriebene Hotels** können nach FG Niedersachsen, Urteil v. 29.10.1985[3] Teilbetriebe sein, wenn sie über eigene wesentliche Betriebsgrundlagen verfügen und eine gewisse eigenständige betriebliche Tätigkeit entfalten.

9. Überlassung von Heimplätzen

1813 Die Überlassung von 100 Heimplätzen in einem wegen einer anstehenden größeren Umbaumaßnahme leer stehenden Kurhotel an eine Landesstelle zwecks zwischenzeitlicher Nutzung als Übergangsheim für Aus- und Übersiedler erfolgt nach FG Münster, Urteil v. 22.8.1996[4] jedenfalls dann im Rahmen eines Gewerbebetriebs, wenn der Überlassende **Nebenleistungen** erbringt, die über die bloße Vermietung von Räumen hinausgehen und er zu diesem Zweck eigens mehrere Hilfskräfte einstellt.

1814–1822 *(Einstweilen frei)*

---

1 Vgl. Meyer-Scharenberg in Meyer-Scharenberg/Popp/Woring, § 8 Nr. 1 Rz. 64.
2 BFH, Urteil v. 23.11.1988 - X R 1/86, BStBl 1989 II S. 376.
3 EFG 1987 S. 304.
4 EFG 1997 S. 224.

V. Lohnsteuer

Literatur: *Schramm/Harder-Buschner*, ELSTAM – Was müssen Arbeitgeber und Arbeitnehmer beim neuen Verfahren beachten?, NWB 2013 S. 348; *Geserich*, Pauschalierung von Sachzuwendungen nach § 37b EStG, NWB 2016 S. 3444.

VERWALTUNGSANWEISUNGEN:
Lohnsteuerrichtlinien 2015 (LStR 2015), mit späteren Änderungen, BMF, Schreiben v. 19.12.2012, BStBl 2012 I S. 1258; BMF, Schreiben v. 28.8.2013, BStBl 2013 I S. 1132; BMF, Schreiben v. 23.10.2014, BStBl 2014 I S. 1411; BMF, Schreiben v. 15.9.2014, BStBl 2014 I S. 1244; BMF, Schreiben v. 27.9.2017, BStBl 2017 I S. 1339.

ARBEITSHILFEN UND GRUNDLAGEN ONLINE:
Wenning, Lohnkonto, infoCenter, NWB IAAAA-41709.

Beschäftigt der Gastwirt/Hotelier Arbeitnehmer, so hat er wie jeder andere Arbeitgeber die Verpflichtung, Lohnkonten zu führen und Lohnsteuer einzubehalten und abzuführen. Vgl. hierzu Rz. 491 ff. **1823**

Ab 2013 ist das **Verfahren der elektronischen Lohnsteuerabzugsmerkmale (ELStAM)** praxisrelevant. Die gesetzlichen Verfahrensregeln zur Anwendung sind in den §§ 38 ff. EStG seit 1.1.2012 formal in Kraft. Beim ELStAM-Verfahren werden die Daten zwischen Arbeitgebern, Arbeitnehmern, Meldebehörden und Finanzverwaltung weitgehend elektronisch automatisiert ausgetauscht. Eine papierene Lohnsteuerkarte gehört somit seitdem der Vergangenheit an. Der Arbeitnehmer muss nun bei Aufnahme einer Beschäftigung dem Arbeitgeber seine stl. ID-Nummer, sein Geburtsdatum, die Information bzgl. Haupt- oder Nebenbeschäftigung und eventuell zu berücksichtigende Freibeträge mitteilen. Einzelheiten zum Verfahren ergeben sich aus o. a. Quellenangaben zu Literatur und Verwaltungsanweisungen.

Zur **Lohnsteuernachschau** gem. § 42g EStG vgl. Rz. 1978.

Besonderheiten im lohnsteuerrechtlichen Verfahren ergeben sich im Gaststätten- und Beherbergungsgewerbe vor allem in folgenden Fragen:

1. Annehmlichkeiten, Aufmerksamkeiten

VERWALTUNGSANWEISUNGEN:
R 19.6 in der Fassung der LStÄR 2015.

Aufmerksamkeiten sind **Sachleistungen** des Arbeitgebers (Hotelier/Gastwirt), die auch im gesellschaftlichen Verkehr **üblicherweise** ausgetauscht werden und zu keiner ins Gewicht fallenden Bereicherung der Arbeitnehmer führen. Bloße Aufmerksamkeiten gehören **nicht** zum **Arbeitslohn** (R 19.6 Abs. 1 LStR 2013). **1824**

In Betracht kommen z. B. Blumen, Pralinen, Bücher usw., die dem Arbeitnehmer oder dessen Angehörigen aus besonderem Anlass gewährt werden, z. B. Geburtstag, Namenstag, Kommunion, Konfirmation usw. Aufmerksamkeiten liegen bei einem **Wert von bis zu ab 1.1.2015 60 €** vor.

Die Aufwendungen des Arbeitgebers z. B. für Aufenthalts-, Dusch- und Erholungsräume sowie Badeanlagen sind kein Arbeitslohn.[1] Zur Steuerfreiheit der Vorteile des Arbeitnehmers aus der **privaten Nutzung von betrieblichen** Datenverarbeitungs- und Telekommunikationsgeräten ergibt sich im Einzelnen aus R 3.45 LStÄR 2015.

2. Belegschaftsrabatte im Hotelgewerbe

Literatur: Richter/Richter, Rabatte an Arbeitnehmer in der lohnsteuerlichen Praxis, NWB 2004 S. 3641; *Geserich*, Neues zur Lohnbesteuerung von Betriebsveranstaltungen, NWB 2013 S. 3298; *Geserich*, Der neue „Rabatterlass", NWB 2015 S. 1610; *Scherf, Gerstl*, Gutscheine im neuen Sachbezugsrecht, NWB 2020 S. 228.

VERWALTUNGSANWEISUNGEN:

R 8.2 bzw. R 8.3 LStÄR 2015 und H 8.2 LStH.

1825 Die **Überlassung einer Unterkunft** gehört zu den Dienstleistungen i. S. d. § 8 Abs. 3 EStG. Der steuerpflichtige **Vorteil** aus einer **verbilligten** Hotelübernachtung ist deshalb nach dieser Vorschrift zu ermitteln, wenn dem Arbeitnehmer ein Zimmer im Hotel seines Arbeitgebers überlassen wird, das der Arbeitgeber nicht überwiegend für seine Arbeitnehmer bereithält, und der Vorteil nicht nach § 40 EStG pauschal besteuert wird.[2]

1826 Bei der **Bemessung** der verbilligten Überlassung einer Unterkunft, die als Sachbezug dem Arbeitsentgelt **hinzuzurechnen** ist, sind die amtlichen Werte der Sachbezugsverordnung (abgelöst durch die Sozialversicherungsentgeltsverordnung – SvEV – ab 1.1.2007) in ihrer jeweils gültigen Fassung im Festsetzungsverfahren **zwingend** anzusetzen.[3]

Nach § 8 Abs. 3 Satz 2 EStG ist der geldwerte Vorteil aus bestimmten Sachbezügen bis zu einem **Betrag von 1.080 € im Jahr** (Rabattfreibetrag) steuerfrei. Vgl. dazu H 8.2 LStÄH 2015.

Zur lohnsteuerlichen Behandlung von *Rabatten von dritter Seite* vgl. BMF, Schreiben v. 20.1.2015, siehe Literatur.

---

1 BFH, Urteil v. 25.7.1986 - VI R 203/83, BStBl 1986 II S. 868.
2 BFH, Urteil v. 4.11.1994 - VI R 81/93, BStBl 1995 II S. 338.
3 Vgl. i. E. BFH, Urteil v. 23.8.2007 - VI R 74/04, BStBl 2007 II S. 948.

3. Betriebsveranstaltungen

Literatur: *Giloy*, Zuwendungen bei Betriebsveranstaltungen, NWB 1992 S. 2743; *Greite*, Zuwendungen an Arbeitnehmer im Rahmen von Betriebsveranstaltungen, 2006 S. 1219; *Richter/Breuer/Knebel*, Reise- und Bewirtungskosten, 12. Aufl., Herne 2010; *Strohner*, Betriebsveranstaltungen ab 1.1.2015, NWB 2015 S. 246; *Weber*, Die steuerliche Behandlung von Betriebsveranstaltungen ab 1.1.2015, NWB 2015 S. 3532 ff.; *Seifert*, Betriebsveranstaltungen: Wann feiert das Finanzamt mit?, NWB 2017 S. 18 ff.

VERWALTUNGSANWEISUNGEN:

R 19.5 LStÄR 2015, H 19.5 LStÄH 2015; BMF, Schreiben v. 14.10.2015; BStBl 2015 I S. 832.

ARBEITSHILFEN UND GRUNDLAGEN ONLINE:

Meier, Betriebsveranstaltungen: Checkliste für Ermittlung der berücksichtigungsfähigen Aufwendungen, Arbeitshilfe, NWB XAAAE-65792; *Langenkämper*, Betriebsveranstaltungen, infoCenter, NWB KAAAC-37522.

Vorteile „anlässlich" einer **üblichen Betriebsveranstaltung** sind kein Arbeitslohn, weil sie in ganz überwiegend eigenbetrieblichen Interessen des Hoteliers/Gastwirts als Arbeitgeber zugewendet werden und die Arbeitnehmer die Teilnahme an solchen Veranstaltungen „überwiegend als Aufgabe" empfinden.[1] Der Hotelier/Gastwirt will mit einer Betriebsveranstaltung den Arbeitnehmer nicht zusätzlich entlohnen, sondern das **Betriebsklima** fördern. Betriebsveranstaltungen sind z. B. **Betriebsausflüge, Weihnachtsfeiern, Jubiläumsfeiern** u. Ä. Für übliche Betriebsveranstaltungen sind **Dauer, Häufigkeit und Ausgestaltung** entscheidende Kriterien. Üblich sind **eintägige Veranstaltungen ohne Übernachtung,**[2] wenn **nicht mehr als zwei Veranstaltungen jährlich** durchgeführt werden.[3] Ein **zweitägiger Betriebsausflug** führt beim Personal auch dann zu steuerpflichtigem Arbeitslohn, wenn dafür eine andere Betriebsveranstaltung ausfällt oder wenn der Hotelier/Gastwirt nur alle zwei Jahre einen Betriebsausflug ansetzt.[4] Bei mehr als zwei gleichartigen Veranstaltungen kann der **Arbeitgeber wählen,** welche beiden Betriebsveranstaltungen als üblich angesehen werden sollen (R 19.5 Abs. 3 Satz 4 LStR). Eine nur Führungskräften vorbehaltene Abendveranstaltung stellt mangels Offenheit des Teilnehmerkreises keine Betriebsveranstaltung i. S. d. § 40 Abs. 2 Satz 1

1827

---

1 BFH, Urteil v. 22.3.1985 - VI R 170/82, BStBl 1985 II S. 529.
2 BFH, Urteil v. 6.2.1987 - VI R 24/84, BStBl 1987 II S. 355.
3 BFH, Urteil v. 18.3.1986 - VI R 49/84, BStBl 1986 II S. 575.
4 FG Hamburg, Urteil v. 30.9.1991, EFG 1992 S. 264.

Nr. 1 EStG dar.[1] Zu Betriebsveranstaltungen vgl. auch BFH, Urteil v. 12.12.2012.[2]

1828   Zu den **nicht steuerbaren Zuwendungen** bei einer üblichen Betriebsveranstaltung gehören insbesondere **Speisen** und **Getränke** (soweit die Bewirtung nicht in einem besonders kostspieligen Lokal stattfindet), **Tabakwaren** und **Süßigkeiten,** die Übernahme der **Fahrtkosten** (auch einer Schiffsfahrt), Übernachtungskosten und die Übernahme von **Eintrittskarten** einer Betriebsveranstaltung.[3] Auch die Aufwendungen für den **äußeren Rahmen,** z. B. **Musik,** Anmietung einer **Kegelbahn** usw., rechnen zu den üblichen Zuwendungen. Anlässlich einer Betriebsveranstaltung überreichte **Geschenke ohne bleibenden Wert** sind ebenfalls kein Arbeitslohn,[4] wenn sie den Rahmen von Aufmerksamkeiten (60 €, R 19.5 Abs. 4 Nr. 4 i.V. m. R 19.6 Abs. 1 LStR) nicht überschreiten und die **Geschenke nicht der wesentliche Zweck** der Veranstaltung sind.[5]

1829   Betragen die Aufwendungen des Arbeitgebers einschließlich Umsatzsteuer für die **üblichen Zuwendungen** an den einzelnen Arbeitnehmer **insgesamt mehr als (ab 1.1.2015) 110 €** je Veranstaltung, so sind die Aufwendungen dem **Arbeitslohn hinzuzurechnen** (R 19.5 Abs. 4 Satz 2 LStR).

1830   Bei dem Betrag von 110 € handelt es sich um einen **Höchstbetrag** und **nicht** um einen **Freibetrag.** Wurde der **Betrag überschritten,** so gehörten sämtliche Aufwendungen zum steuerpflichtigen Arbeitslohn. In diesem Fall ist eine **Pauschalierung** mit einem Pauschsteuersatz von 25 % möglich (§ 40 Abs. 2 Nr. 2 EStG). Das hat der Gesetzgeber durch Übernahme ins EStG (§ 19 Abs. 1 Satz 1 Nr. 1a EStG) geändert.

Ab 1.1.2015 handelt es sich bei den 110 € nach dem Zollkodex-Anpassungsgesetz um einen **Freibetrag.** Vgl. dazu Strohner,[6] und Langenkämper (siehe Literatur bzw. Arbeitshilfen).

Wegen der Besteuerung von Zuwendungen bei **unüblichen bzw. den Höchstbetrag übersteigenden Aufwendungen für Betriebsveranstaltungen** vgl. R 19.5 Abs. 6 LStÄR.

---

1   BFH, Urteil v. 15.1.2009 - VI R 22/06, BStBl 2009 II S. 476.
2   VI R 24/11, NWB EAAAD-87288.
3   BFH, Urteil v. 21.2.1986 - VI R 21/84, BStBl 1986 II S. 406.
4   BFH, Urteil v. 5.3.1976 - VI R 76/73, BStBl 1976 II S. 392; BFH, Urteil v. 20.5.1976 - VI R 207/74, BStBl 1976 II S. 548.
5   BFH, Urteil v. 9.6.1978 - VI R 197/75, BStBl 1978 II S. 532.
6   NWB 2015 S. 246.

4. Bekleidungsaufwand – typische Berufsbekleidung

Literatur: *Werner,* Gestellung von Kleidung an Arbeitnehmer, NWB 2007 S. 109; *Geserich,* Arbeitsmittel im Lohnsteuerrecht, NWB 2011 S. 1247.

VERWALTUNGSANWEISUNGEN:

R 3.31 LStÄR 2015, H 3.31 LStÄH 2015, BStBl 2014 I S. 1344; OFD Magdeburg, Vfg. v. 24.11.2003 – S 2354 – 16 – St 223, NWB TAAAB-16546.

ARBEITSHILFEN UND GRUNDLAGEN ONLINE:

Langenkämper, Arbeitsmittel, infoCenter, NWB GAAAB-03349.

Steuerfrei ist nach § 3 Nr. 31 erster Halbsatz EStG nicht nur die Gestellung, sondern auch die Übereignung **typischer Berufskleidung** durch den Arbeitgeber (R 3.31 Abs. 1 LStÄR 2015). Erhält der Arbeitnehmer die Berufskleidung von seinem Arbeitgeber zusätzlich zum ohnehin geschuldeten Arbeitslohn (vgl. R 3.33 LStÄR 2015) so ist anzunehmen, dass es sich um typische Berufskleidung handelt, wenn nicht das Gegenteil offensichtlich ist. Ein solcher Fall liegt vor bei einem **schwarzen Anzug eines Oberkellners,** beim **Kellnerfrack, -smoking** oder **Cut** des Empfangschefs[1] sowie bei einer schwarzen Hose eines Kellners in Verbindung mit der weißen Kellnerjacke.[2]Schwarze Kleidung ist keine typische Berufskleidung, FG Berlin-Brandenburg, Urteil v. 29.8.2018.[3] **1831**

Typische Berufskleidung liegt nach BFH, Urteil v. 18.4.1991[4] vor, wenn sie ihrer Beschaffenheit nach objektiv nahezu ausschließlich für die berufliche Verwendung bestimmt und wegen der Eigenart des Berufs nötig ist. Allerdings können ausnahmsweise auch solche Kleidungsstücke zur typischen Berufskleidung gehören, die ihrer Art nach der bürgerlichen Kleidung zuzurechnen sind. Voraussetzung dafür ist jedoch, dass die Verwendung dieser Kleidungsstücke für Zwecke der privaten Lebensführung aufgrund berufsspezifischer Eigenschaften so gut wie ausgeschlossen ist. **1832**

Dagegen ist ein **Trachtenanzug,** den der Geschäftsführer eines im bayerischen Stil gehaltenen (Nürnberger) Lokals im Dienst tragen muss, auch bei nahezu ausschließlich beruflicher Nutzung nicht als typische Berufskleidung zu beurteilen,[5] da die Benutzung derartiger Trachtenkleidung als normale bürgerliche Kleidung im Rahmen des Möglichen und Üblichen liegt. Jedenfalls bestehen **1833**

---

1 Vgl. BFH, Urteil v. 9.3.1979 – VI R 171/77, BStBl 1979 II S. 519; BFH, Urteil v. 18.4.1991 - IV R 13/90, BStBl 1991 II S. 751, m.w.N.
2 BFH, Urteil v. 4.12.1987 - VI R 20/85, BFH/NV 1988 S. 703, NWB AAAAB-30496, eine Einzelfallentscheidung.
3 NWB EAAAG-99760.
4 IV R 13/90, BStBl 1991 II S. 751, m.w.N.
5 BFH, Urteil v. 20.11.1979 - VI R 143/77, BStBl 1980 II S. 73.

nach BFH, Urteil v. 20.11.1979[1] für den Nürnberger Raum keine Zweifel. **Normale Schuhe** und **Unterwäsche** sind gleichfalls keine typische Berufskleidung. Vgl. ferner Rz. 872 ff.

1834 Hat der Arbeitnehmer einen **Anspruch auf Gestellung** typischer Berufskleidung, der auf Gesetz, Tarifvertrag oder Betriebsvereinbarung beruht, und löst der Gastwirt/Hotelier diesen Anspruch aus betrieblichen Gründen durch eine Barzahlung ab, so bleibt auch diese **Barablösung** steuerfrei, wenn sie die entsprechenden Aufwendungen des Arbeitnehmers nicht offensichtlich übersteigt (§ 3 Nr. 31 zweiter Halbsatz EStG). Die Barablösung einer Verpflichtung zur Gestellung von typischer Berufskleidung ist z. B. betrieblich begründet, wenn die Beschaffung der Kleidungsstücke durch den Arbeitnehmer für den Arbeitgeber vorteilhafter ist.

1835 **Pauschale Barablösungen** sind nur steuerfrei, soweit sie die regelmäßigen Absetzungen für Abnutzung und die üblichen Instandhaltungs- und Instandsetzungskosten der typischen Berufskleidung abgelten (vgl. R 3.31 Abs. 2 Satz 3 LStR).

Zu **Reinigungskosten für Anzüge** vgl. FG Saarland, Urteil v. 28.1.2008.[2] Durch die Lohnsteuerergänzungsrichtlinien 2015 wurde in R 3.31 Abs. 2 ein Satz 4 neueingefügt. Danach gehören die Aufwendungen für die Reinigung nicht regelmäßig zu den Instandhaltungs- und Instandsetzungskosten der typischen Berufskleidung.

5. Musiker, Musikkapellen

1836 Wenn in Gaststätten/Hotels einzelne Musiker oder Musikkapellen eingestellt werden, kann die Einbehaltung der Lohnsteuer von den Bezügen dieser Personen notwendig werden. Bei der Beurteilung, ob die Musiker **Arbeitnehmer des Gastwirts/Hoteliers oder des Kapellmeisters** sind, kommt es weitgehend auf die jeweiligen Umstände im Einzelfall an. Um eine Lohnsteuerpflicht der an den Musiker gezahlten Vergütung zu begründen, ist eine **unselbständige Beschäftigung** des Musikers beim Gastwirt/Hoteliers selbst notwendige Voraussetzung. Er muss also den Musiker eingestellt haben und ihm zur Ausführung seiner Tätigkeit auch besondere Weisungen erteilen können. Ist das der Fall, so ist der Musiker Arbeitnehmer und der Gastwirt/Hotelier Arbeitgeber mit den üblichen lohnsteuerrechtlichen Pflichten. In einer Gaststätte/Hotel zum Tanz spielende Musiker sind regelmäßig aber auch dann Arbeitnehmer

---

1 VI R 143/77, BStBl 1980 II S. 73.
2 2 K 1497/ 07, NWB QAAAC-71929.

des Gastwirts/Hoteliers, wenn sie **nicht dauernd** für ihn tätig sind.[1] Zwischen dem Kapellenleiter und den nebenberuflich tätigen Angehörigen einer solchen Musikergruppe kann ein **gesellschaftlicher Zusammenschluss** mit der Folge, dass Vertragspartner des Gastwirts/Hoteliers nicht der einzelne Musiker, sondern die Gemeinschaft als solche ist, nur angenommen werden, wenn **eindeutige Abreden** unter Musikern feststellbar und hieraus die steuerlichen Konsequenzen gezogen worden sind.[2]

Ein Gastwirt/Hotelier kann die bei Tanzveranstaltungen beschäftigten Kapellen nicht bereits deshalb als unselbständig Arbeitnehmer behandeln, weil deren **Leiter** eine vom Gastwirt/Hotelier gefertigte **Erklärung unterschrieben** hat, die Kapelle sei selbständig und komme für ihre steuerlichen Belange selbst auf.[3]   1837

Nach der allgemeinen Lebenserfahrung besteht ein **widerlegbarer Anschein** dafür, dass in einer Gaststätte/Hotel bei Tanzveranstaltungen spielende, **nebenberufliche Musiker** Arbeitnehmer des Wirts/Hoteliers sind. Ein Arbeitsverhältnis zum Gastwirt/Hotelier ist jedoch zu verneinen, wenn die Kapelle gegenüber Dritten als selbständige Gesellschaft oder der **Kapellenleiter als Arbeitgeber** der Musiker aufgetreten ist.   1838

Spielt eine Kapelle nur **gelegentlich** – etwa nur für einen Abend oder an einem Wochenende – bei einem Gastwirt/Hotelier, so ist in der Regel eine **Selbständigkeit der Kapelle** gegenüber dem Wirt/Hotelier anzunehmen.[4]   1839

Vgl. zur Unternehmereigenschaft bei Musikkapellen auch OFD Saarbrücken, Vfg. v. 17.1.1991.[5]

6. Sachzuwendungen

Literatur: *Eilts*, Grenzwerte 2008 in der Sozialversicherung, NWB 2007 S. 4783; *Speich/Dewitz*, Die Besteuerung von Sachbezügen nach der Sachbezugsverordnung (SachBezV), NWB 1996 S. 89; *Campen*, Besteuerung von Sachzuwendungen, NWB 2009 S. 2180; *Hilbert*, Abgrenzung von Bar- und Sachlohn, NWB 2011 S. 1538; *Schneider*, Tankkosten, Tank- und Geschenkgutscheine: Barlohn oder Sachlohn?, NWB 2011 S. 508; *Engelsink/Backhaus*, Pauschalierung von Sachzuwendungen bei Gemeinnützigen bzw. Berufsverbänden, NWB 2015 S. 3318 ff.; *Stier*, Geldwerte Vorteile in der Entgeltabrechnung, NWB

1 BFH, Urteil v. 2.10.1968 - VI R 233/67, NWB GAAAB-49867.
2 BFH, Urteil v. 16.4.1971 - VI R 153/68, BStBl 1971 II S. 656.
3 BFH, Urteil v. 9.8.1974 - VI R 40/72, BStBl 1974 II S. 720.
4 BFH, Urteil v. 10.9.1976 - VI R 80/74, BStBl 1977 II S. 178.
5 DStR 1991 S. 817.

2015 S. 3; *Geserich*, Pauschalierung von Sachzuwendungen nach § 37b EStG, NWB 2016 S. 3444.

VERWALTUNGSANWEISUNGEN:

R 8.1, 8.2 LStÄR 2015; H 8.1 8 LStÄH 2015, BStBl 2014 I S. 1344; OFD Rheinland, Vfg. v. 10.6.2010, NWB 2010 S. 2115; BMF, Schreiben v. 15.12.2011, BStBl 2012 I S. 56; BMF, Schreiben v. 29.12.2012, BStBl 2013 I S. 86; BMF, Schreiben v. 16.12.2014, BStBl 2015 I S. 33; BMF, Schreiben v, 19.5.2015, BStBl 2015 I S. 468.

ARBEITSHILFEN UND GRUNDLAGEN ONLINE:

Wenning, Sachbezüge, infoCenter, NWB BAAAB-05698.

1840 Erhält der Arbeitnehmer von seinem Arbeitgeber **Arbeitslohn in Form von Sachzuwendungen** so sind diese unter Beachtung von Freibeträgen bzw. -grenzen ebenso wie der Barlohn entweder dem laufenden Arbeitslohn oder den sonstigen Bezügen zuzuordnen. Ob **Barlöhne oder Sachbezüge** vorliegen entscheidet sich nach dem Rechtsgrund des Zuflusses.[1] Zur Abgrenzung zwischen Bar- und Sachlohn bei **Tankkarten, Tankgutscheinen und Geschenkgutscheinen** vgl. Schneider.[2] Für die Besteuerung **unentgeltlicher Bezüge** ist deren Geldwert maßgebend (vgl. R 8.1 Abs. 1 LStÄR 2015). Erhält der Arbeitnehmer Sachbezüge nicht unentgeltlich, so ist der Unterschiedsbetrag zwischen dem Geldwert des Sachbezugs und dem tatsächlichen Entgelt zu versteuern. Der Geldwert ist entweder durch **Einzelbewertung** zu ermitteln oder mit dem **amtlichen Sachbezugswert** anzusetzen. Im Einzelnen vgl. Stier.[3]

1841 Die **amtlichen Sachbezugswerte** werden entweder durch die Sozialversicherungsentgeltsverordnung (SvEV) oder durch Erlasse der obersten Landesfinanzbehörden nach § 8 Abs. 2 Satz 8 EStG festgesetzt (vgl. i. E. R 8.1 Abs. 4 LStÄR 2015). Die amtlichen Sachbezugswerte sind, soweit nicht § 8 Abs. 3 EStG anzuwenden ist, ausnahmslos für die Sachbezüge maßgebend, für die sie bestimmt sind.

1842 Die **amtlichen Sachbezugswerte** für die **arbeitstägliche Mahlzeit** gelten auch für Arbeitnehmer, die im **Hotel- und Gaststättengewerbe** beschäftigt sind. Voraussetzung ist allerdings, dass die Arbeitnehmer nicht die gleichen Mahlzeiten erhalten, die auch den Besuchern der Gaststätte angeboten werden. Die **Mahlzeiten** müssen demnach für die Arbeitnehmer **besonders zubereitet** werden. Erhalten die Arbeitnehmer die gleichen Mahlzeiten, die auch den Besuchern der Gaststätte angeboten werden, so sind die Mahlzeiten mit dem Preis

---

1 BFH, Urteile v. 11.11.2010 - VI R 27/09, BStBl 2011 II S. 386, VI R 26/08, BFH/NV 2011 S. 589, NWB XAAAD-62347, VI R 40/10, BFH/NV 2011 S. 590, NWB PAAAD-61758.
2 Tankkarten, Tank- und Geschenkgutscheine: Barlohn oder Sachlohn?, NWB 2011 S. 508.
3 Geldwerte Vorteile in der Entgeltabrechnung, NWB 2015 S. 3.

zu bewerten, der auch von den Gaststättenbesuchern verlangt wird. In derartigen Fällen ist der **Rabattfreibetrag gem. § 8 Abs. 3 EStG jährlich mit 1.080 €** anwendbar. Sachbezüge, deren geldwerte Vorteile nicht pauschal versteuert wurden und die nicht unter den Rabattfreibetrag fallen, bleiben bis zu einer Gesamtsumme von **44 € im Kalendermonat** außer Ansatz (Freigrenze).

Zu beachten ist die Neufassung des § 37b EStG. Danach besteht die Möglichkeit der Totalpauschalierung von 30 v. H. der Sachzuwendungen.

„Volle freie Kost" ist gegeben, wenn der Arbeitnehmer die **drei üblichen Mahlzeiten** zu Morgen, Mittag und Abend erhält.[1] Unerheblich ist es, ob der Arbeitnehmer darüber hinaus weitere kleine Stärkungen von seinem Arbeitgeber gestellt bekommt.   1843

7. Schankverluste

Der in Gaststättenbetrieben beim fachmännischen Ausschank von Fassbier entstehende Schankverlust kann nur bei demjenigen steuerlich berücksichtigt werden, dem dieser Verlust auch tatsächlich entsteht. Hat z. B. ein im Angestelltenverhältnis beschäftigter **Büfettier** die **Schankverluste selbst zu tragen,** so sind die Verluste bei diesem als Werbungskosten anzusehen. Soweit ein Schankverlust bei einem Angestellten steuerlich berücksichtigt wird, kommt eine **Geltendmachung durch den Gastwirt** selbst **nicht** in Betracht. Dieser Umstand ist vor allem bei der Nachkalkulation der Einnahmen von Bedeutung. Vgl. Rz. 2628.   1844

Im **Lohn- und Gehaltstarif** für das Hotel- und Gaststättengewerbe z. B. des Landes Niedersachsens ist für den Büfettier (Zapfer) eine **Schankverlustvergütung für Bier in Höhe von 5 %** des an den Arbeitgeber abzuliefernden Sollbetrags vorgesehen. Diese im Rahmen des Dienstverhältnisses gewährten Schankverlustvergütungen können nach der Verwaltungspraxis steuerfrei belassen werden, wenn zwischen dem Gastwirt/Hotelier und dem Büfettier für die zum Ausschank übernommenen Getränke nach der Solleinnahme abgerechnet wird. Soweit im Bereich des Landes Nordrhein-Westfalen ähnliche tarifvertragliche Regelungen getroffen sind, hat die Finanzverwaltung keine Bedenken, entsprechend zu verfahren.[2]   1845

(Einstweilen frei)   1846–1848

---

1 BFH, Urteil v. 10.5.1963 - VI 100/62 U, BStBl 1963 III S. 331.
2 Vgl. ESt-Kartei Nordrhein-Westfalen, § 9 EStG A. 21.

8. Pauschalierung der Lohnsteuer für Teilzeitbeschäftigte und geringfügig Beschäftigte

Literatur: *Eilts,* Neuregelung der Minijobs, NWB 2013 S. 534; *Eilts,* Neuregelung beim Gleitzonenentgelt, NWB 2013 S. 700; *Pfeiffer,* Mehr verdienen in Minijobs, NWB 2013, 2658; *Eilts,* Neue Geringfügigkeitsrichtlinie 2015, NWB 2015 S. 342; *Stier,* Kurzfristige Beschäftigung – Behandlung in der Lohnsteuer und Sozialversicherung, NWB Beilage zu Heft 2016 S. 1; *ders.,* Kurzfristige Beschäftigung – Behandlung in der Lohnsteuer und Sozialversicherung, NWB Nr. 39/2016, Beilage 3.

VERWALTUNGSANWEISUNGEN:

R 40a.1, 40a.2 LStR; H 40a.1, 40a.2 LStR.

1849   Im Gaststätten- und Beherbergungsgewerbe werden zur Bewältigung der Arbeit an Wochenenden, Feiertagen und in der Urlaubszeit geringfügig Beschäftigte eingestellt, die bei Vorliegen bestimmter Voraussetzungen **pauschal besteuert** werden können (R 40a.2 LStÄR). Die pauschale Versteuerung kann unter Verzicht auf den Abruf von elektronischen Lohnsteuerabzugsmerkmalen (§ 39e Abs. 4 Satz 2 EStG) oder die Vorlage einer Bescheinigung für den Lohnsteuerabzug (§ 39 Abs. 3 oder § 39e Abs. 7 oder Abs. 8 EStG) erfolgen. Es kommen folgende pauschal zu besteuernde Beschäftigungsverhältnisse in Betracht.

Die Einordnungsmerkmale wurden teilweise ab 1.1.2020 geändert. Dazu wird auf Hörster[1] verwiesen.

ARBEITSHILFEN UND GRUNDLAGEN ONLINE:

Vanheiden, Geringfügige Beschäftigung, infoCenter, NWB CAAAB-05368.

a) Kurzfristig Beschäftigte (§ 40a Abs. 1 EStG, R 40a.1 LStR, H 40a.1 LStH)

1850   Eine kurzfristige Beschäftigung liegt vor (vgl. § 40a Abs. 1 EStG), wenn ein Arbeitnehmer bei einem Gastwirt/Hotelier

► **gelegentlich,** nicht regelmäßig wiederkehrend beschäftigt ist,

► **die Dauer der Beschäftigung** achtzehn zusammenhängende Arbeitstage nicht übersteigt und

► der **Arbeitslohn** während der Beschäftigungsdauer 68 €, ab 1.1.2017 72 €, durchschnittlich je Arbeitstag nicht übersteigt oder

► die Beschäftigung zu einem **unvorhersehbaren Zeitpunkt** sofort erforderlich wird. Die Beschäftigung von Arbeitnehmern, deren Einsatzzeitpunkt

---

1 Überblick zur Steuergesetzgebung im Jahr 2019, NWB 2020 S. 298, Ziff. 30.

längere Zeit vorher feststeht, kann grundsätzlich nicht als unvorhersehbar angesehen werden (vgl. i. E. R 40a.1 Abs. 3 LStÄR 2015).

► Die **Stundenlohngrenze** von 12 € darf nicht überschritten sein.

Sind die vorerwähnten Voraussetzungen insgesamt erfüllt, kann der Gastwirt/ Hotelier den Arbeitslohn mit **25 % pauschal** zuzüglich Solidaritätszuschlag und Kirchensteuer versteuern. Zu beachten sind die Änderungen durch das zweite Gesetz zur Entlastung der mittelständischen Wirtschaft v. 12.5.2017.

Ist **eine** der genannten Voraussetzungen **nicht** erfüllt, darf für den betreffenden Lohnzahlungszeitraum das Pauschalierungsverfahren nicht angewandt werden.

BEISPIEL: ► Gastwirt G benötigt häufig Aushilfskellnerinnen. Er kennt mehrere junge Frauen. Sie sind bereit, auf Anruf auszuhelfen, sofern sie abkömmlich sind. Wenn G im Verlauf eines Jahres eine Aushilfskellnerin mehrmals, z. B. dreißigmal beschäftigt hat, handelt es sich trotzdem um kurzfristige Beschäftigungen.

Ratsam ist es, bei Pauschalierung der Lohnsteuer für Teilzeitbeschäftigte schriftlich zu vereinbaren, dass es sich um einen einmaligen Arbeitseinsatz handelt und von vornherein eine Wiederholung nicht vorgesehen ist.[1]

b) Geringfügig entlohnte Beschäftigte (§ 40a Abs. 2 EStG; R 40a.2 LStR, H 40a.2 LStH)

Literatur: *Pulte*, Arbeitsvertrag zur geringfügigen Beschäftigung, NWB 2009 S. 1020; *Foerster*, Besteuerung von geringfügig Beschäftigten, StuB 2010 S. 699; *Eilts*, Neuregelung der Minijobs, NWB 2013 S. 534.

VERWALTUNGSANWEISUNGEN:

FinMin Nordrhein-Westfalen v. 23.12.2002.

ARBEITSHILFEN UND GRUNDLAGEN ONLINE:

Vanheiden, Geringfügige Beschäftigung, infoCenter, NWB CAAAB-05368.

Die Erhebung der einheitlichen Pauschsteuer nach § 40a Abs. 2 EStG knüpft allein an die sozialversicherungspflichtige Beurteilung als geringfügige Beschäftigung an und kann nur dann erfolgen, wenn der Arbeitgeber dafür einen pauschalen Beitrag zur gesetzlichen Rentenversicherung zu entrichten hat. Die gesetzlich verankerte Entgeltsgrenze für geringfügig entlohnte Beschäftigungen wurde zum 1.1.2013 von bis dahin 400 € nach § 8 Abs. 1 Nr. 1 SGB IV auf monatlich 450 € angehoben. Für geringfügig Beschäftigte zahlt der Arbeitgeber in der Regel eine pauschale Abgabe von max. 12 bzw. 30 % (bisher 25 v. H.), für

1851

---

1 Vgl. Felix/Korn, BB 1976 S. 546.

Rentenversicherung 5 bzw. 15 %, ggf. Krankenversicherung (5 bzw. 13 v. H.) und eine Pauschsteuer v. 2 v. H. Zu Einzelheiten vgl. Vanheiden.[1]

Ab **1.4.2003** ist die **Steuerfreiheit** für Arbeitslohn aus einer geringfügigen Beschäftigung nach **§ 3 Nr. 39 EStG a. F. aufgehoben.**

Die Vorschriften des § 40a EStG sind auch für Rentner zu beachten. Auch für sie darf das monatliche Entgeld ab 1.1.2013 von monatlich 450 € nicht überschritten werden.

1852   Für **haushaltsnahe** Beschäftigungsverhältnisse (Privathaushalte) in einem inländischen Haushalt, bei denen es sich um eine geringfügige Beschäftigung i. S. des § 8a des vierten Buches Sozialgesetzbuch (ab 1.1.2013 monatlich 450 €) handelt, gilt nach § 35a Abs. 1 EStG eine **Sonderregelung.** Dafür ist ab 1.4.2003 anstelle der üblichen Meldung unverzüglich eine vereinfachte Meldung (Haushaltsscheckverfahren) an die Bundesknappschaft als Einzugsstelle zu übersenden. Beiträge für geringfügige Beschäftigungen in Privathaushalten werden künftig am 31.7. des laufenden Jahres eingezogen.[2]

1853   Als **haushaltsnahe Beschäftigung** oder Dienstleistung gelten insbesondere folgende Tätigkeiten: Pflege, Versorgung und Betreuung von Kindern, Kranken, alten Menschen und pflegebedürftigen Personen, die Zubereitung von Mahlzeiten im Haushalt, die Reinigung der Wohnung, die Gartenpflege u. Ä.

1854–1858   *(Einstweilen frei)*

9. Sonderzahlungen, Corona

Literatur: *Hechtner,* Der steuerfreie Coronabonus, NWB 2020 S. 1248.

VERWALTUNGSANWEISUNGEN:

BMF, Schreiben v. 9.4.2020 – IV C 5 – S 2342/20/10009 :001, BStBl 2020 I S. 503, NWB IAAAH-46299.

1859   Mit Schreiben v. 9.4.2020 wurde es Arbeitgebern ermöglicht, bis zu 1.500 € außergewöhnliche Unterstützungen steuer- und sozialversicherungsfrei zu gewähren. Zu den Einzelheiten und Voraussetzungen vgl. Hechtner.[3]

---

1 NWB CAAAB-05368.
2 Eilts, Änderungen beim Meldeverfahren in der sozialen Sicherung, NWB 2015 S. 1775.
3 NWB 2020 S. 1248.

10. Trinkgeld – Steuerfreiheit

Seit dem 1.1.2002 sind **Trinkgelder,** die anlässlich einer Arbeitsleistung dem Arbeitnehmer, z. B. Kellner, Zimmermädchen, von Dritten, vom Gast, freiwillig und ohne dass ein Rechtsanspruch auf sie besteht, zusätzlich zu dem Betrag gegeben werden, der für diese Arbeitsleistung zu zahlen ist, **steuerfrei** (vgl. § 3 Nr. 51 EStG).   1860

11. Zuschläge für Sonntags-, Feiertags- und Nachtarbeit

Literatur: *Geserich,* Keine Steuerfreiheit von pauschal gezahlten Zuschlägen für Sonntags-, Feiertags- und Nachtarbeit, NWB 2012 S. 624.

VERWALTUNGSANWEISUNGEN:

R 3b LStR; H 3b LStH.

ARBEITSHILFEN UND GRUNDLAGEN ONLINE:

Vanheiden, Sonntags-, Feiertags- und Nachzuschläge, infoCenter, NWB PAAAA-88449.

Im Gaststätten- und Beherbergungsgewerbe ist Sonntags-, Feiertags- und Nachtarbeit für viele Arbeitnehmer die Regel.   1861

Zuschläge, die für tatsächlich geleistete Sonntags-, Feiertags- und Nachtarbeit **neben** dem Grundlohn gezahlt werden, sind steuerfrei, soweit sie

- ▶ für **Nachtarbeit** 25 %,
- ▶ für **Sonntagsarbeit** 50 %,
- ▶ für Arbeit an **gesetzlichen Feiertagen – dazu gehören auch der Oster- und der Pfingstmontag – und am 31.12.** ab 14.00 Uhr, 125 %,
- ▶ für Arbeit an **Heiligabend** ab 14.00 Uhr, den **Weihnachtsfeiertagen** und am **1.5.** 150 %,

des Grundlohns nicht übersteigen (§ 3b Abs. 1 EStG).

Mit Urteil v. 8.12.2011 hat der BFH in der Sache VI R 18/11[1] entschieden, dass pauschale Zuschläge nur dann nach § 3b EStG begünstigt sind, wenn sie als Abschlagszahlungen oder Vorschüsse auf eine spätere Einzelabrechnung gem. § 41b EStG geleistet werden.

Nachtarbeit ist die Arbeit in der Zeit von 20 Uhr bis 6 Uhr.   1862

Sonntagsarbeit und **Feiertagsarbeit** ist die Arbeit in der Zeit von 0 bis 24 Uhr des jeweiligen Sonntags und Feiertags. Die gesetzlichen Feiertage werden   1863

---

1 BStBl 2012 II S. 291.

durch die am Ort der Arbeitsstätte geltenden Vorschriften bestimmt. Der **Stundenlohn** ist ab 2004 mit **höchstens 50 €** anzusetzen (§ 3b Abs. 2 EStG).

1864 Wird die Nachtarbeit vor 0 Uhr aufgenommen, erhöht sich der steuerfreie Zuschlagsatz für Nachtarbeit von 0 Uhr bis 4 Uhr von 25 % auf 40 %. Als Sonn- und Feiertagsarbeit gilt auch die Arbeit in der Zeit von 0 Uhr bis 4 Uhr des auf den Sonn- oder Feiertag folgenden Tages (§ 3b Abs. 3 EStG).

1865 Um **keinen Zuschlag für Feiertagsarbeit** handelt es sich, wenn im Gaststätten- und Beherbergungsgewerbe einem Arbeitnehmer, der an einem Wochenfeiertag gearbeitet hat und deswegen einen bezahlten freien Tag beanspruchen kann, eine Vergütung zur Abgeltung dafür gewährt wird, dass er den freien Tag nicht in Anspruch nimmt, sondern arbeitet.[1] Vgl. i. E. R 3b LStR.[2]

Nicht steuerfrei ist die Bargeldabgeltung eines Freizeitausgleichs. Vereinbarungen, die gegen Vorschriften des Arbeitszeitgesetzes verstoßen, haben keinen Einfluss auf die steuerliche Beurteilung. Sind Zuschläge steuerfrei, so sind sie auch grundsätzlich beitragsfrei in der Sozialversicherung.[3]

1866–1869 *(Einstweilen frei)*

VI. Bewertung und Vermögensteuer

Literatur: *Mannek*, Bedarfsbewertung von Grundstücken, NWB 2007 S. 525; *Krause/Grootens*, Die neue Sachwertrichtlinie und ihre Bedeutung für die Grundbesitzbewertung, NWB 2013 S. 37; *Korn/Strahl*, Jahresende 2016, NWB 2016 S. 3653 ff.; *Ramb*, Aktuelle Bedarfsbewertungen der bebauten Grundstücke im Wege des Ertragswertverfahrens, StW 2016 S. 163; *Schmidt*, Reform der Grundsteuer, NWB 2019 S. 3719.

VERWALTUNGSANWEISUNGEN:

Richtlinien für die Bewertung des Grundvermögens (BewR Gr.) v. 19.9.1966, BStBl 1966 I S. 890; Gleich lautender Ländererlass v. 10.10.2010, BStBl 2010 I S. 810; BMF, Schreiben v. 26.10.2012, BStBl 2012 I S. 950; Bayerisches Landesamt für Steuern v. 28.2.2013 - S 3224.1.1 – 1/6 St 34, NWB UAAAE-31046; Gleich lautender Ländererlass v. 5.6.2013, BStBl 2013 I S. 734; Gesetz zur Reform des Grundsteuer- und Bewertungsrechts v. 26.11.2019, BStBl 2019 S. 1319.

ARBEITSHILFEN UND GRUNDLAGEN ONLINE:

Grützner, Steuerrechtliche Bewertungsvorschriften (außerhalb des EStG), infoCenter, NWB BAAAE-72349; *Meier*, Einheitsbewertung, infoCenter, NWB BAAAB-05659.

---

1 BFH, Urteil v. 22.11.1968 - VI R 312/66, NWB MAAAB-50256.
2 Vgl. auch BFH, Urteil v. 16.12.2010 - VI R 27/10, BStBl 2012 II S. 288.
3 Bisle, Gastronomie – Recht, Branchen digital, NWB RAAAE-79052, III. Arbeitsrecht, Ziff 48 ff.

Die Einheitsbewertung ist ein anlassunabhängiges, förmliches Verfahren zur Ermittlung und Feststellung von erforderlichen Besteuerungswerten. Die steuerliche Bedeutung der Einheitsbewertung hat mit dem Fortfall der Vermögensteuer (s. Rz. 1908) erheblich abgenommen. Das BVerfG hält die Vorschriften über die Einheitsbewertung bereits seit spätestens dem 1.1.2009 für nicht mehr verfassungsgemäß. Durch das Steueränderungsgesetz 2015 v. 2.11.2015,[1] wurde eine teilweise Aktualisierung des Bewertungsrechts vorgenommen. 1870

Die verfassungsgemäße Novellierung erfolgte inzwischen durch die Gesetze zur Reform des Grundsteuer- und Bewertungsrechts v. 26.11.2019 und des Gesetzes zur Änderung des Grundsteuergesetzes zur Mobilisierung von baureifen Grundstücken für die Bebauung v. 30.11.2019.[2] In einem 7. Abschnitt des BewG wird die Bewertung des Grundbesitzes geregelt. Die Bewertung von Wohngrundstücken erfolgt nach einem vereinfachten Ertragswertverfahren. Dabei werden die Erträge eines Grundstücks nach Abzug der Bewirtschaftungskosten auf die Restnutzungsdauer kapitalisiert. Garagenstellplätze werden u. a. mit einem Festwert von 35 € monatlich angesetzt.

Nach der vorgenannten Novellierung erfolgt die erste Hauptfeststellung bundesweit auf den Stichtag 1.1.2022. Die weitere Hauptfeststellung soll zum 1.1.2029 durchgeführt werden. Ausgangspunkt für die Berechnung des Ertragswertes von Wohngrundstücken sind die durchschnittlichen Kaltmieten aus Anlage 39 des neuen Bewertungsgesetzes. Die Werte der 1. Hauptfeststellung sollen als 1. Stufe den kommunalen Grundsteuerfeststellungen 1.1.2015 zugrunde gelegt werden.

Zur Grundsteuer vgl. Rz. 1930 ff.

(Einstweilen frei) 1871–1901

1. Betriebsvorrichtungen

a) Abgrenzung zwischen Betriebsvorrichtungen und Betriebsgrundstücken

Literatur: *Eisele,* Abgrenzung des Grundvermögens von den Betriebsvorrichtungen – Neuer Abgrenzungserlass 2006, NWB 2006 S. 2267; *ders.,* Die Abgrenzung des Grundvermögens von den Betriebsvorrichtungen, NWB 2013 S. 2473.

---

1 BGBl 2015 I S. 1814.
2 BStBl 2019 I S. 1319 und 1368.

VERWALTUNGSANWEISUNGEN:

Richtlinien für die Bewertung des Grundvermögens (BewRGr) v. 19.9.1966, BStBl 1966 I S. 890.

ARBEITSHILFEN UND GRUNDLAGEN ONLINE:

Schäfer-Elmayer/Stolz, Betriebsvorrichtungen, Grundlagen, NWB XAAAE-33495.

1902 Die richtige Abgrenzung der Grundstücke von den Betriebsvorrichtungen ist für verschiedene Steuern und Investitionszulagen von Bedeutung. **Betriebsvorrichtungen** sind **ertragsteuerrechtlich** wie **bewegliches Anlagevermögen** zu behandeln und wie dieses abzuschreiben. Die Vermietung und Verpachtung von Betriebsvorrichtungen ist **nicht umsatzsteuerfrei** (§ 4 Nr. 12 UStG). Bei der **Grunderwerbsteuer** werden Betriebsvorrichtungen **nicht zu den Grundstücken** gerechnet (§ 2 Abs. 1 Nr. 1 GrEStG). Veräußerungen von Betriebsvorrichtungen unterliegen demnach der Umsatzsteuer (§ 4 Nr. 9a UStG).

1903 Betriebsvorrichtungen sind nach § 68 Abs. 2 Nr. 2 BewG „**Maschinen** und **sonstige Vorrichtungen aller Art**, die zu einer **Betriebsanlage gehören**". Das gilt auch, wenn sie wesentlicher Bestandteil des Grund und Bodens oder Gebäudes sind. Sie sind gekennzeichnet durch eine besonders enge und unmittelbare Beziehung zu einem auf dem Grundstück betriebenem Gewerbebetrieb

1904 Für die Annahme einer Betriebsvorrichtung genügt es nach der Rechtsprechung aber nicht, dass eine Anlage für die Gewerbeausübung notwendig oder vorgeschrieben ist, z. B. im Rahmen einer Umweltschutzauflage. Vielmehr ist erforderlich, dass die Anlage in einer besonderen und unmittelbaren Beziehung zu dem in dem Gebäude ausgeübten Gewerbebetriebe steht, oder durch die – ähnlich wie bei Maschinen – das Gewerbe unmittelbar betrieben wird.[1]

b) Einzelfälle

1905 In Beherbergungs- und Gaststättenbetrieben sind häufig vorhanden:

Backöfen sind Betriebsvorrichtungen;

Bäder und Duschen gehören zum Gebäude;[2]

Beleuchtungsanlagen gehören im Allgemeinen zum Gebäude;[3] Spezialbeleuchtungsanlagen können jedoch Betriebsvorrichtungen sein;

Brandmeldeanlagen sind keine Betriebsvorrichtungen;

---

1 Vgl. BFH, Urteil v. 7.10.1983 - III R 138/80, BStBl 1984 II S. 262, m. w. N.
2 BFH, Urteil v. 12.8.1982 - III R 118/79, BStBl 1982 II S. 782.
3 BFH, Urteil v. 20.3.1975 - IV R 16/72, BStBl 1975 II S. 689.

Diesel- und Notstromaggregat ist wesentlicher Bestandteil des Hotelgebäudes;[1]

Gefrieranlagen sind Betriebsvorrichtungen;

Heizungsanlagen sind im Allgemeinen Teil des Gebäudes;[2]

Kassettendecke mit Beleuchtungsanlage gehört zum Gebäude;[3]

Kegelbahnanlage gehört zu Betriebsvorrichtungen;[4]

Klimaanlagen sind Teil des Gebäudes;[5]

Küchenaufzüge in Hotels sind Betriebsvorrichtungen;

Kühleinrichtungen ganz oder überwiegend einem Betriebsvorgang dienend sind Betriebsvorrichtungen;

Müllschlucker sind im Allgemeinen Teil des Gebäudes;

Neonschriften sind Betriebsvorrichtungen;[6]

Personenaufzüge sind Teil des Gebäudes;[7]

Rolltreppen sind Teil des Gebäudes;

Sammelheizungsanlage siehe „Heizungsanlagen";

Sauna gehört zu den Betriebsvorrichtungen;

Schallschutzdecke in einer Bar ist keine Betriebsvorrichtung;[8]

Schaukästen sind Betriebsvorrichtungen;

Schwimmbecken stellen bei Hotelbetrieben **keine Betriebsvorrichtung** dar. Der Begriff der Betriebsvorrichtung setzt Gegenstände voraus, durch die das Gewerbe unmittelbar betrieben wird. Es genügt nicht, dass die Anlage zu einem gewerblichen Betrieb gehört oder dass sie für die Ausübung des konkret im Gebäude ausgeübten Gewerbebetriebs nützlich, notwendig oder sogar vorgeschrieben ist. Erforderlich ist vielmehr, dass die Anlage in einer besonderen Beziehung zum gegenwärtig im Gebäude ausgeübten Betrieb steht, d. h. ihr in

---

1 BGH, Urteil v. 10.7.1987 - V ZR 285/86, HFR 1988 S. 533.
2 BFH, Urteil v. 20.3.1975 - IV R 16/72, BStBl 1975 II S. 689.
3 BFH, Urteil v. 8.10.1987 - IV R 56/85, BStBl 1988 II S. 440.
4 BGH, Urteil v. 8.4.1954, auf das das BFH, Urteil v. 1.12.1970 - VI R 358/69, BStBl 1971 II S. 162 hinweist.
5 BFH, Urteil v. 5.3.1971 - III R 90/69, BStBl 1971 II S. 455.
6 Bock in Viskorf/ Schuck/Wälzholz, a. a. O., § 176 BewG, Tz. 51.
7 BFH, Urteil v. 5.3.1971 - III R 90/69, BStBl 1971 II S. 455.
8 BFH, Urteil v. 11.12.1987 - III R 191/85, BStBl 1988 II S. 300.

Bezug auf Ausübung des Gewerbebetriebs eine ähnliche Funktion wie einer Maschine zukommt.[1] Ein solcher unmittelbarer und besonderer Zusammenhang zwischen einem Schwimmbecken und dem ausgeübten Betrieb besteht beispielsweise bei einem Hallenbad.[2] Dass aus Konkurrenzgründen den Gästen eines Hotels auch ein Hallenbad zur Verfügung gestellt wird und das Vorhandensein eines Schwimmbeckens die Anziehungskraft des Hotels erhöhen kann, reicht für die Annahme, das Schwimmbecken sei Betriebsvorrichtung, nicht aus.[3]

Speiseaufzug gehört zu den Betriebsvorrichtungen;

Eingebauter Tresor ist eine Betriebsvorrichtung;

Verkaufsautomat gehört zu den Betriebsvorrichtungen;

Wärmerückgewinnungsanlagen sind keine Betriebsvorrichtungen;

Werbetransparent ist eine Betriebsvorrichtung.

2. Fernsehturm mit Gastronomiebetrieb

1906 Befindet sich auf einem Fernsehturm **neben** den fernmeldetechnischen Anlagen in einem **besonderen Bauteil mit eigenem Zugang** ein gastronomischer Betrieb, so bildet dieser bewertungsrechtlich eine besondere wirtschaftliche Einheit.[4]

1907 *(Einstweilen frei)*

3. Vermögensteuer

1908 Vermögensteuer wird ab 1.1.1997 nicht mehr erhoben. Vgl dazu Schmalbach.[5]

1909 Das Vermögensteuergesetz ist nach BFH, Urteil v. 18.6.1997[6] auf alle bis zum 31.12.1996 verwirklichten Tatbestände anwendbar.

VII. Schenkung-/Erbschaftsteuer

Literatur: *Bäuml*, Erbschaftsteuerreform 2016 – Überblick über die gesetzlichen Neuregelungen aus Sicht der Praxis, NWB 2016 S. 3516 ff.; *Mann (Hrsg.)*, Steuerrecht aktuell,

---

1 BFH, Urteil v. 11.12.1991 - II R 14/89, BStBl 1992 II S. 278.
2 BFH, Urteil v. 16.10.1980 - V R 51/76, BStBl 1981 II S. 228.
3 BFH, Urteil v. 11.12.1991 - II R 14/89, BStBl 1992 II S. 278.
4 Hessisches FG, Urteil v. 26.6.1997, EFG 1998 S. 22.
5 Vermögensteuer, NWB ZAAAB-14587.
6 II B 33/97, BStBl 1997 II S. 515.

3/2016, Erbschaftsteuerreform 2016, S. 19 ff.; *Eisele*, Unternehmensbewertung im vereinfachten Ertragswertverfahren nach der Erbschaftsteuerreform 2016 – Abweichende Steuerfestsetzung im Billigkeitswege, NWB 2017 S. 1948 ff.; *ders.*, StUmgBG: Änderungen im Erbschaft- und Schenkungsteuerrecht – Herstellung der EU-Rechtskonformität und Schließung von Besteuerungslücken, NWB 2017 S. 2333; *Saecker/Gelhaar*, Erbschaftsteuerliche Behandlung unternehmerischen Vermögens – Berechnungsschema in §§ 13a und 13b ErbStG und Gestaltungsvarianten, NWB 2017 S. 2447 ff.; *Bernhard*, Zweifel an der Verfassungsmäßigkeit des 90 %-Tests gem § 13b Abs. 2 Satz 2 ErbStG, NWB 2019 S. 3474; *Eisele*, Die Erbschaftsteuer-Richtlinien 2019, Teil 1 und 2, NWB 2020 S. 544 und 628.

VERWALTUNGSANWEISUNGEN:

Gleich lautende Erlasse der Länder v. 25.6.2009, BStBl 2009 I S. 698; BMF, Schreiben v. 14.11.2011, BSBl 2012 I S. 1082; BMF, Schreiben v. 19.12.2011, BStBl 2011 I Sondernr. 1/2011 S. 2; Gleich lautende Erlasse der obersten Finanzbehörden der Länder v. 21.6.2012, BStBl 2012 I S. 712; OFD Frankfurt/M., Vfg. v. 13.8.2012, NWB EAAAE-16299; koordinierte Ländererlasse v. 22.6.2017, BStBl 2017 I S. 902 ff.

ARBEITSHILFEN UND GRUNDLAGEN ONLINE:

Schmalbach, Erbschaft- und Schenkungsteuer, infoCenter, NWB TAAAB-04804.

Das Änderungsgesetz zur Anpassung des Erbschaftsteuer- und Schenkungsteuergesetzes an die Rechtsprechung des Bundesverfassungsgerichts ist nach mehreren Fehlversuchen und langer Ungewissheit am 9.11.2016,[1] verkündet worden. Nach § 37 Abs. 12 finden die Neuregelungen auf Erwerbe Anwendung, für die die Steuer nach dem 30.6.2016 entsteht. Die dabei vorgenommenen Änderungen des Bewertungsgesetzes sind für Bewertungsstichtage nach dem 31.12.2015 anzuwenden (§ 205 Abs. 11 BewG).   **1910**

Die Änderungen betreffen mit zahlreichen Verschärfungen vor allem das Betriebsvermögen mit den §§ 13a, 13b, 13c und den § 28a ErbStG. Wesentlicher Unterschied zum bisherigen Recht ist, dass das Verwaltungsvermögen so gut wie keinerlei sachliche Befreiungen i. S. der Befreiungen der §§ 13a bis 13c ErbStG mehr enthält.[2]   **1911**

Zur Berücksichtigung von Einkommensteuern als Nachlassverbindlichkeiten vgl. BFH, Urteil v. 28.10.2015[3]

(Einstweilen frei)   **1912**

---

1 BGBl 2016 I S. 2464.
2 Vgl. dazu vor allem Bäuml, NWB 2016 S. 3516 und Mann (Hrsg.), Steuerrecht aktuell 3/2016.
3 II R 46/13, BStBl 2016 II S. 477.

1. Steuerklassen (§ 15 ErbStG)

1913 Nach dem persönlichen Verhältnis des Erwerbers zum Erblasser oder Schenker werden die folgenden **Steuerklassen** unterschieden:

Steuerklasse I:

1. der Ehegatte und der Lebenspartner

2. die Kinder und Stiefkinder,

3. die Abkömmlinge der in Nr. 2 genannten Kinder und Stiefkinder,

4. die Eltern und Voreltern bei Erwerben von Todes wegen;

Steuerklasse II:

1. die Eltern und Voreltern, soweit sie nicht zur Steuerklasse I gehören

2.. die Geschwister,

3. die Abkömmlinge ersten Grades von Geschwistern,

4. die Stiefeltern,

5. die Schwiegerkinder,

6. die Schwiegereltern,

7. der geschiedene Ehegatte und der Lebenspartner einer aufgehoben Lebenspartnerschaft

Steuerklasse III:

alle übrigen Erwerber und die Zweckzuwendungen.

2. Freibeträge (§ 16 ErbStG)

1914 Steuerfrei bleibt in den Fällen des § 2 Abs. 1 Nr. 1 und Abs. 3 der Erwerb

1. des Ehegatten und des Ehepartners in Höhe von 500.000

2. der Kinder i. S. d. Steuerklasse I Nr. 2 und der Kinder verstorbener Kinder i. S. d. Steuerklasse I Nr. 2 in Höhe von 400.000 €;

3. der Kinder der Kinder i. S. d. Steuerklasse I Nr. 2 in Höhe von 200.000 €;

4. der übrigen Personen der Steuerklasse I in Höhe von 100.000 €;

5. der Personen der Steuerklasse II in Höhe von 20.000 €;

6. (weggefallen);

7. der übrigen Personen der Steuerklasse III in Höhe von 20.000 €.

An die Stelle des Freibetrags nach § 16 Abs. 1 ErbStG tritt in den Fällen des § 2 Abs. 1 Nr. 3 ein Freibetrag von 2.000 €.

Das Gesetz enthält in § 17 ErbStG Regelungen über einen **besonderen Versorgungsfreibetrag**.

Der Erwerb einer Eigentumswohnung als Erbe durch ein Kind ist nicht steuerbefreit, wenn das Kind die Wohnung nicht selbst nutzt.[1]

3. Steuersätze (§ 19 ErbStG)

Die Steuersätze nach **§ 19 ErbStG** betragen: 1915

Wert des steuerpflichtigen Erwerbs i. S. d. § 10 ErbStG bis ... €	Vomhundertsatz in der Steuerklasse		
	I	II	III
75.000	7	15	30
300.000	11	20	30
600.000	15	25	30
6.000.000	19	30	30
13.000.000	23	35	50
26.000.000	27	40	50
über 26.000.000	30	43	50

Anwendungsregelungen des Gesetzes befinden sich in § 37 ErbStG. 1916

(Einstweilen frei) 1917–1925

VIII. Grunderwerbsteuer

Literatur: *Kanzler/Nacke*, Steuerrecht aktuell, Spezial Steuergesetzgebung 2009/2010; *Lustig*, Anwendung des § 1 Abs. 2a GrEStG, NWB 2010 S. 4185; *Behrens/Bock*, Steuervergünstigung bei Umstrukturierungen im Konzern nach § 6a GrEStG, NWB 2011 S. 615; *Greiser*, *Rotter*, Grunderwerbsteuerneutrale Verschmelzung bei Umstrukturierung im Konzern, NWB 2016 S. 849 ff.; *Rotter*, Die Übertragung von Vermögen außerhalb der Erbschaft durch Vermächtnis, NWB 2016 S. 2595 ff.; *Graessner*, Mittelbarer Anteilseignerwechsel bei § 1 Abs. 2a GrEStG, NWB 2017 S. 2341; *Geißler*, Rückgängigmachung eines Erwerbsvorgangs i. S. von § 16 GrEStG, NWB 2019 S. 2347; *Saecker*, Aktueller Rechtsstand des § 1 Abs. 3a GrEStG, NWB 2019 S. 968 ff.; *Saecker*, Grunderwerbsteuerliche Auswirkungen bei Familienpersonengesellschaften, NWB 2020 S. 2407 ff.

VERWALTUNGSANWEISUNGEN:

Gleich lautender Ländererlass v. 21.3.2007, BStBl 2007 I S. 422; Gleich lautender Ländererlass v. 9.10.2013, BStBl 2013 I S. 1364; Gleich lautender Ländererlass v. 6.3.2013, BStBl

---

1 BFH, Urteil v. 5.10.2016 - II R 32/15, BStBl 2017 II S. 130.

2013 I S. 773; Gleich lautender Ländererlass v. 19.6.2012, BStBl 2012 I S. 662; Gleich lautender Ländererlass v. 18.2.2014, BStBl 2014 I S. 561 bzw. S. 764; Gleich lautender Ländererlass v. 16.9.2015, BStBl 2015 I S. 827.

ARBEITSHILFEN UND GRUNDLAGEN ONLINE:

Grunderwerbsteuer: Übersicht nach Bundesländern, Arbeitshilfe, NWB WAAAD-60399; *Geißler*, Grunderwerbsteuer, infoCenter, NWB EAAAB-14435, Saecker, Grunderwerbsteuer, Grundlagen, NWB DAAAE-32926.

1926　Der Grunderwerbsteuer unterliegt gem. § 1 GrEStG u. a. ein Kaufvertrag oder ein anderes Rechtsgeschäft, das den Anspruch auf Übereignung eines inländischen Grundstücks begründet. Ein Erwerbsvorgang ist nach § 1 Abs. 3 GrEStG u. a. auch die **Vereinigung** von mindestens 95 % der Anteile an einer Kapitalgesellschaft in einer Hand, wenn zum Vermögen einer Gesellschaft ein inländisches Grundstück gehört. Durch das Wachstumsbeschleunigungsgesetz hat der Gesetzgeber durch Einfügung eines § 6a zur Anwendung bei Erwerbsvorgängen, die ab 1.1.2010 verwirklicht werden, eine Steuervergünstigung bei Umstrukturierungen im Konzern neu geschaffen.

Der BFH hat zwei Vorlagen an das BVerfG beschlossen, um die Heranziehung von Grundbesitzwerten gem. § 138 BewG als Bemessungsgrundlage der Grunderwerbsteuer überprüfen zu lassen. Mit einer Aussetzung der Vollziehung kann in diesen Fällen nicht gerechnet werden. Zur Konzernklausel des § 6a GrEStG vgl. BFH, Urteil v. 21.8.2019.[1]

Bemessungsgrundlage für die Steuer ist gem. §§ 8, 9 GrEStG **der Wert der Gegenleistung.** Nach OFD Frankfurt, Vfg. v. 29.3.2012,[2] gehört beim Erwerb einer Eigentumswohnung das erworbene anteilige **Guthaben aus der Instandhaltungsrücklage** als gesonderte Kapitalforderung nicht zur grunderwerbsteuerlichen Gegenleistung. Zum Ansatz des **Meistgebots** als Bemessungsgrundlage vgl. BFH, Urteil v. 2.3.2016.[3]

Der **allgemeine Grunderwerbsteuersatz beträgt 3,5 %** Ab dem 1.9.2006 haben die Bundesländer die Befugnis erhalten, die Höhe des Steuersatzes selbst zu bestimmen. Inzwischen liegen die Steuersätze der Bundesländer zwischen 3,5 und 6,5 %.[4]

---

1 NWB BAAAH-42107.
2 NWB FAAAE-06865.
3 II R 27/14, BStBl 2016 II S. 619.
4 Die ab 1.1.2015 gültigen Steuersätze ergeben sich aus NWB 2014 S. 3681. Vgl. auch die NWB-Arbeitshilfe, NWB WAAAD-60399.

Im Gaststätten- und Beherbergungsgewerbe werden grunderwerbsteuerlich relevante Rechtsgeschäfte vielfach mit Bierbezugsverpflichtungen verbunden, so dass folgende Frage zu beurteilen ist:

Bierbezugsverpflichtung als Gegenleistung

Sachverhalt

Eine Brauerei verkauft einem Gastwirt durch notariellen Vertrag ein Grundstück für seine Gaststätte. Zuvor war zwischen ihr und dem Gastwirt ein privatwirtschaftlicher Vertrag zustande gekommen, nachdem die Brauerei dem Gastwirt ein Darlehen auf zehn Jahre zu 4,5 % bei hypothekarischer Sicherheit und gegen die Verpflichtung gewährte, die Gastwirtschaft wenigstens zehn Jahre lang zu betreiben oder betreiben zu lassen und während dieser Zeit den Bierbedarf ausschließlich von der Brauerei zu beziehen oder beziehen zu lassen. Für den Fall, dass der Käufer des Grundstücks gegen die Verpflichtung zum Weiterbetrieb verstoßen sollte, wurde eine Vertragsstrafe von 5 € je Tag vereinbart. Im Falle eines Bierwechsels verpflichtete sich der Käufer, eine Vertragsstrafe von 1.000 € im Jahre für den Rest der vertragsmäßigen Dauer des Bierbezugs zu zahlen. Schließlich versprach der Käufer, für jedes Hektoliter bezogenes Bier 5 € über den üblichen Bierpreis zu zahlen. Die Mehrzahlungen sollte die Brauerei zur Zins- oder Kapitaltilgung oder auch zur Tilgung für rückständige Biergelder verwenden dürfen. | 1927

Wirtschaftlich und rechtlich sind **Kaufvertrag und Kreditvertrag** ein **einheitlicher Vertrag**. Die Übernahme der **Bierbezugsverpflichtung** bildet die **Gegenleistung** für die Grundstücksübertragung. Allerdings bedurfte es zur Gültigkeit beider als Einheit gewollter Verträge der im § 313 Satz 1 BGB vorgeschriebenen Form, und diese ist nur bei dem Kaufvertrag erfüllt. Da aber Auflassung und Eintragung im Grundbuch nachgefolgt sind, ist der Formmangel geheilt (§ 313 Satz 2 BGB). Ob Kaufvertrag und Kreditvertrag in derartigen Fällen immer eine Einheit bilden, ist eine Frage tatsächlicher Art. | 1928

Die Übernahme der Bierbezugsverpflichtung durch den Gastwirt ist also als Gegenleistung anzusehen. Ihr **Wert** kann nur durch **Schätzung** gefunden werden. Bei der Bewertung dieser Leistung kann die für den Fall der Verletzung der Bierbezugsverpflichtung **vereinbarte Vertragsstrafe** als **Anhalt dienen.**[1] | 1929

---

1 Vgl. hierzu RFH v. 10.7.1923, RFHE 12 S. 264.

IX. Grundsteuer

Literatur: *Stöckel*, Reform der Grundsteuer, NWB 2014 S. 3475; *Eisele*, Grundsteuer zunehmend unter Verfassungsdruck, NWB 2015 S. 260; *Eisele*, Reform der Grundsteuer, Teil I und II, NWB 2016 S. 2410 ff. und 2486 ff.; *Korn/Strahl*, Steuerliche Hinweise und Dispositionen zum Jahresende 2016, Abschn. II 9, Reform der Grundsteuer, S. 3652 ff.; *Stöckel*, Bundesratsinitiative zur Bewertung des Grundbesitzes für die Grundsteuer, NWN 2016 S. 2870 ff; *Eisele*, Ende einer „unendlichen Geschichte" StW 2017 S. 23; *Eisele*, Reform der Grundsteuer auf der Zielgeraden, I und II, StW 2019 S 23 und 143; *Eisele*, Reform der Grundsteuer I und II, NWB 2019 S. 3060 und 3291; *Schmidt*, Reform der Grundsteuer, NWB 2019 S. 371.

VERWALTUNGSANWEISUNGEN:

Gesetz zur Reform des Grundsteuer- und Bewertungsrechts v. 26.11.2019, BStBl 2019 S. 1319; Gesetz zur Änderung des Grundsteuerrechts zur Mobilisierung von baureifen Grundstücken für die Bebauung, BStBl 2019 S. 1368.

ARBEITSHILFEN UND GRUNDLAGEN ONLINE:

Grundsteuer – Berechnungsschema, Arbeitshilfe, NWB JAAAD-58287; *dies.*, Grundsteuer, infoCenter, NWB MAAAB-40737.

1930 Die Grundsteuer ist eine sog. **Realsteuer** (§ 3 Abs. 2 AO). Sie wird ohne Rücksicht auf die persönlichen Verhältnisse oder Leistungsfähigkeit des Grundstückseigentümers nach Maßgabe der Einheitswerte erhoben. Weil die Einheitswerte seit langem nicht mehr der Realität entsprachen, wurden die **Bemessungsgrundlagen für verfassungswidrig erklärt.**

Zur Reform der Einheitsbewertung vgl. Literatur und auch Rz. 1870.

1931 **Steuerschuldner** ist derjenige, dem der Haus-, Grund- und Wohnbesitz bei der Einheitsbewertung zugerechnet worden ist (§ 10 Abs. 1 GrStG). Das ist in der Regel der bürgerliche Eigentümer.

1932 Die **Berechnung** der Grundsteuer vollzieht sich in einem dreistufigen Verfahren: Einheitswert-, Steuermessbetrags- und Grundsteuerveranlagungsverfahren. Die Grundsteuer wird nach den Verhältnissen zu Beginn des Kalenderjahres festgesetzt.

Grundsteuererlass bei Hotelbetrieben

1933 Gemäß § 33 Abs. 1 GrStG ist bei bebauten Grundstücken nach altem Recht ein **Teilerlass** von Grundsteuer möglich, wenn u. a. der **„normale Rohertrag"** des Steuergegenstandes **um mehr als 50 %** gemindert ist. Wegen des Begriffs „normaler Rohertrag" vgl. i. E. § 33 Abs. 1 Sätze 3 und 4, Abs. 2 bis 4 GrStG.

Novellierung der Grundsteuer

Mit den Gesetzen zur Reform des Grundsteuer- und Bewertungsrechts (Grund-   1934
steuerreformgesetz) und dem Gesetz zur Änderung des Grundsteuergesetzes
zur Mobilisierung von baureifen Grundstücken für die Bebauung v.
30.11.2019,[1] hat der Gesetzgeber die Grundsteuer auf eine neue Basis gestellt.
Bundestag und Bundesrat haben mit drei Gesetzen die Reformierung der
Grundsteuer verabschiedet. Eisele hat das neue Recht ausführlich und kompetent besprochen.[2]

Für die Berechnung der Grundsteuer wird nunmehr nicht mehr nur auf den
Bodenwert abgestellt. Auch die Erträge werden zugezogen. Neu ist auch, dass
anders als bei Wohngrundstücken bei vermieteten Geschäftsgrundstücken ein
vereinfachtes Sachwertverfahren zur Anwendung kommt. Außerdem wird
über eine sog. **Eröffnungsklausel** den Bundesländern die Möglichkeit eröffnet,
mit einem anderen Bewertungsschema auf die Höhe der Grundsteuer Einfluss
zu nehmen. Neu ist auch, dass die neue Grundsteuer unter der Bezeichnung
Grundsteuer C gegen die Spekulation vorgehen kann.

Die neue Grundsteuer wird ab 1.1.2025 erhoben. Eine Erhöhung sollte nach
Absicht des Gesetzgebers nicht eintreten. Da die Kommunen über die Hebesätze auf die Grundsteuer Einfluss nehmen, ist dies aber nicht realisierbar.

Zur Novellierung der Einheitsbewertung vgl. Rz. 1870 ff.

X. Vergnügungsteuer

Literatur: *Lechelt,* Örtliche Verbrauch- und Aufwandsteuern, NWB 1989 S. 2705.

Vergnügungsteuern sind **indirekte** örtliche **Aufwandsteuern.** Bei ihnen ist   1935
nicht vom Verbrauch von Waren i. S. einer Verbrauchsteuer auszugehen, sondern vom **Gebrauch** z. B. der zur Verfügung gestellten Spielgeräte oder ähn-
licher Dinge i. S. d. Gewährleistung einer Dienstleistung.[3] In einigen Bundesländern ist die Vergnügungsteuer **ersatzlos aufgehoben** und anschließend die Besteuerung einzelner Teilbereiche (z. B. Spielgeräte Killerautomaten) wieder eingeführt worden. Aufgrund landesrechtlicher Vorschriften oder gemeindlicher
Vergnügungsteuersatzungen sind die Gemeinden, zum Teil auch die Landkrei-
se, befugt, die Vergnügungsteuer zu erheben. Im Grundsatz bauen die einzelnen landesrechtlichen Vorschriften noch auf den Reichsratsbestimmungen

---

1 BStBl 2019 I S. 1319 bzw. 1368.
2 NWB 2019 S. 3060 und 3291.
3 Vgl. i. E. Lechelt, 1998 S. 2705, m. w. N.

über die Vergnügungsteuer v. 7.6.1933[1] auf. **Gewaltspielautomaten** dürfen einem **höheren Steuersatz** als andere Spielautomaten unterworfen werden.[2] Diese in der Satzung einer Kommune enthaltene Regelung ist **verfassungsrechtlich nicht zu beanstanden.** Die Spielautomatensteuer als solche ist durch das Ziel gerechtfertigt, der Verbreitung der Spielsucht entgegenzuwirken. Das Lenkungsziel der erhöhten Besteuerung von Gewaltspielautomaten besteht darüber hinaus darin, die Aufstellung von gewalt- und kriegsverherrlichenden Automaten einzudämmen.[3]

1. Gegenstand der Besteuerung

1936 Gegenstand der Besteuerung sind die im Gemeindebezirk veranstalteten Vergnügungen. Das sind Veranstaltungen, die geeignet sind, den Besucher zu entspannen, zu belustigen oder in sonstiger Weise zu unterhalten.

1937 Vergnügungen sind z. B. Tanzveranstaltungen, Karnevalsveranstaltungen, Modeschauen, Film- und Theatervorführungen, Konzerte, Vorträge, Halten von Musik- und Spielautomaten. Nach der Aufhebung der Sittenwidrigkeit der Prostitution hat die Stadt Köln eine „Sexsteuer" eingeführt (vgl. Vergnügungssteuersatzung v. 19.12.2003). Steuerpflichtig sind danach Swingerclubs, Stripteasebars usw. Inhaltlich gleiche Wege gingen bisher die Städte Bonn und Soltau.

1938 **Keine Vergnügungen** sind politischen, gewerkschaftlichen, religiösen, erzieherischen, volksbildenden oder wissenschaftlichen Zwecken dienende Veranstaltungen; ferner nicht Besichtigungen von Denkmalen der Bau- und Gartenbaukunst, Gemäldegalerien, Sammlungen, Museen sowie Kunstausstellungen, wenn die Besichtigung als volksbildend anerkannt ist.

2. Entstehung der Steuer für Spielgeräte

1939 Die Spielautomatensteuer ist eine Form der Vergnügungsteuer. Ihre **Entstehung** knüpft an die Aufstellung des Geräts an.[4] Steuergegenstand sind entgeltliche Spielgeräte mit oder ohne Gewinnmöglichkeit. Als Steuermaßstab dient gewöhnlich die Anzahl der Geräte, der Umsatz oder eine Pauschale. Vgl. auch OVG Bautzen v. 13.12.1995.[5]

---

1 RGBl 1933 I S. 351.
2 Vgl. BVerwG v. 22.12.1999 - 11 C 9.99 11 C 10.99, NWB VAAAA-00207.
3 BVerfG, Beschluss v. 3.5.2001 - 1 BvR 624/00, NWB FAAAB-86086.
4 OVG Bautzen v. 13.12.1995 - 2 S 193/95, NWB EN-Nr. 744/97.
5 2 S 193/95, NWB KAAAA-20378.

Bei Umsätzen mit Spielautomaten mit oder ohne Gewinnmöglichkeiten ist die Vergnügungsteuer nicht aus der Bemessungsgrundlage herauszurechnen.[1] Zur Verfassungsmäßigkeit der Erhöhung der **Vergnügungsteuer für Spielgeräte in Berlin**.[2] Zur Verfassungsmäßigkeit des **Hamburger Spielvergnügungssteuergesetzes** vgl. BFH v. 19.2.2010.[3] Die Erhebung einer Spielgerätesteuer zusätzlich zur Umsatzsteuer ist verfassungsgemäß.[4] Es besteht auch keine Kollision zur kommunalen Vergnügungssteuer.

3. Steuerbefreiungen

Zahlreiche Veranstaltungsarten sind von der Vergnügungsteuer **befreit**, so z. B. musikalische Veranstaltungen, die als künstlerisch wertvoll anerkannt sind; ferner Ausführungen von Laientheatern oder Heimatspielen, sofern sie nicht im Rahmen von Tanzveranstaltungen oder anderen geselligen Veranstaltungen stattfinden.   1940

4. Erhebung der Vergnügungsteuer

Die Steuer wird meistens in Form der **Kartensteuer** erhoben. Erhebt der Gastwirt/Hotelier bei einer Veranstaltung ein **Eintrittsgeld,** dann ist er zur **Ausgabe von Eintrittskarten** verpflichtet. Berechnet wird die Steuer nach der Zahl und dem Preis der ausgegebenen Eintrittskarten. Eine **pauschale Festsetzung** der Vergnügungsteuer erfolgt, wenn keine Eintrittskarten ausgegeben werden oder wenn es nicht möglich oder nicht gewährleistet ist, die Kartensteuer zu erheben. Werden bei einer Veranstaltung neben entgeltlichen Eintrittskarten auch **Freikarten** ausgegeben, so müssen Letztere mangels eines Aufwandes des Freikarteninhabers von der Vergnügungsteuer frei bleiben.[5]   1941

Die **Steuersätze** in den Ländern sind unterschiedlich und teils auch nach Veranstaltungsart gestaffelt. Sie liegen zwischen 5 und 25 %.   1942

Vor ihrem **Beginn** ist die Vergnügung vom Veranstalter bei der gemeindlichen Steuerbehörde **anzumelden.**   1943

(Einstweilen frei)   1944

---

1 BFH v. 22.4.2010 - V R 26/08, BStBl 2010 II S. 883.
2 Vgl. BFH, Urteil v. 26.2.2007 - II R 2/05, NWB YAAAC-43361.
3 II B 122/09, BFH/NV 2010 S. 1144, NWB PAAAD-42149; vgl. auch BFH, Urteil v. 17.8.2010 - II B 30/10, BFH/NV 2010 S. 2124, NWB MAAAD-52755.
4 FG Hamburg v. 15.7.2014 - 3 K 207/13, NWB DAAAE-71239.
5 OVG Münster v. 9.5.1996, NVwZ-RR 1997 S. 560.

XI. Lotteriesteuer

VERWALTUNGSANWEISUNGEN:

FinMin Baden-Württemberg v. 15. 7. 2013 – 3-S 480.1/4, NWB XAAAE-41611.

1945 Die Veranstaltung einer öffentlichen Lotterie oder Ausspielung im Inland unterliegt der Lotteriesteuer. Eine **Lotterie** oder **Ausspielung** gilt als **öffentlich,** wenn die für die Genehmigung zuständige Behörde sie als genehmigungspflichtig ansieht (§ 17 RennwLottG).

1946 **Rechtsgrundlage** der Besteuerung ist das Rennwett- und Lotteriegesetz v. 8.4.1922,[1] zuletzt geändert am 31.8.2015.[2]

Lotterien und Ausspielungen sind **Glücksspiele.** Die Gewinnaussichten hängen bei ihnen vom Zufall ab. Bei Lotterien bestehen die Gewinne immer in Geldbeträgen, während bei Ausspielungen auch Sachwerte als Gewinn ausgeworfen werden können. Besteuert werden nach § 1 auch öffentliche Pferdewetten.

1947 Die **Lotteriesteuer** beträgt nach § 17 Abs. 1 RennwLottG 20 % des planmäßigen Preises sämtlicher Lose ausschließlich der Steuer (gültig ab 1.7.2012).

1948 **Steuerschuldner** ist der Veranstalter der Lotterie oder Ausspielung (§ 19 Abs. 1 Satz 1 RennwLottG). Die **Steuerschuld entsteht** mit der Genehmigung, spätestens aber in dem Zeitpunkt, zu dem die Genehmigung hätte eingeholt werden müssen (§ 19 Abs. 1 Satz 2 RennwLottG).

1949 Es bestehen folgende **Steuerbefreiungen** (§ 18 RennwLottG) bei

► Ausspielungen

    a) bei denen Ausweise nicht erteilt werden oder

    b) bei denen der Gesamtpreis der Lose einer Ausspielung den Wert von 650 € nicht übersteigt,

es sei denn, dass der Veranstalter ein Gewerbetreibender oder Reisegewerbetreibender i. S. d. Gewerberechts ist oder dass die Gewinne ganz oder teilweise in Bargeld bestehen;

► von den zuständigen Behörden genehmigte Lotterien und Ausspielungen, bei denen der Gesamtpreis der Lose der Lotterie oder Ausspielung

    a) bei Lotterien und Ausspielungen zu ausschließlich gemeinnützigen, mildtätigen oder kirchlichen Zwecken den Wert von 40.000 €,

    b) in allen anderen Fällen den Wert von 240 € nicht übersteigt.

---

1 RGBl 1922 I S. 393.

2 BGBl 2012 I S. 1424; BGBl 2015 I S. 1474. Vgl. dazu Verwaltungsanweisungen und NWB Deutsche Steuergesetze, 8. Aufl.

Unter das Rennwett- und Lotteriegesetz fallende Veranstaltungen können auch im Gaststättengewerbe in Betracht kommen, z. B. Tombola. **1950**

XII. Getränkesteuer, Schankerlaubnissteuer

Aufgrund landesrechtlicher Ermächtigungen sind in einzelnen Ländern die Gemeinden berechtigt, eine Getränkesteuer auf bestimmte **Getränke** zu erheben, die in Gast- und Schankwirtschaften und an sonstigen ähnlichen Stätten zum Verzehr an Ort und Stelle entgeltlich verabreicht werden. In Betracht kommen: Wein, weinähnliche und weinhaltige Getränke, Schaumweine, schaumweinähnliche Getränke, Trinkbranntweine, Mineralwasser, Limonaden, Coca-Cola, andere künstliche Getränke, Kaffee, Tee und andere Auszüge aus pflanzlichen Stoffen (Traubensaft usw.). Die Erhebung einer Getränkesteuer ist nicht deshalb willkürlich und verletzt den Gleichheitsgrundsatz, weil kein anderer Berufsstand wie der der Gastwirte dieser Sonderbesteuerung unterliegt. Die Bedeutung der Getränkesteuer ist rückläufig. **1951**

Bei der **Hamburgischen Getränkesteuer** handelt es sich auch insoweit um die traditionelle **Gemeindegetränkesteuer,** als die entgeltliche Abgabe von Bier zum Verzehr an Ort und Stelle einer Getränkesteuer unterworfen wird.[1] **1952**

Der **Ortsgesetzgeber** ist bundesrechtlich nicht gehindert, die Schankerlaubnissteuer nach dem Gesamtumsatz des Schankbetriebes unter Einbeziehung der Umsatzsteuer zu bemessen. Die gezahlte **Schankerlaubnissteuer/Getränkesteuer** kann **sofort als Betriebsausgabe abgesetzt** werden. Es besteht **keine Aktivierungspflicht.**[2] Die Schankerlaubnissteuer wird ab dem 1.1.1973 in Nordrhein-Westfalen nicht mehr erhoben.[3] **1953**

Die Gemeinden dürfen eine **örtliche Überprüfung – Betriebsprüfung –** der Getränkesteuer in den Betriebsräumen des Unternehmers vornehmen, sofern hierzu eine ordnungsmäßige Rechtsgrundlage besteht. Die Gemeinden haben sich die Rechtsgrundlagen, soweit sie nicht durch die Bestimmungen der in den einzelnen Steuerordnungen geltenden **Kommunalabgabenordnung** gegeben waren, in den einzelnen Steuerordnungen für die Erhebung der Steuer geschaffen, indem sie die diesbezüglichen **Vorschriften der AO** für **entsprechend anwendbar** erklärt haben. **1954**

(Einstweilen frei) **1955–1962**

---

1 BVerfG, Urteil v. 26.2.1985 – 2 BvL 14/84, BStBl 1985 II S. 439.
2 RFH v. 21.10.1931, RStBl 1932 S. 305.
3 BVerwG, Urteil v. 26.4.1974 - VII C 30.72, NWB ZAAAC-45374.

Abschnitt C: Außenprüfung (Betriebsprüfung); Steuerfahndung; Selbstanzeige

I. Außenprüfung (Betriebsprüfung), Steuerfahndung

Literatur: *Bilsdorfer*, Die Betriebsprüfungsordnung 2000, NWB 2000 S. 1389; *Bilsdorfer*, Die Außenprüfung, NWB 2004 S. 2353; *Intemann*, Die Außenprüfung im digitalen Zeitalter, NWB 2006 S. 333; *Baumann*, Zulässigkeit einer Betriebsprüfung im Jahrestakt, NWB 2009 S. 3338; *Huber/Wähnert*, Neue interaktive Prüfungstechnik (NiPt), NWB 2009 S. 2814; *Costa*, Verzögerungsgeld in der elektronischen Betriebsprüfung, BBK 2009 S. 227; *Geuenich*, Steuerliche Außenprüfung bei Beziehern von Überschusseinkünften, NWB 2010 S. 2300; *Happe*, Die zeitnahe Betriebsprüfung aus Sicht des Betriebsprüfers, BBK 2011 S. 807; *Reich*, Die Außenprüfungsverfahren der deutschen Finanzverwaltung, StW 2011 S. 104; *Brinkmann*, Außenprüfungen bei Privatpersonen, StBp 2011 S. 125; *Costa/Wamsler*, Die zeitnahe Betriebsprüfung aus Beratersicht, BBK 2011 S. 813; *Beyer*, Betriebsprüfung, NWB 2012 S. 3259; *Heß*, Die Ermessensausübung bei der Anordnung einer Außenprüfung, NWB 2012 S. 3316; *Wähnert*, Gegenüberstellung alter und neuer Ansätze der Betriebsprüfung, NWB 2012 S. 2774; *Brinkmann*, Die stille Beteiligung in der Außenprüfung, StBp Heft 8 und 9/11; *Harle/Nüdling/Olles*, Die moderne Betriebsprüfung, 4. Aufl., Herne 2020;*Dißars*, Die neuen Grundsätze für die ordnungsgemäße elektronische Buchführung, NWB 2015 S. 405; *Nöcker*, Update Betriebsprüfung, NWB 2016 S. 3157; *Herold/Volkenborn*, Die sieben wichtigsten Regeln zur Umsetzung der GoBD in die Praxis, NWB 2017 S. 922. *Eilts*, Die elektronisch unterstützte Betriebsprüfung – euBP, NWB 2019 S. 2660; *Beyer*, Kritische Anmerkungen zur summarischen Risikoprüfung der Finanzämter, NWB 2019 S. 2931.

VERWALTUNGSANWEISUNGEN:

Vgl. Rechtsgrundlagen, Rz. 1972.

ARBEITSHILFEN UND GRUNDLAGEN ONLINE:

v. Wedelstädt, Betriebsprüfung, NWB PAAAB-04785; *Beyer*, Außenprüfung: Ein Leitfaden, NWB FAAAE-82166.

1. Aufgabe, Bedeutung, Zuständigkeit

1963 Die Außenprüfung ist zentraler **Bestandteil des Besteuerungsverfahrens.** Sie ist unstreitig ein schwerer Eingriff in die Grundrechte des Bürgers. Der Stpfl. wird ausgeforscht, seine Geschäftsbeziehungen und auch seine private Sphäre werden untersucht.

Soweit es sich um Betriebe handelt wird von Betriebsprüfung geredet. Sie soll durch turnusmäßige oder Prüfung aus besonderem Anlass **an der Steuerquelle** sicherstellen, dass Steuern nicht verkürzt, zu Unrecht erhoben oder Steuererstattungen und -vergütungen zu Unrecht gewährt oder versagt werden (§ 85 AO; Besteuerungsgrundsätze). Die Anlässe für Außenprüfungen sind vielfältig. Für ihre Ausführungen gelten die Grundsätze des Amtsermittlungsprinzips (§ 88 AO).

Eine **gesetzmäßige Besteuerung** liegt im Interesse von Bürger und Gemeinschaft. In dieser Richtung wirkt die Institution Außenprüfung **präventiv.** Der BFH v. 17.9.1974[1] rechtfertigt ihre Bedeutung als das bei den heutigen komplizierten Verhältnissen einzige **geeignete und erforderliche Mittel,** die tatsächlichen und rechtlichen Verhältnisse in steuerlicher Hinsicht einigermaßen zufriedenstellend aufzuklären.

1964

Für die Durchführung einer Außenprüfung ist nach § 195 Satz 1 AO grundsätzlich das für die Besteuerung des zu prüfenden Stpfl. zuständige Finanzamt zuständig. Andere Finanzbehörden können beauftragt werden. Groß- und Konzernbetriebe werden i.d.R. durch Zentralstellen (Finanzämter für Großbetriebsprüfung) geprüft.

(Einstweilen frei)

1965–1971

2. Rechtsgrundlagen

Literatur: *Apitz,* Die wichtigsten Änderungen des Anwendungserlasses zur AO aus der Sicht der Betriebsprüfung, StBp 2000 S. 265; *Bilsdorfer,* Die Betriebsprüfungsordnung 2000, NWB 2000 S. 1389; *Rolf/Pankoke,* Vor- und Nachteile einer zeitnahen Betriebsprüfung, BBK 2009 S. 1175; *Geuenich,* Steuerliche Außenprüfung bei Beziehern von Überschusseinkünften, NWB 2010 S. 2300; *Costa/Wamsler,* Die zeitnahe Betriebsprüfung aus Beratersicht, BBK 2011 S. 813; *Happe,* Die zeitnahe Betriebsprüfung aus Sicht eines Betriebsprüfers, BBK 2011 S. 807.

VERWALTUNGSANWEISUNGEN:

Betriebsprüfungsordnung „Allgemeine Verwaltungsvorschrift für die Betriebsprüfung – (BpO 2000)", „(BpO)" v. 15.3.2000, BStBl 2000 I S. 368, mit späteren Änderungen; Anwendungserlass zur Abgabenordnung (AEAO) zu den §§ 193 ff.; BMF, Schreiben v. 17.6.2019, Neufassung des § 146a AO durch „das Gesetz zum Schutz vor Manipulationen an digitalen Grundaufzeichnungen", BStBl 2019 I S. 518. Weitere Quellen vgl. auch vor Rz. 1963.

---

1 BFH, Urteil v. 17.9.1974 - VII B 122/73, BStBl 1975 II S. 197.

a) Allgemeine Außenprüfungen

1972 Die **Rechtsgrundlagen** für die Außenprüfung finden sich in den **§§ 146a und 193 bis 207 AO.**[1] Sie werden ergänzt durch die **allgemeine Verwaltungsvorschrift Betriebsprüfung** (BpO 2000) v. 15.3.2000 mit späteren Änderungen. Die BpO regelt Fragen der Zulässigkeit, Rechtmäßigkeit, des Umfangs, der Zuständigkeit, des Verfahrens und die gegenseitigen Pflichten bundeseinheitlich.

Gegen die Durchführung einer Außenprüfung gibt es keine wirksamen Einwendungen.[2]

Außenprüfungen sind nach § 193 Abs. 1 AO **zulässig** bei Stpfl., die einen gewerblichen oder land- und forstwirtschaftlichen Betrieb unterhalten, freiberuflich tätig sind und bei Stpfl. i. S. d. § 147a AO. § 147a AO benennt Stpfl., bei denen die Summe der positiven Überschusseinkünfte nach § 2 Abs. 1 Nr. 4 bis 7 EStG mehr als 500.000 € beträgt. Bei sog. „Einkunftsmillionären" ist nunmehr **in der** Prüfungsanordnung keine zusätzliche Begründung mehr erforderlich.

Zur Zulässigkeit darüber hinaus vgl. § 193 Abs. 2 AO (vgl. Rz. 2011 ff.).

Zur alle drei Jahre erforderlichen Einteilung der Betriebe in **Größenklassen** zum Stichtag 1.1.2019 vgl. BMF, Schreiben v.13.4.2018.[3]

b) Zeitnahe Betriebsprüfungen

1973 Durch Einfügung des **§ 4a in die BpO 2000** wurde mit Zustimmung des Bundesrates v. 8.7.2011 ab 1.1.2012 die **zeitnahe Betriebsprüfung** neu geschaffen.[4] Danach ist es der Finanzbehörde gestattet, Stpfl. für eine zeitnahe Prüfung auszuwählen. Eine solche Betriebsprüfung darf als Prüfungszeitraum einen oder mehrere gegenwartsnahe Besteuerungszeiträume bestimmen.[5]

1974–1976 *(Einstweilen frei)*

---

1 Vgl. auch Anwendungserlass zur AO (AEAO) v. 31.1.2014, BStBl 2014 I S. 290, zuletzt geändert am 28.5.2020, BStBl 2020 I S. 534.

2 Vgl dazu auch BFH, Urteil v. 11.4.1990 - I T 167/86, BStBl 1990 II S. 772; BFH, Urteil v. 2.10.1991 - X R 89/89, BStBl 1992 II S. 220; BFH, Urteil v. 17.11.1992 - VIII R 25/89, BStBl 1993 II S. 146; BFH, Urteil v. 5.11.1981 - IV R 179/79, BStBl 1982 II S. 208.

3 BStBl 2018 I S. 614.

4 Vgl. BStBl 2011 I S. 710.

5 Einzelheiten dazu vgl. Harle/Nüdling/Olles, Die moderne Betriebsprüfung, 4. Aufl., Herne 2020, Rz. 76 ff.

3. Sonderprüfungen bzw. -nachschauen

Literatur: *Beyer*, Die Besonderheiten der verschiedenen steuerlichen Prüfungsarten, BBK 2013 S. 478.

VERWALTUNGSANWEISUNGEN:

OFD Niedersachsen v. 12.5.2016 – S 0351 - 62 - St 142, NWB KAAAF-74553.

Die Finanzbehörden führen auch Sonderprüfungen als Außenprüfungen bzw. besondere Verfahren (Nachschauen) durch. Die **Rechtsgrundlagen** dafür befinden sich in der AO und den **Einzelsteuergesetzen**. Für das Verfahren der Sonderprüfungen gelten immer auch die Regelungen der §§ 193 ff. AO, in begrenztem Umfang auch die BpO (§ 1 Abs. 2 BpO). Die Regeln des Datenzugriffs sind zu beachten. Die Selbstbindung der Verwaltung an den dreijährigen Prüfungszeitraum gilt nicht.

1977

Die ab 1.1.2002 geschaffene **Umsatzsteuernachschau** nach § 27b UStG (vgl. Rz. 1979) ist keine Außenprüfung. Auch auf die Lohnsteuernachschau nach § 42g EStG (vgl. Rz. 1978) sind die Vorschriften über Außenprüfungen nicht anwendbar. Gleiches gilt für die neu geschaffene **Kassennachschau** nach § 146b AO, Rz. 1980.

Folgende Sonderprüfungen bzw. -nachschauen haben steuerliche Bedeutung:

a) Lohnsteueraußenprüfungen (§ 42f EStG); Lohnsteuenachschau (§ 42g EStG)

Literatur: *Assmann*, Recht und Praxis der Lohnsteueraußenprüfung, BuW 1992 S. 739; *Rainer*, Lohnsteuer und Lohnsteuerprüfung – Argumente für die Beratungspraxis, DStR 1992 S. 1156, 1192; *Gerloff*, Die Lohnsteuer-Außenprüfung (LSt – AP), HBP Kza. 7600; *Schmidt*, Zeitgleiche Außenprüfung durch Finanzamt und Rentenversicherung, NWB 2012 S. 3692; *Dißars*, Die neue Lohnsteuer-Nachschau, NWB 2013 S. 3210; *Bergan/Jahn*, Die Lohnsteuer-Nachschau nach § 42 EStG, NWB 2015 S. 579.

VERWALTUNGSANWEISUNGEN:

H 42f LStH: Lohnsteueraußenprüfung, Aufhebung des Vorbehalts der Nachprüfung; BMF, Schreiben v. 16.10.2014, BStBl 2014 I S. 1408; BMF, Schreiben v. 29.6.2011, BStBl 2011 I S. 675.

ARBEITSHILFEN UND GRUNDLAGEN ONLINE:

Wenning, Umsatzsteuersonderprüfung, NWB WAAAB-40738; *Beyer*, Außenprüfungen: Ein Leitfaden, NWB FAAAE-82166.

Die **Rechtsgrundlagen** für Lohnsteuersonderprüfungen finden sich in § 193 Abs. 1, § 193 Abs. 2 Nr. 1 AO und § 42f EStG. Die Finanzbehörde überprüft mit der Lohnsteueraußenprüfung bei Arbeitgebern **Einbehalt und Abführung** von

1978

Lohn- und Lohnkirchensteuern (ab 1.1.1995 auch Solidaritätsabgabe) der Arbeitnehmer. Das gilt auch für **im Privatbereich** beschäftigtes Personal (Haushälterin, Hausmeister, Gärtner usw.). Da es sich bei der Lohnsteueraußenprüfung um eine Außenprüfung handelt, gelten dafür auch die §§ 193 bis 203 AO.

Zur **Anordnung des Prüfungsortes** bei Lohnsteuer-Außenprüfungen vgl. BFH, Urteil v. 28.11.2006;[1] Zur **Wiederholung** einer Lohnsteuer-Außenprüfung vgl. FG Köln v. 7.4.2004.[2]

Durch das Amtshilferichtlinie-Umsetzungsgesetz v. 26.6.2013,[3] hat der Gesetzgeber durch Einfügung des § 42g in das EStG die **Lohnsteuernachschau** neu geschaffen. Danach sind die Finanzbehörden auch außerhalb von Kontrollen der Zollbehörden zu sog. Nachschauen befugt. Die Neuregelung ist zum 30.6.2013 in Kraft getreten.

b) Umsatzsteuersonderprüfungen; Umsatzsteuernachschau

Literatur: *App*, Checkliste zur Vorbereitung auf eine Umsatzsteuersonderprüfung, INF 1992 S. 491; *Crößmann*, Die Umsatzsteuer-Nachschau, StBp 2002 S. 165; *o.V.*, USt-Nachschau & Außenprüfung, UStB 2002 S. 334; *Honisch*, Kriterien für die Durchführung von Umsatzsteuersonderprüfungen, UStB 2003 S. 45; *Beyer*, Übergang von einer Umsatzsteuer-Nachschau zur -Sonderprüfung, NWB 2018 S. 2846.

VERWALTUNGSANWEISUNGEN:

OFD Hannover v. 14.12.1995, USt-Kartei S 7420 K. 1, § 18 UStG; BMF v. 7.11.2002, BStBl 2002 I S. 1366; BMF v. 23.12.2002, BStBl 2002 I S. 1447; Durchführung von Umsatzsteuer-Sonderprüfungen, BBK 2003 S. 35; BMF v. 2.6.2014, BStBl 2014 I S. 8655; Vordrucke für Anordnung und Bericht für die Umsatzsteuersonderprüfung vgl. BStBl 2019 I S. 1041.

ARBEITSHILFEN UND GRUNDLAGEN ONLINE:

Wenning, Umsatzsteuersonderprüfung, NWB WAAAB-40738.

1979 Für die Umsatzsteuersonderprüfung **fehlt** eine **eigenständige Rechtsnorm.** Soweit § 193 Abs. 1 AO anwendbar ist, wird sie damit rechtlich abgestützt. Darüber hinaus lässt sie sich nur unter den Voraussetzungen des § 193 Abs. 2 Nr. 2 AO durchführen.

Die Anwendbarkeit der **Betriebsprüfungsordnung** ist durch § 1 Abs. 2 BpO eingeschränkt. Es gelten nur die §§ 5 bis 12 mit Ausnahme des § 5 Abs. 4 Satz 2 und die §§ 20 bis 24, 29 und 30 BpO.

---

1 VI B 33/06, BFH/NV 2007 S. 646, NWB LAAAC-37714.
2 7 K 7227/99, EFG 2004 S. 1184.
3 BGBl 2013 I S. 1809.

Die Umsatzsteuersonderprüfung überprüft Umsatzsteuervoranmeldungen und -jahreserklärungen. Beurteilt werden dabei **umsatzsteuerliche Besonderheiten** wie Steuerfreiheit, Steuersätze, Vorsteuerabzug o. a. m. Über das Ergebnis hat der Prüfer einen **Prüfungsbericht** zu fertigen.

Der Gesetzgeber hat mit Wirkung zum 1.1.2002 das Rechtsinstitut der **Umsatzsteuer-Nachschau** als § 27b in das UStG eingefügt. Danach können Amtsträger der Finanzbehörde ohne vorherige Ankündigung zum Zweck der Ermittlung besteuerungsrelevanter Sachverhalte Geschäftsräume und Grundstücke von Gewerbetreibenden und Selbständigen betreten, in Geschäftsunterlagen einsehen und Auskunft verlangen. Die Umsatzsteuer-Nachschau ist selbst keine Prüfung i. S. d. §§ 193 ff. AO. Sie dient vielmehr der zeitnahen Kontrolle, welche die Außenprüfung nicht verdrängen kann. Vertiefte Ermittlungen sind weiterhin der Außenprüfung vorbehalten. Um die Erkenntnisse der Nachschau nicht zu gefährden, ermöglicht § 27b Abs. 3 UStG den **nahtlosen Übergang zur** Außenprüfung ohne vorherige Prüfungsanordnung.[1]

c) Andere Prüfungen bzw. Nachschauen (Kassennachschau)

Literatur: *Romeis*, Der Prüfungsauftrag nach § 195 Satz 2 AO, StBp 2006 S. 361; *Geuenich*, Digitale Kassensysteme: Verschärfte Compliance-Anforderungen ab 2020, Abschn. II, Einführung der Kassen-Nachschau, NWB 2017 S. 786; *Teutemacher*, BBK 2018 S. 274; *Harle/Nüdling/Olles*, Die moderne Betriebsprüfung, 4. Aufl., Herne 2020.

VERWALTUNGSANWEISUNGEN:

AEAO zu § 146a AO; BMF, Schreiben v. 29.5.2018, BStBl 2018 I S. 699.

ARBEITSHILFEN UND GRUNDLAGEN ONLINE:

Geuenich/Rbib, Verwaltungsregeln für die (digitale) Kassenprüfung vor Ort, BMF-Schreiben zur Kassennachschau v. 29.5.2018, NWB ZAAAG-93094; *Grözinger*, Was ist die Kassennachschau?, NWB ZAAAG-69251; Mandanten-Merkblatt: Checkliste für die Kassenführung ab 2020, NWB PAAAE-89435.

Durch das „Gesetz zum Schutz vor Manipulationen an digitalen Grundaufzeichnungen" wurde in die AO unter § 146b eine **Kassennachschau** neu eingeführt. Sie hat u. a. die Ordnungs- und Gesetzmäßigkeit der Kassenführung, die Erfüllung der **Belegausgabepflicht** und die Erfüllung und Richtigkeit der Übernahme der Bargeldeinnahmen in die Buchführung zu überprüfen. Zu Einzelheiten wird auf die o. a. Literatur und die Angaben in Rz. 506 verwiesen.

1980

Die Durchführung soll **unangekündigt** und außerhalb einer Außenprüfung erfolgen. Die Aufforderung zur Duldung ist ein Verwaltungsakt, der formlos er-

---

1 O.V., UStB 2002 S. 334.

lassen werden kann. Da die sog **offene Ladenkasse** nach wie vor zulässig ist, wird erwartet, dass die Kassennachschau auch für die Fälle der sog. **offenen Ladenkassen** eingesetzt wird. Die Anwendung der Neuregelung gilt nicht vor dem 1.1.2020. **Keine Außenprüfungen** und wegen fehlender Rechtsgrundlagen **unzulässig sind auch:**

► **Bestandsaufnahmeprüfungen**[1]

► **Liquiditäts- und Richtsatzprüfungen**

Bestandsaufnahme- und Liquiditätsprüfungen dienen nicht der Ermittlung steuerlicher Verhältnisse des Steuerbürgers und sind deshalb unzulässig. Die Finanzämter sammeln das Material für **Richtsatzermittlungen** anlässlich allgemeiner Außenprüfungen.

Nach § 195 Satz 2 AO können zuständige Finanzämter andere Finanzämter, das Bundesamt für Finanzen oder die Steuerfahndung mit der Außenprüfung beauftragen. Die Beauftragung muss begründet werden.

4. Abgekürzte Außenprüfung (§ 203 AO)

Literatur: *Assmann*, Die abgekürzte Außenprüfung, NWB 1992 S. 3689; *ders.*, Die abgekürzte Außenprüfung (§ 203 AO), StBp 1998 S. 309.

VERWALTUNGSANWEISUNGEN:

BMF, Schreiben v. 31.1.2014 (BStBl 2014 I S. 290), Anwendungserlass zur Abgabenordnung (AEAO), zu § 203 AO, zuletzt geändert am 28.5.2020, BStBl 2020 I S. 534; BpO 2000, § 4 Abs. 5.

1981 Die AO 1977 hat über § 203 AO die Möglichkeit der abgekürzten Außenprüfung geschaffen. § 203 AO begründet **keine eigenständige Prüfungsberechtigung.** Vgl. auch § 4 Abs. 5 BpO. Auch dafür müssen die Voraussetzungen nach § 193 AO gegeben sein.[2] Die abgekürzte Außenprüfung unterscheidet sich daher grundsätzlich von der **betriebsnahen Veranlagung.**

Einer Begründung für die Durchführung einer abgekürzten Außenprüfung anstelle einer Vollprüfung bedarf es nicht.

1982 Der BFH bezeichnete die abgekürzte Außenprüfung für „nicht verfassungswidrig und nicht unanwendbar".[3] Ihre Anordnung liegt im **Ermessen der Finanzbehörde** (Kannvorschrift). Der Stpfl. hat darauf **keinen Rechtsanspruch.** Sie ist

---

1 BFH, Urteil v. 25.4.1985 - IV R 10/85, BStBl 1985 II S. 702.
2 BFH, Urteil v. 25.1.1989 - X R 158/87, BStBl 1989 II S. 483.
3 BFH, Urteil v. 25.1.1989 - X R 158/87, BStBl 1989 II S. 483.

faktisch als „**Schnellprüfungsvariante**" gedacht. Eine offene und nachvollziehbare Festlegung der Prüfungsbeschränkung in der Prüfungsanordnung ist weder erforderlich noch üblich.

Nach dem Anwendungserlass (AEAO) v. 31.1.2014 kommen dafür **alle Steuerpflichtigen infrage,** die unter § 193 AO fallen. 1983

Eine abgekürzte Außenprüfung hat **gleiche Rechtsfolgen** (vgl. Rz. 1995 ff.) wie die allgemeine. Sie **unterscheidet sich** lediglich **im Verfahren.** Nach § 5 Abs. 2 BpO ist bei Durchführung einer abgekürzten Außenprüfung die Prüfungsanordnung um diese Rechtsgrundlage zu ergänzen. 1984

Die abgekürzte Außenprüfung **verzichtet auf** eine **formelle Schlussbesprechung** (vgl. Rz. 2231 ff.). § 203 Abs. 2 Satz 1 AO verlangt, dass der Stpfl. vor Abschluss der Prüfung auf die Abweichungen von den Steuererklärungen hinzuweisen ist. Diese Vorschrift entbindet nicht von der Verpflichtung zur Fertigung eines Prüfungsberichtes.[1] Eine Antragsmöglichkeit nach § 202 Abs. 2 AO (vorherige Stellungnahme) entfällt. 1985

Der **Übergang zur abgekürzten** Außenprüfung und umgekehrt bedarf einer ergänzenden Prüfungsanordnung.[2] Die Umwandlung ist gesondert anfechtbar (vgl. Rz. 2068 ff.). 1986

(Einstweilen frei) 1987–1994

5. Rechtsfolgen der Außenprüfung

Literatur: *Mösbauer,* Materiell-rechtliche Folgerungen der Anordnung einer steuerlichen Außenprüfung, StBp 1998 S. 127; *Zimmet,* Ablaufhemmung bei unbefristetem Hinausschieben des Prüfungsbeginns, NWB 2013 S. 2553.

Neben den meist finanziellen Konsequenzen entsteht als Folge von Außenprüfungen eine Reihe von **rechtlichen Folgewirkungen.** Das sind z. B.: 1995

▶ Durch Beginn einer Außenprüfung oder die Verlegung ihres Beginns auf Antrag des Stpfl. (§ 197 Abs. 2 AO) tritt **Ablaufhemmung der Festsetzungsfrist** (§ 169 AO) für die Steuern ein, auf die sich die Außenprüfung erstreckt (§ 171 Abs. 4 AO). Sie tritt nicht ein für Steuern, die die Prüfungsanordnung nicht als Prüfungsgegenstand bestimmt.[3] Eine sich auf die Einkommensteuer erstreckende Prüfungsanordnung bewirkt gem. § 171 Abs. 4 AO lediglich die Hemmung des Ablaufs der Festsetzungsfrist für diese Steuer,

---

1 BMF, Schreiben v. 2.1.2008, zuletzt geändert am 21.4.2008, BStBl 2008 I S. 582.
2 BMF, Schreiben v. 2.1.2008, zuletzt geändert am 21.4.2008, BStBl 2008 I S. 582.
3 BFH, Urteil v. 18.7.1991 - V R 54/87, BStBl 1991 II S. 824.

nicht aber gleichzeitig für Besteuerungsgrundlagen, die der gesonderten und einheitlichen Feststellung unterliegen.[1] Eine sog. **betriebsnahe Veranlagung,** der keine förmliche Prüfungsanordnung i. S. d. § 196 AO zugrunde liegt, hemmt den Ablauf der Festsetzungsfrist nicht.[2] Es muss tatsächlich eine Außenprüfung durchgeführt werden.[3]

► Ablaufhemmung setzt nicht ein, wenn eine Außenprüfung kurz nach Beginn aus bei der Behörde liegenden Gründen für mehr als sechs Monate unterbrochen wird (Scheinbeginn). Vor Ablauf von zwei Jahren nach Eingang des Antrags auf Hinausschieben des Prüfungsbeginns muss das Finanzamt mit der Prüfung beginnen, wenn es den Ablauf der Festsetzungsfrist verhindern will.[4]

► Nach einer Außenprüfung ist ein bestehender **Vorbehalt der Nachprüfung** i. S. v. § 164 Abs. 1 AO auch **aufzuheben,** wenn sich Änderungen nicht ergeben (§ 164 Abs. 3 AO).

► **Ausnahme:** Teilprüfungen i. S. v. Sonderprüfungen, die sich eindeutig auf **begrenzte Sachverhalte** beziehen.

► Bescheide aufgrund einer Außenprüfung haben **besondere Bestandskraft.** Sie sind nur eingeschränkt berichtigungsfähig (bei Steuerhinterziehung und leichtfertiger Steuerverkürzung; § 173 Abs. 2 AO). Die Änderungssperre richtet sich nach dem Umfang der sich aus der Prüfungsanordnung ergebenden Prüfungsmaßnahmen.[5]

► Nach einer Außenprüfung besteht die Möglichkeit einer **verbindlichen Zusage** (§ 204 AO). Die Entscheidung, **ob eine verbindliche Zusage** nach § 204 AO im Anschluss an eine Außenprüfung zu erteilen ist, steht **im pflichtgemäßen Ermessen** der Finanzbehörde.[6]

► Mit dem Erscheinen des Prüfers **erlischt** für den Gastwirt z. B. die Möglichkeit zur **strafbefreienden Selbstanzeige** (§ 371 Abs. 2 Nr. 1c AO). Vgl. auch § 371 Abs. 2 Nr. 1a bis e. AO.

1996–2003   *(Einstweilen frei)*

---

1 FG Köln, Urteil v. 31.8.2000 - 15 K 6221/95, EFG 2000 S. 1368.

2 BFH, Urteil v. 6.7.1999 - VIII R 17/97, BStBl 2000 II S. 306.

3 BFH, Urteil v. 17.6.1998 - IX R 65/95, BStBl 1999 II S. 4.

4 BFH, Urteil v. 17.3.2010 - IV R 54/07, BStBl 2011 II S. 7.

5 BFH, Urteil v. 25.3.2003 - IX R 106/00, BFH/NV 2004 S. 1379, NWB DAAAA-71533.

6 Niedersächsisches FG, Urteil v. 19.8.1981, EFG 1982 S. 170.

6. Zulässigkeit und Umfang von Außenprüfungen

Literatur: *Ritzrow,* Umfang der Außenprüfung, Prüfungszeitraum, Prüfungsanordnung, Prüfungsturnus, Anschluss-, Routine- und Anlassprüfung, StBp 2006 S. 273, 322; *Harle/ Nüdling/Olles,* Die moderne Betriebsprüfung, 4. Aufl., Herne 2020.

VERWALTUNGSANWEISUNGEN:

Anwendungserlass zur Abgabenordnung (AEAO) v. 31.1.2014 zu § 193 AO, BStBl 2014 I S. 290.

ARBEITSHILFEN UND GRUNDLAGEN ONLINE:

v. Wedelstädt, Betriebsprüfung, infoCenter, NWB PAAAB-04785.

a) Allgemeine Rechtslage

Die §§ 193 und 194 AO bestimmen über Zulässigkeit und Umfang von Außen-   **2004** prüfungen und bezeichnen den ihnen unterliegenden Personenkreis. Mit Urteil v. 28.9.2011[1] hat der BFH zum wiederholten Mal konstatiert, dass das Finanzamt bei der **Auswahl der zu prüfenden Betriebe** allein nach seinem Ermessen vorzugehen hat. Er hat ein willkürliches und schikanöses Verwaltungshandeln verboten. Auch die **Prüfung** bereits **verjährter Steueransprüche** ist zulässig.[2] Die Finanzbehörde darf mit der Außenprüfung dem Verdacht der Steuerhinterziehung oder leichtfertigen Steuerverkürzung nachgehen.[3]

Auch **nach Schließung eines Betriebes** sind noch Außenprüfungen zulässig.

Endgültige, **vorbehaltlose Steuerfestsetzungen** stehen der Anordnung einer Außenprüfung **nicht entgegen.**[4]

Die erneute Überprüfung eines **bereits geprüften Zeitraumes** ist zulässig.[5] Zur **Anordnung einer zweiten Anschlussprüfung** beim Mittelbetrieb vgl. BFH, Urteil v. 15.6.2016.[6] Wird im Rahmen einer Außenprüfung bekannt, dass der Stpfl. Unterlagen vernichtet hat, ist eine Anschlussprüfung auch zulässig, wenn bekannt wird, dass er auch für diesen Prüfungszeitraum die Unterlagen

---

1 BFH, Urteil v. 28.9.2011 - VIII R 8/09, BStBl 2012 II 395.

2 BFH, Beschluss v. 15.5.2007 - I B 10/07, BFH/NV 2007 S. 1624, NWB WAAAC-50776; BFH, Beschluss v. 12.6.2006 - XI B 122/05, BFH/NV 2006 S. 1789, NWB ZAAAB-92623; BFH, Beschluss v. 13.7.2006 - VII B 296/05, BFH/NV 2006 S. 1799, NWB NAAAB-92948; BFH, Beschluss v. 3.3.2006 - IV B 39/04, BFH/NV 2006 S. 1250, NWB MAAAB-84335.

3 BFH, Urteil v. 23.7.1985 - VIII R 48/85, BStBl 1986 II S. 433.

4 BFH, Urteil v. 13.3.1987 - III R 236/83, BStBl 1987 II S. 664.

5 BFH, Urteil v. 24.1.1989 - VII R 35/86, BStBl 1989 II S. 440; BFH, Beschluss v. 29.5.2007 - I B 140/06, BFH/NV 2007 S. 2050, NWB DAAAC-58360.

6 BFH, Urteil v. 15.6.2016 - III R 8/15, BStBl 2017 II S. 25.

vernichtet hat. Der Verlust von Unterlagen steht einer Außenprüfung nicht entgegen.

b) Prüfungen nach § 193 Abs. 1 AO

VERWALTUNGSANWEISUNGEN:

Änderung des Anwendungserlasses zur Abgabenordnung (AEAO) v. 1.8.2014, zu § 193 Nr. 4 AO, BStBl 2014 I S. 1067.

2005 Eine Prüfung nach § 193 Abs. 1 AO ist zulässig, wenn ein gewerblicher oder land- und forstwirtschaftlicher Betrieb besteht, der Stpfl. freiberuflich tätig ist oder zum Personenkreis nach § 147a AO (Summe der positiven Überschusseinkünfte über 500.000 €) gehört. Durch die Neuregelung ist eine Prüfung beim Personenkreis nach § 147a AO generell zulässig. Hat nur ein Ehegatte/Lebenspartner die Wertgrenze überschritten, so ist nur bei diesem eine Außenprüfung nach § 193 Abs. 1 AO zulässig. Beim anderen Ehegatten bzw. Lebenspartner kann eine Außenprüfung nach § 193 Abs. 2 Nr. 2 AO gestützt werden. Bisher war eine Prüfung bei diesem Personenkreis nur unter den eingeschränkten Bedingungen des § 193 Abs. 1 Nr. 2 AO zulässig. Durch die in § 147a AO gleichzeitig eingeführte **Aufbewahrungspflicht** wird die Prüfbarkeit ermöglicht. Diese Regelung ist nach § 5 Steuerhinterziehungsbekämpfungsgesetz erstmalig für Veranlagungszeiträume anzuwenden, die nach dem 31.12.2009 beginnen. Vgl. auch AEAO zu §§ 147a und 193 AO.

Gegenstand der Prüfung kann auch die Frage sein, ob der Stpfl. einen Betrieb unterhält, wenn dafür konkrete Anhaltspunkte vorliegen.[1] Die Vorschrift des § 102 AO (Wahrung des Berufsgeheimnisses) steht der Zulässigkeit einer Außenprüfung bei diesem Personenkreis nicht entgegen.[2] Als Begründung für die Durchführung genügt für Prüfungen nach § 193 Abs. 1 AO der **Hinweis auf** die **gesetzliche Vorschrift** (§ 193 Abs. 1 AO).[3] Eine **Pflicht zur Begründung** besteht bei Prüfungen nach § 193 Abs. 1 AO nur ausnahmsweise.[4] Das gilt auch, wenn bei einem Klein- oder Mittelbetrieb die Prüfung an den **Vorprüfungszeitraum** anschließt.[5] Außenprüfungen sind auch bei **Steuerberatern** zulässig.[6]

---

1 BFH, Urteil v. 23.10.1990 - VIII R 45/88, BStBl 1991 II S. 278; BFH, Beschluss v. 21.3.1997 - IV B 62/96, BFH/NV 1997 S. 633, NWB UAAAB-39000; FG Düsseldorf, Urteil v. 3.8.2001 - 18 V 2743/01 A, EFG 2001 S. 1349.

2 FG Münster, Urteil v. 13.4.2000 - 11 V 1147/00 AO, EFG 2000 S. 662.

3 BFH, Urteil v. 3.12.1985 - VII R 17/84, BStBl 1986 II S. 439; BFH, Beschluss v. 26.10.1995 - I B 77/94, BFH/NV 1995 S. 757, NWB IAAAB-34575.

4 BFH, Beschluss v. 12.8.2002 - X B 210/01, BFH/NV 2003 S. 3, NWB ZAAAA-67837.

5 BFH, Urteil v. 2.10.1991 - X R 1/88, BStBl 1992 II S. 274.

6 BFH, Beschluss v. 24.8.2006 - I S 4/06, BFH/NV 2006 S. 2034, NWB KAAAC-16478.

Eine **Auswahl nach Zufallsgesichtspunkten** ist zulässig.[1] Auch bei einem **Kleinstbetrieb** kann **jederzeit** eine Prüfung ohne besondere Begründung angeordnet werden.[2] Der Hinweis auf § 193 Abs. 1 AO genügt.[3] Mittel-, Klein- und Kleinstbetriebe können einer **Anschlussprüfung** unterworfen werden.[4]

    2006

Der Gastwirt unterliegt als Gewerbetreibender mit Gewinneinkünften dieser Rechtsvorschrift. Ob und wann geprüft wird, liegt im **pflichtgemäßen Ermessen** der Behörde.[5] Eine Prüfung ist auch bei potenziellen Steuerpflichtigen und auch nach Einstellung, Aufgabe oder Veräußerung des Unternehmens zulässig. Bei zusammenveranlagten Eheleuten/Lebenspartnern erstreckt sich die auf § 193 Abs. 1 AO gestützte Prüfung nicht automatisch auch auf den anderen Ehepartner/Lebenspartner.

    2007

Das Recht zur Überprüfung beschränkt sich nicht auf betriebliche Vorgänge. Ist eine Prüfung nach § 193 Abs. 1 AO begründet, so kann sie sich **auch auf nicht betriebliche Sachverhalte** erstrecken. Der Prüfer darf also auch die Einkünfte aus Vermietung und Verpachtung (§ 21 EStG), Kapitalvermögen (§ 20 EStG) und die Sonderausgaben mitprüfen.[6] Voraussetzung ist immer, dass die Vorgänge **steuerliche Relevanz** haben. Das Vorliegen der besonderen Voraussetzungen und Begründungen nach § 193 Abs. 2 Nr. 2 AO ist dafür nicht erforderlich.

    2008

Auch für **Kontrollrechnungen und Schätzungen** erklärt der BFH das Heranziehen des privaten Bereichs für zulässig und erforderlich.[7]

    2009

(Einstweilen frei)

    2010

c) Prüfungen nach § 193 Abs. 2 AO

aa) Allgemeine Rechtslage

Bei anderen als den in § 193 Abs. 1 AO bezeichneten Steuerpflichtigen ist nach § 193 Abs. 2 AO eine Außenprüfung zulässig,

    2011

---

1 BFH, Urteil v. 2.9.1988 - III R 280/84, BStBl 1989 II S. 425.
2 BFH, Urteil v. 28.10.1988 - III R 52/86, BStBl 1989 II S. 257.
3 BFH, Beschluss v. 17.12.2002 - X S 10/02, BFH/NV 2003 S. 296, NWB JAAAA-69672.
4 BFH, Beschluss v. 14.3.2006 - IV B 14/05, BFH/NV 2006 S. 1253, NWB IAAAB-84332.
5 BFH, Urteil v. 24.10.1972 - VIII R 8/69, BStBl 1973 II S. 275.
6 BFH, Urteil v. 5.11.1981 - IV R 179/79, BStBl 1982 II S. 208; BFH, Urteil v. 28.11.1985 - IV R 323/84, BStBl 1986 II S. 437.
7 BFH, Urteil v. 5.11.1981 - IV R 179/79, BStBl 1982 II S. 208; BFH, Urteil v. 28.11.1985 - IV R 323/84, BStBl 1986 II S. 437.

▶ wenn Steuerpflichtige für Rechnung eines anderen Steuern entrichten oder einbehalten und abführen (z. B. Versicherungssteuer, Lohnsteuer),

▶ wenn die für die Besteuerung erheblichen Verhältnisse der Aufklärung bedürfen und eine Prüfung an Amtsstelle nach Art und Umfang des zu prüfenden Sachverhalts nicht zweckmäßig ist oder

▶ wenn ein Steuerpflichtiger seinen Mitwirkungspflichten nach § 90 Abs. 2 Satz 3 AO nicht nachkommt. Die Vorschrift des § 193 Abs. 2 Nr. 1 AO beschränkt sich auf die Prüfung bei Privatpersonen.

2012 Ein **Aufklärungsbedürfnis nach** § 193 Abs. 2 Nr. 2 AO wird vor allem bejaht, wenn es Anhaltspunkte gibt, die es nach den Erfahrungen der Finanzverwaltung möglich erscheinen lassen, dass der Stpfl. erforderliche **Steuererklärungen nicht, unvollständig** oder mit **unrichtigem Inhalt abgegeben** hat.[1] **Prüfungen an Amtsstelle** sind nicht zweckmäßig, wenn umfangreiche Ermittlungen oder Inaugenscheinnahmen erforderlich sind. Die Entscheidung trifft das Finanzamt nach pflichtgemäßem Ermessen.

Kommt der Stpfl. seinen Mitwirkungspflichten nach § 90 Abs. 2 Satz 3 AO nicht nach, so ist nach § 193 Abs. 2 Nr. 3 AO eine Außenprüfung zulässig. Die Vorschrift ist erstmalig für Veranlagungszeiträume anwendbar, die nach dem 31.12.2009 beginnen. Eine Prüfung nach § 193 Abs. 2 Nr. 2 AO ist zu begründen.

Gleiches gilt für eine Prüfung nach der Rechtsgrundlage der Nr. 3 des § 193 Abs. 2 AO. Die Vorschrift ist erstmals für Veranlagungszeiträume anzuwenden, die nach dem 31.12.2009 beginnen.

2013 *(Einstweilen frei)*

bb) Prüfungen bei Ehegatten bzw. Lebenspartnern

2014 Prüfungen beim Ehegatten bzw. Lebenspartnern des Betriebsinhabers sind nur möglich, wenn in dieser **Person** auch die **gesetzlichen Voraussetzungen** für eine Außenprüfung **nach § 193 AO gegeben** sind.[2] Eine „**Mitprüfung**" der Ehegatten- bzw. Lebenspartnereinkünfte anlässlich der Außenprüfung beim anderen Partner ist **nicht** zulässig.[3]

---

1 BFH, Urteil v. 28.10.1988 - III R 52/86, BStBl 1989 II S. 257; BFH, Urteil v. 17.11.1992 - VIII R 25/89, BStBl 1993 II S. 146.
2 BFH, Urteil v. 25.5.1976 - VII R 59/75, BStBl 1977 II S. 18.
3 BFH, Urteil v. 13.3.1987 - III R 236/83, BStBl 1987 II S. 664.

Die Einkünfte des Ehegatten bzw. Lebenspartners werden aber während einer Außenprüfung beim anderen Partner meist im Rahmen **„sonstiger Ermittlungen"** nach § 88 AO überprüft, wenn keine umfassenden Prüfungsmaßnahmen erforderlich sind (s. Rz. 2017).[1]

(Einstweilen frei)

2015

2016

d) „Sonstige Ermittlungen" nach § 88 AO, Einzelermittlungen

VERWALTUNGSANWEISUNGEN:

Anwendungserlass zur Abgabenordnung (AEAO) v. 31.1.2014 zu § 88 AO, BStBl 2014 I S. 290 und v. 12.1.2017, zu § 88 AO, BStBl 2017 I S. 51.

Der Außenprüfer darf anlässlich seiner Prüfungen auch zu steuerlich relevanten Sachverhalten **außerhalb des Prüfungszeitraumes** bzw. der in der Prüfungsanordnung genannten Steuerarten **Einzelermittlungen** vornehmen bzw. Nachforschungen anstellen. Er kann die Möglichkeiten nach § 88 AO ohne Prüfungserweiterung **subsidiär** ausschöpfen.

2017

Zur Definition des § 88 AO vgl. den Anwendungserlass zur Abgabenordnung (AEAO) v. 12.1.2017.[2] Bei der Entscheidung zur Anwendung des § 88 AO sind u. a. die Kriterien von **Wirtschaftlichkeit und Zweckmäßigkeit** zu beachten. Im Rahmen dieser Möglichkeiten darf der Prüfer auch Urkunden und Unterlagen für Zeiträume außerhalb des Prüfungszeitraumes anfordern. Feststellungen zu einem solchen Zeitraum sollten im Prüfungsbericht erwähnt werden.

Zu beachten ist, dass „sonstige Ermittlungshandlungen" nur **punktuelle,** also keine umfassenden Maßnahmen sind.[3] Erkenntnissen aus dem Prüfungszeitraum auf **Mängel außerhalb des Prüfungszeitraumes** darf der Prüfer nachgehen und sie verwerten.[4] Dabei muss er **deutlich machen,** dass die verlangten Auskünfte keine Maßnahme der Außenprüfung sind.[5]

Feststellungen der Betriebsprüfung, die Zeiträume außerhalb des Prüfungszeitraumes betreffen, dürfen vom Finanzamt uneingeschränkt ausgewertet werden.[6]

---

1 BFH, Urteil v. 5.4.1984 - IV R 244/83, BStBl 1984 II S. 790; BFH, Urteil v. 7.11.1985 - IV R 6/85, BStBl 1986 II S. 435.
2 BStBl 2017 I S. 53.
3 BFH, Urteil v. 6.7.1999 - VIII R 17/97, BStBl 2000 II S. 306
4 FG Baden-Württemberg, Urteil v. 10.12.1985, rkr., EFG 1986 S. 323.
5 BFH, Urteil v. 5.4.1984 - IV R 244/83, BStBl 1984 II S. 790.
6 FG Baden-Württemberg v. 10.12.1985, EFG 1986 S. 486.

Zur **Abgrenzung** von Außenprüfung und Einzelermittlung vgl. auch BFH, Urteil v. 24.6.2004.[1]

2018–2025   *(Einstweilen frei)*

7. Prüfungsanordnung (§§ 196, 197 AO, § 5 BpO)

Literatur: *Wilke,* Die Prüfungsanordnung, NWB 1996 S. 1483; *Mösbauer,* Bekanntgabe von Prüfungsanordnungen an vollbeendete und gelöschte Gesellschaften, StBp 1999 S. 188; *Oberloskamp,* Erneute Prüfungsanordnung nach Ablauf der Sechsmonatsfrist des § 171 Abs. 4 Satz 2 AO?, StBp 2001 S. 337; *Hollatz,* Folgen einer fehlerhaften bzw. fehlenden Prüfungsanordnung, NWB 2003 S. 941; *Ritzrow,* Die Bekanntgabe der Prüfungsordnung, StBp 2006 S. 205, 245; *ders.,* Verwertungsverbot wegen mangelhafter oder fehlender Prüfungsanordnung oder anderer Verwaltungsakte, StBp 2006 S. 55; *Nöcker,* Update Betriebsprüfung, NWB 2016 S. 3157 ff.; *Harle/Nüdling/Olles,* Die moderne Betriebsprüfung, 4. Aufl., Herne 2020, Abschn. B.

VERWALTUNGSANWEISUNGEN:

§ 5 BpO 2000; BMF, Schreiben v. 31.1.2014, mit späteren Änderungen, Anwendungserlass zur Abgabenordnung (AEAO), zu §§ 196 und 197, BStBl 2014 I S. 290; BMF, Schreiben v. 24.10.2013, BStBl 2013 I S. 1264.

ARBEITSHILFEN UND GRUNDLAGEN ONLINE:

v. Wedelstädt, Betriebsprüfung, infoCenter, NWB PAAAB-04785.

a) Bedeutung, Funktion, Mängel

2026   Das Vorliegen einer Prüfungsanordnung in rechtlich unangreifbarer Form ist **entscheidende Voraussetzung** für jede normale Außenprüfung. Sie ist ein Verwaltungsakt nach §§ 118 ff. AO[2] und somit auch anfechtbar. Der Betroffene hat die Prüfung zu dulden und seinen Mitwirkungspflichten i. S. d. § 200 AO und den allgemeinen Mitwirkungspflichten gem. §§ 90 ff. AO zu genügen. Sie bestimmt den sachlichen und zeitlichen Umfang der Prüfung und ist Rechtsgrundlage für die Prüfungsbefugnisse. Sie kann bis zum Abschluss der Prüfung ergehen.

Eine Prüfungsanordnung ist nur ausnahmsweise bei Vorliegen gravierender Mängel nichtig. Zur **Nichtigkeit** führen:

▶ die Behördenbezeichnung auf der Prüfungsanordnung ist unrichtig,

▶ das Prüfungssubjekt wurde unzutreffend bezeichnet;

▶ eine Angabe von Prüfungsarten und -jahren fehlt,

---

1 BFH, Beschluss v. 24.6.2004 - XI B 63/02, BFH/NV 2005 S. 1, NWB GAAAB-27786.
2 BFH, Urteil v. 6.7.1999 - VIII R 17/97, BStBl 1999 II S. 306.

▶ eine Prüfungsanordnung wird erst nach Abschluss der Außenprüfung erlassen.

Bei erheblichen Mängeln, die zu einer Aufhebung der Prüfungsanordnung oder deren Nichtigkeit führen, kann die Behörde eine neue Prüfung anordnen.

In der Prüfungsanordnung ist der Stpfl. auf seine wesentlichen **Rechte und Pflichten** bei der Außenprüfung hinzuweisen.[1] Dies geschieht auf der Rückseite der zz. üblichen Prüfungsanordnung.[2] Wird dieser Hinweis unterlassen, ist die Prüfungsanordnung fehlerhaft. In der Prüfungsanordnung sollte ein Hinweis enthalten sein, dass ein Übergang von einer Vollprüfung zur abgekürzten Außenprüfung (vgl. Rz. 1986 ff.) möglich ist.   2027

Für die **Steuerfahndungsprüfung** ist keine besondere Prüfungsanordnung erforderlich.[3]

Eine **Verwertung von Prüfungsfeststellungen**, die ohne wirksame Prüfungsanordnung getroffen wurden, ist nicht generell unzulässig.[4]

b) Anforderungen, Zuständigkeit

Die Finanzbehörde bestimmt den **Umfang** einer Außenprüfung durch die **schriftlich mit Rechtsbehelfsbelehrung zu erteilende Prüfungsanordnung** (§ 196 AO; § 5 BpO). Soweit keine Sonderregelungen bestehen, gelten daher die §§ 118 bis 132 AO analog.   2028

Zuständig ist das für die Besteuerung **zuständige** oder mit der Prüfung beauftragte **Finanzamt** (§ 195 AO). Die den Verwaltungsakt erlassende Behörde soll sich aus der Prüfungsanordnung ergeben (§ 119 Abs. 3 AO). Sie muss die Unterschrift des Behördenleiters, seines Vertreters oder Beauftragten enthalten. Das kann auch der Leiter der Betriebsprüfungsstelle sein.[5]   2029

Prüfungsanordnungen müssen zur **Rechtswirksamkeit**   2030

▶ inhaltlich **hinreichend bestimmt**[6] (§ 119 Abs. 1 AO) und

▶ **schriftlich begründet** sein (vgl. Rz. 2045 ff.).

---

1 Vgl. BMF, Schreiben v. 24.10.2013, BStBl 2013 I S. 1264.
2 BMF, Schreiben v. 24.10.2013, BStBl 2013 I S. 1264.
3 BFH, Urteil v. 9.3.1999 - VIII R 19/97, BFH/NV 1999 S. 1186, NWB ZAAAA-64428; BFH, Urteil v. 13.2.2003 - X R 62/00, BFH/NV 2003 S. 740, NWB KAAAA-96963.
4 BFH, Urteil v. 22.2.2006 - I R 125/04, BStBl 2006 II S. 400.
5 BFH, Urteil v. 12.1.1983 - IV R 211/82, BStBl 1983 II S. 360.
6 BFH, Urteil v. 3.12.1985 - VII R 17/84, BStBl 1986 II S. 439.

2031 Unverzichtbar sind folgende Angaben:

- ▶ Name des von der Außenprüfung betroffenen **Gastwirts/Hoteliers**; bei zusammenveranlagten Eheleuten/Lebenspartnern können die Prüfungsanordnungen zusammengefasst werden,

- ▶ die Rechtsgrundlage der Außenprüfung,

- ▶ die zu prüfenden Steuerarten bzw. -vergütungen oder besondere Sachverhalte,

- ▶ der Prüfungszeitraum,

- ▶ sowie ggf. die Ermessenserwägungen,

- ▶ die Hinweise auf wesentliche Rechte und Pflichten des Stpfl. sind beizufügen.

Die **Uhrzeit des Prüfungsbeginns** muss nicht angegeben werden.[1]

2032 Das Gesetz schreibt die **Schriftform als zwingend** nur **für die Prüfungsanordnungen** selbst vor. Die Festsetzung des **Beginns** der Außenprüfung kann daher **auch fernmündlich** erfolgen.[2] Gleiches gilt für den **Prüfungsort**.

2033 Eine Überschneidung von Prüfungszeiträumen durch eine zweifache Prüfungsanordnung macht diese nicht nichtig.[3]

2034 *(Einstweilen frei)*

c) Bekanntgabe

Literatur: *Mösbauer*, Zeitliche Anforderungen an die Bekanntgabe einer Prüfungsanordnung, StBp 2000 S. 65.

2035 Die Prüfungsanordnung ist dem Gastwirt **angemessene Zeit vor Prüfungsbeginn** bekannt zu geben (§ 197 Abs. 1 AO; § 5 Abs. 4 BpO). Als angemessen nennt die BpO bei Großbetrieben vier Wochen, bei anderen Betrieben zwei Wochen (§ 5 Abs. 4 Satz 2 BpO 2000).

2036 Der Gastwirt kann auf die Einhaltung einer **Frist verzichten**. Eine Duldung der Außenprüfung ist kein Verzicht auf die Anfechtung der Prüfungsanordnung.[4]

2037 **Ausnahmen** vom Grundsatz der vorherigen Bekanntgabe sind zulässig, wenn der Prüfungszweck dadurch gefährdet wird, wie bei

---

1 BFH, Beschluss v. 12.6.2006 - XI B 123/05, BFH/NV 2006 S. 1791, NWB GAAAB-92933.
2 BFH, Urteil v. 18.10.1988 - VII R 123/85, BStBl 1989 II S. 76.
3 BFH, Beschluss v. 9.7.2007 - I B 23, 24/07, BFH/NV 2007 S. 2228, NWB LAAAC-60520.
4 BFH, Urteil v. 7.11.1985 - IV R 6/85, BStBl 1986 II S. 435.

▶ begründetem **Verdacht** steuerlicher Vergehen (Überraschungsmoment),

▶ drohendem **Eintritt der Festsetzungsverjährung,**[1]

▶ **Erweiterungen** bereits begonnener Prüfungen.[2]

Die Prüfungsanordnung soll dem **Bevollmächtigten bekannt gegeben werden,** 2038
wenn dem Finanzamt eine **schriftliche Vollmacht** des Beraters vorliegt.[3]

Zur wirksamen **Anordnung und Unterbrechung** einer Außenprüfung vgl. BFH,
Urteil v. 24.10.2006.[4] Zur Bekanntgabe einer Prüfungsanordnung bei einer **Gesellschaft bürgerlichen Rechts** vgl. BFH, Urteil v. 8.12.2004[5] und § 194 AO.

(Einstweilen frei) 2039–2041

d) Verlegung des Prüfungsbeginns

Grundsätzlich spricht der Außenprüfer den beabsichtigten Prüfungstermin 2042
mit dem Gastwirt oder seinem Berater **fernmündlich** ab.

Wird ein Termin ohne vorherige Abstimmung festgelegt, kann der Gastwirt
bei **Vorliegen wichtiger Gründe** formlos die Verlegung der Außenprüfung **beantragen** (§ 197 Abs. 2 AO; § 5 Abs. 5 BpO 2000). Als wichtig werden z. B. akzeptiert Urlaub oder Krankheit von Stpfl., Berater bzw. Mitarbeiter, Weih-
nachts-, Saisongeschäft, Einführung der EDV, Prüfungsvorbereitung u. a. m. Erhöhte Arbeitsbelastung durch Bilanzarbeiten vor Jahresabschluss ist kein
Grund, den Beginn einer Außenprüfung nicht auf den 17.12. zu legen.[6] Die
Gründe können fernmündlich geltend gemacht werden. Ein schriftlicher Antrag ist nicht verbindlich vorgesehen.

Bei **langer Krankheit** kann der Unternehmer nicht immer wieder eine Ver- 2043
legung des Prüfungsbeginns verlangen. Ihm ist zuzumuten, hierfür einen **Vertreter zu bestellen.**[7]

Gegen eine Ablehnung kann der Gastwirt sich mit dem Einspruch wenden. 2044

---

1 BFH, Urteil v. 24.2.1989 - III R 36/88, BStBl 1989 II S. 445.
2 BFH, Urteil v. 4.2.1988 - V R 57/83, BStBl 1988 II S. 413.
3 FG Berlin, Urteil v. 26.6.1985, rkr., EFG 1986 S. 162; BFH, Urteil v. 30.7.1980 - I R 148/79, BStBl
  1981 II S. 3.
4 BFH, Urteil v. 24.10.2006 - I R 90/05, BFH/NV 2007 S. 849, NWB VAAAC-39818.
5 BFH, Beschluss v. 8.12.2004 - IX B 24/04, BFH/NV 2005 S. 496, NWB NAAAB-42562.
6 FG Rheinland-Pfalz, Urteil v. 6.2.1992, EFG 1992 S. 311.
7 FG Nürnberg, Urteil v. 17.4.1985, EFG 1985 S. 478.

e) Begründungspflichten

Literatur: *Ritzrow,* Begründung einer Prüfungsanordnung, StBp 2006 S. 69.

2045 Die **formgebundene Prüfungsanordnung** ist von der sie erlassenden Behörde grundsätzlich **auch schriftlich zu begründen** (§ 121 AO). Eine Begründungspflicht reicht soweit, wie sie zum Verständnis der Hoheitsmaßnahme erforderlich ist.[1]

2046 Der **Personenkreis nach § 193 Abs. 1 AO** unterliegt der Außenprüfung ohne besondere Voraussetzungen. Hinweis auf Rz. 2005 ff. Auch für eine erste Anschlussprüfung ist keine besondere Begründung erforderlich.[2]

2047 Zur Begründung einer auf § 193 Abs. 2 AO gestützten Anordnung einer Außenprüfung gehört die Darlegung, dass und warum die Voraussetzungen des § 193 Abs. 2 AO erfüllt sind.

2048 Fehlende Begründungen und Begründungsmängel können bis zum Abschluss eines außergerichtlichen Rechtsbehelfsverfahrens **nachgeholt bzw. geheilt** werden.[3] Das kann auch durch eine mündliche Erläuterung des Betriebsprüfers geschehen.[4]

2049–2055 *(Einstweilen frei)*

f) Prüfungszeitraum (§ 4 BpO)

Literatur: *Wilke,* Der Prüfungszeitraum bei der Betriebsprüfung, NWB 1989 S. 997; *Apitz,* Außenprüfung und Verjährung, StBp 1997 S. 113, 156; *Baumann,* Zulässigkeit einer Betriebsprüfung im Jahrestakt, NWB 2009 S. 3338.

aa) Allgemeine Rechtslage

2056 Grundsätzlich bestimmt nach § 4 Abs. 1 BpO 2000 die Finanzbehörde den Umfang der Außenprüfung nach pflichtgemäßem Ermessen.

Die üblichen Prüfungszeiträume ergeben sich aus § 4 Abs. 2 und 3 BpO. Danach soll **bei Großbetrieben,** Konzernen und sonstigen zusammenhängenden Unternehmen (§§ 13 und 19 BpO 2000) der Prüfungszeitraum **an die Vorprüfung anschließen (Anschlussprüfung).** In der letzten Zeit geht die Finanzver-

---

1 BFH, Urteil v. 10.2.1983 - IV R 104/79, BStBl 1983 II 286.
2 BFH, Beschluss v. 19.11.2009 - IV B 62/09, BFH/NV 2010 S. 595, NWB ZAAAD-37352.
3 BFH, Urteil v. 10.2.1983 - IV R 104/79, BStBl 1983 II S. 286.
4 BFH, Urteil v. 16.12.1986 - VIII R 123/86, BStBl 1987 II S. 248.

waltung vermehrt dazu über, bei Großbetrieben den Prüfungszeitraum auf ein Jahr zu beschränken.[1]

Nach § 4a BpO, eingefügt gem. Verwaltungsvorschrift v. 20.7.2011,[2] kann die Finanzbehörde auch Stpfl. für eine **zeitnahe Betriebsprüfung** auswählen. Als „zeitnah" gelten gem. § 4a Abs. 1 BpO Betriebsprüfungen, die sich auf einen oder mehrere bestimmte Besteuerungszeiträume bzw. -sachverhalte beschränken (vgl. Rz. 1973).

Bei anderen Betrieben (Kleinst-, Klein- und Mittelbetriebe) prüft die Finanzverwaltung i. d. R. **nicht mehr als drei** zusammenhängende Besteuerungszeiträume. Anschlussprüfungen sind zulässig (§ 4 Abs. 3 BpO 2000). Das gilt auch für Klein- und Kleinstbetriebe.[3] Zu Prüfungserweiterungen vgl. Rz. 2060 ff.

Für **Kleinstbetriebe** gilt **keine andere Selbstbindung** auf einen kürzeren Prüfungszeitraum. Die Finanzämter prüfen in der Regel auch drei Jahre. Das betrifft ebenso Prüfungen nach § 193 Abs. 2 Nr. 2 AO.

Hat eine Personengesellschaft zunächst gewerbliche, danach aber Vermietungseinkünfte, so kann die Prüfung nach § 193 Abs. 1 AO für die letzten drei Jahre mit gewerblichen Einkünften angeordnet werden. Dem steht nicht entgegen, wenn danach schon für drei Jahre Feststellungserklärungen mit Vermietungseinkünften vorliegen.[4]   2057

Wird eine **Personengesellschaft** in eine GmbH **umgewandelt**, so darf das Finanzamt die letzten drei Jahre der Personengesellschaft und die letzten drei Jahre der GmbH prüfen.[5]   2058

Eine Begründung ist nicht erforderlich, wenn eine Außenprüfung zunächst nur für ein Jahr angeordnet wird.[6]   2059

bb) Prüfungserweiterungen

Eine umfangreiche Rechtsprechung zeigt vor allem Meinungsverschiedenheiten in der Praxis zu Fragen der **Erweiterung** des Prüfungszeitraumes über drei Jahre hinaus. Das gilt besonders für das Hotel- und Gaststättengewerbe. Solche **Erweiterungen** bis zum ersten noch nicht verjährten Veranlagungszeit-   2060

---

1 Vgl. dazu Beschluss des FG Köln v. 7.7.2009 - 13 V 1232/09, EFG 2008 S. 1802.
2 BStBl 2011 I S. 710.
3 BFH, Beschluss v. 20.10.2003 - IV B 67/02, BFH/NV 2004 S. 311, NWB BAAAB-15379; BFH, Beschluss v. 14.3.2006 - IV B 14/05, BFH/NV 2006 S. 1253, NWB IAAAB-84332.
4 BFH, Urteil v. 30.3.1989 - IV R 41/88, BStBl 1989 II S. 592.
5 FG Bremen, Urteil v. 18.1.1983, rkr., EFG 1983 S. 394.
6 BFH, Urteil v. 16.12.1987 - I R 238/83, BStBl 1988 II S. 233.

raum zurück **drohen** nach § 4 Abs. 3 BpO 2000, wenn mit nicht unerheblichen Änderungen der Besteuerungsgrundlagen zu rechnen ist oder wenn der Verdacht einer Steuerstraftat oder einer Steuerordnungswidrigkeit besteht. Anschlussprüfungen sind zulässig. Der erstgenannte Ausnahmefall ist in der Praxis der häufigste und umstrittenste. Sein Vorliegen ist aus der Sicht des Finanzamts zu beurteilen.

2061 **Auch bei Vorbehaltsveranlagungen** müssen die Erweiterungsvoraussetzungen des § 4 Abs. 3 BpO vorliegen.[1]

2062 Die **Prüfungserweiterung** ist, wie die Prüfungsanordnung selbst, ein **Verwaltungsakt**, also **schriftlich zu erlassen und substantiiert zu begründen**.[2] Eine Erweiterung ohne eine sie begründende Prüfungsanordnung ist rechtswidrig.[3]

2063 Bei **Ehegatten/Lebenspartnern** muss das Vorliegen der Erweiterungsvoraussetzungen nach den individuellen Verhältnissen jedes Partners beurteilt werden.[4]

2064 Prüfungserweiterungen orientieren sich nach der Größenklasse des Betriebes (§ 4 Abs. 4 BpO; s. Rz. 1973). Eine Prüfungsausdehnung wegen nicht unerheblicher Änderungen der Besteuerungsgrundlagen setzt bei einem **Mittelbetrieb Mehrsteuern von mindestens ca. 1.500 €** im Jahr voraus.[5] Das Vorliegen dieser Bedingungen kann noch nach den Umständen im Zeitpunkt der Einspruchsentscheidung beurteilt werden.[6] Ausreichende Gründe können sich auch schon vor Beginn der Außenprüfung aus den Steuerakten ergeben. Die Berechtigung, den Prüfungszeitraum zu erweitern, ist grundsätzlich aus der Sicht der Verhältnisse zu beurteilen, die dem Finanzamt im Zeitpunkt der Anordnung der Erweiterung bekannt sind.[7] Ist die für den erweiterten Zeitraum tatsächlich festgestellte Steuer niedriger, so ändert dies nichts an der Zulässigkeit der Erweiterung des Prüfungszeitraumes.

Nach BFH, Urteil v. 21.6.2012[8] begrenzt § 194 Abs. 1 Satz 2 AO das Ermessen des Finanzamts bei Erlass einer Prüfungserweiterung nicht dahin gehend, die Prüfung auf den bestimmten Sachverhalt zu beschränken, der voraussichtlich zu einer nicht unerheblichen Änderung der Besteuerungsgrundlagen führt.

---

1 BFH, Urteil v. 24.2.1989 - III R 36/88, BStBl 1989 II S. 445.
2 BFH, Urteil v. 10.2.1983 - IV R 104/79, BStBl 1983 II S. 286.
3 BFH, Urteil v. 14. 8. 1985 - I R 188/82, BStBl 1986 II S. 2.
4 BFH, Urteil v. 7.11.1985 - IV R 6/85, BStBl 1986 II S. 435.
5 BFH, Urteil v. 24.11.1988 - IV R 199/85, BFH/NV 1989 S. 548, NWB OAAAB-29762.
6 BFH, Urteil v. 28.4.1988 - IV R 106/86, BStBl 1988 II S. 857.
7 BFH, Urteil v. 13.10.1972 - I R 236/70, BStBl 1973 II S. 74.
8 BFH, Urteil v. 21.6.2012 - IV R 42/11, NWB GAAAE-19304.

Die Verwaltung geht davon aus, dass für **Klein und Kleinstbetriebe** nicht uner- 2065
hebliche Steuernachforderungen i. S. d. § 4 Abs. 3 BpO bei Steuerbeträgen ab
ca. **500 € je Steuerart und -jahr** gegeben sind.[1]

Hat das Finanzamt bei einem Kleinbetrieb die Prüfung **zunächst** nur **für ein
Jahr angeordnet,** so müssen für die während der Prüfung notwendige **Ausdeh-
nung auf drei Jahre** nicht die Tatbestände des § 4 Abs. 3 BpO vorliegen.[2]

Zur Zulässigkeit der **Erweiterung eines Prüfungszeitraumes** vgl. auch BFH v.
11.8.2005.[3]

(Einstweilen frei) 2066–2067

g) Rechtsmittel gegen Prüfungsanordnungen

Seit 1.1.1987 hat die Prüfungsanordnung eine Rechtsmittelbelehrung zu ent- 2068
halten (§ 196 AO). Danach kann der Unternehmer innerhalb von vier Wochen
gegen sie **Einspruch** (§ 347 AO) einlegen. Ohne Rechtsbehelfsbelehrung sind
Einwendungen nach § 356 Abs. 2 Satz 1 AO noch binnen eines Jahres nach Bekanntgabe zulässig. Eine schriftliche Aufforderung des Prüfers zur Stellungnahme zu Prüfungsfeststellungen bzw. zur Vorlage von Unterlagen, ist i. d. R.
eine nicht anfechtbare Vorbereitungshandlung.

Das **Anfechtungsrecht** gegenüber einer Prüfungsanordnung wird nicht ver- 2069
wirkt, wenn sich der Gastwirt zunächst **widerspruchslos** auf die **Prüfung ein-
lässt.**[4]

Ein Einspruch hindert die Finanzverwaltung nicht, die Prüfung durchzuführen. 2070
Will der Gastwirt den Beginn verhindern, so muss er beim Finanzamt gleich-
zeitig die **Aussetzung** des **angeordneten Verwaltungsaktes** beantragen.[5] Die
Bestimmung eines Betriebsprüfers ist grundsätzlich nicht anfechtbar.[6]

(Einstweilen frei) 2071–2095

---

1 Schleswig-Holsteinisches FG, Urteil v. 10.7.1968, EFG 1968 S. 543.

2 FG Berlin, Urteil v. 19.2.1990, rkr., NWB EN-Nr. 1319/90.

3 BFH, Beschluss v. 11.8.2005 - XI B 207/04, BFH/NV 2006 S. 9, NWB RAAAB-70186; BFH, Beschluss
v. 14.3.2005 - IV B 84/03, BFH/NV 2005 S. 1477, NWB MAAAB-56539; BFH, Beschluss v.
14.3.2005 - IV B 83/03, BFH/NV 2005 S. 1475, NWB CAAAB-56538; BFH, Urteil v. 23.2.2005 -
XI R 21/04, BFH/NV 2005 S. 1218, NWB KAAAB-56074.

4 BFH, Urteil v. 7.11.1985 - IV 6/85, BStBl 1986 II S. 435.

5 BFH, Beschluss v. 26.2.1987 - IV S 14/86, BFH/NV 1989 S. 308, NWB EAAAB-29842.

6 BFH, Beschluss v. 15.5.2009 - IV B 3/09, BFH/NV 2009 S. 1401, NWB BAAAD-26227.

8. Prüfungsort (§ 200 Abs. 2 AO; § 6 BpO)

Literatur: *Wittkowski*, Ort der Außenprüfung, BBK F. 27 S. 2105.

VERWALTUNGSANWEISUNGEN:
Anwendungserlass zur Abgabenordnung (AEAO) v. 31.1.2014, Zu § 200 AO, BStBl 2014 I S. 290.

2096 Der Frage, wo eine Prüfung durchgeführt wird, kommt in der Praxis **außerordentliche Bedeutung** zu. Der Gesetzgeber hat diese Festlegung offensichtlich für nebensächlich gehalten. Nach § 200 Abs. 2 AO bzw. § 6 BpO ist bestimmt, dass der Bürger seine Unterlagen **in den Geschäftsräumen** vorzulegen hat. Dies verstößt nicht gegen § 13 GG. Der zu stellende Arbeitsplatz muss nach arbeitsrechtlichen Grundsätzen geeignet, zumutbar und üblich sein. Das heißt: Er muss u. a. möbliert, sauber und beheizt sein.

Ist ein geeigneter Geschäftsraum nachweislich nicht vorhanden, ist in den Wohnräumen oder an Amtsstelle zu prüfen. Ein **anderer Prüfungsort** (z. B. im Beraterbüro) kommt **nur ausnahmsweise** in Betracht (§ 6 Satz 3 BpO). Die Ablehnung eines entsprechenden Antrags des Stpfl. muss begründet werden. Eine Prüfung in den Wohnräumen ist gegen den Willen des Stpfl. nicht zulässig. Die Gestellung eines Prüfungsortes hat unentgeltlich zu geschehen.

2097 In der Praxis führt diese Festlegung oft bereits zu Meinungsverschiedenheiten bevor der Prüfer mit der Prüfung beginnt. Hier zeigt sich eine deutliche **Interessenkollision.** Es kommen in der Prüfungspraxis neben den vom Gesetzgeber erwähnten Prüfungsorten also ausnahmsweise auch Prüfungen beim **Steuerberater**[1] oder an **einem anderen Ort** (Gaststätte, andere Firma usw.) in Frage.

2098 Die Festlegung des **Prüfungsortes** ist, wie sich aus §§ 196 und 197 AO ergibt, **nicht notwendiger Bestandteil** der Prüfungsanordnung. Die von der Verwaltung verwendeten Vordrucke enthalten **keine ausdrückliche Festlegung.** Die darin verwendete Formulierung „bei Ihnen" versteht der BFH[2] nur als Anknüpfung an den Gesetzestext des § 193 AO.

2099 Die Festlegung des Prüfungsortes müsste nach Rechtslage in einem **besonderen Verwaltungsakt** erfolgen. Das geschieht aber **nur selten formal.** Wenn mündliche oder fernmündliche Absprachen nicht zur Vereinbarung von subsidiären Prüfungsorten führen, erscheint der Prüfer zum Prüfungsbeginn in den Geschäftsräumen.

---

1 BFH, Urteil v. 30.11.1988 - I B 73/88, BStBl 1989 II S. 265 und Harle/Nüdling/Olles, 4. Aufl., Herne 2020, Rz. 1108.
2 BFH, Urteil v. 5.11.1981 - IV R 179/79, BStBl 1982 II S. 208.

(Einstweilen frei) 2100–2111

9. Prüfungsablauf

a) Prüfungsbeginn

Die Außenprüfung findet innerhalb der **üblichen Geschäftszeiten** statt. 2112

Das Erscheinen des Prüfers im Betrieb wird üblicherweise **zeitlich abgestimmt.** 2113
Als Beginn der Prüfung ist auch ein Auskunfts- und Vorlageersuchen der Finanzbehörden anzusehen, mit dem unter Hinweis auf die Außenprüfung um Beantwortung verschiedener Fragen und Vorlage bestimmter Unterlagen gebeten wird.[1] Gleiches gilt für Anfangsbesprechungen mit dem Stpfl. oder seinem Bevollmächtigten.[2]

Ein ernsthafter Prüfungsbeginn kann ausnahmsweise bereits bei intensiven **Prüfungsvorbereitungen im Finanzamt** nach Übergabe der Prüfungsanordnung anzunehmen sein.[3] Jedenfalls ist das **Einführungsgespräch** als ernsthafter Prüfungsbeginn anzusehen.[4]

Jeder Außenprüfer hat sich **unaufgefordert auszuweisen** (§ 198 AO). Vorzulegen ist der Dienstausweis. Die Vorschrift dient der Identitätsprüfung. 2114

Bei Nichtbeachtung der Ausweispflicht braucht der Unternehmer den Prüfer nicht in die betrieblichen Räume zu lassen. Er kann auch seine Mitwirkungspflichten verweigern. Gestattet der Gastwirt aber Zutritt und die Vornahme der Prüfungshandlungen, so hat die Nichtvorlage des Dienstausweises keinen Einfluss auf deren Rechtmäßigkeit. 2115

Bei **Besorgnis der Befangenheit** besteht nach § 83 AO die Möglichkeit, den Prüfer abzulehnen. Rechtfertigende Gründe können Äußerungen, Vorfälle, zu befürchtende Parteilichkeit, fehlende Objektivität oder persönliche Kenntnisse über den Prüfer sein. Ablehnungsgründe sind dem Leiter der Behörde vorzutragen. Er entscheidet über einen Austausch des Prüfers. 2116

Der Gastwirt ist vom Prüfer darauf hinzuweisen, dass er **Auskunftspersonen benennen** darf (§ 8 Abs. 1 Satz 1 BpO). Das kann auch der Steuerberater sein. Die grundsätzliche **Auskunfts- und Mitwirkungspflicht** des Unternehmers 2117

---

1 BFH, Urteil v. 2.2.1994 - I R 57/93, BStBl 1994 II S. 377.
2 BFH, Urteil v. 7.8.1980 - II R 119/77, BStBl 1981 II S. 409.
3 BFH, Urteil v. 7.8.1980 - II R 119/77, BStBl 1981 II S. 409.
4 BFH, Urteil v. 7.8.1980 - II R 119/77, BStBl 1981 II S. 409.

selbst **erlischt** dadurch **nicht**. Die Benennung einer Auskunftsperson regelt aber eine Befragungsreihenfolge.

2118 Der **tatsächliche Beginn** der Außenprüfung hat **rechtliche Auswirkungen** (vgl. Rz. 1995 ff.). Datum, Uhrzeit und benannte Auskunftspersonen sind daher vom Prüfer in den Arbeitsakten festzuhalten (§ 198 AO; § 8 BpO). Der Prüfungsbeginn ist im Prüfungsbericht festzuhalten.

2119 Als Beginn der Außenprüfung für die Ablaufhemmung gelten nur **echte Prüfungshandlungen,** keine **Scheinhandlungen.**

2120 **Allgemeines Aktenstudium** nach Bekanntgabe der Prüfungsanordnung stellt noch **keinen Beginn der Betriebsprüfung dar.** Es muss sich auf die besonderen Verhältnisse des Betriebes beziehen.[1]

2121–2133 *(Einstweilen frei)*

b) Betriebsbesichtigung

2134 Der Prüfer ist berechtigt, die Betriebsräume zu besichtigen. Der Betriebsinhaber oder ein von ihm Beauftragter sollten daran teilnehmen (§ 200 Abs. 3 AO). **Zum Alleingang durch den Betrieb ist er nicht berechtigt.** Das Besichtigungsrecht erstreckt sich **nicht** auf die **Privaträume, aber** nach Sinn und Zweck auch auf Räumlichkeiten, die z. B. **als häusliches Arbeitszimmer** oder Büro geführt werden. Die Betriebsbesichtigung darf nicht den Charakter einer **Durchsuchung** haben.

10. Prüfungsgrundsätze

a) Untersuchungsgrundsatz

2135 Die Tätigkeit des Außenprüfers vollzieht sich nach dem **Amtsermittlungsprinzip** (§ 88 AO; s. Rz. 2017 ff.). Er hat die tatsächlichen und rechtlichen, steuerlich bedeutsamen Verhältnisse (Besteuerungsgrundlagen) **zugunsten wie zuungunsten** zu prüfen (§ 199 Abs. 1 AO; § 2 BpO). An das Vorbringen und die Beweisanträge des Stpfl. ist der Betriebsprüfer nicht gebunden. Die Finanzbehörde entscheidet nach pflichtgemäßem Ermessen, ob und wann eine Außenprüfung durchgeführt wird (§ 2 Abs. 3 BpO).

2136 Auf eine Prüfung nach beiden Seiten, **auch zu Lasten des Fiskus,** nach objektiven Maßstäben, hat der Gastwirt einen Rechtsanspruch. Der Prüfer darf **Sachverhalte zugunsten nicht ignorieren.** Nach § 7 BpO 2000 ist die Prüfung auf

---

1 FG Bremen, Urteil v. 26.10.1984, rkr., EFG 1985 S. 101.

das **Wesentliche** abzustellen und ihre Dauer auf das notwendige Maß zu beschränken. Sie hat sich auf Sachverhalte zu erstrecken, die zu endgültigen Steuerausfällen oder Steuererstattungen oder -vergütungen oder zu nicht unbedeutenden Gewinnverlagerungen führen können.

HINWEISE: 2137

▶ Das Amtsermittlungsprinzip ermächtigt den Prüfer weder zu Eigenmächtigkeiten noch zum Selbstbedienen.

▶ Was er an Unterlagen braucht, soll er anfordern. So behält der Betriebsinhaber die Filtermöglichkeit und Übersicht.

▶ Die Prüferbitte, ob er sich aus den Schränken die Belege selbst heraussuchen dürfe, z. B. um Arbeit abzunehmen, sollte verneint werden.

▶ Unterlagen jeder Art (Belege, Verträge usw.) sind Eigentum des Betriebes. Sie dürfen vom Prüfer nicht ohne ausdrückliche Zustimmung mitgenommen werden.

▶ Eigenmächtiges Fotokopieren zuzulassen, ist problematisch. Der Gastwirt sollte wissen, was fotokopiert wird. Selten wird ohne Hintersinn vervielfältigt. So kann auch erkannt werden, was als Kontrollmaterial verwendet wird (s. Rz. 2174 ff.).

(Einstweilen frei) 2138–2140

b) Rechtliches Gehör

Nach § 199 Abs. 2 AO ist der Stpfl. während der Außenprüfung über die festgestellten Sachverhalte und die möglichen steuerlichen Auswirkungen zu unterrichten, wenn dadurch Zweck und Ablauf der Prüfung nicht beeinträchtigt werden. 2141

Es darf nicht hingenommen werden, wenn der Außenprüfer tagelang „vor sich hin prüft", ohne über **Zwischenergebnisse** zu informieren. Der Unternehmer hat einen Anspruch, die festgestellten Sachverhalte und ihre steuerlichen Auswirkungen laufend zu erfahren. Ein Aufsammeln bis zur Schlussbesprechung ist nicht tragbar, vom Prüfer auch psychologisch unklug. 2142

Für rechtliches Gehör gibt es **keine festen Regeln.** 2143

Wenn der Stpfl. nicht ausdrücklich eine schriftliche Niederlegung des Sachstandes wünscht, ist **mündliche Information** ausreichend. Die Darlegung der steuerlichen Konsequenzen durch den Prüfer bedeutet keine Entscheidung über den Steueranspruch. Dafür ist die Schlussbesprechung da, bei der üblicherweise ein entscheidungsbefugter Beamter (Sachgebietsleiter) anwesend ist (vgl. Rz. 2231 ff.).

Unterlässt der Prüfer eine regelmäßige Unterrichtung über die Prüfungsfeststellungen, so kann sich der Gastwirt dagegen mit der **Dienstaufsichts-** 2144

beschwerde wenden. Ein solches Verhalten ist eine Dienstpflichtverletzung, die in ihrer Auswirkung die Rechte des Unternehmers einengt.

2145 Die Rüge der Verletzung rechtlichen Gehörs kann auch im Steuerfestsetzungsverfahren (Einspruch) erhoben werden.[1]

2146–2158 *(Einstweilen frei)*

11. Befugnisse des Prüfers und ihre Grenzen

Literatur: *Beimler*, Testeinkäufe bei Betriebsprüfungen, StBp 2006 S. 210.

a) Keine Mitprüfung von Dritten

2159 Es ist unzulässig, die **steuerlichen Verhältnisse Dritter**, z. B. der Lebensgefährtin oder der Eltern, die Darlehn oder Unterstützung gewährt haben, ohne entsprechende Prüfungsanordnung in die Prüfung einzubeziehen. Eine **Auswertung** von Informationen über die steuerlichen Verhältnisse anderer Personen, z. B. über **Kontrollmitteilungen** (§ 194 Abs. 3 AO; § 9 BpO), ist zulässig (s. Rz. 2174 ff.).

Entgegen der Entscheidung des Niedersächsischen FG v. 22.6.2004[2] darf das Finanzamt eine Außenprüfung bei Gaststätten durchführen, um die **Einnahmen von Musikkapellen** zu überprüfen.[3]

b) Beratungspflicht (§ 89 AO)

2160 Ein Außenprüfer ist zu **objektiver steuerlicher Auskunft bzw. Beratung verpflichtet** (§ 89 AO). Hat der Gastwirt steuerlich mögliche Erklärungen oder Anträge aus Unkenntnis oder versehentlich nicht oder nicht richtig abgegeben, soll der Prüfer die **richtigen Anträge** oder auch mögliche Bewertungswahlrechte anregen.

2161 *(Einstweilen frei)*

---

1 BFH, Urteil v. 27.3.1961 - I 276/60 U, BStBl 1961 III S. 290.
2 Niedersächsisches FG, Urteil v. 22.6.2004 - 13 K 507/00, EFG 2004 S. 1419.
3 Vgl. BFH, Urteil v. 4.10.2006 - VIII R 53/04, BStBl 2007 II S. 227.

c) Befragung des Beteiligten (§ 200 AO)

Literatur: *Schuhmann*, Auskunftsverweigerungsrechte in der steuerlichen Außenprüfung, StBp 1996 S. 89; *Steinhauff*, Rechte und Pflichten der Berufsgeheimnisträger bei Außenprüfungen, NWB 2011 S. 1156.

Der Gastwirt darf vom Prüfer zu Fragen seiner Besteuerung uneingeschränkt **2162** befragt werden. Das gilt **nicht** für seine **Ehefrau/Lebenspartner**. Angehörige haben nach § 101 Abs. 1 AO **Auskunftsverweigerungsrechte** in Fragen, die allein den Unternehmer betreffen. Beabsichtigt der Prüfer dennoch Angehörige zu befragen, so sind sie von ihm auf ihr Auskunftsverweigerungsrecht **ausdrücklich hinzuweisen**. Die Belehrung darüber muss der Prüfer **aktenkundig machen** (§ 101 Abs. 1 AO). Eine **unterlassene Belehrung** führt zum **Verwertungsverbot** der erhaltenen Aussage.[1] Eine Befragung zu den steuerlichen Verhältnissen Dritter ist rechtswidrig.[2]

d) Bedeutung der Auskunftsperson

Auskunftspflichtig ist in erster Linie der Stpfl. Auskünfte muss er aber nicht **2163** immer persönlich erteilen. Er kann andere Personen als Auskunftspersonen benennen. Das Benennen einer Auskunftsperson (§ 8 Abs. 1 BpO 2000) für die Dauer der Prüfung bedeutet zugleich die Festlegung einer Legitimation. So soll sichergestellt werden, dass **keine anderen Firmenmitglieder** ohne weiteres vom Prüfer **befragt werden** dürfen. Wenn sich herausstellt, dass auch über diese Auskunftsperson kein Erfolg entsteht, kann der Prüfer auch andere Betriebsangehörige bzw. Personen ohne vorherige Unterrichtung des Stpfl. (§ 8 Abs. 2 BpO) befragen, Dazu und zur Anforderung von Unterlagen, Urkunden usw. wird auch auf § 97 AO in der Fassung v. 26.6.2013,[3] verwiesen.

e) Befragung von Betriebsangehörigen (§ 200 Abs. 1 AO, § 8 Abs. 1 BpO 2000)

Will der Prüfer **andere Betriebsangehörige** befragen, so soll er den Gastwirt **2164** **rechtzeitig davon unterrichten,** damit dieser ggf. andere Auskunftspersonen benennen kann. Nach § 8 Abs. 2 BpO 2000 darf der Betriebsprüfer im Rahmen seiner Ermittlungsbefugnisse unter den Voraussetzungen des § 200 Abs. 1 Sätze 3 und 4 AO auch Betriebsangehörige um Auskunft ersuchen, die nicht als Auskunftspersonen benannt worden sind.

---

1 FG Rheinland-Pfalz, Urteil v. 25.10.1984 - 3 K 145/83, rkr., EFG 1985 S. 266.
2 BFH, Urteil v. 4.11.2003 - VII R 29/01, NWB FAAAB-17313.
3 BGBl 2013 I S. 1809.

Das **Befragungsrecht** von Betriebsangehörigen ist nach § 200 Abs. 1 AO gegeben, wenn

► der Gastwirt oder die benannte Auskunftsperson **nicht in der Lage** ist, Auskünfte zu erteilen (z. B. wegen Abwesenheit) oder

► die erteilten **Auskünfte** zur Klärung des Sachverhalts **unzureichend** sind oder

► die Auskünfte des Gastwirtes **keinen Erfolg versprechen** (ausweichende, widersprüchliche, verschleiernde Antworten).

f) Auskünfte von Dritten (§ 93 Abs. 1 AO)

2165 Im Außenprüfungsverfahren kann der Außenprüfer auch andere Personen, die weder Stpfl. noch Betriebsangehörige sind, hören oder von ihnen die Vorlage von Urkunden verlangen. § 93 Abs. 1 AO gilt auch für den Außenprüfer. Eine Auskunft von Dritten ist aber nur zulässig, wenn der Prüfer zuvor versucht hat, die Auskunft vom Stpfl. selbst zu erhalten (Subsidiaritätsgrundsatz).

2166 Zur Einholung solcher Auskünfte besteht eine Rechtfertigung, wenn die Sachaufklärung durch die Beteiligten selbst nicht zum Ziel führt oder keinen Erfolg verspricht. Dann darf der Außenprüfer von Dritten auch die Vorlage von Urkunden verlangen und Sachverständige hören.

2167 Auskünfte von Dritten sind stets nur eine **subsidiäre Möglichkeit.** Das Vorliegen der Voraussetzungen nach § 93 Abs. 1 Satz 1 AO muss dargetan werden. Auch für Auskünfte von Dritten gelten die Grundsätze der Erforderlichkeit, Verhältnismäßigkeit, Erfüllbarkeit und Zumutbarkeit. Auskünfte von Dritten verdeckt einzuholen, ist nicht zulässig. Das Auskunftsverlangen an einen Dritten ist ein mit Einspruch anfechtbarer Verwaltungsakt.[1]

Zum Drittauskunftsersuchen während einer Außenprüfung vgl. auch BFH v. 27.5.2005[2] und v. 29.7.2015.[3]

---

1 BFH, Urteil v. 5.4.1984 - IV R 244/83, BStBl 1984 II S. 790.
2 BFH, Beschluss v. 27.5.2005 - VII B 38/04, BFH/NV 2005 S. 1496, NWB BAAAB-57318.
3 BFH, Urteil v. 29.7.2016 - X R 4/14, BStBl 2016 II S. 135.

g) Bankauskünfte (§ 30a AO)

Literatur: *Leisner,* Hinreichende Veranlassung einer Kontrollmitteilung gem. § 30a AO, NWB 2009 S. 1835.

BMF, Schreiben v. 12.12.2000, BStBl 2000 I S. 1549; Anwendungserlass zur Abgabenordnung (AEAO) zu § 30a AO, lt. BMF-Schreiben v. 31.1.2014, BStBl 2014 I S. 290.

v. Wedelstädt, Betriebsprüfung, infoCenter, NWB PAAAB-04785.

Die verbreitete Ansicht, dass die Finanzbehörden von Banken keine Auskünfte einholen dürfen, trifft so nicht zu. § 30a AO begründet also kein Auskunftsverweigerungsrecht. § 30a Abs. 5 AO verweist nur auf die Voraussetzungen des § 93 AO.　　2168

Zur **Form von Auskunftsersuchen** an Sparkassen vgl. BFH, Urteil v. 23.10.1990.[1] Es ist dann **nicht rechtmäßig,** wenn Anhaltspunkte für **steuererhebliche Umstände** fehlen. Auskunftsverlangen im Rahmen von rasterfahndungsähnlichen Ermittlungen und Auskünfte „ins Blaue" darf die Finanzbehörde nicht verlangen.[2]　　2169

Hohe ungebundene Entnahmen ohne entsprechende Vermögensbildung sind steuererhebliche Umstände, die **Bankauskünfte rechtfertigen.**[3] Der Hinweis auf einen aufwendigen Lebensstil steht dem nicht entgegen.　　2170

Ab 1.4.2005 kann die Finanzbehörde bei den Kreditinstituten über das Bundesamt für Finanzen nach Einfügung der Absätze 7 und 8 in § 93 AO unter den dort genannten Voraussetzungen verschiedene Daten abfragen **(Kontenabrufverfahren).** Solche Abfragen ermöglichen aber nur die **Feststellung von Kontenstammdaten,** nicht von Kontenständen oder Kontobewegungen.

(Einstweilen frei)　　2171

---

1 BFH, Urteil v. 23.10.1990 - VIII R 1/86, BStBl 1991 II S. 277.
2 BFH, Urteil v. 18.3.1987 - II R 35/86, BStBl 1987 II S. 419.
3 BFH, Urteil v. 23.10.1990 - VIII R 1/86, BStBl 1990 II S. 277.

h) Form, Kostenersatz bei Auskunftsersuchen

Literatur: *Apitz,* Finanzbehördliche Auskünfte und Zusagen unter besonderer Berücksichtigung der verbindlichen Zusagen auf Grund einer Außenprüfung, HBP Kza. 4410.

2172 Auskünfte dürfen **mündlich, schriftlich, elektronisch** oder **fernmündlich** erteilt werden (§ 93 Abs. 4 AO). Die Behörde kann verlangen, dass die Auskunft schriftlich erteilt wird. Bei schriftlichem Auskunftsersuchen sollte ein **frankierter Rückumschlag** beiliegen. Auskunftspflichtige Dritte können nach § 107 AO **Aufwendungsersatz verlangen.**[1]

2173 *(Einstweilen frei)*

i) Fertigung und Auswertung von Kontrollmaterial (§ 194 Abs. 3 AO, § 9 BpO 2000)

Literatur: *Anderlohr/Crößmann,* Befugnis der Betriebsprüfung zur Erstellung von Kontrollmaterial, StBp 2005 S. 331; *v. Wedelstädt;* Kontrollmitteilungen bei Außenprüfungen, AO-StB 2005 S. 236.

VERWALTUNGSANWEISUNGEN:

Anwendung der Mitteilungsverordnung, NWB 2002 S. 1177; BMF, Schreiben v. 25.3.2002, BStBl 2002 I S. 477; BMF, Schreiben v. 13.6.2003, BStBl 2003 I S. 340; Anwendungserlass zur Abgabenordnung (AEAO) v. 31.1.2014, zu § 194 AO, BStBl 2014 I S. 290.

ARBEITSHILFEN UND GRUNDLAGEN ONLINE:

v. Wedelstädt, Kontrollmitteilungen, infoCenter, NWB VAAAB-05674; *von Wedelstedt,* Betriebsprüfung, infoCenter, NWB PAAAB-04785.

2174 Ausschließlich bei Außenprüfungen (nicht bei Nachschauen) darf der Prüfer (auch Umsatzsteuersonderprüfer und Lohnsteueraußenprüfer) die steuerlichen Verhältnisse Dritter betreffendes Kontrollmaterial fertigen (§ 194 Abs. 3 AO; § 9 BpO 2000).[2] Das gilt auch, wenn er unerlaubte Hilfe in Steuersachen feststellt. Eine Einschränkung der Fertigung von Kontrollmitteilungen besteht bei Außenprüfungen von Kreditinstituten (§ 30a Abs. 3 AO). Darüber hinaus wird verwiesen auf § 93a Abs. 7 AO und im Verhältnis zu Berufsgeheimnisträgern auf § 102 AO. Eine Außenprüfung nur zum Zwecke der Fertigung von Kontrollmaterial ist nicht zulässig. Die Kontrollmitteilungen werden dem für die Besteuerung des Dritten zuständigen Finanzamt zugeleitet.

---

1 BFH, Urteil v. 23.12.1980 - VII R 91/79, BStBl 1981 II S. 392; BFH v. 24.3.1987 - VII R 113/84, BStBl 1988 II S. 163.

2 BFH, Urteil v. 4.10.2006 - VIII R 54/04, BFH/NV 2007 S. 190, NWB RAAAC-33451.

Die Versendung **von Kontrollmaterial über Kellnerumsätze** ist zulässig.[1]   2175

Kontrollmitteilungen sind dazu bestimmt, von einem Amtsträger der Finanz-   2176
verwaltung einem anderen zur Kenntnis gebracht zu werden. Ein **Verstoß ge-**
gen das Steuergeheimnis (§ 30 AO) ist daher **nicht gegeben.**

Kontrollmaterial darf nur **anlässlich** von Außenprüfungen ausgeschrieben wer-   2177
den. Ihr Inhalt soll sich auf gelegentliche Beobachtungen beschränken.

Zu beachten ist, dass die zuständigen **Erbschaftsteuer-Finanzämter in Erbfäl-**   2178
len nach § 33 ErbStG i. V. m. §§ 1 bis 3 ErbStDV von geschäftsmäßig tätigen
Vermögensverwahrern und -verwaltern u. a. von den Banken, Sparkassen, Versicherungen, Bausparkassen usw. Kenntnis von den Guthaben, Wertpapieren
und Zinserträgen des Verstorbenen erhalten. Für die laufende Besteuerung
wichtige Informationen werden von dort intern **den Besteuerungsfinanz-**
ämtern weitergeleitet.[2] Zur Zulässigkeit der Auswertung vgl. BFH, Urteil
v. 2.4.1992.[3] Die Erben müssen daher in solchen Fällen mit **Nachversteuerun-**
gen rechnen.

Kontrollmitteilungen sollen bei Prüfungen von Banken nach § 30a Abs. 3 AO   2179
für Guthabenkonten und Depots unterbleiben, bei deren Errichtung eine **Legi-**
timationsprüfung nach § 154 Abs. 2 AO vorgenommen wird. Für **andere Kon-**
ten wie z. B. **CpD-Konten,** Eigenkonten der Banken und Kreditkonten dürfen
Kontrollmitteilungen erstellt werden.[4]

(Einstweilen frei)   2180–2181

j) Digitale Prüfungsmaßnahmen (§ 147 Abs. 6 AO); Verzögerungsgeld (§ 146 Abs. 2a AO)

Literatur: Gebbers, Das Verzögerungsgeld nach § 146 Abs. 2b (n. F.) AO, StBp 2009 S. 130,
162; *Geißler,* Verzögerungsgeld bei Verletzung von Mitwirkungspflichten, NWB 2009
S. 4076; *Engelberth,* Datenzugriff und Aufzeichnungspflichten, NWB 2010 S. 2307; *Krain,*
Elektronische Buchführung und Datenzugriff der Finanzverwaltung, StuB 2010 S. 98; *Bel-*
linger, Zum Umfang des Datenzugriffsrechts gemäß § 147 Abs. 6 AO in Daten der Waren-
wirtschaftssysteme des Einzelhandels, DStZ 2011 S. 272; *Hilbertz,* Verhältnismäßigkeits-
grundsatz und Verzögerungsgeld, NWB 2013 S. 336; *Beyer,* Betriebsprüfung, NWB 2012

---

1 FG Hamburg v. 17.2.2003 - VI 104/02, rkr., NWB XAAAB-08329.
2 Koordinierter Ländererlass v. 17.2.1986, BStBl 1986 I S. 82.
3 BFH, Urteil v. 2.4.1992 - VIII B 129/91, BStBl 1992 II S. 616.
4 Vgl. auch Niedersächsisches FG, Urteil v. 30.9.1998, EFG 1999 S. 10.

S. 3259; *Dißars*, Die neuen Grundsätze für die ordnungsgemäße elektronische Buchführung, NWB 2015 S. 405.

VERWALTUNGSANWEISUNGEN:

Anwendungserlass zur Abgabenordnung (AEAO) v. 31.1.2014, zu § 146 und 147 AO, BStBl 2014 I S. 290, mit späteren Änderungen.

ARBEITSHILFEN UND GRUNDLAGEN ONLINE:

Geißler, Digitaler Datenzugriff, infoCenter NWB XAAAB-26807.

2182 Sind die Buchführungsunterlagen mit Hilfe eines heute schon weit verbreiteten elektronischen Datenverarbeitungssystems erstellt worden, so hat die Finanzbehörde nach § 147 Abs. 6 AO durch das Steuersenkungsgesetz im Rahmen einer Außenprüfung das Recht, Einsicht in die gespeicherten Daten zu nehmen (unmittelbarer bzw. Nur-Lesezugriff) und das Datenverarbeitungssystem des Unternehmens zur Prüfung dieser Unterlagen zu nutzen (mittelbarer bzw. Auswertungszugriff). Diese Methode tritt gleichwertig neben die herkömmliche Prüfung, ohne dass ihr sachlicher Umfang erweitert wird. Welche Methode der Prüfer wählt, kann er nach pflichtgemäßem Ermessen entscheiden. Eine Verpflichtung zum Übergang zu einem elektronischen Datenverarbeitungssystem besteht nicht.

So kann sie durch elektronischen Zugriff überprüfen und im Rahmen der Außenprüfung auch verlangen, dass die Daten nach ihren Vorgaben maschinell ausgewertet oder ihr die gespeicherten Unterlagen und Aufzeichnungen auf einem maschinell verwertbaren Datenträger zur Verfügung gestellt werden (Datenträgerüberlassung). Daneben wurden die Pflichten des Stpfl. zur **elektronischen Archivierung** von Buchführungsunterlagen erweitert (§ 147 Abs. 2 Nr. 2 AO). Das Recht, auf die Daten des Stpfl. maschinell zuzugreifen, bezieht sich nur auf Daten, die steuerlich relevant sind und Unterlagen, die auch nach bisherigem Recht aufbewahrungspflichtig sind.

Der Datenzugriff gilt auch für die Finanzbuchhaltung.[1] Mit Urteilen v. 16.12.2014[2] hat der BFH entschieden, dass die Finanzverwaltung im Rahmen einer Außenprüfung auch auf die Kasseneinzeldaten zugreifen darf, wenn diese z. B. in Wirtschaftssystemen gesondert aufgezeichnet werden.

Infolge der Einführung der vorgenannten Möglichkeiten bedient sich die Finanzverwaltung im zunehmenden Maße der Möglichkeit, mit Hilfe moderner elektronischer Datenverarbeitungstechnik erstellte Buchführungsunterlagen

---

1 BFH, Urteil v. 26.9.2007 - I B 53, 54/07, BStBl 2008 II S. 415.
2 BFH, Urteile v. 16.12.2014 - X R 42/13, BStBl 2015 II S. 519; X R 29/13, BFH/NV 2015 S. 790, NWB RAAAE-88364 und X R 47/13, BFH/NV 2015 S. 793, NWB VAAAE-88380.

bei der Außenprüfung durch moderne Technik zu überprüfen. Eine EDV-gestützte Buchführung des Stpfl. wird dabei unter Einsatz der **Prüfungssoftware IDEA** auf ihre Plausibilität und Richtigkeit hin untersucht. Dabei werden z. B. Kassenbestände auf Minussalden oder auf Geschäftsvorfälle auf den Wochentag hin untersucht. Sie ermöglicht es so in kurzer Zeit, Auffälligkeiten in der Buchführung aufzuspüren. Zu rechtlichen und praktischen Problemen bei Anwendung der elektronischen Prüfung vgl. Intemann.[1]

Werden die **einzelnen** Verkäufe durch eine PC-Kasse aufgezeichnet und gespeichert, so hat der Unternehmer die entsprechenden Daten im Rahmen der Außenprüfung dem Betriebsprüfer auf dessen Verlangen zu überlassen.[2]

Kommt der Steuerpflichtige bei verlagerter Buchführung ins Ausland (§ 146 Abs. 2a AO) einer Aufforderung zur Rückverlagerung oder seinen Pflichten, zur Einräumung des Datenzugriffs nach § 147 Abs. 6, zur Erteilung von Auskünften oder zur Vorlage angeforderter Unterlagen i. S. d. § 200 Abs. 1 im Rahmen einer Außenprüfung innerhalb einer ihm bestimmten angemessenen Frist nach Bekanntgabe durch die zuständige Finanzbehörde nicht nach oder hat er seine elektronische Buchführung ohne Bewilligung der zuständigen Finanzbehörde ins Ausland verlagert, so kann nach § 146 Abs. 2b (n. F.) AO ein **Verzögerungsgeld** von 2.500 € bis 250.000 € festgesetzt werden. Die Festsetzung eines Verzögerungsgeldes im Zusammenhang von Mitwirkungsverstößen ist nicht auf Fälle beschränkt, bei denen die elektronische Buchführung im Ausland geführt wird.

Veränderungen zum Verzögerungsgeld nach § 147 Abs. 2b AO vgl. BMF-Schreiben v. 31.1.2013.[3]

Zur estl. Abziehbarkeit von Verzögerungsgeld vgl. H 12.4 EStH.

(Einstweilen frei) 2183–2190

---

1 Die Außenprüfung im digitalen Zeitalter, NWB 2006 S. 333.
2 BFH, Urteil v. 16.12.2014 - X R 42/13, BStBl 2015 II S. 519, Apothekenurteil.
3 BStBl 2013 I S. 118 ff., zu Ziff. 12.

12. Wichtige Mitwirkungspflichten des Gastwirts (§ 90 AO; § 200 AO; § 8 BpO 2000)

Literatur: *Baum*, Grundsätze zum Datenzugriff und zur Prüfbarkeit digitaler Unterlagen (GDPdU), NWB 2001 S. 2985; *Weiß*, Das an den Steuerpflichtigen gerichtete Verlangen auf Vorlage vorhandener Rechtsgutachten, StBp 2004 S. 220.

VERWALTUNGSANWEISUNGEN:

Anwendungserlass zur Abgabenordnung (AEAO) zu §§ 90 und 200 AO. v. 31.1.2024 mit späteren Änderungen.

ARBEITSHILFEN UND GRUNDLAGEN ONLINE:

Geißler, Mitwirkungspflichten, infoCenter, NWB ZAAAB-69950.

a) Allgemeine Pflichten

2191 Der Stpfl. ist auch bei einer Prüfung nach § 200 Abs. 1 AO zu umfangreicher Mitwirkung bei der Prüfung verpflichtet (§ 200 AO, § 8 BpO). Ob und in welchem Umfang eine solche Mitwirkung verlangt wird, entscheidet die Finanzbehörde nach pflichtgemäßem Ermessen. Sie darf nur verlangt werden soweit dies notwendig, erfüllbar und verhältnismäßig ist. Sie ist rechtswidrig, wenn sie sich auf die Verhältnisse Dritter richtet (vgl. Rz. 2159).

Zum Datenzugriff (§ 147 Abs. 6 AO) und Verzögerungsgeld (§ 146 Abs. 2a AO) vgl. Rz. 2182.

Der Gastwirt ist nach § 97, § 200 Abs. 1 AO bzw. § 8 BpO zu umfangreicher Mitwirkung an der Feststellung der für ihn bedeutsamen Besteuerungsgrundlagen verpflichtet. Im Einzelnen treffen ihn:

▶ **Auskunfts-, Aufbewahrungs- und Vorlagepflichten** für Bücher, Aufzeichnungen, Belege, Urkunden, Verfahrensdokumentationen für das DV-System, Schriftwechsel usw. **Vorstands- und Aufsichtsratsprotokolle** sind nur bei begründetem Anlass vorzulegen.[1]

▶ **Erläuterungspflichten;** zu den Unterlagen erforderliche Erläuterungen sind zu geben. Bei **Auslandsbeziehungen** besteht eine erhöhte Aufklärungs- und Mitwirkungspflicht.[2]

▶ **Duldungspflichten;** ein für die Durchführung der Prüfung **geeigneter Geschäftsraum** oder Arbeitsplatz ist kostenlos zu stellen.

▶ **Hilfsmittel können gefordert werden;** der Begriff ist nicht näher erläutert.

---

1 BFH, Urteil v. 13.2.1968 - GrS 5/67, BStBl 1968 II S. 365. Zur Vorlagepflicht bei steuerlichen Außenprüfungen s. NWB 34/2020 S. 2520.

2 BFH, Urteil v. 9.7.1986 - I B 36/86, BStBl 1987 II S. 487.

▶ **Stpfl. mit elektronischer Buchführung müssen** die Finanzbehörde bei der Ausübung der Befugnisse nach § 147 Abs. 6 AO unterstützen. Hinweis auf Rz. 2182. In § 90 Abs. 2 Satz 3 AO wurden neue Mitwirkungspflichten für den Fall eingeführt, dass objektiv erkennbare Anhaltspunkte für die Annahme bestehen, dass der Stpfl. über Geschäftsbeziehungen zu Finanzinstituten in einem sog. nicht kooperierenden Staat oder Gebiet verfügt.

▶ **Befragung von Betriebsangehörigen** muss toleriert werden.

▶ **Benennungspflichten nach § 160 AO.**

Wird eine Mitwirkungspflicht unter Androhung oder Festsetzung von Zwangsgeld nach § 329 AO verlangt, so liegt insoweit ein anfechtbarer Verwaltungsakt vor.[1]   2192

Der Prüfer kann nicht verlangen, dass ihm eine Schreib- oder Rechenmaschine zur Verfügung gestellt wird. Der Gastwirt und sein Personal müssen auch nicht Aufgaben erledigen, die zu den eigentlichen Prüfungshandlungen gehören, wie das Fertigen von Nachadditionen oder Erstellen von Nachkalkulationen (vgl. Rz. 2446 ff., Rz. 2629). Dem Prüfer muss **keine Schreibkraft** für den Berichtsentwurf zur Verfügung gestellt werden. In Grenzfällen entscheiden die Grundsätze von Billigkeit und Zweckmäßigkeit.   2193

b) Problem „Fotokopieren"

Literatur: Meier, Ist der Steuerpflichtige verpflichtet, dem Außenprüfer Geschäftsunterlagen und Urkunden zwecks Erstellung von Fotokopien an Amtsstelle zu überlassen?, StBp 1987 S. 156; *Möhlinger,* Stellungnahme zu Beitrag Meier, StBp 1987 S. 240.

Ein Fotokopiergerät gehört nicht zu den Hilfsmitteln i. S. v. § 200 Abs. 2 AO. Der Gastwirt ist daher grundsätzlich **nicht verpflichtet,** dem Prüfer **unentgeltliche Kopien bereitzustellen.**[2] Die Frage, ob bei dieser Sachlage der Prüfer nach Abstimmung mit dem Gastwirt berechtigt ist, die **Unterlagen** zum Kopieren ins Finanzamt **mitzunehmen,** wird in der Literatur bejaht.[3] In einem solchen Fall sollte der Gastwirt die Übergabe formal gegen Empfangsbescheinigung abwickeln.   2194

---

1 BFH, Urteil v. 6.6.2012 - I R 99/10, BStBl 2013 II S. 196.

2 Hübschmann/Hepp/Spitaler, § 200 AO Rz. 233 und 375.

3 Meier, StBp 1987 S. 156.

c) Vorlagepflicht bei privaten Unterlagen

Literatur: *Bilsdorfer*, Private Konten und Außenprüfung, NWB 2003 S. 1847.

2195 Zu den vorzulegenden Unterlagen können **auch private Urkunden** gehören wie z. B. **private Spar-** bzw. **Bankkonten,** wenn sie **steuerlich von Bedeutung** sind. Sie sind z. B. zur Prüfung der Einkünfte nach § 20 EStG erforderlich. Häufig laufen auch Mieterlöse, Werbungskosten, Sonderausgaben und außergewöhnliche Belastungen über private Konten (Mischkonten). Das Vorlageverlangen dient dann steuerlichen Zwecken und ist zulässig. Oft hält der Gastwirt auch private und betriebliche Vorgänge nicht exakt getrennt. Außerdem können private Konten auch für Zwecke der Schätzung oder zu Kontrollrechnungen (Geldverkehrsrechnung) verlangt werden.[1]

2196 **HINWEISE:**

► In vorgenannten Fällen kollidieren die zu bejahenden Vorlagepflichten privater Unterlagen mit den dafür grundsätzlich nicht bestehenden Aufbewahrungspflichten. Es ist unstrittig, dass für private Unterlagen keine generellen gesetzlichen Aufbewahrungspflichten existieren. Nur soweit der Gastwirt nach §§ 140, 141 AO oder anderen Steuergesetzen buchführungs- oder aufzeichnungspflichtig ist, hat er Unterlagen i. S. d. § 147 Abs. 1 AO aufzubewahren.[2] Ab 1.1.2004 ist § 14 Abs. 2 Satz 1 Nr. 1 UStG zu beachten.

► Private Kontoauszüge, Verträge, Schriftwechsel, Belege, Sparkonten usw. fallen nicht unter § 147 AO. Das gilt auch für Unterlagen, die vielleicht später einmal für eine Verprobung oder Schätzung Bedeutung haben könnten.

► Werden private Unterlagen berechtigterweise nicht aufbewahrt, so darf dem Gastwirt daraus kein steuerlicher Nachteil entstehen. Zwangsmittel nach § 328 AO wären ermessensfehlerhaft, weil sie sich auf für den Gastwirt Unmögliches beziehen. Diese Situation berechtigt den Prüfer nach Ermessenskriterien allenfalls, benötigte Unterlagen im Wege der Drittauskunft nach § 93 AO selbst zu beschaffen.

2197 **Verweigerungen** bzw. **wiederholte Verzögerungen** der verfassungsrechtlich unbedenklichen Mitwirkungspflichten können durch Zwangsgeld nach §§ 328 ff. AO erzwungen werden.[3] Im Normalfall wird **Zwangsgeld** im Prüfungsverfahren **selten angewendet.** Der Prüfer ist bei der Verletzung von Mitwirkungspflichten zur Schätzung nach § 162 AO berechtigt.

---

1 Niedersächsisches FG, Urteil v. 7.2.1986 - XI 389/81; Nichtzulassungsbeschwerde durch BFH v. 4.8.1987 als unbegründet zurückgewiesen, Bp-Archiv Nr. 11/86; vgl. auch Bilsdorfer, NWB 2003 S. 1847.

2 Tipke/Kruse, a. a. O., § 147 AO Tz. 1.

3 BVerfG v. 24.7.1984 - 1 BvR 934/84.

Dabei ist die Pflicht des Finanzamts zur Sachverhaltsaufklärung herabgesetzt und ein eventuell ihm obliegendes **Beweismaß reduziert.** Der Außenprüfer kann aus dem Verhalten des Gastwirtes auch **nachteilige Schlüsse** ziehen.[1]   2198

Vgl. auch Rz. 2182, Datenzugriff (§ 147 Abs. 6 AO); **Digitale Prüfungsmaßnahmen.**

Zur bestehenden Vorlagepflicht privater Kontounterlagen für ein Konto mit betrieblichen und privaten Geschäftsvorfällen im Rahmen einer Außenprüfung vgl. auch FG des Saarlandes v. 30.6.2005.[2]

13. Arbeitsakten, Akteneinsicht

Literatur: *Hendricks*, Arbeitsbogen des Außenprüfers: Einsichtsrecht des Steuerpflichtigen und Vorlagepflicht beim Finanzgericht, StBp 1985 S. 67.

VERWALTUNGSANWEISUNGEN:

OFD Hannover v. 15.8.1994, Bp-Kartei 1988 § 199 AO, § 6 BpO K. 2.

Prüfungshandlungen und Ergebnisse finden ihren Niederschlag in den Arbeitsakten des Außenprüfers. Der Unternehmer hat im außergerichtlichen Verfahren **keinen Rechtsanspruch** darauf, dass das Finanzamt die Arbeitsakten des Betriebsprüfers zu den Steuerakten nimmt und ihm so die **Einsicht** ermöglicht.[3]   2199

Für das **gerichtliche Verfahren** besteht **Vorlagepflicht der Arbeitsakten.**[4] Soweit die Akten dem Gericht vorgelegt werden, hat der Gastwirt nach § 78 Abs. 1 FGO **auch ein Einsichtsrecht.**   2200

(Einstweilen frei)   2201

14. Prüfungsschwerpunkte der Branche

a) Bedeutung der Prüfungsschwerpunkte

Literatur: *Assmann;* Stichtagsprinzip und Wertaufhellung im Blickpunkt der Außenprüfung, StBp 2005 S. 1; *Kamchen/Kling*, Zeitraum für die Berücksichtigung wertaufhellender Ereignisse, NWB 2013 S. 4111; *Atilgan*, Die Folgen der Missachtung des Wertaufhellungsprinzips gemäß § 252 Abs. 1 Nr. 4 HGB, NWB 2017 S. 520.

---

1 BFH, Urteil v. 15.2.1989 - X R 16/86, BStBl 1989 II S. 462.
2 1 K 141/01, NWB BAAAB-57733.
3 BFH, Urteil v. 27.3.1961 - I 276/60 U, BStBl 1961 III S. 290.
4 BFH, Urteil v. 17.11.1981 - VIII R 174/77, BStBl 1982 II S. 430; BFH, Urteil v. 25.7.1994 - X B 333/93, BStBl 1994 II S. 802.

2202   Gemäß § 7 BpO 2000 ist die Betriebsprüfung auf das **Wesentliche** abzustellen und ihre Dauer auf das **notwendige Maß** zu beschränken. Der Außenprüfer soll **mehr Betriebe weniger gründlich** prüfen. Daher hat er für den Einzelfall wenig Zeit.

2203   Die richtige Abgrenzung zwischen **wertaufhellenden und wertbeeinflussenden Tatsachen** führt bei Außenprüfungen von bilanzierenden Stpfl. nicht selten zu beachtlichen Ergebnissen. Das bedeutet, dass nach dem Stichtagsprinzip für ein Wirtschaftsgut eingetretene wertbegründende und wertverändernde Sachverhalte in der Bilanz noch nicht zu berücksichtigen sind.

b) Branchenspezifische Problembereiche

2204   Die Dauer einer Außenprüfung hängt in erster Linie von der Größe und Organisation des Gaststättenbetriebes ab. Der Gastwirt kann je nach Betriebsgröße mit einer **Prüfungsdauer von fünf bis fünfzehn Tagen** rechnen. Der **Zustand des Rechnungswesens**, der **Informationsfluss** und die **Mitarbeit** des Gastwirtes **sind maßgebliche Faktoren** für die Prüfungsdauer.

2205   Wie bei allen Betrieben mit nahezu ausschließlichen Bareinnahmen legt der Außenprüfer seinen **Hauptprüfungsschwerpunkt** bei Hotel- und Gaststättenbetrieben auf die **Ordnungsmäßigkeit der Kassenführung** (vgl. Rz. 506 ff.). Er verprobt fast regelmäßig die vollständige **Erfassung der Betriebseinnahmen** nach Plausibilitätsgesichtspunkten (Nachkalkulation/Geldverkehrsrechnung, s. Rz. 2446 ff.).

2206   Außerdem widmet er seine Aufmerksamkeit anderen Sachverhalten, die bei unzutreffendem Ansatz zu endgültigen Steuerausfällen führen, wie **unentgeltliche Wertabgaben (vgl. Rz. 2627), private Energiekosten, Telefon- und Pkw-Kostenanteile.**

2207   Liegen die Rohgewinnaufschlagsätze **im Rahmen der amtlichen Richtsätze** (vgl. Rz. 2627 ff.), so verzichtet er manchmal auf eine intensive Verprobung. Überhaupt kommt den Richtsätzen im Gaststättengewerbe noch eine beachtliche Bedeutung zu.

2208   Der Prüfer schließt keine Prüfung ohne **Vorsteuerverprobung** ab. Abweichungen, die er dabei feststellt, finden oft ihre Erklärung in Miet-, Pachtverträgen und Baumaßnahmen, die hinsichtlich der Vorsteuer nicht richtig behandelt worden sind.

2209   Das gesamte Spektrum der **Abgrenzung privater und beruflicher Aufwendungen** untersucht er intensiv. Daraus sind in der Branche unter den Beanstandungen folgende Stichworte **überproportional** oft vertreten:

- ▶ Zeitungen, Zeitschriften privater Art,
- ▶ Kassenmängel, diverser Art,
- ▶ Nachkalkulationsdifferenzen,
- ▶ Schwarzeinkäufe, (Doppelverkürzungen),
- ▶ Unzureichende unentgeltliche Wertabgaben; Erfassung der Zuschläge für Raucher,
- ▶ Größere Finanzierungen (Anschaffungen, Baumaßnahmen usw.),
- ▶ Wareneinkäufe für Privatbedarf,
- ▶ Private Wohnungen; Energiekostenabgrenzungen als Betriebsausgaben,
- ▶ Ungerechtfertigte Löhne an Angehörige,
- ▶ Ungerechtfertigte Berufskleidung,
- ▶ Unzulässige Bewirtungskosten,
- ▶ Arbeitszimmer, -einrichtungen,
- ▶ Anschaffungen privater Wirtschaftsgüter der Lebensführung (Fernseher, Waschmaschine, Trockner, Heimbügler usw.),
- ▶ Verstöße gegen Aufbewahrungspflichten (z. B. für EDV-Kassen),
- ▶ Private Kraftfahrzeugnutzung unkorrekt,
- ▶ Scheckgutschriften von Übernachtungsgästen auf Privatkonten,
- ▶ Reparaturen für den Wohnbereich als Betriebsausgaben,
- ▶ Verkürzungen durch EDV-Kassen (sog. Mogelkassen),
- ▶ Einnahmen von Familien-, Betriebsfeiern usw. sind nicht erfasst.

15. Bedeutung des Prüfungsklimas

Ein **positives Klima** nutzt beiden Seiten. **Persönliche Attacken,** die Berater und Mandant gegen den Prüfer ausführen, **sind unklug** und normalerweise für den Mandanten schädlich. Auch die Stimmung während der Prüfung bestimmt das Ergebnis! 2210

Je länger der Gastwirt **erbetene Unterlagen** dem Prüfer **vorenthält, desto neugieriger macht er** ihn. Der Instinkt sagt ihm: Alles hat seinen Grund! 2211

Ein von Sachlichkeit und Vertrauen geprägtes Prüfungsklima lässt Zugeständnisse bei Ermessenssachverhalten eher möglich erscheinen. Probleme mit **großen Beurteilungsspielräumen** kennt das Steuerrecht **wie kein anderes Rechtsgebiet.** 2212

Annehmlichkeiten (Kaffee, Tee, Wasser) sind durchaus **angebracht.** Sie werden von Prüfern geschätzt und **nicht** missverstanden. Einladungen und **Bewirtun-** 2213 gen sind problematisch. Sie werden in der Regel zurückgewiesen und sollen im Zweifel unterlassen werden.

2214 Auch Prüfer reagieren auf **Komplimente**. Sie bewirken unter Umständen positive Verhaltensweisen.

2215–2217 *(Einstweilen frei)*

16. Antistrategien – Taktiken

2218 Nicht selten werden **Antistrategien und Taktiken** gegen den Außenprüfer **empfohlen und gepriesen**, wie

- ► den Prüfer von den **Informationsmöglichkeiten abschneiden**,
- ► ihn **sich selbst überlassen**,
- ► ihm **keine klaren Angaben** machen,
- ► stets **ausweichende Antworten** geben,
- ► ihn persönlich **einschüchtern** oder verunsichern durch Hinweise auf Beziehungen,
- ► den Prüfer **von der Arbeit abhalten**,
- ► geforderte **Unterlagen gar nicht** oder nur verzögert herausgeben usw.

2219 **Taktiken** beeindrucken den Mandanten. Den Prüfer **veranlassen** sie **zu Reaktionen**. Strategien werden vom erfahrenen Prüfer schnell als Taktiken erkannt. Meist wird mit Gegentaktiken geantwortet, weil er für solche Verhaltensweisen Gründe wittert. Er wird sich Zeit nehmen, besonders konsequent fordern und vielleicht etwas gründlicher vorgehen.

2220–2230 *(Einstweilen frei)*

17. Schlussbesprechung

Literatur: *App*, Vorbereitung auf die Schlussbesprechung, INF 1991 S. 178; *Freudenberg*, Teilnehmerkreis einer Schlussbesprechung, INF 1993 S. 294; *Assmann*, Die Schlussbesprechung, BuW 1996 S. 654; *Loos*, Die Schlussbesprechung im Rahmen der Außenprüfung, HBP Kza. 4010; *Mösbauer*, Das Recht auf Schlussbesprechung, StBp 2000 S. 257; *Schuhmann*, Schlussbesprechung nach durchgeführter Betriebsprüfung, StBp 2000 S. 317; *Bilsdorfer*, Die Außenprüfung, NWB 2004 S. 2353; *Harle/Nüdling/Olles*, Die moderne Betriebsprüfung, 4. Aufl., Herne 2020, Rz. 1762 ff.

VERWALTUNGSANWEISUNGEN:

§ 11 BpO; BMF v. 31.1.2014, Anwendungserlass zur Abgabenordnung (AEAO), zu § 201, BStBl 2014 I S. 290.

v. Wedelstädt, Betriebsprüfung, infoCenter, NWB PAAAB-04785.

a) Zweck

Die Schlussbesprechung beendet das Prüfungsgeschäft der Außenprüfung. Nach § 201 Abs. 1 AO hat der Gastwirt einen **Rechtsanspruch** darauf. Keine Schlussbesprechung ist durchzuführen, wenn sich aus der Betriebsprüfung keine Änderungen ergeben oder der Stpfl. darauf verzichtet hat (vgl. auch Rz. 2239). Bei der Schlussbesprechung werden die **strittigen Sachverhalte,** die **rechtliche Beurteilung** der Prüfungsfeststellungen und ihre **steuerlichen Auswirkungen** erörtert. Zur **Abgrenzung** zwischen laufender Unterrichtung und Schlussbesprechung vgl. FG Berlin-Brandenburg, Urteil v. 18.4.2012.[1]

2231

Hat der Prüfer Feststellungen getroffen, die die Möglichkeit eines **späteren Straf- oder Bußgeldverfahrens** beinhalten, so ist von ihm darauf besonders **hinzuweisen** (strafrechtlicher Vorbehalt gem. § 201 Abs. 2 AO; § 11 Abs. 2 BpO 2000).

b) Bedeutung

Schlussbesprechungen dienen der Verwaltung dazu, den richtigen Steueranspruch zu vertreten und durchzusetzen, möglichst ohne Rechtsstreit. Der Gastwirt möchte dabei die drohenden finanziellen **Folgen** beseitigen, mindestens reduzieren. Dieses Spannungsfeld bewirkt, dass es dabei nicht immer nur sachlich zugeht.

2232

c) Teilnehmer

Die Schlussbesprechung ist für den Gastwirt eine reelle **Chance zur Minimierung** der Steuerfolgen aus der Prüfung. Dennoch besteht für ihn **keine Pflicht zur Teilnahme.** Er kann dies seinem Berater überlassen. Schließlich beinhaltet die Teilnahme an einer Schlussbesprechung für ihn auch Gefahren. Manch einer hat sich schon um „Kopf und Kragen" geredet. Von der Verwaltung nimmt in jedem Fall der Prüfer teil. Dem Stpfl. soll vorher mitgeteilt werden, ob ein für die Steuerfestsetzung zuständiger Beamter an der Besprechung teilnimmt.

2233

---

1 FG Berlin-Brandenburg, Urteil v. 18.4.2012 - 12 K 12041/10, EFG 2012 S. 1806.

d) Vorbedingungen, Zeitpunkt, Ort

2234 Grundsätzlich gibt eine Schlussbesprechung nur Sinn, wenn sie **nach einer** vorgeschalteten Information und Erörterung aller anstehenden Feststellungen **(Vorbesprechung)** anberaumt wird. Dabei erfahren beide Seiten schon die Argumente der Gegenseite. Für die Schlussbesprechung selbst sollten nur die **strittigen Punkte** und Rechtsfragen bleiben. Der Termin sollte innerhalb eines Monats liegen. Kommt kein Termin zustande, so sollte eine schriftliche Einladung mit dem Hinweis erfolgen, dass bei Nichtwahrnehmung von einem Verzicht auf die Schlussbesprechung ausgegangen werde.

2235 **Termin und die Besprechungspunkte** sind **angemessene Zeit vorher** mitzuteilen (§ 11 Abs. 1 BpO). Die Bekanntgabe bedarf nicht der Schriftform. Ort und Zeitpunkt müssen klar und unmissverständlich vereinbart werden.

2236 Der **Ort der Schlussbesprechung** kann **frei vereinbart** werden. Dafür kommen neben dem Betrieb auch die Wohnung, das Finanzamt oder die Beraterkanzlei in Frage. Zweckmäßig ist es, sie dort durchzuführen, wo sich die **geprüften Unterlagen** befinden, um **in Zweifelsfragen Einsicht nehmen** zu können.

2237 Bei Prüfungen im Finanzamt verlangt der Prüfer meist, auch die Schlussbesprechung dort anzusetzen. Unter bestimmten Voraussetzungen kann der Gastwirt ein Interesse daran haben, die Schlussbesprechung in seiner heimischen Sphäre im Betrieb zu vereinbaren.

2238 *(Einstweilen frei)*

e) Prüfungen ohne Schlussbesprechung

2239 Außenprüfungen enden **ohne Schlussbesprechungen nur** in folgenden Fällen:

▶ Es haben sich **keine Änderungen** der Besteuerungsgrundlagen ergeben.

▶ Die Prüfung wird als sog. „abgekürzte" nach § 203 AO (s. Rz. 1981) durchgeführt.

▶ Der Gastwirt hat auf eine Schlussbesprechung **ausdrücklich verzichtet,** weil in allen Punkten Übereinstimmung erreicht wurde.

2240 Unterbleibt ohne ausdrücklichen Verzicht trotz getroffener Feststellungen eine Schlussbesprechung, so liegt ein **Verfahrensfehler** vor. Dieser kann gem. § 126 Abs. 1 Nr. 3 Abs. 2 AO **durch Nachholung geheilt** werden.

Bescheide aufgrund einer Außenprüfung sind weder nichtig noch anfechtbar, wenn die ihnen zugrunde liegenden Feststellungen ohne Abhalten einer

Schlussbesprechung ausgewertet worden sind.[1] Dies führt nicht ohne weiteres zur Fehlerhaftigkeit der aufgrund der Außenprüfung erlassenen Steuerbescheide.[2] Da Zweck der Schlussbesprechung die Gewährung rechtlichen Gehörs ist, kann dies auch im Übersenden des Prüfungsberichts zur Stellungnahme oder auf andere Weise erfolgen.[3]

Die **Ablehnung einer Schlussbesprechung** ist ein Verwaltungsakt, gegen den der Einspruch offen steht.[4]

2241

f) Hinweise zur Schlussbesprechung

Die Schlussbesprechung sollte dazu dienen, **Einigkeit und Übereinstimmung** über die Feststellungen **zu erreichen,** um Rechtsstreitigkeiten zu vermeiden. Auch die Behörde ist grundsätzlich bereit, sich eine Einigung (vgl. Rz. 2246 ff.) eventuell etwas kosten zu lassen.

2242

Vernünftige Berater sorgen für ein sachliches, Kompromisse (vgl. Rz. 2210 ff.) erleichterndes Klima. **Kaum eine Schlussbesprechung** kommt **ohne Kompromisse** aus.

2243

Psychologisch ist die Schlussbesprechung ein Zielkonflikt, bei dem jeder Teilnehmer auf dem **Prüfstand** steht:

2244

▶ Der **Berater** mit seiner Arbeit und seinem Einsatz für den Mandanten; vielleicht **droht ihm Mandatsverlust.**

▶ Der **Gastwirt** mit der Erfüllung seiner steuerlichen Pflichten; er trägt die **finanziellen Folgen** allein.

▶ Der **Prüfer** mit seiner Sachverhaltsermittlung, seinen **Steuerrechtskenntnissen** und seinem **Durchsetzungsvermögen.** Der Sachgebietsleiter hat seine **Qualifikation** zu beurteilen.

(Einstweilen frei)

2245

g) Die „tatsächliche Verständigung"

Literatur: *Greite,* Grenzen der tatsächlichen Verständigung, NWB 2004 S. 1421; *Baum,* Tatsächliche Verständigung über den zugrunde liegenden Sachverhalt, NWB 2008 S. 4385; *Pflaum,* Einzelfragen der tatsächlichen Verständigung, StW 2009 S. 63; *Janssen,*

---

1 BFH, Urteil v. 24.5.1989 - I R 85/85, BStBl 1989 II S. 900.
2 BFH, Beschluss v. 15.12.1997 - X B 182/96, BFH/NV 1998 S. 811, NWB UAAAB-39509; BFH, Urteil v. 24.5.1989 - I R 85/85, BStBl 1989 II S. 900; Niedersächsisches FG, Urteil v. 1.8.1996 - XII 132/95 V, NWB ZAAAA-19314; FG München, Urteil v. 2.5.1995, EFG 1995 S. 867.
3 FG Berlin, Urteil v. 12.5.1987, DB 1987 S. 1869.
4 BFH, Urteil v. 24.10.1972 - VIII R 108/72, BStBl 1973 II S. 542.

Zustimmung des Steuerpflichtigen während tatsächlicher Verständigung in Betriebsprüfungen, NWB 2010 S. 1994; *Dibars*, Ungeklärte Rechtsfragen der tatsächlichen Verständigung, NWB 2010 S. 2141; *Hartmann*, Aktuelles zur tatsächlichen Verständigung, NWB 2016 S. 1014; *Billau*, Bindungswirkung einer tatsächlichen Verständigung, NWB 2018 S. 261.

VERWALTUNGSANWEISUNGEN:

BMF, Schreiben v. 30.7.2008, BStBl 2008 I S. 831; BMF v. 31.1.2014, Anwendungserlass zur Abgabenordnung (AEAO), zu § 201, BStBl 2014 I S. 290; BMF, Schreiben v. 15.4.2019, BStBl 2019 I S. 447.

ARBEITSHILFEN UND GRUNDLAGE ONLINE:

v. Wedelstädt, Tatsächliche Verständigung, infoCenter, NWB HAAAB-04886.

2246 Die tatsächliche Verständigung ist ein **öffentlich-rechtlicher Vertrag.**[1] Sie ist eine einvernehmliche Festlegung auf den erschwerten maßgeblichen Besteuerungssachverhalt, die nicht einseitig widerrufbar ist.[2] Eine Einigung über die Höhe der Steueransprüche darf nicht abgeschlossen werden. Außer im Außenprüfungsverfahren sind tatsächliche Verständigungen auch im Veranlagungs-, Rechtsbehelfs- und Steuerfahndungsverfahren möglich.

Eine abschließende und für **alle Beteiligten** nach Treu und Glauben **bindende** tatsächliche Verständigung liegt unter der Voraussetzung der Beteiligung eines zur Entscheidung über die Steuerfestsetzung befugten Amtsträgers auch im Rahmen einer Außenprüfung „von vornherein", und zwar vor Erlass der darauf beruhenden Bescheide vor.[3]

Eine tatsächliche Verständigung ist ausschließlich für den **Bereich erschwerter Sachverhaltsermittlungen** zulässig:

2247 **Keine Verständigungen sind zulässig:**

► Bei Klärung **zweifelhafter Rechtsfragen,**[4]

► über den Eintritt bestimmter **Rechtsfolgen,**

► über die **Anwendung** bestimmter **Rechtsvorschriften.**[5]

2248 Grundsätzlich bieten sich tatsächliche Verständigungen für Schätzungs-, Bewertungs-, Beurteilungs- und Beweiswürdigungsspielräume an. Das sind Sach-

---

1 FG Hamburg, Urteil v. 4.12.1991 - II 125/89, EFG 1992 S. 379.

2 BFH, Urteil v. 1.9.2009 - VIII R 78/06, BFH/NV 2010 S. 593, NWB SAAAD-37363.

3 BFH, Urteil v. 31.7.1996 - XI R 78/95, BStBl 1996 II S. 625; vgl. auch BFH, Urteil v. 27.6.2018 - X R 17/17, NWB LAAAH-02100 und BFH, Beschluss v. 12.6.2017 - III B 144/16, BStBl 2017 II S. 1165.

4 FG Bremen v. 30.3.2000 - 399117 K 1, EFG 2000 S. 837; vgl auch BFH, Beschluss v. 16.6.2009 - I B 174/08, BFH/NV 2009 S. 1829, NWB KAAAD-27984.

5 BFH, Beschluss v. 15.3.2000 - IV B 44/99, BFH/NV 2000 S. 1073, NWB DAAAA-65630.

verhalte, die nur mit unverhältnismäßigem Aufwand oder gar nicht festgestellt werden können.

Tatsächliche Verständigungen sind auch über die **Nutzungsdauer von Wirtschaftsgütern** möglich und eventuell auch über den Prüfungszeitraum hinaus für spätere Zeiträume bindend.[1]

2249

Die Rechtsnatur der „tatsächlichen Verständigung" ist inzwischen stabil. Wichtig ist: Die **beteiligten Personen** müssen zu einer abschließenden Regelung **befugt** sein.[2] Der Inhalt der Verständigung ist in einfacher, beweiskräftiger Form, also **Schriftform, z. B.** in einem von beiden Seiten zu unterschreibenden Protokoll, **festzuhalten**.[3] Sie darf zu keinem unzutreffenden Ergebnis führen.[4] Die Bindungswirkung schließt nicht aus, dass die Bindung wegen eines Irrtums über die Rechtsfolgen ausgeschlossen werden kann.[5] Ein Irrtum über die Höhe der Steuernachforderungen schließt die Bindungswirkung nicht aus.[6] Bei Einleitung eines Steuerstrafverfahrens besteht kein Handlungsspielraum über den Regelungsinhalt einer tatsächlichen Verständigung.[7]

Ein **Irrtum über die Reichweite** einer tatsächlichen Verständigung führt nicht zu einem Einigungsmangel.[8]

h) Absprachen bei der Schlussbesprechung

Abgesehen von der tatsächlichen Verständigung (vgl. Rz. 2246 ff.) ist eine Schlussbesprechung **ohne feste Bindungswirkung.** Die Finanzbehörde kann ihre Ansicht danach ebenso ändern wie der Gastwirt. Das gilt auch, wenn ein zur Entscheidung befugter Beamter teilgenommen hat.[9]

2250

Erkennt die Finanzbehörde nachträglich, dass eine in der Schlussbesprechung **getroffene Absprache** mit den tatsächlichen Verhältnissen oder der Rechtslage **unvereinbar** und damit gesetzwidrig ist, muss sie die Veranlagung **dem Gesetz entsprechend** durchführen. Der Außenprüfer vertritt, wenn er allein ist, nach

2251

---

1 FG Baden-Württemberg, Urteil v. 26.3.1992, EFG 1992 S. 706.
2 BFH, Urteil v. 5.10.1990 - III R 19/88, BStBl 1991 II S. 45; BFH, Beschluss v. 20.8.1997 - I B 32/97, BFH/NV 1998 S. 333, NWB TAAAB-38786.
3 BFH, Beschluss v. 21.6.2000 - IV B 138/99, BFH/NV 2001 S. 2, NWB GAAAA-65603.
4 BFH, Urteil v. 1.9.2009 - VIII R 78/06, BFH/NV 2010 S. 593, NWB SAAAD-37363; Muster, vgl. Rz. 2637.
5 BFH, Urteil v. 1.9.2009 - VIII R 78/06, BFH/NV 2010 S. 593, NWB SAAAD-37363.
6 FG München, Urteil v. 22.5.2009 - 15 V 182/09, EFG 2009 S. 1807.
7 FG München, Urteil v. 22.5.2009 - 15 V 182/09, EFG 2009 S. 1807.
8 FG Münster, Urteil v. 30.5.2006 - 11 K 2674/03 E, EFG 2006 S. 1306.
9 BFH, Urteil v. 1.3.1963 - VI 119/61 U, BStBl 1963 III S. 212.

außen seine Feststellungen stets unter dem **Vorbehalt der Zustimmung** seines Sachgebietsleiters.

2252 Eine Einigung bei der Schlussbesprechung hindert auch den Gastwirt nicht, gegen die Bescheide Einspruch einzulegen.[1]

2253–2254 *(Einstweilen frei)*

18. Prüfungsbericht (§ 202 AO; § 12 BpO 2000)

Literatur: *Wittkowski,* Prüfungsbericht und Einzelfragen zur Betriebsprüfung, BBK F. 27 S. 2089.

VERWALTUNGSANWEISUNGEN:

Anwendungserlass zur Abgabenordnung (AEAO) v. 31.1.2014, zu § 201, BStBl 2014 I S. 290.

ARBEITSHILFEN UND GRUNDLAGEN ONLINE:

v. Wedelstädt, Betriebsprüfung, infoCenter, NWB PAAAB-04785.

2255 § 202 AO (vgl. auch § 12 BpO 2000) verpflichtet den Außenprüfer, über das Ergebnis seiner Außenprüfung einen schriftlichen Bericht zu erstellen (Prüfungsbericht). Bei umfangreichen oder komplizierten Feststellungen sollte ein Vorbericht erstellt werden. Etwas anderes gilt nur, wenn die Prüfung zu **keiner Änderung** geführt hat.[2] In diesem Fall genügt eine schriftliche Mitteilung (vgl. Rz. 2271).

Der Gesetzgeber gibt den **notwendigen Berichtsinhalt** durch Nennung der Mindestbestandteile vor. Es sind die

▶ besteuerungserheblichen Prüfungsfeststellungen

▶ in tatsächlicher und

▶ rechtlicher Hinsicht, sowie die

▶ Änderungen der Besteuerungsgrundlagen

darzustellen.

Kurzberichte sind zulässig. Sie müssen aber aus sich heraus verständlich sein. Soweit mit einem **Einspruch** zu rechnen ist, hat der Prüfer eine umfassendere Darstellung vorzunehmen (§ 12 Abs. 1 BpO 2000).

---

1 BFH, Urteil v. 16.12.1964 - II 165/61 U, BStBl 1963 III S. 271.
2 BFH, Urteil v. 29.4.1987 - I R 118/83, BStBl 1988 II S. 168.

Eine Rechtswirkung nach außen kommt dem **Prüfungsbericht** nicht zu. Er ist **kein anfechtbarer Verwaltungsakt.**[1] Dagegen ist daher kein Einspruch möglich. Die damit geäußerte Rechtsauffassung ist auch **keine verbindliche Auskunft** der Verwaltung.[2]

2256

Die Finanzbehörde hat dem Gastwirt **auf Antrag** den Prüfungsbericht **vor seiner Auswertung** zur **Stellungnahme** zu übersenden (§ 202 Abs. 2 AO). Der objektive Prüfer sollte Stpfl., die nicht vertreten werden, auf diese Möglichkeit hinweisen (§ 89 AO). Dafür muss eine **angemessene Frist,** üblicherweise vier Wochen, gegeben werden.

2257

Der **Antrag kann** bei der Schlussbesprechung **mündlich** gestellt werden.

2258

Im Falle einer Stellungnahme zu strittigen Sachverhalten hat der Gastwirt Anspruch darauf, dass das Finanzamt in einem **Bearbeitungsvermerk** auf die Stellungnahme eingeht, falls es ihr nicht folgt.

2259

(Einstweilen frei)

2260–2270

19. Verfahren bei ergebnisloser Prüfung

Ergeben sich durch die Prüfung keine Änderungen der Besteuerungsgrundlagen, so ist statt des Berichts dem Gastwirt **schriftlich mitzuteilen,** dass die Außenprüfung **zu keinen Änderungen** geführt hat (§ 202 Abs. 1 Satz 3 AO). Auch dabei handelt es sich um keinen anfechtbaren Verwaltungsakt.

2271

In der Übersendung eines Prüfungsberichts ohne ausdrücklichen Hinweis auf eine Prüfung ohne Änderung der Besteuerungsgrundlage kann keine konkludente Mitteilung i. S. v. § 202 Abs. 1 Satz 3 AO gesehen werden.[3] Die Rechtswirkung nach § 173 Abs. 2 Satz 2 AO tritt daher nicht ein.

2272

(Einstweilen frei)

2273–2300

20. Außenprüfung und Steuerstrafverfahren

Literatur: *Hagemeier*, Schadenswiedergutmachung im Steuerstrafverfahren, NWB 2006 S. 3733; *Kutzner*, Zwischen Besteuerungsverfahren und Steuerstrafverfahren, NWB 2007 S. 3765; *Beyer*, Durchsuchung durch die Steuerfahndung, NWB 2008 S. 935; *Bilsdorfer*, Rechtsprechung zum Steuerstraf- und Steuerordnungswidrigkeitenrecht im Jahr 2006, NWB 2008 S. 947; *Bode*, Steuerlicher Abzug von Kosten der Strafverteidigung, NWB 2008

---

1 BFH, Urteil v. 17.7.1985 - I R 214/82, BStBl 1986 II S. 21; FG Rheinland-Pfalz, Urteil v. 6.1.1992, EFG 1992 S. 312.
2 BFH, Urteil v. 16.7.1964 - V 92/61 S, BStBl 1964 III S. 634.
3 BFH, Urteil v. 14.12.1989 - III R 158/85, BStBl 1990 II S. 283.

S. 835; *Geuenich,* Steuerstrafrechtliche Berücksichtigung von Steuerabzugsbeträgen, NWB 2008 S. 3929; *Kutzner,* Steuerstrafrecht im Geschäftsleben, NWB 2012 S. 3109; *Wenzel,* Keine Beihilfe zur Steuerhinterziehung durch Authentifizierung, NWB 2012 S. 905; *Jesse,* Das Nebeneinander von Besteuerungs- und Steuerstrafverfahren, DB 2013 S. 1803; *Webel/Wähnert,* Der Verdacht einer Steuerstraftat während der Außenprüfung, NWB 2014 S. 3324; *Dönmez,* Strafzumessung bei Steuerhinterziehung, NWB 2015 S. 1071; *Beyer,* Steuererklärung nach Einleitung eines Steuerstrafverfahrens, NWB 2019 S. 673.

VERWALTUNGSANWEISUNGEN:

Anweisungen für das Straf- und Bußgeldverfahren (Steuer), BStBl 2019 S. 1142.

ARBEITSHILFEN UND GRUNDLAGEN ONLINE:

v. Wedelstädt, Steuerstrafverfahren, Steuerordnungswidrigkeitsverfahren, infoCenter NWB KAAAB-17521.

a) Interessenkonflikt des Außenprüfers

2301 Die **Anweisungen für das Straf- und Bußgeldverfahren (Steuer) AStBV (St) 2020**[1] vgl. Verwaltungsanweisungen, enthalten wichtige Grundsätze, die als interne Dienstanweisungen für die Bediensteten der Finanzverwaltung verbindlich sind.

Treten im Verlauf von Außenprüfungen Sachverhalte auf, aus denen Steuerhinterziehung oder Ordnungswidrigkeiten für möglich gehalten werden, so haben Außenprüfer ihre Probleme damit. Eine erforderliche Einleitung des Strafverfahrens wird oft zu spät oder überhaupt nicht durchgeführt. Der Prüfer befürchtet Klimaverschlechterung und Blockaden im Fortgang.

2302 Nach § 10 BpO 2000 hat der Betriebsprüfer, sobald sich während einer Prüfung hinreichende tatsächliche Anhaltspunkte für eine Steuerstraftat ergeben, die dafür zuständige Stelle (i. d. R. die Bußgeld- und Strafsachenstelle) zu unterrichten.

b) Die veränderten Rechte als Beschuldigter

2303 Eine gegen die Rechtslage **nicht vollzogene Verfahrenseinleitung beschneidet die Rechte** des Gastwirts. Bei Einleitung hätte er über seine veränderten Rechte wie folgt **belehrt** werden müssen:

▶ Es steht ihm nach dem Gesetz **frei,** sich zur Beschuldigung **zu äußern** oder **nicht zur Sache auszusagen.** Er darf jederzeit – auch schon vor der Verneh-

---

1 BStBl 2019 I S. 1143.

mung – einen zu wählenden Verteidiger befragen und zur Entlastung Beweisanträge stellen (Belehrung nach §§ 136, 163a StPO).

▶ Er ist **für Zwecke der Besteuerung** zur **Mitwirkung verpflichtet.** Sie entfällt nicht dadurch, dass ein Ermittlungsverfahren eingeleitet worden ist. Die Mitwirkung kann aber nicht erzwungen werden (Belehrung nach § 393 Abs. 1 AO).

(Einstweilen frei)   2304–2307

21. Steuerfahndung (§ 208 AO)

Literatur: *Klos,* Durchsuchung und Beschlagnahme durch die Steuerfahndung, StW 1992 S. 161; *Lohmeyer,* Außenprüfung und Steuerfahndung, INF 1992 S. 149; *Klos,* Die Steuerfahndung, NWB 1995 S. 3165; *Haack,* Die Steuerfahndung bei Banken und Bankkunden, NWB 1999 S. 213; *Beyer,* Durchsuchung durch die Steuerfahndung, NWB 2008 S. 935.

VERWALTUNGSANWEISUNGEN:

Anwendungserlass zur Abgabenordnung (AEAO), zu § 208 AO.

ARBEITSHILFEN UND GRUNDLAGEN ONLINE:

v. Wedelstädt, Steuerfahndung, infoCenter, NWB AAAAB-17520.

a) Allgemeines

Im Besteuerungsverfahren hat die Steuerfahndung alle Befugnisse, die auch   2308
Finanzämter und Prüfungsdienste haben (§ 208 Abs. 1 Satz 2 AO). Sie ist keine
Außenprüfung und löst daher auch keine Änderungssperre i. S. d. § 173 Abs. 2
AO aus. **Nicht selten** entstehen Fahndungsprüfungen **im Gefolge von Betriebsprüfungen.** Sie kommen **dann nicht aus heiterem Himmel.** Es sind während
der Außenprüfung stets Anhaltspunkte für diese Entwicklung erkennbar.

b) Anzeichen einer drohenden Steuerfahndung

Fahndungseinsätze kommen oft **im Gefolge von Streitigkeiten in Familie** oder   2309
Betrieb. Dann haben Angehörige, Nachbarn oder Arbeitnehmer namentlich
oder anonym **dem Finanzamt Angaben gemacht** bzw. Material überlassen.
Auch Streitigkeiten mit Geschäftspartnern beinhalten solche Gefahren. Ein
Einsatz wird auch durch Kontrollmitteilungen, Eigenermittlungen der Steuerfahndung oder Mitteilungen anderer Behörden (Bekämpfung von Schwarzarbeit) ausgelöst.

Bei drohender Steuerfahndung ist **bis zum Erscheinen** der Steuerfahnder straf-   2310
befreiende **Selbstanzeige** nach § 371 AO möglich (vgl. Rz. 2336 ff.), wenn keine

Außenprüfung mehr läuft bzw. es sich um Jahre außerhalb des Prüfungszeitraumes handelt.

2311 Von einer Anregung des Prüfers bis zum Erscheinen vergeht **mindestens eine Woche.** So lange dauern das Verfahren der internen Wertung von Informationen, die Entscheidungen, eine eventuelle Observation, Beschaffung der Durchsuchungsbeschlüsse und das Erstellen der Einsatzpläne. Fahndungseinsätze sind personalintensiv. Zeitlich etwa parallel mit der Zusage eines Fahndungseinsatzes **unterbricht der Außenprüfer** seine Prüfung.

2312 **Vorangegangen** sind in der Regel gezielte **Ermittlungsversuche** des Außenprüfers. Geraten sie ins Stocken, sind **Antworten unbefriedigend** oder die **Mitwirkung verschleiernd,** so fühlt sich der Außenprüfer mit seinen Möglichkeiten am Ende. Hier könnte für den Bürger die Flucht nach vorn eine Entwicklung hin zur „Steufa" abwenden.

c) Aufgaben und Rechtsgrundlagen

2313 Während Außenprüfungen meist Routineprüfungen darstellen, sind Fahndungsprüfungen **Verdachtsprüfungen** zur **Bekämpfung der Steuerkriminalität.** Ihre Aufgaben und Befugnisse ergeben sich aus §§ 208 und 404 AO, sowie aus Einzelbestimmungen der Strafprozessordnung.

2314 Voraussetzung für ein Tätigwerden ist das Vorliegen des Verdachtes einer Steuerstraftat oder Steuerordnungswidrigkeit. In der Gaststättenbranche zeigen Außenprüfungen häufig **Anhaltspunkte** für **„Doppelverkürzungen"** (Schwarzeinkäufe und Einnahmenverkürzung).

d) Befugnisse

2315 Die Befugnisse der Fahndungsbeamten gehen weit über die der Außenprüfer hinaus. Nach § 404 AO haben Fahndungsbeamte Rechte und Pflichten wie die Beamten des **Polizeidienstes.** Sie sind **Hilfsbeamte der Staatsanwaltschaft.** Daneben haben sie auch die Aufgabe jedes Finanzbeamten aus § 85 AO über § 88 AO und alle Möglichkeiten eines Außenprüfers.

2316 Fahndungsbeamte haben das Recht

- ▶ auf Durchführung von **Durchsuchungen** und **Beschlagnahmen** (§§ 161, 102 ff. StPO; bei Gefahr im Verzuge nach §§ 105 Abs. 1, 98 Abs. 1 StPO);
- ▶ **des ersten Zugriffs** (§ 163 Abs. 1 StPO);
- ▶ **der Vernehmung** des Beschuldigten (§§ 161, 163a Abs. 4 StPO);
- ▶ zur **Festnahme** von Störern bzw. bei Gefahr im Vollzug (§ 164 StPO);

▶ zur **vorläufigen Festnahme**, wenn die Voraussetzungen eines Haftbefehls vorliegen (§ 127 Abs. 2 StPO);

▶ zur **Anhörung von Zeugen** (§§ 161, 163a Abs. 5 StPO).

Werden internetfähige Computer **unzulässigerweise beschlagnahmt**, so hat der Betroffene ggf. Anspruch auf Schadensersatz.[1]

e) Einsatzablauf

Meist kommen die Steuerfahndungsbeamten, eventuell mit polizeilicher Unterstützung, am Vormittag mit gerichtlichen **Hausdurchsuchungsbeschlüssen.** Sie erscheinen nicht nur im Betrieb, sondern **gleichzeitig an den verschiedensten Punkten,** wie   2317

▶ Wohnung,

▶ Feriendomizil,

▶ Zweigbetrieben,

▶ Banken,

▶ Steuerberater usw.

Die **Durchsuchungsbeschlüsse** werden vor Beginn der Maßnahme **vorgelegt.** Die darin aufgeführten **Gründe geben Hinweise** auf Umfang und Ziel des Fahndungseinsatzes. Nach einer **Belehrung über die Rechte des Beschuldigten** (vgl. Rz. 2303, 2639)   2318

▶ werden die anwesenden **Personen erfasst,**

▶ das **Objekt gesichert** und

▶ die Personen veranlasst, die Räume nicht zu verlassen.

Der **Gastwirt darf sich** telefonisch **mit seinem Steuerberater** oder einem Anwalt in Verbindung setzen. Meist setzt der Durchsuchungsablauf ein, ohne dass der verlangte Anwalt oder Steuerberater abgewartet wird.   2319

Es ist wichtig, den vorgelegten Durchsuchungsbeschluss genau zu lesen. Dabei ist zu entscheiden, ob sich durch eine **Flucht nach vorn intensive Durchsuchungsmaßnahmen vermeiden** lassen. Bei einer Durchsuchung kann auch Material gegen Dritte zutage kommen. Manch ein Einsatz hat schon kleine Lawinen ausgelöst.   2320

Die Durchsuchung bezieht sich auf Beweismittel für die angenommene Steuerstraftat. Daher werden **auch Behältnisse,** wie Schränke, Koffer, Taschen,   2321

---

1 OLG München v. 23.3.2010 - 1 W 2689/09, NWB 2010 S. 1586.

Brieftaschen **nicht verschont**. In der Regel wird **verdächtiges Material** zur späteren Durchsicht und Auswertung **beschlagnahmt**. Das sind nicht selten z. B. Briefe, Notizbücher, Kalender, Zettel, Telefon-, Notizzettel, Lieferantenrechnungen, Quittungen, Kontoauszüge, Kreditunterlagen, Bankschriftwechsel, **Safeschlüssel**, auch Sparbücher, größere Bargeldbestände und Hinweise auf Geldanlagen.

2322 Die Steuerfahndung geht stets einher mit **umfangreichen Ermittlungen bei Banken**. Einen **Schutz bei den Banken** genießt der Gastwirt in diesem Verfahren **nicht mehr**.

2323 *(Einstweilen frei)*

f) Rechtliche Möglichkeiten

2324 Rechtliche Maßnahmen gegen Durchsuchung und Beschlagnahme sind nur formal gegeben. Mit einer **Beschwerde nach § 304 StPO** kann sich der Gastwirt über die belastenden Abläufe beklagen. Da dieses Instrument erst später wirksam wird, ist **faktisch kein Aufschub** zu erreichen. Das gilt genauso für Dienstaufsichtsbeschwerden.

g) Verhaltenshinweise

2325 Ist die **Maßnahme** rechtlich fundiert, so **muss** sie **durchgestanden werden**. Körperlicher Widerstand ist sinnlos und das Schlechteste, was getan werden könnte.

2326 Zeit und innere Ruhe lassen sich gewinnen, wenn der Gastwirt nach Information seines Beraters den richterlichen Durchsuchungsbeschluss, die Beschlagnahmeanordnung und das „Merkblatt über die Rechte und Pflichten des Steuerpflichtigen bei Prüfungen durch die Steuerfahndung nach § 208 Abs. 1 Nr. 3 AO" zunächst durchliest (vgl. Rz. 2639).

2327 Es kann **im Einzelfall** nützlich und wichtig sein, einen **Anwalt zuzuziehen**. Der Gastwirt hat einen Anspruch darauf. Der Anwalt kann die Maßnahme zwar meist nicht verhindern, aber die **Einhaltung von Recht und Gesetz** erreichen.

2328 Der Gastwirt soll sich den **federführenden Beamten** nennen lassen. Es ist außerdem zweckmäßig, sich die **Personalien** aller teilnehmenden Beamten zu **notieren**. So erhöht sich die Chance einer korrekteren Atmosphäre.

Weitere Hinweise vgl. „**Checkliste Steuerfahndung**" Rz. 2638.

2329–2335 *(Einstweilen frei)*

II. Selbstanzeige (§ 371 AO)

Literatur: *Harle/Olles*, Prüfungsanordnung und Selbstanzeige, NWB 2014 S. 2470; *Beyer*, Selbstanzeige ab 1.1.2015 – Fallstricke in der Praxis, NWB 2015 S. 769; *Beyer*, Medienberichte über den Erwerb einer Steuer-CD als Sperrgrund für die Selbstanzeige, NWB 2015 S. 2357; *Beyer*, Selbstanzeigeberatung: Unwirksamkeit der Selbstanzeige bei verspäteter Erklärung zur Einkommensteuer, NWB 2015 S. 2643; *Bangert/Schwarz*, Die Anzeige- und Berichtigungserklärung nach § 153 AO, NWB 2015 S. 3088; *Geuenich*, Neue Spielregeln für die strafbefreiende Selbstanzeige, NWB 2015 S. 29; *Haase*, Selbstanzeige im Zusammenhang mit Unternehmenssachverhalten, NWB 2015 S. 3043; *Geuenich*, Abgrenzung von schlichter Korrektur und strafbefreiender Selbstanzeige, NWB 2016 S. 2560; *Beyer*, Unzutreffende Wertung einer Berichtigung gem. § 153 AO als Selbstanzeige, NWB 2016 S. 3041; *Mann (Hrsg)*, Steuerrecht aktuell 1/2016, S. 19 ff.; *Harle/Nüdling/Olles*, Die moderne Betriebsprüfung, 4. Aufl., Herne 2020, Rz. 1901 ff.

VERWALTUNGSANWEISUNGEN:

Gesetz zur Änderung der Abgabenordnung und des Einführungsgesetzes zur Abgabenordnung v. 22.12.2014, Artikel 1 Ziff. 3, Änderung der Absätze zu 1 und 2 zu § 371, genannt „AO-Änderungsgesetz", BStBl 2015 I S. 5; Bundeszentralamt für Steuern (BZSt) v. 29.7.2015, BStBl 2015 I S. 584, Erste bundesweite Verwaltungsanweisung zur Neuregelung der Selbstanzeige zum 1.1.2015.

ARBEITSHILFEN UND GRUNDLAGEN ONLINE:

v. Wedelstädt, Selbstanzeige, infoCenter, NWB FAAAB-22685.

Ab 1.1.2015 gilt die steuerliche Selbstanzeige in geänderter und erheblich verschärfter Form. Zur Definition, auch betreffend den Übergang zur Neuregelung, siehe Rz. 2337 und im Einzelnen vgl. auch von Wedelstädt.[1]   **2336**

Mit dem Schwarzgeldbekämpfungsgesetz,[2] wirksam ab 3.5.2011, hat der Gesetzgeber die strafbefreiende Selbstanzeige in § 371 AO stark einschränkend geändert. Wer danach gegenüber der Finanzbehörde zu allen Steuerstraftaten einer Steuerart in vollem Umfang die unrichtigen Angaben berichtigt, die unvollständigen ergänzt oder die unterlassenen nachholt, wird wegen dieser Straftaten einer Steuerart **nicht** nach § 370 AO bestraft (§ 371 Abs. 1 AO). Die Angaben müssen zu allen unverjährten Steuerstraftaten einer Steuerart, mindestens aber zu allen Steuerstraftaten einer Steuerart **innerhalb der letzten zehn Kalenderjahre** erfolgen.   **2337**

Seit der Neufassung der Definition „strafbefreiende Selbstanzeige" ist eine **Teilselbstanzeige** ausgeschlossen. Nach der neuen Rechtslage schließt auch eine dem Stpfl. oder seinem Vertreter bekanntgegebene **Prüfungsanordnung** die Selbstanzeige für die Steuerarten aus, die in der Prüfungsanordnung ge-

---

1 v. Wedelstädt, Selbstanzeige, NWB FAAAB-22685.
2 BGBl 2011 I S. 676.

nannt sind. Übersteigen die hinterzogenen Steuern pro Steuerstraftat den Betrag von 50.000 €, so ist u. a. eine strafbefreiende Selbstanzeige nicht mehr möglich. Die Möglichkeit eines Strafzuschlags von 5 v. H. gibt es ab 1.1.2015 nicht mehr. Bei höheren Beträgen gibt es aber weiterhin die Möglichkeit von sog. Strafzuschlägen (§ 398a AO).

1. Personenkreis

2338 Selbstanzeige kann erstatten:

- ▶ der **Täter** – d. h. der Stpfl. – auch mittelbarer Täter oder Nebentäter (§ 25 Abs. 2 StGB),
- ▶ der **Mittäter** (§ 25 StGB),
- ▶ der **Anstifter** (§ 26 StGB),
- ▶ der **Gehilfe** (§ 27 StGB), also ggf. auch der Bankangestellte.

2339 In der Regel wird der Gastwirt/Hotelier **persönlich** Selbstanzeige erstatten. Er kann sie aber auch durch einen **bevollmächtigten Vertreter** abgeben lassen. Eine derartige Selbstanzeige ist aber nur dann wirksam, wenn sie aufgrund eines nach der Tat erteilten ausdrücklichen Auftrags abgegeben wird. Die Vorschriften über die Geschäftsführung ohne Auftrag (§§ 677 ff. BGB) können nicht angewandt werden.

2340 Die Selbstanzeige gibt dem Täter einer Steuerhinterziehung oder leichtfertigen Steuerverkürzung einen **persönlichen Strafaufhebungsgrund.** Daraus folgt, dass die von einem Mittäter erklärte Selbstanzeige regelmäßig nicht zugunsten des anderen Mittäters wirkt. Etwas anderes gilt nur dann, wenn der Erstatter der Selbstanzeige ausdrücklich und nachweislich vom Mittäter beauftragt worden ist, sie auch mit Wirkung für ihn abzugeben.

2341 Wenn für das Finanzamt nicht sofort erkennbar ist, ob der Auftrag zur Erstattung einer Selbstanzeige für einen Mittäter oder sonstigen Tatbeteiligten gilt, so bedeutet das noch nicht, dass die von einem Beauftragten erklärte Selbstanzeige für den Dritten nicht wirkt. Nach dem **Untersuchungsgrundsatz** hat das Finanzamt die Aufklärungspflicht, ob Mittäter oder sonstige Tatbeteiligte an der Steuerhinterziehung beteiligt waren und ob die Selbstanzeige ggf. auch in deren Auftrag abgegeben wurde.

2342 Ob tatsächlich ein Auftrag zur Selbstanzeige bereits erteilt war oder nicht, wird sich in der Praxis nachträglich kaum feststellen lassen. Daher muss der Berater – bis zum Beweis des Gegenteils – im Mandanteninteresse darauf bestehen, dass tatsächlich ein Auftrag zur Selbstanzeige vorlag und dass die diesbezügliche Behauptung des Mandanten **keine bloße Schutzbehauptung** ist; denn Selbstanzeige ist auch in verdeckter Stellvertretung möglich.

2. Zuständige Behörde

Nach § 371 Abs. 1 AO (§ 6 Abs. 2 BpO) ist die Selbstanzeige „bei der **Finanzbehörde**" zu erstatten, die **örtlich und sachlich zuständig** ist. Sie kann auch wirksam gegenüber **Außenprüfern** und **Steuerfahndungsprüfern** erstattet werden. Ratsam ist immer eine Abgabe vor den oben genannten Finanzbehörden. Wird eine Selbstanzeige bei anderen Behörden abgegeben, z. B. Polizei, Staatsanwaltschaft, Strafgericht usw., so erfolgt keine wirksame Abgabe „bei der Finanzbehörde". Straffreiheit tritt in derartigen Fällen nur ein, wenn die Selbstanzeige von der unzuständigen Behörde an die zuständige Finanzbehörde weitergeleitet wird und dort rechtzeitig eintrifft. Die Wahl des unrichtigen Weges geht zu Lasten des Täters. 2343

Eine wirksame Selbstanzeige liegt bei **Übergabe an irgendeinen Behördenangestellten** – Außenprüfer, Fahndungsprüfer, Beamter der Straf- und Bußgeldsachenstelle – nur dann vor, wenn dieser die Anzeige als Bote des Selbstanzeige erstattenden Wirtes/Hoteliers rechtzeitig bei der zuständigen Finanzbehörde abliefert. 2344

Bezieht sich die Selbstanzeige auf **mehrere Steuerarten,** für die **verschiedene Finanzbehörden** sachlich und örtlich zuständig sind und kennt sich der Wirt/Hotelier, der Selbstanzeige erstattet, in der Organisation der Finanzverwaltung nicht aus, so muss es genügen, wenn die Selbstanzeige bei einer Finanzbehörde erstattet wird, von der erwartet werden kann, dass sie sie an die zuständige Finanzbehörde weiterleitet. 2345

3. Form der Selbstanzeige

Eine besondere Form ist für die Selbstanzeige nicht vorgeschrieben. Sie kann daher mündlich oder zur Niederschrift erstattet werden. Zur Vermeidung von Zweifeln und aus Beweisgründen ist auf jeden Fall **Schriftform** oder Erklärung zur Niederschrift ratsam. Die Erklärung braucht weder das Wort „Selbstanzeige" noch einen Hinweis auf § 371 AO zu enthalten. Eine Unterschrift ist gleichfalls nicht erforderlich. 2346

4. Inhalt der Selbstanzeige

Der eine Selbstanzeige erstattende Wirt/Hotelier muss unrichtige oder unvollständige Angaben berichtigen oder ergänzen oder unterlassene Angaben 2347 nachholen (§ 371 Abs. 1 AO). Er muss nach Maßgabe der Neufassung seine bisherigen Angaben voll umfänglich **richtig stellen** oder, soweit bisher keine Angaben gemacht worden sind, **richtige und vollständige Angaben** machen.

2348   Die **Angaben** müssen so **vollständig** sein, dass das Finanzamt ohne weiter auf den guten Willen des Wirtes/Hoteliers angewiesen zu sein, ohne langwierige Ermittlungen die Steuer festsetzen oder frühere Steuerfestsetzungen berichtigen kann. Sind derartige Angaben wegen mangelhafter Aufzeichnungen und Buchführungsunterlagen nicht möglich, kann der Wirt/Hotelier einen schlüssig begründeten **Schätzungsvorschlag** machen, der eher zu hoch als zu niedrig sein sollte, denn wenn sich später eine zu hohe Schätzung herausstellen sollte, kann gegen berichtigte Steuerbescheide immer noch Einspruch eingelegt werden.

2349   Nicht ungefährlich ist die sog. **gestufte Selbstanzeige,** bei der zunächst dem Grunde nach Selbstanzeige erstattet wird mit dem Hinweis, bestimmte Angaben unverzüglich nachzuholen oder genauer darzulegen. Denn ob das Finanzamt mit einer derartigen Selbstanzeige einverstanden ist, lässt sich vorher nicht sagen.

5. Fristgerechte Nachzahlung

2350   Sind Steuerverkürzungen bereits eingetreten und Steuervorteile erlangt, tritt für den an der Tat Beteiligten Straffreiheit nur ein, wenn er die zu seinen Gunsten **hinterzogenen Steuern** innerhalb der ihm bestimmten angemessenen Frist **entrichtet** (§ 371 Abs. 3 AO.). Wird nicht oder nicht in voller Höhe gezahlt, kann in Höhe der nicht gezahlten Beträge Bestrafung bzw. Ahndung erfolgen.

2351   Auch wenn die gesetzte **Zahlungsfrist ohne Schuld versäumt** wird, tritt keine Straffreiheit ein. Bei Fristversäumnis kommt auch **keine Wiedereinsetzung** in den vorigen Stand (§ 110 AO) in Betracht. Vor Fristablauf kann jedoch ein Antrag auf **Fristverlängerung** oder auf Bewilligung von Teilzahlungen gestellt werden.

2352   Werden **Nebenleistungen,** wie Säumniszuschläge, Hinterziehungszinsen oder Verspätungszuschläge, nicht fristgerecht gezahlt, so tritt trotzdem Straffreiheit ein, da steuerliche Nebenleistungen keine Steuern sind (vgl. § 3 AO).

2353   Die Frist zur Nachzahlung der hinterzogenen Steuer bestimmt die **Straf- und Bußgeldsachenstelle** im Allgemeinen einvernehmlich mit der Veranlagungsstelle. Die Steuerfestsetzung braucht nicht rechtskräftig zu sein. Durch Einlegung eines **Rechtsbehelfs** wird die Zahlungsfrist nicht hinausgeschoben.

Es muss eine **„angemessene"** Frist gesetzt werden. Bei dieser Frage ist die wirtschaftliche Lage des Täters mit zu berücksichtigen. Für die Angemessenheit der Frist kommt es auf die Umstände des Einzelfalles an.   2354

Gegen die Fristsetzung ist der **Finanzrechtsweg nicht gegeben.**[1]   2355

Auf die **Bedeutung der Zahlungsfrist** muss in der fristsetzenden Aufforderung hingewiesen werden. Fehlt ein diesbezüglicher Hinweis, wird keine Zahlungsfrist in Lauf gesetzt.   2356

Eine **unangemessene,** also zu kurze **Frist** hat keine Rechtswirkungen. Wird eine zu kurze unangemessene Fristsetzung im Verfahren festgestellt, so wird das Strafverfahren bis zum Ablauf einer angemessenen Frist ausgesetzt (vgl. § 228 StPO).   2357

Wird die Steuer innerhalb der angemessenen Frist nicht nachentrichtet, tritt keine Straffreiheit ein. Die Frist kann **nachträglich nicht verlängert** werden. Aussetzung der Vollziehung (§ 361 AO) und Stundung im Besteuerungsverfahren (§ 227 AO) verlängern **nicht** die strafrechtliche Zahlungsfrist.   2358

6. Unwirksame Selbstanzeige

Zur Unwirksamkeit von Selbstanzeigen vgl. § 371 Abs. 2 AO.   2359

Die in § 371 Abs. 2 AO. genannten Tatbestände haben für die strafbefreiende Selbstanzeige eine sog. **Sperrwirkung.**   2360

a) Erscheinen des Prüfers (§ 371 Abs. 2 Nr. 1c AO)

Wenn **vor** Berichtigung, Ergänzung oder Nachholung ein Amtsträger zur steuerlichen Nachprüfung oder zur Ermittlung einer Steuerstraftat oder einer Steuerordnungswidrigkeit erscheint, tritt Straffreiheit **nicht** ein (§ 371 Abs. 2 Nr. 1a AO).   2361

Amtsträger sind u. a. Beamte und alle anderen Personen, die sonst dazu bestellt sind, Aufgaben der öffentlichen Verwaltung wahrzunehmen (§ 7 AO). Wegen der in Betracht kommenden **Finanzbehörden** vgl. Rz. 2343 ff. Ein Amtsträger kann demnach sowohl ein Beamter als auch Nichtbeamter, also ein angestellter Betriebsprüfer sein.   2362

„Erschienen" ist der Amtsträger, wenn er am Prüfungsort ins Blickfeld des Gastwirts/Hoteliers tritt, wobei er dessen Betrieb bzw. Wohnung noch nicht betreten zu haben braucht. Wird der Wirt/Hotelier zur Vorlage und Prüfung   2363

---

1 BFH, Urteil v. 17.12.1981 - IV R 94/77, BStBl 1982 II S. 352.

von Unterlagen zum Finanzamt bestellt, so ist sein **Eintreten** in das **Dienstzimmer** des zuständigen Prüfers als dessen Erscheinen beim Wirt/Hotelier anzusehen, so dass keine Selbstanzeige mehr möglich ist. Nach BFH v. 9.3.2010[1] kann ein Erscheinen eines Amtsträgers auch bereits dann vorliegen, wenn im Finanzamt ein persönlicher Kontakt stattfindet, der nach Außen erkennbar macht, dass der Amtsträger mit der Außenprüfung beginnt.

2364 Die **Sperrwirkung** ist grundsätzlich **persönlich** auf den **Täter** begrenzt, bei dem der Amtsträger erschienen ist. Demnach kann ein Mittäter bzw. Teilnehmer an einer Steuerhinterziehung noch wirksam Selbstanzeige erstatten, sofern kein anderer Ausschlussgrund vorliegt.

2365 Der Prüfer muss mit der ernsthaften Absicht zu prüfen erschienen sein. **Scheinhandlungen** reichen nicht aus. Eine derartige Handlung liegt vor, wenn ein Prüfer nur zum Schein einige Prüfungshandlungen kurz vor Jahresende vornimmt und dann die Prüfung abbricht, um sie im nächsten Jahr fortzusetzen.

2366 **Sachlich** erstreckt sich die Sperrwirkung nicht auf alle Steuerarten und Steuerabschnitte, sondern nur auf die Steuerverfehlungen, die in der angeordneten Prüfung entdeckt werden können. Erscheint z. B. ein Lohnsteuer-Außenprüfer zur Lohnsteuerprüfung beim Gastwirt/Hotelier, so ergibt sich daraus keine Sperrwirkung für eine Selbstanzeige auf dem Gebiet der Grunderwerbsteuer.

2367 Der **Umfang** der Sperrwirkung ergibt sich aus der Prüfungsanordnung, die die Steuerarten, Sachverhalte und Prüfungszeiträume bestimmt. In dem vorgenannten Umfang ist nach Erscheinen des Prüfers eine Selbstanzeige ausgeschlossen.

2368 Nach **Abschluss der Außenprüfung,** d. h., wenn das Finanzamt die Steuerbescheide usw. abgesandt hat, die aufgrund der Prüfung berichtigt oder erstmalig erlassen wurden, kann Selbstanzeige jedoch für solche Steuerhinterziehungen bzw. leichtfertige Steuerverkürzungen wieder erstattet werden, die der **Prüfer nicht entdeckt** hat.

b) Bekanntgabe der Einleitung eines Straf- oder Bußgeldverfahrens

2369 Straffreiheit tritt ferner nicht ein, wenn dem Täter oder seinem Vertreter die Einleitung des Straf- oder Bußgeldverfahrens wegen der Tat bekannt gegeben worden ist (§ 371 Abs. 2 Nr. 1 b AO).

---

1 BFH, Urteil v. 9.3.2010 - VIII R 50/07, BStBl 2010 II S. 709.

Tat ist eine Handlung i. S. d. strafprozessualen Straftatbegriffs (§ 264 StPO).　2370

Das **Strafverfahren** ist **eingeleitet,** sobald die Finanzbehörde, die Polizei, die　2371
Staatsanwaltschaft, einer ihrer Hilfsbeamten oder der Strafrichter Maßnahmen trifft, die erkennbar darauf abzielen, gegen jemanden wegen einer Steuerstraftat strafrechtlich vorzugehen (§ 397 Abs. 1 AO). Das gilt auch für das
Bußgeldverfahren (§ 410 Abs. 1 Nr. 6 AO).

Die Maßnahme ist unter Angabe des Zeitpunkts unverzüglich in den **Akten** zu　2372
vermerken (§ 397 Abs. 2 AO).

Die **Einleitung** des Strafverfahrens ist dem Beschuldigten **spätestens mitzutei-**　2373
len, wenn er dazu aufgefordert wird, Tatsachen oder Unterlagen vorzulegen,
die im Zusammenhang mit der Straftat stehen, derer er verdächtig ist (§ 397
Abs. 3 AO). Eine bestimmte **Form** ist für die Bekanntgabe nicht vorgeschrieben;
sie kann mündlich, schriftlich oder auch durch konkludente Handlungen erfolgen.

Die Einleitung des Straf- oder Bußgeldverfahrens muss dem **Täter** oder **seinem**　2374
Vertreter bekannt gegeben worden sein. Täter in diesem Sinne können auch
Teilnehmer der Tat sein. Vertreter sind nicht nur gesetzliche Vertreter oder Be-
vollmächtigte, sondern auch Personen, die wegen ihrer besonderen Beziehungen zum Täter als Adressat für die Bekanntgabe der Einleitung eines Steuerstrafverfahrens in Betracht kommen. Es ist demnach keine rechtsgeschäftliche
oder gesetzliche Vertretungsmacht notwendig.

Die Tat, derentwegen ein Verfahren eingeleitet wird, muss nach Art und Um-　2375
fang möglichst **genau bezeichnet** werden; denn je enger die Tat umschrieben
ist, umso weiter reicht die Möglichkeit, wegen anderer Steuerverfehlungen
Selbstanzeige erstatten zu können.

Nach Einstellung des Straf- oder Bußgeldverfahrens lebt die Möglichkeit zur　2376
Selbstanzeige wieder auf, wenn kein Verdacht auf eine Steuerstraftat oder
eine Steuerordnungswidrigkeit bestehen bleibt.

c) Entdeckung der Tat

Straffreiheit tritt schließlich nicht ein, wenn die Tat im Zeitpunkt der Berichti-　2377
gung, Ergänzung oder Nachholung ganz oder zum Teil bereits entdeckt war
und der Täter dies wusste oder bei verständiger Würdigung der Sachlage damit rechnen musste (§ 371 Abs. 2 Nr. 2 AO).

Entdeckt ist die Tat, wenn eine nicht zum Täterkreis gehörende Person das　2378
Vorliegen einer Steuerverfehlung erkannt hat. Zu diesem Kreis gehören aber

nicht die Ehefrau oder der steuerliche Berater, da dies Personen sind, die das Vertrauen des Täters besitzen. Entdeckung der Tat liegt aber z. B. vor, wenn die Behörde davon so viel weiß, dass sie nach ihrem pflichtgemäßen Ermessen die Strafverfolgung betreiben muss.

2379 **Kenntnis** hat der Täter von der Entdeckung, wenn er aus ihm bekannten Tatsachen folgern kann, dass die Tat nicht verborgen geblieben ist. Dieser positiven Kenntnis von der Entdeckung ist gleichgestellt, wenn der Täter bei verständiger Würdigung der Sachlage mit der Entdeckung rechnen muss. Die **irrige Annahme der Entdeckung** allein hindert die Wirksamkeit der Selbstanzeige jedoch nicht.

7. Selbstanzeige bei leichtfertiger Steuerverkürzung (§ 378 Abs. 3 AO)

2380 Eine Geldbuße wird nicht festgesetzt, soweit der Täter unrichtige oder unvollständige Angaben bei einer Finanzbehörde **berichtigt** oder **ergänzt** oder unterlassene Angaben **nachholt,** bevor ihm oder seinem Vertreter die Einleitung eines Straf- oder Bußgeldverfahrens wegen der Tat bekannt gegeben ist und er die verkürzten Steuern **fristgerecht nachzahlt** (§ 378 Abs. 3 AO).

2381 Bei einer leichtfertigen Steuerverkürzung, die z. B. bei einer Prüfung aufgedeckt wird, ist für den Gastwirt/Hotelier eine ordnungsmäßige und rechtzeitige Berichtigung besonders schwierig, da er etwas berichtigen muss, von dem er positiv – im Gegensatz zum Vorsatzdelikt Steuerhinterziehung – keine Kenntnis hat. Er kann abweichend von der Selbstanzeige bei Steuerhinterziehung (vgl. Rz. 2336 ff.) noch **nach Erscheinen des Prüfers Selbstanzeige** bei leichtfertiger Steuerverkürzung erstatten. Das ist selbst dann noch möglich, wenn der Prüfer die Tat in ihrem gesamten Ausmaß bereits entdeckt hat.

2382 Eine **Anerkennung des Prüfungsberichts** ohne jede weitere berichtigende Mitwirkung reicht als Selbstanzeige nicht aus.

2383 Eine **ausreichende Aufklärungshilfe** leistet der Gastwirt/Hotelier, wenn er durch eigene Tätigkeit einen wesentlichen Beitrag zur Ermöglichung einer richtigen Steuerfestsetzung leistet. Dabei ist die **Mitverwertung** des vom Prüfer ohne Mitwirkung des Gastwirts/Hoteliers festgestellten Materials möglich, wenn der Gastwirt/Hotelier darüber hinaus durch eine eigene Tätigkeit **weiteres Material liefert.**

2384 **Keine ausreichende Aufklärungshilfe** liegt vor, wenn der Gastwirt/Hotelier nur einen Antrag auf Durchführung einer Prüfung stellt oder wenn er lediglich zu Beginn der Prüfung erklärt, seine Buchführung sei stark vernachlässigt und dadurch seien Steuerverkürzungen möglich oder wenn er zu Beginn der Prüfung freiwillig seine Buchführung vorlegt oder wenn er die durch die Prüfung festgestellten Steuern sofort nachzahlt.

Stellt der Prüfer für ein Jahr Steuerverkürzungen fest, und erklärt der Gastwirt/ Hotelier nunmehr, dass auch in anderen Jahren die gleichen Verkürzungen in etwa der gleichen Höhe vorgekommen sein können, so kann eine Selbstanzeige auch für das erste Jahr wirksam sein. 2385

Nach Einleitung des Straf- oder Bußgeldverfahrens ist in Fällen leichtfertiger Steuerverkürzung keine Selbstanzeige mehr möglich (§ 378 Abs. 3 Satz 1 AO). 2386

Leistet der Gastwirt/Hotelier **Aufklärungshilfe** während der Prüfung und wird erst **danach** das Straf- oder Bußgeldverfahren eröffnet, bleibt die durch die Mitarbeit des Gastwirtes/Hoteliers erstattete Selbstanzeige rechtswirksam, weil sie bereits **vor** Einleitung des Verfahrens erstattet worden war. 2387

(Einstweilen frei) 2388–2396

Abschnitt D:
Mindestanforderungen an die Ordnungsmäßigkeit von Buchführungen und Aufzeichnungen; Verprobungsmethoden; Schätzungsberechtigung; Nachkalkulation im Gaststättengewerbe; Vermögenszuwachsrechnungen (Geldverkehrsrechnungen)

1. Mindestanforderungen an die Ordnungsmäßigkeit von Buchführungen und Aufzeichnungen

Literatur: Loll, Die GoBD-Tauglicher Beurteilungsmaßstab für die Ordnungsmäßigkeit der Buchführung?, NWB 2015 S. 2242; *Herold/Volkenborn,* Die sieben wichtigsten Regeln zur Umsetzung der GoBD in die Praxis, NWB 2017 S. 922; *Merker,* Überblick über das Gesetz zum Schutz vor Manipulationen an digitalen Grundaufzeichnungen, StW 5/2017 S. 63 ff.

VERWALTUNGSANWEISUNGEN:

R 5.2 EStR; H 5.2 EStH; Anwendungserlass zur AO (AEAO) v. 31.1.2014, mit späteren Änderungen, zu §§ 140 bis 148 AO, BMF v. 1.2.1984, BStBl 1984 I S. 155; BMF v. 14.11.2014, BStBl 2014 I S. 1450; BMF v. 28.11.2019, BStBl 2019 I S. 1269.

ARBEITSHILFEN UND GRUNDLAGEN ONLINE:

Mandanten-Merkblatt: Aufbewahrungsfristen für Geschäftsunterlagen, NWB LAAAG-34828; *Pulte/Latour,* Aufbewahrungsfristen nach steuer- und handelsrechtlichen Vorschriften, NWB IAAAB-04637; *Welper,* Checkliste „GoBD-Schnellcheck", NWB HAAAF-83999; *Theile/Wagner,* Grundsätze ordnungsmäßiger Buchführung – GoB (HGB), infoCenter, NWB UAAAE-85382.

a) Ordnungsprinzipien für Buchführungen und Aufzeichnungen

2397 Die Ordnungsmäßigkeit von Buchführungen und Aufzeichnungen hat entscheidende Bedeutung für die Besteuerung. Daher wurden die allgemeinen Grundsätze und die ordnungsmäßiger DV-gestützter Buchführungsprogramme (GoBS) sowie die Grundsätze zum Datenzugriff und zur Prüfbarkeit digitaler Unterlagen (GDPdU) zusammengefasst.

Unter dem Datum v. 28.11.2019,[1] erfolgte mit dem Titel „Grundsätze zur ordnungsmäßigen Führung und Aufbewahrung von Büchern, Aufzeichnungen und Unterlagen in elektronischer Form sowie zum Datenzugriff" eine endgültige Neufassung. Das Schreiben v. 14.11.2014 wurde durch die Neufassung weitgehen geändert. Das betrifft vor allem die Schätzungsberechtigung

§ 162 Abs. 2 Satz 1 AO rechtfertigt eine Schätzung bei unzureichender Mitwirkung des Steuerpflichtigen. § 162 Abs. 2 Satz 2 AO rechtfertigt Schätzungen bei Nichtvorlage von Büchern und Aufzeichnungen. § 162 Abs. 2 Satz 2 AO rechtfertigt die Schätzung bei Verwerfung der materiellen Ordnungsmäßigkeit von Büchern und Aufzeichnungen nach § 158 AO. Weitere Schätzungsrechtfertigungen ergeben sich bei Unrichtigkeiten oder Unvollständigkeiten von Angaben und Verweigerung der Zustimmung zum Kontenabruf, bei Verletzung der Mitwirkungspflichten nach § 90 Abs. 2 und 3 AO. Zur Schätzungsberechtigung Hinweis auf Rz. 2433 ff.

Nach § 158 AO sind Buchführung und Aufzeichnungen der Besteuerung zugrunde zu legen, soweit sie den §§ 140 bis 148 AO entsprechen. Grundvoraussetzung für die Besteuerung ist also, dass **Buchführungs-, Aufzeichnungs- und Aufbewahrungspflichten,** die nach den Gesetzen bestehen, auch tatsächlich **erfüllt** werden. Bei Gewerbetreibenden, die aufgrund gesetzlicher Vorschriften verpflichtet sind, Bücher zu führen, ist für den Schluss des Wirtschaftsjahres das Betriebsvermögen anzusetzen, das nach den handelsrechtlichen Grundsätzen ordnungsmäßiger Buchführung auszuweisen ist (§ 5 Abs. 1 EStG). Zu den nach dem Bilanzrechtsmodernisierungsgesetz (BilMoG) ab Veranlagungszeitraum 2009 geltenden, neugeschaffenen bilanzsteuerrechtlichen Anforderungen vgl. BMF, Schreiben v. 12.3.2010[2] und v. 22.6.2010.[3]

Ein besonderes Buchführungssystem bzw. -verfahren ist gesetzlich nicht vorgeschrieben. Auch wenn es freiwillig oder nach originär steuerlicher Rechtsgrundlage des § 141 AO erstellt wurde, muss es den **handelsrechtlichen Ordnungsprinzipien** entsprechen (§ 5 Abs. 1 EStG). Das gilt auch für die inzwischen verbreiteten elektronischen Verfahren. Zur sog. **„schwarzen Buchführung"** vgl. FG des Saarlandes, Urteil v. 7.12.1990.[4]   2398

Zu den Mindestanforderungen gehören nach dem Wesen der doppelten Buchführung die Aufstellung von Inventaren, Eröffnungs- und Schlussbilanzen, Ver-   2399

---

1 BStBl 2019 I S. 1269.
2 BStBl 2010 I S. 239.
3 BStBl 2010 I S. 597.
4 NWB EN-Nr. 521/91.

lust- und Gewinnrechnungen, **die tägliche (§ 146 Abs. 1 AO) Führung von Kassenbüchern oder -berichten (vgl. Rz. 506 ff.**), von Grund-, Sach- und Kontokorrentkonten. Jeder einzelne Geschäftsvorfall muss **nach Beleg im Zeitpunkt des Entstehens zeitnah** und **sachlich richtig** in seinen Auswirkungen auf Bestände, Forderungen, Verbindlichkeiten bzw. Gewinn, Verlust oder Kapital festgehalten werden. Zur Pflicht zur Einzelaufzeichnung vgl. Rz. 513. Eine Buchführung, die **unverbuchte bare Betriebseinnahmen** erst im Rahmen von Abschlussbuchungen erfasst, ist nicht ordnungsgemäß.[1] Entscheidend ist die sachliche Ordnungsmäßigkeit nach den Maßstäben des § 146 AO.

Für Buchführungen bzw. Aufzeichnungen gelten handels- bzw. steuerrechtlich die folgenden Grundsatzkriterien:

► Vollständigkeit,

► Richtigkeit,

► Zeitgerechtigkeit,

► Prüfbarkeit,

► Einzelaufzeichnung,

► Klarheit, Übersichtlichkeit,

► Belegbarkeit,

► Unveränderbarkeit,

► Saldierungsverbot,

► Ordnungsprinzip,

► Stichtagsprinzip.

Erfüllt die Buchführung bzw. die Aufzeichnung diese Anforderungen, so entspricht sie auch dem **Revisionsprinzip.** Die Ordnungsmäßigkeit jeder Buchführung steht und fällt mit ihrer Nachprüfbarkeit!

Ausfluss aus dem Erfordernis der Nachprüfbarkeit ist das **Belegprinzip** (vgl. Rz. 860 ff.): Für jede Buchung sind aussagekräftige, den zugrunde liegenden Sachverhalt überprüfbar machende Belege erforderlich, die aufzubewahren sind. Zur Beweiskraft von **Quittungen** vgl. BFH, Urteil v. 22.3.2001.[2] Eine Angabe der **Kontierung auf den Belegen** ist für die Ordnungsmäßigkeit der Buchführung nicht zwingend.[3] Zu beachten ist auch die ab 1.1.2020 gültige **Belegausgabepflicht.**

---

1 BFH, Urteil v. 26.10.1994 - X R 114/92, BFH/NV 1995 S. 373, NWB EAAAB-35382.
2 BFH, Beschluss v. 22.3.2001 - IV B 113/99, BFH/NV 2001 S. 1135, NWB EAAAA-66992.
3 LG Münster, Urteil v. 24.9.2009 - 012 O 471/07, NWB HAAAD-62763.

Die Bücher müssen im Zusammenhang mit den Belegen von **sachkundigen** **2400** **Dritten** in **angemessener Zeit** nachprüfbar (§ 145 AO) sein und nach den Fristen des § 147 AO aufbewahrt werden. Vgl. auch Rz. 558 ff. Zur ordnungsgemäßen Führung, Vorlagepflicht und Aufbewahrung von im elektronischen Verfahren erstellten Büchern vgl. § 146a AO und die dazu ergangenen BMF-Schreiben.

Bei Branchen mit hohem Bargeldumsatz, wie das Hotel- und Gaststättengewerbe, hat die Kassenführung entscheidenden Anteil an der Ordnungsmäßigkeit. Wird eine **elektronische Kasse** benutzt, so ist sicherzustellen, dass die Tagesumsätze einzeln und vollständig im Tageskassensummenbon (Z-Bon) erfasst werden. Zur Aufbewahrungspflicht vgl. auch die Grundsätze zur ordnungsmäßigen Führung und Aufbewahrung von Büchern, Aufzeichnungen und Unterlagen in elektronischer Form sowie zum Datenzugriff (GoBD), BMF, Schreiben v. 28.11.2019;[1] zur Kassenführung vgl. Rz. 506 ff.

Vgl. auch Rz. 425 ff.

(Einstweilen frei) **2401–2408**

b) Ordnungsprinzipien bei Aufzeichnungen

Die grundsätzlichen Anforderungen bei Buchführungen gelten **analog auch** **2409** **für Aufzeichnungen**. Es gelten also u. a. auch die Anforderungen der sachlichen Ordnungsmäßigkeit (§ 146 Abs. 1 AO), die Nachprüfbarkeit, das Belegprinzip und die Aufbewahrungspflichten nach § 147 AO.

Zu den **Anforderungen an Kassenaufzeichnungen vgl. Rz. 541 ff.**

c) Folgen bei Ordnungsmängeln

Zeitnah, sachlich und formell richtig nach den §§ 140 bis 148 AO erstellte Bücher sind nach § 158 AO der Besteuerung zugrunde zu legen. Wenn diese Voraussetzungen nicht erfüllt sind und die Finanzverwaltung Zweifel zur sachlichen Richtigkeit begründen kann, drohen **Schätzungen oder Zuschätzungen** (§ 158 i. V. m. § 162 AO; s. a. Rz. 2433 ff.). Bei der Beurteilung der Ordnungsmäßigkeit zählt nicht die formelle Bedeutung eines Mangels, sondern sein **sachliches Gewicht**.[2]

---

1 BStBl 2019 I S. 1269.
2 BFH, Urteil v. 26.8.1975 - VIII R 109/70, BStBl 1976 II S. 210, BFH, Urteil v. 7.7.1977 - IV R 205/72, BStBl 1978 II S. 307 und BFH, Beschluss v. 4.8.2010 - X B 19/10, BFH/NV 2010 S. 2229, NWB YAAAD-53548.

Bußgeldsanktionen ergeben sich aus Ordnungsmängeln nur ausnahmsweise (§ 379 AO). Nach § 379 Abs. 2 Nr. 1a AO handelt z. B. **ordnungswidrig,** wer vorsätzlich oder leichtfertig Aufzeichnungen nach § 144 AO (vgl. Rz. 454) nicht, nicht richtig oder nicht vollständig erstellt. Diese Ordnungswidrigkeit kann mit einer Geldbuße bis zu 5.000 € geahndet werden (vgl. § 379 Abs. 4 AO).

Zur **Schätzung von Einkünften aus Kapitalvermögen** vgl. BFH, Urteil v. 3.12.2019.[1]

Die Vorschriften über den digitalen Datenzugriff (vgl. Rz. 2182 ff.) enthalten keine Regelungen zur Frage, welche Konsequenzen ein Verstoß gegen die neuen Verpflichtungen nach § 147 Abs. 2 und Abs. 6 AO nach sich zieht. Verstöße gegen die formellen Anforderungen an die Buchführung rechtfertigen daher keine Schätzungsbefugnis nach § 162 AO. Eine solche ist nur gegeben, wenn die formellen Mängel so weitreichend sind, dass die sachliche Richtigkeit der Buchführung nicht mehr gegeben ist.

2. Verprobungs- und Schätzungsmethoden

Literatur: *Preiß,* Verprobungsmethoden der steuerlichen Betriebsprüfung, HBP Kza. 3458; *ders.,* Verprobungsmethoden der steuerlichen Außenprüfung, BBK F. 27 S. 2121; *Hauschildt/Wähnert,* Vollständigkeitsprüfung mit IDEA, NWB 2007 S. 3539; *Pump, Wähnert,* Das BFH-Urteil zum Zeitreihenvergleich als Verprobung- und Schätzungsmethode, NWB 2015 S. 2869; *Nöcker,* Zeitreihenvergleich im Gleitschlitten versus Programmierprotokolle der Registrierkasse, NWB 2015 S. 3548; *Nöcker,* Zur Schätzung als Folge der Betriebsprüfung, NWB 2016 S. 3157; *ders.,* Die neuen BFH-Urteile zur Schätzung bei einem Überschussrechner, NWB 2018 S. 2850; *Beyer,* Aktuelles zur Schätzung mit BMF-Richtsatzsammlung und Ausbeutekalkulation mit 30/70-Methode, NWB 2019 S. 3470; ders. Kritische Fragen zur Richtsatzschätzung als Schätzungsbasis, NWB 2018 S. 3232; *ders.,* Schätzungen im Steuerstrafrecht, NWB 2020 S. 825; *Harle/Nüdling/Olles,* Die moderne Betriebsprüfung, Abschn. E, Verprobungs- und Schätzungsmethoden, Rz. 1486 ff., 4. Aufl., Herne 2020.

ARBEITSHILFEN UND GRUNDLAGEN ONLINE:

BFH v. 8.8.2019, Richtsatzschätzung bei fehlerhafter elektronischer Registrierkasse, NWB KAAAH-30132; Richtsätze – Sammlungen ab 1996, NWB LAAAB-14382; *von Wedelstädt,* Schätzung, infoCenter, NWB TAAAB-04869; *von Wedelstädt,* Aufhebung und Änderung von Steuerbescheiden wegen neuer Tatsachen, infoCenter, NWB OAAAA-57026.

2411   Verprobungen sind Schlüssigkeitsüberprüfungen zur Überprüfung der Richtigkeit der Gewinnermittlung des Stpfl. mit Hilfe von bekannten und als richtig

---

1 VIII R 23/216, NWB RAAAH-53654.

erkannten Ergebnissen. Der Prüfer entscheidet damit über eine Schätzung. Grundsätzlich rechtlich ist jede Schätzung zulässig, die realistisch ist und den Gastwirt nicht in unverhältnismäßiger Weise belastet. Intensivere und gravierendere Methoden wird der Prüfer immer dann anwenden, wenn er in der Gastronomie Mängel in der Kassenführung (vgl. Rz. 506 ff.) festgestellt hat, deren wirtschaftliche Rohgewinnaufschlagsätze aus dem Rahmen der Richtsätze fallen oder sonstige Anhaltspunkte (z. B. Privatverbräuche) für eine unvollständige Erfassung von Betriebseinnahmen (unklare Einlagen, Kontrollmitteilungen, geringe ungebundene Entnahmen, unklare Finanzierungen usw.) sprechen. Vgl. auch Rz. 2202.

Um die Dauer von Außenprüfungen möglichst zu beschränken, geht beim Prüfer die Tendenz weg von unmittelbaren Einzelposten-Prüfungen hin zu streuenden und **effektiveren Revisionsmethoden.** | 2412

Außerhalb der Verprobung beachten die Prüfer besonders folgende branchenspezifische Bereiche: | 2413

▶ Sind Umsätze mit Kreditkartenorganisationen gebucht?

▶ Hat der Hotelier die Übernachtungen vollständig erfasst (Scheckgutschriften, Kongruenz mit den dafür vorhandenen Aufzeichnungen wie Belegungsbücher usw.)?

▶ Wurden die Provisionen von Aufstellern von Spiel-, Geldspiel- und Tabakwarenautomaten gebucht?

▶ Hat der Stpfl. übliche Nebeneinnahmen (Sauna, Schwimmbad, Telefon, Kegelbahnen usw.) erfasst?

Verprobungsmethoden sind selbst Schätzungen,[1] die mit Unterstellungen arbeiten und auch „Unschärfen" enthalten. Dazu gehören der äußere und innere Betriebsvergleich, die Nachkalkulation (vgl. Rz. 2446 ff.), die verschiedenen Spielarten der Vermögenszuwachsrechnungen (vgl. Rz. 2473 ff.), der Zeitreihenvergleich und der Chi-Quadrat-Test. Die amtlichen Richtsätze haben als externe Kennzahlen nur Bedeutung als Groborientierung. | 2414

Zur Gewinnschätzung nach dem sog. **Zeitreihenvergleich** bei formell ordnungsmäßiger Buchführung siehe BFH, Urteil v. 14.5.2013[2] und FG Köln, Urteil v. 27.1.2009.[3] Der BFH hat den Zeitreihenvergleich als Schätzungsmethode

1 BFH, Urteil v. 26.4.1983 - VIII R 38/82, BStBl 1983 II S. 618.
2 BFH, Beschluss v. 14.5.2013 - X B 183/12, BFH/NV 2013 S. 1223, NWB CAAAE-38693.
3 FG Köln, Urteil v. 27.1.2009 - 6 K 3954/07, EFG 2009 S. 1092.

entscheidend eingeschränkt. Im Urteil v. 25.3.2015,[1] hat er sich sehr intensiv und kritisch mit dem Zeitreihenvergleich befasst. Bei einem Betrieb mit formell ordnungsmäßiger oder nur geringfügige materielle Mängel aufweisender Buchführung kann der Nachweis der materiell unrichtigen Buchführung allein aufgrund des Zeitreihenvergleichs nicht geführt werden.[2]

2415 Der **innere Betriebsvergleich** dient dem Prüfer dazu, im Rahmen der Vorbereitung Prüfungsfelder ein- oder auszugrenzen. Dabei werden zuvor ermittelte betriebliche Kennzahlen bzw. die Zahlenwerte der Gewinn- und Verlust-Rechnungen mehrerer Jahre gegenübergestellt und prozentual zum wirtschaftlichen Umsatz ausgedrückt.

2416 Der Außenprüfer hat **Nachkalkulationen** dem Gastwirt auch bei Nichtmitwirkung zur Nachprüfung **offen zu legen**.[3] Sie sollten in Kopie verlangt werden und müssen so sein, dass sie von einem sachkundigen Dritten in angemessener Zeit überprüfbar sind.[4]

2417 Der bundesweite **Einsatz der Software IDEA** durch die Betriebsprüfung ermöglicht der Verwaltung eine schnellere Prüfung des Buchführungs- bzw. Aufzeichnungswerkes und ihrer Ordnungsmäßigkeit nach Maßgabe des § 158 AO auf seine sachliche Richtigkeit und somit Glaubwürdigkeit. Die ursprünglich für die Wirtschaftsprüfung entwickelte Software verfügt über umfangreiche Analysefunktionen. Sie beinhaltet eine betriebswirtschaftliche Untersuchung auf Schlüssigkeit der vorgelegten Daten und Unterlagen. Damit kann der Betriebsprüfer nun schneller entscheiden, ob eine intensivere Prüfung durch den Einsatz der üblichen Verprobungsmethoden zu erfolgen hat oder der Fall beschleunigt beendet werden kann. Letztendlich kann der Einsatz von IDEA im Einzelfall zu einer gestrafften Abwicklung der Betriebsprüfung führen, ist aber selbst keine Schätzungsmethode oder -rechtfertigung.

2418–2432 *(Einstweilen frei)*

3. Schätzungsberechtigung (§§ 158 und 162 AO)

Literatur: *Assmann,* Schätzungen bei Außenprüfungen, StBp 2001 S. 255, 281; *Apitz,* Schätzungsbescheide bei „willkürlicher" Schätzung, StBp 2002 S. 107; *Huber,* Weiter entwickelte und neue Methoden der Überprüfung, Verprobung und Schätzung, StBp 2002 S. 199, 233, 258; *Ritzrow,* Umsatz- und Gewinnschätzung, StBp 2003 S. 265, 302;

---

1 BFH, Urteil v. 25.3.2015 - X R 20/13, BStBl 2015 II S. 743.
2 Siehe dazu Pump/Wähnert, NWB 2015 S. 2869.
3 BFH, Urteil v. 17.11.1981 - VIII R 174/77, BStBl 1982 II S. 430.
4 FG des Saarlandes, Urteil v. 28.7.1983, rkr., EFG 1984 S. 5.

Schmidt-Liebig, Die Schätzung im Steuerrecht, NWB 2004 S. 3207; *Bornhaupt,* Rechtsentwicklung zur Ordnungsmäßigkeit der Buchführung 2003 und 2004, 2005, S. 3619; *Huber/Wähnert,* Das Kölner Zeitreihenurteil und das „NiPt", StBp 2009 S. 207; *o. V.,* Außenprüfung; Anforderungen an die Schätzung mittels eines Zeitreihenvergleichs, NWB 2015 S. 2268, NWB GAAAE-96112; *Schützeberg,* Die Schätzung im Besteuerungs- und im Steuerstrafverfahren, StBp 2009 S. 33; *Beyer,* Abwehr von Schätzungen in der Betriebsprüfung und im Steuerstrafverfahren, NWB 2018 S. 356; *Nöcker,* Die „neuen „ BFH-Urteile zur Schätzung bei einem Einnahmenüberschussrechner, NWB 2018 S. 2850.

VERWALTUNGSANWEISUNGEN:

Anwendungserlass zur AO (AEAO) v. 28.11.2019, BStBl 2019 I S. 1269.; AEAO zu §§ 158, 162 und 163 AO.

ARBEITSHILFEN UND GRUNDLAGEN ONLINE:

von Wedelstädt, Schätzung, NWB TAAAB-04869.

Ausgangssituation jeder Überprüfung von Besteuerungsgrundlagen durch die Finanzbehörden ist **§ 158 AO (Beweiskraftvermutung).**[1] Diese Rechtsgrundlage enthält eine gesetzliche Vermutung und bietet dem loyalen Bürger, der seine gesetzlichen Pflichten nach §§ 140 bis 148 AO erfüllt, den **Schutz der widerlegbaren Anscheinsvermutung** sachlicher Richtigkeit seines Rechnungswesens. Schätzungen müssen in sich schlüssig, ihre Ergebnisse möglich und wirtschaftlich vernünftig sein. Ziel der Schätzung ist es, die Besteuerungsgrundlagen annähernd zutreffend zu ermitteln. Auch dabei ist der Stpfl. zur Mitwirkung verpflichtet. 2433

Durch das Unternehmensteuerreformgesetz 2008 wurde § 162 Abs. 2 Satz 2 AO ergänzt durch einen weiteren Schätzungsanlass aus der Neufassung des § 93 Abs. 7 AO. Neueingefügt wurde auch die Vorschrift des § 162 Abs. 3 Satz 3 AO für den Fall, dass der Stpfl. seine Mitwirkungs- und Auskunftspflicht verletzt. Außerdem wurde durch das Steuerhinterziehungsbekämpfungsgesetz § 162 Abs. 2 Satz 3 AO neu eingefügt, der eine Schätzung zulässt, wenn der Stpfl. seine Mitwirkungspflichten nach § 90 Abs. 2 Satz 3 AO verletzt. Im Folgenden soll nur die Rede sein von den Fällen, in denen Zweifel an der materiellen Richtigkeit der Besteuerungsgrundlagen bestehen.

§ 158 AO verliert seine vorgenannte Schutzfunktion mit der Folge der Schätzungsnotwendigkeit nach § 162 Abs. 1 und 2 Satz 2 AO, wenn die Behörde die sachliche Richtigkeitsvermutung widerlegen kann. Dieser Effekt tritt auch ein, falls das Rechnungswesen zwar formell in Ordnung ist, das Ergebnis aber

---

1 Schätzung eines Gastronomiebetriebs anhand zweier Tagesendsummenbons aus Folgejahren, FG Düsseldorf v. 24.11.2017- 13 K 3811/15 G, U, NWB YAAAG-71962.

durch Verprobungen des Finanzamtes als sachlich unzutreffend bewertet wird. Dies geschieht u. a. durch **Einzelfeststellungen** oder mit **indirekten Revisionsmethoden,** wie **Nachkalkulationen (vgl. Rz. 2446 ff.),** Vermögensvergleich bzw. **Geldverkehrsrechnungen (vgl. Rz. 2473 ff.).**[1] Das FG Münster[2] hat auch Zuschätzungen auf der Grundlage des sog. **Zeitreihenvergleichs** für zulässig erkannt.[3] Hinweis auch auf Rz. 2414. Auffälligkeiten beim **Chi-Quadrat-Test** allein sind kein Grund, eine Buchführung zu beanstanden.[4] Der Zeitreihenvergleich ist nach Ansicht des BFH[5] als Schätzungsmethode für nicht verbuchte Einnahmen nur geeignet bei erheblichen formellen Mängeln, wenn auch andere Schätzungsmethoden wie die Geldverkehrsrechnung unverbuchte Einnahmen indizieren. Insgesamt schränkt der BFH den Zeitreihenvergleich als Schätzungsmethode entscheidend ein.

Eine Buchführung ist auch formell ordnungswidrig, wenn sie wesentliche Mängel aufweist, oder die Gesamtheit aller Mängel diesen Schluss fordert. Werden digitale Unterlagen bei Bargeschäften nicht entsprechend dem BMF-Schreiben v. 28.11.2019 (GoBD)[6] aufbewahrt, kann dies ein schwerwiegender Mangel formeller Ordnungsmäßigkeit sein.[7]

2434 Zur Schätzung der Einnahmen **nach Richtsätzen** bei fehlerhafter Kassenführung vgl. FG des Saarlandes, Urteil v. 24.9.2003;[8] zu Schätzungen bei **ungeklärten Bareinzahlungen** Hinweis auf BFH, Urteil v. 7.5.2004.[9] Ein **ungeklärter Geldzuwachs** im Privatvermögen oder eine unklare **Einlage in das Betriebsvermögen** rechtfertigen auch bei einer formell ordnungsmäßigen Buchführung die Annahme, dass höhere Betriebseinnahmen erzielt und höhere Privatentnahmen getätigt als gebucht wurden.[10] Bei einer **elektronisch unterstützten Kassenführung** (vgl. Rz. 530 ff.) muss das System programmmäßige Sicherungen und Sperren beinhalten, die schon vom Zeitpunkt der ersten Speicherung

---

1 BFH, Urteil v. 9.8.1991 - III R 129/85, BStBl 1992 II S. 55; BFH, Urteil v. 8.9.1994 - IV R 6/93, BFH/NV 1995 S. 573, NWB IAAAB-34818; FG Hamburg, Urteil v. 11.4.1994 - VII 17/93, EFG 1994 S. 731.

2 Urteil v. 26.7.2012 - 4 K 2071/09 E, U, NWB UAAAE-18978.

3 Vgl. dazu aber BFH, Urteil v. 14.5.2013 - X B 183/12, NWB CAAAE-38693.

4 FG Rheinland-Pfalz, Urteil v. 24.8.2011 - 2 K 1277/10, NWB KAAAD-95441.

5 BFH, Urteil v. 25.3.2015 - X R 20/13, BStBl 2015 II S. 743.

6 BStBl 2014 I S. 1450.

7 Im Einzelnen vgl. Änderung des Anwendungserlasses zur Abgabenordnung (AEAO) v. 31.1.2013, BStBl 2013 I S. 118, zu § 158 AO.

8 EFG 2003 S. 1750.

9 BFH, Beschluss v. 7.5.2004 - IV B 221/02, BFH/NV 2004 S. 1367, NWB RAAAB-24800.

10 FG Saarland, Urteil v. 1.6.2012 - 1 K 1533/10, NWB QAAAE-18119.

an verhindern, dass einmal eingegebene Daten der nachträglichen Änderung preisgegeben werden.[1]

Wird eine Gaststätte **von einer GmbH betrieben**, so sind durch Nachkalkulation festgestellte Fehlbeträge nur dann **verdeckte Gewinnausschüttungen**, wenn festgestellt wird, dass ein Gesellschafter oder eine ihm nahe stehende Person das Geld erhalten hat.[2]

Schätzungen sind nur zulässig, wenn sie rechtmäßig sind, also eine der **Voraussetzungen des § 162 AO** gegeben ist. Das muss die Verwaltung, bevor sie eine Schätzung vornimmt, dartun.[3] Dabei kommt es nach ständiger Rechtsprechung nur auf das sachliche Gewicht eines festgestellten Mangels an.[4] Allerdings können Schätzungen auch bei Verstößen gegen das **Belegprinzip** in Frage kommen.[5] Zur Schätzungsberechtigung bei **fehlenden Buchführungsunterlagen** vgl. BFH, Urteil v. 28.7.2010;[6] bei **unvollständigen Buchführungsunterlagen** vgl. BFH, Urteil v. 19.7.2010.[7] Wird die sachliche Richtigkeit widerlegt, so sind die Teile der Buchführung zu korrigieren, auf die sich die Beanstandungen beziehen.[8] Zur Schätzung von **Besteuerungsgrundlagen in Grundlagenbescheiden** vgl. BFH, Urteil v. 20.7.2010.[9]

2435

Bei **groben Verstößen** gegen die steuerlichen Pflichten des Unternehmers ist das Finanzamt verpflichtet, an die **oberste Grenze** des Schätzungsrahmens zu gehen.[10]

2436

Für **Unsicherheitszuschätzungen** müssen nachprüfbare Anhaltspunkte als Begründung gegeben werden, wenn sie nicht willkürlich und somit unzulässig sein sollen.[11] Eine formell mangelhafte Kassenführung allein reicht nicht aus. Zu **Hinzuschätzungen** bei einem Gastwirt bei zweifacher Rechnungsausstellung des Fleischlieferanten vgl. Niedersächsisches FG, Urteil v. 27.10.2000.[12]

---

1 FG Düsseldorf, Urteil v. 20.3.2008 - 16 K 4689/06 E, U, F, NWB UAAAC-83006.
2 BFH, Urteil v. 18.5.2005 - III R 25/05, BFH/NV 2006 S. 1747, NWB YAAAB-90234.
3 BFH, Urteil v. 28.5.1986 - I R 265/83, BStBl 1986 II S. 732; BFH, Beschluss v. 23.1.2003 - VIII B 161/02, BFH/NV 2003 S. 881, NWB TAAAA-71195.
4 BFH, Urteil v. 15.3.1972 - I R 60/70, BStBl 1972 II S. 488; BFH, Urteil v. 12.12.1972 - VIII R 112/69, BStBl 1973 II S. 555.
5 FG Bremen, Urteil v. 24.9.1996 - 2 94 085 K 2, rkr., EFG 1997 S. 449.
6 BFH/NV 2010 S. 2219.
7 BFH, Urteil v. 19.7.2010 - X S 10/10 (PKH), BFH/NV 2010 S. 2017, NWB RAAAD-51310.
8 BFH, Beschluss v. 13.7.2010 - V B 121/09, BFH/NV 2010 S. 2015, NWB LAAAD-52041.
9 BFH, Beschluss v. 20.7.2010 - X B 70/10, BFH/NV 2010 S. 2007, NWB GAAAD-52394.
10 BFH, Urteil v. 9.3.1967 - IV 184/63, BStBl 1967 III S. 349; BFH, Urteil v. 13.7.2000 - IV R 55/99, BFH/NV 2001 S. 3, NWB FAAAA-65677.
11 FG Berlin, Urteil v. 7.9.1982, EFG 1983 S. 324.
12 Niedersächsisches FG, Urteil v. 27.10.2000 - 14 V 311/98, rkr., NWB FAAAB-11312.

2437   Eine Schätzung muss schlüssig, wirtschaftlich möglich und vernünftig sein und darf nicht den Denkgesetzen und den allgemeinen Erfahrungssätzen widersprechen.[1] Verstößt das Finanzamt gegen grundlegende mathematische Regeln, ist die Schätzung rechtswidrig. Eine **Schätzung ist rechtswidrig,** wenn sie den durch die Umstände des Falles gezogenen Schätzungsrahmen verlässt (überzogene Schätzung). **Willkürmaßnahmen** können ein besonderer Verstoß i. S. v. § 125 Abs. 1 AO sein.[2] Eine Schätzung ist **nichtig bei groben Schätzungsfehlern.**[3] Zu **Schätzungsfehlern** vgl. BFH, Urteil v. 9.3.2004.[4]

2438   Ein Barbesitzer, der seine Umsätze kalkulatorisch aus dem aufgezeichneten Wareneingang ermittelt, kann keine ordnungsgemäße Buchführung vorweisen und muss mit der Schätzung der Besteuerungsgrundlagen durch das Finanzamt nach § 162 AO rechnen.[5] Bei **Nichtabgabe von Steuererklärungen** ist das Finanzamt nicht verpflichtet, bei der Schätzung die vom Stpfl. gesammelten Belege auszuwerten.[6]

2439   Sind die **Kassenaufzeichnungen zu beanstanden,** so ist die Rechtsprechung bei einer Schätzung der Hotelumsätze (Übernachtungen) in einem **Einzelfall** von einer durchschnittlichen **Belegung von 40 %** ausgegangen.[7] Die durchschnittliche tatsächliche Auslastungsquote von Zimmerbelegungen kann wie folgt geschätzt werden:

▶ Landgasthöfe 20 bis 30 v. H,

▶ Innerstädtische Pensionen bzw. Gasthöfe 50 bis 70 v. H.

▶ Innerstädtische Hotels (Messestandort) über 90 v. H.

Für die Nutzung von Tiefgaragen werden im Schnitt 15 € berechnet. Genauere Ergebnisse liefern die Beherbergungsstatistiken des Statistischen Bundesamtes und der meist in elektronischer Form durch entsprechende Hotelsoftware geführte Belegungsplan bzw. das Reservierungsbuch. Auch die aufzeichnungspflichtige Erhebung von Kurbeiträgen kann Aufschluss über die tatsächliche Höhe der Übernachtungsgäste geben.

---

1 FG München, Beschluss v. 30.8.2011 - 10 V 735/11, NWB CAAAD-93601.
2 BFH, Urteile v. 1.10.1992 - IV R 34/90, BStBl 1993 II S. 259; v. 15.5.2002 - X R 33/99, BFH/NV 2002 S. 1415, NWB KAAAA-67881.
3 BFH, Beschluss v. 30.8.2007 - II B 90/06, BFH/NV 2008 S. 13, NWB IAAAC-62517.
4 BFH, Beschluss v. 9.3.2004 - X B 68/03, BFH/NV 2004 S. 1112, NWB GAAAB-21224.
5 FG des Saarlandes, Urteil v. 19.6.1990, NWB EN-Nr. 1179/90.
6 FG des Saarlandes, Urteil v. 27.11.1990, EFG 1991 S. 166.
7 BFH, Urteil v. 27.1.1989 - III B 130/88, BFH/NV 1989 S. 767, NWB LAAAB-30783.

Zur **Schätzungsberechtigung** bei **Kassenmängeln** vgl. Rz. 545 ff. Zur **Schätzung bei einer Pizzeria** vgl. FG Rheinland-Pfalz, Urteil v. 16.11.2005.[1] Zur Schätzung der Umsätze eines **Imbissstandes** vgl. FG München, Urteil v. 1.6.2005.[2] Werden in einem Speiserestaurant mit einem hohen Anteil an Bareinnahmen und täglichen Kassenbeständen weder ein Kassenbuch noch Kassenberichte noch Inventuren erstellt, so rechtfertigen diese schweren Mängel auch unabhängig vom Ergebnis einer Nachkalkulation eine Hinzuschätzung von 8 % des erklärten Umsatzes.[3]

Auch die vereinfachte **Gewinnermittlung nach § 4 Abs. 3 EStG** verlangt eine korrekte und leicht nachprüfbare Aufzeichnung der Geschäftsvorfälle. Sie müssen klar und vollständig sein und einem sachverständigen Dritten in vertretbarer Zeit den Umfang der Einkünfte plausibel machen. Eine Vernachlässigung dieser Nachweispflichten begründet eine Schätzungsbefugnis.[4]

Zur Schätzung der Besteuerungsgrundlagen zur **Vorsteuer** bei **Verlust sämtlicher Rechnungen** vgl. FG Sachsen-Anhalt, Urteil v. 20.2.2013.[5]

(Einstweilen frei)   2440–2445

4. Nachkalkulation im Gaststättengewerbe

Literatur: *Assmann*, Umsatznachkalkulationen bei Außenprüfungen, StBp 1991 S. 97; *Klingebiel*, Erlöskalkulation und sachliche Richtigkeit der Buchführung, NWB 2006 S. 3811; *Raik*, Die Nachkalkulation unter besonderer Berücksichtigung von Gastronomiebetrieben, StBp 2008 S. 70; *Harle/Nüdling/Olles*, Die moderne Betriebsprüfung, Rz. 1547, 4. Aufl., Herne 2020.

ARBEITSHILFEN UND GRUNDLAGEN ONLINE:

v. Wedelstädt, Schätzung, infoCenter, NWB TAAAB-04869.

---

1 FG Rheinland-Pfalz, Urteil v. 16.11.2005 - 1 K 2311/03, NWB LAAAC-19437; FG Bremen, Urteil v. 1.10.2003 - 1 K 570/02 - 1 K 572/02, EFG 2004 S. 78. Vgl. auch FG Sachsen-Anhalt, Urteil v. 25.5.2005 - 2 K 1417/03, NWB CAAAB-760989; FG Münster, Urteil v. 31.10.2000 - 5 K 6661/98, NWB WAAAB-10690, NZB als unbegründet verworfen durch BFH, Beschluss v. 19.9.2001 - XI B 6/01, BStBl 2002 II S. 4.

2 FG München, Urteil v. 1.6.2005 - 9 K 4739/02, NWB AAAAB-58095.

3 FG Düsseldorf, Urteil v. 26.3.2012 - 6 K 2749/11 K, G, U, F, NWB CAAAE-12837.

4 FG Nürnberg, Urteil v. 8.5.2012 - 2 K 1122/2009, NWB GAAAE-11064; FG Saarland, Urteil v. 21.6.2012 - 1 K 1124/10, NWB MAAAE-14218.

5 FG des Landes Sachsen-Anhalt, Urteil v. 20.2.2013 - 2 K 1037/10, NWB YAAAE-41829.

2446　Im Gaststättengewerbe ist die Überprüfung der Einnahmen mittels Nachkalkulation regelmäßig ein Schwerpunkt der Betriebsprüfung. In keiner anderen Branche kommt die Nachkalkulation so **oft zum Einsatz,** wie im Gaststättengewerbe.[1] Die Nachkalkulation des Außenprüfers folgt der Vorgehensweise des Gastwirtes bei seiner Preisbildung. Es wird näherungsweise ermittelt, welcher wirtschaftliche Umsatz mit den als richtig angenommenen Wareneinsatzzahlen unter Zugrundelegung der betrieblichen Kalkulation (Speisen- und Getränkekarten; Auslastung bei Übernachtungen) und Berücksichtigung besonderer Verhältnisse zu erzielen war. Allerdings führt auch eine Nachkalkulation bei geschickter Doppelverkürzung zu keinen verwertbaren Ergebnissen. Deswegen kann es sinnvoll sein, zusätzlich eine Geldverkehrsrechnung (vgl. Rz. 2473 ff.) zu erstellen.

2447　*(Einstweilen frei)*

a) Bedeutung der Nachkalkulation

2448　Die Nachkalkulation durch den inneren Betriebsvergleich ist eine zulässige Schätzungsmethode.[2] Für die Überprüfung der bargeldintensiven Gaststätten hat die Finanzverwaltung Nordrhein-Westfalen das vom FG Münster anerkannte Kalkulationsprogramm „FINANZ" entwickelt.

Nachkalkulationen können unter bestimmten Voraussetzungen die sachliche Richtigkeit von **auch formell ordnungsmäßigen Gewinnermittlungen widerlegen.**[3] Zum pauschalen Abschlag auf den automatisch durch ein **Kalkulationsprogramm für italienische Pizzerien** ermittelten Rohgewinnaufschlagsatz Hinweis auf FG Bremen, Urteil v. 1.10.2003.[4] Nachkalkulationen sind ihrem Wesen nach selbst Schätzungen, mit Unsicherheiten behaftet und müssen daher

---

1　Vgl. z. B. Chinarestaurant, FG Düsseldorf, Urteil v. 20.3.2008 - 16 K 4689/06 E, U, F, NWB UAAAC-83006; Restaurant, FG München, Urteil v. 17.5.2011 - 13 V 357/11, NWB QAAAD-97140; FG Düsseldorf, Urteil v. 26.3.2012 - 6 K 2749/11 K, G, U, F, NWB CAAAE-12837; Restaurant, FG München, Urteil v. 30.8.2011 - 10 V 735/11, NWB CAAAD-93601; Döner-Imbiss, FG Schleswig-Holstein, Urteil v. 6.3.2012 - 2 K 101/11, NWB LAAAE-08966; Grillimbiss, FG Münster, Urteil v. 17.9.2010 - 4 K 1412/07 G, U, EFG 2011 S. 506; Groß- und Einzelhandel mit Getränken, FG München, Urteil v. 4.5.2010 - 13 V 540/10, NWB AAAAD-47601.

2　BFH, Beschluss v. 24.8.2006 - V B 36/05, BFH/NV 2007 S. 69, NWB EAAAC-25565.

3　BFH, Urteil v. 26.2.1953 - IV 345/52 U, BStBl 1953 III S. 323; BFH, Urteil v. 9.5.1996 - X B 188/95, BFH/NV 1996 S. 747, NWB RAAAB-38606; FG Bremen, Urteil v. 7.11.2000 - 200209K 2, NWB IAAAB-07122, NZB als unzulässig verworfen durch BFH, Urteil v. 10.10.2001 - IV B 57/01, NWB WAAAD-68353.

4　FG Bremen, Urteil v. 25.9.2003 - 1 K 570/02 - 1 K 572/02, EFG 2004 S. 78.

strengen Anforderungen genügen.[1] Sie basieren auf **internen Zahlen** des Betriebes und zeigen durch **Hochrechnung** des vom Prüfer in Warengruppen aufgegliederten Wareneinsatzes mit den betriebsspezifischen Aufschlagsätzen, welcher Sollumsatz bei vollständig gebuchtem Einkauf hätte erzielt werden können.

Daher sind die im jeweiligen Prüfungsjahr gültig gewesenen **Speise- und Getränkekarten** (vgl. Rz. 26 bis Rz. 28) **unverzichtbar.**　　2449

Die Nachkalkulation muss **wesentliche Abweichungen** vom erklärten Ergebnis **aufzeigen,** um Schätzungen zu rechtfertigen.[2] Was im Einzelfall wesentlich ist bzw. noch im **Unschärfenbereich** liegt, bewegt sich nach verschiedenen BFH-Urteilen in einer „schwammigen" **Zone zwischen 3 und 10 % Umsatzabweichung.** Der BFH rückt aber immer deutlicher von einer „Prozentsatz-Rechtsprechung" ab.[3] Bei Streit entscheiden die Gegebenheiten des Einzelfalls.[4]　　2450

Nachkalkulationen sind Maximalrechnungen. Sie zeigen Umsätze, die erzielbar sind, wenn der gesamte Wareneinsatz zu Preisen lt. Speise- und Getränkekarte realisiert worden wäre. Sie zeigen als Differenzen auch Beträge, die durch Veruntreuungen, Kunden- bzw. Personaldiebstähle, verbilligte oder kostenlose Warenabgabe, Verderb, Eigenverbrauch oder Personalverpflegung nicht zu Umsatz geworden sind. Die tatsächlichen Zuschätzungen müssen daher deutlich niedriger sein.[5]　　2451

Nach der Systematik der Nachkalkulationen können sich gegenüber den Gewinnermittlungen keine **niedrigeren Nachkalkulationsumsätze** ergeben. Tritt diese Situation ein, so zieht die Finanzverwaltung den ernsten Schluss, dass entweder　　2452

▶ die zur Nachkalkulation angegebenen **Preise zu niedrig** (Vorlage falscher Preislisten!) oder

▶ der **Wareneinsatz unvollständig** gebucht war (ungenau vollzogene Doppelverkürzung).

---

1 BFH, Urteil v. 25.6.1970 - IV 17/65, BStBl 1970 II S. 838.
2 BFH, Urteil v. 17.11.1981 - VIII R 174/77, BStBl 1982 II S. 430.
3 BFH, Urteil v. 26.4.1983 - VIII R 38/82, BStBl 1983 II S. 618.
4 RFH, Urteil v. 30.9.1936 - VI A 765/36, RStBl 1936 S. 996; BFH, Urteil v. 18.3.1964 - IV 179/60 U, BStBl 1964 III S. 381.
5 FG Hamburg, Urteil v. 4.12.1991 - II 125/89, EFG 1992 S. 379.

Die Verwertbarkeit einer Nachkalkulation hängt an einer **vollständigen und richtigen Verbuchung** des Wareneinsatzes, der Vorlage der zutreffenden Speise- und Getränkekarten und der Erfüllung der Aufzeichnungspflichten nach § 143 AO (vgl. Rz. 461).

2453 Der Gastwirt hat Gelegenheit, für kalkulativ festgestellte Fehlumsätze die **Ursachen zu erklären.**

b) Anforderungen der Rechtsprechung

2454 Im Urteil v. 17.11.1981[1] hat sich der BFH intensiv mit Systematik und Anforderungen zur Nachkalkulation befasst.

2455 Zur Nachkalkulation muss der Prüfer, wenn ein verwertbares Wareneingangsbuch nicht vorliegt, **den Wareneingang** bzw. Wareneinsatz nach den Eingangsrechnungen sorgfältig in die unterschiedlich kalkulierten Warengruppen **aufgliedern.**[2] **Bestandsdifferenzen** sind außerhalb der Nachkalkulation mit zu ermittelten Durchschnittsaufschlägen durch Zu- oder Abschläge zu berücksichtigen. Bei Gewinnermittlung durch **Einnahmenüberschussrechnung** liegt hier eine Quelle für unerklärbare Differenzen. **Kostenlose Zugaben** (Zutaten wie Senf) können **herausgelassen** werden. Gleiches gilt für den allgemeinen Küchenbedarf. Auch seine Wareneinkaufsaufgliederung muss der Prüfer zur Nachprüfung offenlegen. Der Gesamtwareneinsatz ist **auf den wirtschaftlichen Wareneinsatz umzurechnen.** Das ist der an Kunden tatsächlich veräußerte Anteil, bereinigt um Bestandsdifferenzen, unentgeltliche Wertabgaben, Personalverpflegung, Verderb und Schwund.

2456 Eine **Aufgliederung** in zehn unterschiedliche **Warengruppen** reicht laut BFH bei einer Schankwirtschaft aus. Werden Artikel mit unterschiedlichen Aufschlagsätzen zusammengefasst, so sind sie als Untergruppe für die Berechnung eines **gewogenen mittleren Aufschlagsatzes** getrennt herauszuschreiben. Die Grenzen der Aufteilung liegen beim einzelnen Artikel. Flaschenbier, das flaschen- und kastenweise zu unterschiedlichen Preisen abgegeben wird, ist schätzungsweise aufzuteilen.

2457 Die Einzelaufschlagsätze der gebildeten Warengruppen sind unter Zuhilfenahme der Speise- und Getränkekarten unter Berücksichtigung von Schankverlust und Ausbeutezahlen (vgl. Rz. 2628) sorgfältig zu berechnen. **Preisänderungen**

---

1 BFH, Urteil v. 17.11.1981 - VIII R 174/77, BStBl 1982 II S. 430.
2 BFH, Urteil v. 31.7.1974 - I R 216/72, BStBl 1975 II S. 96.

während des Jahres können für die einzelnen Warengruppen **zeitanteilig berücksichtigt** werden.

Besteht eine **Warengruppe aus mehreren Artikeln** (Flaschenbier, alkoholfreie   2458
Getränke, Weine, Sekt, Spirituosen, Küchenwaren) so ist ein **gewogener mittlerer Aufschlagsatz zu bilden.** Wichtig ist, dass betriebliche **Besonderheiten** berücksichtigt werden (Gratisabgaben, Verderb bei Küchenwaren, Knobelrunden, Gratisgetränke an Bedienungspersonal, Vereine, an Geburtstagen usw.).

(Einstweilen frei)   2459–2465

c) Mitwirkung des Gastwirts

Der Gastwirt ist verpflichtet, den Außenprüfer bei Erstellung einer Nachkalku-   2466
lation zu **unterstützen.** Er hat vorhandene Preisverzeichnisse und andere sachdienliche Unterlagen (Einzelkalkulationen) vorzulegen und ihm auch seine **Preisgestaltung bzw. Kalkulation** zu erläutern.[1] Ein Hinweis, man habe kein Kalkulationsschema, weil die Konkurrenz die Preise bestimme, wird nicht akzeptiert. Der Prüfer kann die Nachkalkulation auch ohne Mitwirkung erstellen, wenn der Gastwirt Auskünfte und Mitwirkung verweigert. Dann sind die Anforderungen an die Nachkalkulation weniger streng. Er muss seine Zahlen aber dennoch zur Überprüfung offenlegen.

d) Einwendungsmöglichkeiten

Die Offenlegung der Zahlen der Nachkalkulation ist für den Gastwirt/Hotelier   2467
die Chance, das Ergebnis der Verprobung zu widerlegen, zu reduzieren bzw. seine Beweiskraft zu schwächen.

Die Nachkalkulation für den Restaurantbereich steht oft auf schwachen Fü-   2468
ßen. Es wird nicht selten mit einem nicht nachvollziehbar errechneten Durchschnittsaufschlagsatz hochgerechnet. Der **Prüfer schätzt** bisweilen den **Gesamtaufschlag** ohne Gewichtung, angelehnt an nur punktuell berechnete Einzelaufschläge. Er ist dann **selten repräsentativ.** Es kann daher immer auf „**Unsicherheitsabschläge" verhandelt** werden.

Kritik an der Richtigkeit der Verprobung sollte **konkret** vorgetragen werden.   2469
Der Gastwirt muss versuchen, den Wahrscheinlichkeitsgrad der Nachkalkulation anzugreifen. Über den Küchensektor hinaus sind folgende Ansatzpunkte denkbar:

---

1 BFH, Urteil v. 15.2.1989 - X R 16/86, BStBl 1989 II S. 462.

- ▶ **Zuordnung** und Addition der Einkäufe zu Warengruppen zutreffend?
- ▶ Sind die **Preise richtig** verwertet?
- ▶ **Preisänderungen** während des Jahres zeitanteilig beachtet?
- ▶ **Einzelaufschlagsätze systematisch zutreffend** (netto-brutto, brutto-brutto, netto-netto)?
- ▶ Betriebsspezifische **Ausbeute und Schankverlust** (Länge und Zustand der Bierleitung!) angesetzt?
- ▶ **Gratisabgaben** an Kunden bzw. Vereine erfasst (z. B. jeweils einen Schnaps zum Essen, Freibier an Vereine)?
- ▶ **Freirunden** (Knobelrunden) bei besonderen Anlässen berücksichtigt?
- ▶ Eventuelle **Besonderheiten** in der Kalkulation bei Familienfeiern ausreichend berücksichtigt?
- ▶ Sog. **„Billigtage"** beachtet (z. B. Dienstagspreise)?
- ▶ **„Happy-hour-Preise"** beachtet?
- ▶ Sonderpreise bei **Stammessen** vernachlässigt?
- ▶ **„Satt-Angebote"** berücksichtigt?
- ▶ **Verderb** an Obst und Gemüse im Gastronomiebereich angemessen berücksichtigt?
- ▶ Gratisgetränke bzw. **Personalverpflegung** für Bedienungspersonal beachtet?

2470   Soweit sich Kalkulationsdifferenzen nicht aufklären lassen, können sie in begründeten Fällen als **zusätzliche** unentgeltliche Wertabgaben (extremer Alkoholkonsum) eine **günstigere steuerliche Umsetzung** finden. Oft stellt sich beim Nachdenken über die Ursachen heraus, dass für zusätzliche Personen Pauschsätze für unentgeltliche Wertabgaben (z. B. Eltern) bisher nicht beachtet worden sind. Eine Berücksichtigung reduziert die rechnerischen Differenzen des Prüfers auf die entsprechenden Einstandspreise!

2471–2472   *(Einstweilen frei)*

5. Vermögenszuwachsrechnungen (Geldverkehrsrechnungen)

Literatur: *Assmann*, Die Geldverkehrsrechnung in der Außenprüfungspraxis, StBp 1989 S. 252, 269 und StBp 1990 S. 1; *Brinkmann*, Die private Geldverkehrsrechnung, StBp 2007 S. 325; *Klingebiel*, Geldverkehrsrechnung und sachliche Richtigkeit der Buchführung, NWB 2008 S. 569; *Harle/Nüdling/Olles*, Die moderne Betriebsprüfung, Rz. 1581 ff., 4. Aufl., Herne 2020.

VERWALTUNGSANWEISUNGEN:

Gleich lautende Erlasse der obersten Finanzbehörden der Länder v. 31.8.2009, BStBl 2009 I S. 829.

ARBEITSHILFEN UND GRUNDLAGEN ONLINE:

Schätzung – Vermögenszuwachsrechnung, Arbeitshilfe, NWB YAAAB-04675; v. *Wedelstädt*, Schätzung, infoCEnter, NWB TAAAB-04869.

Vermögenszuwachsrechnungen in Form von **Geldverkehrsrechnungen** werden in der letzten Zeit von Außenprüfern **öfter eingesetzt.** Es gibt inzwischen darüber eine **umfangreiche und gefestigte Rechtsprechung.**[1] Von der Geldverkehrsrechnung geht eine deutlich größere Gefahr für den Gastwirt aus, als von der Nachkalkulation. Es ist daher ratsam, ihre Grundsystematik zu kennen.　2473

a) Systematik und Funktion

Die Geldverkehrsrechnung beruht auf der These, dass der Gastwirt in einem bestimmten Zeitraum (Vergleichszeitraum) **nicht mehr** für Konsum und Vermögensbildung **ausgeben kann, als ihm zur Verfügung steht.** Die verfügbaren Mittel können nur aus den folgenden **fünf Quellen** stammen:　2474

▶ steuerpflichtige Einkünfte,

▶ steuerfreie Einnahmen, z. B. aus steuerfreien Renten, Verkäufen privater Wirtschaftsgüter (Häuser, Möbel, Wertpapiere, Schmuck) usw.,

▶ einmalige Vermögenszuflüsse, wie Zuwendungen, Erbschaft, Schenkungen, Lotto, Glücksspiel usw.,

▶ erspartes Vermögen, wie Sparkonten, Bargeld, Wertpapiere usw.,

▶ Kredite, Darlehen, Schulden gegenüber Banken, Verwandten usw.

Die Geldverkehrsrechnung stellt für einen bestimmten **Zeitraum von mindestens einem Jahr** (Vergleichszeitraum) die steuerlich bekannten „**verfügbaren Mittel**" der tatsächlichen „**Mittelverwendung**" gegenüber. Mittelverwendung ist die Summe der dem Finanzamt bekannten Ausgaben für Konsum (Privatverbrauch) und Vermögensbildung. Zeigt sich dabei die Mittelverwendung höher als die Summe der verfügbaren Mittel, so obliegt es dem Gastwirt, dar-　2475

---

1 Vgl. z. B. FG Sachsen-Anhalt, Urteil v. 28.4.2010 - 2 K 756/07, NWB LAAAD-55891 Geldverkehrsrechnung als Grundlage einer Hinzuschätzung von Erlösen bei einem Gasthaus; BFH, Beschluss v. 27.6.2011 - VIII B 138/10, BFH/NV 2011 S. 1662, NWB HAAAD-89056; Schätzungen im Rahmen einer Geldverkehrsrechnung; FG Münster, Urteil v. 26.7.2012 - 4 K 2071/09 E, U, NWB UAAAE-18978.

zulegen, aus welchen Quellen die Mehrverwendung stammt.[1] Kann er diesen Nachweis nicht überzeugend führen, so zeigt ein **ungeklärter Vermögenszuwachs,** dass **höhere Betriebseinnahmen erzielt** und höhere Privatentnahmen als getätigt gebucht worden sind. Dies ist auch bei formell ordnungsmäßiger Buchführung ein **eigenständiger Schätzungsgrund"** und sicherer Anhalt für die **Höhe** einer Schätzung.[2]

Zu den Anforderungen an eine Geldverkehrsrechnung, die eine Schätzungsbefugnis begründen soll, vgl. FG Saarland, Urteil v. 25.2.2008[3] und FG Hamburg, Urteil v. 30.3.2007.[4]

2476–2478   *(Einstweilen frei)*

b) Grundsätzliche Hinweise

2479   Der BFH hat in seinem **Urteil v. 2.3.1982**[5] zum Schema der Geldverkehrsrechnung und den unverzichtbaren Anforderungen geradezu **lehrbuchmäßige Ausführungen** gemacht. Geldverkehrsrechnungen haben strengen Anforderungen zu entsprechen, wenn sie Gewinnverkürzungen nachweisen sollen.[6] Die zugrunde liegende Ausgangsüberlegung lässt **viele Fehlermöglichkeiten** zu. Geldverkehrsrechnungen müssen daher **vom Berater gründlich überprüft werden,** bevor er ihr Ergebnis zum Gegenstand der Verhandlung macht.

2480   Der Grundgedanke von Geldverkehrsrechnungen ist die **Abgleichung** von Einnahmen und **Ausgaben** (reine Geldflüsse) für einen Vergleichszeitraum.

Steuerliche Ansätze, wie Pauschbeträge, Abgrenzungen, Freibeträge usw. finden in Geldverkehrsrechnungen **keine Verwendung.**

2481   Die **private Sphäre** ist für den Prüfer **nicht grundsätzlich „tabu".** Für „Kontrollrechnungen" und Schätzungen erklärt der BFH das Heranziehen des privaten Bereichs im Einzelfall für **erforderlich und zulässig.**[7] Der Gastwirt muss solche Ermittlungen grundsätzlich hinnehmen.

---

1 BFH, Urteil v. 13.11.1969 - IV R 22/67, BStBl 1970 II 189.
2 BFH, Urteil v. 17.1.1956 - I 242/54 U, BStBl 1956 III S. 68; BFH, Urteil v. 25.7.1991 - XI R 27/89, BFH/NV 1991 S. 796, NWB CAAAB-32717.
3 FG des Saarlandes, Urteil v. 25.2.2008 - 1 K 2037/04, EFG 2008 S. 1507.
4 FG Hamburg, Urteil v. 30.3.2007 - 7 K 10/06, NWB MAAAC-48394.
5 BFH, Urteil v. 2.3.1982 - VIII R 225/80, BStBl 1984 II S. 504.
6 BFH, Urteil v. 2.3.1982 - VIII R 225/80, BStBl 1984 II S. 504.
7 BFH, Urteil v. 5.11.1981 - IV R 179/79, BStBl 1982 II S. 208; BFH, Urteil v. 28.11.1985 - IV R 323/84, BStBl 1986 II S. 437.

Wichtigste und zugleich **problematischste Größe** ist der sog. „**private Verbrauch**". Mit seiner zutreffenden Erfassung und Bewertung zusammen mit der privaten Vermögensbildung **steht und fällt die Verwertbarkeit** der Geldverkehrsrechnung. Privater Verbrauch sind die Lebenshaltungskosten in ihrer üblichen Vielfalt. Ohne **Schätzungen** kommt der Prüfer dabei nicht aus. Er verwendet meist **statistische Zahlen,** soweit er das tatsächliche Volumen beim Gastwirt nicht greifen kann. Der **private Verbrauch** ist daher die **am besten angreifbare Zahl** der gesamten Geldverkehrsrechnung. 2482

Differenzen aus der Verprobung sind **Istdifferenzen,** die die **Umsatzsteuer enthalten.** Wenn der Privatverbrauch auf der Basis eines Mindestverbrauchs geschätzt wird, sind sich zeigende **Differenzen meist Mindestbeträge.** So betrachtet markieren sie im Vergleich mit Differenzen aus Nachkalkulationen die untere Linie eines Schätzungsrahmens. 2483

Die Geldverkehrsrechnung ist vom Prüfer in **nachprüfbarer Weise zu erstellen,** dem Gastwirt **offen zu legen,** zu **erläutern** und auf Wunsch dem Berater oder Gastwirt **vollständig in Kopie** zur Nachprüfung in angemessener Zeit **zu überlassen.** 2484

(Einstweilen frei) 2485–2486

c) Mitwirkungspflichten des Gastwirts

Literatur: *Assmann,* Rechte und Mitwirkungspflichten bei Geldverkehrs- bzw. Vermögenszuwachsrechnungen, DB 1989 S. 851; *ders.,* Anerkennungsprobleme von Spielbankgewinnen bei der Geldverkehrsrechnung, StBp 1999 S. 35.

Auch wenn sich Maßnahmen intensiv gegen den Gastwirt richten, wie es bei Geldverkehrsrechnungen der Fall ist, treffen ihn grundsätzlich Mitwirkungspflichten. Er ist nach § 90 Abs. 1 i. V. m. § 200 Abs. 1 AO zu Auskünften, zur Vorlage von Unterlagen und zur Beantwortung von Fragen verpflichtet. Mitwirkungsverweigerung berechtigt die Verwaltung zu gröberen Verprobungsmethoden.[1] Für private Unterlagen, die vor allem für Geldverkehrsrechnungen bedeutsam sind, besteht **keine gesetzliche Aufbewahrungspflicht.** Die **Mitwirkungsmöglichkeiten** des Gastwirtes sind insoweit deutlich begrenzt. Er braucht nur vorzulegen, was er im Besitz hat. Eine Beschaffungspflicht für vernichtete private Unterlagen trifft ihn nicht. 2487

Für Verwendungsüberhänge aus Geldverkehrsrechnungen trifft den Gastwirt eine Aufklärungspflicht besonderer Art. Wegen ihrer Bedeutung wird in der Re- 2488

---

1 FG des Saarlandes, Urteil v. 28.7.1983, rkr., EFG 1984 S. 5.

gel eine allgemein gehaltene Begründung nicht genügen. So wird nicht akzeptiert, die Mehrverwendung stamme aus **größeren im Hause aufbewahrten Barmitteln**.[1] Ebenso ungeeignet ist der Hinweis auf Herkunft aus **Spielbankgewinnen**.[2] Bei Hinweis auf Darlehen oder **„verwahrte Fremdgelder"** verlangt das Finanzamt die Nennung der Geldgeber.[3] Kommt er ihr nicht nach oder kann er sie nicht erfüllen, so trifft ihn als Konsequenz die Zuschätzung der Differenzen nach § 162 AO.[4]

2489 Das Verlangen der Behörde, den errechneten Verwendungsüberhang aufzuklären, ist kein Verwaltungsakt nach § 118 AO. Es ist daher **nicht erzwingbar**. Im Falle der Verweigerung trägt der Gastwirt ohnehin die Konsequenzen daraus. Dieser Umstand kann bei Gefahr strafrechtlicher Belastung von Bedeutung sein.

2490–2495 *(Einstweilen frei)*

---

1 BFH, Urteil v. 28.5.1986 - I R 265/83, BStBl 1986 II S. 732.
2 BFH, Urteil v. 13.11.1969 - IV R 22/67, BStBl 1970 II S. 189; BFH, Urteil v. 3.8.1966 - IV R 75/66, BStBl 1966 III S. 650.
3 BFH, Urteil v. 17.1.1956 - I 242/54 U, BStBl 1956 III S. 68; BFH v. 27.9.1967 - I 231/64, BStBl 1968 II S. 67.
4 BFH, Urteil v. 29.10.1959 - IV 579/56 S, BStBl 1960 III S. 26; BFH, Urteil v. 27.9.1967 - I 231/64, BStBl 1968 II S. 67; BFH, Urteil v. 2.3.1982 - VIII R 225/80, BStBl 1984 II S. 504.

Abschnitt E:
Betriebsverpachtung, -aufgabe, -veräußerung, -vererbung

Literatur: *Schoor,* Betriebsverpachtung im Ganzen: Gestaltungsmöglichkeiten und Steuerfallen, StuB 2005 S. 570; *Schoor,* Berechnung von Betriebsveräußerungs- und Betriebsaufgabegewinnen, StBp 2006 S. 150, 179; *Schießl,* Praxisfälle zur Betriebsveräußerung, Betriebsaufgabe (§ 16 EStG) und angrenzenden Sachverhalten, StW 2007 S. 63; *Paus,* Vermögensübertragungen gegen Versorgungsleistungen nach der gesetzlichen Neuregelung, StW 2008 S. 239; *Kratzsch,* Vermögensübertragungen gegen wiederkehrende Leistungen, NWB 2010 S. 1964; *Stinn,* Betriebsverpachtung im Ganzen – eine Gestaltungsalternative der Unternehmensnachfolge, NWB 2011 S. 440; *Fürtwentsches/Schulz,* Vermögensübertragung gegen Versorgungsleistungen, NWB 2010 S. 3563; *Kussmaul/ Schwarz,* Das Rechtsinstitut der Betriebsverpachtung – Motive und steuerliche Tatbestandvoraussetzungen, StuB 2012 S. 58; *Goebel/Ungemach,* Übertragung und Überführung von Einzelwirtschaftsgütern, NWB 2013 S. 3120, *Schoor,* Betriebsverpachtung im Ganzen – Voraussetzungen und Rechtsfolgen, BBK 2014 S. 1099; *Stinn,* Veräußerung von Familienbetrieben, NWB 2015 S. 2500; *Wollny/Hallerbach/Dönmetz/Liebert/Wepler,* Unternehmens- und Praxisübertragungen, 8. Aufl., Herne 2015.

VERWALTUNGSANWEISUNGEN:

R 16, 34 EStR; H 16, 34.1 EStH.

ARBEITSHILFEN UND GRUNDLAGEN ONLINE:

Geißler, Betriebsveräußerung, NWB XAAAB-05656; *dies.,* Betriebsverpachtung, NWB OAAAB-04794.

I. Allgemeines

Von einer **Betriebsveräußerung** (vgl. Rz. 2534) im Ganzen (Rz. 1472) spricht man vor allem, wenn der ganze Betrieb mit seinen wesentlichen Betriebsgrundlagen gegen Entgelt auf einen Erwerber übertragen bzw. in eine Kapitalgesellschaft oder Mitunternehmerschaft eingebracht wird. Betriebsveräußerung ist auch die Veräußerung eines Teilbetriebs. Die **Aufgabe** (vgl. Rz. 2522) eines Betriebs bzw. Teilbetriebs, Mitunternehmeranteils ist einer Betriebsveräußerung gleichgestellt. 2496

Sich von einem Betrieb wieder zu trennen, bedarf ebenso gründlicher, auch steuerlicher Erwägungen, wie der Betriebsbeginn. **Fachliche Beratungen** sind dafür wichtig. Nur so lassen sich auch die **steuerlich besten** Möglichkeiten erkennen und bei den **Gestaltungen einplanen.**

2497 Die geltende **Veräußerungsgewinnbesteuerung** und die rechtlichen Möglichkeiten der **Betriebsverpachtung** bieten attraktive Möglichkeiten. Sie sind im Verhältnis zu einem fremden Interessenten ebenso nutzbar, wie innerhalb der familiären Nachfolgeplanung. „Veräußern oder verpachten" ist eine Frage, die Antwort für ein **vielschichtiges Problem** verlangt. Dabei sind Interessenkonflikte unternehmerischer, familiärer und steuerlicher Art des Betriebsabgebers und -nachfolgers in Einklang zu bringen. Veräußern lässt sich ein Betrieb nur einmal!

2498 **Gewinne** bzw. Erträge aus Betriebsveräußerung, -verpachtung oder -aufgabe **unterliegen nicht der Gewerbesteuer.** Sie erfasst nur die vom laufenden, sog. werbenden Betrieb erzielten Erträge.

Zur Umsatzsteuer vgl. Rz. 1471 ff.

2499 Betriebsaufgabe bzw. Veräußerung **beenden** grundsätzlich die **Existenz von Betriebsvermögen.** Das bedeutet z. B., betriebliche Schulden und als Betriebsausgaben abziehbare Schuldzinsen gibt es im Normalfall nicht mehr. Eine **Ausnahme** bilden **Betriebsschulden,** die bei einer Betriebsaufgabe **zurückbleiben** oder vom Erwerber nicht übernommen werden. Sie bleiben über den Veräußerungs- oder Aufgabezeitpunkt hinaus **insoweit Betriebsvermögen,** die Zinsen abziehbar, wie der bei Veräußerung erzielte Erlös bzw. die bei der Aufgabe vorhandenen Aktivwerte zur Tilgung nicht ausreichen.[1]

Zinsen sind **nicht mehr abziehbar,** soweit der Gastwirt den erzielten **Erlös nicht zur Tilgung** seiner betrieblichen Darlehn **einsetzt,** sondern z. B. für private Anschaffungen verwendet. Ältere betriebliche Schulden sind in Gaststätten oft problematisch. Der Gastwirt ist nicht selten noch mit Schulden aus Vorbetrieben belastet.

Vgl. auch Finanzierungskosten, Schuldzinsen Rz. 1006 ff.

1. Freibeträge

VERWALTUNGSANWEISUNGEN:

R 16, 34 EStR; H 16, 34 EStH.

2500 Nach § 16 Abs. 1 EStG gehören zu den Einkünften aus Gewerbebetrieb u. a. auch die Gewinne aus der **Veräußerung bzw. Aufgabe des ganzen Gewerbebetriebs** oder eines **Teilbetriebs.** Ein solcher Veräußerungsgewinn wird nach

---

1 BFH, Urteile v. 11.12.1980 - I R 119/78, BStBl 1981 II S. 460; v. 11.12.1980 - I R 174/78, BStBl 1981 II S. 463; v. 20.4.1982 – VII R 96/79, BStBl 1982 II S. 521.

§ 16 Abs. 4 EStG nur zur Einkommensteuer herangezogen, soweit er 45.000 € übersteigt. Dieser Betrag ermäßigt sich um den Betrag, um den der Veräußerungsgewinn 136.000 € übersteigt. Der ·Freibetrag wird nur **auf Antrag** gewährt, wenn der Stpfl. das **55. Lebensjahr vollendet** hat oder im sozialversicherungsrechtlichen Sinne dauernd **berufsunfähig** ist (§ 16 Abs. 4 EStG). Außerdem ist der Freibetrag einem Stpfl. nur einmal (Lebensfreibetrag) zu gewähren. Veräußerungsfreibeträge, die der Stpfl. bereits für Veräußerungen vor dem 1.1.1996 in Anspruch genommen hat, bleiben unberücksichtigt (§ 52 Abs. 19a Satz 2 EStG).

Weil Tatbestandsmerkmal Alter oder Berufsunfähigkeit ist, gilt § 16 EStG ab Veranlagungszeitraum 1996 nur noch für **natürliche Personen.** Der Freibetrag ist eine persönliche Steuervergünstigung und kann nicht gewährt werden, wenn der mit dem Stpfl. zusammenveranlagte Ehegatte/Lebenspartner das 55. Lebensjahr vollendet hat.   2501

Die vorgenannten Freibeträge gelten auch ab 1999. Das Steuerentlastungsgesetz 1999/2000/2002 hat daran keine Veränderung vorgenommen.   2502

Veräußert eine **Personengesellschaft,** deren Gesellschafter Mitunternehmer sind, ihren ganzen Gewerbebetrieb, steht den einzelnen Gesellschaftern für ihren Anteil am Veräußerungsgewinn nach Maßgabe ihrer persönlichen Verhältnisse der volle Freibetrag zu.   2503

Der Freibetrag ist auf ein **Objekt** in der Weise beschränkt, dass er jedem Stpfl. (als natürlicher Person) in dessen Leben nur einmal zu gewähren ist. Daher sollte seine **Beantragung** vorher unter Beteiligung eines Beraters überlegt sein. Der Freibetrag steht in voller Höhe zu, auch wenn ein Stpfl. nur einen Teilbetrieb oder den Bruchteil eines Mitunternehmeranteils veräußert oder aufgibt. Kann er bei der einen Veräußerung/Aufgabe nicht voll ausgeschöpft werden, so ist er dennoch voll verbraucht und kann nicht mit dem Rest bei einer anderen Veräußerung in Anspruch genommen werden (R 16 Abs. 13 Satz 4 EStR). Der **Antrag** kann bis zur Bestandskraft des entsprechenden Einkommensteuerbescheids, d. h. auch noch im Rechtsbehelfsverfahren, gestellt werden. Umgekehrt ist seine Rücknahme auch bis zur Bestandskraft möglich.   2504

2. Tarifvergünstigung nach § 34 EStG

VERWALTUNGSANWEISUNGEN:

R 34 EStR; H 34 EStH.

Veräußerungs- und Aufgabegewinne sind nach § 34 Abs. 2 Nr. 1 EStG **außerordentliche Einkünfte.** Für sie gilt nach § 34 Abs. 1 Sätze 2 bis 4 EStG eine **be-**   2505

sondere Besteuerung. Danach beträgt die für die außerordentlichen Einkünfte einzusetzende Einkommensteuer das Fünffache des Unterschiedsbetrags zwischen der Einkommensteuer für das um diese Einkünfte verminderte zu versteuernde Einkommen und der Einkommensteuer für das verbleibende zu versteuernde Einkommen zzgl. eines Fünftels dieser Einkünfte. Im Ergebnis führt dieses Verfahren lediglich zu einer Progressionserleichterung. Abweichend von § 34 Abs. 1 Sätze 2 bis 4 EStG ist unter den Voraussetzungen des § 34 Abs. 3 EStG ein **ermäßigter Steuersatz** anwendbar, wenn die außerordentlichen Einkünfte den Betrag von 5 Mio. € nicht übersteigen. Im Einzelnen Hinweis auf R 34 EStR.

2506   *(Einstweilen frei)*

II. Betriebsverpachtung – Betriebsaufgabe

Literatur: *Fella,* Die Verpachtung von Gewerbebetrieben, NWB 1995 S. 761; *Solfrian,* Auswirkungen des StEntlG 1999/2000/2002 auf die Betriebsverpachtung, StuB 2000 S. 169; *Schoor,* Betriebsverpachtung im Ganzen: Gestaltungsmöglichkeiten und Steuerfallen, StuB 2005 S. 570; *ders.,* Vermeidung einer Zwangsbetriebsaufgabe bei Betriebsverpachtung, StuB 2002 S. 9; *Schoor,* Betriebsverpachtung im Ganzen – Konfliktträchtige Rechtsprechungsentwicklungen und Konsequenzen, HBP 2749; *ders.,* Betriebsverpachtung im Ganzen: Gestaltungsmöglichkeiten und Steuerfallen, StuB 2005 S. 570; *Solfrian,* Die Betriebsverpachtung: Ein Institut der Rechtsprechung, StuB 2000 S. 61; *Stinn,* Betriebsverpachtung im Ganzen, NWB 2011 S. 440; *Schoor,* Betriebsverpachtung im Ganzen, BBK 2014 S. 1099; *Schoor,* Verpachtung eines Gewerbebetriebs im Ganzen, NWB 2015 S. 51.

VERWALTUNGSANWEISUNGEN:

R 16 EStR; H 16 EStH.

ARBEITSHILFEN UND GRUNDLAGEN ONLINE:

Geißler, Betriebsverpachtung, NWB OAAAB-04794.

2507   Betriebe des Hotel- und Gaststättengewerbes werden **vielfach verpachtet.** Nach § 16 Abs. 3b EStG gelten seit 4.11.2011 Betriebsunterbrechung und -verpachtung im Ganzen bis zur ausdrücklichen Aufgabeerklärung des Stpfl. nicht als Aufgabe des Gewerbebetriebs.

Eine Verpachtung ist wegen des von der Rechtsprechung geschaffenen Verpächterwahlrechts (vgl. Rz. 2511 ff.) ein gutes Gestaltungsinstrument, den Zeitpunkt der Betriebsaufgabe bzw. -veräußerung in ein Jahr zu verlegen, in dem sie steuerlich am günstigsten ist. Für die Anerkennung einer gewerblichen Betriebsverpachtung müssen die wesentlichen, dem Betrieb das Gepräge gebenden Betriebsgegenstände verpachtet werden.[1] Eine solche Verpachtung führt nicht schlechthin zu Einkünften aus Vermietung und Verpachtung. Steuergesetz und Rechtsprechung ermöglichen unter bestimmten Voraussetzungen eine Verpachtung als Fortsetzung in der gewerblichen Einkunftsart des § 15 EStG, wenn die Verpachtung als „Betriebsunterbrechung" anzusehen ist.[2] Bei Betriebsverpachtung entfällt die Möglichkeit des Verpächters, Sonderabschreibungen nach § 7g EStG vorzunehmen und Investitionsabzugsbeträge nach § 7g Abs. 1 EStG in Anspruch zu nehmen. Zur Abgrenzung **Betriebsaufgabe – Betriebsunterbrechung** vgl. BFH v. 24.3.2006.[3] Zur Annahme einer Betriebsverpachtung trotz Veräußerung von Geschäftsinventar und Einräumung eines Vorkaufsrechts vgl. FG Münster v. 16.2.2005.[4] Besteht diese Möglichkeit nicht, so wird die betriebliche Betätigung durch **Betriebsaufgabe nach § 16 Abs. 3 EStG** beendet. Dies löst zwangsläufig die **Aufdeckung aller stillen Reserven** des Betriebes aus. Der dabei entstehende Aufgabegewinn bzw. -verlust unterliegt unter Beachtung des § 16 Abs. 4 EStG der Besteuerung, eventuell zum begünstigten **Tarif nach § 34 Abs. 2 EStG** (vgl. Rz. 2505). Erst danach erfolgt eine Verpachtung als Einkunftsart nach § 21 EStG. Die Betriebsverpachtung ist geeignet, weiterhin steuerneutral eine Betriebsaufspaltung zu begründen (**Betriebsverpachtungsmodel**). Zur „Eisernen Verpachtung" vgl. BMF v. 21.2.2002.[5]

Der Verpächter einer Gaststätte behält bei **Fortzug ins Ausland** bis zur Veräußerung bzw. Aufgabeerklärung gewerbliche Einkünfte, wenn er für sich einen Vertreter im Inland bestellt.[6]   2508

Eine **gewerbliche Gaststättenverpachtung** wird nicht allein deshalb zum „Gaststättenhandel", weil innerhalb von fünf Jahren mehr als drei der verpachteten Gaststätten verkauft worden sind.[7] Vgl. auch die zum gewerblichen Grundstückshandel bei **Veräußerung gewerblich genutzter Grundstücke** ergangene Rechtsprechung in BFH v. 17.3.1981.[8] Die Frage, wie eine Tätigkeit zu   2509

---

1 BFH, Urteil v. 18.8.2009 - X R 20/06, BStBl 2010 II S. 222.
2 BFH, Urteil v. 17.4.1997 - VIII R 2/95, BStBl 1998 II S. 388.
3 BFH, Urteil v. 24.3.2006 - VIII B 98/01, BFH/NV 2006 S. 1287, NWB JAAAB-87531.
4 1 K 1270/03 E, EFG 2005 S. 1113.
5 BStBl 2002 I S. 262.
6 BFH, Urteil v. 12.4.1978 - VII B 45/77, BStBl 1978 II S. 434; BFH, Urteil v. 28.6.1972 - I R 35/70, BStBl 1972 II S. 785.
7 BFH, Urteil v. 18.6.1998 - IV R 56/97, BStBl 1998 II S. 735.
8 BFH, Urteil v. 17.3.1981 - VIII R 149/78, BStBl 1981 II S. 522.

beurteilen ist, die den Betrieb, die Verpachtung und die Veräußerung von Gaststätten umfasst, bedarf auch nach Ansicht des BFH noch der Klärung.[1]

2510 Die Vermietung oder Verpachtung eines Betriebes i. S. d. § 8 Nr. 7 Satz 2, § 12 Abs. 2 Nr. 2 Satz 2 GewStG setzt die Vermietung oder Verpachtung der wesentlichen Betriebsgrundlagen voraus. Dazu gehören auch die Pachtverträge.[2]

1. Verpächterwahlrecht

Literatur: *Schoor*, Das Verpächterwahlrecht bei Verpachtung eines ganzen Betriebes, DStR 1997 S. 1; *Heidrich/Rosseburg*, Verpächterwahlrecht im Ertragsteuerrecht, NWB 2003 S. 3955; *Gragert*, Die ertragsteuerliche Behandlung der Realteilung, NWB 2006 S. 743; *Korn/Strahl*, Zum Anwendungszeitpunkt der Betriebsfortführungsfiktion nach § 16 Abs. 3b EStG, NWB 2013 S. 19.

VERWALTUNGSANWEISUNGEN:

H 16 EStH.

ARBEITSHILFEN UND GRUNDLAGEN ONLINE:

Geißler, Betriebsverpachtung, NWB OAAAB-04794.

2511 Eine Betriebsverpachtung der wesentlichen Betriebsgrundlagen im Ganzen und Betriebsfortführung durch den Pächter bietet dem Verpächter ein vorteilhaft zu nutzendes Wahlrecht:[3] Vgl. auch § 16 Abs. 3b EStG.

▶ Er kann die **Betriebsaufgabe** i. S. d. § 16 Abs. 3b EStG **erklären;** dann ist der Aufgabegewinn bzw. -verlust nach § 16 Abs. 3 EStG festzustellen; der Verpächter bezieht danach Einkünfte nach § 21 EStG (Vermietung und Verpachtung).

▶ **Ohne Aufgabeerklärung** gilt die **Verpachtung** weiter als **gewerblich.**

Bei **Kapitalgesellschaften** als Verpächter entfällt das Wahlrecht, da diese nur gewerbliche Einkünfte haben können. **Personengesellschaften** können das Verpächterwahlrecht nur einheitlich ausüben.[4]

Zum Wahlrecht zwischen **Aufgabe und Fortführung** des Betriebs vgl. BFH, Urteil v. 1.3.2005.[5] Zur Betriebsaufgabe trotz **langjähriger Verpachtung** vgl. BFH, Urteil v. 12.1.2007.[6] Zur finalen Entnahme und finalen Betriebsaufgabe (§ 4

---

1 BFH, Urteil v. 15.5.1997 - IV B 68/96, BFH/NV 1997 S. 856, NWB EAAAB-39001.

2 BFH, Urteil v. 1.4.1996 - I B 143/94, BFH/NV 1996 S. 787, NWB EAAAB-37822.

3 BFH, Urteil v. 13.11.1963 - GrS 1/63 S, BStBl 1964 III S. 124.

4 BFH, Urteil v. 14.12.1993 - VIII R 13/93, BStBl 1994 II S. 922.

5 BFH, Urteil v. 1.3.2005 - X B 53/04, NWB ZAAAB-52787.

6 BFH, Urteil v. 12.1.2007 - XI B 39/06, BFH/NV 2007 S. 710, NWB HAAAC-38787.

Abs. 1 Satz 3 EStG) vgl. OFD Frankfurt, Vfg. v. 11.7.2012, siehe Verwaltungsanweisungen.

2. Vorteile der Betriebsverpachtung im Ganzen

Das Verpächterwahlrecht eignet sich vor allem für die Fälle, in denen der Betrieb später unentgeltlich auf den Pächter übergehen soll. Betriebsverpachtung im Ganzen hat u. a. folgende Vorteile:

2512

▶ Eine **Aufdeckung der stillen Reserven** tritt noch nicht ein.

▶ Der finanzielle **Unterhalt (Versorgung)** der sich aus dem aktiven Geschäftsleben zurückziehenden Generation **ist über die Pachtzahlungen gesichert.**

▶ Die Zahlungen mindern beim Pächter den laufenden Gewinn.

▶ Die Einkünfte aus der Betriebsverpachtung unterliegen mangels werbender
Tätigkeit nicht der Gewerbesteuer.

▶ **Vergünstigungen** für steuerliches Betriebsvermögen **bleiben** dem Pächter
erhalten (§ 7 Abs. 4 Nr. 1, Abs. 5 Nr. 1, § 7g EStG).

▶ Eine **Betriebsaufgabe kann jederzeit erklärt** werden, ohne dass die Vergünstigungen nach §§ 16, 34 EStG gefährdet sind.

▶ Der Betrieb kann später ohne Aufdeckung von Reserven durch Erbgang
oder Schenkung auf den Pächter übergehen.

HINWEIS:
Bei Vorliegen einer Betriebsaufspaltung liegen gewerbliche Einkünfte vor. Eine Aufgabeerklärung ist nicht wirksam.

3. Voraussetzungen des Verpächterwahlrechts

Das Verpächterwahlrecht gilt nur, wenn die beim bisherigen Eigentümer ver-
bleibenden und verpachteten Wirtschaftsgüter (wesentliche Betriebsgrundlagen) es erlauben, die unterbrochene betriebliche Tätigkeit jederzeit wieder
aufzunehmen und fortzuführen.[1] Der Verpächter muss den Betrieb selbst betrieben haben.

2513

Wesentliche Betriebsgrundlagen dürfen **nicht an verschiedene Pächter** verpachtet werden. Bei einem Hotelbetrieb wird das **Betriebsgrundstück mit den
Betriebsvorrichtungen** diese Bedingungen erfüllen. **Umlaufvermögen und Einrichtung** könnten veräußert werden.[2] Bei einem **Café** ist das Betriebsgrund-

---

1 BFH, Urteil v. 17.4.1997 - VIII R 2/95, BStBl 1998 II S. 388; BFH, Urteil v. 17.4.2002 - X R 8/00,
BStBl 2002 II S. 527.
2 BFH, Urteil v. 14.12.1978 - IV R 106/75, BStBl 1979 II S. 300.

stück wesentliche Betriebsgrundlage.[1] Zur Bedeutung der Fortführung eines **Hotelbetriebes** in reduziertem Umfang vgl. BFH, Urteil v. 19.2.2004.[2]

2514 Die **Vermietung eines Hotelgebäudes** ohne Inventar an ein Finanzamt und an eine Massageschule stellt grundsätzlich eine Betriebsverpachtung dar und führt nicht zur Betriebsaufgabe, wenn der Vermieter die Absicht bekundet, den Hotelbetrieb wieder aufzunehmen. Von einer endgültigen Einstellung ist auszugehen, wenn der Unternehmer die wesentlichen Wirtschaftsgüter des Betriebes an mehrere Abnehmer veräußert oder wenn er sie objektiv erkennbar in sein Privatvermögen überführt. Für die Frage, ob für das Fortbestehen der Betriebsverpachtung ausschließende erhebliche Umbaumaßnahmen erfolgt sind, ist maßgeblich auf die seinerzeitige Einschätzung des Vermieters abzustellen.[3] Zur Betriebsaufgabe nach Verpachtung bedarf es einer **ausdrücklichen Aufgabeerklärung.**[4]

2515 Die **Aufgabeerklärung kann formlos** durch schlüssiges Verhalten erfolgen.[5] Dafür reicht die Zuordnung der Einkünfte zur Einkunftsart Vermietung und Verpachtung allein nicht aus.[6] Es müssen andere Umstände hinzukommen.[7] Mit dem **Zugang der Aufgabeerklärung** beim Finanzamt tritt die Gewinnrealisierung i. S. v. § 16 Abs. 3 EStG ein. Ein abweichender zukünftiger Aufgabezeitpunkt kann bestimmt werden. Für die Vergangenheit darf dieser Zeitpunkt nicht mehr als drei Monate zurückliegen (R 16 Abs. 5 EStR). Zum Zeitpunkt der Betriebsaufgabe vgl. auch Hessisches FG, Urteil v. 24.4.2002.[8]

2516 Das **Verpächterwahlrecht** steht nur dem Verpächter zu, der den Betrieb bisher selbst betrieben hat, **nicht dem Erwerber,** der den Betrieb zu keinem Zeitpunkt bewirtschaftete.[9] Auch bei teilentgeltlicher Veräußerung setzt sich das Verpächterwahlrecht durch.[10]

---

1 BFH, Urteil v. 14.6.1967 - VI 180/65, BStBl 1967 III S. 724.
2 BFH, Urteil v. 19.2.2004 - III R 1/03, BFH/NV 2004 S. 1231, NWB BAAAB-23158.
3 FG Baden-Württemberg, Urteil v. 12.3.1998, EFG 1998 S. 1063.
4 BFH, Urteil v. 15.12.2000 - IV B 87/00, BFH/NV 2001 S. 768, NWB QAAAA-67049.
5 BFH, Urteil v. 22.4.1988 - III R 104/85, BFH/NV 1989 S. 18, NWB LAAAB-29416.
6 BFH, Urteil v. 23.11.1995 - IV R 36/94, BFH/NV 1996 S. 398, NWB YAAAA-97288.
7 BFH, Urteil v. 18.12.1985 - I R 169/82, BFH/NV 1986 S. 726, NWB OAAAB-28054; vgl. auch BFH, Urteil v. 7.12.1995 - IV R 109/94, BFH/NV 1996 S. 663, NWB KAAAB-37282.
8 Hessisches FG, Urteil v. 24.4.2002 - 8 K 2047/99, EFG 2004 S. 1442.
9 BFH, Urteil v. 20.4.1989 - IV R 95/87, BStBl 1989 II S. 863.
10 Vgl. BFH, Urteil v. 6.4.2016 - X R 52/13, BStBl 2016 II S. 710.

4. Zwangsaufgabe

Vorsicht ist geboten **bei Umgestaltungen** des Betriebes durch den Pächter. Dieser Gefahr sollte der Verpächter durch entsprechende **Vertragsklauseln** im Pachtvertrag begegnen. Das kann z. B. durch die Vereinbarung geschehen, dass den Pächter eine **Substanzerhaltungsverpflichtung** trifft, damit bei Pachtende ein funktionsfähiger Betrieb übergeben wird.   2517

Eine Betriebsverpachtung endet, wenn die Möglichkeit wegfällt, den Betrieb im Wesentlichen fortzusetzen.[1] Es kann eine Zwangsaufgabe anzunehmen sein, wenn der Betrieb vom Pächter so umgestaltet wird, dass ihn der Verpächter nicht mehr in der bisherigen Form nutzen kann.[2] Im Urteilsfall BFH v. 19.1.1983[3] machte der Pächter aus einer Bäckerei mit Konditorei und einer kleinen Gaststätte eine Diskothek. Selbst den Betrieb einer Gaststätte und einer Diskothek stellt der BFH als sich wesentlich unterscheidend heraus.   2518

Eine Zwangsbetriebsaufgabe droht auch, wenn der Verpächter **wesentliche Betriebsgrundlagen veräußert** oder der Pächter seinen Betrieb einstellt.

Zur Umgestaltung eines **Hotel garni** in eine Anlage zur Vermietung von Ferienwohnungen vgl. BFH, Urteil v. 3.4.2001.[4] Ein verpachteter Gaststätten- und Hotelbetrieb wird nicht allein deshalb aufgegeben, weil dem Pächter erlaubt wird, in dem Objekt eine **Nachtbar** zu betreiben.[5]

(Einstweilen frei)   2519–2521

5. Betriebsaufgabe im Ganzen

Literatur: *Ritzrow*, Betriebsveräußerung und Betriebsaufgabe i. S. von § 16 EStG, StW 1992 S. 191; *Fichtelmann*, Rückwirkende Betriebsaufgabeerklärung zur Erlangung des halben Steuersatzes, FR 1999 S. 791; *Herft*, Erwünschte und unerwünschte Betriebsaufgaben, KÖSDI 2000 S. 12453; *Bode*, Tarifbegünstigung eines Betriebsaufgabegewinns, NWB 2015 S. 2924.

VERWALTUNGSANWEISUNGEN:

R 16 Abs. 2 EStR; H 16 Abs. 2 EStH.

---

1 FG Nürnberg, Urteil v. 3.7.2002 - III 142/2000, EFG 2002 S. 1507.
2 BFH, Urteil v. 26.6.1975 - IV R 122/71, BStBl 1975 II S. 885; BFH, Urteil v. 28.9.1995 - IV R 39/94, BStBl 1996 II S. 276.
3 BFH, Urteil v. 19.1.1983 - I R 84/79, BStBl 1983 II S. 412.
4 BFH, Urteil v. 3.4.2001 - X B 87/00, BFH/NV 2001 S. 1383, NWB UAAAA-97045.
5 BFH, Urteil v. 20.12.2000 - XI R 26/00, BFH/NV 2001 S. 1106, NWB OAAAA-66591.

2522　Eine Betriebsaufgabe im Ganzen wird in Betracht kommen, wenn ein Gastwirt **keinen Nachfolger** findet bzw. der Betrieb **nicht mehr veräußer- oder verpachtbar** ist oder der Pachtvertrag ausläuft. Betriebsaufgabe ist ein tatsächlicher Vorgang. Sie wird angenommen, wenn der Gastwirt **aufgrund eines Entschlusses** seine **werbende betriebliche Tätigkeit endgültig einstellt** und **alle wesentlichen Betriebsgrundlagen** innerhalb eines kurzen Zeitraumes[1] auf einen Nachfolger überträgt, ins **Privatvermögen überführt** oder im Zusammenhang **einzeln veräußert** und dadurch der Betrieb als selbständiger Organismus zu bestehen aufhört.[2] Eine Betriebsverlegung ins Ausland gilt als Betriebsaufgabe, wenn dadurch das inländische Besteuerungsrecht ausgeschlossen oder beschränkt wird. Zu Einzelheiten vgl. R 16 Abs. 2 EStR. Zur **„finalen Betriebsaufgabe"** bei Betriebsverlegung ins Ausland vgl. BFH, Urteil v. 28.10.2009.[3]

Werden vor der Entscheidung, den Betrieb einzustellen, wesentliche Betriebsgrundlagen veräußert, so handelt es sich dabei um **laufenden Gewinn**.[4]

Verbleibt nur noch eine wesentliche Betriebsgrundlage, die nicht veräußert werden kann und soll, so wird sie **notwendiges Privatvermögen** unabhängig davon, ob eine Überführungserklärung abgegeben wurde oder nicht. Als **Veräußerungspreise** gelten dabei die erzielten Einzelveräußerungspreise zuzüglich des gemeinen Wertes der nicht veräußerten Wirtschaftsgüter. Im Zeitpunkt des Scheiterns von Verkaufshandlungen kann der gemeine Wert des Grundstücks in den Aufgabegewinn nach §§ 16, 34 EStG einbezogen werden.

2523　Der Pkw, den der Gastwirt im Rahmen der Betriebsaufgabe ins Privatvermögen übernimmt, führt zur Aufdeckung von stillen Reserven, soweit sein Buchwert unter dem dafür am Markt erzielbaren Einzelverkaufspreis (gemeiner Wert; ggf. gem. Schwacke-Listen) liegt. Zum Zeitpunkt der Aufgabe sind die Buchwerte den Veräußerungspreisen bzw. gemeinen Werten gegenüberzustellen. Der **Aufgabegewinn** errechnet sich als Differenz nach Abzug der Veräußerungskosten.

---

1 BFH, Urteil v. 26.4.2001 - IV R 14/00, BStBl 2001 II S. 798.
2 BFH, Urteil v. 21.8.1996 - X R 78/93, BFH/NV 1997 S. 226, NWB KAAAB-38750.
3 BFH, Urteil v. 28.10.2009 - I R 99/08, BFH/NV 2010 S. 346, NWB KAAAD-35186.
4 FG Hamburg, Urteil v. 1.2.2000, EFG 2000 S. 552.

Die Betriebsaufgabe muss sich in einem **wirtschaftlich einheitlichen Vorgang** 2524
vollziehen.[1] Der Gastwirt hat einen **Entscheidungsspielraum** zwischen der **begünstigten Betriebsaufgabe** in einem einheitlichen Vorgang und der steuerlich
nicht begünstigten schrittweisen Betriebsabwicklung.[2] Die sukzessive Aufgabe
des Betriebes über einen längeren Zeitraum führt zu laufenden Gewinnen, zu
versteuern zum normalen Steuertarif.

> **BEISPIEL:** Ein Gastwirt stellt zunächst seinen Küchenbetrieb ein, ohne sich schon
> über eine Vollbeendigung im Klaren zu sein. Durch Einzelverkauf von Grill-, Back-,
> Frittiergeräten erzielte Gewinne sind als laufende Gewinne zu versteuern, da die Restauration im Normalfall nicht als Teilbetrieb i. S. v. § 16 Abs. 1 Nr. 1 EStG anzusehen
> sein wird.

Betriebsaufgabe bzw. -veräußerung mit der Möglichkeit der Inanspruchnahme 2525
der Freibeträge nach § 16 Abs. 4 EStG und der Tarifvergünstigung gem. § 34
EStG haben **nicht zur Voraussetzung,** dass der Gastwirt seine **selbständige Tätigkeit endgültig aufgibt.** Es muss aber geprüft werden, ob nicht nur eine nicht
als Betriebsaufgabe anzusehende **Betriebsunterbrechung** oder eine **Betriebsverlegung** oder nur ein **Strukturwandel** vorliegt. Von einer Betriebsverlegung
ist auszugehen, wenn sich alter und neuer Betrieb bei wirtschaftlicher Betrachtung unter Berücksichtigung der Verkehrsauffassung als **wirtschaftlich
identisch** darstellen (gleicher Kundenkreis).[3] Von einer **Betriebsunterbrechung**
kann ausgegangen werden, wenn die gewerbliche Tätigkeit ruht oder eine Betriebsverpachtung verwirklicht wurde.[4]

Keine Betriebsverlegung liegt vor, wenn der Pächter einer Gaststätte am Tage 2526
nach der Aufgabe des alten Betriebes unter Mitnahme des restlichen Warenbestandes und geringfügigen Inventars einen neuen Betrieb übernimmt, er
aber seinen Kundenstamm verliert. Der Veräußerungsgewinn aus dem Verkauf
des Inventars im alten Betrieb unterliegt dem ermäßigten Steuersatz.[5]

Bei Aufgabe eines gepachteten städtischen Hotelbetriebes und **anschließender** 2527
Eröffnung eines ländlichen Hotels liegt **keine begünstigte Betriebsveräußerung** vor, wenn der größere Teil des bisherigen Betriebsvermögens weiter gewerblich genutzt wird.[6] Zur Frage der **Betriebsaufgabe eines Ferienhotelbetrie-**

---

1 BFH, Urteil v. 26.4.2001 - IV R 14/00, BStBl 2001 II S. 798.
2 BFH, Urteil v. 29.11.1988 - VIII R 316/82, BStBl 1989 II S. 602; BFH v. 1.12.1988 - IV R 140/86, BStBl 1989 II S. 368.
3 BFH v. 24.6.1976 - IV R 199/72, BStBl 1976 II S. 670.
4 BFH v. 17.4.1997 - VIII R 2/95, BStBl 1998 II S. 388.
5 FG Münster, Urteil v. 9.9.1966, rkr., EFG 1967 S. 284.
6 BFH, Urteil v. 20.12.1967 – I R 103/64, BStBl 1968 II S. 276.

bes bei Bebauung mit Ferienappartements vgl. Schleswig-Holsteinisches FG, Urteil v. 6.11.2002.[1]

2528 Hört ein Gaststättenbetrieb als „lebender Organismus" auf Dauer zu bestehen auf, weil der Besitzer sich zur bloßen Vermögensverwaltung entschlossen und daran bis zu seinem Tode festgehalten hatte, so muss daraus geschlossen werden, dass der Betrieb aufgegeben werden sollte. Gegenüber diesem **tatsächlichen Aufgabevorgang** kann der formalen Aufgabeerklärung keine stärkere Bedeutung beigemessen werden. Auch kann das Argument nicht durchschlagen, dass stille Reserven bislang nicht realisiert worden seien; dieser Gesichtspunkt kann nur Anlass zur Prüfung sein, ob deren Versteuerung noch nachgeholt werden kann.[2]

2529–2530 *(Einstweilen frei)*

III. Betriebsveräußerung

Literatur: *Ritzrow,* Betriebsveräußerung und Betriebsaufgabe i.S. von § 16 EStG, StW 1992 S.191; *Seibt,* Unternehmenskauf und -verkauf nach dem Steuersenkungsgesetz, DStR 2000 S.2061; *Intermann,* Besteuerung von Veräußerungsgewinnen natürlicher Personen nach dem Halbeinkünfteverfahren, NWB 2002 S.2589; *Schießle,* Praxisfälle zur Betriebsveräußerung, Betriebsaufgabe (§ 16 EStG) und angrenzenden Sachverhalten, StW 2007 S.63; *Schoor,* Steuerrelevante Ereignisse nach Betriebsveräußerung, StBp 2010 S.286; *Schöneborn,* Betriebsaufgabe und -veräußerung bei Personenunternehmen aus gewerbesteuerlicher Sicht, NWB 2011 S.2865; *Schoor,* Praxisrelevante Fallbeispiele zum Veräußerungsfreibetrag, StBp 2012 S.50; *Welzer* Steuerfreie Veräußerung von Grundstücken aus Privatvermögen, NWB 2018 S.3451; *Wollny/Hallerbach/Dönmetz/Liebert/Wepler,* Unternehmens- und Praxisübertragungen, 9.Aufl., Herne 2018.

VERWALTUNGSANWEISUNGEN:

R 16 Abs.3 EStR; H 16, 34 EStH.

ARBEITSHILFEN UND GRUNDLAGEN ONLINE:

Geißler, Betriebsveräußerung, NWB XAAAB-05656.

1. Allgemeines

2531 Betriebs- oder Teilbetriebsveräußerung sind im modernen Geschäftsleben **keine Ausnahmetatbestände** mehr. Das EStG sieht bei entgeltlichen Betriebs- bzw. Teilbetriebsübertragungen im Ganzen für den Übertragenden die steuerlich günstigen Regelungen der **§§ 16 und 34 EStG** vor.

---

1 EFG 2003 S.305, rkr.
2 Niedersächsisches FG, Urteil v. 26.1.1977, rkr., EFG 1978 S.76.

Gewinne aus einer Betriebsveräußerung bzw. -aufgabe unterliegen **nicht der Gewerbesteuer.** **Umsatzsteuerlich** ist die Betriebsveräußerung im Ganzen nicht steuerbar (vgl. Rz. 1472 ff.). Soweit Grundstücke zum veräußerten Vermögen gehören, unterliegt der Rechtsvorgang der **Grunderwerbsteuer** (vgl. Rz. 1926 ff.). Bei unentgeltlichen Vermögensübertragungen kann **Erbschaft- oder Schenkungsteuer** anfallen (vgl. Rz. 1910 ff.).

Es entsteht ein Veräußerungsgewinn, wenn das vereinbarte Entgelt zuzüglich übernommener Schulden abzüglich der Veräußerungskosten höher ist, als die Buchwerte der übernommenen Wirtschaftsgüter. **Spätere Verschlechterungen** (Nichteinhaltung zugesagter Schuldenfreistellung, Ausfälle von Kaufpreisforderungen) sind auf den Veräußerungszeitpunkt zurückzubeziehen.[1] Auch bei **Gewinnermittlung nach § 4 Abs. 3 EStG** ist dafür der Wert des Betriebsvermögens nach den Grundsätzen von **§ 4 Abs. 1 EStG** zu berechnen. Eine Betriebsveräußerung gegen **Leibrente** eröffnet dem Veräußerer ein Wahlrecht zwischen sofortiger Versteuerung des Rentenbarwertes und einer späteren Versteuerung der Rentenzahlungen als nachträgliche Betriebseinnahme.

Freibeträge und **Tarifvergünstigungen sind so attraktiv,** dass auch zwischen Familienmitgliedern **Veräußerungen zu Preisen wie zwischen Fremden** aus steuerlichen Gründen vorkommen. Für die Frage der Behandlung von Veräußerungsgewinnen als laufende Gewinne nach § 16 Abs. 2 Satz 3 EStG bei Personenidentität von Veräußerer und Erwerber können nahe Angehörige des Veräußerers oder Erwerbers dem Gastwirt nicht zugerechnet werden. Der Käufer erhält so **Abschreibungen zu Normalsteuersätzen,** während der Gewinn beim Veräußerer entweder unter den Freibeträgen steuerfrei oder nur zum halben Steuertarif steuerpflichtig ist. 2532

Zum **Geschäftswert** vgl. Rz. 1063 ff.

Der **materielle Wert** einer Gaststätte wird durch ein Bündel von Faktoren beeinflusst. Es zählen das Niveau, die Lage unter Verkehrsgesichtspunkten, der Ruf, die Parkmöglichkeiten, die Anbindung an die öffentlichen Verkehrsmittel und das Personal mehr als die bauliche Substanz und Einrichtung des Betriebes. Entscheidend ist, was jemand daraus macht. 2533

---

1 BFH, Urteil v. 19.7.1993 - GrS 1/92, BStBl 1993 II S. 894; BFH, Urteil v. 19.7.1993 - GrS 2/92, BStBl 1993 II S. 897.

2. Betriebsveräußerungen im Ganzen

Literatur: *Hättich/*Renz, Geschäftsveräußerung im Ganzen, NWB 2011 S. 268; *Fuß*, Geschäftsveräußerung im Ganzen bei Immobilientransaktionen, NWB 2014 S. 2236.

ARBEITSHILFEN UND GRUNDLAGEN ONLINE:

Ebber, Geschäftsveräußerung im Ganzen, infoCenter, NWB QAAAB-14431.

2534 Bei Veräußerungen des **gesamten Gewerbebetriebes,** eines **Teilbetriebes** und bei **Betriebsaufgabe im** Ganzen (vgl. Rz. 2496 ff.) kommt der Gastwirt in den Genuss der Vergünstigungen der §§ 16 und 34 EStG. Der Gewinn aus der Einzelveräußerung eines Wirtschaftsgutes (Grundstück) ist nicht tarifbegünstigt.[1] Für die Entscheidung, ob eine Betriebsveräußerung im Ganzen vorliegt, ist auf den Zeitpunkt abzustellen, in dem das wirtschaftliche Eigentum an den veräußerten Wirtschaftsgütern übertragen wird.[2] Da nur die **Veräußerungs- bzw. Aufgabegewinne** begünstigt sind, werden sie stets zu den **laufenden Gewinnen** abgegrenzt. Das sind nur Vorgänge, die mit Veräußerung oder Aufgabe in wirtschaftlichem, rechtlichem oder ursächlichem Zusammenhang stehen.

Zum **Kaufvertrag** vgl. Rz. 67 ff.

2535 Eine begünstigte Betriebsveräußerung im Ganzen ist gegeben, wenn der Gastwirt die wesentlichen Grundlagen des Betriebes, wie Organisation, Kundschaft, materielle und immaterielle Wirtschaftsgüter auf einen Erwerber überträgt und der Betrieb fortgeführt werden kann. Zum Begriff **„wesentliche Betriebsgrundlagen"** vgl. BFH, Urteil v. 1.2.2006.[3] Der Veräußerer darf nur **Wirtschaftsgüter von untergeordneter Bedeutung zurückbehalten** und muss die mit dem veräußerten Betriebsvermögen verbundene Tätigkeit aufgeben.[4] Der Stpfl. muss die mit den veräußerten wesentlichen Betriebsgrundlagen geplante Tätigkeit noch nicht ausgeübt haben.[5] Was wesentliche Betriebsgrundlage ist, kann nur im Einzelfall entschieden werden.

Zur Betriebsverlegung vgl. Rz. 2525 ff.

2536 Es ist zu unterscheiden zwischen einer **begünstigten Betriebsveräußerung,** verbunden mit einer **anschließenden Neueröffnung** eines anderen Betriebes, und der bloßen innerbetrieblichen Strukturveränderung oder **Betriebsver-**

---

1 BFH, Urteil v. 12.7.2002 - IV B 129/01, BFH/NV 2002 S. 1570, NWB KAAAA-68318.
2 BFH, Urteil v. 3.10.1984 - I R 119/81, BStBl 1985 II S. 245.
3 BFH, Urteil v. 1.2.2006 - XI R 41/04, BFH/NV 2006 S. 1455, NWB ZAAAB-88006.
4 BFH, Urteil v. 12.6.1996 - XI R 56, 57/95, BStBl 1996 II S. 527; vgl. auch BFH, Urteil v. 3.10.1984 - I R 116/81, BStBl 1985 II S. 131.
5 BFH, Urteil v. 7.11.1991 - IV R 50/90, BStBl 1992 II S. 380.

legung. Der BFH hat einen **Standortwechsel** um 200 bis 300 m[1] als Betriebsverlegung angesehen. Zur Veräußerung einer Gaststätte bei anschließender **Übernahme der Clubgaststätte eines Vereins** ohne Laufkundschaft und ohne Mitnahme von Stammgästen als Betriebsveräußerung im Ganzen vgl. FG Hamburg, Urteil v. 8.10.2001.[2]

3. Teilbetriebsveräußerung

VERWALTUNGSANWEISUNGEN:

R 16 Abs. 3 EStR; H 16 EStH.

Die Veräußerung einer Gaststätte als Teilbetrieb setzt voraus, dass dieser ein **organisatorisch abgeschlossener,** verselbständigter Teil des Gesamtbetriebes darstellt, der **für sich lebensfähig** ist.[3] Die §§ 16 und 34 EStG sind auch auf im Aufbau befindliche Teilbetriebe anzuwenden, die ihre werbende Tätigkeit noch nicht aufgenommen haben.[4]   2537

Eine **Brauereigaststätte** ist für die Brauerei ein Teilbetrieb,[5] auch wenn die Gaststätte verpachtet ist.[6] Die Veräußerung einer **Ferienwohnung** ist keine Teilbetriebsveräußerung, wenn von mehreren zu einem Gesamtbetrieb gehörenden eine veräußert wird.[7] Werden **Hotel und Restaurant** im gleichen Gebäude betrieben, so ist die Veräußerung des Restaurants **ohne Gebäude keine Teilbetriebsveräußerung.**[8] Die Veräußerung **eines von mehreren Hotels** kann die Veräußerung eines Teilbetriebs sein.[9] Bei einem **Café** ist das Betriebsgrundstück wesentliche Betriebsgrundlage. Eine Teilbetriebsveräußerung liegt daher nicht vor, wenn das Grundstück zurückbleibt.[10] Die zu einem Getränkegroßhandel gehörenden Gaststätten sind keine Teilbetriebe, wenn sie mit der Auflage umfangreicher Getränkebezugsverpflichtung verpachtet sind.[11] Eine Gruppe von **Spielautomaten** kann **Teilbetrieb** sein.[12]

---

1 BFH, Urteil v. 3.10.1984 - I R 116/81, BStBl 1985 II S. 131.
2 EFG 2002 S. 267.
3 BFH, Urteil v. 24.8.1989 - IV R 120/88, BStBl 1990 II S. 55; BFH, Urteil v. 3.10.1984 - I R 119/81, BStBl 1985 II S. 245.
4 BFH, Urteil v. 1.2.1989 - VIII R 33/85, BStBl 1989 II S. 458.
5 BFH, Urteil v. 3.8.1966 - IV 380/62, BStBl 1967 III S. 47.
6 BFH, Urteil v. 12.12.1968 - IV 27/64, BStBl 1969 II S. 238.
7 Niedersächsisches FG, Urteil v. 3.4.1981, rkr., EFG 1982 S. 24.
8 BFH, Urteil v. 30.10.1974 - I R 40/72, BStBl 1975 II S. 232.
9 BFH, Urteil v. 20.8.1964 - IV 40/62 U, BStBl 1964 III S. 504.
10 BFH, Urteil v. 14.6.1967 - VI 180/65, BStBl 1967 III S. 724.
11 Hessisches FG, Urteil v. 5.3.1987, EFG 1987 S. 471.
12 FG Köln, Urteil v. 27.11.1998, NWB EN-Nr. 1153/99.

4. Veräußerung bei Gewinnermittlung nach § 4 Abs. 3 EStG

2538   Bei Gewinnermittlung nach § 4 Abs. 3 EStG ist eine Veräußerung oder Betriebsaufgabe des Gastwirtes so zu behandeln, als wäre er im Veräußerungszeitpunkt **zum Bestandsvergleich übergegangen**. Das bedeutet, es werden auch die üblichen **Übergangskorrekturen** nach R 4.6 EStR erforderlich. Ihre Auswirkungen daraus gelten als **laufender Gewinn**.[1] Eine **Verteilung** auf drei Jahre **entfällt**.[2]

5. Veräußerung von Mitunternehmeranteilen

Literatur: *Bode*, Tarifbegünstigung bei Veräußerung eines Mitunternehmeranteils, NWB 2015 S. 1374.

2539   Zu den Gewinnen aus Gewerbebetrieb gehört nach § 16 Abs. 1 Nr. 2 EStG auch der Gewinn aus der Veräußerung eines ganzen Mitunternehmeranteils einschl. der zum Sonderbetriebsvermögen gehörenden wesentlichen Betriebsgrundlagen des Mitunternehmers. Als Veräußerung gilt auch das Ausscheiden gegen Abfindung des Mitunternehmers.

Zum Freibetrag nach § 16 Abs. 4 EStG vgl. Rz. 2500 ff. Der Veräußerungsgewinn ist grundsätzlich nach § 34 EStG **tarifbegünstigt.**

2540   Als Erwerber kommen die übrigen Gesellschafter oder, bei Einverständnis (vgl. Rz. 251 ff.) der übrigen Gesellschafter, auch ein Dritter in Betracht. Veräußerungsgewinn ist der Unterschiedsbetrag zwischen dem vereinbarten Kaufpreis und dem Buchwert der Beteiligung. **Für den Übernehmer** des Anteils ist der Kaufpreis als **Anschaffungskosten** für die übernommene Beteiligung anzusehen. Bei Verzicht auf Ausgleich eines **negativen Kapitalkontos** des ausscheidenden Gesellschafters liegen insoweit grundsätzlich ein Veräußerungsgewinn bzw. Anschaffungskosten des Erwerbers vor.[3]

2541   Die Veräußerung von Anteilen an Personengesellschaften löst meist **keine Grunderwerbsteuer** aus. Vgl. aber § 1 Abs. 2a GrEStG. Zum Ausscheiden eines Gesellschafters gegen Übertragung eines Teilbetriebs und Gewährung einer Rente, BFH, Urteil v. 17.9.2015.[4]

---

1 BFH, Urteil v. 23.11.1961 - IV 98//60 S, BStBl 1962 III S. 199.
2 BFH, Urteil v. 3.8.1967 - IV 30/65, BStBl 1967 III S. 755.
3 BFH, Urteil v. 24.3.1993 - IV B 79/92, BFH/NV 1993 S. 658, NWB KAAAB-33841.
4 BFH, Urteil v. 17.5.2015 - III R 49/13, BStBl 2017 II S. 37.

6. Veräußerungszeitpunkt

Üblicherweise wird in Kaufverträgen als **Übergabezeitpunkt** der 1. eines Mo-   2542
nats bzw. des Folgejahres vereinbart. Diese Festlegung hat in erster Linie zivilrechtliche Bedeutung und ist steuerlich nicht nach dem Wortlaut zu würdi-
gen.[1] Daraus kann der Veräußerer nicht ohne weiteres ableiten, dass das Finanzamt den Veräußerungsvorgang auch **steuerlich datenmäßig zuordnet.**
Dafür maßgebend ist allein der Übergang der **tatsächlichen Verfügungsmacht.**[2]

Entscheidend ist, ab wann der Erwerber **wirtschaftlich** über das Objekt **ver-   2543
fügen konnte.**[3] Es wird vom Finanzamt regelmäßig erforscht, wann sich der
Veräußerer durch die **Schlüsselübergabe** der Verfügungsmacht über das Objekt begeben hat. War das bereits unmittelbar nach Vertragsabschluss z. B. am
27.12., so ist der Veräußerungsgewinn abweichend vom Kaufvertrag vorgezo-
gen zu versteuern. Zum Zeitpunkt der Gewinnrealisierung bei der Veräußerung einer Gaststätte vgl. auch BFH, Urteil v. 18.5.2006.[4]

7. Veräußerungskosten

Abziehbare Veräußerungskosten sind alle Aufwendungen, die zum Veräuße-   2544
rungsgeschäft in **unmittelbarer sachlicher Beziehung** standen. Das ist zu ver-
stehen im Sinne von „durch die Veräußerung **veranlasste Kosten**" entsprechend § 4 Abs. 4 EStG.[5] Das sind Kosten wie Annoncen, Gutachter, Wertschät-
zer, Reisekosten, Makler-, Anwaltskosten usw.

Es besteht kein Interesse, Aufwendungen, die beim laufenden Gewinn abzieh-   2545
bar sind, als Veräußerungskosten zu behandeln. Sie minderten dann einen Gewinn zum begünstigten Steuertarif.

8. Betriebsvererbung, Erbauseinandersetzung

Literatur: *Weirich,* Der Erbfall und seine Abwicklung, NWB 2000 S. 4375; *Spiegelberger,*
Die Realteilung in der Beraterpraxis, NWB 2006 S. 1585; *Gragert,* Ertragsteuerliche Behandlung der Erbauseinandersetzung, NWB 2006 S. 1193; *Fürwentsches/Schulz,* Vermögensübertragung gegen Versorgungsleistungen, NWB 2010 S. 3563; *Kratzsch,* Vermögensübertragungen gegen wiederkehrende Leistungen, NWB 2010 S. 1964; *Schmidt,*

---

1 BFH, Urteil v. 22.9.1992 - VIII R 7/90, BStBl 1993 II S. 228.
2 FG Baden-Württemberg, Urteil v. 6.5.1992, EFG 1992 S. 538.
3 BFH, Urteil v. 30.10.1973 - I R 38/70, BStBl 1974 II S. 255; FG Berlin v. 23.3.1987, rkr., EFG 1987
   S. 505.
4 BFH, Urteil v. 18.5.2006 - III 25/05, BFH/NV 2006 S. 1747, NWB YAAAB-90234.
5 BFH, Urteil v. 6.10.1993 - I R 97/92, BStBl 1994 II S. 287.

Umschichtungen bei Vermögensübergabe gegen Versorgungsleistungen, NWB 2010 S. 3346; *Schoor*, Vermögensübertragungen gegen Versorgungsleistungen, StBp 2011 S. 76; *Stinn*, Vorweggenommene Erbfolge im Einzelunternehmen, NWB 2011 S. 2627; *Deutschländer*, Private Vermögensübertragungen gegen dauernde Lasten, NWB 2013 S. 3636; *Engelberth*, Wiederkehrende Leistungen im Zusammenhang mit Vermögensübertragungen, NWB 2014 S. 1094; *Reddig*, „Gleitende" Vermögensübergabe gegen Versorgungsleistungen – umfassender Bestandsschutz für Altfälle, NWB 2014 S. 2773; *Stinn*, Vorweggenommene Erbfolge in der Familien – GmbH, NWB 2014 S. 2538; *Keller/v. Schrenck*, Die vorweggenommene Erbfolge unter Beteiligung Minderjähriger, NWB 2014 S. 2555; *Schoor*, Vermögensübertragung gegen wiederkehrende Leistungen, NWB, Beilage zu 39/2016 S. 7; *Brünger/de Leve*, Unternehmenstestament: Faire Gestaltungen für den Nachfolger und dessen „problematische" Geschwister, NWB 2020 S. 1858.

VERWALTUNGSANWEISUNGEN:

BMF, Schreiben v. 16.9.2004, BStBl 2004 I S. 922; v. 14.3.2006, BStBl 2006 I S. 253; v. 11.3.2010, BStBl 2010 I S. 227; v. 6.5.2016, BStBl 2016 I S. 476.

ARBEITSHILFEN UND GRUNDLAGEN ONLINE:

Schmalbach, Erbengemeinschaft, infoCenter, NWB NAAAB-03390; *dies.*, Erbauseinandersetzung, infoCenter, NWB GAAAB-03388.

2546 Das Vermögen eines Erblassers geht nach dem Tod unentgeltlich auf den oder die Erben als **Gesamtrechtsnachfolger** über. Treten mehrere Erben die Rechtsnachfolge an, so geht der gesamte Nachlass ungeteilt auf die Gemeinschaft der Erben über. Die Erbengemeinschaft ist somit eine gesamthänderisch verbundene Personenmehrheit, die grundsätzlich auf eine Auflösung angelegt ist. Unter **vorweggenommener Erbfolge** versteht sich eine Vereinbarung, durch die der potenzielle Erblasser sein Vermögen unter Vorwegnahme der Erbfolge auf seinen oder seine zukünftigen Erben überträgt.

Eine **Erbengemeinschaft** wird regelmäßig erst durch **Erbauseinandersetzung** aufgelöst. Jeder Miterbe kann jederzeit die Auseinandersetzung verlangen. Sie ist auf verschiedene Weise möglich (z. B. Realteilung, Übernahme gegen Abfindung, Einzelveräußerung usw.).

Der Erblasser kann die Erbauseinandersetzung zeitlich befristet ausschließen oder sie selbst durch Teilungsanordnung (§ 2048 BGB) regeln. Außerdem können die Erben durch **Vermächtnisse** belastet werden. Der BFH sieht dem Zivilrecht folgend **Erbfall und Erbauseinandersetzung** als zwei **getrennte Rechtsvorgänge** an.[1] Die Finanzverwaltung erkennt die **Rückwirkung einer Erbauseinandersetzung** auf den Zeitpunkt des Erbfalls an, wenn sie bis zu sechs Mo-

---

1 BFH, Urteil v. 5.7.1990 - GrS 2/89, BStBl 1990 II S. 837.

nate nach dem Erbfall erfolgt.[1] Das BMF hat mit Schreiben v. 14.3.2006[2] zur ertragsteuerlichen Behandlung der Erbengemeinschaft und -auseinandersetzung Stellung genommen.

Der Erbfall ist ebenso wie die vorweggenommene Erbfolge i. d. R. unentgeltlich, aber bei Leistung von Ausgleichs- oder Abstandszahlungen auch (teil-)entgeltlich. Gleiches gilt für die Erbauseinandersetzung. Entscheidend sind die rechtlichen Modalitäten des Einzelfalles.[3] Wird ein Betrieb, ein Teilbetrieb oder der Anteil eines Mitunternehmers an einem Betrieb unentgeltlich übertragen, so sind ab 1999 nach dem StEntlG 1999/2000/2002 – § 6 Abs. 3 EStG – bei der Ermittlung des Gewinns des bisherigen Betriebsinhabers (Mitunternehmers) die Wirtschaftsgüter mit den Werten anzusetzen, die sich nach den Vorschriften über die Gewinnermittlung ergeben. Der Rechtsnachfolger ist an diese Werte gebunden.

Gehört zum Erbe ein gewerbliches Unternehmen, das die Erbengemeinschaft fortführt, so sind alle Miterben **Mitunternehmer** (§ 15 Abs. 1 Nr. 2 EStG; s. a. Rz. 251 ff.). Sie erzielen laufende Einkünfte aus Gewerbebetrieb. Die steuerliche Behandlung entspricht der von Personengesellschaften (vgl. Rz. 251 ff.). Die Erbengemeinschaft führt ebenso wie der Erbe die **Buchwerte** des Erblassers weiter (§ 6 Abs. 3 EStG). Die Einkünfte bis zum Todestag sind solche des Erblassers. Ohne Zwischenbilanz kann die **Gewinnaufteilung** zeitanteilig bzw. nach Umsatzverhältnissen geschätzt werden. Mit **Überschusseinkünften** ist die Erbengemeinschaft als Bruchteilsgemeinschaft zu behandeln. 2547

Für die **Steuerfolgen** der Erbauseinandersetzung ist nicht entscheidend, wie lange sich die Auseinandersetzung hinzieht. Wird der Betrieb von der Erbengemeinschaft an Dritte veräußert, so gelten die Grundsätze nach §§ 16 bzw. 34 EStG (vgl. Rz. 2500 ff.). Die **Veräußerung an einen Miterben** gilt als entgeltliche Veräußerung von Miteigentumsanteilen nach § 16 Abs. 1 Nr. 2 EStG. Das gilt nicht, soweit der übernehmende Erbe nach der Erbquote am Betrieb beteiligt war. Insoweit hat er nach § 7 Abs. 1 EStDV die Buchwerte anteilig fortzuführen. Die einkommensteuerlichen Auswirkungen hängen vor allem davon ab, ob es sich um Betriebs- oder Privatvermögen handelt. 2548

Abfindungszahlungen (Gleichstellungsgelder, Ausgleichszahlungen, Abstandszahlungen usw.) eines Erben im Rahmen von Erbauseinandersetzungen führen als Aufwendungen für den Erwerb eines Erbteils grundsätzlich zu Anschaf- 2549

---

1 BMF, Schreiben v. 11.1.1993, BStBl 1993 I S. 62.
2 BStBl 2006 I S. 253.
3 Vgl. Spiegels, NWB BAAAA-80743.

fungskosten bzw. beim weichenden Miterben zu Veräußerungsgewinn ohne Rücksicht darauf, ob die Leistungen aus dem erlangten Nachlass erbracht werden oder nicht. Wegen der Besonderheiten wird auf die vorgenannte Literatur verwiesen.

2550 Hinterlässt der Verstorbene einen **verpachteten Betrieb,** so tritt der Erbe bzw. die Erbengemeinschaft auch hinsichtlich des Wahlrechts zur Erklärung der Betriebsaufgabe (vgl. Rz. 2522 ff.) in die Rechtsstellung des Verpächters ein.[1]

2551–2555   *(Einstweilen frei)*

IV. Einkommensteuerliche Behandlung von anlässlich einer Vermögensübertragung gezahlten Beträgen

Literatur: *Schmidt,* Vermögensübergabe gegen Versorgungsleistungen nach dem JStG 2008, NWB 2007 S. 4597; *Kratzsch,* Vermögensübertragungen gegen wiederkehrende Leistungen, NWB 2010 S. 1964; *Schmidt,* Umschichtungen bei Vermögenübergabe gegen Versorgungsleistungen, NWB 2010 S. 3346; *Schoor,* Vermögensübertragung gegen Versorgungsleistungen, StBp 2011 S. 76.

VERWALTUNGSANWEISUNGEN:

BMF, Schreiben v. 11.3.2010, BStBl 2010 I S. 227.

1. Allgemeine Hinweise

2556 Die Veräußerung bzw. Übertragung eines Betriebes löst Gegenleistungen in ganz unterschiedlichen Varianten aus. Jede Vereinbarung sollte die **steuerlichen Aspekte nicht außer Acht lassen.** Die Form der Kaufpreiszahlung soll häufig die **Versorgung des Veräußerers** sicherstellen. Bisweilen ist der Erlös auch als Finanzierung für ein anderes Vorhaben gedacht. Im letzten Falle ist die steuerliche Behandlung relativ problemlos. Schwieriger wird es stets, wenn **Kaufpreisraten oder Renten** gezahlt werden. Zu Kaufpreisraten vgl. BFH, Urteil v. 29.3.2007.[2] Das Gesetz unterscheidet nicht mehr zwischen Renten und dauernden Lasten. Es sieht dieselbe steuerliche Behandlung für sämtliche Versorgungsleistungen vor.

2557 **Eine Leibrente** ist die einzige Möglichkeit für den Veräußerer, sein Vermögen bis zum Tode für die **Sicherstellung** der eigenen **Versorgung** zu verbrauchen. Zu bedenken ist, dass dabei beide Parteien Risiken eingehen, aber auch Vortei-

---

1 BFH, Urteil v. 15.10.1987 - IV R 66/86, BStBl 1988 II S. 260.
2 BFH, Urteil v. 29.3.2007 - XI B 56/06, BFH/NV 2007 S. 1306, NWB HAAAC-45756.

le haben. Für den Erwerber ist der betriebswirtschaftlich angenehme **Stundungseffekt** über die Verrentung mit dem **Risiko** einer hohen, aber auch kurzen **Lebenserwartung** des Veräußerers verbunden. Der Veräußerer geht ein **Sicherheitsrisiko** ein, um seine Versorgung zu optimieren. Ein **Zusammenbruch der Firma** löscht seinen Rentenanspruch faktisch aus. Dazu kommt eine schwierige steuerliche Entscheidung hinsichtlich des Tarifes (vgl. Rz. 2505).

(Einstweilen frei)   2558–2570

2. Steuerliche Behandlung von Vermögensübertragungsverträgen

Literatur: Vgl. Literatur vor Rz. 2556.

VERWALTUNGSANWEISUNGEN:

Vgl. Verwaltungsanweisungen vor Rz. 2556.

Die steuerliche Behandlung von Vermögensübertragungen im Rahmen der   2571
vorweggenommenen Erbfolge gegen wiederkehrende Leistungen wurde durch
das JStG 2008 v. 20.12.2007[1] zum 1.1.2008 wesentlich geändert. Das BMF hat
dazu einen neuen sog. „Rentenerlass"[2] veröffentlicht.

Bei bis zum 31.12.2007 geschlossenen Übergabeverträgen gilt über den
1.1.2008 hinaus noch die bis zu diesem Zeitpunkt geltende Rechtslage.

Übertragungsvorgänge im Rahmen der vorweggenommenen Erbfolge gegen   2572
wiederkehrende Leistungen führen seit 1.1.2008 beim Verpflichteten u.a. nur
noch dann zu privaten Versorgungsleistungen und einem hiermit verbundenen Sonderausgabenabzug sowie beim Empfänger zu sonstigen Einkünften
(§ 22 Nr. 1 EStG), wenn privilegiertes Vermögen i.S.v. § 10 Abs. 1 Nr. 1a Satz 2
EStG übertragen wird. Nunmehr liegen private Versorgungsleistungen daher
nur noch vor, wenn die folgenden sechs Voraussetzungen erfüllt sind:

▶ Vereinbarung wiederkehrender Leistungen, die nicht auf einer Veräußerung
   beruhen (Rz. 1 bis 3 des BMF-Schreibens v. 11.3.2010 – Rentenerlass),

▶ Erbringung durch eine bestimmte Person (Angehöriger oder zumindest Person, zu der eine Nähebeziehung besteht; Rz. 4 Rentenerlass),

▶ Vorliegen einer ausreichend ertragbringenden Wirtschaftseinheit i.S.v. § 10
   Abs. 1 Nr. 1a Satz 2 EStG (Rz. 7 bis 35 Rentenerlass),

---

1 BGBl 2007 I S. 3150.
2 Vom 11.3.2010, BStBl 2010 I S. 227.

- ▶ Zugehörigkeit des Empfängers der wiederkehrenden Leistungen zum Generationennachfolgeverbund (Rz. 50 Rentenerlass),
- ▶ lebenslange Verpflichtung (Rz. 56 Rentenerlass) und
- ▶ Vorliegen und Durchführung eines klaren und eindeutigen Versorgungsvertrags (Rz. 59 bis 64 Rentenerlass).

Zum privilegierten Vermögen i. S. v. § 10 Abs. 1 Nr. 1a Satz 2 EStG gehören bei Übergabeverträgen ab dem 1.1.2008 nur noch (Teil-)Betriebe, Mitunternehmeranteile oder Anteile in Höhe von mindestens 50 % an einer GmbH, wenn der Übernehmer die Geschäftsführung an der GmbH übernimmt (§ 10 Abs. 1 Nr. 1a Satz 2 EStG). Andere Wirtschaftsgüter, insbesondere Kapitalvermögen und Vermietungsobjekte, sind nicht mehr begünstigt. Zudem sind private Versorgungsleistungen, die ab 2008 vereinbart wurden, stets in vollem Umfang und auch bei Vereinbarung von Leibrenten nicht nur hinsichtlich des Ertragsanteils anzusetzen.[1]

2573–2600   *(Einstweilen frei)*

V. Haftung des Erwerbers einer Gaststätte/eines Hotels

VERWALTUNGSANWEISUNGEN:

AEAO zu § 75 AO.

ARBEITSHILFEN UND GRUNDLAGEN ONLINE:

Geißler, Haftung des Betriebsübernehmers, infoCenter, NWB AAAAB-83020.

2601 Wird ein Unternehmen oder ein in der Gliederung eines Unternehmens gesondert geführter Betrieb im Ganzen übereignet, so haftet der Erwerber gem. § 75 AO für Steuern, bei denen sich die Steuerpflicht auf den Betrieb des Unternehmens gründet, und für Steuerabzugsbeträge. Die Haftung setzt das Vorliegen folgender Tatbestandsmerkmale voraus:

1. Unternehmen oder in der Gliederung eines Unternehmens gesondert geführter Betrieb

2602 Die Haftung hat zur Voraussetzung, dass ein **Unternehmen** oder ein in der Gliederung eines Unternehmens **gesondert geführter Betrieb** im Ganzen übereignet wird.

---

1 Vgl. hierzu noch BMF, Schreiben v. 16.9.2004, BStBl 2004 I S. 922, Rz. 48; Einzelheiten zur Neuregelung vgl. BMF, Schreiben v. 11.3.2010, BStBl 2010 I S. 227 und Kratzsch, NWB 2010 S. 1964.

Als **Unternehmen** i. S. d. § 75 Abs. 1 AO bezeichnet man die organisierte Zusammenfassung von Einrichtungen und dauernden Maßnahmen zur Erzielung von wirtschaftlichen Zwecken. Unter diesen Begriff fallen u. a. **gewerbliche Betriebe** im engeren Sinne.   2603

Ein Unternehmen kann aus einem Betrieb bestehen, es kann aber auch mehrere Betriebe umfassen. Die Haftung nach § 75 Abs. 1 AO greift auch dann ein, wenn ein in der Gliederung eines Unternehmens gesondert geführter Betrieb im Ganzen übereignet wird. Ein derartiger **Teilbetrieb** muss bereits in der Hand des Veräußerers gesondert geführt worden sein und für sich einen lebensfähigen Organismus darstellen, so dass er vom Erwerber ohne erhebliche Veränderungen selbständig fortgeführt werden kann.   2604

BEISPIEL: ▶ Gaststätte und Hotel; Gaststätte und Reitschule; Hotel und Café.

2. Übereignung

Der Begriff „Übereignung" ist in erster Linie nach **bürgerlich-rechtlichen Gesichtspunkten** auszulegen. Voraussetzung ist, dass der Eigentümer wechselt. Dies ist z. B. nicht der Fall, wenn eine **Beteiligung** an einer juristischen Person oder einer Personengesellschaft übertragen wird, da das Betriebsvermögen hier in der Hand der Gesellschaft verbleibt.[1] Auch ein **Pachtvertrag** begründet, selbst wenn es sich um eine langfristige Pachtung handelt, keine Haftung nach § 75 Abs. 1 AO. Ebenso wenig löst der **Rückfall des Unternehmens** nach Ablauf der Pacht eine Haftung aus, selbst dann nicht, wenn der Verpächter vertragsgemäß die vom Pächter angeschafften Betriebsvorrichtungen übernimmt.   2605

In der Regel wird der Übereignung eines Unternehmens ein **Kaufvertrag** zugrunde liegen. Ein Erwerb im Wege des **Erbgangs** begründet keine Haftung nach § 75 Abs. 1 AO, da hier keine Übereignung, sondern ein Eigentumsübergang kraft Gesetzes vorliegt.   2606

Die Übertragung des Eigentums im Wege der **Sicherungsübereignung** sowie die **treuhänderische Eigentumsübertragung** scheiden als Haftungstatbestände in der Regel aus, da der Erwerber in diesen Fällen wirtschaftlich nicht die Stellung eines Eigentümers erlangt.   2607

Bei **mehrfacher Übertragung** haftet auch jeder weitere Erwerber. Die Haftung erstreckt sich auch auf etwaige Haftungsschulden des Vorbesitzers.   2608

---

1 Burhoff/Charlier, Was der Praktiker von der AO 77 wissen muss, S. 164.

BEISPIEL: ▶ A verkauft seine Gaststätte an B, der sie im selben Jahr an C weiter veräußert. C haftet im Rahmen des § 75 Abs. 1 AO sowohl für die betrieblichen Steuerschulden des B als auch für die Haftungsschulden des B, die durch den ersten Eigentumsübergang ausgelöst worden sind.

3. Übereignung des Betriebs „im Ganzen"

2609 Von einer Übereignung im Ganzen kann nur dann gesprochen werden, wenn die **wesentlichen Grundlagen** des Betriebs auf den Erwerber übergehen. Daran fehlt es, wenn wesentliche Betriebsgrundlagen nicht vom Vorunternehmer, sondern von einem **Dritten** übernommen werden.[1] Wesentliche Grundlagen des Betriebs gehen ferner dann nicht über, wenn **vor** der Veräußerung wesentliche Inventargegenstände – wie Lüftungs-, Beleuchtungs- und Schankanlage – aus der Gaststätte **entfernt** wurden.[2]

2610 Die Haftung wird zwar nicht dadurch ausgeschlossen, dass einzelne Gegenstände nicht mit veräußert werden. Es muss aber immer ein **lebender und lebensfähiger Betrieb** übertragen werden.[3]

2611 **Geschäftsgrundstücke,** die eigens für den Betrieb hergerichtet sind, z. B. ein Hotelgrundstück, wird man in der Regel als wesentliche Betriebsgrundlage anzusehen haben. Ob auch die beweglichen Anlagegüter, der Warenbestand und der Kundenkreis zu den wesentlichen Betriebsgrundlagen gehören, kann nur nach den Verhältnissen des Einzelfalls entschieden werden.

2612 Wird der übereignete Betrieb in fremden, **angepachteten oder angemieteten Räumen** unterhalten, gehört es zur Übereignung der wesentlichen Grundlagen und damit zur Übereignung eines Unternehmens im Ganzen, dass der Pachtvertrag/Mietvertrag mit dem Eigentümer des Grundstücks von dem Vorinhaber der Gaststätte/des Hotels auf den Erwerber übergeleitet wird. Der Veräußerer muss dem Erwerber die Möglichkeit verschaffen, mit dem Eigentümer einen neuen Pachtvertrag/Mietvertrag abzuschließen.[4]

Eine Übereignung einer Gaststätte im Ganzen liegt vor, wenn **neben** dem Inventar das betriebsnotwendige Pachtrecht auf den Übernehmer übergeht. Dabei ist es unerheblich, dass das Pachtverhältnis zum Vorpächter zunächst gekündigt worden war, dann aber im Einvernehmen aufgehoben wurde, um die

---

1 BFH, Urteil v. 5.2.1985 - VII R 109/79, BFH/NV 1985 S. 2, NWB VAAAB-40144.
2 BFH, Urteil v. 2.6.1987 - VII R 107/84, BFH/NV 1988 S. 140, NWB EAAAB-30314.
3 BFH, Urteil v. 23.10.1985 - VII R 142/81, BFH/NV 1986 S. 381, NWB UAAAB-28415.
4 BFH, Urteil v. 24.1.1963, HFR 1964 S. 220; BFH, Urteil v. 17.2.1988 - VII R 97/85, BFH/NV 1988 S. 755, NWB CAAAB-30439.

Unternehmenskontinuität fortführen zu können.[1] Die Rechtslage stellt sich jedoch anders dar, wenn der Verpächter mit der Übertragung des Pachtobjekts auf den Betriebsübernehmer nicht einverstanden ist, die Übertragung jedoch längere Zeit duldet.[2]

Der Übergang von **Forderungen und Schulden** ist ebenso wenig wie die Fortführung der **Firmenbezeichnung** Voraussetzung für die Haftung nach § 75 Abs. 1 AO.　2613

Die Gaststätte/das Hotel muss **fortsetzbar** sein, d. h. der Erwerber muss in der Lage sein, das Unternehmen ohne größere Umstellungen fortzuführen.[3] Es kommt jedoch nicht darauf an, dass der Betrieb wirtschaftlich fortgeführt wird.[4] Auch wenn das Unternehmen vom Erwerber, etwa um einen Konkurrenten auszuschalten, sofort nach dem Erwerb stillgelegt wird, haftet der Erwerber nach § 75 Abs. 1 AO.　2614

4. Umfang der Haftung

Die Haftung des Erwerbers eines Unternehmens oder eines in der Gliederung eines Unternehmens gesondert geführten Betriebs ist beschränkt.　2615

a) Die im Betrieb des Unternehmers begründeten Steuern

Der Übernehmer haftet nach § 75 Abs. 1 AO **nur** für die im **Betrieb begründeten Steuern** sowie für die **Erstattung von Steuervergütungen.** Es kommen folgende Steuern in Betracht:　2616

▶ Gewerbesteuer und

▶ Umsatzsteuer.

Eine Haftung kommt auch für **Vorauszahlungen** auf diese betrieblichen Steuern in Betracht.　2617

Für **Gemeindesteuern** haftet der Erwerber nur, soweit auf sie § 75 AO anwendbar ist und dessen Voraussetzungen erfüllt sind. Der Erwerber haftet jedoch **nicht** für **Personensteuern,** z. B. Einkommensteuer, Körperschaftsteuer, Erbschaftsteuer, Vermögensteuer, Zölle, Abschöpfungen.　2618

1　Schleswig-Holsteinisches FG, Urteil v. 21.9.1978 - III-IV-347/75, EFG 1979 S. 108.
2　Schleswig-Holsteinisches FG, Urteil v. 19.10.1978 - III-IV-257/75, EFG 1979 S. 109.
3　BFH, Urteil v. 23.10.1985 - VII R 142/81, BFH/NV 1986 S. 381, NWB UAAAB-28415; BFH, Urteil v. 14.1.1986 - VII R 111/79, BFH/NV 1986 S. 384, NWB JAAAB-29097.
4　BFH, Urteil v. 12.3.1985 - VII R 140/81, BFH/NV 1986 S. 62, NWB AAAAB-28413.

b) Steuerabzugsbeträge

2619 Der Unternehmer haftet ferner nach § 75 Abs. 1 AO für die Steuerabzugsbeträge. Hierzu gehört u. a. die **Lohnsteuer.**

c) Zeitliche Beschränkung

2620 Weitere Voraussetzung für die Haftung des Übernehmers ist, dass die Steuern und Erstattungsansprüche seit dem Beginn des letzten, vor der Übertragung liegenden Kalenderjahres entstanden und **innerhalb eines Jahres nach Anmeldung des Betriebs** durch den Erwerber festgesetzt oder angemeldet worden sind. Die Jahresfrist beginnt frühestens mit dem Zeitpunkt der Betriebsübernahme. Es ist ausreichend, wenn die Steuern gegenüber dem Veräußerer innerhalb der Jahresfrist festgesetzt worden sind. Der Haftungsbescheid kann später erlassen werden. In Fällen von Betriebsübernahmen ist nach den Weisungen der Finanzbehörden die **Steuerfestsetzung beschleunigt durchzuführen, ggf. ist zu schätzen.**

> **BEISPIEL:** A übereignet am 20.12.2005 seine Gaststätte an B. B haftet als Erwerber für die Betriebssteuern, z. B. Umsatzsteuer und Gewerbesteuer sowie für Steuerabzugsbeträge – Lohnsteuer – des Jahres 2004 und für die Zeit vom 1.1. bis 20.12.2005. Erfolgt die Anmeldung der Gaststätte durch den Erwerber am 30.12.2005, so muss die Finanzbehörde spätestens bis zum 30.12.2006 die Steuern gegen den Veräußerer A festsetzen, wenn sie einen Haftungsbescheid gegen den Erwerber B erlassen will.

d) Beschränkung auf übernommenes Vermögen

2621 Die Haftung des Übernehmers beschränkt sich nach § 75 Abs. 2 Satz 2 AO auf den Bestand des **übernommenen Vermögens** einschließlich der Surrogate entsprechend § 419 Abs. 2 Satz 1 BGB.

5. Haftungsausschluss

2622 § 75 Abs. 2 AO enthält einen **Haftungsausschluss** für Erwerbe aus einer **Konkursmasse,** aus einer **Liquidationsmasse,** beim **Liquidationsvergleich** im gerichtlichen Vergleichsverfahren und für Erwerbe im **Vollstreckungsverfahren.**

2623–2625 *(Einstweilen frei)*

Abschnitt F:
Arbeitshilfen und Checklisten

1. AfA für Gastgewerbe

ARBEITSHILFEN UND GRUNDLAGEN ONLINE:

AfA-Tabelle Nr. 92 – Gastgewerbe, NWB QAAAC-85427.

Hinweis auf Rz. 636. Die vorgenannte Tabelle gilt für Anlagegüter, die nach   2626
dem 31.12.1986 angeschafft oder hergestellt worden sind. Für Werke anerkannter Meister sind Absetzungen für Abnutzung **nicht zulässig.**

2. Richtsätze der Branche

Hinweis: 2627

Für 2016 siehe BStBl 2017 I S. 801,

Für 2017 siehe BStBl 2018 I S. 724,

Für 2018 siehe BStBl 2019 I S. 605.

Die Richtsätze 2019 wurden noch nicht veröffentlicht.

3. Pauschsätze für Sachentnahmen (Eigenverbrauch)

Hinweis: 2628

Die Pauschsätze für Eigenverbrauch:

Für 2019 siehe BStBl 2018 I S. 1395,

Für 2020 siehe BStBl 2019 I S. 1287.

4. Hinweise für Nachkalkulationen

Literatur: *Erichsen*, Richtig kalkulieren in der Gastronomie, NWB-BB 2017 S. 9.

ARBEITSHILFEN UND GRUNDLAGEN ONLINE:

Kalkulationsrechner für Gastronomiebetriebe, NWB YAAAF-86850.

Die Kalkulationsbeispiele dienen nur der Darstellung der Systematik und ent-   2629
halten daher wegen der ständigen Veränderungen im Einstands- und Abgabe-
preis keine aktuellen Preise.

I. Getränkesektor

a) Alkoholfreie Getränke

Alkoholfreie Getränke weisen Aufschlagsätze zwischen 220 und 450 % auf.

Cola, Fanta, Limo werden meist aus *Premix-Behältern* zu 18,921 Litern angeboten. Bei 3 % üblichem Schankverlust bringt die Ausbeute bei Abgabe

in 0,2-l-Gläsern	87–90 Gläser,
in 0,3-l-Gläsern	58–60 Gläser.

Alkoholfreie Getränke aus *Postmix-Sirup/Solebehältern* zu 18 l ermöglichen bei 0,2-l-Gläsern etwa folgende Ausbeute:

Cola	573–585 Gläser,
Fanta	476–486 Gläser,
Tafelwasser	573–585 Gläser.

Das **Mischungsverhältnis** (Sirup/Wasser) liegt bei Cola bei 1:5,5, bei Fanta 1:4,4 und bei Tafelwasser (Sole/Wasser) 1:5,5.

Beim Premix-System wird in den Containern das **fertig gemischte** Getränk geliefert. Im Postmix-Verfahren wird aus geliefertem Sirupkonzentrat das **Fertiggetränk** erst in der Gaststätte gefertigt.

Bei alkoholfreien Getränken aus 0,7- bzw. 1,0-l-Flaschen muss mit einem Schankverlust von ca. 5 % gerechnet werden. Kleinere Flaschen werden ganz abgegeben.

b) **Bier, Fassbier**

Die Bierausbeute in Gläsern unter Berücksichtigung von 3 % Schankverlust beträgt bei einem Glasvolumen von

0,20 l	485 Gläser	0,40 l	242 Gläser
0,25 l	388 Gläser	0,50 l	194 Gläser
0,30 l	323 Gläser		

Der **Zapf- und Schankverlust** von **Fassbier wird von den Finanzämtern mit** 3 % des Fassbiereinsatzes akzeptiert, kann aber auch 5 % ausmachen. Je länger die Bierleitung, je kleiner die zum Ausschank kommenden Fässer, je kleiner die Gläser und je geringer der Bierumschlag, desto größer ist der Schankverlust. Beim Pils ist von einem leicht erhöhten Schankverlust auszugehen.

Der Schankverlust ergibt sich aus den Komponenten

► Anstichverlust (ein Leitungsinhalt pro Fass, – maximal 1 l),

► so genannter Nachtwächter (ein Leitungsinhalt pro Tag, – maximal 1 l),

► allgemeiner Schankverlust (1 l pro Fass).

Er wird beeinflusst durch die Länge der Bierleitung, den Druck der Kohlensäure und die Temperatur im Bierkeller. Bei der heute zum Standard gehörenden **bierbegleitenden Kühlung** und der allgemein verbreiteten Verwendung von Keg-Fässern tendiert nach Auskünften der Brauereien der Schankverlust gegen 1 %.

Für Leitungen sind 10 mm oder 7 mm gebräuchlich. Der Schankverlust in Höhe des **Leitungsinhaltes** errechnet sich nach der Formel:

(Durchmesser: 2)^2 × 3,14.

Berechnungsbeispiel für Schankverlust:

Wareneinkauf 146 Fässer zu 50 Litern, Steigleistung 4 m Länge, Leitungsquerschnitt 7 mm

146	Fässer	×	4 000 mm x (7 mm : 2)^2 × 3,14 =	22,46 Liter
+ 365	Tage	×	4 000 mm x (7 mm : 2)^2 × 3,14 =	56,16 Liter
+ 146	Fässer	×	1 Liter =	146,00 Liter
insgesamt				224,62 Liter

Der Schankverlust beträgt: 224,62 Liter x 100 : 7 300 Liter = **3,07 %**

Nach § 11 Abs. 3 der **Schankanlagen-VO**[1] waren die Getränkeleitungen alle zwei Wochen sowie bei jedem Wechsel der Getränkeart zu reinigen. Diese Reinigung war mit Datum, Art der Reinigung und Benennung der ausführenden Person im **Betriebsbuch** zu vermerken.

Die Getränkeschankanlagenverordnung wurde ab 1.7.2006 aufgehoben (vgl. Rz. 37).

Berechnung des Schankausstoßes nach Maßgabe des Kohlensäureverbrauchs

– Die Anwendbarkeit ist in der Besteuerungspraxis strittig –

Für das Zapfen des Bieres kommt der Kohlensäure eine wichtige Bedeutung zu. Sie ist erforderlich, um es aus dem Fass zum Zapfhahn zu befördern. Der Kohlensäureverbrauch im Verhältnis zum Bierausstoß steigt mit dem Schankdruck, bewegt sich aber bei normalen Verhältnissen in einem festen Bereich.

---

1 BGBl 1989 I S. 2044, mit späteren Änderungen.

Bei einem für Bierqualität und Zapfdauer üblichen Druck zwischen 2,25 und 1,80 bar fördert eine Kohlensäureflasche (10 kg) einen **Schankausstoß von 20 bis 25 hl** Bier. Außer zum Bierzapfen ist Kohlensäure auch für das Zapfen aus Premix- und Postmixbehältern erforderlich. Dabei reicht eine Kohlensäureflasche für 35 Premix- oder 5 Postmixbehälter.

Die vorgenannten Informationen werden von Betriebsprüfern zur **Verprobung** des Bierumsatzes verwendet. Ein dabei errechneter Bierausstoß von z. B. nur 9 hl stellt wie Differenzen aus der Nachkalkulation (Rz. 2446) die widerlegbare Anscheinsvermutung auf, dass nicht alle Biereinkäufe gebucht worden sind.

c) Bier, Flaschenbier

Die Flaschenbieraufschlagsätze liegen oft zwischen 40 bis 80 % Sie betragen 160 bis 220 % bei Verkauf in der Gaststätte.

d) Kaffee, Espresso, Tee

Beim Kaffee kann mit einer Ausbeute von 140 bis 150 Tassen je kg (ca. 7 g pro Tasse) Kaffeepulver ausgegangen werden. Die Verwendung von sog. Gastromischungen ermöglicht eine höhere Ausbeute.

Espresso hat eine Ausbeute von ca. 15 bis 20 Tassen aus 100 Gramm.

Tee wird glas- bzw. tassenweise angeboten. Ein Teebeutel von 1,5 g reicht für eine Tasse.

Allgemeine Hinweise

Bei **Kaffee** kann eine mittlere Ausbeute von 140 Tassen angenommen werden. Die Ausbeute hängt von der Portionierung, der Kaffeequalität, dem Volumen von Tassen oder Kännchen und vom Einsatz von Kaffeemaschinen ab.

Zahlen der Branche

Durchschnittlicher Kaffeeausschank pro Tag:

Betriebsart	Menge
Hotel Gasthof Hotel Garni	3 Tassen pro Bett
Freizeitzentrum	1 Tasse pro Besucher
Bistro	5 Tassen pro Tischplatz
Restaurant	1 Tasse pro Sitzplatz
Café	5–10 Tassen pro Tischplatz je nach Lage

Betriebsart	Menge
Kantine Mensa	Ca 20 % der Mitarbeiter x 2 Tassen (Mindestbedarf)
Eisdiele Bar/Diskothek	$^1/_2$ Tasse pro Sitzplatz
Systemgastronomie	1 Tasse pro Sitzplatz
Imbiss	1 Tasse pro Stehplatz

Durchschnittlich erfordert danach eine Tasse 6,5 g Kaffeemehleinsatz bei Qualitätsschonröstung bzw. 5,0 g Kaffeemehleinsatz bei kurzzeitgerösteten Kaffees.

Die **Teeausbeute** wird mit ca. 1,5 bis 2 g gerechnet.

e) Spirituosen

Bei Spirituosen in Flaschen außer Haus sind Aufschlagsätze von 40 bis 80 % anzutreffen.

Die Spirituosenausbeute (2-cl-Gläser) beträgt bei

► 1-l-Flaschen 42 bis 45 Gläser

► 0,7-l-Flaschen 30 bis 33 Gläser.

Bei einfacheren Spirituosen liegt die Ausbeute am unteren, bei hochwertigen am oberen Rand des Rahmens. Entscheidend ist die Konsistenz der Spirituosen. Jedes Getränk läuft anders, Eiercognac z. B. deutlich schlechter als Korn. Der sich in der Ausbeute niederschlagende Schankverlust schwankt rechnerisch zwischen 5 und 12 % (durchschnittlich ca. 10 %).

Das Wareneinsatzverhältnis zwischen Fassbier und Spirituosen ist regional verschieden und betriebsspezifisch. Bei Kneipen liegt der Spirituosenanteil oft zwischen 15 und 30 % des Fassbierumsatzes.

Eine Nachkalkulation sollte bei Spirituosen wegen der Preisunterschiede für jede Sorte getrennt vorgenommen werden.

f) Weine

Weine werden meist in Flaschen abgegeben. Bei Abgabe von offenen Weinen in Schoppen (0,2 l) werden unter Berücksichtigung von Schankverlust 4,5 Schoppen aus Literflaschen erzielt. Die Aufschläge liegen zwischen 200 bis 320 %.

Wein und Sekt außer Haus wird überwiegend mit Aufschlägen zwischen 40 und 80 % kalkuliert.

II. Sonstiges

a) Speiseeis

In der Regel wird vorgefertigtes Speiseeis verkauft. Der Aufschlagsatz dafür liegt zwischen 40 und 120 %. Für selbst erzeugtes Speiseeis beträgt der Aufschlagsatz zwischen 260 bis 400 %.

b) Süßwaren, Kekse

Für Süßwaren kann ein Aufschlagsatz von 40 bis 120 % angenommen werden.

c) Beim Verkauf von **Tabakwaren** auf eigene Rechnung liegt der Rohgewinnaufschlagsatz zwischen 16 und 22 %.

III. Küchensektor

a) Faustregel für die Küchenkalkulation:

Wareneinsatzwert pro Portion × Faktor 3,4 = Bruttopreis (240 % Aufschlagsatz).

Die Küchenkalkulation und die sich daraus jeweils ergebenden Aufschlagsätze sind nach Kategorie, Niveau, Spezialisierung, Größe, Ansehen des Betriebes und den verfügbaren Waren-Bezugsquellen äußerst unterschiedlich. Preisbeeinflussend wirken auch das regionale Preisniveau und die Qualität der Köche. Eine Verwendung von **Erfahrungssätzen** ist daher sehr problematisch. Sie können allenfalls als Orientierungshilfe dienen. Die **Einzelaufschlagsätze** müssen für eine steuerlich verwertbare Nachkalkulation stets einzelfallbezogen über mehrere, möglichst **repräsentative Einzelkalkulationen** aus dem Inklusivpreis der angebotenen Speisen laut gültiger Speisekarte und den Materialkosten der jeweils verwendeten Waren und Zutaten ermittelt werden. Die Materialkosten einer Speise richten sich nach den Einkaufspreisen der verwendeten Waren und Zutaten. Die für eine Nachkalkulation unverzichtbare betriebsspezifische **Portionierung** muss vom Koch oder dem Betriebsinhaber erfragt werden. Als Anhaltspunkt kann das ABC der Portionierung in Rz. 2631 dienen.

Zu Gastwirtschaften, die neben einem landwirtschaftlichen Betrieb geführt werden, vgl. Landwirtschaft und Gaststätte, Rz. 1172 ff.

Gyros am Drehspieß weist einen Gewichtsverlust von ca. 34 bis 38 % durch Verschnitt beim Anrichten und durch Garungsverluste von Fett und Wasser auf.

Zubereitung von Pizzateig

Für **Pizzateig** gibt es die folgende **Standardrezeptur:**

10,5	kg	Mehl
4,5	kg	Wasser
0,5	l	Milch
0,63	kg	Hefe
0,5	kg	Öl
0,125	kg	Schlagsahne zu einem Teiggewicht von 16,755 kg.

Bei einem Teiggewicht je Pizza von 195 bis 210 g lassen sich daraus 80 bis 85 **Rohlinge** im Durchmesser von 28 cm fertigen. Pizzateig lässt sich mehrere Tage aufbewahren und auch einfrieren. Der **Hefeeinsatz** liegt bei 5 bis 6 % im Verhältnis zum Mehl. Prüfer rechnen nach der Formel 10,5 kg Mehl = 80 Pizzas den Bruttoerlös zum Durchschnittspreis aus.

b) Zubereitung von Salaten

Folgende **Zubereitungsverluste** beim Herrichten von Salaten treten ein:

Tomaten	4 %
Schlangengurken	26 %
Champignons	2 %
Sellerie	27 %
Paprika	23 %
Möhren	19 %
Gemüsezwiebeln	8 %
Kopfsalat	32 %

Gemischte Salate haben ohne Dressing folgende Fertiggewichte ca.:

klein	50 g
mittel	80 g
groß	120–150 g
sehr groß	240–300 g

c) Rohwaren- und Parierverluste

Bei der Verarbeitung von **nicht küchenfertiger Rohware** entstehen Vorbereitungsverluste. Der allgemeine Küchenwarenverlust durch Lagerung, Verderb usw. kann mit 3 % angenommen werden. Die Zubereitung von **Schnitzeln** aus der Oberschale verursacht **Parierverluste** von ca. 10 %, die von Lammkeule ca. 25 %, Nacken mit Knochen 30 %, bei Verwendung von Kotelettsträngen z. B. für Suvlaki ca. 28 %.

IV. Beherbergung

Die Übernachtungserlöse sind einzeln und getrennt von den übrigen Betriebseinnahmen aufzuzeichnen (vgl. Rz. 513).

Bei Übernachtungsbetrieben lässt sich die **Anzahl der möglichen Übernachtungen** bei voller Auslastung der verfügbaren Betten wie folgt berechnen:

Anzahl der Betten × kalendermäßige Übernachtungstage.

Die Belegungsquote errechnet sich wie folgt:

Tatsächliche Übernachtungen × 100 dividiert durch mögliche Übernachtungen.

Werden die Übernachtungserlöse nicht getrennt von den übrigen Umsätzen erfasst, so kann die Verwaltung bei Betrieben, die nicht saisonabhängig sind, im Einzelfall von einer Belegungsquote von 40 % ausgehen.[1] Vgl. aber Rz. 2439.

Durchschnittliche Belegungszahlen

Grundsätzlich ist die Zimmerauslastung der einzelnen Übernachtungsbetriebe sehr unterschiedlich. Faktoren, wie Lage, Bevölkerungsdichte, Veranstaltungen, Jahreszeit, Ausstattung und Preise sorgen für große Unterschiede und Schwankungen.

In ländlichen Gegenden ohne touristische Schwerpunkte wird die Belegung kaum wesentlich über 25 % liegen können. In Großstädten, Messeorten und Geschäftszentren kann eine Belegung bis zu 90 % erreicht werden. In den Zentren mittlerer Städte liegen die Belegungen im Durchschnitt bei 50 bis 60 v. H.

5. Checkliste – Nachkalkulation Gaststätten

Literatur: *Klingebiel,* Erlösnachkalkulation und sachliche Richtigkeit der Buchführung, NWB 2006 S. 3811; *Brete,* Die Nachkalkulation unter besonderer Berücksichtigung von Gastronomiebetrieben, StBp 2007 S. 70.

ARBEITSHILFEN UND GRUNDLAGEN ONLINE:

Paul/Schnabel, Gastronomie – Steuerrecht, Branchen digital, NWB WAAAE-70090.

---

1 BFH, Urteil v. 27.1.1989 - III B 130/88, BFH/NV 1989 S. 767, NWB LAAAB-30783.

(Grundanforderungen vgl. BFH v. 17.11.1981)[1]   2630

▶ Wareneingang lt. Eingangsrechnungen in die unterschiedlich kalkulierten Warengruppen mengen- und wertmäßig **aufgliedern.**

▶ Grundsätzlich sind so viele Warengruppen zu bilden, wie unterschiedliche Aufschlagsätze vorkommen. Bei einer **Schankwirtschaft reicht eine Aufgliederung** in zehn Warengruppen.

▶ Artikel mit beieinanderliegenden Aufschlagsätzen können in einer Warengruppe **zusammengefasst** werden, sind aber in Untergruppen herauszuschreiben.

▶ Nicht in die Speisen eingehende Einkäufe, z. B. **Zubehör** für den Küchenbereich, Geschirr, Servietten, Bierdeckel, Reinigungsmittel usw. bleiben aus der Aufschlagsberechnung heraus.

▶ Nach der zeitlich gültigen Speise- und Getränkekarte werden für die Waren- und Warenuntergruppen die **Einzelaufschlagsätze** sorgfältig nach **Ausbeuteerfahrungen** (vgl. Rz. 2628) unter **Zuziehung der Wareneingangsrechnungen** berechnet (am besten nach Netto-Brutto-Methode).

▶ **Unterjährige Preisänderungen** können **zeitanteilig** berücksichtigt werden. Sind sie erheblich, so sind die Warengruppen zu unterteilen.

▶ **Lieferantenskonti** bleiben beim normalen Nachkalkulationsschema unberücksichtigt.

▶ **Naturalrabatte** müssen nach Menge und Preisen nach Speise- und Getränkekarte zum Bruttopreis **hochgerechnet** werden.

▶ Für Warengruppen mit Warenuntergruppen kann in Zusammenstellungen ein **gewogener mittlerer Aufschlagsatz** ermittelt werden (Spirituosen, alkoholfreie Getränke, Flaschenbier, Wein und Sekt, Küchenwaren).

▶ Für den **Speisenbereich** sind wegen der unterschiedlichen Gegebenheiten die **Einzelaufschlagsätze** aus mehreren **streuenden Einzelkalkulationen** des Betriebes zu berechnen. Dabei müssen den Abgabepreisen laut Karte jeweils die anteiligen Einstandspreise der verwendeten Waren gegenübergestellt werden. Vorbedingung dafür ist die Kenntnis der jeweiligen **Portionierung** der vom Koch tatsächlich verwendeten Zutaten. Anhand des Einkaufs ist festzustellen, welche Gerichte besonders gefragt werden.

▶ Die Warengruppen sind **wertmäßig addiert** zusammen mit den besonders ermittelten **Einzel- bzw. gewogenen Aufschlagsätzen** in die „Gaststättenerlösverprobung" zu übernehmen.

---

1 BFH, Urteil v. 17.11.1981 - VIII R 174/77, BStBl 1982 II S. 430.

▶ Spalten „Rohgewinn" und „Erlöse" berechnen, Spaltensummen bilden und den durchschnittlichen Rohgewinnaufschlagsatz berechnen.

▶ Die Spaltensummen „Wareneingang", „Rohgewinn" und „Erlös" mit den errechneten **Durchschnittsaufschlagsätzen** zum **wirtschaftlichen Wareneinsatz** bzw. Rohgewinn und Erlös durch Berücksichtigung von unentgeltlichen Wertabgaben, Personalverpflegung, Schwund, Verderb und Bestandsdifferenz umrechnen.

▶ **Gesondert aufgezeichnete,** festgestellte oder geschätzte **Erlöse** aus Automaten, Kegelbahnmieten, Telefon-, Schwimmbad-, Saunaeinnahmen, Übernachtungserlösen usw. **sind zuzurechnen.**

▶ Der sich danach ergebende wirtschaftliche Umsatz **enthält bei Netto-Brutto-Methode die Umsatzsteuer** mit 19 % (= 119 %). Die Bruttoerlöse sind auf den kalkulierten Nettoerlös zurückzurechnen.

▶ **Besonderheiten des Betriebes berücksichtigen.** Dazu gehört die Erfassung von Gratisabgaben für Freibier, Getränkezugaben zum Essen, Knobelrunden, Personalgetränke usw. Sie sind zu Einstandspreisen mit den durchschnittlichen Rohgewinnaufschlagsätzen (ohne Umsatzsteuer!) aus dem kalkulierten Nettoumsatz zu eliminieren.

▶ Gleiches gilt, wenn sich herausstellt, dass über die bisher erfassten **unentgeltlichen Wertabgaben oder Personalverpflegung** hinaus **höhere Wertansätze** erforderlich sind.

▶ Der verbleibende Nettoumsatz ist **Vergleichszahl** zum Umsatz lt. V. u. G.-bzw. Einnahmen-Ausgaben-Rechnung.

▶ Ein höherer Umsatz laut Nachkalkulation deutet auf **unvollständige Betriebseinnahmen** hin.

▶ Ein **niedrigerer Umsatz** zeigt bei der Systematik der Nachkalkulation **schwerwiegende Unrichtigkeiten.** Entweder es wurden **falsche Preise** (zu niedrige) genannt oder der **Wareneinkauf ist unvollständig** (Schwarzeinkäufe). Die Folgerungen sind auf den Einzelfall anzupassen.

▶ Bei **wesentlicher** Abweichung nach oben **rechtfertigt** die Nachkalkulation auch bei formeller Ordnungsmäßigkeit eine Schätzung bzw. **Zuschätzung** nach § 162 i. V. m. § 158 AO.[1]

---

1 BFH, Urteile v. 26.2.1953 - IV 345/52 U, BStBl 1953 III S. 323; v. 18.3.1964 - IV 179/60 U, BStBl 1964 III S. 381.

▶ Eine **feste Grenze der Abweichung** gibt es nicht. Abweichungen deutlich **unter 10 %** können im Einzelfall **wesentlich** sein. Je genauer eine Nachkalkulation ist, desto eher ist eine festgestellte Abweichung wesentlich.[1]

(Einstweilen frei) 2631–2632

6. Geldverkehrsrechnung (Gesamt- und Privatgeldverkehrsrechnung)

Literatur: *Melzer,* Ablauf einer Betriebsprüfung aus Sicht der Finanzverwaltung, SteuerStud 2016 S. 608.

ARBEITSHILFEN UND GRUNDLAGEN ONLINE:

v. Wedelstädt, Betriebsprüfung, infoCenter, NWB PAAAB-04785.

Kalenderjahr 2633

verfüg-bare Mittel €		Mittel-verwen-dung €
Kassenbestand 1.1. ....-..	Kassenbestand	31.12. ....
Postcheckguthaben 1.1. ....-..	Postcheckguthaben	31.12. ....
Bankguthaben 1.1. ....-..	Bankguthaben	31.12. ....
Wechselbestand 1.1. ....-..	Wechselbestand	31.12. ....
Scheckbestand 1.1. ....-..	Scheckbestand	31.12. ....
Bankschulden 31.12. ....-..	Bankschulden	1.1. ....
Betriebseinnahmen ....-..	Betriebsausgaben	....

---

1 BFH, Urteil v. 26.4.1983 - VIII R 38/82, BStBl 1983 II S. 618.

Einn. aus nicht selbständiger Arbeit	..........- ..	Betr. Anschaffungs- bzw. Herstellungskosten ....
Einn. aus Kap.-Vermögen	..........- ..	tats. Werbungskosten:
Einn. aus V u. V.	..........- ..	nicht selbständige Arbeit ....
Einn. aus Toto-Lotto	..........- ..	Kapitalvermögen ....
Erlöse aus Verkauf von Privatvermögen	..........- ..	V u. V ....
erhaltene Darlehn**)	..........- ..	sonst. Einkünfte ....
zurückgeflossene Dar-lehn**)	..........- ..	steuerfreie Einkünfte ....
erhaltene Schenkungen, Erbschaften, Zuwendun-gen	..........- ..	gewährte Darlehn**) ....
Privatentn. a. d. Betrieb*)	..........- ..	Darlehnstilgung**) ....
sonst. verfügbare Mittel:	..........- ..	Privateinlagen*) ....
	..........- ..	Privatverbrauch ....
	..........- ..	sonstige Mittelverwendung: ....
	..........- ..	....
		....
Summe		Summe
Differenz		Differenz

*) nur bei privater Geldverkehrsrechnung
**) soweit nicht bereits als Bestand erfasst

7. Muster eines Kassenberichtes

Literatur: *Herold/Volkenborn*, Die sieben wichtigsten Regeln zur Umsetzung der GoBD in die Praxis, NWB 2017 S. 922; *Teutemacher*, Handbuch zur Kassenführung, 3. Aufl., Herne 2919, S. 81.

Welper, GoBD-Schnellckeck, NWB HAAAF-83999; Mandanten-Merkblatt, Checkliste Kassenführung bis 31.12.2016 und Checkliste Kassenführung ab 1.1.2017, NWB PAAAE-89435.

(Einstweilen frei) 2634–2635

8. Praxiserprobte Grundregeln für die Schlussbesprechung

2636

1. **Keine Schlussbesprechung ohne umfassende Vorbesprechung;** es sollen dabei vor allem strittige Punkte oder Rechtsfragen erörtert werden; im Zweifel ist eine schriftliche Punktezusammenstellung (Vorbericht) zweckmäßig.

2. Zeitpunkt, Ort und Teilnehmer eindeutig vereinbaren!

3. Eine sorgfältige Vorbereitung ist das halbe Ergebnis!

   a) Beanstandete **Sachverhalte überprüfen;** unrichtig ermittelte Sachverhalte lassen die steuerliche Wertung zusammenbrechen!

   b) Gegnerische **Rechtsstandpunkte erkunden;** Einwendungen vorbereiten und rechtlich absichern (Literatur, Rechtsprechung)

4. Keine Schlussbesprechung ohne interne Abstimmung

   (Steuerpflichtiger – Berater; Betriebsprüfer – Sachgebietsleiter)

   a) Prüferverhalten, Klima, Charakter der beteiligten Personen erörtern.

   b) Sachverhalte auf Alternativen und vertretbare Kompromissmöglichkeiten untersuchen.

   c) Taktische Abstimmungen vornehmen.

   d) Sitzordnung mit Blickkontakt absprechen.

5. Die andere Seite immer ernst nehmen und als Verhandlungspartner anerkennen; ein Lob hat nie etwas verdorben.

6. Eine angenehme Atmosphäre fördert Aufgeschlossenheit und Kompromissbereitschaft; eine Tasse Kaffee oder Tee sollte dazugehören!

7. Halten Sie sich und der Gegenseite den Rückzug frei; jeder sollte ohne Gesichtsverlust seine vertretene Rechtsposition verlassen können.

8. Das stärkste Argument darf nicht das erste sein; es kann zum richtigen Zeitpunkt die Entscheidung bringen.

9. Persönliche Angriffe und Polemiken sind unklug; ein sachliches Klima ist die beste Garantie für das bessere Ergebnis.

10. Strittige emotional belastete Punkte nicht an den Anfang stellen; auch nach Erörterung eventuell zurückstellen und am Ende als Paket erörtern.

9. Niederschrift tatsächliche Verständigung

VERWALTUNGSANWEISUNGEN:

BMF, Schreiben v. 15.4.2019 - IV A 3 – S 0223/07/10002, BStBl 2019 I S. 447.

2637

Finanzamt Musterstadt[1]   Musterstadt, den

Betriebsprüfungsstelle

StNr.

Tatsächliche Verständigung

Zwischen dem

wohnhaft in:

Steuernummer:

vertreten durch Herrn Steuerberater

und dem FA Musterstadt, vertreten durch den auch für die Veranlagung der Bp-Feststellungen (veranlagende Betriebsprüfung) zuständigen Betriebsprüfungssachgebietsleiter, Herrn

wird auf der Grundlage ständiger BFH-Rechtsprechung (z. B. BFH v. 11.12.1984, BStBl 1985 II S. 354) wegen in vertretbarer Zeit nicht möglicher Klärung über die folgenden Besteuerungsgrundlagen/Sachverhalte/Schätzungsgrundlagen für die folgenden Besteuerungszeiträume eine Einigung im Wege der tatsächlichen Verständigung erzielt:

1)

2)

3)

Die Verständigung ist für beide Seiten bindend.

_____   _____

(Betriebsprüfungssachgebietsleiter)   (Steuerberater)

---

1 Ein amtliches Muster für eine Niederschrift über eine tatsächliche Verständigung findet sich im BMF-Schreiben v. 30.7.2008, Ziff. 5, BStBl 2008 I S. 831.

10. Checkliste Steuerfahndung

Literatur: *Beyer*, Durchsuchung durch die Steuerfahndung, NWB 2008 S. 935; *Nöcker*, Update Betriebsprüfung, NWB 2016 S. 3157.

ARBEITSHILFEN UND GRUNDLAGEN ONLINE:

v. Wedelstädt, Steuerfahndung, NWB AAAAB-17520; Steuerfahndung – Checkliste zur Schadensbegrenzung bei Durchsuchung, NWB PAAAC-72064.

I. Bei drohender Steuerfahndung: 2638

► Beratergespräch suchen; Aussichten und Möglichkeiten einer Strafbefreiung durch **Selbstanzeige** nach § 371 AO erörtern.

► Chancen einer „Flucht nach vorn" auch bei noch laufender Außenprüfung zur Abwendung eines Fahndungseinsatzes abwägen.

► Möglichkeiten der **Selbstanzeige bei leichtfertiger Steuerverkürzung** nach § 378 Abs. 3 AO bewerten.

► Vorkehrungen treffen.

II. Bei Beginn der Steuerfahndung:

► Ruhig und überlegt reagieren; Zeitgewinn anstreben; keinen Widerstand leisten.

► Der Beschuldigte darf ungehindert mit dem Berater telefonieren.

► Zuerst Berater anrufen; er sollte entscheiden, ob ein Anwalt beteiligt werden soll.

► Berater zuziehen, auch wenn die Fahndungsbeamten abraten sollten.

► Verlangen, mit Einsatzbeginn zu warten, bis der Berater oder Anwalt zugegen ist.

► Aus Dienstausweisen aller Teilnehmer Personalien, Rang und Dienststelle notieren; das schafft möglicherweise Zurückhaltung der Beamten im Vorgehen.

► Federführenden Beamten erfragen; er ist Ansprechpartner mit Chefrolle.

► Ausgehändigtes Merkblatt über Rechte und Pflichten lesen; eventuell erläutern lassen.

► Richterliche Durchsuchungs- und Beschlagnahmebeschlüsse durchsehen.

– Gründe über Umfang und Ziel der Fahndung beachten;

– Feststellen, wo überall parallel durchsucht werden soll;

– Feststellen, ob sich Maßnahmen durch Kooperation verhindern lassen.

► Nach Eintreffen des Beraters rechtliche, tatsächliche bzw. taktische Möglichkeiten erwägen (Beschwerde § 304 StPO; freiwillige Herausgabe des Materials).

III. Bei Durchführung der Durchsuchung:

► **Der Beschuldigte** darf während der Durchsuchung **telefonieren.**

► Der Durchsuchung unbedingt beiwohnen.

► **Andere Anwesende** den Fahndern als Durchsuchungszeugen **beigeben.**

► Vorgehensweise der Fahnder beachten; Übertretungen der Befugnisse sind nicht selten.

► Mithilfe anbieten.

► Keinen Widerstand leisten (§ 113 StGB).

► Bestehen sie auf einer **Auflistung der beschlagnahmten Gegenstände** (§ 109 StPO); bieten sie Fotokopien an, damit der Betrieb arbeitsfähig bleibt.

► Bestehen sie auf einem Versiegeln von beschlagnahmten Handakten.

IV. Nach dem Fahndungseinsatz:

► Der Berater sollte **Akteneinsicht** verlangen.

2639 ## 11. Merkblatt über die Rechte und Pflichten von Steuerpflichtigen bei Prüfungen durch die Steuerfahndung nach § 208 Abs. 1 Nr. 3 Abgabenordnung (BStBl 2013 I S. 1458)

VERWALTUNGSANWEISUNGEN:

BMF v. 13.11.2013, BStBl 2013 I S. 1458, NWB EAAAE-48998; Oberste Finanzbehörden der Länder v. 1.12.2016, BStBl 2016 I S. 1338, NWB PAAAF-89659.

1. Nach den Bestimmungen der Abgabenordnung (AO) sind Sie zur Mitwirkung bei der Ermittlung Ihrer steuerlichen Verhältnisse verpflichtet (§§ 90 Abs. 1 Satz 1, 200 Abs. 1 Satz 1 AO). Sie haben die für die Besteuerung erheblichen Tatsachen vollständig und wahrheitsgemäß offen zu legen. Aufzeichnungen, Bücher, Geschäftspapiere und andere Urkunden sind zur Einsicht und Prüfung vorzulegen und die zum Verständnis der Aufzeichnungen erforderlichen Erläuterungen zu geben.

2. Ihre Mitwirkung nach Nummer 1 kann grundsätzlich erzwungen werden – z. B. durch Festsetzung eines Zwangsgeldes.

   Zwangsmittel sind jedoch dann nicht zulässig, wenn Sie dadurch gezwungen würden, sich selbst wegen einer von Ihnen begangenen Steuerstraftat oder Steuerordnungswidrigkeit zu belasten. Das gilt stets, soweit gegen Sie wegen einer solchen Tat bereits ein Straf- oder Bußgeldverfahren eingeleitet worden ist (§ 393 Abs. 1 AO).

   Soweit Sie nicht mitwirken, können daraus im Besteuerungsverfahren für Sie nachteilige Folgerungen gezogen und die Besteuerungsgrundlagen geschätzt werden (§ 162 i. V. m. §§ 88, 90 AO).

3. Ergibt sich während der Ermittlung der Verdacht einer Steuerstraftat oder einer Steuerordnungswidrigkeit, wird Ihnen unverzüglich die Einleitung des Straf- oder Bußgeldverfahrens mitgeteilt. In diesem Falle werden Sie noch gesondert über Ihre strafprozessualen Rechte belehrt.

   Im Strafverfahren haben die Steuerfahndung und ihre Beamten polizeiliche Befugnisse. Sie können Beschlagnahmen, Notveräußerungen, Durchsuchungen, Untersuchungen und sonstige Maßnahmen nach den für Ermittlungspersonen der Staatsanwaltschaft geltenden Vorschriften der Strafprozessordnung anordnen und sind berechtigt, die Papiere des von der Durchsuchung Betroffenen durchzusehen (§§ 399 Abs. 2 Satz 2, 404 Satz 2 AO, § 110 Abs. 1 der Strafprozessordnung).

Dieses Merkblatt ersetzt die Fassung vom 14.2.1979 (BStBl 1979 I S. 115).

STICHWORTVERZEICHNIS

Die Ziffern verweisen auf die Randnummern.